CW01647984

GRAMÁTICA
Y ORTOGRAFÍA
BÁSICAS
DE LA LENGUA
ESPAÑOLA

GRAMÁTICA Y ORTOGRAFÍA BÁSICAS DE LA LENGUA ESPAÑOLA

REAL ACADEMIA ESPAÑOLA

ASOCIACIÓN DE ACADEMIAS
DE LA LENGUA ESPAÑOLA

© Real Academia Española, 2019
© Asociación de Academias de la Lengua Española, 2019
© Editorial Planeta, S. A., 2019
Espasa es un sello de Editorial Planeta, S. A.
Avda. Diagonal, 662-664
08034 Barcelona
www.planetadelibros.com
www.espasa.es

Primera edición: octubre, 2019
Sexta tirada: diciembre, 2023

Diseño de cubierta: Planeta Arte & Diseño
Diseño de interior: Sánchez / Lacasta

Preimpresión: Safekat, S. L.
Impresión: Huertas, S. A.

ISBN: 978-84-670-5730-0
Depósito legal: B. 19.497-2019
Impreso en España / *Printed in Spain*

No se permite la reproducción total o parcial de este libro, ni su incorporación a un sistema informático, ni su transmisión en cualquier forma o por cualquier medio, sea este electrónico, mecánico, por fotocopia, por grabación u otros métodos, sin el permiso previo y por escrito del editor. La infracción de los derechos mencionados puede ser constitutiva de delito contra la propiedad intelectual (arts. 270 y siguientes del Código Penal).

Diríjase a CEDRO (Centro Español de Derechos Reprográficos) si necesita fotocopiar o escanear algún fragmento de esta obra. Puede contactar con CEDRO a través de la web www.conlicencia.com o por teléfono en el 91 702 19 70 / 93 272 04 47

El papel utilizado para la impresión de este libro está calificado como **papel ecológico** y procede de bosques gestionados de manera sostenible.

Asociación de Academias de la Lengua Española

Presidente

SANTIAGO MUÑOZ MACHADO

Director de la Real Academia Española

Secretario general

FRANCISCO JAVIER PÉREZ

Academia Venezolana de la Lengua Española

Académico responsable de la *Gramática y ortografía básicas de la lengua española*

SALVADOR GUTIÉRREZ ORDÓÑEZ

Real Academia Española

Coordinadora

IRENE GIL LAFORGA

Académico ponente de la *Nueva gramática de la lengua española*

Ignacio Bosque
Real Academia Española

Académico responsable de la *Nueva gramática básica de la lengua española*

Salvador Gutiérrez Ordóñez
Real Academia Española

Asociación de Academias de la Lengua Española

Presidente

Víctor García de la Concha (2010)
José Manuel Blecua (2011)
Director de la Real Academia Española

Secretario general

Humberto López Morales
Academia Puertorriqueña de la Lengua Española

Áreas lingüísticas

Chile

Alfredo Matus Olivier, director — José Luis Samaniego, coordinador
Academia Chilena de la Lengua

Río de la Plata

Pedro Luis Barcia, presidente — Alicia María Zorrilla, coordinadora
Academia Argentina de Letras

Wilfredo Penco, presidente — Carolina Escudero; Marisa Malcuori; Serrana Caviglia; Carmen Lepre; Marcelo Taibo
Academia Nacional de Letras de Uruguay

José Antonio Moreno Ruffinelli, presidente — Juan E. Aguiar
Academia Paraguaya de la Lengua Española

Área andina

Marco Martos Carrera, presidente — Rodolfo Cerrón-Palomino, coordinador; Jorge Iván Pérez Silva; Carlos Garatea Grau
Academia Peruana de la Lengua

Raúl Rivadeneira (2010); Mario Frías (2011), director — Carlos Coello Vila
Academia Boliviana de la Lengua

Jorge Salvador Lara, director — Susana Cordero de Espinosa

Academia Ecuatoriana de la Lengua

Caribe continental

Jaime Posada, director — Juan Carlos Vergara Silva, coordinador

Academia Colombiana de la Lengua

Blas Bruni Celli (2010); Francisco Javier Pérez (2011), presidente — Lucía Esther Fraca de Barrera; Luis Barrera Linares; Edgar Colmenares del Valle; Alexis Márquez Rodríguez; Yraida Sánchez de Ramírez; Horacio Biord Castillo; Francisco Freites Barros; César Villegas Santana

Academia Venezolana de la Lengua

México y Centroamérica

José G. Moreno de Alba (2010); Jaime Labastida (2011), director — José G. Moreno de Alba, coordinador

Academia Mexicana de la Lengua

Estrella Cartín de Guier, presidenta — Miguel Ángel Quesada Pacheco; Adolfo Constenla Umaña; Cristian Fallas Alvarado

Academia Costarricense de la Lengua

Mario Antonio Sandoval Samayoa, director — Francisco Albizúrez Palma; Marta Raquel Montenegro Muñoz

Academia Guatemalteca de la Lengua

Óscar Acosta (2010); Hernán Cárcamo Tercero (2011), director — María Elba Nieto Segovia

Academia Hondureña de la Lengua

Jorge Eduardo Arellano, director — Róger Matus Lazo

Academia Nicaragüense de la Lengua

Berna Pérez Ayala de Burrell, directora — Margarita J. Vásquez Quirós

Academia Panameña de la Lengua

David Escobar Galindo (2010); René Fortín Magaña (2011), director — Matías Romero Coto; Carlos Alberto Saz; Márgara de Simán; Ana María Nafría Ramos

Academia Salvadoreña de la Lengua

Antillas

José Luis Vega, director — Amparo Morales, coordinadora

Academia Puertorriqueña de la Lengua Española

Roberto Fernández Retamar, director — Marlen Aurora Domínguez Hernández; Sergio Valdés Bernal; Maritza Isabel Carrillo Guibert; Ana María González Mafud

Academia Cubana de la Lengua

Bruno Rosario Candelier, director — Ramón Emilio Reyes

Academia Dominicana de la Lengua

Estados Unidos y Filipinas

Gerardo Piña-Rosales, director

Gerardo Piña-Rosales, coordinador
Emilio Bernal Labrada; Jorge Ignacio Covarrubias; Roberto Galván; Mariela Gutiérrez; Leticia Molinero; Frank Gómez; Joaquín Segura; Joaquín Badajoz; Pedro Guerrero; Antonio Pamies

Academia Norteamericana de la Lengua Española

Alejandro Roces (†), director;
Rosalinda Orosa, directora

Salvador B. Malig; José Rodríguez Rodríguez

Academia Filipina de la Lengua Española

España

Víctor García de la Concha (2010);
José Manuel Blecua (2011), director

Salvador Gutiérrez Ordóñez, coordinador
Gregorio Salvador; Emilio Lledó; Ignacio Bosque; Guillermo Rojo; José Antonio Pascual; Darío Villanueva

---

EQUIPO DE REDACCIÓN Y EDICIÓN

Irene Gil Laforga
Eugenio Cascón Martín
Manuel Pérez Fernández

EQUIPO DE REVISIÓN

Julio Borrego
Miembro correspondiente de la Real Academia Española

Ángela Di Tullio
Miembro correspondiente de la Academia Argentina de Letras

EQUIPO DE CORRECCIÓN Y ARMONIZACIÓN

Elena Hernández Gómez ▪ Marta Cormenzana Díez ▪ Juan Pedro Gabino García ▪ Almudena Jimeno Sanjuán ▪ Encarna Raigal Pérez

---

SECRETARÍA DE GESTIÓN INTERACADÉMICA

Pilar Llull Martínez de Bedoya
Jefe del gabinete de la dirección de la Real Academia Española y de la presidencia de la Asociación de Academias de la Lengua Española

COLABORADORES

Edita Gutiérrez Rodríguez ▪ Ana Bravo Martín ▪ Antonio Fábregas Alfaro ▪ Silvia Páramo García

Con la participación de Paula Aguilar Peña, Teresa Esmeralda Ayala, Fulvia de Castillo, Águeda Chávez, Soledad Chávez Fajardo, Miriam Antonia Dávila López, Yanira Lizeth Durán Paz, Claudio Garrido Sepúlveda, María del Carmen La Torre Cuadros, Ximena Lavín Orellana, Verónica Mancilla Monterroso, Agustín Panizo Jansana, Eder Peña Valenzuela, Marisela del Carmen Pérez Rodríguez, Ana María Pozo, Luis Enrique Rodríguez Suárez, Elizabeth Rosero, Roberto Suárez, Tarahy Tinoco, María Teresa Vargas Gutiérrez e Isabel Wong Fupuy

Tabula gratulatoria

PATROCINIO

FUNDACIÓN MAPFRE

COLABORACIONES

En distintas fases del proceso de elaboración de la *Nueva gramática,* de su *Manual* y de la *Nueva gramática básica* han prestado su apoyo numerosas instituciones y entidades, además de la **Fundación pro Real Academia Española,** entre las que deben destacarse:

Gobierno de España
Gobierno de México

Agencia Española de Cooperación Internacional para el Desarrollo (AECID)

Comunidad Autónoma de Madrid (España)
Junta de Castilla y León (España)

Fundación Instituto Castellano y Leonés de la Lengua

Universidad Complutense de Madrid
Universidad de León
Universidad de Salamanca
Universidad del Comahue (Neuquén, Argentina)

Feria Internacional del Libro de Guadalajara (México)
Fundación Carolina

La Real Academia Española y la Asociación de Academias de la Lengua Española quieren expresar su más sincera gratitud a todas las personas e instituciones que, con su ayuda material, han hecho posible la *Nueva gramática básica de la lengua española.*

Comisión interacadémica

Presidente

JOSÉ MANUEL BLECUA

Director de la Real Academia Española

Presidente de la Asociación de Academias de la Lengua Española

Secretario

HUMBERTO LÓPEZ MORALES

Secretario general de la Asociación de Academias de la Lengua Española

Academia Puertorriqueña de la Lengua Española

Coordinador

SALVADOR GUTIÉRREZ ORDÓÑEZ

Real Academia Española

ÁREAS LINGÜÍSTICAS

Chile

Coordinadores: ALFREDO MATUS OLIVIER

ANDRÉS GALLARDO BALLACEY

Academia Chilena de la Lengua

Río de la Plata

Coordinador: ADOLFO ELIZAINCÍN

Academia Nacional de Letras de Uruguay

ALICIA MARÍA ZORRILLA

Academia Argentina de Letras

JUAN E. AGUIAR

Academia Paraguaya de la Lengua Española

Área andina

Coordinador: MARIO FRÍAS INFANTE

Academia Boliviana de la Lengua

MARCO MARTOS CARRERA

Academia Peruana de la Lengua

SUSANA CORDERO DE ESPINOSA

Academia Ecuatoriana de la Lengua

Caribe continental

Coordinador: FRANCISCO JAVIER PÉREZ

Academia Venezolana de la Lengua

JUAN CARLOS VERGARA SILVA

Academia Colombiana de la Lengua

México

Coordinador: JOSÉ G. MORENO DE ALBA

Academia Mexicana de la Lengua

Centroamérica

Coordinador: FRANCISCO ARELLANO OVIEDO

Academia Nicaragüense de la Lengua

ENRIQUE MARGERY PEÑA (†2011)

ESTRELLA CARTÍN DE GUIER

Academia Costarricense de la Lengua

FRANCISCO ALBIZÚREZ PALMA

Academia Guatemalteca de la Lengua

RAMÓN HERNÁNDEZ TORRES

Academia Hondureña de la Lengua

MARGARITA VÁSQUEZ

Academia Panameña de la Lengua

MATÍAS ROMERO COTO

Academia Salvadoreña de la Lengua

Antillas

Coordinadoras: OFELIA GARCÍA CORTIÑAS (†2007)

MARLEN DOMÍNGUEZ

Academia Cubana de la Lengua

EDUARDO FORASTIERI

MARÍA INÉS CASTRO

Academia Puertorriqueña de la Lengua Española

BRUNO ROSARIO CANDELIER

RAMÓN EMILIO REYES

Academia Dominicana de la Lengua

Estados Unidos y Filipinas

Coordinador: GERARDO PIÑA-ROSALES

Academia Norteamericana de la Lengua Española

SALVADOR B. MALIG

Academia Filipina de la Lengua Española

España

Coordinador: SALVADOR GUTIÉRREZ ORDÓÑEZ

Real Academia Española

Comisiones académicas de ortografía

Real Academia Española
Víctor García de la Concha • José Manuel Blecua • Valentín García Yebra (†2010) • Gregorio Salvador Caja • Juan Luis Cebrián • Ignacio Bosque • José Antonio Pascual • Arturo Pérez-Reverte • Salvador Gutiérrez Ordóñez • Darío Villanueva

Academia Colombiana de la Lengua
Jaime Posada • Juan Carlos Vergara Silva

Academia Ecuatoriana de la Lengua
Jorge Salvador Lara (†2011) • Susana Cordero de Espinosa

Academia Mexicana de la Lengua
Jaime Labastida • José G. Moreno de Alba

Academia Salvadoreña de la Lengua
David Escobar Galindo • René Fortín Magaña • Matías Romero Coto • Carlos Alberto Saz • Márgara Zablah de Simán • Ana María Nafría Ramos

Academia Venezolana de la Lengua
Blas Bruni Celli • Francisco Javier Pérez • Luis Barrera Linares • Horacio Biord Castillo • Lucía Fraca de Barrera • Enrique Obediente Sosa

Academia Chilena de la Lengua
Alfredo Matus Olivier • Andrés Gallardo Ballacey

Academia Peruana de la Lengua
Marco Martos Carrera

Academia Guatemalteca de la Lengua
Mario Antonio Sandoval • Francisco Albizúrez Palma • Marta Raquel Montenegro Muñoz

Academia Costarricense de la Lengua
Estrella Cartín de Guier • Enrique Margery Peña (†2011)

Academia Filipina de la Lengua Española
José Rodríguez Rodríguez • Salvador B. Malig • Macario M. Ofilada

Academia Panameña de la Lengua
Berna Pérez Ayala de Burrell • Margarita Vásquez • Rodolfo de Gracia

Academia Cubana de la Lengua
Roberto Fernández Retamar • Marlen Domínguez

Academia Paraguaya de la Lengua Española
José Antonio Moreno Ruffinelli • Renée Ferrer de Arréllaga • Juan E. Aguiar

Academia Boliviana de la Lengua
Raúl Rivadeneira Prada • Mario Frías Infante

Academia Dominicana de la Lengua
Bruno Rosario Candelier • Ramón Emilio Reyes • Guillermo Pérez Castillo • Fabio J. Guzmán

Academia Nicaragüense de la Lengua
Jorge Eduardo Arellano Sandino • Francisco Arellano Oviedo

Academia Argentina de Letras
Pedro Luis Barcia • Alicia María Zorrilla

Academia Nacional de Letras de Uruguay
Wilfredo Penco • Adolfo Elizaincín • Héctor Balsas • Virginia Bertolotti • Magdalena Coll

Academia Hondureña de la Lengua
Óscar Acosta • Hernán Cárcamo Tercero • Marcos Carías • Ramón Hernández Torres

Academia Puertorriqueña de la Lengua Española
José Luis Vega • Eduardo Forastieri • María Inés Castro • Amparo Morales

Academia Norteamericana de la Lengua Española
Gerardo Piña-Rosales • Emilio Bernal Labrada • Pedro Guerrero Ruiz • Jesús López Peláez • Rocío Ovido Pérez de Tudela • Antonio Pamies Beltrán • Rosa Alicia Ramos • María Teresa Caro Valverde • Ginés Lozano Jaén • María González García

Equipo de redacción y edición

Del Departamento de «Español al día»

COORDINADORA Y REDACTORA JEFE

Elena Hernández Gómez

REDACTORAS

Marta García Gutiérrez
Encarna Raigal Pérez
Marta Cormenzana Díez
M.ª Ángeles Blanco Izquierdo

COLABORADORES EN LA PREPARACIÓN FINAL DEL TEXTO

Almudena Jimeno Sanjuán
Cristian Fallas Alvarado (desde la Academia Costarricense de la Lengua)

Han colaborado también Jaime Cordero Talavera, Juan Pedro Gabino García, M.ª José Gil Bonmatí, Diego Varela Villafranca, Lola Beccaria Cigüeña.

Han prestado apoyo el Instituto de Lexicografía, la Biblioteca, el Servicio de Reprografía y el Departamento de Tecnología de la Real Academia Española.

SECRETARÍA DE GESTIÓN INTERACADÉMICA

Pilar Llull Martínez de Bedoya
Jefe del gabinete de la dirección de la Real Academia Española
y de la presidencia de la Asociación de Academias de la Lengua Española

COLABORADORES EN LAS ACADEMIAS DE LA LENGUA ESPAÑOLA

Academia Mexicana de la Lengua
Norohella Huerta Flores

Academia Chilena de la Lengua
Claudio Garrido Sepúlveda • Ximena Lavín Orellana • Darío Rojas Gallardo • Paula Aguilar Peña • Soledad Chávez Fajardo • Gabriel Alvarado Páez

Academia Peruana de la Lengua
Ana Gloria Arias Torre • M.ª del Carmen La Torre Cuadros • Isabel Cristina Wong Fupuy

Academia Guatemalteca de la Lengua
Mónica Denisse Aguirre Illescas • Miriam Antonia Dávila López • Verónica Mancilla Monterroso

Academia Costarricense de la Lengua
Cristian Fallas Alvarado

Academia Panameña de la Lengua
Fulvia Morales del Castillo • Tarahy Tinoco

Academia Paraguaya de la Lengua Española
Celia Beatriz Godoy • Mary Estela Peralta de Aguayo • Alberto Muñoz Aguirre • Francisco Javier García Núñez • Limpia Concepción Esteche • Susana Trinidad Ruiz Díaz

Academia Boliviana de la Lengua
Reina Doris Ayala Carrasco

Academia Nicaragüense de la Lengua
Hilda María Baltodano Reyes • Zobeyda Zamora Úbeda • Eneyda Morraz Arauz • María Auxiliadora Rosales Solís

Academia Puertorriqueña de la Lengua Española
Maia Sherwood • Rebecca Arana • María Cristina Veliz • Rose Vázquez • Carla Mojica

Tabla gratulatoria

PATROCINIO

INDITEX

COLABORACIONES

A lo largo del proceso de elaboración de la nueva edición de la *Ortografía* y de la *Ortografía básica* han prestado su apoyo numerosas instituciones y entidades, además de la **Fundación pro Real Academia Española**, entre las que deben destacarse:

Gobierno de España
Gobierno de Chile
Gobierno de México (Consejo Nacional para la Cultura y las Artes [CONACULTA])
Gobierno de Panamá

Feria Internacional del Libro de Guadalajara
Fundación San Millán de la Cogolla

Agencia Española de Cooperación Internacional para el Desarrollo (AECID)
Fundación Carolina
Fundación Instituto Castellano y Leonés de la Lengua

La Real Academia Española y la Asociación de Academias de la Lengua Española quieren expresar su más sincera gratitud a todas las personas e instituciones que, con su ayuda material, han hecho posible la *Ortografía básica de la lengua española*

Índice general

Preámbulo XIX
Abreviaciones, símbolos y signos XXI
Índice de contenidos de la *Gramática básica* XXV
Índice de contenidos de la *Ortografía básica* XXXI
GRAMÁTICA BÁSICA 1
ORTOGRAFÍA BÁSICA 301
Índice terminológico de la *Gramática básica* 533
Índice de materias y voces de la *Ortografía básica* 541

Preámbulo

Las Academias de la lengua española comparten el objetivo de velar por la unidad del idioma y de resolver en todo momento las necesidades y problemas de uso que se plantean a sus hablantes. Mantienen la tradición originaria de focalizar su estudio en los tres códigos fundamentales (gramática, ortografía y diccionario). Sin embargo, la vertiginosa evolución de los últimos años ha reclamado un mayor despliegue de actividades, en cantidad y en variedad, para explicar y para difundir el conocimiento de su teoría y de su norma en todos los ámbitos y en todos los sectores de la población. Es una tarea que han abordado desde la renovación teórica y desde una actualización tecnológica acorde con el mundo en el que vivimos, fundamentalmente, a través de la elaboración de amplios corpus.

La línea lexicográfica tradicional representada por el *Diccionario de la lengua española (DLE)* (2014) se ha incrementado con el gran proyecto en marcha del *Nuevo diccionario histórico de la lengua española,* así como con la edición de otras obras de gran importancia: *Diccionario esencial* (2006), el *Diccionario del español jurídico* (2016), *Diccionario panhispánico del español jurídico* (2017), etc.

El abordaje del estudio morfológico, sintáctico y fónico de la lengua se realizó desde una obra que representó un esfuerzo monumental: *la Nueva gramática de la lengua española* (2009, 2011). La preocupación por exponer y explicar la dimensión ortográfica desde una visión razonada, exhaustiva y simple cristalizó en otra obra extensa e intensa: la *Ortografía de la lengua española* (2010).

Las Academias se enfrentaron el gran objetivo de difundir la norma lingüística entre los hispanohablantes a través de dos rutas, la electrónica y la editorial. Por vía electrónica dan respuesta a centenares de consultas diarias el Departamento de «Español al día» de la RAE y servicios homólogos de otras Academias. De igual forma, son millones los usuarios que resuelven sus dudas lexicográficas a través de la página web de la RAE en las versiones en línea de sus diccionarios. La información editorial sobre los problemas idiomáticos se trató inicialmente en el *Diccionario panhispánico de dudas* (2005) y fue continuada por obras posteriores: *El buen uso del español* (2013), *Libro de estilo de la Justicia* (2018) y el *Libro de estilo de la lengua española según la norma panhispánica* (2018).

Las Academias se han propuesto como especial objetivo acercarse a los usuarios que reciben o han recibido una formación de enseñanza primaria y secundaria. Es un sector amplio del mundo hispánico que necesita mejorar en el conocimiento de su lengua y que experimentaría dificultades para manejar y comprender las obras académicas más voluminosas y sesudas. En el 2005 se editó una obra de nueva planta, el *Diccionario del estudiante*. Siguiendo el mismo propósito, tras la aparición de la *Nueva gramática* (2009) y de la *Ortografía* (2010), se publicaron las versiones reducidas y adaptadas a un público menos especializado: *Nueva gramática básica de la lengua española* (2011) y *Ortografía básica de la lengua española* (2012). Y en estos momentos ya fatiga las prensas el *Glosario de términos gramaticales*, de próxima aparición.

En la obra que aquí presentamos se agrupan las dos versiones básicas de la *Nueva gramática* y de la *Ortografía*. En este proceder se sigue una larga tradición que incluía en un mismo volumen las descripciones gramaticales y los preceptos ortográficos. Pero, ante todo, impera la voluntad de facilitar el acceso a dos obras de síntesis que conjugan la claridad con la precisión y que han recibido el reconocimiento unánime de los usuarios.

Conscientes de la aceptable perfección de la rosa, se ha decidido no tocarla ya más. Se ha modificado levemente el título para otorgar unidad denominativa (*Gramática y ortografía básicas de la lengua española*). Para facilitar su uso se ha unificado la lista de abreviaturas y signos. Se suprime algún apéndice con el fin de evitar repeticiones. De forma necesaria, se actualiza la lista de países y capitales. Las referencias cruzadas, el índice terminológico y el índice de materias y de voces se adaptan a la nueva paginación. Y se corrigen las erratas advertidas, las que en su día se negaron a abandonar el barco.

Con la edición conjunta de estas dos obras las Academias esperan poner en la mano de los hablantes las estructuras gramaticales y las normas ortográficas de nuestra maravillosa lengua.

Abreviaciones, símbolos y signos

Abreviaciones y símbolos

acrón.	acrónimo
adj.	adjetivo
A; adj.	adjetivo
Adv; adv.	adverbio
al.	alemán
Am.*	América
ant.	antiguo -gua
apénd.	apéndice
apoc.	apocopado -da
ár.	árabe
ár. hisp.	árabe hispano
Arg.	Argentina
art.	artículo
Át.	átono
CAg	complemento agente
Cap.	capital
cap.	capítulo
cat.	catalán
Col.	Colombia
CC	complemento circunstancial
CD	complemento directo
CI	complemento indirecto
compl.	complemento
CR	complemento de régimen
cf.	confróntese
conj.	conjugación
cons.	consonante
C. Rica	Costa Rica
cuant.	cuantificador
dat.	dativo
defect.	defectivo
det.	determinante
disc.	discurso
Esp.	España
fem.	femenino
Filol.	filología
fr.	francés
Gent.	gentilicio
gr.	griego
hebr.	hebreo
hip.	hipocorístico
ingl.	inglés
irreg.	irregular
it.	italiano
lat.	latín

* La marca *Am.* indica que el uso que se comenta se localiza en una mayoría significativa de países americanos, no necesariamente en todos ellos.

lat. cient. latín científico
Ling. lingüística
masc. masculino
Mat. matemáticas
Méx. México
Mús. música
neer. neerlandés
N nombre
Num numeral
pág. página
Pan. Panamá
part. participio
pers. persona
pl. plural
PN persona y número
prep. preposición
Pret., pret. pretérito
pron. pronombre
pron. pronunciación
reg. regular
sing. singular
sust. sustantivo
T. C. tabla conjugación
tb. también
TM tiempo y modo
Ven. Venezuela
V verbo
VT vocal temática

Signos

/ Separa las variantes de los morfemas y de otras unidades gramaticales, así como los miembros de las oposiciones léxicas.

/ Separa alternativas. || Representa el final de línea o renglón.

/ / Enmarcan fonemas.

~ Señala opciones alternantes, variantes y oposiciones. En el «Índice terminológico» sustituye al término de la entrada bajo la cual aparece.

* Se antepone a las construcciones agramaticales.

<, > Indican la dirección de un proceso, normalmente derivación o procedencia. También se emplean para marcar relaciones de jerarquía sintáctica.

+ Indica combinaciones o concatenaciones.

→ Indica remisión a otro lugar del texto. También señala las sustituciones en construcciones equivalentes.

Ø Elemento gramatical tácito o nulo.

{ } Encierran opciones alternantes dentro de los ejemplos.

[ ] Encierran texto que añade aclaraciones o precisiones. También se usan para las segmentaciones morfológicas y sintácticas. En la *Ortografía*, enmarcan la pronunciación de palabras o expresiones.

‘ ’ Enmarcan las definiciones y las paráfrasis.

“ ” Además de resaltar palabras o expresiones, enmarcan los nombres de las funciones semánticas.

« » Encierran esquemas o pautas de construcción gramatical.

= Señala equivalencias.

≠ Indica falta de igualdad o de equivalencia

⊗ Precede a las formas consideradas incorrectas y a los ejemplos que ilustran usos no aceptados en la norma culta.

[...] En medio de una cita, indica que se ha suprimido un fragmento del texto original.

. Señala la frontera entre dos sílabas.

¯ Escrito sobre una vocal, indica que esta es larga.

˘ Escrito sobre una vocal, indica que esta es breve.

> Significa ‘pasa a’.

< Significa ‘procede de’.

¶ Antecede a la información adicional que se ofrece en algunas entradas del apéndice 1 de la *Ortografía*.

Índice de contenidos de la *Gramática básica*

Presentación 3

I **INTRODUCCIÓN** 5

1 **La gramática** 6
La gramática y sus partes 6
La morfología 7
La sintaxis 10

II **LAS PALABRAS** 19

IIa **Morfología**

2 **El género** 20
Definición de género 20
Género, concordancia, flexión y sexo 20
El género en sustantivos que designan seres sexuados 21
El género en sustantivos que designan seres no sexuados 25

3 **El número** 28
Concepto de número 28
Relaciones entre forma y significado 28
Reglas para la formación del plural 30

4 **La flexión verbal** 35
Informaciones morfológicas de las formas verbales 35
Distribución de los segmentos flexivos 37
La conjugación regular 41
Los verbos irregulares 42

5 **La derivación y la composición** 48
El concepto de derivación 48
La derivación nominal 48
La derivación adjetival 53
La derivación verbal 55
La derivación apreciativa 57
La prefijación 59
La composición 62

IIb Categorías y clases

6 **El sustantivo** 65
Definición 65
Clases de nombres 65
Nombres comunes y propios 66
Sustantivos contables y no contables 68
Sustantivos individuales y colectivos 69
Sustantivos abstractos y concretos 71
Sustantivos de complemento argumental 71
Otras clases semánticas de sustantivos 72

7 **El adjetivo** 73
Definición 73
Clasificaciones generales 74
Adjetivos relacionales y adjetivos calificativos 74
Usos de los adjetivos calificativos 77
Adjetivos adverbiales 78
Cambios de categoría 78
Propiedades morfológicas del adjetivo 80
Gradación del adjetivo 82
Locuciones adjetivas 84

8 **Determinantes y pronombres** 85
Clases y subclases de palabras 85
Los determinantes 86
Los pronombres 88

9 **El artículo** 93
Caracterización 93
Particularidades 94
El artículo determinado. Valores y usos 95
El artículo indeterminado. Valores y usos 96

Relaciones entre el artículo indefinido y otros elementos afines 97
Uso del artículo en contextos presentativos o existenciales ... 98
Uso genérico del artículo 99
La ausencia del artículo. Los grupos nominales sin determinante 99

10 **El pronombre personal** 101
Paradigma de unidades y características 101
Valores gramaticales de los pronombres personales 102
Pronombres reflexivos y recíprocos 105
Colocación de los pronombres átonos 107
Leísmo, laísmo y loísmo 109
Las formas de tratamiento pronominal 110

11 **Demostrativos y posesivos** 112
Los demostrativos 112
Los posesivos 115

12 **Cuantificadores y numerales** 121
La cuantificación y los cuantificadores 121
Clases de cuantificadores 121
Los cuantificadores no numerales 122
Los numerales 125

13 **Relativos, interrogativos y exclamativos** 129
Características de relativos, interrogativos y exclamativos 129
Descripción de los relativos 133
Descripción de los interrogativos y exclamativos 137

14 **El adverbio** 140
Caracterización 140
Clases de adverbios según su significado 141
Clases de adverbios según su estructura morfológica 144
Clases de adverbios según su naturaleza gramatical 146
Clases de adverbios según su incidencia sintáctica 146
Las locuciones adverbiales 147

15 **El verbo** 148
Los morfemas verbales. Concepto de tiempo verbal 148
El aspecto. Sus clases 148
Tiempos verbales del español 150
Tiempos verbales del modo indicativo 151

Tiempos verbales del modo subjuntivo 154
Modo y subordinación 156
Las formas no personales del verbo 158
El infinitivo 158
El gerundio 160
El participio 162
Las perífrasis verbales 164

16. La preposición. La conjunción. La interjección 167
La preposición 167
La conjunción 172
Los conectores discursivos 175
La interjección 176

III SINTAXIS 179

IIIa Estructuras sintácticas simples

17. El grupo nominal 180
El grupo nominal 180
Los determinantes 181
Complementos argumentales y adjuntos del nombre 181
Tipos de adjuntos del nombre 182
Los argumentos nominales 185
Grupos nominales y locuciones nominales 187

18. Los grupos adjetival, preposicional y adverbial 189
El grupo adjetival 189
El grupo preposicional 191
El grupo adverbial 192

19. El sujeto 194
La oración. Sujeto y predicado 194
Categorías sintácticas que ejercen la función de sujeto 194
Posición sintáctica. Sujeto y determinación 195
Sujetos expresos y sujetos tácitos 196
La concordancia entre sujeto y verbo 196

20. Complemento directo. Complemento indirecto. Complemento de régimen 200
El complemento directo (CD) 200
El complemento indirecto (CI) 202
El complemento de régimen preposicional (CR) 206

21. Adjuntos. Complementos circunstanciales 209
Definición 209
Los complementos circunstanciales (CC) y los argumentos .. 209
Categoría gramatical de los complementos circunstanciales . 211
Clasificación semántica de los complementos circunstanciales 211
Adjuntos periféricos 215

22. El atributo 217
Características generales del atributo 217
El atributo en las oraciones copulativas 219
Verbos semicopulativos 221
Los complementos predicativos 222
Las construcciones absolutas 223
Copulativas enfáticas de relativo 224

23. Oraciones activas, pasivas, impersonales y medias 225
Activas y pasivas 225
La pasiva perifrástica 226
Los verbos inacusativos 226
Las oraciones impersonales. Impersonales no reflejas 227
Impersonales con *se* o impersonales reflejas 228
La pasiva refleja 229
Construcciones medias 230

24. La modalidad. La negación 232
La modalidad 232
Los enunciados aseverativos 233
Los enunciados interrogativos 234
Los enunciados exclamativos 235
Los enunciados imperativos 236
Los enunciados desiderativos 238
La negación 239

IIIb Estructuras sintácticas complejas

25. Oraciones subordinadas sustantivas 241
Subordinación sustantiva 241
Declarativas o enunciativas 242
Interrogativas indirectas 244
Exclamativas indirectas 245
Discurso directo y discurso indirecto 245

26. Oraciones subordinadas de relativo 246
Caracterización 246
Los relativos y su antecedente 246
Relativas especificativas y explicativas 247
Oraciones introducidas por relativos complejos 248
Las relativas sin antecedente expreso 249

27. Construcciones comparativas, superlativas y consecutivas .. 251
Las construcciones comparativas 251
La comparación de desigualdad 253
La comparación de igualdad 255
Las construcciones superlativas 256
Las construcciones consecutivas 257

28. Construcciones causales, finales e ilativas 259
Introducción 259
La expresión de la causa y la finalidad 259
Sujetos y verbos en las construcciones causales y finales 261
Construcciones causales 261
Construcciones finales 263
Construcciones ilativas 264

29. Construcciones condicionales y concesivas 266
Construcciones condicionales y concesivas 266
Construcciones condicionales 267
Construcciones concesivas 270

APÉNDICES

1. Modelos de conjugación 274

2. Índice alfabético de verbos irregulares 297

Índice de contenidos de la *Ortografía básica*

Presentación 303

Información preliminar 305

Introducción 309

1 **Uso de las letras** 313
- Las letras. Definición y función 313
- Los fonemas del español 314
- El abecedario del español 315
- La representación gráfica de los fonemas 317
- Valores fonológicos de letras y dígrafos 341
- Reducción de vocales iguales contiguas en palabras prefijadas y compuestas 343
- Simplificación de grupos consonánticos 344

2 **Uso de la tilde** 348
- La tilde en la representación gráfica del acento 348
- El acento prosódico 348
- Funciones de la tilde 349
- Las reglas de acentuación gráfica 350

3 **Uso de los signos ortográficos** 371
- Los signos ortográficos. Clasificación 371
- Signos de puntuación 372
- Signos auxiliares 412

4 **Uso de las mayúsculas** 423
- Letras minúsculas y mayúsculas 423
- Características formales de las mayúsculas 423
- La tilde y la diéresis en las mayúsculas 424
- Funciones de la mayúscula 424

La mayúscula condicionada por la puntuación 425
La mayúscula en los nombres propios y las expresiones denominativas 427
La mayúscula para favorecer la legibilidad 442
La mayúscula en siglas y acrónimos 443
La mayúscula en los números romanos 444
Mayúsculas y minúsculas en ámbitos especiales 444

5 **Unión y separación de palabras y otros elementos en la escritura** 446
La palabra como unidad gráfica 446
La escritura de formas o expresiones complejas 446
La escritura de palabras o expresiones con prefijo 449
La escritura de expresiones onomatopéyicas 452
Secuencias que pueden escribirse en una o más palabras 452
Las contracciones *al* y *del* 458

6 **Abreviaciones gráficas y símbolos** 459
Las abreviaciones gráficas y los símbolos 459
Abreviaturas 459
Siglas y acrónimos 463
Símbolos 466

7 **Ortografía de expresiones que plantean dificultades específicas** 470
Ortografía de las expresiones procedentes de otras lenguas 470
Ortografía de los nombres propios 478
Ortografía de las expresiones numéricas 485

APÉNDICES

1 Lista de abreviaturas 508

2 Lista de símbolos alfabetizables 517

3 Lista de símbolos no alfabetizables 523

4 Lista de países y capitales, con sus gentilicios 525

Gramática BÁSICA de la lengua española

Presentación

La publicación de la *Nueva gramática de la lengua española* (2009) representó la culminación de un largo proceso que duró casi ocho décadas. Esta obra es el resultado de un extraordinario esfuerzo conjunto de la Real Academia Española y las veintiuna Academias de América y Filipinas.

a) Se trata de una gramática que conjuga las aportaciones tradicionales y las modernas sin perder rigor científico ni exhaustividad.

b) Es una gramática del español común y también del español diferencial, ya que muestra una especial sensibilidad hacia las variedades que se registran en el dominio hispánico.

c) Sus aportaciones normativas están formuladas desde la consciencia de que la norma del español no tiene un eje único, sino que posee un carácter policéntrico.

d) A pesar de su extensión y exhaustividad, es de fácil lectura y comprensión.

Siguiendo la tradición académica, en la primavera de 2010 se publicó el *Manual* de la *Nueva gramática de la lengua española*, obra que conserva la estructura y la coherencia de su modelo, a la vez que presenta los contenidos de forma abreviada.

Ahora sale a la luz la *Nueva gramática básica de la lengua española*. Esta versión se dirige expresamente al amplio espectro de hispanohablantes que, habiendo recibido una primera instrucción en sus estudios de primaria y de secundaria, deseen acercarse a comprender mejor el funcionamiento de su lengua.

En la conformación de la *Gramática básica* se ha decidido, por un lado, conservar un aire de familia que evidencie su vinculación con sus dos hermanas mayores. Se mantiene así la esencia doctrinal y terminológica de la *Nueva gramática* y del *Manual,* y se conservan asimismo su rigor conceptual, su coherencia explicativa y su vocación normativa. No obstante, al hallarse abierta hacia un conjunto mucho más amplio de destinatarios, combina esos valores con una brevedad descriptiva y con una organización didáctica que la harán más próxima a quienes la consulten:

- Adopta una secuenciación de contenidos ordenada, jerarquizada y gradual.
- Explica los términos técnicos con definiciones claras.
- Opta por incluir ejemplos sencillos, no extraídos de textos, con el fin de que lector comprenda mejor las características fundamentales de cada construcción.
- Centra la atención en los aspectos esenciales de cada análisis.
- Adjunta un índice terminológico que señala dónde está definido cada término y en qué lugares aparece de forma relevante.
- Destaca en trama especial las informaciones normativas que surgen al hilo de las descripciones gramaticales.

Al igual que las otras dos versiones, la *Nueva gramática básica de la lengua española* conjuga la dimensión descriptiva con la normativa; pero, a diferencia de ellas, se centra principalmente en el español estándar y elige en cada caso las opciones cultas mayoritarias entre los hispanohablantes. Aspira, en definitiva, a convertirse en la gramática de todo el mundo.

I

Introducción

1. La gramática

1

La gramática

La gramática y sus partes

DEFINICIÓN DE GRAMÁTICA. PARTES EN QUE SE DIVIDE

La GRAMÁTICA estudia la estructura de las palabras, las formas en que estas se enlazan y los significados a los que tales combinaciones dan lugar. Comprende la MORFOLOGÍA, que se ocupa de la estructura de las palabras, su constitución interna y sus variaciones, y la SINTAXIS, a la que corresponde el análisis de la manera en que las palabras se combinan y se disponen linealmente, así como el de los grupos que forman.

La gramática mantiene estrechas relaciones con la SEMÁNTICA LÉXICA O LEXICOLOGÍA, que estudia el significado de las palabras. La llamada SEMÁNTICA ORACIONAL (o, en general, COMPOSICIONAL) se integra en buena medida en la gramática, puesto que estudia el significado de las construcciones sintácticas. La gramática se relaciona asimismo estrechamente con la PRAGMÁTICA, que analiza el sentido no codificado de los mensajes lingüísticos en relación con el hablante, el oyente y diversos factores relativos al contexto y la situación.

En una acepción más amplia, que no se seguirá en esta obra, la gramática comprende, además, el análisis de los sonidos del habla, que corresponde a la FONÉTICA, y el de su organización lingüística, que compete a la FONOLOGÍA.

TIPOS DE GRAMÁTICA

Se distinguen varios tipos de gramática, que responden a los diferentes enfoques y objetivos con los que se aborda su estudio. La GRAMÁTICA DESCRIPTIVA presenta las propiedades de las unidades gramaticales y sus relaciones en cada uno de los niveles de análisis, fundamentalmente la morfología y la sintaxis; la GRAMÁTICA NORMATIVA establece los usos que se consideran ejemplares en la lengua culta de una comunidad.

La morfología

La MORFOLOGÍA es la parte de la gramática que estudia la estructura interna de las palabras, las variantes que estas presentan, los segmentos que las componen y la forma en que estos se combinan.

UNIDADES DE LA MORFOLOGÍA

El morfema. Si bien la noción de MORFEMA se ha usado en varios sentidos, en el que se adoptará aquí equivale a SEGMENTO MORFOLÓGICO. Desde este punto de vista, se define como la unidad mínima aislable en el análisis morfológico. Así, en la palabra *habilidades* identificamos los siguientes morfemas: la raíz *habil-*, que aporta el significado léxico (presente en *habilitar, rehabilitar, habilidoso,* etc.), el sufijo derivativo *-idad* (identificable en *claridad, cordialidad, felicidad,* etc.) y el sufijo flexivo *-es* (que se encuentra en *carteles, mujeres, felices,* etc.).

Los morfemas reciben distintos nombres en función del papel que desempeñan en la estructura y en el proceso de formación de palabras.

Base léxica y raíz. BASE LÉXICA es la voz de la que se parte en un proceso morfológico. La base proporciona la RAÍZ tras la cancelación del segmento vocálico átono final. Así, *deporte* es la base de *deport-ista*, que se forma sobre la raíz *deport-*. Cuando la base léxica termina en consonante (*mar*) o en vocal tónica (*café*), ambos constituyentes son idénticos, como ocurre en *mar-ino* o en *cafe-ína*.

Afijos. AFIJO es el nombre que recibe el MORFEMA LIGADO que debe aparecer unido a la raíz o a otro morfema. Según sea su posición con respecto a la raíz, se distinguen tres clases de afijos:

a) SUFIJO. Afijo pospuesto, generalmente léxico, propio de la derivación. El sufijo flexivo se suele denominar DESINENCIA, aunque en ocasiones este término se reserva para el conjunto de los morfemas flexivos del verbo.

b) PREFIJO. Afijo antepuesto: *im-posible*.

c) INTERFIJO. Afijo que se sitúa en una posición intermedia entre la raíz y un sufijo: *polv-ar-eda, mujer-c-ita*.

MORFOLOGÍA FLEXIVA Y MORFOLOGÍA LÉXICA O DERIVATIVA

La morfología se suele dividir en dos grandes ramas:

a) La MORFOLOGÍA FLEXIVA estudia las variaciones de las palabras que implican cambios de naturaleza gramatical y que tienen consecuencias para las relaciones sintácticas, como en la concordancia (*Ellos trabajan*) o en el régimen preposicional (*para ti* ~ **para tú*). El conjunto de estas variantes constituye la flexión de una palabra, su PARADIGMA FLEXIVO.

b) La MORFOLOGÍA LÉXICA, también llamada FORMACIÓN DE PALABRAS, estudia la estructura de las palabras y las pautas que permiten construirlas o derivarlas de otras, como *dormitorio* de *dormir*. Esta subdisciplina se ha denominado asimismo MORFOLOGÍA DERIVATIVA, entendiendo el concepto de derivación en un sentido amplio que incluye también la composición y la parasíntesis. De acuerdo con él, se denomina PARADIGMA DERIVATIVO O FAMILIA DE PALABRAS al conjunto de voces derivadas de una misma base léxica (*alto* > *altura, alteza, altivo, altivez, altitud, altamente, enaltecer, altiplano, altímetro*...). En otro sentido, más restrictivo, el concepto de derivación se refiere a los procedimientos de formación de palabras por medio de afijos (ya sean sufijos, prefijos o interfijos).

Flexión. Las variaciones flexivas pueden aportar información relativa al GÉNERO, al NÚMERO, a la PERSONA, al TIEMPO, al ASPECTO, al MODO y, más raramente en español, al CASO:

a) El género de los sustantivos y pronombres puede aportar información significativa, asociada al sexo de la entidad designada (*actriz, ella*), pero en muchos otros casos no es informativo (*mesa, cuál*). Tampoco lo es en determinantes y adjetivos.

b) El número en los sustantivos (*idea/ideas*) y pronombres (*aquel/aquellos*) es informativo, en el sentido de que se asocia a las nociones de unidad o pluralidad en las entidades que se designan, pero en los determinantes (*mi/mis*), en los adjetivos (*antigua/antiguas*) y en los verbos (*bebo/bebemos*) solo está presente por exigencias de la concordancia.

c) La persona es una propiedad gramatical de los pronombres personales y de los posesivos. En el verbo, también se muestra en la concordancia.

d) La flexión de caso, a través de la cual se expresan diversas funciones sintácticas, es característica en español de algunos pronombres personales, como en *yo* (caso recto o nominativo) o *me* (caso acusativo o dativo). El pronombre tónico *mí* es término de preposición tanto en los complementos de régimen (*Hablan de mí*) como en las construcciones en las que duplica al pronombre *me* (*Me vio a mí; Me lo dio a mí*).

e) En español, la flexión de tiempo, aspecto y modo es exclusiva del verbo y, aunque los análisis difieren, puede entenderse que aparece codificada en un mismo morfema. Así, el constituyente mínimo *-ba-* de *cantábamos* aporta la información relativa al tiempo (pretérito), aspecto (imperfecto) y modo (indicativo).

Se denomina CONCORDANCIA a la congruencia o repetición de marcas flexivas que se establece entre dos o más elementos que se hallan relacionados sintácticamente. Existe concordancia de género y de número entre el sustantivo y los determinantes, adjetivos y participios con los que establece relación sintáctica (*Nuestras primeras nietas eran muy lindas*). Existe concordancia en número y persona entre el sujeto y el verbo con el que forma oración: *Ellas tenían un don especial; Nosotros ya lo sabíamos.*

Formación de palabras. Se distinguen dos procesos fundamentales para construir palabras en español: la derivación y la composición. Las PALABRAS DERIVADAS (O DERIVADOS) se forman a partir de la adición de uno o más afijos a una base léxica. En función de la posición del afijo, se distinguen tres procesos derivativos:

a) SUFIJACIÓN: Proceso mediante el cual se adjunta un sufijo a una base léxica. La unidad léxica resultante pertenece muy frecuentemente a una clase de palabras distinta a la de la base: *descubrir* (V) > *descubrimiento* (N), *raro* (A) > *rareza* (N), *motor* (N) > *motorizar* (V).

b) PREFIJACIÓN: Procedimiento por el cual se añade un prefijo a una base léxica. Este proceso conserva normalmente la categoría de la base: *cargar* (V) > *descargar* (V).

c) PARASÍNTESIS: Designa tradicionalmente la aplicación simultánea de derivación y composición (*quinceañero*). También da nombre al proceso de formación de verbos y, en menor medida, de adjetivos que tiene lugar a partir de esquemas constituidos por prefijo y sufijo combinados con una base, generalmente adjetiva (*aclarar, entristecer*) o sustantiva (*acartonar, anaranjado, encarcelar*).

Las PALABRAS COMPUESTAS (o simplemente COMPUESTOS) se forman a partir de la combinación de dos o más bases léxicas, que pueden ser palabras simples (*salvavidas, boquiabierto, hispano-alemán, mesa camilla*) o bases compositivas cultas (*filología, hipódromo*).

La sintaxis

La SINTAXIS es la parte de la gramática que estudia las formas en que se combinan las palabras y los grupos de palabras, así como las oraciones que estas unidades crean. Se trata, pues, de una disciplina de naturaleza combinatoria o sintagmática. Compete asimismo a la sintaxis el estudio de las diversas relaciones que se dan en el interior de todos los grupos sintácticos, incluyendo las oraciones. Entre esos vínculos están las varias clases de funciones que se reconocen, pero también otras relaciones de dependencia. El significado de todas las unidades así constituidas es igualmente objeto de estudio de la sintaxis.

PALABRAS Y CLASES DE PALABRAS

La palabra. La PALABRA es la unidad significativa básica en la tradición lingüística. Su definición en gramática presenta problemas, ya que su rasgo más característico y constante es de orden gráfico (unidad que se representa entre dos blancos en la escritura). Morfológicamente, las palabras pueden estar constituidas por elementos significativos menores (los morfemas). Desde el punto de vista sintáctico, las palabras y sus combinaciones forman GRUPOS que, a su vez, se unen en ORACIONES. La palabra es la unidad superior de la morfología y la unidad mínima de la sintaxis.

Las locuciones y sus clases. Las LOCUCIONES son grupos de palabras que forman una sola PIEZA LÉXICA, es decir, que se comportan como si fueran una sola palabra. Su significado no es el resultado de la combinación de sus partes: la locución nominal *ojo de buey* designa cierta claraboya, y la locución verbal *tomar el pelo,* la acción de burlarse de alguien. Las locuciones constituyen, en efecto, piezas del léxico de una lengua, y, como tales, se incluyen en el diccionario. Ejercen las mismas funciones sintácticas que las categorías en las que se inscriben. Suelen reconocerse los siguientes tipos de locuciones: nominales (*cabeza de turco, media naranja*), adjetivas (*corriente y moliente, de cuidado*), verbales (*meter la pata, poner el grito en el cielo*), adverbiales (*a la fuerza, a medias*), preposicionales (*con vistas a, frente a, gracias a*), conjuntivas (*si bien, ya que*) e interjectivas (*¡A ver!; ¡Ahí va!*).

Categorías gramaticales o clases de palabras. Son los paradigmas o los conjuntos en los que se agrupan las palabras de acuerdo con sus propiedades morfológicas, sintácticas y semánticas. En la actualidad se reconocen las siguientes: el SUSTANTIVO (*piedra, bondad*), el ADJETIVO (*fértil, digital*), el DETERMINANTE (*el, un, mi, algún*), el PRONOMBRE (*tú, alguien*), el VERBO (*vivir,* *estar*), el ADVERBIO (*antes, bien*), la PREPOSICIÓN (*con, desde*), la CONJUNCIÓN (*pero, pues*) y la INTERJECCIÓN (*caramba, oh*).

Atendiendo a su capacidad flexiva, las palabras se dividen en VARIABLES (las que admiten algún tipo de flexión) e INVARIABLES. Son variables los determinantes, los adjetivos, los pronombres, los sustantivos y los verbos. Son invariables los adverbios, las preposiciones, las conjunciones y las interjecciones.

Las particularidades morfológicas de algunas palabras dan lugar a subclases formales, por ejemplo, las que se forman oponiendo rasgos como masculino/femenino o singular/plural. Las particularidades semánticas de las palabras generan subclases semánticas. Así, en los nombres se diferencian, entre otras, las clases constituidas en función de las oposiciones 'contable' / 'no contable' e 'individual'/'colectivo'. Algunas clases de palabras, de carácter gramatical, pueden pertenecer a varias categorías, por lo que reciben el nombre de CLASES TRANSVERSALES. Así ocurre con los posesivos (que pueden ser determinantes y adjetivos), los demostrativos (que se realizan como determinantes, como pronombres y como adverbios) y los cuantificadores, relativos e interrogativos (donde encontramos determinantes, adjetivos, pronombres y adverbios).

Las clases de palabras pueden subdividirse en LÉXICAS y GRAMATICALES. Las unidades léxicas aportan un contenido que representa entidades, propiedades, sucesos, etc. Pertenecen a conjuntos amplios, abiertos a nuevas incorporaciones. Las unidades gramaticales se inscriben en paradigmas limitados y cerrados. Aportan nociones abstractas como 'determinación', 'tiempo', 'negación', 'adversatividad', etc. Son clases léxicas, por ejemplo, el sustantivo, el adjetivo y el verbo. Son gramaticales, entre otras, los determinantes, los pronombres, ciertas preposiciones y algunas conjunciones.

LOS GRUPOS SINTÁCTICOS. SUS CLASES

A partir de las unidades simples, la lengua puede articular unidades con valor sintáctico, llamadas GRUPOS, FRASES o SINTAGMAS. Estas unidades sintácticas tienen como NÚCLEO un miembro de una categoría que puede recibir modificadores y complementos. Los grupos sintácticos o sintagmas pueden constar de un solo elemento (*mamá, cerca, nieva*) o de varios (*la mamá de Luis, cerca de casa, Nieva en la montaña*).

Los GRUPOS NOMINALES se forman en torno a un sustantivo (*esa carta que me enviaron*); los GRUPOS ADJETIVALES expanden un adjetivo (*demasiado cansado de esperar*); los GRUPOS VERBALES se construyen a partir de un verbo (*Vieron un caimán en el río*); los GRUPOS ADVERBIALES están constituidos en torno a un adverbio (*muy lejos de ti*); el GRUPO INTERJECTIVO es el segmento que forman una interjección y sus posibles complementos (*¡Ay de los vencidos!*). Se usará aquí el término GRUPO PREPOSICIONAL para designar la construcción formada por una preposición y su término, como *hacia el cielo* o *desde que te conozco*.

Los grupos sintácticos están capacitados para formar parte de otros distintos de los que les dan nombre; por ejemplo, los grupos nominales se insertan en grupos verbales (*Analizó las propiedades del ozono*) y los grupos adjetivales se insertan con normalidad en los nominales (*un cielo totalmente lleno de estrellas*).

LAS FUNCIONES

Definición. Las FUNCIONES son papeles o roles que desempeñan los grupos sintácticos en las relaciones que contraen en los enunciados.

La interpretación de los mensajes no solo depende del significado de los grupos que los integran, sino también de las funciones que dichos grupos contraen. Así, la oración *Llegará el lunes* admite más de una interpretación, dependiendo de la función que desempeñe *el lunes*. Si *el lunes* es sujeto de *llegará*, designa la entidad que se dice que va a llegar, mientras que, si funciona como complemento circunstancial, la oración informa de que algo o alguien ha de llegar ese día.

Tipos de funciones. Suelen distinguirse tres clases de funciones, que se corresponden con tres niveles de análisis: sintáctico, semántico e informativo.

Las FUNCIONES SINTÁCTICAS se establecen a través de marcas formales como la concordancia o el orden de palabras. Así, la marca de la función sintáctica de sujeto es la concordancia con el verbo (*Las nubes se levantan*). Son funciones sintácticas las de SUJETO, COMPLEMENTO DIRECTO, COMPLEMENTO INDIRECTO, COMPLEMENTO DE RÉGIMEN, COMPLEMENTO CIRCUNSTANCIAL y ATRIBUTO, entre otras.

Las FUNCIONES SEMÁNTICAS especifican el tipo de interpretación semántica que debe darse a determinados grupos en función del predicado del que dependen. Así, el "agente" denota el elemento que realiza la acción; el "destinatario" designa al ser afectado por el proceso del predicado, etc. Son funciones semánticas, entre otras, las de "agente", "paciente", "instrumento", "destinatario", "lugar" o "tiempo".

Existe relación entre las funciones sintácticas y las semánticas (por ejemplo, un sujeto puede ser agente o paciente), pero la manera específica en la que se establecen tales correspondencias es una cuestión sumamente controvertida.

Las FUNCIONES INFORMATIVAS son valores discursivos que asumen las unidades sintácticas para adecuar el mensaje a las necesidades informativas del oyente. Las oraciones *Inés escribió ese libro en 1980; Ese libro lo escribió en 1980 Inés; En 1980 Inés escribió ese libro* están formadas por los mismos grupos, que desempeñan las mismas funciones sintácticas y semánticas. Pero, aunque representan un mismo acontecimiento, no informan de lo mismo.

Desde el punto de vista informativo, es posible dividir los enunciados en dos segmentos: la información que se presenta como conocida (INFORMACIÓN TEMÁTICA O TEMA) y la información que se presenta como novedosa (INFORMACIÓN REMÁTICA O REMA). Así, la oración *En 1945 terminó la Segunda Guerra Mundial* describe el mismo contenido que *La Segunda Guerra Mundial terminó en 1945*. Sin embargo, el orden de las palabras sugiere, en principio, que *en 1945* es parte de la información conocida en el primer enunciado, pero de la información nueva en el segundo. El rema tiende a situarse, en efecto, en posición final, aunque no de manera exclusiva.

El TÓPICO es un elemento del mensaje, aislado normalmente mediante pausas, que acota el marco o ámbito, el punto de vista o algún otro rasgo necesario para interpretar adecuadamente el enunciado. Son tópicos los elementos subrayados de los siguientes ejemplos: *Esos estudiantes, ¿de dónde vienen?; Científicamente, es un objetivo utópico; Con nosotros, trabaja; Lesionado, no pudo jugar*. Como puede verse, tienden a ocupar la posición inicial de la secuencia y quedan fuera de las interrogaciones y exclamaciones. Aun así, muchos tópicos pueden aparecer también en posición medial, como en *El negocio, económicamente, era desastroso*. El proceso de extraer un argumento o un adjunto y aislarlo de la oración, colocándolo entre pausas, con el fin de convertirlo en tópico se denomina TOPICALIZACIÓN: *Admira mucho a Borges* > *A* BORGES*, lo admira mucho*.

El FOCO es un segmento sintáctico del enunciado al que se otorga mayor relieve informativo. Se trata de información nueva, por tanto, de carácter remático. El proceso de realzar un segmento sintáctico con fines informativos se denomina FOCALIZACIÓN y el procedimiento más común para llevarlo a cabo es una forma de anteposición que, a diferencia de la topicalización, se realiza sin pausa separadora: *Eso* [foco] *dijo mi jefe* / *Eso* [tópico], *lo dijo mi jefe*.

Coadyuvan a este proceso otros recursos:

a) FÓNICOS, como el acento enfático que a menudo recae en lo que se desea realzar (MARÍA *llamó ayer a mamá* / *María llamó* AYER *a mamá* / *María llamó ayer* A MAMÁ).

b) GRAMATICALES, como la posposición del sujeto cuando se quiere focalizar un complemento (*Eso pensaba hacer yo*) o las construcciones enfáticas de relativo (*A MARÍA es a quien llamó mamá*).

c) LÉXICOS, como los ADVERBIOS DE FOCO, que pueden ser, entre otros tipos, DE EXCLUSIÓN (*solo, solamente, únicamente, exclusivamente: Solo un niño lo sabía*), DE INCLUSIÓN (*aun, incluso, hasta, también, tampoco, ni siquiera: Esquían incluso en verano*), DE PRECISIÓN (*exactamente, justamente, precisamente: Eran exactamente tres; Llegaron justo en ese momento*), DE PARTICULARIZACIÓN (*particularmente, especialmente, sobre todo: Viene sobre todo los jueves*) o DE APROXIMACIÓN (*apenas, prácticamente, casi: prácticamente idéntico, casi enfrente*).

Predicados. El concepto de PREDICADO se usa con dos sentidos:

a) En el primero, el predicado designa la expresión gramatical cuyo contenido se atribuye al referente del sujeto. Así, el grupo verbal que se subraya en *El maestro explicaba la lección a los alumnos* es el predicado que se aplica a lo denotado por el sujeto (*el maestro*).

b) En el segundo, los predicados son funciones que designan estados, acciones, propiedades o procesos en los que intervienen uno o varios participantes. Así, el predicado de la oración mencionada es el verbo *explicaba*. Este verbo denota, por su significado, una acción que requiere la concurrencia de tres participantes: un agente, que lleva a cabo la acción (*el maestro*); una información que se expone (*la lección*), y un destinatario, al que esa acción se dirige (*los alumnos*). Estos participantes que intervienen en la noción predicativa se denominan argumentos o actantes. Se llama ESTRUCTURA ARGUMENTAL O VALENCIA de un predicado al conjunto (ordenado o no) de sus argumentos. En este segundo sentido, los predicados no son solo verbales, puesto que también los sustantivos, los adjetivos, los adverbios y las preposiciones pueden tener argumentos, es decir, constituyentes exigidos por su significado léxico.

A estos dos sentidos del término *predicado* corresponden dos sentidos del término SUJETO. En el primero de ellos, *la novelista* es el sujeto en *La novelista mostró su libro a los asistentes* y se opone al predicado subrayado, con el que forma la oración. En el segundo sentido, *la novelista* es sujeto tan solo de *mostró*, y se opone al complemento directo (*su libro*) y al indirecto (*a los asistentes*).

Predicación no verbal o secundaria. Pueden ser también elementos predicativos los adjetivos, adverbios y sustantivos que se atribuyen al referente de un grupo nominal al que no pertenecen. Con frecuencia esta atribución se efectúa a través de otro verbo, es decir, de otro predicado, por lo que se denomina PREDICACIÓN SECUNDARIA. En *Los pasajeros llegaron exhaustos,* el sujeto *los pasajeros* es la base de dos predicaciones: una, verbal (la que tiene como núcleo *llegaron*) y otra, adjetiva (la que efectúa el adjetivo *exhaustos,* que se denomina tradicionalmente *complemento predicativo*). En ocasiones, esta predicación se efectúa sin la intermediación de un verbo. Ocurre así en las CONSTRUCCIONES ABSOLUTAS y en algunos enunciados sin verbo: *Terminada la clase, se fueron; El Independiente, campeón.*

Complementos argumentales y adjuntos. Los COMPLEMENTOS ARGUMENTALES introducen información exigida o pedida por el significado de los predicados, mientras que los ADJUNTOS son modificadores no reclamados o no seleccionados. Los adjuntos de los verbos se denominan tradicionalmente COMPLEMENTOS CIRCUNSTANCIALES, pues especifican las circunstancias (tiempo, lugar, compañía, instrumento, cantidad, modo, finalidad y causa) que acompañan a las acciones o a los procesos: *trabajar por las tardes, construir una casa en la playa, estudiar con alguien, escribir con pluma estilográfica, esforzarse enormemente, bailar con gracia, ahorrar para las vacaciones, viajar por necesidad.* Son adjuntos del nombre los adjetivos calificativos, las oraciones de relativo y muchos modificadores preposicionales (como *la prensa de hoy*), que también pueden serlo del adjetivo (*feliz por su matrimonio*).

ENUNCIADOS Y ORACIONES

El enunciado. Es el mensaje mínimo, la unidad de comunicación. Los ENUNCIADOS presentan las siguientes características:

a) Poseen VALOR COMUNICATIVO. Constituyen por sí mismos mensajes.

b) Tienen AUTONOMÍA SINTÁCTICA. Aparecen aislados, es decir, no están conectados con ningún otro por procedimientos sintácticos.

c) Poseen entonación propia, que se extiende entre dos pausas marcadas que lo delimitan y le otorgan autonomía.

d) En el habla, se asocian a actos verbales (→ pág. 233).

e) Los enunciados constan de dos componentes que configuran su sentido y los ordenan como una unidad: el *DICTUM* O SECUENCIA y el *MODUS* O MODALIDAD. El *dictum* expresa el contenido de los mensajes, que se manifiesta en la secuencia sintáctica. Según las características internas de la secuencia, los enunciados pueden ser oracionales (*La música serena el espíritu*), nominales (*¡Un momento!*), adjetivales (*¡Magnífico!*), adverbiales (*¡Aquí!*) o interjectivos (*¡Ay de mí!; ¡Enhorabuena!*), entre otras posibilidades.

Se llama MODALIDAD a la expresión de la actitud del hablante (*modus*) en relación con el contenido del *dictum* de los mensajes. El emisor es quien enuncia, quien interroga, quien exclama, quien formula su deseo o sus dudas. La modalidad se expresa a través de recursos sintácticos y fonológicos. Destacan entre los segundos la curva de entonación, en especial su inflexión final. Junto a la estructura formal de la oración, la curva melódica es uno de los criterios fundamentales para distinguir entre oraciones DECLARATIVAS (*Está lloviendo*), INTERROGATIVAS (*¿Qué hora es?*), EXCLAMATIVAS (*¡Qué coche te has comprado!*), IMPERATIVAS O EXHORTATIVAS (*No te muevas de donde estás*), DESIDERATIVAS (*¡Que tengas un feliz día!*) y DUBITATIVAS (*Tal vez tengas razón*).

Las oraciones y sus clases. Las ORACIONES son unidades de predicación, segmentos que normalmente ponen en relación un sujeto con un predicado verbal. En español, sin embargo, son posibles oraciones sin sujeto expreso, tanto si este es tácito (*Canto; Ya vendrán*) como si no existe propiamente (*Nieva; Amanece temprano*). Por ello, la oración y el grupo verbal muestran en ocasiones un aspecto similar: *Viven en la capital; Se habla de todo*.

Las oraciones se pueden clasificar de acuerdo con varios criterios, entre ellos, la naturaleza del predicado y su carácter simple o compuesto.

Por la naturaleza del predicado (es decir, atendiendo a ciertas propiedades del verbo con el que se construyen), las oraciones se dividen en COPULATIVAS (*El día está fresco*), TRANSITIVAS (*Los pájaros sobrevuelan los campos*) O INTRANSITIVAS (*Su segundo hijo nació ayer*). Las primeras se forman con verbos copulativos (→ pág. 217); las segundas, con transitivos, que son los verbos que seleccionan un complemento directo como argumento, y las terceras, con verbos intransitivos.

Según su complejidad, se distingue entre ORACIONES SIMPLES y ORACIONES COMPUESTAS. Las oraciones simples constan de un solo predicado, mientras que las compuestas constan de varios. Las oraciones compuestas se dividen en compuestas por SUBORDINACIÓN y compuestas por COORDINACIÓN (se incluyen en este grupo las oraciones yuxtapuestas). Las oraciones que se unen en coordinación no presentan dependencia sintáctica entre sí. En las compuestas que se unen por subordinación se distinguen una oración principal y una oración subordinada. En algunas, la subordinada se halla inserta o incrustada en la principal, forma parte de ella y desempeña en su interior alguna función sintáctica. Así ocurre, por ejemplo, con las sustantivas y las adjetivas. En la secuencia *Ella dijo [que no estaba de acuerdo]*, la oración principal abarca toda su extensión, mientras que la subordinada es la que aparece entre corchetes. Sin embargo, existen subordinadas que no están incluidas en la principal. Así sucede en los siguientes ejemplos: *Como ya era tarde, dejaron de esperar; Pienso, luego existo; Si hubiera tenido un hijo, hubiera sido feliz; Aunque había un principio de acuerdo, la resolución no se aprobó*. Se explicará esta circunstancia en los capítulos correspondientes (→ caps. 25-29).

La coordinación. Los segmentos coordinados pueden pertenecer a casi todos los grupos sintácticos. Se diferencian tradicionalmente los siguientes tipos de coordinación:

a) La COORDINACIÓN COPULATIVA. Da origen a conjuntos cuyos elementos se suman (*Compra y vende*). Sus conjunciones son esencialmente *y* (o su variante *e*) y *ni* (*ni... ni...*).

b) La COORDINACIÓN DISYUNTIVA. Denota la existencia de dos o más opciones. La conjunción más característica es *o*, que puede aparecer como enlace simple (*¿Viene o va?*) o discontinuo (*O viene o va*).

c) La COORDINACIÓN ADVERSATIVA. Expresa contraposición u oposición de ideas. Son adversativas las conjunciones *pero, mas* y *sino*. Las dos primeras se usan en oraciones afirmativas y negativas; la tercera, solo en negativas (*No veranea en el mar, sino en la montaña*).

Si no hay restricciones semánticas que lo impidan, pueden coordinarse entre sí grupos u oraciones, siempre que desempeñen las mismas funciones sintácticas. Cuando se unen segmentos de la misma categoría gramatical, la coordinación se denomina HOMOCATEGORIAL (*una cadena y un reloj*); si pertenecen a categorías distintas, recibe el nombre de HETEROCATEGORIAL (*un cuadro antiguo y de gran valor*).

La yuxtaposición. Es la unión de dos o más elementos lingüísticos contiguos sin partículas intermedias que los relacionen: *Llegué, vi, vencí.* Si los elementos yuxtapuestos presentan equivalencia funcional, se considera una coordinación sin nexos, que puede tener los valores propios de las copulativas (*Era alto, fuerte, sereno*) o de las adversativas (*Él lo sabía; yo no*). Sin embargo, estas interpretaciones no están codificadas por la lengua, sino que se obtienen por medio de inferencias pragmáticas o contextuales. También son oraciones coordinadas las yuxtapuestas que se interpretan con sentido causal (*Me retiro: estoy muy cansada*), consecutivo (*Hace frío; tenemos que abrigarnos*), etc. Estos sentidos tampoco están codificados, sino que se obtienen mediante inferencias similares.

La subordinación. Las oraciones subordinadas se dividen tradicionalmente en tres grupos: SUSTANTIVAS (*Mencionó que llegaría hoy; Prometo estudiar la lección; Dime cómo te va*); ADJETIVAS O DE RELATIVO (*el color que te gusta, las personas a las que me refiero, nada que decir*) y ADVERBIALES O

CIRCUNSTANCIALES (*Lo sé porque lo he visto; Viene a que le reparen el auto; Lo harán aunque pierdan*), que serán analizadas en los capítulos correspondientes (→ caps. 25-29).

El tercer grupo de oraciones subordinadas, las adverbiales o circunstanciales, es el más polémico. El paralelismo con los adverbios en los que se basa esa denominación es inexacto, ya que no existen adverbios que puedan sustituir a las oraciones finales, concesivas, causales, etc. El problema no se resuelve sustituyendo el término *adverbial* por *circunstancial*, ya que las prótasis condicionales o concesivas no son complementos circunstanciales, sino que participan en estructuras bimembres (denominadas tradicionalmente PERÍODOS). En esta obra se empleará el término *subordinación adverbial* cuando se desee recordar su contenido tradicional o abarcar conjuntamente el grupo que corresponde a estas oraciones en la tradición gramatical hispánica.

II

Las palabras

IIa Morfología

2. El género
3. El número
4. La flexión verbal
5. La derivación y la composición

IIb Categorías y clases

6. El sustantivo
7. El adjetivo
8. Determinantes y pronombres
9. El artículo
10. El pronombre personal
11. Demostrativos y posesivos
12. Cuantificadores y numerales
13. Relativos, interrogativos y exclamativos
14. El adverbio
15. El verbo
16. La preposición. La conjunción.
    La interjección

2

El género

Definición de género

El género es una propiedad gramatical, de carácter inherente, de los sustantivos y ciertos pronombres que se manifiesta de forma especial en su combinación con determinantes, cuantificadores, adjetivos y participios. Según su género, los nombres son MASCULINOS o FEMENINOS. En español no existen sustantivos NEUTROS, a diferencia de lo que ocurre con algunos determinantes, cuantificadores y pronombres (*lo, algo, esto*).

Sustantivos como *caballo, chacal, farol* y *tiburón* son masculinos, por lo que provocan concordancia con formas de este género: *nuestro caballo, este chacal, un farol nuevo, aquel tiburón.*

Los nombres *cebra, loba, mano, mesa, ventaja* y *víctima* son femeninos y, como consecuencia, exigen concordancia en dicho género: *una cebra, loba parda, esta mano, aquella mesa, mucha ventaja, la víctima.*

Los sustantivos *pianista, portavoz* y *testigo* pueden ser masculinos o femeninos, a pesar de que presentan una sola terminación, por lo que seleccionan formas de uno y otro género: *el/la pianista, este/esta portavoz, nuevo/nueva testigo.*

Género, concordancia, flexión y sexo

La propiedad esencial del género es marcar la CONCORDANCIA entre el nombre y otras clases de palabras con las que se combina (determinantes, cuantificadores, adjetivos y participios): *la ducha, nuestro profesor, aquellos años, algunos problemas, libros nuevos, obras conocidas.*

El género de los nombres no se manifiesta necesariamente por medio de marcas formales: todos los sustantivos son masculinos o femeninos, pero pocos reflejan esta oposición en sus terminaciones.

Género y sexo son dos nociones que se relacionan, pero que no se identifican, puesto que el primero es de carácter gramatical, mientras que el segundo constituye un rasgo biológico. Todos los nombres poseen género, con independencia de que se refieran a seres sexuados o no. Muchos de los términos que designan seres sexuados son invariables en cuanto al género (*abeja, avestruz, calamar, gaviota, golondrina, gusano*). Y, en otro sentido, en algunos sustantivos la diferencia de terminaciones no establece una oposición de sexo (*cesto* ~ *cesta, huerto* ~ *huerta, manzano* ~ *manzana*), sino que aportan valores semánticos diferentes.

El género en sustantivos que designan seres sexuados

EXPRESIÓN DE GÉNERO Y SEXO. CLASES DE SUSTANTIVOS

En los sustantivos que designan seres sexuados (personas, animales y algunas plantas) la gramática diferencia varias clases, según las formas de expresión de género y sexo: HETERÓNIMOS, SUSTANTIVOS DE TERMINACIÓN VARIABLE, NOMBRES COMUNES EN CUANTO AL GÉNERO y EPICENOS.

LOS SUSTANTIVOS HETERÓNIMOS

Expresan la diferencia gramatical masculino/femenino y, simultáneamente, la oposición de sexo 'varón'/'mujer' (personas) o 'macho'/'hembra' (animales) a través de términos con diferente raíz: *padre/madre, hombre/mujer, padrino/madrina, caballo/yegua, toro/vaca*. El género se manifiesta en sus combinaciones con determinantes, cuantificadores, adjetivos y participios: *nuestro querido padre* ~ *nuestra querida madre*.

LOS SUSTANTIVOS DE TERMINACIÓN VARIABLE

Manifiestan las diferencias de género y de sexo por medio de morfemas en palabras de la misma raíz: *niño/niña, gato/gata, actor/actriz, barón/baronesa, zar/zarina*. En estos nombres, el género se refleja asimismo en las combinaciones con determinantes, cuantificadores, adjetivos y participios: *algunos niños americanos, varias niñas españolas*. La desinencia más común del femenino es la *-a* (*muchacho/muchacha, lobo/loba, león/leona*), pero existen otros morfemas que marcan el género, generalmente en los nombres de persona:

-ESA: *alcalde/alcaldesa, duque/duquesa, príncipe/princesa;*
-ISA: *papa/papisa, profeta/profetisa, sacerdote/sacerdotisa;*
-TRIZ: *actor/actriz, emperador/emperatriz;*
-INA: *héroe/heroína, zar/zarina.*

LOS SUSTANTIVOS COMUNES EN CUANTO AL GÉNERO

Pueden ser masculinos o femeninos sin que su forma se vea modificada. Su género (y, por consiguiente, el sexo del referente) puede manifestarse a través de la concordancia con adjetivos y determinantes: *el cónyuge/la cónyuge, este testigo/esta testigo, estudiante aplicado/estudiante aplicada.*

Pronombres. Se comportan como sustantivos comunes en cuanto al género numerosos pronombres: *Yo soy {alto ~ alta}.*

Grupos de nombres comunes en cuanto al género. Según la terminación, se clasifican en varios grupos:

a) Acabados en *-a*. Son, en buena parte, de origen griego y denotan profesiones, actividades o atributos de las personas: *astronauta, burócrata, centinela, guardia.* Son numerosos los que se forman con el sufijo *-ista: artista, dentista, pianista.* Algunos, de carácter popular y restringidos geográficamente, poseen connotaciones negativas: *hortera, maula, pasota, pelma, raspa.*

> El sustantivo *autodidacta* puede usarse como común, pero también es posible la alternancia *autodidacto/autodidacta*. Lo mismo ocurre con *políglota*, que admite la variación *políglota/políglota*. Se ha extendido la forma *modisto*, surgida del común *modista*. *n*

b) Terminados en *-e: conserje, detective, hereje, intérprete.* Destacan por su número los que acaban en *-nte*, que suelen proceder de participios de presente latinos: *amante, cantante, delincuente, estudiante, manifestante, presidente.*

> Pueden ser comunes *jefe, cacique* y *sastre*, aunque también existen, y son correctos, los femeninos *jefa, cacica* y *sastra*, los dos últimos menos usados. Varios de los acabados en *-nte* poseen variantes en *-nta* sujetas a distribución geográfica, como *la clienta* (poco común en algunos países americanos), *la intendenta, la presidenta* (ya de uso casi general), etc. *n*

c) Acabados en *-i* (tónica o átona) y en *-y: maniquí, marroquí, pelotari, yóquey* (*yoqueta* en el área rioplatense), y algunos en *-o: sabelotodo, testigo.*

d) Casi todos los no agudos acabados en *-r, -s, -t: mártir, prócer, papanatas, pívot.* Los agudos terminados en *-ar* o *-er: auxiliar, titular, canciller, mercader.* Los procedentes de adjetivos que terminan en *-l: comensal, corresponsal, profesional.* Algunos de estos últimos forman femenino en *-a: colegial/colegiala, español/española,* al igual que los agudos terminados en *-or: director/directora, doctor/doctora;* en *-n: anfitrión/anfitriona, patrón/patrona,* y en *-s: francés/francesa, marqués/marquesa* (con la excepción de *mandamás*). Los acabados en *-z* tienden a ser comunes (*el portavoz / la portavoz, el aprendiz / la aprendiz, el capataz / la capataz*), si bien algunos poseen forma femenina, como *andaluza* y, más ocasionalmente, *aprendiza* y *capataza.*

Cambios de clase. Originariamente, la marca de género de muchos sustantivos que nombran profesiones desempeñadas en otro tiempo por hombres designaba solo el masculino, mientras que la forma femenina se aplicaba a la esposa: *la coronela* ('la esposa del coronel'), *la gobernadora* ('la mujer del gobernador'). Este uso se ha perdido hoy casi totalmente, ya que las mujeres han pasado a desempeñar tales actividades de forma habitual. En la actualidad se emplean como sustantivos comunes en cuanto al género (*el sargento / la sargento*) o como nombres de terminación variable (*el gobernador / la gobernadora*).

a) Son numerosos los masculinos terminados en *-o* que designan cargos, títulos o profesiones que presentan el femenino en *-a: abogada, bióloga, catedrática, diputada, ingeniera,* incluso los que coinciden con nombres de ciencias o artes, como *física, informática, música, política, química, técnica.* No obstante, algunos de ellos siguen empleándose en muchos países también como comunes en cuanto al género: *el/la médico, el/la músico.*

Empiezan a extenderse algunos sustantivos femeninos correspondientes a masculinos no acabados en *-o*, como *bedela, concejala, fiscala* o *jueza,* entre otros. Sin embargo, su aceptación es desigual en los distintos países hispanohablantes. *n*

b) Tras la incorporación de la mujer al Ejército, se consideran comunes en cuanto al género los sustantivos que designan grados de la escala militar: *el/la capitán, el/la coronel, el/la sargento, el/la soldado, el/la teniente,* etc. No obstante, en algunos países americanos, se registran usos como *la capitana, la coronela, la sargenta* o *la tenienta* para designar a las mujeres que poseen tales grados.

LOS SUSTANTIVOS EPICENOS

Son de un solo género sin que este haga referencia al sexo, aun cuando designan seres sexuados. El género masculino o femenino de estos sustantivos solo se manifiesta en la concordancia. Son muy frecuentes entre los nombres de animales (*el avestruz, la cobra, la jineta...*) y plantas (*el acebo, el espárrago, la palmera, el plátano, el sauce...*). También los hay que hacen referencia a seres humanos (*la autoridad, el emisor, la persona...*). Para especificar el sexo de los referentes de los nombres de animales y de plantas se utilizan los sustantivos *macho* y *hembra*. Estos modificadores no alteran el género del sustantivo: *el hipopótamo macho / el hipopótamo hembra, el ombú macho / el ombú hembra*. Para especificar el sexo de los individuos designados por los sustantivos epicenos de persona, se agregan *masculino/femenino* o *varón/mujer: los personajes femeninos, las víctimas masculinas, los parientes varones*. La concordancia está condicionada por el género, no por el sexo: *El tiburón hembra es muy {peligroso ~ *peligrosa}*.

Algunos sustantivos pueden comportarse como epicenos o como comunes. Así, *miembro* ('persona integrada en una comunidad') y *rehén* son habitualmente epicenos, pero se emplean a veces como comunes: *Ella es el miembro más notable del equipo* [epiceno] ~ *Ella es la miembro más notable del equipo* [común]; *Ella era el único rehén* ~ *Ella era la única rehén*. Lo mismo puede decirse de otros, como *pariente* y *familiar*. *Bebé* es común en buena parte de América (*Es una bebé preciosa* ~ *Es un bebé precioso*), pero epiceno en España: *Esta niña es un bebé precioso*. En varios países americanos, este sustantivo ha desarrollado una forma femenina, a la par que una pronunciación llana: *bebe / beba*.

No se considera correcto el femenino *miembra*. *n*

EMPLEO GENÉRICO DEL MASCULINO

El masculino es en español el GÉNERO NO MARCADO, y el femenino, el MARCADO. El miembro no marcado de una oposición puede abarcar el conjunto designado por los dos miembros (como *día* en la oposición *día / noche*). En referencia a seres animados, el masculino en USO GENÉRICO puede emplearse para designar toda la especie, por tanto con inclusión de individuos de ambos sexos: *Un estudiante universitario tiene que esforzarse mucho; Los hombres prehistóricos se vestían con pieles de animales*. Son ejemplos patentes los plurales *padres* ('padre y madre'), *reyes* ('rey y reina'), *príncipes* ('príncipe y princesa'), etc.

Existen medios para deshacer posibles ambigüedades. Están entre ellos los factores extralingüísticos y contextuales, como los que llevan a interpretar que se trata solo de varones en *Pocos jóvenes son ordenados sacerdotes actualmente.* Si, por el contrario, no queda claro que la expresión comprende individuos de uno y otro sexo, la lengua posee recursos para especificarlo, como los desdoblamientos (*Los españoles y las españolas pueden servir en el Ejército*) o la adición de otros elementos (*empleados de ambos sexos; empleados, tanto hombres como mujeres*). La doble mención se ha interpretado siempre como señal de cortesía en ciertos usos vocativos: *señoras y señores, amigas y amigos,* etc.

Resultan innecesarias las series coordinadas de sustantivos de ambos géneros propias del lenguaje político y administrativo actual: *los alumnos y las alumnas, a todos los chilenos y a todas las chilenas, un derecho de todos los ciudadanos y de todas las ciudadanas.* El uso no marcado del masculino permite abarcar individuos de los dos sexos. *n*

El género en sustantivos que designan seres no sexuados

Los sustantivos que designan seres inanimados son masculinos o femeninos, pero su género no está relacionado con la oposición de desinencias ni con diferencias de sexo. Se manifiesta esencialmente en la concordancia con determinantes, cuantificadores, adjetivos y participios (*aquel camino, nuestra mano derecha, un edificio destruido*).

GÉNERO Y TERMINACIÓN

Aunque no existen principios gramaticales firmes para determinar el género de los sustantivos que designan seres no sexuados, se observa que ciertas terminaciones se asocian con mayor frecuencia al masculino o al femenino, tanto en los sustantivos que designan seres sexuados como en los que no lo hacen.

Como regla general, son masculinos los nombres acabados en *-o* (*cuaderno, fuego, odio, puerto*) y femeninos los acabados en *-a* (*alegría, amapola, casa, silla*). No obstante, existen sustantivos masculinos acabados en *-a:*

a) Palabras de origen griego en *-ma: clima, cisma, dogma, esquema.*

b) Nombres de colores: *(el) fucsia, (el) grana, (el) lila, (el) naranja.*

Son femeninos los nombres acabados en *-o* que proceden de acortamientos de palabras femeninas: *moto(cicleta), foto(grafía), quimio(terapia), crono(metrada).* Lo son también *libido, mano, nao* y *seo.* Los acabados en consonante o en otras vocales pueden ser masculinos (*amor, regaliz, diente, rubí*) o femeninos (*verdad, flor, perdiz, nave, tribu*).

Existe cierta relación entre algunas terminaciones (a veces coincidentes con sufijos) y el género de sustantivos que designan seres no animados, como se puede observar en el siguiente cuadro:

Género	Terminación	Ejemplos
MASCULINO	-aje	*abordaje, garaje, paraje, peaje*
	-án, -én, -ín, -ón, -ún	*chaflán, andén, espadín, camión, atún*
	-ar, -er, -or	*colmenar, taller, corredor*
	-ate, -ete, -ote	*arrate, cachete, cogote*
	-és	*arnés, ciprés, envés*
	-miento	*cumplimiento, sufrimiento*
FEMENINO	-ción, -sión, -zón	*ración, presión, razón*
	-dad	*brevedad, santidad*
	-ed	*pared, red, sed*
	-ez,-eza	*vez, niñez, pereza, torpeza, tristeza*
	-ia, ie (átona)	*gloria, historia, barbarie, efigie*
	-ncia	*prestancia, provincia, prudencia*
	-tud	*acritud, pulcritud, quietud, virtud*

GÉNERO Y SIGNIFICADO

El género de los nombres que designan seres no sexuados se asocia con cierta frecuencia al de su HIPERÓNIMO.

Género y significado en los nombres propios. El género de los nombres propios suele depender del género que posee el término que designa el campo semántico en el que se incluyen. Así, se dice *un Mercedes* o *un Seat* porque se trata de coches, pero *una Vespa* o *una Yamaha* porque se habla de motocicletas. Como *isla* es femenino, se dice *las Canarias* o *las Malvinas,* mientras que, por ser *monte* masculino, se prefieren *el Aconcagua, los Alpes* o *los Pirineos.* Los nombres de ríos, lagos, mares y océanos son masculinos: *el Amazonas, el Titicaca, el Cantábrico, el Pacífico*. Los de ciudades y países tienden a usarse como femeninos cuando terminan en *-a* átona: *la Córdoba jesuítica, esa Colombia desconocida;* cuando acaban en *-á* tónica, los nombres de países son masculinos (*Canadá, Panamá*), pero los de ciudades suelen ser femeninos (*la Bogotá actual*); los acabados en otra vocal o en consonante suelen concordar en masculino: *el Toledo de mis tiempos, mi Buenos Aires querido,* aunque ambos géneros son a menudo posibles: *Todo Madrid lo sabía; Madrid está preciosa en primavera.* En las siglas el género se toma normalmente del sustantivo considerado núcleo, que suele ser el correspondiente a la primera letra, como en *el PRI* (donde *P* es *partido*), *la FIFA* (con *F* de *federación*), *la ONU* (con *O* de *organización*).

VARIACIÓN DE GÉNERO Y SIGNIFICADO EN NOMBRES QUE DESIGNAN SERES NO SEXUADOS

Variación de género. En los sustantivos no animados, las terminaciones de género *-o*/*-a* pueden marcar diferencias de significado no ligadas al sexo entre palabras de la misma raíz. Así ocurre entre el árbol y su fruto o su flor (*almendro ~ almendra; cerezo ~ cereza; ciruelo ~ ciruela; manzano ~ manzana; tilo ~ tila*). Pueden establecer otras distinciones, como las relativas al tamaño o a la forma de las cosas: *barco ~ barca; bolso ~ bolsa; cesto ~ cesta; huerto ~ huerta; madero ~ madera; río ~ ría.*

Homonimia, polisemia y diferencias de género. Varios términos HOMONÍMICOS O POLISÉMICOS se diferencian en su significado y también en su género: *el/la capital, el/la cólera, el/la coma, el/la cometa, el/la corte, el/la cura, el/la editorial, el/la final, el/la frente, el/la mañana, el/la orden, el/la parte.*

Sustantivos ambiguos en cuanto al género. Son nombres de terminación invariable que pueden usarse como masculinos o femeninos, pero sin experimentar cambios de significado. Esta ambigüedad de género se da sobre todo en singular y, a menudo, es propia de algunas variedades geográficas, así como de ciertos registros y niveles de lengua, como muestra la preferencia por *la mar* (frente a *el mar*) entre los marineros. A este grupo pertenecen, entre otros, los sustantivos siguientes: *el/la mar* (plural, *los mares*), *el/la maratón, el/la dote* (plural, *las dotes*), *el/la linde, el/la calor, el/la interrogante.*

3

El número

Concepto de número

El número es una propiedad gramatical de los sustantivos, los pronombres, los adjetivos, los determinantes y los verbos que opone dos valores: el SINGULAR y el PLURAL. En el sustantivo y el pronombre el número posee dos características:

a) Es signo de unidad/pluralidad. Las marcas de número en el nombre y en el pronombre están asociadas a los contenidos 'unidad' y 'pluralidad' o 'multiplicidad'. Prototípicamente, el singular significa 'uno' (*árbol, dedo, país*) y el plural, 'más de uno' (*árboles, dedos, países*). Con la excepción de los numerales, en las demás categorías el número no posee valor informativo, sino que constituye una manifestación de la concordancia (→ pág. 9).

b) Es rasgo inherente. Sustantivos y pronombres imponen sus marcas de número a determinantes, cuantificadores, adjetivos y verbos cuando forman con ellos construcciones concordadas: *Ya llega el cortejo; los amigos, un nuevo día*. Así pues, expresan morfológicamente plural todas las palabras del grupo nominal *todos los lápices amarillos*, pero solo denota propiamente pluralidad el sustantivo *lápices*.

Relaciones entre forma y significado

Aunque la asociación de las formas del singular y del plural con los contenidos 'unidad' y 'pluralidad' es bastante regular, existen casos en los que no se establece tal correspondencia.

SUSTANTIVOS NO CONTABLES

Los sustantivos no contables o continuos (*agua, aire, arena, tierra*), por razones de significado, suelen construirse en singular. Cuando aparecen en plural, pueden pasar a ser sustantivos contables (*el café* ~ *tres cafés*). Si se mantienen como no contables, suelen aportar una variante estilística que a menudo no constituye una auténtica pluralización: *el agua* ~ *las aguas; {la arena* ~ *las arenas} del desierto; la tierra castellana* ~ *las tierras castellanas; la nieve* ~ *las nieves; tomar sopa* ~ *tomar sopas; en el cielo* ~ *en los cielos.*

SUSTANTIVOS CONTABLES CON PLURAL INDIFERENTE AL NÚMERO

En algunos nombres contables, en los que el singular implica unidad (*boda, espalda, funeral*), el plural puede usarse con valor de unidad (*la boda de Camacho* y *las bodas de Camacho, el funeral* y *los funerales, espalda* y *espaldas*) o de pluralidad (*las bodas de mis dos hermanas*). Esta neutralización se da también en algunas fórmulas de cortesía: *feliz Navidad* y *felices Navidades, buen día* y *buenos días.*

SUSTANTIVOS CON DIFERENTE SIGNIFICADO LÉXICO

En otros casos, el cambio de número implica modificación en el significado léxico: *celo* y *celos, haber* y *haberes, historia* e *historias, imaginación* e *imaginaciones, interés* e *intereses, relación* y *relaciones.*

SUSTANTIVOS DE OBJETOS DOBLES

Con los nombres que designan realidades compuestas de dos partes simétricas que forman unidad, suelen alternar el uso del singular y del plural en la referencia a cada conjunto: *alicate* ~ *alicates; calzón* ~ *calzones; gafa* ~ *gafas; nariz* ~ *narices; pantalón* ~ *pantalones; tenaza* ~ *tenazas; tijera* ~ *tijeras.* El plural de estos nombres admite dos interpretaciones, ya que puede designar un objeto o más de uno, como ocurre con *los pantalones que están sobre la cama* (es aplicable a uno o a varios). El contexto suele deshacer la ambigüedad.

SUSTANTIVOS DUALES

Son nombres que en plural designan normalmente objetos pares, pero formados por piezas independientes: *amígdalas, guantes, medias, orejas, pendientes, piernas, zapatos,* etc. En ellos el plural nunca es equivalente del singular, ya que expresan sentidos distintos: *una media* refleja siempre singularidad, mientras que *unas medias* indica pluralidad, sea de un par o de varios pares.

SUSTANTIVOS CON SINGULAR INHERENTE O *SINGULARIA TANTUM*

Son nombres que suelen usarse solo en singular, debido a que designan una entidad única: *canícula, caos, cariz, cenit, grima, oeste, salud, sed, tez, zodíaco*, etc.

SUSTANTIVOS CON PLURAL INHERENTE O *PLURALIA TANTUM*

Son sustantivos que se emplean solo en plural. A diferencia de los *singularia tantum*, que denotan entidades únicas, la marca de número no implica en este caso pluralidad en el referente. Pertenecen a ámbitos conceptuales muy diversos: alimentos (*comestibles, ñoquis, provisiones, tallarines, víveres*); objetos inespecíficos (*bártulos, cachivaches, enseres*); cantidades de dinero (*emolumentos, finanzas, honorarios*); lugares imprecisos (*afueras, aledaños, alrededores*); fragmentos, restos o cosas menudas (*añicos, escombros, trizas*), o ciertas partes de algún organismo (*entrañas, fauces, tragaderas*).

Los PLURALES INHERENTES aparecen con mucha frecuencia formando parte de locuciones, sean nominales (*artes marciales*); adverbiales y adjetivas (*a gatas, a medias*); preposicionales (*con miras a*), o verbales (*hacer las paces, ir de compras*).

Reglas para la formación del plural

REGLAS GENERALES

Mientras que el singular no presenta marca específica, el plural aparece marcado generalmente por las terminaciones *-s* o *-es*. Con todo, muchas palabras se pluralizan sin marca, por lo que solo se percibe su número a través de la concordancia. En los apartados que siguen se darán las reglas generales de formación del plural en español, que dependen, fundamentalmente, de las propiedades fonológicas del constituyente final: si es vocálico o consonántico, si es tónico o átono, etc.

Voces terminadas en vocal

a) Las palabras que acaban en vocal átona y en *-á, -é, -ó* tónicas hacen el plural en *-s: casas, calles, yanquis, libros, tribus, sofás, cafés, platós*. También añaden *-s* las voces agudas terminadas en diptongo: *bonsáis*.

b) Las terminadas en *-í*, *-ú* tónicas tienden a admitir las dos variantes, *-es* y *-s*: *colibríes* o *colibrís*, *bisturíes* o *bisturís*, *esquíes* o *esquís*, *bambúes* o *bambús*, *gurúes* o *gurús*, *tabúes* o *tabús*. Suelen preferirse en la lengua culta las variantes en *-es*, sobre todo en los gentilicios y nombres de etnias: *ceutíes*, *guaraníes*, *israelíes*, *hindúes*. Algunos términos, en su mayoría coloquiales o procedentes de otras lenguas, solo forman su plural en *-s*: *cañís*, *gachís*, *gilís*, *pirulís*, *popurrís*.

c) En el plural de los monosílabos existe cierta variación. Los acabados en vocal suelen tener plural en *-s*: *fes*, *pies*, *pros*, *tés*. Para los nombres de las vocales, se recomiendan los plurales *aes*, *es*, *íes*, *oes*, *úes*. El de *cu* (nombre de la consonante *q*) es *cus*; el de *i griega* (*y*, cuya denominación preferida es *ye*), *íes griegas*.

Aunque se documentan las formas *yos*, *nos* y *sís* como plurales de *yo*, *no* y *sí*, los recomendados son *yoes*, *noes* y *síes*. Se aconseja evitar los plurales de carácter popular *cacahueses* o *cacahués* (por *cacahuates* o *cacahuetes*), *cafeses* (por *cafés*), *manises* (por *manís* o *maníes*) y *pieses* (por *pies*), entre otros. *n*

d) Los sustantivos terminados en *-y* toman *-es* para el plural: *ayes*, *bueyes*, *convoyes*, *leyes*, *reyes*, con la excepción de algunos no totalmente castellanizados: *jerséis* (o *yerseis*).

Voces terminadas en consonante

a) Los nombres acabados en *-l*, *-n*, *-r*, *-d*, *-z*, *-j* hacen el plural en *-es*: *cónsules*, *leones*, *caracteres* (con cambio de acento), *paredes*, *peces*, *relojes*. Los esdrújulos desplazan el acento (*especímenes*, *regímenes*) o bien permanecen invariables (*los asíndeton*, *los polisíndeton*). Se exceptúa *hipérbaton*, cuyo plural preferido es *hipérbatos*.

b) Las voces agudas y las monosílabas terminadas en *-s*, *-x* hacen también el plural en *-es*: *autobuses*, *compases*, *reveses*, *toses*, *boxes*, *faxes*; las demás permanecen invariables: *las dosis*, *las tesis*, *los lunes*, *los bíceps*, *los clímax*, *los tórax*.

c) Las acabados en otras consonantes añaden *-s*: *cenit* o *zenit* / *cenits* o *zenits*; *mamut* / *mamuts*; *tic* / *tics*; *tictac* / *tictacs*; *zigurat* / *zigurats*.

EL PLURAL DE LOS COMPUESTOS

Compuestos léxicos. Como regla general, todos los COMPUESTOS LÉXICOS O UNIVERBALES (pág. → 62) marcan el plural en el segundo constituyente y siguen las pautas regulares, como si se tratase de palabras simples: *aguafuertes*, *bocacalles*, *caraduras*, *cubalibres*, *purasangres*, *sacacorchos*, *socioeconómicos*. Los que poseen una estructura sintáctica aparente también tienden a tener un plural regular: *correveidiles, quehaceres, tentempiés*. Se exceptúan los acabados en *-todo*, que permanecen invariables: *los curalotodo, los metomentodo, los sabelotodo*. Son internos los plurales de *cualquiera* (*cualesquiera*) y *quienquiera* (*quienesquiera*).

Compuestos sintagmáticos. Las marcas de plural de los COMPUESTOS SINTAGMÁTICOS (pág. → 62) varían en función de sus constituyentes:

a) Compuestos formados por dos sustantivos. Cuando ambos miembros se escriben separados, pero constituyen una unidad significativa, solo se marca el plural en el primero: *años luz, buques escuela, ciudades dormitorio, globos sonda, hombres rana, niños prodigio*. Si el segundo sustantivo se usa con valor adjetival, caben las dos opciones: *aviones espía ~ aviones espías; discos pirata ~ discos piratas; momentos clave ~ momentos claves; países satélite ~ países satélites*.

b) Compuestos formados por sustantivo y adjetivo. Si van separados, suelen pluralizar sus dos segmentos: *boinas verdes, pieles rojas*.

EL PLURAL DE LOS NOMBRES PROPIOS

Regla general. Los nombres propios, como tales, no tienen plural, pues designan entidades únicas entre las de su clase. Sin embargo, cuando varios individuos comparten nombre, este se asimila a los sustantivos comunes y, por tanto, forma el plural de manera regular: *Aquí viven varias Cármenes; Conozco a tres Antonios*. También forman un plural regular los procedentes de nombres propios que designan arquetipos: *un donjuán* > *unos donjuanes; un quijote* > *unos quijotes*.

Formas de tratamiento. *Santo, santa* y *doña* suelen recibir plural. No varían, en cambio, *san, don, fray, sor: Santas Martas, los don Josés*.

Apellidos. Los apellidos suelen alternar la forma invariable (obligada cuando acaban en *-s* o -z) y la adición de *-s*. Esta última es más frecuente si hace referencia a dinastías: *los Fierro, los Oriol, los Urquijo, los Austrias, los Borbones, los Capetos*.

Premios y marcas. Los nombres de los premios no varían cuando expresan su denominación oficial: *los Premios Goya, la ceremonia de los Óscar*, pero sí cuando designan un objeto material, o bien a la persona premiada: *los goyas del museo, los nobeles de literatura*. Los de marcas, cuando se refieren a los objetos que designan, se asimilan a los nombres comunes: si terminan en vocal, tienden a hacer el plural en *-s* (*las Yamahas, los Toyotas*); si acaban en consonante, lo habitual es que no varíen (*Los Seat estaban alineados*).

Topónimos en plural. Se emplean solo en plural los nombres propios de ciertas cordilleras (*los Alpes, los Andes, los Pirineos*), archipiélagos (*las Antillas, las Baleares, las Canarias, las Filipinas, las Galápagos*) y países (*Emiratos Árabes Unidos, Estados Unidos, Países Bajos*), así como los de algunas ciudades (*Aguascalientes, Buenos Aires, Ciempozuelos*).

EL PLURAL DE LOS LATINISMOS

No varían en plural los latinismos que acaban en *-s* (*los campus, los corpus, los lapsus*), en *-x* (*los códex*) o en *-r* (*los imprimátur, los paternóster*). No obstante, la adaptación progresiva hace que algunos de los acabados en *-r* formen ya su plural en *-es: magísteres, nomenclátores*. Los terminados en *-m* y en *-t* añaden *-s: réquiems, ultimátums, vademécums, accésits, déficits, hábitats, superávits*. Muchos de los terminados en *-us* y en *-um* se han castellanizado en *-o*, con el consiguiente plural en *-os: auditorios, eucaliptos, máximos, mínimos*. No varían las locuciones latinas incorporadas al español: *los alter ego, los curriculum vitae, los lapsus linguae*.

- Algunos latinismos admiten una doble, e incluso triple, solución: *los páter* y *los páteres; los ítem, los ítemes* y *los ítems* (se prefiere la última opción); *los júniors* y *los júniores* (se aconseja la segunda, lo mismo que en *séniores*); *los accésit* y *los accésits* (se prefiere la segunda).
- Se desaconseja el uso de ciertos plurales latinos en *-a*, introducidos en español por influjo del inglés, como *córpora, currícula, media, memoranda, referenda*. Se prefieren en su lugar las formas invariables (*los corpus*) o las adaptadas (*los currículos, los medios, los memorandos, los referendos*).

n

EL PLURAL DE LOS PRÉSTAMOS DE OTRAS LENGUAS

Regla general. Como regla general, las voces procedentes de otras lenguas deben acomodarse a la fonética y grafía del español y, en consecuencia, también a las reglas de formación de su plural. No obstante, algunas formas originales han acabado por triunfar sobre las adaptadas. Así, *bistec/bistecs, boicot/boicots, coñac/coñacs* y *debut/debuts* se han impuesto en el uso a *bisté/bistés, boicó/boicós, coñá/coñás* y *debú/debús*.

Voces acabadas en vocal. Añaden *-s: atrezos, bafles, bidés, capós, interviús, pedigrís, yanquis*. Muchas de las acabadas en *-y* precedida de consonante la han cambiado por *-i*, con el consiguiente plural en *-is: dandi/dandis; panti/pantis*. Las que llevan *-y* como segundo elemento de un diptongo la sustituyen por *-i* en plural: *espray/espráis*. Las hay que admiten dos formas en singular, unas con plural único: *samurái* o *samuray* (plural *samuráis*), y otras con los dos plurales correspondientes: *póney/poneis* o *poni/ponis.*

Voces acabadas en consonante. Muchos de los sustantivos terminados en *-n, -l, -r, -d, -j, -z* forman ya su plural en *-es: bluyines, búnkeres, chándales, córneres, cruasanes, pósteres,* etc. Los acabados en *-s* o *-x* no agudos permanecen invariables (*los toples, dos réflex, varios télex*), mientras que los agudos y monosílabos se pluralizan en *-es: boxes, estreses, faxes, fuagrases.* Añaden *-s* los acabados en otras consonantes: *airbags, argots, blocs, chefs, esnobs, tuaregs, vivacs, webs,* etc. Los esdrújulos no varían: *los cárdigan, los mánager, los trávelin.*

- Se registran aún numerosas vacilaciones: junto a *chándales, córneres, escáneres, fanes, másteres, pines* o *pósteres,* se usan también —y a veces con más frecuencia— las formas *chándals, córners, escáners, fans, másters, pins* o *pósters.* Se prefieren las primeras. Se recomienda asimismo *güisqui/güisquis* frente a los originales —y en algunas partes más usados— *whisky/whiskies* y *whiskey/whiskeys.*

- El plural de *lord* es *lores,* y el de *sándwich, sándwiches.* Son correctos *clubs* y *clubes* como plurales de *club,* así como *tests* y el plural invariable en el caso de *test.* *n*

- Tienen plural regular en español algunos nombres que proceden de voces plurales en su lengua de origen. Así, se consideran correctas expresiones como *los espaguetis, los muyahidines, los talibanes,* no *los espagueti, los muyahidín, los talibán.*

4

La flexión verbal

Informaciones morfológicas de las formas verbales

El verbo en español tiene flexión de número y persona, y de tiempo, modo y aspecto. A través de los rasgos de persona y número establece la CONCORDANCIA con el sujeto gramatical. La flexión de tiempo, modo y aspecto, que es exclusiva del verbo, expresa nociones relacionadas con el evento. Así, en la forma *mirabas* los morfemas flexivos indican que la persona que realiza la acción es el destinatario del mensaje (2.ª persona), y también que se trata de un único individuo (singular). Los rasgos de tiempo y aspecto (→ cap. 15) ponen de manifiesto que la acción de *mirar* se realiza en el pasado (pretérito) y que se percibe como proceso en curso (imperfecto); y los de modo expresan que esa acción se enuncia como real (indicativo), en lugar de presentarse subordinada a un entorno modal, irreal o virtual. Las formas verbales contienen los siguientes constituyentes:

a) La RAÍZ (O RADICAL), que aporta el significado léxico.

b) La VOCAL TEMÁTICA (VT), que es el constituyente flexivo que distingue las conjugaciones y forma, junto con la raíz, el TEMA verbal.

c) El segmento TM, que contiene la información flexiva de tiempo, modo y aspecto.

d) El segmento PN, que reproduce en el verbo los rasgos de persona y número del sujeto.

El conjunto de segmentos flexivos que el verbo manifiesta se llama DESINENCIA. En algunas formas del paradigma cada uno de los segmentos que la constituyen posee realización fonológica (*cant-a-ba-n*); pero en otras, algunos carecen de expresión fónica (por ejemplo, *cantan, canta, canto* y *cantemos*):

Raíz	Desinencia		
	VT	TM	PN
cant-	-a-	-ba-	-n
cant-	-a-	-Ø-	-n
cant-	-a-	-Ø-	-Ø
cant-	-Ø-	-o-	-Ø
cant-	-Ø-	-e-	-mos

El infinitivo, el gerundio y el participio no admiten los segmentos TM y PN (de ahí el nombre tradicional de *formas no personales* del verbo). Con la raíz y la vocal temática característica de cada conjugación (*-a-, -e-, -i-*) se construye el tema de infinitivo (*ama-, teme-, parti-*), al que se agrega el morfema *-r.* La VT no se altera en la formación de gerundios y participios de la primera conjugación (*am-a-ndo, am-a-do*), pero toma la forma del diptongo *-ie-* en los gerundios de la segunda y la tercera (*tem-ie-ndo, part-ie-ndo*). Los participios de la segunda se asimilan a los de la tercera en la vocal temática *-i-* (*tem-i-do, part-i-do*).

Desde el punto de vista de su estructura léxica, las formas verbales pueden ser simples o compuestas. Las FORMAS COMPUESTAS se construyen con el verbo auxiliar *haber* y el participio del verbo correspondiente. El auxiliar *haber* aporta el valor retrospectivo, además de la información gramatical de TM y PN en todas las formas personales del verbo. La base léxica del participio determina la VALENCIA O ESTRUCTURA ARGUMENTAL del verbo.

Las formas verbales se organizan en una serie de paradigmas cerrados, denominados TIEMPOS VERBALES, que se agrupan bajo los MODOS. Se utiliza aquí la nomenclatura académica; pero en las tablas de conjugación (→ apéndice 1) aparecerán también las denominaciones propuestas por Andrés Bello:

Modo indicativo

Tiempos simples		Tiempos compuestos	
PRESENTE	canto	PRET. PERFECTO COMPUESTO	he cantado
PRETÉRITO IMPERFECTO	cantaba	PRET. PLUSCUAMPERFECTO	había cantado
PRET. PERFECTO SIMPLE	canté	PRETÉRITO ANTERIOR	hube cantado
FUTURO SIMPLE	cantaré	FUTURO COMPUESTO	habré cantado
CONDICIONAL SIMPLE	cantaría	CONDICIONAL COMPUESTO	habría cantado

Modo subjuntivo

Tiempos simples		Tiempos compuestos	
PRESENTE	cante	PRET. PERFECTO COMPUESTO	haya cantado
PRET. IMPERFECTO	cantara/-se	PRET. PLUSCUAMPERFECTO	hubiera/-se cantado
FUTURO SIMPLE	cantare	FUTURO COMPUESTO	hubiere cantado

Modo imperativo

canta

Distribución de los segmentos flexivos

LA VOCAL TEMÁTICA (VT)

La vocal temática encabeza la desinencia y no aporta significado. El constituyente que forma con la raíz, el tema, sufre variaciones (diptongación, cambios de acento o de timbre) según la conjugación a la que pertenece el verbo, y también en función de los valores de los segmentos TM y PN. Estas variaciones permiten distinguir tres temas:

a) El TEMA de PRESENTE: A él pertenecen el presente de indicativo, el presente de subjuntivo y el imperativo.

b) El TEMA de PRETÉRITO: Está formado por el pretérito perfecto simple, los imperfectos, el futuro de subjuntivo, el participio y el gerundio.

c) El TEMA de FUTURO: En él se agrupan el futuro de indicativo, el condicional y el infinitivo.

Variaciones de la vocal temática			
TEMAS	***-ar***	***-er***	***-ir***
PRESENTE	ám-{-*Ø*-/-*a*-}	tém- párt- {-*Ø*-/*e*-}	
	am-*á*-	tem-*é*-	part-*í*-
PRETÉRITO	am-{-*Ø*-/-*á*-}	tem- part- {-*Ø*-/-*í*-/-*ié*-}	
FUTURO	am-{-*a*-/-*á*-}	tem-{-*e*-/-*é*-}	part-{-*i*-/-*í*-}

PERSONA Y NÚMERO (PN)

a) El segmento PN es regular en la primera y en la tercera personas del plural: *-mos* (*ama-mos, amába-mos*) y *-n* (*ama-n, amaría-n*), respectivamente.

b) En la primera y en la tercera personas del singular es nulo (*amo-Ø, amará-Ø*), lo que hace que ambas personas presenten la misma forma en algunos tiempos: imperfecto de indicativo (*yo amaba* ~ *él amaba*), condicional (*yo partiría* ~ *él partiría*), presente de subjuntivo (*yo tema* ~ *ella tema*), etc.

c) El segmento PN correspondiente a la segunda persona forma un paradigma flexivo más complejo, ya que varía en función del tratamiento (tuteo, voseo o de *usted*) y de los tiempos verbales.

Se considera incorrecto el empleo de la desinencia *-s* para la 2.ª persona del singular del pretérito perfecto simple (*cantastes, temistes*).

Segunda persona del singular		
con tuteo	Ø	pretérito perfecto simple, imperativo
	-s	resto de tiempos
con voseo	Ø	imperativo
	-s	resto de tiempos
con *usted*	Ø	todos los tiempos
Segunda persona del plural		
con *ustedes*	*-n*	todos los tiempos
con *vosotros*	*-d*	imperativo
	-is	resto de tiempos

TIEMPO Y MODO (TM)

Tema de presente. El segmento TM es nulo en el presente de indicativo (salvo en la 1.ª pers. sing., en la que es *-o*) y en el imperativo (salvo en las formas de *usted*/*ustedes*). Es *-e-* o *-é-* en el presente de subjuntivo de la 1.ª conjugación y *-a-* o *-á-* en las otras dos conjugaciones.

En las tablas, la columna PERS. hace referencia a la persona gramatical, y no a la del discurso, por tanto, las formas correspondientes a los pronombres *usted* y *ustedes* se ubican en la 3.ª persona, excepto en el imperativo, donde se representan junto con las formas de segunda persona.

Presente de indicativo

Pers.	1.ª Conjugación			2.ª Conjugación			3.ª Conjugación		
	TEMA	TM	PN	TEMA	TM	PN	TEMA	TM	PN
1.ª sing.	am-Ø-	-o-	-Ø	tem-Ø-	-o-	-Ø	part-Ø-	-o-	-Ø
2.ª sing.	am-a-/-á-	-Ø-	-s	tem-e-/-é-	-Ø-	-s	part-e-/-í-	-Ø-	-s
3.ª sing.	am-a-	-Ø-	-Ø	tem-e-	-Ø-	-Ø	part-e-	-Ø-	-Ø
1.ª pl.	am-a-	-Ø-	-mos	tem-e-	-Ø-	-mos	part-i-	-Ø-	-mos
2.ª pl.	am-á-	-Ø-	-is	tem-é-	-Ø-	-is	part-í-	-Ø-	-is
3.ª pl.	am-a-	-Ø-	-n	tem-e-	-Ø-	-n	part-e-	-Ø-	-n

Presente de subjuntivo

Pers.	1.ª Conjugación			2.ª Conjugación			3.ª Conjugación		
	TEMA	TM	PN	TEMA	TM	PN	TEMA	TM	PN
1.ª sing.	am-Ø-	-e-	-Ø	tem-Ø-	-a-	-Ø	part-Ø-	-a-	-Ø
2.ª sing.	am-Ø-	-e-	-s	tem-Ø-	-a-	-s	part-Ø-	-a-	-s
3.ª sing.	am-Ø-	-e-	-Ø	tem-Ø-	-a-	-Ø	part-Ø-	-a-	-Ø
1.ª pl.	am-Ø-	-e-	-mos	tem-Ø-	-a-	-mos	part-Ø-	-a-	-mos
2.ª pl.	am-Ø-	-é-	-is	tem-Ø-	-á-	-is	part-Ø-	-á-	-is
3.ª pl.	am-Ø-	-e-	-n	tem-Ø-	-a-	-n	part-Ø-	-a-	-n

Imperativo

Pers.	1.ª Conjugación			2.ª Conjugación			3.ª Conjugación		
	TEMA	TM	PN	TEMA	TM	PN	TEMA	TM	PN
2.ª sing.	am-a-/-á- am-Ø-	-Ø- -e-	-Ø -Ø	tem-e-/-é- tem-Ø-	-Ø- -a-	-Ø -Ø	part-e-/-í- part-Ø-	-Ø- -a-	-Ø -Ø
2.ª pl.	am-Ø- am-a-	-e- -Ø-	-n -d	tem-Ø- tem-e-	-a- -Ø-	-n -d	part-Ø- part-i-	-a- -Ø-	-n -d

Tema de pretérito. El segmento TM es *-ba-* en el imperfecto de indicativo de la 1.ª conjugación y *-a-* en las otras dos. El pretérito perfecto simple presenta variación en las desinencias de TM. En el imperfecto (*-ra-* y *-se-*) y en el futuro (*-re-*) de subjuntivo no hay diferencia entre las conjugaciones.

Como se verá en los cuadros, los paradigmas que corresponden a VT, TM y PN son considerablemente regulares en el tema de pretérito.

Pretérito imperfecto

Pers.	1.ª Conjugación			2.ª Conjugación			3.ª Conjugación		
	TEMA	TM	PN	TEMA	TM	PN	TEMA	TM	PN
1.ª sing.	am-a-	-ba-	-Ø	tem-í-	-a-	-Ø	part-í-	-a-	-Ø
2.ª sing.	am-a-	-ba-	-s	tem-í-	-a-	-s	part-í-	-a-	-s
3.ª sing.	am-a-	-ba-	-Ø	tem-í-	-a-	-Ø	part-í-	-a-	-Ø
1.ª pl.	am-á-	-ba-	-mos	tem-í	-a-	-mos	part-í-	-a-	-mos
2.ª pl.	am-a-	-ba-	-is	tem-í	-a-	-is	part-í-	-a-	-is
3.ª pl.	am-a-	-ba-	-n	tem-í-	-a-	-n	part-í-	-a-	-n

Pretérito perfecto simple

Pers.	1.ª Conjugación			2.ª Conjugación			3.ª Conjugación		
	TEMA	TM	PN	TEMA	TM	PN	TEMA	TM	PN
1.ª sing.	am-Ø-	-é-	-Ø	tem-Ø-	-í-	-Ø	part-Ø-	-í-	-Ø
2.ª sing.	am-a-	-ste-	-Ø	tem-i-	-ste-	-Ø	part-i-	-ste-	-Ø
3.ª sing.	am-Ø-	-ó-	-Ø	tem-Ø-	-ió-	-Ø	part-Ø-	-ió-	-Ø
1.ª pl.	am-a-	-Ø-	-mos	tem-i-	-Ø-	-mos	part-i-	-Ø-	-mos
2.ª pl.	am-a-	-ste-	-is	tem-i-	-ste-	-is	part-i-	-ste-	-is
3.ª pl.	am-a-	-ro-	-n	tem-ie-	-ro-	-n	part-ie-	-ro-	-n

Pretérito imperfecto de subjuntivo

Pers.	1.ª Conjugación			2.ª Conjugación			3.ª Conjugación		
	TEMA	TM	PN	TEMA	TM	PN	TEMA	TM	PN
1.ª sing.	am-a-	-ra-/-se-	-Ø	tem-ie-	-ra-/-se-	-Ø	part-ie-	-ra-/-se-	-Ø
2.ª sing.	am-a-	-ra-/-se-	-s	tem-ie-	-ra-/-se-	-s	part-ie-	-ra-/-se-	-s
3.ª sing.	am-a-	-ra-/-se-	-Ø	tem-ie-	-ra-/-se-	-Ø	part-ie-	-ra-/-se-	-Ø
1.ª pl.	am-á-	-ra-/-se-	-mos	tem-ié-	-ra-/-se-	-mos	part-ié-	-ra-/-se-	-mos
2.ª pl.	am-a-	-ra-/-se-	-is	tem-ie-	-ra-/-se-	-is	part-ie-	-ra-/-se-	-is
3.ª pl.	am-a-	-ra-/-se-	-n	tem-ie	-ra-/-se-	-n	part-ie-	-ra-/-se-	-n

Tema de futuro. Los exponentes de TM son *-re-* y *-ra-* (tónicos) para el futuro de indicativo y *-ría-* para el condicional en las tres conjugaciones.

Futuro

Pers.	1.ª Conjugación			2.ª Conjugación			3.ª Conjugación		
	TEMA	TM	PN	TEMA	TM	PN	TEMA	TM	PN
1.ª sing.	am-a-	-ré-	-Ø	tem-e-	-ré-	-Ø	part-i-	-ré-	-Ø
2.ª sing.	am-a-	-rá-	-s	tem-e-	-rá-	-s	part-i-	-rá-	-s
3.ª sing.	am-a-	-rá-	-Ø	tem-e-	-rá-	-Ø	part-i-	-rá-	-Ø
1.ª pl.	am-a-	-re-	-mos	tem-e-	-re-	-mos	part-i-	-re-	-mos
2.ª pl.	am-a-	-ré-	-is	tem-e-	-ré-	-is	part-i-	-ré-	-is
3.ª pl.	am-a-	-rá-	-n	tem-e-	-rá-	-n	part-i-	-rá-	-n

Condicional

Pers.	1.ª Conjugación			2.ª Conjugación			3.ª Conjugación		
	TEMA	TM	PN	TEMA	TM	PN	TEMA	TM	PN
1.ª sing.	am-a-	-ría-	-Ø	tem-e-	-ría-	-Ø	part-i-	-ría-	-Ø
2.ª sing.	am-a-	-ría-	-s	tem-e-	-ría-	-s	part-i-	-ría-	-s
3.ª sing.	am-a-	-ría-	-Ø	tem-e-	-ría-	-Ø	part-i-	-ría-	-Ø
1.ª pl.	am-a-	-ría-	-mos	tem-e-	-ría-	-mos	part-i-	-ría-	-mos
2.ª pl.	am-a-	-ría-	-is	tem-e-	-ría-	-is	part-i-	-ría-	-is
3.ª pl.	am-a-	-ría-	-n	tem-e-	-ría-	-n	part-i-	-ría-	-n

La conjugación regular

La conjugación regular está formada por una serie de paradigmas de formas flexivas para los distintos tiempos y modos que se adjuntan a los temas de presente, pretérito y futuro del verbo.

En español se distinguen tres modelos (1.ª, 2.ª y 3.ª conjugación) que se identifican tradicionalmente por el timbre de la vocal temática del infinitivo: en *-ar* (VT = *-a-*, *amar*), en *-er* (VT = *-e-*, *temer*) y en *-ir* (VT = *-i-*, *partir*). Los paradigmas flexivos de la 2.ª y la 3.ª son prácticamente idénticos en lo relativo al segmento TM. De esta manera, las diferencias fundamentales se reducen a la VT en la 1.ª y la 2.ª personas del plural del presente de indicativo (*tememos*/*partimos*; *teméis*/*partís*) y en el plural del imperativo correspondiente a *vosotros* (*temed*/*partid*), así como en las formas del tema de futuro: infinitivo (*temer*/*partir*), futuro (*temeré*/*partiré*) y condicional (*temería/partiría*). Los paradigmas regulares de las tres conjugaciones se presentan en (→ T. C. 1, 2 y 3).

EL VOSEO

Definición. Es el uso del pronombre *vos* como forma de tratamiento dirigida a un solo interlocutor (VOSEO PRONOMINAL) (→ págs. 110-111), así como el empleo de las desinencias que reflejan los rasgos gramaticales de este pronombre en la flexión verbal (VOSEO FLEXIVO). Estas variantes flexivas proceden históricamente de las correspondientes a la 2.ª persona del plural. El voseo constituye una característica singular del español hablado en amplias regiones de América.

El voseo flexivo. Se caracteriza por formas verbales específicas en el presente de indicativo y en el de subjuntivo, en el pretérito perfecto simple y en el imperativo. Algunos países cuentan con formas de voseo para el futuro de indicativo (*amarés, amarís*). En el presente de indicativo se usan las formas *amás, temés, partís,* sobre todo en las regiones rioplatense y centroamericana, aunque también se registra en algunas zonas de Colombia y del Ecuador. En el área chilena existen desinencias específicas para el voseo flexivo en todos los tiempos, salvo en el imperativo. Así, para el presente de indicativo se emplean las formas *amáis, temís* y *partís,* con aspiración o pérdida de la *-s* final. En algunas áreas, sobre todo en la caribeña y la andina, se utiliza para este tiempo la variante que coincide con la forma correspondiente a *vosotros* (en ocasiones acompañada de aspiración de *-s*): *amáis, teméis, partís.* El uso del voseo en las formas de subjuntivo no está tan extendido como el correspondiente a las de indicativo, salvo en la sierra andina y en algunas regiones meridionales de Centroamérica, donde se emplea la forma diptongada sin *-s* (*améi, temái, partái*). En otras zonas, como en Costa Rica, se utilizan las formas monoptongadas con *-s: amés, temás, partás.*

Los verbos irregulares

Son irregulares los verbos cuya conjugación no se ajusta a los paradigmas de *amar, temer* y *partir.* Las irregularidades en la flexión verbal se suelen agrupar en tres clases:

a) VOCÁLICAS: Dan lugar a alternancias entre vocales (*pedir ~ pido*), o bien entre vocales y diptongos (*entender ~ entiendo; contar ~ cuento*).

b) CONSONÁNTICAS: Conllevan la adición de algún segmento consonántico (*padecer* > *padezco*) o la sustitución de una consonante por otra, como en *hacer* > *haga.*

c) MIXTAS: Afectan tanto a una sustitución vocálica como a una consonántica (*decir* > *digo*).

A estas tres clases básicas se añaden las irregularidades que son resultado de la existencia de RAÍCES SUPLETIVAS, es decir, de la presencia de dos o más raíces en formas distintas de un mismo verbo, como en *ir* > *iré* ~ *voy*; *ser* > *somos* ~ *fuimos*. Se consideran también irregulares los VERBOS DEFECTIVOS, cuya irregularidad consiste en la ausencia de algunas formas del paradigma de su conjugación.

VERBOS VOCÁLICOS

Se denominan VERBOS VOCÁLICOS los que poseen raíces terminadas en vocal, como *actu-ar, aire-ar, anunci-ar, averigu-ar, ca-er, desvi-ar, inco-ar, le-er, o-ír* y *sonre-ír*. Estos verbos pueden contener diptongos en todas las formas del paradigma, como *anunciar* (*anuncio, anuncié, anunciaré,* etc.) o *averiguar,* o solo en algunas, como *enviar* (*en.via.ré,* pero *en.ví.o*) o *actuar.* Los primeros se denominan verbos vocálicos de diptongo fijo o sistemático, y los segundos, verbos vocálicos de diptongo variable o de alternancia «diptongo-hiato».

Son verbos de diptongo fijo:

a) algunos verbos que terminan en *-iar: acariciar, agobiar, anunciar* (→ T. C. 11), *cambiar, copiar, limpiar, odiar, pronunciar, renunciar;*

b) unos pocos verbos en *-uar: aguar, averiguar* (→ T. C. 15), *menguar.*

Son verbos vocálicos de alternancia «diptongo-hiato»:

a) algunos verbos acabados en *-iar: ampliar, confiar, desviar, enfriar, enviar* (→ T. C. 32), *guiar, vaciar;*

b) algunos verbos en *-uar: actuar* (→ T. C. 5), *continuar, efectuar, evaluar, situar;*

c) los verbos en *-uir: construir* (→ T. C. 24), *incluir.* Estos verbos presentan además otras irregularidades.

Se asimilan a los verbos vocálicos aquellos que contienen un diptongo en una posición no final de su raíz, ya que también pueden clasificarse como de diptongo fijo (*bailar, causar*) o variable (*aislar, aunar*). Mientras que en los verbos de diptongo creciente (*ia, ie, io, ua, ue, uo*) —*viajar, inquietar, aguantar, frecuentar*— este suele ser sistemático en todas las formas, los verbos con diptongo decreciente (*ai, ei, oi, au, eu, ou*) pueden pertenecer a los dos paradigmas. Así, son de diptongo fijo:

a) algunos verbos que contienen *-au-: aplaudir, causar (causan);*

b) ciertos verbos con *-ei-: peinar (peinan), reinar;*

c) algunos verbos que contienen *-ai-: bailar (bailan).*

Al grupo de diptongo variable pertenecen:

a) algunos verbos con *-au-: aullar, aunar (aúnan, aunamos);*

b) algunos verbos con *-ei-: descafeinar (descafeínan, descafeinamos);*

c) ciertos verbos que contienen *-ai-: aislar (aíslan, aislamos);*

d) otros verbos con diptongo decreciente: *prohibir, rehusar, reunir (reúnen, reunimos).*

Los diptongos *-iu-* y *-ui-* no son crecientes ni decrecientes y los verbos que los contienen, como *cuidar* o *triunfar*, son de diptongo sistemático.

VERBOS CON ALTERNANCIA VOCÁLICA

Algunos verbos presentan irregularidades vocálicas por diptongación. Así, la forma diptongada de los pares siguientes se elige en las raíces tónicas del tema de presente y la otra variante en los demás casos (se subrayan en las voces las vocales y los diptongos que participan en estas alternancias y se marca el acento de las sílabas tónicas, corresponda o no a una tilde):

Átona	Tónica	Ejemplos
/e/	/ié/	*acertámos ~ aciérto; entenderémos ~ entiéndo*
/i/	/ié/	*adquirímos ~ adquiéro*
/o/	/ué/	*contában ~ cuénto; movémos ~ muévo*
/u/	/ué/	*jugámos ~ juégo*

También se producen irregularidades vocálicas por cierre de vocal, como la alternancia /e/ ~ /i/ que se registra en el verbo *pedir (pedimos ~ pido).*

VERBOS CON IRREGULARIDADES CONSONÁNTICAS

Las alteraciones consonánticas que se describen a continuación se relacionan con la adición (EPÉNTESIS) o supresión (SÍNCOPA) de algún sonido intermedio en determinadas formas del paradigma.

En algunos verbos se producen fenómenos de epéntesis en la 1.ª persona del singular del presente de indicativo y en todas las del presente de subjuntivo:

a) Epéntesis de /k/: terminados en *-ecer* (*agradezco, agradezcas*); en *-ducir* (*conduzca, reduzco*), y en *-lucir* (*luzcamos*).

b) Epéntesis de /g/: con raíz terminada en *-l* (*salgo, valgas*) o *-n* (*pongamos, tengan*).

c) Epéntesis de /ig/: *caer* y *traer*, y sus derivados (*caiga, traigo, contraigamos*); *raer* y *roer* (*raigan, roigas*).

Las irregularidades que afectan al tema de futuro consisten en la reducción de la VT en determinados verbos (*caber* > *cabré, poder* > *podré, saber* > *sabré*, etc.). En los casos en los que el resultado de la síncopa es el grupo consonántico *nr* o *lr*, se produce la epéntesis de /d/: *poner* > **ponré, pondré; tener* > **tenré, tendré; salir* > **salré, saldré...*

PRETÉRITOS FUERTES Y PARTICIPIOS IRREGULARES

Algunos verbos presentan irregularidades mixtas en el pretérito perfecto simple. Son estos los PRETÉRITOS FUERTES, que se identifican por presentar acento en la raíz en las formas de 1.ª y 3.ª persona del singular (*quise, dije, trajo*), en lugar de en la desinencia (*amé, temió, partí*). En muchos pretéritos fuertes se altera la vocal de la raíz que recibe el acento (*venir* > *vino, haber* > *hubo, poder* > *pudo*).

Los PARTICIPIOS FUERTES o irregulares presentan el acento en la raíz (*abierto, cubierto, dicho, escrito, muerto, puesto, roto, visto, vuelto*). A veces concurren con los regulares, con diferencias en extensión y uso:

electo	frito	impreso	preso	provisto
elegido	freído	imprimido	prendido	proveído

VERBOS DE CONJUGACIÓN ESPECIAL

En el siguiente apartado se recogen algunos verbos en los que convergen numerosas irregularidades de distinto tipo.

El verbo *haber* y otros verbos. El verbo *haber*, además de ser el auxiliar de los tiempos compuestos del paradigma, se usa como verbo terciopersonal (es decir, se conjuga solo en tercera persona) en las construcciones impersonales (*Hay gente; Habrá fiestas*). La vocal final de la forma *hay* se considera una variante enclítica del antiguo adverbio demostrativo *y* ('allí'). En la aparición de esta *-y* en la 1.ª persona del presente de indicativo de los verbos *dar, ir, ser* y *estar* (*doy, voy, soy* y *estoy*) pueden haber influido también otras causas.

En el imperativo singular no voseante, los verbos *decir, hacer, tener, poner, salir* y *venir* presentan respectivamente las formas *di, haz, ten, pon, sal* y *ven*. Estas variantes se suelen conservar en sus derivados, pero el imperativo de algunos derivados de *decir* se construye con la terminación regular *-dice* (*bendice, contradice, desdice, predice*).

El verbo *estar* (→ T. C. 35) presenta raíz átona en toda la conjugación, salvo en las formas del pretérito fuerte *estuve, estuvo*. Las formas de imperativo del verbo pronominal *estarse* son *estate, estense* y *estaos: Estate quieto.*

El verbo *dar* (→ T. C. 26) pertenece a la primera conjugación, pero se conjuga con las terminaciones propias de la segunda y la tercera en las formas del tema de perfecto (*dio, dieron; diera, diese, diere*).

Raíces supletivas. Presentan distintas bases léxicas a lo largo de su conjugación los verbos *ser* e *ir*:

Verbo	Base	Formas
ser (→ T. C. 61)	*s-*	*soy, sos, somos, sois, son,* formas no personales (*sido, siendo, ser*), imperativo.
	es- o *e-*	*es*
	er-	*eres* e imperfecto indicativo: *éramos...*
	fu-	resto del tema de pretérito: *fuimos, fuera...*
	se-	futuro, condicional, pres. subjuntivo: *será, sería, sea...*
ir (→ T. C. 38)	*i-*	tema de futuro, participio, gerundio, imperfecto indicativo, imperativo *vosotros*: *iban, ir, id...*
	v-	presente subjuntivo e imperativo *tú* y *ustedes: ve, vayan...*
	fu-	formas personales del tema de pretérito: *fueron, fuesen...*

VERBOS DEFECTIVOS

Son verbos que presentan una conjugación incompleta, es decir, que constituyen paradigmas que carecen de algunas formas flexivas. La defectividad puede deberse a distintos motivos:

a) Los verbos referidos a fenómenos de la naturaleza (*amanecer, anochecer, llover, nevar*) se conjugan en 3.ª persona del singular, si bien algunos de ellos poseen acepciones no impersonales: *Le llueven ofertas de trabajo; ¿Cómo amaneciste hoy?*

b) Los verbos terciopersonales, como *acaecer, acontecer, atañer, concernir, ocurrir* o *urgir,* no se predican de personas, sino de sucesos (*Ocurrió una catástrofe*) o de contenidos proposicionales (*Urgía que se tomara una decisión*).

c) Los verbos *acostumbrar* (en uno de sus sentidos) y *soler* se emplean en perífrasis de infinitivo de sentido imperfectivo (→ pág. 165). Por esta razón solo se conjugan en presente de indicativo (*acostumbro, suelo*), presente de subjuntivo (*acostumbre, suela*), pretérito imperfecto de indicativo (*acostumbraba, solía*) y pretérito perfecto compuesto (*he acostumbrado, he solido*).

5

La derivación y la composición

El concepto de derivación

El término DERIVACIÓN se usa en esta gramática con los dos significados que le asigna la lingüística contemporánea. En el primero, más amplio, derivación se opone a FLEXIÓN y los fenómenos de la morfología derivativa o léxica, a los propios de la morfología flexiva. En este sentido, el concepto de derivación engloba también el de COMPOSICIÓN. En la segunda acepción, más restrictiva, se refiere tan solo a los procedimientos de formación de palabras por medio de afijos (ya sean prefijos o sufijos).

La derivación nominal

CARACTERÍSTICAS Y CLASIFICACIÓN

Se llama DERIVACIÓN NOMINAL la que permite derivar sustantivos, normalmente a partir de otras categorías. Estos sustantivos se clasifican atendiendo a dos criterios:

a) La categoría gramatical de la base:

Nombres	Formación	Ejemplos
DEVERBALES	V > N	*compra, dormitorio, juramento*
DEADJETIVALES	A > N	*bobada, justicia, vejez*
DENOMINALES	N > N	*basurero, pelotazo, profesorado*

b) El significado del derivado:

Nombres	Significado	Ejemplos
DE ACCIÓN Y EFECTO	acción, efecto	*venta, traducción*
DE CUALIDAD	cualidades, estados	*amabilidad, tristeza*
DE AGENTE, INSTRUMENTO, LUGAR	participantes en el acontecimiento	*lavandera, lavadora, lavadero*

Se puede establecer cierta correspondencia entre los grupos presentados en las tablas anteriores, ya que los nombres de acción suelen ser sustantivos deverbales y los de cualidad suelen formarse sobre bases adjetivas.

NOMBRES DE ACCIÓN Y EFECTO

En este apartado se presentan los principales sufijos que los forman.

a) SUFIJO *-CIÓN*. Forma derivados femeninos a partir de verbos de las tres conjugaciones sobre el tema de participio: *crear* > *cre-a-ción* (como *cre-a-do*); *demoler* > *demol-i-ción* (como *demol-i-do*); *abolir* > *abol-i-ción* (como *abol-i-do*). Existen, no obstante, numerosas irregularidades: *contraer* > *contracción, resolver* > *resolución,* etc. El sufijo *-ción* alterna con las variantes *-ión* (*rebelar* > *rebelión*), *-sión* (*incluir* > *inclusión*) y *-zón* (*quemar* > *quemazón*).

b) SUFIJO *-MIENTO*. Crea derivados nominales masculinos a partir de verbos, especialmente de la primera conjugación o terminados en *-ecer,* sobre el tema de participio (*cas-a-do* > *cas-a-miento, venc-i-do* > *venc-i-miento*).

c) SUFIJO *-(A)JE*. Da lugar a sustantivos masculinos a partir de verbos de la primera conjugación (*arbitraje, pesaje, rodaje*).

d) SUFIJO *-DURA*. Forma nombres femeninos a partir de verbos de las tres conjugaciones sobre el tema de infinitivo: *pod-a-dura* (como *pod-a-r*), *torc-e-dura* (como *torc-e-r*), *invest-i-dura* (como *invest-i-r*). Pueden ser nombres de acción (*voladura*), de efecto (*mordedura, hendidura*) o de instrumento (*cerradura, empuñadura*). Presenta la variante *-tura* (*abreviatura*).

e) SUFIJOS VOCÁLICOS. Los sufijos átonos *-a, -e, -o* se adjuntan al tema de presente de verbos de las tres conjugaciones. La mayoría denota acciones, pero algunos se interpretan como efectos (*abono, corte, desahogo, despiste, deterioro, dibujo, pesca, reforma*).

Sufijo	Derivado			
	género	1.ª conj.	2.ª conj.	3.ª conj.
-a	fem.	*caza, danza*	*contienda*	*riña, tunda*
-e	masc.	*apunte, cierre*	*(el) debe*	*combate, debate*
-o	masc.	*abandono*	*socorro*	*consumo, recibo*

f) SUFIJOS *-ÓN*, *-ADA* Y *-AZO*. Dan lugar especialmente a sustantivos que denotan golpes y diversos movimientos violentos: *agarrón, cuchillada, puñetazo*, etc. El primero de estos sufijos toma bases verbales (*empujar* > *empujón*), mientras que los otros dos se adjuntan a bases nominales: *pata* > *patada, piedra* > *pedrada; botella* > *botellazo, martillo* > *martillazo*.

g) SUFIJO *-IDO*. Forma sustantivos que denotan sonidos, a menudo intensos y a veces característicos de ciertos animales: *aullido, bramido, bufido, graznido, ladrido, mugido, silbido*.

h) DERIVADOS PARTICIPIALES. Muchos sustantivos masculinos y femeninos coinciden con la forma de los participios (*asado, batido, tejido; caída, llamada, salida, vista*). Algunos derivados participiales son nombres de acción, pero son más los que significan 'efecto', debido al carácter perfectivo del participio.

NOMBRES DE CUALIDAD, ESTADO Y CONDICIÓN

Se forman con los sufijos que se analizan en este apartado a partir de bases adjetivales y nominales:

a) SUFIJO *-DAD*. Forma sustantivos de cualidad a partir de adjetivos (*malo* > *maldad*). Presenta cuatro variantes: *-edad* (*seri-edad*), *-idad* (*debil-idad*), *-dad* (*bon-dad*) y *-tad* (*leal-tad*), pero solo *-idad* es hoy productiva. Los sustantivos derivados se reinterpretan frecuentemente como contables, denoten personas (*amistades*), lugares (*localidades*), cosas (*antigüedades*) o dichos y hechos (*falsedades, necedades*).

b) SUFIJOS *-EZ* Y *-EZA*. Se trata de sufijos diferentes, aunque relacionados. Ambos constituyen nombres de cualidad a partir de adjetivos, pero solo el primero es productivo actualmente. Muchos derivados en *-ez* expresan cualidades negativas (*boludez, idiotez, tozudez*), aunque no todos (*brillantez, madurez*). En cambio, los nombres en *-eza* expresan por igual cualidades positivas (*franqueza*) o negativas (*bajeza*). Con ambos sufijos, a veces, adquieren interpretaciones contables de 'dicho o hecho' (*ordinarieces, vilezas*). El sufijo *-ez* puede significar también cosas materiales (*exquisiteces*) o etapas de la vida (*niñez*).

c) SUFIJO *-URA*. Forma derivados a partir de adjetivos (*amargura*) y, en menor medida, de sustantivos (*diablura*). Suelen denotar propiedades físicas (*altura, blancura, hermosura*) o rasgos del comportamiento (*cordura*).

d) SUFIJO *-ÍA*. A partir de adjetivos y sustantivos crea nombres de cualidad y condición (*valentía, ciudadanía*), interpretación que se extiende a ciertas actividades profesionales (*asesoría, consultoría*).

e) SUFIJO *-ERÍA*. Constituye derivados que denotan cualidad y condición (*galantería, tontería*).

f) SUFIJO *-IA*. Da lugar a nombres de cualidad, formados sobre adjetivos. Destacan las bases en *-nte* (*elocuente* > *elocuencia*).

g) SUFIJO *-ISMO*. Crea derivados a partir de sustantivos y adjetivos que se relacionan con voces en *-ista* (*protagonismo*), pero también a partir de grupos nominales reducidos (*cortoplacismo*), de prefijos (*ultraísmo*), pronombres (*laísmo*) o conjunciones (*queísmo*). Los derivados suelen designar doctrinas o teorías (*budismo, capitalismo, humanismo*), géneros artísticos (*modernismo*), actividades (*montañismo*) y, a veces, la condición de algo (*analfabetismo*).

NOMBRES DE PERSONA, INSTRUMENTO Y LUGAR

Con estas interpretaciones forman diversos derivados los siguientes sufijos:

a) SUFIJO *-DOR/-DORA*. Forma nombres de agente sobre temas de infinitivo (*apunt-a-dor, manten-e-dor, repart-i-dor*). Otros derivados designan instrumentos (*tenedor, lavadora*) o expresan lugar (*comedor, mirador*). Las variantes *-tor/-tora* (*conductora*), *-sor/-sora* (*sucesor*) y *-or/-ora* (*pintor*) carecen de vocal temática.

b) SUFIJOS *-DERO/-DERA* Y *-TORIO*. Constituyen nombres de agente (*panadero*) a partir de sustantivos. Numerosos sustantivos de instrumento de base verbal contienen el sufijo *-dera* (*podadera, regadera, tapadera*). La forma *-dero* aparece en muchos derivados verbales que designan lugares (*comedero, matadero*). Con el constituyente culto *-torio* se crean nombres de lugar, como *laboratorio* u *observatorio*.

c) SUFIJOS *-ARIO/-ARIA* Y *-ERO/-ERA*. Forman muchos nombres de oficio (*cochero, lechero, enfermera*) y de instrumentos o utensilios (*candelero, grasera*), así como otros que denotan recipientes o contenedores de algo (*salero, papelera*). El cultismo correspondiente, *-ario/-aria*, designa personas (*empresaria, millonario*) y ciertos nombres de lugar (*acuario, herbolario*).

d) Sufijo *-ista*. Da lugar a sustantivos y adjetivos, creados a partir de nombres comunes (*pensionista*) o propios (*marxista*), pero también a partir de algunas locuciones nominales (*centrocampista*). Algunos se asocian con formas en *-ismo* (*anarquista-anarquismo*), pero no todos (*artista, dentista, taxista*).

e) Sufijo *-nte*. Los sustantivos en *-nte* designan sobre todo personas (*cantante, dibujante*), productos (*calmante, disolvente*), instrumentos (*tirante*) y lugares (*pendiente, saliente*). Algunos se usan como adjetivos y sustantivos (*estimulante, precedente, residente*).

f) Derivados participiales. Muchos participios se sustantivan para designar al paciente de alguna acción (*acusado, invitado*).

g) Sufijo *-ón/-ona*. Crea nombres de persona de sentido peyorativo sobre bases verbales (*criticón, faltona*).

NOMBRES DE CONJUNTO. SU RELACIÓN CON LOS NOMBRES DE LUGAR

Varios sufijos de este apartado se han descrito anteriormente con otros significados.

a) Sufijo *-ía*. Unido a nombres de condición o cargo, forma otros que denotan servicios e instituciones, así como los lugares que los albergan (*alcaldía, comisaría, concejalía, tesorería*). Se obtiene la interpretación de grupo en otros derivados (*ciudadanía, cofradía*).

b) Sufijo *-ería*. Produce muchos nombres de establecimiento (*cervecería, taquería*) y de conjunto (*cubertería, palabrería*).

c) Sufijo *-erío*. Expresa valor colectivo con un matiz irónico o despectivo (*griterío, piberío*). Alterna, en ocasiones, con *-ería* (*gritería*).

d) Sufijos *-ario* y *-ero/-era*. Crean nombres de lugar, pero también otros que designan diversas agrupaciones (*cuestionario, temario; cancionero, cristalera*).

e) Sufijos *-ar* y *-al*. Los derivados designan conjuntos (*costillar, instrumental*) y lugares, a partir de bases nominales (*basural, pedregal*) y adjetivas (*fresquedal, humedal*). También aluden a terrenos sembrados (*arrozal, melonar*).

f) Sufijos *-edo* y *-eda*. Forma nombres de plantaciones (*viñedo, alameda*).

La derivación adjetival

ASPECTOS GENERALES

Los DERIVADOS ADJETIVALES proceden de sustantivos y verbos y, en menor medida, de palabras pertenecientes a otras categorías:

Adjetivos	Formación	Ejemplos
DENOMINALES	N > A	*aduanero, central, deportivo*
DEVERBALES	V > A	*ensordecedor, sorprendente, vendible*
DEADJETIVALES	A > A	*carísimo, grandioso, libérrimo*

CLASES

A través de la derivación se forman adjetivos pertenecientes a las dos grandes clases: calificativos y relacionales. Ha de tenerse en cuenta, sin embargo, que muchos adjetivos derivados pueden pertenecer a una u otra clase en función de la doble interpretación descrita en la pág. 77 como en *política científica* (adjetivo de relación) ~ *actitud poco científica* (adjetivo calificativo).

SUFIJOS CARACTERÍSTICOS DE LOS ADJETIVOS CALIFICATIVOS

a) SUFIJO *-OSO*. Es muy productivo en la formación de adjetivos calificativos y se combina con bases nominales, verbales y adjetivales:

	Ejemplos	Significado
N	*aceitoso, airoso, amorosa*	'que tiene N (en abundancia)'
	gelatinoso, monstruoso, sedosa	'que tiene forma o aspecto de N'
	asombrosa, caluroso, dudoso	'que causa o produce N'
V	*apestoso, borrosa, quejoso*	'que (se) V'
A	*grandioso, rancioso, voluntariosa*	

b) SUFIJOS *-ÍSIMO*, *-ÉRRIMO*. El sufijo *-ísimo* aporta significado de grado extremo a adjetivos calificativos (*bellísimo*), a unos pocos cuantificadores (*muchísimo, poquísimo, cuantísimo, tantísimo*) y a algunos adverbios, como *tempranísimo, tardísimo, cerquísima, lejísimos*. Lo rechazan los adjetivos de relación, que no denotan propiedades graduables, así como numerosos adjetivos derivados (**lavabilísimo, *insinuantísimo*). El sufijo *-érrimo* se adjunta a la forma culta de bases que contienen *r* en su última sílaba: *celebérrimo* (< *célebre*), *libérrimo* (< *libre*), *paupérrimo* (< *pobre*). Al igual que los apreciativos, los derivados en *-ísimo* no se suelen incluir en los diccionarios.

c) SUFIJO *-(I)ENTO/-(I)ENTA*. Denota intensidad o abundancia de la noción designada por la base (*mugrienta*).

d) SUFIJOS *-UDO/-UDA* Y *-ÓN/-ONA*. Expresan exceso en el tamaño de alguna parte del cuerpo, y a veces dan lugar a pares, como *barrigón* ~ *barrigudo, cabezón* ~ *cabezudo*. Poseen valor despectivo algunos derivados de base verbal con el sufijo *-ón/-ona* (*buscón, criticona*).

SUFIJOS CARACTERÍSTICOS DE LOS ADJETIVOS DE RELACIÓN

Sufijos propios de gentilicios y de derivados de antropónimos. Los nombres propios de lugar (TOPÓNIMOS) crean adjetivos GENTILICIOS mediante sufijos como los siguientes:

-ACO/-ACA: *austríaco* o *austriaco*	-ECO/-ECA: *guatemalteco*	-ÉS/-ESA: *cordobés*
	-ENSE: *bonaerense*	-INO/-INA: *granadino*
-ANO/-ANA: *italiana*	-EÑO/-EÑA: *limeña*	-O/-A: *rusa*

Con los mismos sufijos, forman también adjetivos los nombres propios de persona (ANTROPÓNIMOS), como en *franciscano, cervantino*.

Otros sufijos característicos de los adjetivos de relación. La mayor parte de los sufijos de este apartado forman adjetivos sobre bases nominales (N) que se definen normalmente como 'relativo o perteneciente a N'. Algunos pueden dar lugar, sin embargo, a adjetivos calificativos (*machista*) o a la doble interpretación calificativo-relacional (*artístico*):

a) SUFIJOS *-AR* Y *-AL*. Se elige *-al* si la base contiene *r* (*astro* > *astral*). Se opta por *-ar* cuando la base contiene *l* (*alvéolo* > *alveolar*). Si la base no incluye *l* ni *r*, suele elegirse *-al* (*conyugal, naval*).

b) SUFIJOS ESDRÚJULOS TERMINADOS EN /iko/ ~ /ika/: *-́ico/-́ica* (*sílaba* > *silábico*); *-ástico/-ástica* (*gimnástico*); *-ático/-ática* (*selvático*); *-ífico/-ífica* (*científica*); *-ístico/-ística* (*urbanístico*).

c) SUFIJO *-ISTA*. Forma adjetivos generalmente relativos a ciertas profesiones (*laboralista, pianista*), a actitudes o creencias (*machista, pacifista*) o a tendencias o movimientos (*estalinista, modernista, vanguardista*).

d) SUFIJO *-ERO/-ERA*. Crea adjetivos a partir de nombres de materias o productos (*algodonera, cafetera, lechera, pesquero, sedera*).

SUFIJOS DE SENTIDO ACTIVO O PASIVO

a) SUFIJO *-DOR/-DORA*. Forma adjetivos de verbos de las tres conjugaciones (*encantador, acogedor, consumidor*). Admite a menudo la paráfrasis 'que V' (*investigador* 'que investiga').

b) SUFIJO *-NTE*. Crea adjetivos que mantienen la terminación de los antiguos participios de presente. Expresa una propiedad inherente o característica de algo o alguien. Presenta las variantes *-ante* (*abundante*), *-ente* (*absorbente, exigente*), *-iente* (*combatiente, complaciente*).

c) SUFIJO *-BLE*. Los derivados V-*ble* admiten paráfrasis de sentido pasivo ('que puede ser V-*do*': *creíble*), pero algunos se interpretan como adjetivos simples, en el sentido de no derivados (*amable*).

La derivación verbal

ASPECTOS GENERALES

La DERIVACIÓN VERBAL permite la formación de verbos a partir de otras categorías, normalmente de sustantivos y adjetivos. Entendida en sentido amplio, abarca el proceso de creación de verbos mediante SUFIJACIÓN (*claro* > *clarificar*) y PARASÍNTESIS (*claro* > *aclarar*) (→ pág. 9).

CLASES DE VERBOS DERIVADOS

Según la categoría de su base. Los verbos derivados reciben denominaciones creadas a partir de la base sobre la que se forman:

Verbos	Base	Ejemplo
DENOMINALES	nominal	*abotonar, taconear*
DEADJETIVALES	adjetival	*entristecer, limpiar*
DEVERBALES	verbal	*canturrear, parlotear*
DEADVERBIALES	adverbial	*acercar, adelantar*
	interjectiva	*jalear, pordiosear*
	pronominal	*ningunear, tutear*
	grupo sintáctico	*ensimismar*

Según la relación formal entre base y derivado. Se distinguen los verbos derivados por sufijación y los creados por parasíntesis. Los sufijos más productivos son *-ar, -ear, -ecer, -izar* e *-ificar*. Destacan los esquemas parasintéticos *en-...-ar* y *a-...-ar*.

PAUTAS MORFOLÓGICAS MÁS PRODUCTIVAS EN LA DERIVACIÓN VERBAL

a) DERIVADOS EN *-EAR*. Se construyen sobre bases nominales y adjetivas. Pueden expresar los siguientes contenidos:

'actuar como un N o A'	*curiosear, gatear, piratear*
movimiento de N	*cabecear, parpadear, pedalear*
movimiento lineal en la forma designada por N	*bordear, costear, zigzaguear*
emisión de N	*babear, gotear, humear*
cambio al estado A	*blanquear*

b) DERIVADOS EN *-AR* NO PARASINTÉTICOS. Las bases adjetivas dan lugar a verbos de cambio de estado, sean transitivos (*alegrar, soltar*) o intransitivos (*alegrarse, soltarse*). Las bases nominales crean verbos de interpretación instrumental (*peinar, serrar*) o causativa (*emocionar* 'hacer que alguien se emocione', *lesionar*).

c) DERIVADOS EN *-AR* PARASINTÉTICOS. Los esquemas fundamentales son:

a-A-*ar*	verbos de cambio de estado	*ablandar(se)*
a-N-*ar*	'usar N como instrumento'	*abotonar, acuchillar*
en-A-*ar*	verbos de cambio de estado	*endulzar(se)*
en-N-*ar*	'poner algo en N', 'poner N en algo'	*embotellar, enjabonar*

d) DERIVADOS EN *-ECER*. Forman verbos por derivación y por parasíntesis a partir de adjetivos y sustantivos:

A-*ecer*	*oscurecer*	*en*-A-*ecer*	*enloquecer, envejecer*
N-*ecer*	*florecer*	*en*-N-*ecer*	*enorgullecer, ensombrecer*

e) DERIVADOS EN *-IZAR*. Crean verbos a partir de adjetivos y sustantivos:

N-*izar*	*caramelizar*	*en*-N-*izar*	*encolerizar*
A-*izar*	*argentinizar, legalizar*	*a*-N-*izar*	*aterrizar*

f) DERIVADOS EN *-IFICAR*. Se forman según los esquemas A-*ificar* (*dulcificar, falsificar*) y N-*ificar* (*escenificar*). Predomina la interpretación causativa (*dulcificar* 'hacer dulce').

g) DERIVADOS EN *-ITAR* (*capacitar, habilitar*) Y *-UAR* (*graduar*).

La derivación apreciativa

DEFINICIÓN

Los SUFIJOS APRECIATIVOS expresan una valoración afectiva de lo denotado por la base a la que se adjuntan. Ello no impide que puedan expresar también nociones objetivas, dando lugar a derivados que a menudo aluden a alguna cosa de tamaño mayor (*manchón*) o menor (*jardincito*) que lo designado por su base nominal (*mancha, jardín*).

DESCRIPCIÓN

Rasgos comunes con la flexión y la derivación. Los sufijos apreciativos presentan ciertas propiedades características de la flexión, además de otras propias de la derivación (→ págs. 8-9). Comparten con la flexión su carácter productivo y su regularidad, por lo que, salvo en caso de lexicalización (*bombilla, pajarita, jarrón*), los derivados con estos sufijos no se incluyen en los diccionarios. Al igual que ocurre con los sufijos flexivos, los sufijos apreciativos no alteran la categoría gramatical de la base (*nube*$_N$ > *nubecita*$_N$) y suceden a los sufijos derivativos en el interior de la palabra (*habitación-cita*). Sin embargo, al igual que los sufijos derivativos, aparecen seguidos de los sufijos que denotan plural (*caminillos*) y pueden dar lugar a significados especiales de la base. Como, además, las nociones semánticas que proporcionan tienen carácter léxico, más que gramatical, la sufijación apreciativa se considerará aquí un proceso derivativo, en lugar de flexivo.

Características específicas de los sufijos apreciativos

a) Se combinan con sustantivos y adjetivos y, en menor medida, también con adverbios (*apenitas*), gerundios (*andandito*), interjecciones (*adiosito*) y determinantes (*poquitos*). El español americano admite el uso de sufijos apreciativos con más facilidad que el europeo en estas últimas categorías.

b) En ocasiones, pueden modificar el género del nombre de su base (*novela* > *novelón*).

c) No se unen a los adjetivos de relación. Se adjuntan más comúnmente a los nombres concretos y contables que a los abstractos y no contables.

d) Imponen a su base léxica su propia pauta acentual. Así, son palabras agudas las que se crean con los sufijos apreciativos *-ín* y *-ón*, y llanas las formadas por todos los demás.

e) Pueden concatenarse varios de ellos con el mismo significado, como en *chiquitín, chiquitico, chiquitito.*

No se consideran apreciativos aquellos sufijos que, aun añadiendo matices expresivos, desencadenan el cambio de categoría de la base, como los que forman adjetivos derivados en N-*oso* (*baboso, ruidoso*) y V-*ón* (*buscón, mirón*).

CLASES

Se distinguen tres clases de sufijos apreciativos:

a) Diminutivos, como *-illo* o *-ito.*

b) Aumentativos, como *-azo, -ón* y *-ote.*

c) Despectivos, como *-aco* o *-ucho.*

Algunas formaciones despectivas son a la vez diminutivas (*caballerete, personajillo*) o aumentativas (*bravucón, narizota*).

LOS SUFIJOS DIMINUTIVOS

Aspectos formales

a) Si su base léxica termina en vocal átona, se suprime esta: *car(a)* + *-ita* > *carita.*

b) Suelen terminar en *-o* o en *-a*, según el género de su base.

c) Un mismo sufijo puede ofrecer variantes. Así, *-ito* aparece también como *-cito* (*camioncito*) y *-ecito* (*viejo* > *viejecito*). Esta última se utiliza normalmente en español europeo cuando la palabra es bisílaba y contiene un diptongo: *nuevecita, vientecito.* En las voces correspondientes del español de América se suele elegir la variante *-ito/-ita: nuevita, vientito.*

Aspectos semánticos. Además del valor afectivo, pueden expresar:

a) Tamaño reducido de objetos (*mesita*), personas (*niñito*), lugares (*callecita*), etc., además de brevedad de acciones o procesos (*paseíto*).

b) Atenuación de la importancia de alguna persona o cosa (*doctorcillo, problemilla*); del efecto de palabras incómodas (*braguita*), o del grado en que se atribuye una cualidad (*delgadito, timidilla*).

c) Intensificación con adjetivos y adverbios (*igualito, cerquita*).

LOS SUFIJOS AUMENTATIVOS

Añaden al contenido afectivo propio de los sufijos apreciativos la idea de aumento, intensidad o exceso.

a) SUFIJO -ÓN. Incrementa la valoración positiva o negativa de la base (*simpaticón, pendejón*).

b) SUFIJO -AZO. Aporta frecuentemente connotaciones elogiosas (*cochazo, estilazo, gustazo, ojazos*), salvo cuando expresa exceso, caso en el que adquiere sentido peyorativo (*calorazo*).

c) SUFIJO -OTE. Se emplea sobre todo con nombres y adjetivos de persona: *muchachote, amigote, feote, grandote.*

La prefijación

DEFINICIÓN

Es el proceso morfológico por el que se antepone un PREFIJO a una base léxica, que puede ser una palabra, como en *insensato* o *preconcebir*, o una base compositiva culta (*amorfo, tetrápodo*).

LÍMITES ENTRE COMPOSICIÓN Y PREFIJACIÓN

La relación entre composición y prefijación es muy estrecha. De hecho, tradicionalmente se consideraba que los prefijos eran preposiciones separables, por lo que las palabras prefijadas constituían cierto tipo de compuestos. Sin embargo, solo algunos prefijos cuentan con preposiciones homónimas. Por otra parte, el comportamiento de las unidades sintácticas (como las preposiciones) y de las morfológicas (como los prefijos) es considerablemente distinto. Actualmente, la prefijación se suele situar entre los recursos de la derivación.

Existen semejanzas entre prefijos y bases compositivas cultas (→ pág. 64), pero también diferencias, ya que estas últimas pueden aparecer a veces en posición final de palabra (*logopedia, filólogo*).

PROPIEDADES DE LOS PREFIJOS

Propiedades fonológicas. Algunos prefijos presentan variantes. Así, *in-* elige la variante *i-* delante de *l-* (*ilegal*) y *r-* (*irresponsable*), e *im-* ante *p-* (*imposible*) y *b-* (*imbatible*).

Propiedades morfológicas

a) Los prefijos se combinan con bases pertenecientes a distintas categorías. Así, *super-* se une a bases nominales, adjetivales y verbales (*supermodelo, superbueno, superpoblar*). Con todo, muchos prefijos suelen ser más productivos con alguna clase de palabras en particular.

b) No alteran la categoría gramatical de la base, al igual que los sufijos apreciativos (→ págs. 57-59): *honesto* [adjetivo] > *deshonesto* [adjetivo].

Propiedades sintácticas

a) La RECURSIVIDAD, característica de la sintaxis, es la posibilidad de repetir un mismo esquema en el interior de un segmento formal. Se atestigua, en alguna medida, con ciertos prefijos (*supersupernecesario* o *tataratataranieto*).

b) La COORDINACIÓN. En ciertos contextos opositivos, unos pocos prefijos se pueden coordinar: *actuaciones pre- y posdemocráticas, comercio intra- y extracomunitario.*

c) La POSIBILIDAD DE INCIDIR sobre segmentos mayores que la palabra se da en los PREFIJOS SEPARABLES. En *el ex alto cargo,* el prefijo afecta a toda la locución.

CLASIFICACIÓN

Según la clase de palabras a la que se asimilan, pueden ser:

a) Adjetivales, como los subrayados en *neogótico* 'gótico moderno' o *pseudociencia* 'falsa ciencia'.

b) Adverbiales, como los prefijos de *entreabrir* 'abrir a medias', *prefigurar* 'figurar anticipadamente' o *sobrecargar* 'cargar en exceso'.

c) Preposicionales, como los que aparecen en adjetivos como *subcutáneo* 'que está bajo la piel' y en verbos como *convivir* 'vivir con alguien'.

Un prefijo puede pertenecer a más de un grupo. Por ejemplo, *sobre-* se considera un prefijo adverbial en *sobreactuar* 'actuar exageradamente', adjetival en *sobredosis* 'dosis excesiva' y preposicional en *sobreedificar* 'construir sobre algo'.

En función de su significado, los prefijos se clasifican en locativos, temporales y aspectuales, cuantificativos, gradativos y escalares, negativos y de orientación o disposición. A estas clases se añade la de los llamados PREFIJOS CON INCIDENCIA ARGUMENTAL, que se caracteriza por la repercusión del prefijo en las propiedades sintácticas de su base.

Locativos. Indican la posición de lo designado por la base:

a) Posición delantera (*antebrazo*) o trasera (*trastienda, posdental*).

b) Posición superior (*sobrevolar, supranacional*) o inferior (*subsuelo*).

c) Posición intermedia (*entreplanta*); espacio interior (*intramuscular*) o exterior (*extracomunitario*); posición opuesta (*contraluz*).

Temporales y aspectuales. Los temporales tienen dos significados:

a) Anterioridad o precedencia (*anteproyecto, anteayer, precocinado*).

b) Posterioridad (*posoperatorio, posventa*).

El prefijo *re-* aporta varias informaciones de carácter aspectual: repetición (*readmitir*), valor terminativo (*rematar*) y sentido intensivo (*refreír*).

Cuantificativos, gradativos y escalares

a) Los prefijos cuantificativos expresan cuantificación indeterminada (*multi-* 'muchos', *pluri-* 'varios') o numeral (*mono-* y *uni-* 'uno'; *bi-* y *di-* 'dos'; *tri-* 'tres'; *cuatri-* y *tetra-* 'cuatro').

b) Los prefijos gradativos evalúan el grado de una propiedad o la intensidad con que se desarrolla una acción (*superfino, sobreproteger, rebuscar*).

c) Los prefijos escalares establecen niveles en alguna escala (*subdirector, ultraderecha*).

Negativos. Son *a-* (*an-*), *in-* (*im-, i-*) y *des-*, y denotan:

a) Una propiedad contraria a otra (*anormal, inaccesible, desleal*).

b) Ausencia de algo (*analfabeto, impago*).

c) Inversión de una situación previa (*deshacer, desordenar*).

De orientación o disposición. Expresan oposición *anti-* y *contra-* (*anticapitalismo, contraejemplo*). Denota actitud favorable *pro-* (*prodictatorial*).

De incidencia argumental. Algunos prefijos tienen repercusión en la relación de predicados y argumentos. Expresan, fundamentalmente, las siguientes nociones:

a) Reflexividad: *auto-* (*autocrítica* 'crítica a uno mismo').

b) Reciprocidad: *entre-* (*entrechocar*), *inter-* (*interconectarse*).

c) Asociación: *inter-* (*interplanetario*), *co-* (*coeditar*).

d) Causación: *a-* (*acallar* 'hacer callar').

La composición

CONCEPTO DE COMPOSICIÓN

Se llama COMPOSICIÓN el proceso morfológico por el que dos o más palabras forman conjuntamente una tercera, llamada PALABRA COMPUESTA o COMPUESTO: *rompe + olas > rompeolas; verde + blanco > verdiblanco*. Como el concepto de 'palabra' presenta dificultades (→ pág. 10), se define también el compuesto como 'unidad morfológica compleja que contiene más de una raíz en su interior'.

CLASES DE COMPUESTOS

Según el grado de fusión de los componentes. Se distinguen:

a) COMPUESTOS PROPIOS, UNIVERBALES O LÉXICOS. Sus dos componentes, que en esta gramática se representan unidos por guion (X-X), se integran en una única palabra ortográfica y, por lo general, en un único grupo tónico (*agridulce, maxilofacial, parabrisas, pelirrojo*).

b) COMPUESTOS SINTAGMÁTICOS O PLURIVERBALES. Están formados por palabras yuxtapuestas que mantienen independencia gráfica y acentual. Unas veces se separan con guion intermedio (*teórico-práctico*) y otras sin él (*cabeza rapada, problema clave, tren bala*). Los constituyentes de estos compuestos se representan aquí unidos por el signo «+» (X+X).

A pesar de su independencia gráfica, los compuestos sintagmáticos se diferencian de las locuciones y los grupos sintácticos en que poseen características flexivas propias de las unidades morfológicas. Por ejemplo, el género del compuesto puede ser independiente del de sus constituyentes (*un* [*cabeza*$_{\text{fem}}$ *rapada*$_{\text{fem}}$]$_{\text{masc}}$). Por el contrario, en las unidades sintácticas, el género viene necesariamente determinado por el del núcleo de la construcción, sea esta una locución o un grupo sintáctico (*una* [*mesa*$_{\text{fem}}$ *redonda*$_{\text{fem}}$]$_{\text{fem}}$). Expresiones como *media naranja* ('persona que se compenetra bien con otra afectivamente') o *mesa redonda* ('debate') se considerarán aquí LOCUCIONES NOMINALES (→ cap. 17).

Según la relación sintáctica entre sus componentes. Los compuestos pueden ser:

a) ENDOCÉNTRICOS Y EXOCÉNTRICOS. Los endocéntricos son compuestos con núcleo, como *anglohablante* o *hierbabuena*, en los que el constituyente subrayado caracteriza formal y semánticamente al conjunto; mientras que los compuestos exocéntricos carecen de núcleo. Así, *piel roja* no designa un tipo de piel, sino cierto individuo.

b) Coordinativos y subordinativos. Los coordinativos manifiestan una relación entre sus componentes asimilable a la coordinación (*altibajo, carricoche, verdinegro, físico-químico*). Los subordinativos expresan dependencia entre algún complemento o modificador y su núcleo (*camposanto, matamoscas, purasangre*).

Según la categoría de los segmentos constitutivos. Cabe establecer los siguientes tipos de compuestos univerbales:

Compuestos propios o univerbales		
1.ER SEGMENTO	2.º SEGMENTO	FORMA COMPUESTA
N	N	N (*carricoche, motocarro*)
N	A	N (*aguardiente*) A (*patitieso*)
N	V	V (*maniatar*)
A	N	N (*mediodía*)
A	A	A (*rojinegro, sordomudo*)
V	N	N (*sacapuntas*)
V	V	N (*duermevela, quitaipón*)

COMPOSICIÓN NOMINAL

Compuestos de doble sustantivo. Pueden ser propios o sintagmáticos:

a) Los propios son coordinativos si contienen la vocal de enlace *i* (*coliflor*), y subordinativos cuando no la llevan (*bocacalle, telaraña*).

b) Los compuestos sintagmáticos N+N son de núcleo inicial: el segundo nombre aporta una cualidad del primero (*casa cuna, pez espada*).

Nombres compuestos de nombre y adjetivo. El adjetivo designa una propiedad del nombre. Son propios N-A o A-N (*aguardiente, bajorrelieve*) o sintagmáticos (N+A: *pies planos*).

Compuestos de nombre y verbo. El esquema V-N es el modelo más productivo. Con este patrón se forman sobre todo nombres de agente o instrumento (*limpiabotas, abrelatas*).

COMPOSICIÓN ADJETIVAL

Adjetivos compuestos de nombre y adjetivo

a) La pauta N-*i*-A forma adjetivos (*boquiabierto, cuellilargo, ojiverde*). El sustantivo se refiere a una parte del cuerpo y el adjetivo describe una cualidad física.

b) Los compuestos N-A presentan el núcleo a la derecha: *acidorresistente* 'resistente al ácido', *vasodilatador* 'dilatador de los vasos'.

Compuestos de doble adjetivo. La unión de dos adjetivos puede dar lugar a compuestos propios o univerbales, con vocal de enlace A-*i*-A (*agridulce, blanquiazul*) o sin ella A-A (*sordomudo*), así como a compuestos sintagmáticos A+A (*político-económico, árabe-israelí*).

OTRAS PAUTAS DE COMPOSICIÓN

Son esquemas menos productivos:

a) Num-N (*ciempiés, milhojas*).

b) Adv-V (*bienestar, malinterpretar, malvivir*).

c) V-*i*-V (*quitaipón, vaivén*); V-V (*comecome, pillapilla*).

d) Grupo verbal lexicalizado (*bienmesabe, metomentodo*).

ELEMENTOS COMPOSITIVOS CULTOS

Ciertas unidades léxicas grecolatinas (*etno-, fono-, foto-, geo-, hidro-; -algia, -forme, -grama...*) tienen un estatus morfológico que se halla a medio camino entre el afijo y la forma libre. Se suelen denominar ELEMENTOS COMPOSITIVOS CULTOS O TEMAS NEOCLÁSICOS. Comparten con el afijo su preferencia por una posición determinada en la palabra y la imposibilidad de aparecer como una voz aislada en la oración. Sin embargo, se distinguen de los afijos en que pueden combinarse con ellos (*crón-ico, étn-ico, hídr-ico*) y en que algunos poseen cierta libertad posicional dentro de la palabra (*fonograma - gramófono; logotipo - tipólogo*).

6

El sustantivo

Definición

El NOMBRE O SUSTANTIVO constituye una categoría léxica que se define en función de criterios morfológicos, sintácticos y semánticos:

a) Desde el punto de vista morfológico, se caracteriza por tener género y número, y por participar en procesos morfológicos de derivación (*antebrazo, contraataque, deducción, subida, virgencita*) y composición (*cortacésped, portalámparas*).

b) Desde el punto de vista sintáctico, forma grupos nominales capaces de contraer varias funciones sintácticas, tales como las de sujeto (*<u>Los niños</u> juegan en el jardín*) o complemento directo (*Vimos <u>esa película</u> ayer*), entre otras.

c) Desde el punto de vista semántico, los sustantivos representan conceptualmente seres o entidades: individuos (*casa, coche*), grupos (*familia, profesorado*), materias (*agua, arena*), cualidades o sentimientos (*amor, inteligencia*), sucesos o eventos (*hundimiento, representación*), relaciones (*matrimonio*), lugares (*montaña, plaza*), tiempos (*siglo, víspera*) y otras muchas nociones similares.

Clases de nombres

Dentro de la categoría sustantivo se reconocen un gran número de subgrupos o clases nominales. La principal clasificación es la que divide los nombres en comunes y propios. A su vez, los comunes se subdividen, siguiendo criterios diversos, en contables / no contables, individuales /

colectivos, concretos / abstractos. A estas clases tradicionales se añaden hoy otras como los sustantivos de complemento argumental, los eventivos, los cuantificativos y los clasificativos (→ págs. 71-72).

NOMBRES COMUNES Y PROPIOS

Se diferencian entre sí por propiedades semánticas, morfológicas y sintácticas.

Diferencias semánticas. El NOMBRE COMÚN se aplica a todos los individuos de una clase, por tanto al conjunto de seres que comparten unos mismos rasgos de contenido. Existen nombres comunes de personas (*agricultor, niño*), de animales (*jirafa, perro*), de cosas (*carro, libro*) y de cualquier otro tipo de entidades (cualidades, acciones, relaciones, sucesos, etc.: *asalto, maldad, paternidad, victoria*). Los nombres comunes se definen en los diccionarios por un conjunto de rasgos que caracterizan su contenido. Así, el nombre *niño* incluye en su significado propiedades como 'ser humano' y 'de corta edad'. Este conjunto de rasgos conceptuales del significado léxico se denomina tradicionalmente INTENSIÓN. A su vez, todos los seres que poseen el mismo contenido forman un conjunto: la llamada EXTENSIÓN O CLASE DESIGNATIVA. Por ejemplo, el significado de *vaca* configura una clase designativa en la que se incluyen todos los seres que poseen los rasgos {'animal', 'bovino', 'adulto', 'hembra'}. Como los nombres comunes poseen significado, participan en relaciones léxicas de hiperonimia (*pájaro* es hiperónimo de *quetzal*), hiponimia (*quetzal* es hipónimo de *pájaro*) o sinonimia (*malaria* es sinónimo de *paludismo*) y algunos intervienen, además, en relaciones de antonimia (*ascenso* es antónimo de *descenso*). Los sustantivos comunes pueden ser traducidos a otras lenguas. Poseen, además, función denominativa (*Este animal se llama ornitorrinco*).

El NOMBRE PROPIO tiene también valor denominativo, lo que le permite asignar nombre a individuos particulares (*Esta niña se llama Clara*). Carece de significado, puesto que no hay posibilidad de atribuir rasgos de contenido a sustantivos como *Aconcagua, Carlos, Cuba* o *Lima*. Esta es la razón de que los nombres propios no aparezcan como tales en los diccionarios. No poseen intensión y, como consecuencia, carecen también de extensión (sustantivos como *Pedro* o *Amazonas* no forman parte de conjuntos integrados por elementos idénticos). Entre los nombres propios no se establecen relaciones léxicas (hiperonimia, hiponimia, sinonimia, antonimia u homonimia). Los nombres propios de una lengua pueden tener correspondencia etimológica con los de otras (*Giovanni, Iván, Jean, John, Juan*...), pero no propiamente traducción.

Los sustantivos comunes designan de manera genérica una clase (el sustantivo *hombre* se aplica al conjunto que incluye a los seres humanos), pero en sí mismos carecen de capacidad para identificar individuos. Para ello, necesitan estar determinados (*este hombre, nuestro hombre, un hombre*). Por el contrario, los nombres propios son en sí mismos expresiones referenciales, por lo que no necesitan determinantes para señalar individuos. Términos de esta clase como *Atacama, Bolívar* o *Nicaragua* se refieren a seres concretos.

Diferencias sintácticas. El comportamiento sintáctico de los nombres comunes y de los nombres propios se deduce en parte de sus propiedades semánticas y referenciales. Los nombres comunes sin determinante no ocupan posiciones, como la de sujeto preverbal, que exigen un grupo nominal referencial:

Sujeto	Predicado
**niña ~ esa niña ~ ella ~ Claudia*	*tose*

Los nombres de los meses del año se escriben con minúscula, pero se asemejan a los nombres propios en que incorporan la idea de unicidad, por lo que se construyen sin artículo (*No me gusta abril*). Algunos términos de trato familiar (*mamá, papá*) pueden constituir expresiones referenciales sin determinantes (*Aún no ha llegado papá*).

Los nombres comunes admiten modificadores que restringen su extensión. Por ejemplo, la clase designativa del sustantivo *agricultor* se ve recortada por los determinantes y complementos especificativos en *<u>este</u> agricultor, el agricultor <u>neolítico</u>, el agricultor <u>de nuestra zona</u>*... Los nombres propios, que carecen de extensión, no suelen admitirlos: **Alba inteligente ~ la niña inteligente; *Oslo frío ~ la ciudad fría*, pero son, en cambio, posibles cuando con ellos se destaca un aspecto o una dimensión de la realidad señalada, como sucede con los epítetos (*Júpiter tonante*). Cuando se construyen con determinantes y modificadores restrictivos, los nombres propios se asimilan a los comunes: *el Buenos Aires de los años veinte, el Leonardo inventor*.

Clases de nombres propios. Los nombres propios se clasifican, según la naturaleza y características del referente, en varios grupos, entre los que destacan los nombres de persona (ANTROPÓNIMOS), ya sean nombres de pila, hipocorísticos (*Lupe*), apellidos o sobrenombres (*Azorín, Faraona*). También hay nombres propios de animales (ZOÓNIMOS: *Babieca, Bucéfalo, Fido*) y nombres de lugar (TOPÓNIMOS: *América, Costa Rica, Jalisco, Florida, Santiago, Orinoco*...).

Se ajustan a las características de los nombres propios los sustantivos (y a veces los grupos nominales formados con ellos) que denotan festividades o conmemoraciones (*la Ascensión*), astros (*Marte*), representaciones alegóricas (*la Muerte*), títulos de obras (*Hamlet*), fundaciones (*Lolita Rubial*), órdenes religiosas (*Santa Clara*), empresas (*El Mercurio de Antofagasta*), clubes (*Club Deportivo Istmeño*), corporaciones (*Real Academia Española*) y otras muchas asociaciones, agrupaciones o instituciones de diversa naturaleza.

Aunque los nombres propios se construyen prototípicamente sin artículo, con ciertos topónimos se usa siempre el artículo determinado (*El Cairo, La Habana*), mientras que en otros es potestativo: *(el) Perú, (el) Uruguay*. Se documentan alternancias de presencia / ausencia de artículo con algunos nombres propios que no designan topónimos: *Ya es Navidad / Ya llega la Navidad*. Los nombres de los montes y los ríos llevan artículo: *los Andes, el Orinoco*.

> En los topónimos que incorporan el artículo, este se escribe con mayúscula. No se considera, pues, correcto prescindir de él (*Viajaré a El Salvador*, no **a Salvador*). Cuando es potestativo, se escribe con minúscula y solo se hace obligatorio en las denominaciones oficiales: *República del Perú*. *n*

SUSTANTIVOS CONTABLES Y NO CONTABLES

Caracterización. Una división fundamental de los nombres comunes es la que diferencia entre sustantivos CONTABLES y sustantivos NO CONTABLES (también denominados CONTINUOS y DE MATERIA).

a) Los nombres contables designan entidades que se pueden enumerar (*tres planetas, cuatro formas de proceder*).

b) Los sustantivos no contables designan magnitudes que se pueden medir o pesar, pero no enumerar. Suelen referirse a sustancias o materias que pueden dividirse sin dejar de ser lo que son. Así, "la mitad del agua" es también "agua". No ocurre así con los sustantivos contables: "la mitad de una silla" no es "una silla". Además de los que designan sustancias (*aire, comida, sangre*), pertenecen a la clase de los nombres no contables los que hacen referencia a cualidades o propiedades (*altura, inteligencia, pereza*) y sensaciones o sentimientos (*amor, entusiasmo, rabia*), entre otras nociones.

Diferencias gramaticales. Los sustantivos contables se emplean en singular (*una casa, mi amigo, esta familia*) o en plural (*actitudes, tres mesas, varios libros, muchos viajes*). Los no contables se construyen normalmente en singular (*mucha agua, tanto esfuerzo, alegría*). Cuando se emplean en plural, no aportan normalmente pluralidad, sino algún otro valor de naturaleza expresiva o estilística (*agua* ~ *aguas, tierra* ~ *tierras, nieve* ~ *nieves, cielo* ~ *cielos*). El plural puede también incorporar estos nombres a la clase de los contables, como en *pelo* [no contable] ~ *pelos* [contable], *café* ~ *cafés, vino* ~ *vinos, pan* ~ *panes*, etc.

Los sustantivos no contables se comportan en buena medida como plurales léxicos, ya que suelen admitirse en los contextos característicos de los plurales, por ejemplo, como complemento del verbo *reunir* (*reunir monedas* ~ *reunir dinero*) o como término de la preposición *entre: entre {la hierba* ~ *los prados* ~ **el prado}*.

Los nombres no contables pueden ir acompañados de los cuantificadores *mucho, poco, bastante, demasiado, tanto, cuanto, harto*, etc., pero son incompatibles con los numerales cardinales, el cuantificador *varios* o el adjetivo *medio*. Los contables, en cambio, son compatibles con ellos: **tres paciencias* ~ *tres libros; *varias arenas* ~ *varios detalles; *medio vino* ~ *media manzana.*

Cambios de clase. Muchos sustantivos no contables se convierten en contables. Suelen cambiar de significado para designar:

a) Clase o tipo: *He probado muchas aguas* (es decir, 'muchas clases de agua'); *Escribe con varias tintas; Se utilizan distintas gasolinas.*

b) Individuos o unidades: *un corcho, un cristal, un papel.*

c) Medidas, porciones y otras formas de presentar alimentos y bebidas: *café / dos cafés.*

El paso de los nombres contables a los no contables es mucho menos frecuente. Da lugar a un cambio de tipo cualitativo en *Me parece que es <u>mucho auto</u> para ti*, pero es más habitual el cuantitativo, como en *Aquí hay mucho auto*. Ambas interpretaciones suelen comportar ciertos efectos expresivos, a menudo irónicos.

SUSTANTIVOS INDIVIDUALES Y COLECTIVOS

Caracterización. Los SUSTANTIVOS INDIVIDUALES denotan en singular seres únicos (*barco, oveja, profesor*). Su denominación puede ser proporcionada por cualquiera de los elementos que constituyen su extensión. Por ejemplo, la clase "barco" puede ser ilustrada por cualquier elemento del conjunto de los barcos. Por el contrario, los SUSTANTIVOS COLECTIVOS denotan en singular un conjunto formado por seres de la misma naturaleza: *flota* 'conjunto de barcos'; *profesorado* 'clase profesional formada por profesores'. El término que designa al colectivo se interpreta como la suma de lo denotado por la conjunción de varios sustantivos idénticos:

'flota' = {barco + barco + barco...}
'bandada' = {pájaro + pájaro + pájaro...}
'banco' = {pez + pez + pez...}

Colectivos léxicos y colectivos morfológicos. Desde el punto de vista de su forma, se diferencian dos tipos de sustantivos colectivos:

a) Colectivos léxicos: No poseen estructura morfológica que exprese colectividad, como *familia, manada, rebaño.*

b) Colectivos morfológicos: Se forman con sufijos que designan grupos, como los subrayados en *trompetería, chiquillería, muestrario, arboleda, yeguada, alumnado, pedregal, pinar.*

Diferencias gramaticales. Los sustantivos colectivos presentan algunas características gramaticales que los separan en su comportamiento de los nombres individuales. Estos comportamientos se basan en las peculiaridades de su significación:

a) Se suelen combinar con los adjetivos *numeroso, nutrido* o *cuantioso* en singular, que expresan léxicamente la noción de 'pluralidad': *{audiencia, banda, comitiva, documentación, familia, generación, plantilla,* etc.*} numerosa.*

b) El verbo *reunir* selecciona complementos que denotan asimismo pluralidad. Acepta, por tanto, colectivos en singular (*Reunieron a {la familia ~ el profesorado}*), pero no sustantivos individuales en singular (**Reunió el zapato*).

c) La preposición *entre* se construye también con términos que indican pluralidad (*entre los niños, entre Santiago y Martín*). Por ello, con la excepción de algunos sustantivos no contables, rechaza los sustantivos individuales en singular (**entre Martín*), pero acepta los colectivos en este número: *entre {la población ~ la gente}.*

d) Muchos nombres colectivos admiten la construcción «N de N». El término de la preposición es el nombre (sin determinante) que designa los componentes del grupo: *una bandada de pájaros, una familia de gorilas, una escuadra de cañoneras, un ejército de infantes, un piquete de huelguistas, una manada de jabalíes,* etc.

- Aunque la idea de pluralidad que encierran los colectivos hace que en ocasiones la concordancia con el verbo se realice en plural, es más adecuado establecerla en singular. Por tanto, se recomienda evitar construcciones como *Toda la familia iban de vacaciones* y usar la más correcta *Toda la familia iba de vacaciones.*

n

- No se consideran excepciones secuencias como *La pareja comunicó a la prensa que se sienten muy felices*, puesto que puede entenderse que *siente* posee un sujeto tácito plural.
- Se recomienda evitar el uso de relativos en plural (*quienes, los cuales*) con un antecedente colectivo en singular, como en *Se recurrió al jurado del concurso, quienes no se comportaron de forma profesional.*

n

Con relativa frecuencia, los nombres colectivos pasan a ser interpretados como nombres cuantificativos. Cuando esto ocurre, se produce una modificación semántica que convierte el colectivo en un término de cantidad, sustituible por *muchos* y *cuántos*, como los sustantivos de la columna de la derecha:

un ejército de lanceros	un ejército de periodistas
un enjambre de abejas	un enjambre de curiosos

SUSTANTIVOS ABSTRACTOS Y CONCRETOS

Los SUSTANTIVOS ABSTRACTOS designan generalmente acciones, procesos y cualidades que se atribuyen a las personas, los animales o las cosas (*amor, belleza, reproducción*) y que normalmente no captamos por los sentidos. Los SUSTANTIVOS CONCRETOS hacen referencia a seres reales o imaginarios que percibimos por los sentidos o podemos representarnos mentalmente: *árbol, aroma, centauro, tierra.*

Desde el punto de vista morfológico, se pueden delimitar algunas clases de nombres abstractos. Por ejemplo, lo son los nombres de acción que se forman con sufijos como *-miento, -ción* (*atrevimiento, traducción*). Entre los nombres abstractos de cualidad se cuentan los que contienen los sufijos *-eza, -ura, -itud* (*belleza, locura, pulcritud*). Al pluralizarse, los abstractos se convierten generalmente en concretos: *locura* ('condición de loco') ~ *locuras* ('actos o dichos de loco').

SUSTANTIVOS DE COMPLEMENTO ARGUMENTAL

Estos sustantivos (llamados a veces ARGUMENTALES) seleccionan determinados complementos exigidos por su significado. Pertenecen a este grupo:

a) Los que expresan relaciones de parentesco (*hijo, padre, suegro*) o relaciones sociales (*amigo, vecino*), entre otras similares. A este grupo pertenecen también los nombres de representación (*cuadro, foto*). Muchos sustantivos de complemento argumental se construyen con la preposición *de* (*una foto de María*), pero son posibles otras opciones (*la excursión al río*).

b) Los sustantivos derivados de verbos, especialmente en la interpretación de acción: *la destrucción de Roma* ('la acción de destruirla'). Muchos de estos sustantivos (llamados a menudo NOMINALIZACIONES) conservan las mismas posibilidades combinatorias que el verbo. En los ejemplos que siguen, *concedió* y su derivado *concesión* se combinan con los mismos grupos sintácticos: *El Gobierno*[1] *concedió un premio*[2] *a este investigador*[3] / *La concesión de un premio*[2] *a este investigador*[3] *por el Gobierno*[1].

Muchos sustantivos se construyen con complementos no argumentales (*la mesa de papá*), es decir, con complementos que no están seleccionados por el significado de los sustantivos sobre los que inciden.

OTRAS CLASES SEMÁNTICAS DE SUSTANTIVOS

Sustantivos eventivos (o de suceso). Señalan acontecimientos que ocurren durante un tiempo. Pertenecen a este grupo nombres como *accidente, batalla, reunión, clase, concierto, manifestación* y muchos otros. Algunos de estos sustantivos pueden designar tanto sucesos como cosas materiales: *La conferencia estaba en el maletín.*

Nombres cuantificativos. Denotan la cantidad aislada o acotada en una materia (*una rebanada de pan*), pero también en una magnitud abstracta que se le asimile (*un ápice de sensatez*). Pueden denotar asimismo medidas convencionales (*un litro de vino, un kilo de papas*) o conjuntos de individuos (*un grupo de amigos, dos fajos de billetes*).

Algunos, como *kilo, montón, porción* o *trozo,* se emplean siempre como cuantificativos. Otros, en cambio, pueden referirse también a cosas materiales. Así, *copa* es nombre cuantificativo en *beber una copa de vino,* pero no lo es en *romper una copa de vino.*

Nombres clasificativos o de clase. Incluyen en su significado la noción de clase (*clase, especie, suerte, tipo,* etc.) y forman construcciones con el indefinido *un* y la preposición *de* (*una clase de...*). Indican que la realidad a la que se refiere el hablante guarda semejanza con la noción denotada por el sustantivo que sigue a la preposición: *una especie de submarino* se refiere a un objeto que se parece a un submarino; *una suerte de monasterio* denota una construcción que se asemeja en algo a un monasterio.

7

El adjetivo

Definición

El ADJETIVO constituye una categoría de palabras que se define a partir de diferentes criterios:

a) Desde el punto de vista morfológico, se caracteriza por presentar flexión de género y número: *alto/alta/altos/altas*. En este sentido, los adjetivos son palabras VARIABLES. En ellas, el género y el número no son inherentes, ya que no poseen significado propio. Por el contrario, su finalidad es mostrar la concordancia con el nombre (*nube tóxica, tiempos remotos*). Los adjetivos son una clase de palabras abierta, que permite la incorporación de nuevos miembros a través de procesos morfológicos como la derivación y la composición, entre otros procedimientos.

b) Desde el punto de vista sintáctico, el adjetivo es el núcleo de los GRUPOS ADJETIVALES, que funcionan como modificadores del sustantivo (*una casa <u>más linda</u>, la ópera <u>wagneriana</u>, una propuesta <u>llena de complejidades</u>*) o como atributos (*La casa era <u>bonita</u>; Jorge llegó <u>extremadamente cansado</u>*).

c) Desde el punto de vista semántico, la mayor parte de los adjetivos aportan contenidos que se predican de un nombre o de un grupo nominal. A menudo denotan cualidades (*reloj caro*), propiedades (*reloj exacto*), tipos (*reloj digital, reloj solar*) y relaciones (*política pesquera* 'relacionada con la pesca'), pero también cantidades (*numerosos libros, suficientes amigos*), referencias de tiempo o de lugar (*el actual director, abono mensual, concierto campestre*), entre otras nociones.

Clasificaciones generales

Existen dos concepciones del adjetivo. En la más tradicional se define como la categoría de palabras que modifica al nombre y concuerda con él: *algunas paredes blancas, ojos verdes*. Con este sentido abarcador, los adjetivos se dividen en dos clases: CALIFICATIVOS (en sentido amplio) y DETERMINATIVOS.

En la segunda concepción —más frecuente en la actualidad—, los adjetivos determinativos se consideran DETERMINANTES, en lugar de propiamente adjetivos. Se entiende, pues, que el demostrativo *este* (en *este lápiz*) o el posesivo *mi* (en *mi lápiz*) presentan más propiedades en común con los artículos que con adjetivos como *amarillo*, tanto en lo relativo a su significado como a la forma en que se construyen.

Adjetivos relacionales y adjetivos calificativos

Las dos clases más importantes de adjetivos son los RELACIONALES y los CALIFICATIVOS. Aunque tienen en común la propiedad de modificar al nombre y concordar con él en género y número, son numerosos los rasgos semánticos, morfológicos y sintácticos que los separan.

CARACTERÍSTICAS SEMÁNTICAS

Los adjetivos relacionales aportan rasgos que permiten clasificar personas o cosas (*presidente honorario, llamada telefónica, agua mineral, bomba atómica, poema épico*), por lo que el grupo nominal que con ellos se construye admite paráfrasis con la fórmula 'un tipo de'. La expresión *una llamada telefónica* designa propiamente cierto tipo de llamada (más claramente que *una llamada larga* o *una llamada útil*, con adjetivos calificativos). Otras veces, los adjetivos aportan información relativa a alguno de los participantes en cierta acción, como en *la decisión presidencial* ('la tomada por el presidente').

Los adjetivos relacionales se definen en el *DRAE* y en otros diccionarios con la fórmula 'perteneciente o relativo a' (*químico*, 'perteneciente o relativo a la química'). La *crítica literaria* es la 'relativa a la literatura', y la *actividad comercial* es la 'relativa al comercio'. Se entiende hoy que los adjetivos GENTILICIOS (*mexicano, parisino:* → pág. 54) forman un subgrupo entre los relacionales.

Los adjetivos calificativos denotan cualidades o propiedades que se agregan al significado del sustantivo, como en *suerte aciaga, estudio interesante, deportista ejemplar.* Como las cualidades admiten grados, los adjetivos calificativos se suelen graduar (*un estudio muy interesante, deportista absolutamente ejemplar*), a menos que denoten propiedades extremas (*resultados increíbles*).

Los adjetivos calificativos admiten paráfrasis con oraciones de relativo que los contengan como atributos (*un libro interesante* 'que es interesante'), sin embargo, a diferencia de los relacionales, no pueden parafrasearse mediante la expresión 'un tipo de': *un perro ladrador* no es un tipo de perro (frente a *un perro labrador*); *un gato sibilino* no es un tipo de gato (frente a *un gato siamés*).

CARACTERÍSTICAS MORFOLÓGICAS

La mayor parte de los adjetivos relacionales son derivados de bases nominales: *encuentro deportivo* (< *deporte*), *crisis ministerial* (< *ministerio*), a veces mediante una variante culta de la base, como en *fraternal* (< *hermano,* lat. *frater*). Se suelen asimilar a los adjetivos relacionales algunos que son derivados verbales, como *colgante* en *puente colgante* o *portátil* en *computadora portátil.* Los sufijos *-al, -ar* y *-ero* son los preferidos entre los relacionales, mientras que los sufijos *-oso* y *-uno* son más comunes entre los calificativos.

Es posible que de un mismo sustantivo se deriven adjetivos pertenecientes a las dos clases descritas. A continuación se enumeran algunos pares de adjetivo calificativo y adjetivo relacional que comparten la misma base:

CALIFICATIVO	RELACIONAL
acuoso (brillo acuoso)	*acuático (plantas acuáticas)*
caballuno (cara caballuna)	*caballar (cría caballar)*
escultural (cuerpo escultural)	*escultórico (grupo escultórico)*
musculoso (brazos musculosos)	*muscular (dolor muscular)*
paternal (gesto paternal)	*paterno (herencia paterna)*

CARACTERÍSTICAS SINTÁCTICAS

Los adjetivos relacionales presentan un comportamiento sintáctico singular que, en parte, es consecuencia de la unidad semántica que establecen con el significado del nombre al que modifican. Los adjetivos relacionales:

a) No pueden ser separados del nombre por un adjetivo calificativo: **un submarino nuevo nuclear* (frente a *un nuevo submarino nuclear* o *un submarino nuclear nuevo*).

b) No se anteponen al sustantivo: **periodística crónica, *digital cámara, *portátil computadora.*

c) No admiten modificadores de grado: **crecimiento muy demográfico, *guitarra más eléctrica, *avión menos supersónico.*

d) No funcionan normalmente como atributos. Aun así, son posibles cuando el adjetivo se utiliza de forma contrastiva en expresiones como *La radiación es iónica y no nuclear.*

e) No admiten sustitución por el adverbio modal *así*: *una infección respiratoria* (≠ *una infección así*), *un conflicto diplomático* (≠ *un conflicto así*).

Los adjetivos calificativos siguen el comportamiento contrario:

a) Pueden ser separados del sustantivo con el que concuerdan por otros adjetivos (*medidas innovadoras necesarias*).

b) Permiten ser antepuestos al nombre: *el cálido verano.*

c) Admiten modificadores de grado: *descenso muy rápido.*

d) Funcionan como atributos con normalidad: *La velada fue agradable; El apartamento era espacioso.*

e) Muchos de ellos admiten la sustitución por el adverbio *así*: *una vida sacrificada* (= *una vida así*).

f) Admiten la negación, especialmente en contextos contrastivos: *un político no muy inteligente, pero sí muy hábil.*

Cuando un adjetivo relacional y un adjetivo calificativo coinciden en el mismo grupo nominal ocupan distinto nivel jerárquico:

a) El relacional se halla más cercano al nombre y forma con él un bloque del que no se puede separar.

b) El calificativo aparece antes o después de tal conjunto:

una *fabulosa*	nave *espacial*	
una	nave *espacial*	*fabulosa*
*una *espacial*	nave	*fabulosa*
*una	nave	*fabulosa espacial*

c) Los dos tipos de adjetivos no pueden coordinarse entre sí: **universidad laboral y famosa, *erupción volcánica y breve, *tormenta tropical y fuerte.*

CAMBIOS DE CLASE

Muchos adjetivos se emplean como calificativos o como relacionales en contextos diferentes. El sentido primitivo suele ser el relacional. De este se deriva el sentido calificativo, que se crea destacando un rasgo prototípico asociado culturalmente al significado originario. Así, el adjetivo relacional *faraónico* admite la paráfrasis 'de los faraones' en *tumbas faraónicas*. Sin embargo, si se habla de *gastos faraónicos* se emplea el adjetivo como calificativo y se destaca, entre los rasgos de *faraónico*, la monumentalidad. Por tanto, combinado con *gastos*, *faraónicos* se puede parafrasear como 'monumentales, inmensos'. La misma alternancia se da en los ejemplos de la tabla siguiente:

ADJETIVO RELACIONAL	ADJETIVO CALIFICATIVO
línea férrea	*voluntad férrea*
género teatral	*gesto teatral*
estado febril	*actividad febril*
planta industrial	*cantidades industriales*
río siberiano	*frío siberiano*
vivienda familiar	*ambiente familiar*
derechos humanos	*gesto humano*

Usos de los adjetivos calificativos

EPÍTETOS

Los adjetivos que aportan cualidades prototípicas de los miembros de la clase designada por el nombre se denominan EPÍTETOS. El calificativo epíteto no restringe la extensión del nombre y admite con mayor facilidad la anteposición: *la mansa paloma, la blanca nieve, el crudo invierno, el inmenso océano.*

USOS ESPECIFICATIVOS

La cualidad que aporta el adjetivo calificativo puede convenir a un número mayor o menor de los elementos que forman la clase del nombre al que se aplica. Cuando no afecta a todos los elementos, se produce una reducción de la extensión de dicha clase. Así, en la combinación *sucesos recientes* se forma dentro del conjunto *sucesos* el subconjunto *sucesos recientes*. El adjetivo asume en estos casos un valor ESPECIFICATIVO. En las expresiones referenciales la delimitación que aporta el adjetivo especificativo ayuda al oyente a identificar la entidad señalada: *los órganos enfermos, los alumnos presentes, la época juvenil.*

USOS EXPLICATIVOS

En las construcciones explicativas, el adjetivo calificativo aparece entre pausas concordando con un nombre:

Los jugadores, *contentos con el resultado*, lo celebraron juntos
Las nubes, *grises y espesas*, amenazaban lluvia

Estos adjetivos no introducen restricciones en la clase designativa del nombre y suelen aportar una explicación o justificación. La tradición los consideraba una clase de adjetivos, los EXPLICATIVOS, pero no se trata de una clase, sino de un uso sintáctico singular. En realidad, no complementan al nombre, sino a toda la oración, por lo que pueden aparecer con toda naturalidad en posición inicial del enunciado:

Contentos con el resultado, los jugadores lo celebraron juntos
Grises y espesas, las nubes amenazaban lluvia

En estos usos alternan con grupos prepositivos y con oraciones de relativo explicativas:

El público, *de pie*, aplaudía frenéticamente
Los estudiantes, *que no eran tontos*, advirtieron el engaño

Adjetivos adverbiales

Se suelen denominar ADJETIVOS ADVERBIALES los que poseen un significado semejante al de los adverbios, en el sentido de que expresan las nociones temporales o modales que caracterizan a estos. Así, el adjetivo adverbial *actual* en *el actual ministro de Economía* no presenta una cualidad o una propiedad del ministro, sino que ubica en el tiempo su condición de tal.

Por su significado, se clasifican en temporales (*actual, bienal, frecuente, futuro, presente*) y modales (*presunto, probable, seguro, supuesto*). Se asimilan a ellos otros como *mero, solo* y *único* (*la mera falta de dinero ~ meramente la falta de dinero*), y algunos usos de *escaso, exacto, justo* y *largo* (*Mide diez metros {exactos ~ exactamente}*).

Cambios de categoría

ADJETIVOS SUSTANTIVADOS

Muchos adjetivos dan lugar a nombres comunes con su misma significación. Sustantivos como *capitalista, católico, estudiante, italiano, madridista, madrileño, portero* o *socialista* se han originado en adjetivos. En muchos casos conservan la posibilidad de comportarse como adjetivos y como sustantivos: *un hombre intrigante* [adjetivo] ~ *un intrigante* [sustantivo], *un niño alérgico* [adjetivo] ~ *un alérgico* [sustantivo], etc. Existen criterios que permiten determinar en tales casos cuándo son nombres y cuándo adjetivos:

a) Los nombres se construyen con el artículo *un*, mientras que los adjetivos modifican al pronombre *uno*: *un joven* [sustantivo] ~ *uno joven* [adjetivo], *un singular* ~ *uno singular, un fresco* ~ *uno fresco, un útil* ~ *uno útil, un francés* ~ *uno francés*. Lo mismo ocurre con otros cuantificadores: el uso nominal exige la forma apocopada (*algún religioso, ningún mexicano*) y el adjetivo, la plena (*alguno religioso, ninguno mexicano*).

b) Los adjetivos son modificados por adverbios, mientras que los sustantivos se combinan con adjetivos: *los auténticamente franceses* [adjetivo] ~ *los auténticos franceses* [sustantivo].

c) Solo los nombres pueden construirse con *cada* o *todo: cada loco, todo joven.*

d) Los adjetivos que se han sustantivado pueden ser modificados por adjetivos: *un lateral* [sustantivo] *veloz* [adjetivo].

ADJETIVACIÓN DEL SUSTANTIVO

El proceso inverso, es decir, la conversión de sustantivos en adjetivos (SUSTANTIVOS ADJETIVADOS), es mucho menos frecuente, tanto en español como en otras lenguas: *Ese actor está* <u>*cañón*</u> 'es muy atractivo'; *el* <u>*cochino*</u> *dinero* 'el maldito dinero'. Los sustantivos convertidos en adjetivos poseen a menudo valor ponderativo. En otros casos, aluden a alguna propiedad caracterizadora de cierto tipo de personas, como en *Él es muy* <u>*niño*</u> *y ella tan* <u>*señora*</u>.

ADVERBIALIZACIÓN DEL ADJETIVO

Algunos adjetivos se convierten en adverbios al inmovilizar sus marcas flexivas (→ pág. 145), como *bajo, claro, duro, estupendo, fatal, lento, pronto, quedo, rápido, sucio,* etc.: *Trabajé duro; Resultó fatal; Camina muy lento; Llegó demasiado pronto; Habla quedo...* En muchos casos presentan equivalencia con adverbios en *-mente: Trabajé duramente; Camina muy lentamente,* etc.

ELIPSIS DEL NÚCLEO NOMINAL

Los sustantivos y los grupos nominales precedidos de artículo pueden elidirse cuando aparecen modificados por adjetivos o grupos adjetivales, así como por otros modificadores del nombre. Se subraya el elemento que se elide:

los alumnos diligentes	los Ø diligentes
las pruebas más fáciles	las Ø más fáciles
los canales privados	los Ø privados

En el análisis de las construcciones de la derecha, cuando la memoria del nombre está presente, se recupera el segmento elidido. No existe, pues, cambio de categoría del adjetivo en los casos de elipsis.

Propiedades morfológicas del adjetivo

RASGOS FLEXIVOS DEL ADJETIVO

El adjetivo posee flexión de género y de número. Estos rasgos gramaticales no son inherentes y están destinados exclusivamente a marcar la concordancia con el nombre sobre el que incide: *gato negro/gata negra/gatos negros/gatas negras*.

Los adjetivos ponen de manifiesto el género y el número de los sustantivos que carecen de marcas explícitas, como en *lunes {negro ~ negros}*, *crisis {violenta ~ violentas}*. Es el sustantivo *lunes* el que es intrínsecamente masculino; sin embargo, ninguna marca morfológica lo trasluce, por lo que es el adjetivo el que refleja explícitamente el género del sustantivo, al concordar con él. Una función diacrítica similar cumplen los adjetivos de dos terminaciones que modifican a los nombres comunes en cuanto al género (→ págs. 22-24): *estudiantes {destacados ~ destacadas}, el testigo decisivo ~ la testigo decisiva*.

CLASES MORFOLÓGICAS DE ADJETIVOS

Desde un punto de vista flexivo, los adjetivos del español se pueden clasificar en tres grupos:

a) Adjetivos de dos terminaciones. Poseen flexión de género y número (*lindo/linda/lindos/lindas*).

b) Adjetivos de una terminación. Poseen flexión de número, pero no de género (*probable/probables*).

c) Adjetivos invariables. No tienen flexión ni de género ni de número (*gratis*).

Adjetivos de dos terminaciones	Adjetivos de una terminación	Adjetivos invariables
La flexión de género se marca casi siempre con *-a:* – En *-o/-a: hermoso* – En *-dor/-dora: hablador* – En *-és/-esa: francés* – En *-ete/-eta: regordete* – En *-ote/-ota: grandote* – En consonante: *andaluz...*	– Muchos terminados en *-e: posible* – En *-i: cursi* – En *-í: marroquí* – En *-a: agrícola* – En *-ú: hindú* – Muchos en *-z: feliz* – Muchos en *-r* (en *-ar, -ior...*): *polar, inferior* – Muchos en *-l* (en *-al, -il...*): *nacional, infantil, hábil* – Muchos en *-s: cortés*	– Adjetivos no agudos en *-s: isósceles, gratis* – Préstamos del inglés: *unisex...*

En función de su estructura morfológica se distinguen tres tipos de adjetivos:

a) Simples: *atroz, feliz.*

b) Derivados: *policial* (de *policía*), *ruidoso* (de *ruido*).

c) Compuestos: *agridulce* (de *agrio* y *dulce*).

APÓCOPE DEL ADJETIVO

Se denomina APÓCOPE el proceso por el cual se suprime el segmento final de la palabra sin que cambie su significado ni su categoría gramatical.

a) Los adjetivos *bueno, malo, primero, tercero* y *postrero* se apocopan cuando preceden a un sustantivo masculino singular: *buen comienzo,* pero *buena vida.* La forma apocopada se emplea aunque el adjetivo se halle coordinado o aunque otro adjetivo se interponga: *mi primer y único amor, el tercer mal comienzo de la temporada.*

b) El adjetivo *grande* se apocopa ante un sustantivo en singular, sea masculino o femenino: *un gran hombre ~ una gran mujer.* La apócope se produce incluso cuando entre sustantivo y adjetivo se interpone otro adjetivo, especialmente si está asimismo apocopado, pero también si no lo está (*un gran primer plano, un gran segundo plano*). No se apocopa en la coordinación: *un grande y hermoso día.*

c) El adjetivo *santo* se apocopa en *san* ante nombres propios masculinos (*san Juan, san Lucas, san Pedro*), excepto ante los que comienzan por *To-* y *Do-* (*santo Tomás, santo Domingo*).

Gradación del adjetivo

GRADOS DEL ADJETIVO

Los adjetivos calificativos expresan cualidades que los seres referidos por los grupos nominales poseen en mayor o menor grado. En español las diferencias de grado se manifiestan por medio de modificadores adverbiales (*más, menos, muy...*) o de sufijos (*-ísimo*). Se distinguen tradicionalmente tres grados en el adjetivo: POSITIVO, COMPARATIVO y SUPERLATIVO.

Grado positivo. El adjetivo en grado positivo carece de modificadores de grado y expresa la cualidad de una forma neutra: *alto, hermoso, triste.*

Grado comparativo. El adjetivo recibe una cuantificación que lo habilita para crear estructuras comparativas. Las comparaciones de superioridad se construyen con el adverbio *más* (*más guapo que*). Las comparaciones de inferioridad emplean el adverbio *menos* (*menos alto que*). Las comparaciones de igualdad se expresan con el adverbio *tan* (*tan triste como*). Admiten también comparativo algunos adverbios de grado: *lejos, cerca...* El grado comparativo de ciertos adjetivos se expresa a través de formas sincréticas (*mejor, peor, mayor, menor:* → pág. 83).

Grado superlativo. El adjetivo en grado superlativo denota un nivel muy elevado de la cualidad que significa.

Los SUPERLATIVOS ABSOLUTOS manifiestan un grado muy alto de una cualidad sin establecer comparación. Se expresa con el adverbio *muy* o con el sufijo *-ísimo* (*bellísimo, pequeñísimo, tristísimo, velocísimo...*). Se forma también con adverbios intensivos en *-mente* (*increíblemente bello, fuertemente doloroso, sumamente interesante...*) y con prefijos de realce, como *archi-, hiper-, mega-, re-, requete-* o *super-* (*archiconocido, hipersensible, superbrillante...*).

En el SUPERLATIVO RELATIVO el adjetivo y el cuantificador que lo modifica aparecen en un grupo nominal definido. Se designa así la persona o cosa que posee cierta propiedad en un grado mayor que el que corresponde al resto de los miembros de algún conjunto: *el más guapo de la clase.* Se expresa con las fórmulas *el más X de..., el menos X de...: la más elegante de la clase, el menos inteligente del grupo.* El segundo término se elide cuando es consabido: *el más alto, el menos rápido.*

COMPARATIVOS Y SUPERLATIVOS IRREGULARES

Algunas formas del adjetivo heredadas del latín incluyen en sí mismas el valor comparativo o superlativo. Se denominan COMPARATIVOS y SUPERLATIVOS SINCRÉTICOS:

Positivo	Comparativo	Superlativo
bueno	mejor	óptimo
malo	peor	pésimo
grande	mayor	máximo
pequeño	menor	mínimo

Las formas comparativas de la columna central expresan comparación como lo hacen los grupos adjetivales formados con los correspondientes adjetivos positivos (*más bueno que*). Aceptan el adverbio *mucho* (*mucho mejor* ~ *mucho más bueno*) y rechazan *muy*. El adjetivo *mayor* puede ser comparativo (*Es mucho mayor* 'mucho más grande') o no serlo (*Es muy mayor* 'muy anciano o anciana'). Aunque fueran formas comparativas en latín, no son comparativos sincréticos los adjetivos españoles *inferior* (*muy inferior* ~ **mucho inferior*) y *superior*. Sí se consideran, en cambio, superlativos absolutos sincréticos de *alto* y *bajo* los adjetivos *supremo* e *ínfimo*.

El sufijo *-ísimo* presenta cierta variación morfológica, según sea la terminación del adjetivo de la base. Así, los adjetivos en *-n* o *-or* se combinan con la variante *-císimo: jovencísimo, mayorcísimo.*

Se forman sobre la base latina, entre otros, los superlativos *antiquísimo, crudelísimo* (también *cruelísimo*), *fidelísimo, sapientísimo.* Igualmente sobre base latina se forman algunos superlativos en *-érrimo:*

Positivo	Superlativo	Positivo	Superlativo
acre	acérrimo	mísero	misérrimo
áspero	aspérrimo	negro	nigérrimo
célebre	celebérrimo	pobre	paupérrimo
libre	libérrimo	pulcro	pulquérrimo

Existen también *asperísimo, negrísimo, pobrísimo* y *pulcrísimo,* todos ellos igualmente válidos.

Locuciones adjetivas

Las LOCUCIONES ADJETIVAS O ADJETIVALES son grupos lexicalizados —por tanto, expresiones fijas que suelen recogerse en el diccionario— que se asimilan a los adjetivos en su funcionamiento sintáctico. Así, *de cuidado* viene a significar 'peligroso' y realiza las funciones de un adjetivo. Puede, por consiguiente, aparecer como modificador nominal (*un individuo de cuidado*) o como atributo (*Ese individuo es de cuidado*).

Muchas locuciones adjetivas que presentan la estructura sintáctica de los grupos preposicionales pueden ser, a su vez, locuciones adverbiales. Se consideran adjetivas o adverbiales en función del constituyente al que modifican. Se obtienen así alternancias como las siguientes:

LOCUCIONES ADJETIVAS	LOCUCIONES ADVERBIALES
(análisis) *en profundidad*	(analizar) *en profundidad*
(juramento) *en falso*	(jurar) *en falso*
(conversación) *en serio*	(conversar) *en serio*
(redacción) *en sucio*	(redactar) *en sucio*
(retransmisión) *en vivo*	(retransmitir) *en vivo*
(vestido) *de gala*	(vestir) *de gala*

8

Determinantes y pronombres

Clases y subclases de palabras

Las CATEGORÍAS GRAMATICALES O CLASES DE PALABRAS son grandes conjuntos de vocablos definidos por sus propiedades morfológicas, sintácticas y semánticas. Son categorías el sustantivo, el adjetivo, el determinante, el pronombre, el verbo, el adverbio, la preposición, la conjunción y la interjección.

Las categorías de los determinantes y pronombres, así como algunos tipos de adverbios, forman subconjuntos integrados por un número reducido de componentes y cerrado a la incorporación de nuevas unidades: son las llamadas CLASES GRAMATICALES DE PALABRAS.

Algunas de estas clases muestran propiedades de varias categorías, por lo que se consideran CLASES TRANSVERSALES. Así, los demostrativos pueden ser determinantes (*este avión, esa fábrica*), adjetivos (*el individuo ese*), pronombres (*Esto no es harina*) y adverbios (*Viven aquí*). De igual modo, los posesivos se adscriben a la clase de los determinantes (*mi amiga, nuestra madre*) o de los adjetivos (*La culpa es mía, un amigo suyo*). Entre los cuantificadores indefinidos hallamos adjetivos (*Los heridos eran muchos*); determinantes (*muchas dificultades, algún día*); pronombres (*No dijo mucho; Alguno lo sabrá*), e incluso adverbios (*Disfrutaron mucho el viaje*). De igual modo, hallamos relativos, interrogativos y exclamativos que son determinantes (*... cuya propiedad; ¿Cuántos niños han venido?; ¡Qué noche!*); pronombres (*la suerte que persigue; ¿Qué ha dicho?; ¡Cuánto han gastado!*), o adverbios (*el colegio donde estudia; ¿Cuándo vendrán?; ¡Cuánto sufren!*).

Por el contrario, otras clases gramaticales, como los artículos y los pronombres personales, pertenecen a una sola categoría. Los artículos son siempre determinantes (*la presidenta, unos panes*). Los personales, en cualquiera de sus variedades, son siempre pronombres (*Ellas llegarán; Lo saben; Se conocen*).

Los determinantes

CARACTERÍSTICAS

Los DETERMINANTES se anteponen al nombre común para formar con él (y sus posibles modificadores y complementos) expresiones capacitadas para hacer referencia a una realidad determinada (EXPRESIONES REFERENCIALES): *estas bolsas, nuestros amigos del colegio, algún momento de tranquilidad.* Hay discrepancias entre los gramáticos acerca de los elementos que integran esta categoría, ya que para unos solo engloba los artículos, los demostrativos y los posesivos, mientras que otros añaden algunos cuantificadores (*muchas ideas*), relativos (*el cual autor*), interrogativos (*¿Qué vino prefieres?*) y exclamativos (*¡Qué ciudad!*). Esta gramática se inclina por la segunda opción.

Los determinantes presentan los siguientes rasgos:

Características formales

a) Poseen en su mayoría flexión de género (masculino/femenino) y número (singular/plural). Las formas neutras de los demostrativos y de los cuantificadores son pronombres (*esto, eso, aquello, algo, nada*).

b) Tienden a veces a un debilitamiento fónico, pero este proceso no afecta a todos los determinantes ni a todas sus manifestaciones. Así, son átonos el artículo determinado y los posesivos antepuestos. Estos últimos, por otra parte, adoptan forma apocopada (*mi, tu, su, mis, tus, sus*), lo mismo que ciertos indefinidos (*un, algún, ningún*).

Características semánticas

a) El nombre y sus posibles modificadores y complementos (*gato blanco de la ventana*) forman un grupo nominal al que puede anteponerse un determinante (*el gato blanco de la ventana*), dando lugar así a un grupo nominal mayor que contiene al anterior.

b) Los determinantes participan en la formación de EXPRESIONES REFERENCIALES. Así, el sustantivo *gato* no designa por sí solo ningún miembro de esta clase de felinos, pero sí lo hacen expresiones como *el gato, este gato, tu gato* o *cuyo gato* en un acto de habla concreto.

c) Reducen la extensión significativa de un nombre común. Los grupos *el gato, este gato, nuestros gatos, tres gatos* seleccionan uno o varios individuos de la clase *gato*, a la vez que suelen proporcionar pautas para identificar su referente en el discurso.

d) No aparecen por lo general con las palabras que poseen en sí mismas valor referencial, como los nombres propios y los pronombres. La presencia del artículo en los nombres propios que lo incorporan como parte de su expresión (*El Cairo, El Salvador*) no es significativa. Poseen carácter especial otros usos de los determinantes con nombres propios: enfático o afectivo (*Este es mi Raúl*), delimitador (*El Madrid nocturno*) o alusivo (*Un tal Andrés*).

Características sintácticas

a) Como se ha visto, los determinantes preceden al constituyente formado por el nombre y sus diferentes modificadores y complementos en el grupo nominal (adjetivos, grupos preposicionales, aposiciones, oraciones de relativo): *Estos dulces recuerdos del pasado* (frente a **Dulces estos recuerdos del pasado*). Si un determinante se pospone al nombre, deja de serlo, por lo que el grupo nominal necesita la presencia de otro determinante: *ese tipo / el tipo ese; vuestro cuñado / ese cuñado vuestro.*

b) La presencia de determinante legitima a los grupos nominales (especialmente los construidos con sustantivos contables en singular) para desempeñar diversas funciones sintácticas, propiedad que comparten con los pronombres y los nombres propios: *{La primavera ~ *Primavera ~ Luis ~ Ella} ha venido; Necesito comprarme {*camisa ~ otra camisa}.*

c) Los determinantes son los componentes más externos del grupo nominal.

d) Carecen de complementos propios.

CLASES DE DETERMINANTES

Los determinantes pueden clasificarse en dos grandes grupos. Los del primero son definidos (*el, mi, este, cuyo*) y ayudan a identificar el referente del grupo nominal en el discurso. Los del segundo grupo expresan CUANTIFICACIÓN y denotan el número de individuos de un conjunto (*dos, varios, nadie, algunos*) o la cantidad de materia de la que se habla (*poco arroz, bastante interés, algún dinero*), entre otros significados de naturaleza igualmente cuantitativa. Aun así, no todos los cuantificadores son elementos indefinidos, ya que *todo, cada* y *ambos* son definidos. A la inversa, el artículo *un* (como en *Tengo un buen resfriado*) es un determinante indefinido. No siempre es fácil distinguirlo del numeral *un(o)* (*Solo tomé una cerveza*), que se clasifica entre los cuantificadores (→ cap. 9).

Determinantes definidos. Como se ha explicado, son determinantes definidos el artículo determinado (*el*), los demostrativos (*este*) y los posesivos (*su*), a los que se agrega el relativo posesivo *cuyo* y los cuantificadores *todo, ambos* y *cada*. Como integrantes de grupos nominales en función de complemento directo, suelen ser incompatibles con el verbo *haber*: **Había los zapatos; *Hay nuestra computadora; *Habrá aquellos leones; *Hay todos los tomates en la cesta; *Sobre la mesa hay cada libro* (sin entonación suspensiva). Los grupos sintácticos que se construyen con determinantes definidos suelen responder a los interrogativos *¿quién/-es?, ¿cuál/-es?, ¿cuál/-es* + nombre?, *¿qué* + nombre?

¿Quiénes ganaron?	*Los* alemanes
¿Qué animal te gusta?	*Mi* perro
¿Cuál regalo eliges?	*Esta* corbata
¿A qué amigos invitarás?	A *todos*

Cuantificadores. Suelen dividirse en FUERTES O DEFINIDOS (*ambos, todo, cada*) y DÉBILES O INDEFINIDOS (→ págs. 124-125). Estos últimos se subdividen en EXISTENCIALES (*alguno, ninguno*), EVALUATIVOS (*mucho, bastante*), NUMERALES cardinales (*cuatro*), COMPARATIVOS (*más, menos, tanto*) y DE INDISTINCIÓN (*cualquiera*). Los grupos nominales formados con cuantificadores indefinidos presentan dos características destacadas:

a) Pueden introducir o presentar por primera vez una realidad en el discurso: *Se encontraban allí {unos, algunos, dos, varios} pescadores.*

b) Los grupos nominales que los contienen pueden ser normalmente complementos directos del verbo *haber*: *Hay algunos salmones; Había dos muchachos; No habrá ningún libro.*

Los pronombres

CARACTERÍSTICAS

El PRONOMBRE es una categoría gramatical integrada por palabras variables que presentan los siguientes rasgos:

a) Forman un grupo reducido y cerrado de unidades.

b) Contienen un número limitado de rasgos de significado y, en consecuencia, su extensión o capacidad designativa es muy amplia.

c) Al igual que los nombres propios, tienen capacidad de referir sin necesidad de determinantes. En la secuencia *Ella nos lo dijo* tenemos tres pronombres que forman tres expresiones referenciales.

d) Se comportan sintácticamente como los grupos nominales, ya que contraen funciones propias de estos (*qué* es complemento directo de *dices* en *¿Qué dices?*) y pueden sustituirlos (*para María* > *para ella*). Los pronombres personales, en particular, pueden coordinarse con los grupos nominales (*tus amigos y tú*) o admitirlos en aposición (*nosotros, los ciudadanos*).

El pronombre es una categoría cruzada, en el sentido de que pertenecen a ella elementos que corresponden a varias clases transversales: personales, demostrativos, cuantificadores numerales e indefinidos, relativos, interrogativos y exclamativos.

MORFOLOGÍA DE LOS PRONOMBRES

Los rasgos morfológicos de los pronombres pueden ser MANIFIESTOS o ENCUBIERTOS. Los primeros muestran variantes en su morfología, como en *yo* frente a *mí* (caso) o *él* frente a *ella* (género). Los segundos solo se expresan a través de la concordancia, como en *sí mismo* ~ *sí mismos* (número) o en *¿Quién resultó {elegido ~ elegida}?* (género). Los rasgos manifiestos de los pronombres son los siguientes:

a) NÚMERO. La oposición singular/plural afecta a la mayoría de los pronombres, con excepción de las formas neutras y de algunas invariables, como *se* o *que*.

b) GÉNERO. Muchos pronombres diferencian masculino y femenino (*nosotros/nosotras*) o masculino, femenino y neutro (*él/ella/ello; este/esta/esto*), pero otros no marcan morfológicamente el género (*quién, quien, que, cualquiera*). Algunas formas son exclusivamente neutras (*algo, nada*).

c) PERSONA. Este rasgo, característico de los pronombres personales (*yo/tú/él*), es compartido por los posesivos, sean determinantes (*mi hermano*) o adjetivos (*Este libro es tuyo*).

d) CASO. Las diferencias de caso se registran solo en los pronombres personales. Entre los tónicos se distinguen el caso RECTO O NOMINATIVO (*yo*) y el caso OBLICUO O PREPOSICIONAL (*mí*). Los pronombres átonos establecen oposición entre el caso ACUSATIVO (*Me visita*) y el caso DATIVO (*Me regala flores*: → cap. 10).

e) REFLEXIVIDAD. Este rasgo, restringido a los pronombres personales, caracteriza a algunos como exclusivamente reflexivos, sean tónicos (*sí*, como en *para sí*) o átonos (*se*, como en *Ella no se cuida*).

SIGNIFICADO DE LOS PRONOMBRES

Como se ha explicado, los pronombres se caracterizan por poseer un conjunto reducido de rasgos de contenido. De este modo, el pronombre personal *sí* presenta únicamente los rasgos manifiestos de caso oblicuo y reflexividad, además de los encubiertos de género y número. En general, los rasgos de los pronombres suelen expresar informaciones propiamente gramaticales, pero algunos de ellos oponen también clase léxicas. Así, la oposición 'humano' / 'no humano' marca la frontera entre varios pronombres y dos clases semánticas de nombres y grupos nominales:

'humano'	*alguien*	*nadie*	*quién*	*Pedro, mamá, el carpintero...*
'no humano'	*algo*	*nada*	*qué*	*Guatemala, el dinero...*

Debido a que su INTENSIÓN (el conjunto de rasgos de contenido que definen el significado de una voz) es limitada, los pronombres poseen una amplísima EXTENSIÓN (conjunto de elementos a los que es aplicable una palabra). Este hecho los dota de uno de sus rasgos más conocidos: su capacidad de reemplazar o sustituir a grupos nominales, de donde viene su denominación (*pronombre* = 'en lugar del nombre'). Aun así, no es correcto analizar los pronombres personales de 1.ª y 2.ª persona (*yo, tú, nosotras...*) como sustitutos de los individuos que designan, sino más bien como expresiones referenciales de sentido unívoco, aunque de referente variable. En general, los pronombres poseen un significado estable (*yo, aquel* o *todo*), aunque su referencia se establezca contextualmente. No es, en suma, el significado de las expresiones pronominales lo que el discurso aporta, sino la referencia que les corresponde. En esto se comportan igual que otros grupos nominales: *este ombú* posee un significado único, pero se asocia a referentes distintos en cada acto verbal.

PRONOMBRES Y REFERENCIA

Significado, referente y expresiones referenciales. El REFERENTE es la entidad señalada por una expresión lingüística en un acto verbal concreto. No se debe confundir significado con referente. El significado de una palabra o de un grupo de palabras es constante, mientras que el referente puede variar en cada acto de discurso. La expresión *el actual rey de España* emitida en 1520 y en 1570 tenía el mismo significado, pero las personas denotadas (sus referentes) eran distintas (*Carlos I* y *Felipe II*). Se denominan EXPRESIONES REFERENCIALES las palabras y grupos de palabras que pueden realizar referencia. Son expresiones referenciales los nombres propios (*Bello, Nicaragua*), los pronombres (*ellas, alguien...*) y los grupos nominales con determinante (*el caballo, nuestro amigo*).

Dos o más expresiones son correferenciales cuando denotan o señalan una misma realidad. La CORREFERENCIA es una relación que se establece generalmente entre grupos nominales y pronombres. Son correferenciales las construcciones reflexivas: en ellas el sujeto y el pronombre señalan al mismo individuo (*El actor se miraba en el espejo*). Hay correferencia asimismo en las EXPRESIONES ANÁFORICAS y CATAFÓRICAS. Los determinantes y los pronombres juegan un papel esencial en la referencia. Desde este punto de vista se distinguen varios tipos de pronombres: anafóricos, catafóricos, reflexivos y deícticos.

Pronombres anafóricos y catafóricos. Los primeros denotan la misma entidad que un grupo nominal previo (antecedente): *A estos niños* [antecedente] *los* [pronombre anafórico] *llevaban a un campamento; María solo confía en sí misma*. Los segundos son correferentes con una expresión nominal pospuesta (consecuente): *Les* [pronombre catafórico] *escribían a sus familiares* [consecuente]; *La gente que la conoce dice maravillas de María; Solo para sí mismo guardaría él un vino así.*

Pronombres reflexivos. Los pronombres reflexivos constituyen un subgrupo de los personales. Estos pronombres denotan el mismo referente que un grupo nominal que normalmente funciona como sujeto de la oración: *Ramón se lava las manos; Ángel hablará de sí mismo*. Los pronombres *él, ella, ellos* y *ellas* pueden ser reflexivos si aparecen modificados por el adjetivo *mismo* (*María solo piensa en ella misma*).

Los pronombres reflexivos átonos pueden ser duplicados por sus correlatos tónicos, como en *No se ayudan a sí mismos*.

Deícticos. La DEIXIS es un tipo de referencia que identifica la realidad señalada tomando como coordenadas las personas del discurso (DEIXIS PERSONAL) o el lugar en el que se enuncia un mensaje (DEIXIS ESPACIAL). Son deícticos de persona los pronombres personales y los posesivos, y efectúan deixis espacial los demostrativos. Hay un tercer tipo de deixis, la DEIXIS TEMPORAL, cuya coordenada es el momento en que se realiza el discurso, que afecta a los adverbios de tiempo (*ahora, antes, después...*), así como a los morfemas temporales del verbo.

OTROS ASPECTOS DEL ANÁLISIS GRAMATICAL DE LOS PRONOMBRES

Elipsis, referencia y pronombres. La ELIPSIS es el silencio en la expresión de una secuencia que está latente en el mensaje. En el segundo miembro de la oración compuesta *María va al cine, pero yo no iré*, se suprime por consabido el grupo *al cine*. En la interpretación del mensaje, el que descodifica restituye los segmentos elididos.

Tras los determinantes es muy frecuente la elipsis del sustantivo:

en esta casa y en aquella Ø	[casa]
mis padres y los Ø tuyos	[padres]
unos árboles frondosos y otros Ø secos	[árboles]
tres días de trabajo y tres Ø de descanso	[días]

La tradición gramatical analizaba estos determinantes como pronombres. Tal opción alterna en la actualidad con el análisis que postula un elemento elidido en aquellos contextos en los que, aunque no manifiestos en la expresión, se hallan presentes y son necesarios para la interpretación del mensaje. Los dos análisis posibles son, en consecuencia, los siguientes: *en esta casa y en aquella* [*aquella* como pronombre] y *en esta casa y en aquella Ø* [*aquella* como determinante]. No hay elipsis en el caso de las unidades neutras, ya que en español no existen los sustantivos neutros. Se consideran, pues, solo pronombres las formas *esto, ello,* etc.

9

El artículo

Caracterización

El ARTÍCULO es un determinante que sirve para delimitar la extensión significativa del grupo nominal del que forma parte y que ayuda, por tanto, a presentar su referente o a identificarlo en el contexto.

CLASES Y PARADIGMA

Existen dos clases de artículo:

a) El INDETERMINADO O INDEFINIDO. Se usa para presentar entidades nuevas en el discurso: *Hoy he recibido una carta* (no hay noticia previa de ella).

b) El DETERMINADO O DEFINIDO. Permite hacer referencia a una entidad que se supone identificable por el oyente: *Hoy he recibido la carta.*

		Determinado	Indeterminado
SINGULAR	**masculino**	el (*el libro*)	un (*un libro*)
	femenino	la (*la mesa*) el (*el águila*)	una (*una mesa*) un (*un águila*)
	neutro	lo (*lo bueno*)	
PLURAL	**masculino**	los (*los libros*)	unos (*unos libros*)
	femenino	las (*las mesas*)	unas (*unas mesas*)

PROPIEDADES

a) Posición. El artículo precede no solo al sustantivo, sino también a todos los demás modificadores prenominales, incluidos los cuantificadores, con la excepción de *todo: todos los días.*

b) Tonicidad. El artículo determinado es átono y forma grupo acentual con la primera palabra tónica que lo sigue: *las cejas, los de abajo*. El artículo indeterminado es normalmente tónico: *un jaguar, una paloma*.

Particularidades

LAS FORMAS DEL ARTÍCULO FEMENINO

Además de *la* y *una*, el artículo femenino singular presenta las formas *el* y *un* cuando precede inmediatamente a nombres que comienzan por /a/ tónica (en la escritura *a-* o *ha-*, lleven tilde o no): *el agua, el habla, un área, un hada*.

> No deben utilizarse *el* y *un* como artículos femeninos cuando se interponen un adjetivo u otro elemento entre artículo y sustantivo. No se dice, pues, *el majestuoso águila* ni *un filoso hacha*, sino *la majestuosa águila* y *una filosa hacha*. Ni siquiera cuando el adjetivo antepuesto comienza por /a/ tónica: *la alta haya, una amplia aula*. Tampoco se usa *el* como artículo femenino en casos de elipsis: *El ansia de placeres es tan perjudicial como la de dinero*, y no *... tan perjudicial como el de dinero*. *n*

La citada regla posee algunas excepciones:

a) Los nombres de las letras del abecedario latino: *la a, una hache*.

b) Nombres y apellidos de mujeres: *La Ana de mi oficina es una Ávalos*.

c) Nombres de empresas (*la Alfa Romeo*), así como siglas y acrónimos con núcleo en femenino: *la AUF* (Asociación Uruguaya de Fútbol).

d) Los sustantivos comunes en cuanto al género definen el sexo del referente mediante el artículo: *el árabe / la árabe, un ácrata / una ácrata*.

e) Con nombres femeninos de creación reciente que denotan profesión se emplean *la* y *una*: *la árbitra, una árbitra*.

LAS FORMAS CONTRACTAS *AL* Y *DEL*

Las FORMAS CONTRACTAS *al* y *del* resultan de la combinación del artículo *el* con las preposiciones *a* y *de*, con la correspondiente fusión de las vocales en contacto: *el ascenso al puerto, la salida del concierto*. Se evita la contracción en estos casos:

a) Con nombres propios o títulos de obras, cuando el artículo es parte integrante de la expresión denominativa: *la pintura de El Greco.*

b) En los topónimos hay contracción siempre que el artículo no esté integrado en su denominación oficial: *viaje al Río de la Plata, la provincia del Chaco,* pero *la población de El Salvador.*

c) No se hace la contracción cuando se interpone un signo de puntuación, como comillas o paréntesis: *La lectura de "El Cristo de Velázquez".*

En los derivados y compuestos femeninos en los que la /a/ tónica originaria deja de serlo porque el acento se traslada, se recomienda usar las formas *la* y *una: la alita, la hambruna, la aguanieve, una avemaría.* *n*

El artículo determinado. Valores y usos

VALOR GENERAL: REFERENCIA A UNA ENTIDAD IDENTIFICABLE

Los grupos nominales que llevan artículo determinado son DEFINIDOS: hacen referencia a entidades que se suponen identificables en un contexto a partir de la información que comparten los interlocutores (INFORMACIÓN CONSABIDA).

En singular, la entidad referida se convierte en única dentro de un ámbito: en *Fui a la boda* se alude a una boda única, identificable gracias a la información consabida. Por esta razón, los grupos nominales que designan entes únicos en su especie, como *el sol* o *la luna,* suelen llevar también determinantes definidos, con escasas excepciones (*un sol de justicia, otra noche sin luna*). En plural, seleccionan o acotan un número de elementos que son identificables en un contexto dado: *Devolví los libros* (es decir, 'los libros mencionados antes', 'los libros de los que hemos hablado', etc.).

USOS ANAFÓRICOS

La denotación del grupo nominal con artículo determinado puede vincularse con un elemento aparecido antes en el discurso. Así, en un ejemplo como *Ayer recibí una carta. La carta es de un antiguo amigo,* el segmento *la carta,* con artículo definido, denota un referente presentado con anterioridad (*una carta*).

USOS DEÍCTICOS

El artículo posee valor deíctico cuando la expresión en la que aparece se refiere a una realidad que se encuentra cercana a los interlocutores en el espacio (*Prohibido pisar el césped; ¿Puedes acercarme el libro?*) o en el tiempo, en referencia a unidades del calendario (*Llegó el lunes; Nos vemos el día cinco*).

VALOR DE POSESIVO

El artículo adquiere el valor de pertenencia propio de los posesivos cuando el grupo nominal en que aparece designa partes del cuerpo o facultades de algún individuo: *Apretaba los (=sus) labios; Había perdido la (=su) ilusión*. Este uso se extiende a los nombres de pertenencias alienables con las que es habitual relacionarse o que es normal poseer: *Se nos quemó la (=nuestra) casa; Entregó el examen al (=a su) profesor.*

EL ARTÍCULO NEUTRO *LO*

La forma *lo* no presenta variación de número ni puede combinarse con sustantivos, puesto que en español no hay sustantivos neutros. Posee dos usos fundamentales:

a) *Lo* REFERENCIAL. Encabeza grupos nominales que hacen referencia a entidades definidas no animadas: *No me gusta lo que pinta este artista; Lo sucedido nos dejó sorprendidos; Tenía lo imprescindible para vivir.*

b) *Lo* ENFÁTICO. Va seguido de una subordinada construida con el nexo *que* y equivale a un cuantificador de grado de adjetivos y adverbios: *¡Lo difícil que es este problema!; ¡Lo bien que salió todo!*

El artículo indeterminado. Valores y usos

ARTÍCULO INDETERMINADO Y PRIMERA MENCIÓN

Este artículo es un determinante no definido que selecciona uno o varios elementos que no resultan identificables, puesto que trata de entidades no mencionadas previamente o no consabidas. Por eso se utiliza con frecuencia en la primera mención de una entidad: *En un rincón había una guitarra.*

USOS EVALUATIVOS Y ENFÁTICOS

El artículo indeterminado introduce expresiones en las que un complemento nominal aporta una evaluación realizada por el hablante: *Pregunta usted unas cosas tremendas.* Estas secuencias suelen denominarse CONSTRUCCIONES DE *UN* ENFÁTICO, y se relacionan con las oraciones exclamativas (*¡Qué cosas pregunta usted!*). Los complementos no pueden suprimirse (**Hace un calor*), a no ser que se sustituyan por una entonación suspendida: *¡Hace un calor...!*

La ponderación a la que se alude puede ser expresada también por el propio sustantivo precedido del artículo indefinido, sin modificador valorativo, frecuentemente como atributo (*Ese chico es un genio; Eres un desastre*) o en construcciones formadas con la pauta «N de N» (*una maravilla de mujer*).

Relaciones entre el artículo indefinido y otros elementos afines

EL ARTÍCULO *UN/UNA* Y EL PRONOMBRE INDEFINIDO *UNO/UNA*

Diferencia categorial. Aunque la forma *un* proviene de *uno* por apócope, se considera que ambas pertenecen a categorías diferentes, dado que *un* es artículo y *uno* es pronombre indefinido: *¿Quieres un lápiz o ya tienes uno?* No existe un artículo indeterminado neutro, pero sí un pronombre indefinido de este género, que se emplea en construcciones lexicalizadas, como *ser todo uno* (*Salir a la calle y verlo fue todo uno*).

	Singular			Plural	
	masculino	femenino	neutro	masculino	femenino
ARTÍCULO	un	una	—	unos	unas
PRONOMBRE	uno	una	uno	unos	unas

Alternancias de uso. Con adjetivos susceptibles de ser recategorizados como sustantivos (*enemigo, extranjero, joven, sospechoso, viejo,* etc.), puede producirse alternancia entre ambas formas. Una vez que cambian de categoría, como se indica más adelante, solo se combinan con *un: Estaba hablando con un extranjero.* Si se emplean como adjetivos, son ellos los que modifican al pronombre *uno: Hay varios jugadores nacionales y {*un ~ uno} extranjero.* Las formas del femenino y del plural, *una, unos, unas,* son comunes al artículo y al pronombre, por lo que se pierde el contraste mencionado: *una francesa ~ una [muchacha] francesa.*

Propiedades sintácticas

a) El artículo *un* rechaza las subordinadas relativas (**un que tú me diste*), los modificadores preposicionales (**un sin azúcar*) y las construcciones partitivas (**un de ellos*), al contrario que el pronombre *uno: uno que tú me diste, uno sin azúcar, uno de ellos.*

b) Al igual que el artículo definido, el indefinido no constituye por sí solo un grupo nominal. Se diferencia en esta propiedad del pronombre *uno*. Se dice, pues, *de uno a otro lado*, pero no **de un a otro lado.*

EL ARTÍCULO INDEFINIDO Y EL NUMERAL

Las formas del artículo *un/una* coinciden también en parte con las del numeral que designa unidad.

	Singular		Plural	
ARTÍCULO	un	una	unos	unas
NUMERAL	un ~ uno	una	dos, tres, cuatro...	

La interpretación como numeral se impone cuando está en correlación con otros numerales (*Le dieron <u>un aviso</u>, no dos*) y cuando precede a los adjetivos *solo* y *único* (*Había <u>una sola</u> niña en el aula*), pero no en otros muchos casos:

a) En algunas expresiones alternan, según el contexto, el valor numeral y el indefinido. Así, contrastan *Estos documentos no caben en <u>un cajón</u>* (valor numérico) y *Estos documentos estaban en <u>un cajón</u>* (valor de indeterminación).

b) Rechazan la interpretación numeral los contextos de primera mención (*Tuvieron una buena idea*), así como los sustantivos no contables (*Se respiraba un aire muy puro*).

Uso del artículo en contextos presentativos o existenciales

Se denominan PREDICADOS PRESENTATIVOS los que introducen nuevos referentes en el discurso mediante grupos nominales normalmente precedidos del artículo indeterminado. Se trata de verbos que expresan existencia: *haber, existir* (*Había un reloj en todas las paredes; Existe un problema previo*), *ocurrir* (*Acaba de ocurrir un accidente*) o *tener* (*Tenemos un problema*).

Uso genérico del artículo

El artículo puede introducir GRUPOS NOMINALES GENÉRICOS, que son aquellos que no designan individuos particulares, sino que denotan la generalidad de los miembros de una clase o de una especie, como en *La gaviota se alimenta de peces.* Pueden tener este uso tanto el artículo definido (en singular y en plural) como el indefinido (solo en singular: *Un padre se preocupa por sus hijos*), normalmente en contextos temporales no delimitados. Así, con la expresión *El perro ladra* puede hablarse de cierto perro cercano (INTERPRETACIÓN ESPECÍFICA), pero también de una propiedad de la especie (INTERPRETACIÓN GENÉRICA). Por el contrario, en la oración *El perro ladró,* construida en un tiempo perfectivo (el pretérito), solo se admite la interpretación específica. Contrastan igualmente *Un padre se preocupa por sus hijos* (interpretación genérica) y *Un padre se preocupó por sus hijos* (interpretación específica).

La ausencia del artículo. Los grupos nominales sin determinante

CONSTITUCIÓN E INTERPRETACIÓN SEMÁNTICA

Los grupos nominales que no van precedidos por un determinante reciben también el nombre de GRUPOS NOMINALES ESCUETOS: *¿Bebes agua fría?; Llegaban soldados.* Su interpretación es INESPECÍFICA y normalmente designan tipos o clases de entidades. No se incluyen entre ellos, a pesar de no llevar determinante, los nombres propios y los pronombre personales, dado su carácter específico.

Los grupos nominales escuetos suelen tener como núcleo sustantivos no contables en singular o contables en plural: *Compran oro; Solicitan violinistas.* Más raros son los contables en singular, aunque pueden aparecer en locuciones (*no tener corazón; no pegar ojo*) o en expresiones que reflejan usos o costumbres sociales (*Tiene perro; Usa sombrero*).

FUNCIÓN SINTÁCTICA DE LOS GRUPOS NOMINALES SIN DETERMINANTE

Los grupos nominales sin determinante aparecen en distintas funciones sintácticas. Se pueden citar las siguientes:

a) Sujeto. Puede ser preverbal o posverbal. Muestra gran resistencia a aparecer antepuesto al verbo, pero lo hace en ciertos contextos marcados: *Alcalde desobedece una sentencia* (noticia); *Secreto entre tres ya no lo es* (refrán). En posición posverbal aparece sobre todo en las pasivas (*Se reparan relojes*), con verbos INACUSATIVOS (*Falta café; Ocurrieron accidentes*) o con INTRANSITIVOS PUROS que expresan localización (*Aquí viven familias enteras*).

b) Complemento directo: *Trajo manzanas; Vi gente en la calle.*

c) Complemento de régimen: *Se trataba de niños superdotados.*

d) Complemento indirecto, sobre todo en expresiones coordinadas: *Vende sus fotografías a periódicos, revistas, agencias y televisiones.*

e) Atributo: *Es maestro; El agua se volvió vino.*

f) Complementos locativos: *Asistieron a clase de matemáticas.*

g) Algunos complementos de modo: *Se reunirán en comisión.*

h) Complementos del nombre, especialmente cuando aportan rasgos caracterizadores: *una mesa de despacho.* A veces dan lugar a expresiones semilexicalizadas: *campo de fútbol, equipo de música.*

i) Vocativos: *Niños, ¿cuántos son ustedes?*

10

El pronombre personal

Paradigma de unidades y características

PARADIGMA

Si se excluyen las formas reflexivas y recíprocas, que se analizarán más adelante, el sistema de los pronombres personales está formado por las siguientes unidades:

Caso / Personas gramaticales		Primera persona	Segunda persona	Tercera persona
NOMINATIVO O RECTO	SINGULAR	yo	tú ~ vos	él, ella, ello
	PLURAL	nosotros, nosotras	vosotros, vosotras	ellos, ellas
ACUSATIVO	SINGULAR	me	te	lo, la, se
	PLURAL	nos	os	los, las, se
DATIVO	SINGULAR	me	te	le, se
	PLURAL	nos	os	les, se
PREPOSICIONAL U OBLICUO	SINGULAR	mí, conmigo	ti ~ vos, contigo	él, ella, ello
	PLURAL	nosotros, nosotras	vosotros, vosotras	ellos, ellas

Para la segunda persona se utiliza también la forma de respeto *usted,* que concuerda en tercera persona con el verbo y con los pronombres. En una amplia zona (gran parte de Andalucía y Canarias, en España, así como el conjunto de los países americanos), la forma *ustedes* ha desplazado a las formas *vosotros, vosotras,* incluso en el uso familiar. Las formas *conmigo* y *contigo* hoy se suelen considerar más bien conglomerados de preposición y pronombre, es decir, grupos preposicionales integrados en una sola palabra: *Cuenta conmigo.*

CARACTERIZACIÓN

Los pronombres personales designan a los participantes en el discurso y, en general, a las personas, animales o cosas a las que nos referimos en el habla. Se denominan así porque poseen flexión de persona. Muestran, además, otros rasgos gramaticales, como género (masculino/femenino/neutro), número (singular/plural), caso (recto/oblicuo; acusativo/dativo) y reflexividad. Aunque en cada acto de discurso pueden cambiar de referente, los pronombres personales poseen un significado constante y unívoco.

Valores gramaticales de los pronombres personales

PERSONA

Referencia y concordancia. El rasgo 'persona' posee dos valores, y, por tanto, dos interpretaciones:

a) Puede hacer referencia a las personas del discurso o participantes en el acto de habla: el emisor (*yo, nosotros/-as*), el destinatario (*tú* ~ *vos* o *usted, vosotros/-as* o *ustedes*) y los seres que no intervienen directamente en el discurso (*él/ella/ello/ellos/ellas*).

b) Puede referirse a las personas gramaticales, que se reflejan en los morfemas de concordancia cuando los pronombres de sujeto se combinan con los verbos conjugados: *Yo camino; Tú caminas* ~ *Vos caminás; Ella camina.*

Ambos valores suelen coincidir, salvo en el caso de los pronombres *usted/ustedes,* que corresponden a la segunda persona del discurso, pero que, a causa de su origen nominal (*vuestra merced*), concuerdan con el verbo y con los pronombres en tercera: *Usted se aleja.*

<table>
<tr><th></th><th>Pers. del discurso</th><th>Pronombres</th><th>Pers. gramatical</th><th>Flexión verbal</th></tr>
<tr><td rowspan="4">SINGULAR</td><td>1.ª</td><td>yo</td><td>1.ª</td><td>canto</td></tr>
<tr><td rowspan="2">2.ª</td><td>tú ~ vos</td><td>2.ª</td><td>cantas ~ cantás</td></tr>
<tr><td>usted</td><td rowspan="2">3.ª</td><td rowspan="2">canta</td></tr>
<tr><td>3.ª</td><td>él/ella/ello</td></tr>
</table>

	Pers. del discurso	Pronombres	Pers. gramatical	Flexión verbal
PLURAL	1.ª	nosotros/-as	1.ª	cantamos
	2.ª	vosotros/-as	2.ª	cantáis
		ustedes	3.ª	cantan
	3.ª	ellos/ellas		

Se considera incorrecta la concordancia del pronombre *usted/ustedes* con la segunda persona del verbo, como en *Ustedes vais* o *Dime usted*, registradas la primera en una región de España (parte de Andalucía) y la segunda en algunas zonas de América. *n*

NÚMERO

Referencia y concordancia. El número posee también dos valores:

a) Es SIGNO DE UNIDAD O PLURALIDAD. *Yo, tú ~ vos, usted, él/ella/ello* denotan en cada acto de habla una sola entidad. Por el contrario, *nosotros/nosotras, vosotros/vosotras, ustedes, ellos/ellas* se refieren a un conjunto de seres.

b) Es MORFEMA DE CONCORDANCIA. Exige formas de singular o de plural a los verbos y adjetivos con los que se combina: *Yo camino; Ellas llegaron cansadas.*

Plurales y singulares especiales. En algunos usos, las formas de la primera persona del plural presentan la referencia singular del pronombre *yo*, e incluso la que corresponde a *tú*:

a) PLURAL MAYESTÁTICO. Uso arcaizante restringido hoy a altas jerarquías eclesiásticas: *Llega a nos la noticia de...*

b) PLURAL DE MODESTIA Y DE AUTOR. Usado para atenuar juicios categóricos: *En este libro nos planteamos...* (dicho por un solo autor).

c) PLURAL SOCIATIVO O ASOCIATIVO. Lo usa el hablante para referirse al oyente, al cual se dirige de manera afectiva. *¿Qué tal estamos, amigo?*

Pueden dar lugar también a USOS GENÉRICOS, con un sentido cercano al de 'cualquiera, la gente en general': *Cuando viajamos en avión, vemos las nubes por debajo de nosotros*. La forma *tú* tiene en ocasiones un uso genérico similar al del plural de primera persona y muy próximo al del indefinido *uno: Si tú no te preocupas por ti mismo...* (es decir, 'Si uno no se preocupa por uno mismo...').

GÉNERO

Presentan oposición masculino/femenino las formas *nosotros/nosotras, vosotros/vosotras, ellos/ellas, lo/la, los/las*. En tercera persona del singular se oponen masculino, femenino y neutro (*él/ella/ello*). El pronombre *lo* puede ser masculino, pero también neutro: *El auto lo* [masculino] *vendieron; Eso lo* [neutro] *veremos.*

Los pronombres *yo, tú, vos, usted, ustedes, me, te, nos, os, le, les, mí, ti, conmigo, contigo* y *consigo* no presentan variación formal de género. Sin embargo, cuando en el habla se refieren a un ser animado, masculino o femenino, imponen las marcas de género al adjetivo con el que se combinan: *Tú sola lo sabes; Te engañas a ti mismo; Dichoso de mí; ¿Está usted loca?*

CASO

El CASO es una manifestación de la flexión cuyas formas se asocian con las funciones sintácticas. En español, el pronombre personal es la única clase de palabras en la que se ha mantenido la flexión latina de caso y, aun así, con caracteres propios y ciertas restricciones.

En el pronombre es posible diferenciar cuatro casos. Dos se asocian a formas tónicas (el RECTO O NOMINATIVO y el OBLICUO O PREPOSICIONAL), mientras que los otros dos (el ACUSATIVO y el DATIVO) se asocian a formas átonas: *Lo reclaman; Se lo dijo.*

El caso recto o nominativo es prototípico de la función sujeto (*Yo soy el nuevo maestro; Ellas lo saben*), pero aparece asimismo como atributo (*Yo soy yo*) y como base nominal de construcciones bimembres (*¿Viejo tú?*), así como en pies de fotos y otras expresiones identificativas sin verbo (*Yo en la playa*).

Las formas del caso oblicuo siempre vienen precedidas de preposición: *Lo hicieron por ti.* Estas formas pueden aparecer en numerosas funciones (complemento directo, complemento indirecto, complemento de régimen, complemento circunstancial, etc.).

La preposición *entre* precede a las formas del nominativo: *Entre tú y yo.* *n*

Las formas del caso acusativo se asocian a la función de complemento directo (*Lo leyeron*), mientras que las del caso dativo se hallan estrechamente unidas a la función de complemento indirecto (*Les leía cuentos*).

Pronombres reflexivos y recíprocos

REFLEXIVOS. DEFINICIÓN Y RASGOS

Los REFLEXIVOS son pronombres personales que tienen el mismo referente que un grupo nominal que funciona normalmente como sujeto de su oración. Así, en *Yo me conozco bien*, el pronombre *me* es reflexivo porque hace referencia a la misma persona que el sujeto (*yo*), que es su ANTECEDENTE.

Existen dos paradigmas de reflexivos: los átonos y los tónicos. Los REFLEXIVOS ÁTONOS funcionan como complemento directo y como complemento indirecto: *Laura se* (CD) *pinta; Laura se* (CI) *pinta los ojos.*

Los REFLEXIVOS TÓNICOS son términos de preposición. El grupo preposicional que los contiene puede contraer diversas funciones sintácticas, como en *Se olvidan de sí mismos* (CR); *Lo construye para sí* (CC de beneficiario); *El hombre, un lobo para sí mismo* (modificador nominal).

En el cuadro que sigue se exponen las formas reflexivas en correspondencia con los pronombres rectos no reflexivos:

Tónicos		Át.	
RECTOS NO REFLEXIVOS	OBLICUOS REFLEXIVOS	REF.	EJEMPLOS
yo	mí, conmigo	me	*Yo me lo guardo para mí*
tú ~ vos	ti ~ vos, contigo	te	*Tú ~ vos te lo guardas ~ guardás para ti ~ vos*
usted	sí, usted, consigo	se	*Usted se* lo guarda para *sí* (*usted*)
él/ella/ello	sí, él/ella, consigo	se	*Él/ella se* lo guarda para *sí* (*él/ella*)
nosotros/-as	nosotros/-as	nos	[...] *nos* lo guardamos para *nosotros/-as*
vosotros/-as	vosotros/-as	os	[...] *os* lo guardáis para *vosotros/-as*
ustedes	sí, ustedes, consigo	se	*Ustedes se* lo guardan para *sí* (*ustedes*)
ellos/-as	sí, ellos/-as, consigo	se	*Ellos/-as se* lo guardan para *sí* (*ellos/-as*)

REFLEXIVOS INHERENTES Y CONTEXTUALES

Los pronombres *sí* y *consigo* son INHERENTEMENTE REFLEXIVOS. Los demás lo son o no en función del contexto. Así, puede decirse *Lo guardaste para ti* (donde *ti* es reflexivo), pero también *Lo guardé para ti* (donde no lo es). En cambio, el contraste *Lo {*guardé ~ guardó} para sí* muestra que *sí* solo admite la interpretación reflexiva. Favorece esta última el adjetivo *mismo*, como en *Está muy contento con él mismo*, intercambiable con *Está muy contento consigo mismo*.

A efectos de concordancia, se asimilan a los reflexivos las formas que aparecen en los verbos pronominales (*quejarse, preocuparse, vanagloriarse...*), aunque no desempeñen función sintáctica: Yo [1.ª persona] *ya no* me [1.ª persona] *acuerdo de eso* (verbo pronominal *acordarse*).

- Resultan incorrectas discordancias como *No doy más de sí* (por *No doy más de mí*), *Tardaste unos minutos en volver en sí* (por *... en ti*) o *Yo estaba totalmente fuera de sí* (por *... fuera de mí*).
- Se recomienda evitar la falta de concordancia entre el reflexivo y su antecedente en construcciones como *Lo peor que se puede hacer es quejarnos* o *Habría que irnos ya*, y se aconseja sustituirlas por otras en las que la concordancia se pone de manifiesto, como *Lo peor que se puede hacer es quejarse* y *Habría que irse ya*, respectivamente.

n

RECÍPROCOS

Expresan reciprocidad las oraciones en las que las acciones, procesos o estados designados revierten en los mismos participantes a los que se atribuyen, como en *Nunca hablaban el uno del otro* o *Se diferencian notablemente entre sí*. La lengua no posee un sistema pronominal específico para expresar este tipo de situaciones, por lo que utiliza a menudo las formas reflexivas del plural: *Todos los compañeros nos respetamos mucho; Carlos e Irene se aman.*

Los pronombres RECÍPROCOS pueden ser tónicos o átonos. Son ÁTONOS los plurales *nos, os, se*, que funcionan como complemento directo (*Nos abrazamos llorando*) o indirecto (*Se dijeron de todo*). Su antecedente puede ser una expresión en plural o formada por coordinación (*Marina e Isabel se entienden bien la una con la otra*), pero también un colectivo: *Esta familia se odia* (en el sentido de 'sus miembros se odian unos a otros').

Los TÓNICOS aparecen en dos tipos de grupos:

a) Con la preposición *entre* y un pronombre de contenido plural: *entre sí, entre nosotros/nosotras...*: *Colaboran entre sí.*

b) Con los indefinidos *uno* y *otro* (o sus variantes) separados por preposición. Aunque estos no son pronombres personales en sentido estricto, se asimilan a ellos en la estructura «*(el) uno* + preposición + *(el) otro*» (*el uno al otro, las unas con las otras,* etc.): *Se ayudan el uno al otro.*

Colocación de los pronombres átonos

PROCLÍTICOS Y ENCLÍTICOS

Al carecer de acento, los pronombres átonos se apoyan fonéticamente en el verbo, por lo que se llaman PRONOMBRES CLÍTICOS. Son PROCLÍTICOS los que preceden al verbo (*Lo leí; Se la dieron*) y ENCLÍTICOS los que se le posponen (*leerlo, dándosela*). Los proclíticos se escriben separados del verbo, mientras que los enclíticos van unidos gráficamente a él.

En el español actual, aparecen pospuestos cuando se adjuntan a los infinitivos (*comprarlo*), a los gerundios (*comprándolo*) y a los imperativos afirmativos (*compradlo*), incluso cuando estos últimos coinciden formalmente con el subjuntivo (*cómprenlo*). Se anteponen al resto de las formas verbales: *Lo compró; Se fue; No se lo digas.*

GRUPOS DE PRONOMBRES ÁTONOS

Los pronombres átonos se combinan entre sí y forman a menudo GRUPOS O CONGLOMERADOS (*se lo, me las, te los, se me la,* etc.), que se colocan también antepuestos o pospuestos al verbo: *Se lo daré; Traigo esto para dárselo; Dáselo; No se lo des.* El orden pronominal en el interior de estos conglomerados obedece a estas condiciones (cada una de ellas tiene primacía sobre las que siguen):

a) La forma *se* precede siempre a las demás: *Se te va a caer el pelo.*

b) Los demás pronombres siguen el orden de preferencia 2.ª > 1.ª > 3.ª (personas): *No te me vayas; No te lo comas; No me lo creo.*

c) Los pronombres de dativo preceden a los de acusativo: *Te lo enviaron.*

d) Las formas reflexivas (incluidas las de los verbos pronominales) preceden al resto de los clíticos. Así, *te* precede a *me* en *Te me acercaste.*

CLÍTICOS EN PERÍFRASIS Y OTRAS CONSTRUCCIONES VERBALES

En las PERÍFRASIS VERBALES los pronombres adjuntos a los infinitivos y gerundios pueden anteponerse al auxiliar. Se consideran, pues, tan aceptables *Lo debo hacer* o *Te estoy esperando* como *Debo hacerlo* o *Estoy esperándote*. En función del número de auxiliares, son mayores las opciones en las perífrasis encadenadas: *No voy a poder leerlo* ~ *No voy a poderlo leer* ~ *No lo voy a poder leer.*

> Se recomienda evitar la anteposición del pronombre átono en la perífrasis impersonal *haber que*, como en *Lo hay que terminar pronto.* *n*

Esta doble opción (anteposición o posposición de los pronombres átonos) no se limita a las perífrasis verbales, sino que se extiende a varios verbos que introducen subordinadas de infinitivo. Así, alternan *Intenté devolvérselo* y *Se lo intenté devolver*, pero es más natural *Creí tenerlo arreglado* que *Lo creí tener arreglado.*

> El *se* de las oraciones pasivas reflejas admite con cierta facilidad la alternancia de posición: *Se deben tener en cuenta todos los hechos* o *Deben tenerse en cuenta todos los hechos.* En las impersonales, por el contrario, la posposición resulta forzada, por lo que se aconseja *No se puede fumar en esta sección* en lugar de *No puede fumarse en esta sección.* *n*

PRONOMBRES ÁTONOS EN LA DUPLICACIÓN DE COMPLEMENTOS

El complemento directo y el indirecto se hallan duplicados cuando su forma pronominal átona coexiste con la correspondiente forma tónica, ya sea nominal o pronominal: *Ese viaje lo hizo en diciembre; Te llamó a ti; Les iba a remitir este regalo a sus nietos.*

Cuando un pronombre tónico funciona como complemento directo o indirecto, exige la presencia de formas átonas duplicadas: *Me trajo a mí/ *Trajo a mí; Le llevó el sobre a ella/*Llevó el sobre a ella.*

> Se recomienda evitar construcciones como *Le digo a ustedes que no*, en las que un pronombre átono en singular (*le*) dobla a un pronombre en plural (*ustedes*). Se aconseja utilizar *Les digo a ustedes que no.* *n*

La duplicación es frecuente en los complementos indirectos cuando la secuencia «*a* + grupo nominal» se halla pospuesta (*No le dieron importancia al asunto*), pero rara en los directos (no se suele decir *Tengo que llamarla* a Isabel), con la excepción del español rioplatense y, en grados de intensidad variables, en el español conversacional de México y parte de Centroamérica, así como en Puerto Rico, el Perú y España: *Esta mañana lo llamé a mi compadre.*

Cuando el complemento directo y el complemento indirecto se anteponen al verbo, aparecen duplicados por medio de un pronombre personal átono: *El viaje lo hizo en avión; A este hombre le debemos muchos favores.* Pero si el complemento antepuesto al verbo se halla focalizado (→ pág. 13), el duplicado pronominal no tiene lugar: *Eso lo dijo el gobernador / Eso* [foco] *dijo el gobernador.*

Leísmo, laísmo y loísmo

EL LEÍSMO

Se denomina LEÍSMO al uso de las formas de dativo *le, les* en lugar de las de acusativo *lo/los, la/las,* como en *Le mataron; Les contrataron.* Suelen distinguirse tres tipos:

a) LEÍSMO DE PERSONA MASCULINO. Uso del pronombre *le/les* como acusativo con sustantivos masculinos de persona: *A Mario le premiaron en el colegio.*

b) LEÍSMO DE PERSONA FEMENINO. Uso del pronombre *le/les* como acusativo con sustantivos femeninos de persona: *A Laura le premiaron en el colegio.*

c) LEÍSMO DE COSA. Uso del pronombre *le/les* como acusativo con sustantivos de cosa: *Te devuelvo el libro porque ya le he leído.*

El de tipo *a* es el más extendido, tanto en el español antiguo como en el moderno. Es más frecuente en los textos españoles, pero a veces se registra en los americanos.

> No se considera incorrecto el leísmo del tipo *a,* es decir, con sustantivo masculino de persona, pero no se recomienda en plural. Se prefiere, pues, la primera opción en *A tus hijos hace año que no {los/les} veo.* El del tipo *b* está menos extendido, carece de prestigio y se considera incorrecto. También es incorrecto el del tipo *c,* tanto en singular como en plural. *n*

EL LAÍSMO Y EL LOÍSMO

Se llama LAÍSMO al empleo de las formas femeninas de acusativo *la/las* en lugar de las de dativo (*La dije que esperara*). Hoy se registra solo en ciertas regiones de España. El laísmo puede ser de persona (*La dije la verdad*) o de cosa (*A esa casa hay que pintarla la fachada*), este último menos frecuente.

En el LOÍSMO las formas *lo/los* de acusativo sustituyen a las de dativo *le/les* para referirse a personas (*Los dije que no se fueran*) o a cosas (*A ese tema no hay que darlo más vueltas*). Se documenta solo en algunas zonas de Castilla.

Son incorrectos el laísmo y el loísmo en todos los contextos.	*n*

Las formas de tratamiento pronominal

FORMAS DE TRATAMIENTO

Se llaman así las fórmulas con que el emisor se dirige a su interlocutor, en función de la relación social que mantienen. En el uso de los TRATAMIENTOS intervienen circunstancias sociales, situacionales y geográficas.

TÚ Y *USTED*

Los dos tipos básicos son el tratamiento DE CONFIANZA O DE FAMILIARIDAD (*tú*, *vos*) y el DE RESPETO (*usted*). Se percibe en el español contemporáneo un notable desarrollo del trato de familiaridad, como signo de cercanía o igualdad. En aquellas zonas en las que *tú* y *vos* no coinciden, el TUTEO es normal entre familiares, compañeros y colegas, pero se ha extendido a situaciones reservadas hasta hace poco al trato de *usted*, como las relaciones entre personal sanitario y pacientes o entre profesores y alumnos. Con todo, existen en este punto marcadas diferencias entre áreas lingüísticas. En general, el tuteo está más extendido en España que en América. En algunas zonas voseantes de este continente existe un sistema tripartito en el que *tú* constituye un grado intermedio entre *vos* (máxima confianza) y *usted*.

EL VOSEO

Se aplica esta denominación al uso del pronombre *vos* como forma de tratamiento dirigida a un solo interlocutor, así como al empleo de las desinencias que reflejan los rasgos gramaticales de este pronombre en la flexión verbal. Usado como tratamiento de confianza, el voseo es propio de muchas áreas del español americano. Este uso es diferente del llamado REVERENCIAL, hoy en regresión y usado para dirigirse a muy altas personalidades: *Vos, majestad, sabéis que...* El pronombre *vos* concuerda en singular con reflexivos átonos y posesivos en el VOSEO DE CONFIANZA, como en *Vos no te cuidás* o en *Si vos leés una carta tuya* (frente a *Si vos leéis una carta vuestra*, en el voseo reverencial).

En cuanto a la concordancia con el verbo, existen estas tres modalidades:

VOSEO FLEXIVO (normalmente, antiguas desinencias de plural):

1. Pronominal (con el pronombre *vos*): *vos tenéis, vos tenés, vos tenís.*
2. No pronominal (con el pronombre *tú*): *tú tenés, tú tenís.*

VOSEO NO FLEXIVO (desinencias correspondientes a *tú*):

3. Pronominal (con el pronombre *vos*): *vos tienes.* Es la menos común.

Aunque el voseo se documenta, en mayor o menor medida, en todos los países de América (con la posible excepción del área antillana), en algunos, como México, es residual, y en los demás no siempre se extiende a todas las regiones, además de presentar condiciones de uso muy dispares.

La situación sociolingüística del voseo es compleja e inestable. Es la forma general del trato de confianza en la Argentina, el Paraguay, el Uruguay, Costa Rica, Nicaragua, Chile, Bolivia y en algunas regiones de Colombia, Venezuela y el Ecuador, aunque la estimación social no es la misma en todas las variedades. En otros países, su uso está más restringido. Así, en El Salvador, no excede el ámbito de la lengua familiar y carece de prestigio fuera de ella, mientras que en Panamá es eminentemente rural y su empleo resta prestigio social.

11

Demostrativos y posesivos

Los demostrativos

CARACTERÍSTICAS

Los DEMOSTRATIVOS constituyen una clase de elementos DEÍCTICOS cuyos miembros permiten ubicar un referente en el espacio o en el tiempo, señalando la distancia que mantiene con respecto al hablante y al oyente. En la interpretación clásica, *este* y *aquí* denotan proximidad al hablante; *ese* y *ahí*, proximidad al oyente; *aquel* y *allí*, lejanía respecto a ambos.

Cercanía al hablante	Cercanía al oyente	Lejanía de ambos
este, aquí	ese, ahí	aquel, allí

No obstante, algunos análisis actuales defienden una organización binaria: *este* y *aquí* (cercanía al hablante) se oponen a *aquel* y *allí* (lejanía), mientras que *ese* y *ahí* se utilizan en situaciones en las que la relación de lejanía no es relevante:

<table>
<tr><th>Cercanía al hablante</th><th>Lejanía del hablante</th></tr>
<tr><td>este, aquí</td><td>aquel, allí</td></tr>
<tr><td colspan="2">ese, ahí</td></tr>
</table>

En varios países americanos se reducen de otra forma las series ternarias a binarias: *este* y *acá* designan proximidad al hablante; *ese* y *allá* señalan lejanía: *Mira ese barco en alta mar* (en lugar de *aquel barco*). *Aquel* se reserva para usos literarios y para la deixis evocadora: *Aquellos días ya no volverán nunca más.*

Cercanía al hablante	Lejanía del hablante
este, acá	ese, allá

DETERMINANTES Y PRONOMBRES

Formas. El inventario de los demostrativos está formado por un conjunto de determinantes, pronombres y adverbios. Los correspondientes a las dos primeras categorías se distribuyen como sigue:

Determinantes				Pronombres
SINGULAR		PLURAL		
MASCULINO	FEMENINO	MASCULINO	FEMENINO	NEUTRO
este	esta	estos	estas	esto
ese	esa	esos	esas	eso
aquel	aquella	aquellos	aquellas	aquello

> Debe evitarse el uso de *este, ese* y *aquel* ante nombres femeninos que empiezan por /a/ tónica (*este aula, ese águila, aquel agua, aquel hambre*). Se recomienda emplear las formas femeninas: *esta aula, esa águila, aquella agua*. *n*

Determinantes demostrativos. La clasificación tradicional de los demostrativos diferenciaba dos inventarios: el de los determinantes (o adjetivos determinativos) y el de los pronombres. El primero estaba integrado por las formas masculinas y femeninas. El paradigma de los pronombres añadía, además, las formas del neutro (*esto, eso, aquello*). Desde esta perspectiva, los determinantes se anteponen siempre al sustantivo (*Se cayó ese libro*), mientras que los pronombres nunca lo preceden (*Ese se ha caído*).

Sin embargo, los demostrativos masculinos y femeninos reclaman la presencia del nombre elidido, necesario para explicar la concordancia y también la identificación del referente en ejemplos como *Estos [problemas] son difíciles; Ese [libro] se cayó*. Así pues, se piensa hoy generalmente que todos los demostrativos, excepto los neutros, son determinantes: unos afectan a un nombre explícito (*Este disco es fabuloso*) y otros, al nombre elidido (*Este Ø es fabuloso*). Cuando aparecen tras el núcleo nominal, se asimilan a los adjetivos, por lo que el grupo necesita de un determinante previo (*el día aquel*).

Los demostrativos neutros. *Esto, eso* y *aquello* carecen de variación numérica y son siempre pronombres. Su referente suele ser una entidad que no se desea nombrar o cuyo nombre se desconoce (*Dame eso*). También se utilizan para referirse a lo dicho o hecho en un contexto previo: *Esto no te lo consiento.*

Aquello alterna con el artículo neutro *lo* ante una oración de relativo: *Haré {aquello ~ lo} que sea necesario.* En esta posición pierde el sentido de 'lejanía', y, al igual que el artículo determinado, aporta un carácter definido a la expresión.

Usos anafóricos y usos catafóricos. Cuando los demostrativos *este* y *aquel* se refieren a grupos nominales ya aparecidos (USO ANAFÓRICO), *aquel* se vincula al más lejano y *este* al más cercano: *Tengo que hablar con el carpintero y con el electricista. Con este he quedado a las cuatro y con aquel a las cinco.* Aquí, *este* se refiere al electricista y *aquel* al carpintero. Si, por el contrario, hacen referencia a grupos nominales pospuestos (USO CATAFÓRICO), se utiliza el demostrativo *este* (*Los componentes del agua son estos: hidrógeno* y *oxígeno*).

Posición y combinaciones del demostrativo. Los demostrativos antepuestos al nombre imponen ciertas restricciones combinatorias:

a) Son incompatibles con el artículo determinado, puesto que ambos poseen el mismo carácter definido: **el este cielo.*

b) Pueden ir seguidos de algunos indefinidos, pero no de otros: *esos otros intentos, estas pocas cerezas, *aquellos algunos años.*

c) Solo pueden ir precedidos por el indefinido *todo: todos estos días.*

d) Son compatibles con un posesivo posnominal (*¡Este marido mío es un desastre!*) y, en la lengua literaria, también con el prenominal: *estos mis labios.*

e) Si aparece un numeral, se antepone al nombre y se pospone al demostrativo, y, en su caso, también al posesivo: *estos (mis) dos caballos.*

f) Al igual que el artículo, pueden preceder a grupos preposicionales con nombre elíptico: *el Ø de tu izquierda ~ este Ø de tu izquierda.*

Como se ha dicho, los grupos nominales que llevan demostrativos pospuestos exigen normalmente la presencia del artículo: *el reloj aquel.* El demostrativo se pospone al sustantivo y al adjetivo relacional (*el reloj digital aquel*), pero no necesariamente a los otros modificadores (*el teléfono móvil aquel que compramos en Canarias*).

Los demostrativos posnominales se comportan como modificadores adjetivos. Suelen ser enfáticos. Salvo en el uso evocador (*los años aquellos*) expresan distancia, ironía, menosprecio y otras connotaciones similares, sobre todo referidos a personas: *el individuo aquel, la familia esa*.

LOS ADVERBIOS DEMOSTRATIVOS

Definición y clasificación. Los ADVERBIOS DEMOSTRATIVOS identifican lugares, tiempos, modos, cantidades o grados. Poseen significado OSTENSIVO (lat. *ostendĕre* 'mostrar'), puesto que muestran o señalan los referentes a los que apuntan o a los que dirigen la atención (*Tenía una mancha aquí*). También pueden usarse como elementos anafóricos, si su referente los precede en un texto (*Vivió en París y allí la conoció*). Se agrupan en varias clases:

DE LUGAR: *aquí, ahí, allí, acá, allá;*
DE TIEMPO: *ahora, ayer, hoy, mañana, anteayer, anteanoche, anoche, entonces...* y locuciones como *pasado mañana;*
DE MODO O MANERA: *así;*
DE CANTIDAD O GRADO: *así, tanto.*

Los posesivos

DEFINICIÓN

Los POSESIVOS son determinantes y adjetivos que expresan posesión o pertenencia en relación con las personas gramaticales. Son, como los demostrativos, elementos deícticos: *nuestra ciudad, tus amigos, su lengua*.

FORMAS

Se distinguen los posesivos que preceden al nombre (*tus dedos, su habilidad*), que son átonos, de los que se posponen o aparecen en otras posiciones (*un amigo mío; Este libro es suyo*), que son tónicos. Las formas *nuestro/-a/-os/-as* y *vuestro/-a/-os/-as* aparecen en ambos paradigmas. En el tratamiento de respeto, las formas de segunda persona del discurso coinciden con las de tercera persona gramatical (*con el permiso de usted* > *con su permiso; con el permiso de él* > *con su permiso*). Las unidades *cuyo/-a/-os/-as* son posesivos antepuestos, pero incorporan, además, los valores de los relativos.

a) Posesivos átonos:

		1.ª pers. disc.	2.ª pers. disc.		3.ª pers. disc.	
UN SOLO POSEEDOR	**singular**	mi	tu	su	su	cuyo/-a
	plural	mis	tus	sus	sus	cuyos/-as
VARIOS POSEEDORES	**singular**	nuestro/-a	vuestro/-a	su	su	cuyo/-a
	plural	nuestros/-as	vuestros/-as	sus	sus	cuyos/-as

b) Posesivos tónicos:

		1.ª pers. disc.	2.ª pers. disc.		3.ª pers. disc.
UN SOLO POSEEDOR	**singular**	mío/-a	tuyo/-a	suyo/-a	suyo/-a
	plural	míos/-as	tuyos/-as	suyos/-as	suyos/-as
VARIOS POSEEDORES	**singular**	nuestro/-a	vuestro/-a	suyo/-a	suyo/-a
	plural	nuestros/-as	vuestros/-as	suyos/-as	suyos/-as

RASGOS DISTINTIVOS

Posición, tonicidad y función. Son los rasgos que diferencian los dos sistemas de posesivos. Los prenominales son, como se ha señalado, determinantes átonos (incluidos *nuestro, vuestro, cuyo* y sus variantes). Unidos a un sustantivo común, forman una expresión referencial (*nuestras ideas, su alegría*) y capacitan al grupo nominal para ejercer diversas funciones sintácticas (*Nuestras ideas evolucionan; Celebro tu éxito; Confío en sus habilidades*).

En otras posiciones, los posesivos son adjetivos tónicos. Admiten el artículo (*los nuestros*) y pueden funcionar como atributo (*Ese paraguas es suyo; Hago míos tus deseos*). Suelen rechazar los modificadores de grado (**Un sombrero bastante mío*), pero algunos los aceptan cuando se interpretan como adjetivos calificativos (*Es muy suyo* 'muy particular, muy especial').

Número. Los posesivos manifiestan dos tipos de información numérica:

a) Número de poseedores. Las unidades que expresan 'un solo poseedor' (*mi* y *mío, tu* y *tuyo*) se oponen a las que denotan 'varios poseedores' (*nuestro* y *vuestro*). No distinguen esta información *su, suyo* y *cuyo: su casa* puede aludir, en efecto, tanto a la casa de una persona como a la de varias. El número de poseedores no se refleja en la concordancia.

b) Número de entidades poseídas. Todos los posesivos, designen uno o más poseedores, presentan una variante singular y otra plural: *mi / mis, mío / míos, tu / tus, tuyo / tuyos, su / sus, suyo / suyos, nuestro / nuestros, vuestro / vuestros, cuyo / cuyos*. Esta información se manifiesta en la concordancia con el nombre (*nuestra casa, sus amigos*), por lo que se denomina NÚMERO MORFOLÓGICO.

Persona. Los posesivos son, junto con los pronombres personales, las únicas manifestaciones de los rasgos de PERSONA fuera de la flexión verbal. La persona expresada por los posesivos se refiere al poseedor, no a la cosa poseída. Este rasgo diferencia tres grupos de posesivos:

a) De primera persona: *mi, mío, nuestro*.

b) De segunda persona: *tu, tuyo, vuestro*.

c) De tercera persona: *su, suyo, cuyo*. Estos posesivos se refieren a la segunda persona del discurso cuando corresponden a *usted, ustedes: con la ayuda de ustedes > con su ayuda*. Esta es la interpretación predominante en América, donde para la tercera se prefiere *de él, de ella, de ellos, de ellas: con la ayuda de ella*.

Género. Los posesivos presentan flexión genérica, que se manifiesta en la concordancia con el nombre de la entidad poseída (*nuestro hijo / nuestra hija*). Dicha flexión aparece en *mío / mía, tuyo / tuya, nuestro / nuestra, vuestro / vuestra, suyo / suya, cuyo / cuya*. Son, en cambio, invariables en cuanto al género las formas apocopadas *mi, tu, su* (*mi abrigo, su gabardina*).

Ambigüedades. Los posesivos *su* y *suyo* poseen seis interpretaciones posibles: 'de él', 'de ella', 'de ellos', 'de ellas', 'de usted' y 'de ustedes', lo que puede dar lugar a situaciones de ambigüedad. Normalmente, el sentido se esclarece a partir de la información que aporta el contexto, pero también en las construcciones de duplicación (*Su amigo de usted*). Esta duplicación no es general en todo el ámbito hispánico y está marcada geográfica y socialmente.

FUNCIONAMIENTO GRAMATICAL DE LOS POSESIVOS

La diferencia fundamental entre los posesivos átonos y los tónicos radica en que los primeros, además de sustituir a los complementos del nombre (alternan *la casa de Ana* y *su casa*), son determinantes, mientras que los segundos se asimilan parcialmente a los adjetivos.

Los posesivos átonos. Son determinantes definidos, lo que condiciona su funcionamiento en aspectos como los siguientes:

a) No concurren en el español general con otros determinantes en una misma secuencia, pero lo hacían en la lengua antigua. Hoy, no obstante, pueden ir precedidos del artículo determinado en algunas áreas del español peninsular noroccidental (*el mi perro*) y admiten el indefinido en zonas de Centroamérica y del área andina (*una su ovejita*).

b) Pueden seguir a los demostrativos (*esta su casa*) en la lengua literaria, así como en algunas variedades del español hablado.

c) No se coordinan entre sí: **mi y tu hermano.*

d) Forman grupos nominales a los que puede anteponerse el cuantificador *todo* (*todos mis ahorros*), como ocurre con los demás determinantes definidos (*todos estos libros, todas las ideas, todos ellos*). Pueden ir seguidos de numerales (*sus tres nombres*), pero solo de algunos indefinidos: *tus {pocos ~ *algunos} años.*

e) A diferencia de otros determinantes definidos, no admiten la elipsis del nombre: **mi bicicleta de carreras y mi de paseo.*

Los posesivos tónicos. Al asimilarse en buena medida a los adjetivos, su comportamiento se opone en ciertos aspectos al de los posesivos antepuestos. Son destacables los siguientes rasgos:

a) Son compatibles con los determinantes: *{el ~ este ~ un ~ algún} amigo suyo.* En grupos encabezados por demostrativos, los posesivos pospuestos pueden adquirir connotaciones afectivas, como en *este hijo nuestro* o en *aquel amigo mío.*

b) Pueden coordinarse entre sí: *parientes suyos y míos.*

c) Precedidos de un determinante, admiten la elipsis del sustantivo: *la boda tuya y la (boda) suya.*

d) Pueden actuar como atributo: *Esa frase es nuestra; Lo consideran suyo.*

e) Admiten adverbios de grado con la interpretación 'característico o propio': *Esa es una expresión muy suya.*

f) Se combinan con determinantes neutros: *lo nuestro.*

g) Se usan en plural como sustantivos para hacer referencia a parientes, familiares y allegados y otros integrantes de algún grupo de individuos que se considera próximo al hablante: *cuando ataquen los nuestros, en compañía de los tuyos,* etc.

h) Son compatibles con los indefinidos, a diferencia de los posesivos antepuestos: *algunos amigos míos, cierta crónica suya* (**algunos mis amigos, *cierta su crónica*).

Alternancias en la posición

a) En grupos nominales usados como vocativos, el posesivo se suele posponer (*hijo mío, amigo mío*), aunque son frecuentes las alternancias (*mi vida / vida mía*).

b) En las expresiones interjectivas, la alternancia es habitual: *¡Mi madre!* ~ *¡Madre mía!*

c) En las fórmulas de tratamiento, lo normal es la anteposición: *mi coronel, su ilustrísima, sus majestades, vuestra merced*. Son menos frecuentes los casos de posposición, como el de la fórmula *muy señor mío*.

d) Ambas posiciones alternan en numerosas locuciones: *a expensas suyas* ~ *a sus expensas; a gusto mío* ~ *a mi gusto; alrededor suyo* ~ *a su alrededor; de parte tuya* ~ *de tu parte; en contra suya* ~ *en su contra*.

LOS POSESIVOS Y LA NORMA

Existen ciertas construcciones problemáticas:

a) En las llamadas estructuras de POSESIVO DOBLADO O DUPLICADO se repite la información sobre el poseedor. Se distinguen dos variantes:

- Con posesivo átono y «*de* + grupo nominal» en posición posnominal: *su hermano de mi papá*.
- Con posesivo átono y posesivo tónico: *mi marido mío*.

> Aunque la primera está más difundida, ambas son de carácter popular y no han pasado a la lengua culta. Por el contrario, la construcción *su papá de él* no es redundante, ya que el complemento nominal precisa la información del posesivo: *su papá de él* ~ *su papá de ella* ~ *su papá de ellos* ~ *su papá de ellas* ~ *su papá de usted* ~ *su papá de ustedes*. *n*

b) Está muy extendida la posposición de posesivos tónicos a adverbios de lugar que seleccionan complementos con *de*, como *cerca, delante, detrás, encima* o *enfrente*. En relación con ello se obtienen estas tres pautas:

A. «adverbio + [*de* + pronombre personal]»: *delante de ella*.
B. «adverbio + posesivo tónico masculino»: *delante mío*.
C. «adverbio + posesivo tónico femenino»: *delante suya*.

> La variante *A*, perteneciente a la lengua común de todas las áreas, es la que se considera preferible y más recomendable. La *B* está muy difundida en muchos países, incluso en la lengua escrita, pero es rechazada por numerosos hablantes cultos. La *C* es la menos frecuente y la más desprestigiada. *n*

SIGNIFICADO DE LOS POSESIVOS

La relación de posesión puede interpretarse de formas muy diversas, casi tantas como admiten los complementos con *de* o el verbo *tener*. Pueden destacarse las siguientes:

a) Posesión en sentido estricto: *la billetera de Javier > su billetera.*

b) Pertenencia, inclusión o atribución: *la cumbre de la montaña > su cumbre.*

c) Parentesco u otras relaciones sociales de adscripción: *mi tío, nuestros amigos, tu jefe.*

d) Relaciones circunstanciales de proximidad o uso: *Hasta las cuatro no sale mi ómnibus; Su butaca está en la fila diez.*

e) Con sustantivos de naturaleza argumental (a menudo derivados de verbos), introducen un argumento relacionado con un sujeto (COMPLEMENTO SUBJETIVO): *la decisión de Luis > su decisión*, o con un complemento directo (COMPLEMENTO OBJETIVO): *la construcción del edificio > su construcción.*

12

Cuantificadores y numerales

La cuantificación y los cuantificadores

Cuantificar es expresar la medida de algo. Este proceso puede llevarse a cabo bien numéricamente (*tres flores*), bien con otras formas de estimación menos precisas (*mucho trabajo, dormir poco*).

Las nociones que se cuantifican son de tres tipos: INDIVIDUOS (entidades que se pueden enumerar, designadas por sustantivos contables: *dos libros*); MATERIAS O SUSTANCIAS (entidades que no se pueden enumerar), denotadas por sustantivos no contables (*mucha agua*); PROPIEDADES O PROCESOS, expresados a través de adjetivos (*más alta*) o verbos (*Vivió mucho*).

Se consideran CUANTIFICADORES aquellas palabras que expresan léxicamente cantidad. Constituyen una clase semántica de carácter transversal, que agrupa palabras pertenecientes a distintas categorías gramaticales, como sustantivos (*una docena de huevos*), adjetivos (*los primeros días*), determinantes (*pocos libros*), pronombres (*Nadie lo sabe*) o adverbios (*más lejos*).

Clases de cuantificadores

Atendiendo a su contenido, los cuantificadores se clasifican en numerales, cuando establecen algún tipo de cómputo basado en los números naturales, y no numerales, cuando la cuantificación se hace por otros procedimientos.

a) Los NUMERALES se subdividen en cardinales (*dos*), ordinales (*segundo*), fraccionarios (*medio*) y multiplicativos (*doble*).

b) Los no numerales pueden ser FUERTES O UNIVERSALES, como *ambos, cada, todo,* que abarcan la totalidad de los miembros de un conjunto, y DÉBILES O INDEFINIDOS, divididos, a su vez, en existenciales (*alguno, nada*), de indistinción (*cualquiera*) y evaluativos (*muchos, bastantes*). Se asimilan a los cuantificadores débiles los determinantes y adverbios comparativos (*más libros que él, menos caro que antes:* → pág. 252).

Los cuantificadores no numerales

CARACTERES MORFOLÓGICOS

El género y el número. Las propiedades morfológicas de los cuantificadores del español no son homogéneas:

a) Ciertos cuantificadores poseen flexión de género y número, y admiten usos neutros: *cuánto pan, pocas amigas; Come mucho* [neutro].

b) Otros presentan flexión de número, pero no de género, como *bastante* y *cualquiera: bastantes disgustos, cualquier familia.*

c) Algunos, por el contrario, tienen flexión de género, pero no de número, como *ambos* o *sendos: ambos jinetes con sendas yeguas.*

d) Tienen forma única *algo, alguien, cada, más, menos, nada, nadie.*

Pero, incluso entre los cuantificadores del último grupo, los de forma única, el comportamiento no es uniforme. Así:

a) Los neutros *algo* y *nada* tienen género inherente y fuerzan la concordancia en masculino singular: *Le regaló algo muy bonito.*

b) *Alguien* y *nadie* tienden a concordar en masculino, aunque se documentan también las combinaciones con femenino, que son igualmente correctas: *nadie más {alto ~ alta} que ella.*

c) *Cada* puede acompañar a sustantivos masculinos o femeninos en singular (*cada libro, cada mañana*) y, en plural, cuando les precede un numeral cardinal: *cada tres meses, cada seis metros.*

d) *Más* y *menos* preceden a sustantivos masculinos y femeninos en singular y plural: *más pan, más casas, menos vino, menos libros.*

La apócope. Diversos cuantificadores poseen variantes apocopadas (es decir, con pérdida de un segmento final):

a) *Cuanto, cuánto, mucho* y *tanto* se apocopan en *cuan, cuán, muy* y *tan* ante adjetivos y adverbios: *Es {muy ~ *mucho} lista.*

b) Como determinantes masculinos, el numeral *uno* y los indefinidos *alguno* y *ninguno* adoptan, respectivamente, las formas *un, algún* y *ningún* cuando preceden a un nombre: *{un ~ algún ~ ningún} niño.* No se apocopan las formas femeninas *una, alguna* y *ninguna*, salvo si preceden inmediatamente a sustantivos que empiezan por /a/ tónica: *algún arma.*

> Aunque se prefieren las formas apocopadas de los sustantivos femeninos que comienzan por /a/ tónica (*algún arma*), se consideran igualmente correctas las formas sin apócope (*alguna arma*). Si un adjetivo interfiere entre el cuantificador y el nombre, aparece la forma plena del cuantificador: *alguna posible arma homicida.* *n*

c) El cuantificador *cualquiera* se apocopa ante sustantivos masculinos y femeninos: *cualquier día, cualquier persona.*

CATEGORÍA GRAMATICAL

No todos los cuantificadores pertenecen a la misma categoría gramatical. Algunos son pronombres (*alguien, algo, nadie, nada*); otros, determinantes (*cada* y *sendos*). La mayoría pueden ser pronombres (*Muchos vinieron*), determinantes (*muchos niños*) y adverbios (*Vienen mucho*). *Cuan, cuán, muy* y *tan* son adverbios. Por su parte, *algún, ningún* y *cualquier* son determinantes.

LOS CUANTIFICADORES FUERTES O UNIVERSALES

Los cuantificadores *ambos, cada (uno), sendos* y *todo* se denominan FUERTES O UNIVERSALES porque abarcan la totalidad de los miembros de un conjunto. Suelen rechazarse como complemento del verbo *haber*, a diferencia de los llamados *débiles: Aquí hay {*todos los papeles ~ varios papeles}.*

Todo. Tiene flexión de género y número (*todo/-a/-os/-as*). Suele anteponerse a otros determinantes: *todo el día, todas mis cosas.* También se antepone a nombres propios que implican extensión (*toda América*) y a los pronombres personales (*todos ellos*). Adquiere valor ponderativo en construcciones como *Mi amigo era todo corazón; La obra fue todo un éxito.* Ante un nombre en singular, suele expresar valor genérico: *todo hombre.* Cuando precede a un adjetivo o un adverbio, posee una interpretación cercana a la de *completamente: Estaba toda asustada.*

Cada. Es siempre determinante e invariable. Precede a sustantivos contables en singular (*cada hombre*); también a grupos con numerales (*cada dos días*) o con otros indefinidos (*cada poco tiempo*). Se refiere de manera individualizada a todos los componentes de un conjunto, sea con carácter distributivo (*Cada estudiante preparó un tema*) o no distributivo (*Iba a la oficina cada día*). Da lugar a cuantificadores complejos de carácter pronominal: *cada cual, cada uno, cada quien*.

Ambos y sendos. Poseen flexión de género (*ambos/-as; sendos/-as*), pero no de número, ya que solo tienen forma plural. Se usa *ambos* como determinante (*ambos hermanos*) y como pronombre (*Ambos lo sabían*); *sendos*, solo como determinante. No tienen el mismo sentido, pues *ambos* significa 'los dos', mientras que *sendos* es distributivo y equivale a 'uno cada uno' (*Llegaron tres músicos portando sendos instrumentos*).

Es erróneo atribuir a *sendos* el valor de *ambos* o de *los dos*, como en *La selección ganó por dos a cero y Armando marcó sendos goles* (donde corresponde decir *ambos goles* o *los dos goles*). *n*

LOS CUANTIFICADORES DÉBILES O INDEFINIDOS

Los cuantificadores DÉBILES no incluyen en su designación a la totalidad de los miembros de un conjunto. Se diferencian tres tipos: los existenciales, los de indistinción y los evaluativos.

Los cuantificadores existenciales. Los cuantificadores *alguien, algo, alguno, nadie, nada, ninguno* son llamados EXISTENCIALES porque aluden a la existencia o inexistencia de una persona o cosa. Son positivos (*alguien, alguno* o *algún, algo*) y negativos (*nadie, ninguno* o *ningún, nada*). Se refieren a personas (*alguien, nadie*), a cosas (*algo, nada*) o a ambos tipos de entidades (*alguno, ninguno*). *Alguien* y *nadie* son siempre pronombres (*Alguien canta; Nadie lo sabe*). Las formas apocopadas *algún* y *ningún* son determinantes (*algún motivo, ningún dolor*). *Alguno* y *ninguno* pueden ser determinantes (*algunos socios*) o pronombres (*Ninguno quiso hablar*). *Algo* y *nada* son pronombres (*Ellos sabían algo; No dijo nada interesante*) o adverbios (*algo débil, nada hábil*).

Los cuantificadores de indistinción o de elección libre. Denotan un elemento indiferenciado entre los componentes de algún conjunto. El principal cuantificador DE INDISTINCIÓN es *cualquiera*, que tiene flexión de número (*cualesquiera*), pero no de género. Se combina habitualmente con nombres contables y se pospone a grupos nominales no definidos (*Un día cualquiera*). Puede encabezar CONSTRUCCIONES PARTITIVAS (*cualquiera de ellos*). La forma apocopada *cualquier* es determinante (*cualquier día*).

Los cuantificadores evaluativos. Los cuantificadores EVALUATIVOS expresan una cantidad que se interpreta como inferior o superior a una norma o una expectativa (*poca agua, mucho público*). Los más comunes son *mucho, poco, bastante* y *demasiado*. A ellos se añade *harto*, muy común en algunos países americanos, así como el relativo *cuanto* y el interrogativo *cuánto*. Hay también algunos complejos, como *un poco, un tanto, unos cuantos*. Pueden ser determinantes (*bastantes esfuerzos*), pronombres (*Han asistido bastantes*) o adverbios (*Salen bastante*).

Los numerales

CARACTERIZACIÓN Y CLASES

Son un tipo de cuantificadores que establecen algún cómputo basado en los números naturales.

Existen cuatro tipos de numerales: CARDINALES, ORDINALES, FRACCIONARIOS y MULTIPLICATIVOS. Algunos pueden ser comunes a varias clases. Así, *catorce* es cardinal en *catorce resultados*, pero ordinal en *el piso catorce; cuarto* es ordinal en *el cuarto día*, pero es sustantivo fraccionario en *un cuarto de kilo*.

LOS NUMERALES CARDINALES

Proporcionan la medida numérica de un grupo de entidades: *dos horas, doce galletas, cien monedas*.

Características formales

a) Formación. Adoptan distintas soluciones:

- Poseen formas no segmentables del 0 al 15 (*uno, tres, diez, quince*), además de *cien, quinientos, mil* y sustantivos como *millón* o *millardo*.
- Los múltiplos de *diez* inferiores a *cien* tienen la terminación *-nte* (*veinte*) o *-nta* (*treinta, cuarenta...*).
- Los cardinales complejos comprendidos entre el 16 y el 29 son compuestos univerbales: *dieciséis, veintiuno*.
- Del 31 al 99 son compuestos pluriverbales o univerbales, formados con la conjunción *y* (*treinta y tres* o *treintaitrés*).
- Los múltiplos de *cien* son univerbales: *doscientos, trescientos*. Si *cien* va seguido de otro cardinal, toma la forma *ciento: ciento dos*.
- Los múltiplos de *mil* adoptan formas yuxtapuestas, pero con separación gráfica (*dos mil, veintitrés mil*).

b) Flexión de género y número. Solamente poseen flexión de género *uno/una* y sus derivados (*veintiuno/-a*), así como los múltiplos de *cien: doscientos/-as, quinientos/-as, novecientos/-as* y sus compuestos.

> En las formas compuestas, el femenino *una* puede adoptar la variante *un* ante sustantivos comenzados por /a/ tónica, por lo que es válida la alternancia *ciento {un ~ una} águilas*. También lo es en los compuestos en los que *una* precede a *mil: veintiuna mil páginas* o *veintiún mil páginas*. En los demás casos debe usarse *una*. Son, pues, incorrectas expresiones como *veintiún páginas* o *cuarenta y un semanas*, frente a *veintiuna páginas* o *cuarenta y una semanas*. *n*

Los cardinales son invariables en cuanto al número. Los superiores a la unidad concuerdan siempre en plural: *tres meses, treinta y dos autos*.

> No son correctas las construcciones en las que los cardinales complejos que contienen *un* o *una* en posición final preceden a un sustantivo en singular, como *doscientos un soldado* o *veintiuna vez*. Deben usarse en su lugar las formas correctas *doscientos un soldados, veintiuna veces*. *n*

Usos de los cardinales. Clases de palabras a las que corresponden

a) Los numerales cardinales son determinantes cuando preceden a sustantivos, normalmente contables: *cuatro botellas, veinte vasos*. Cuando se posponen, se asimilan a los ordinales: *la vuelta dieciséis* equivale a *la vuelta decimosexta*.

b) Son sustantivos *par, docena, decena, cincuentena, centena* o *centenar, millar, millón, millardo, billón*. A ellos se añaden *ciento* y *mil* cuando equivalen a *centenar* y *millar*, respectivamente (*varios cientos de personas*).

c) En casos del tipo *Esperaba muchas cartas, pero solo llegaron tres*, pueden interpretarse como pronombres o como determinantes de grupos nominales sobrentendidos (*... pero solo llegaron tres Ø*).

LOS NUMERALES ORDINALES

Indican el lugar que ocupa una determinada unidad en una serie: *segundo, tercero, duodécimo, trigésimo séptimo, centésimo*. Se consideran cuantificadores solo indirectamente, puesto que no indican cantidad, sino orden.

Rasgos formales

a) Muestran flexión de género y número: *primero/-a/-os/-as*.

b) Del 1.º al 10.º poseen formas simples: *primero, décimo*. Para las decenas se usa la terminación *-gésimo* y sus variantes flexivas: *vigésima, nonagésimo*. Para las centenas, *-centésimo* o *-gentésimo: ducentésimo, quingentésimo, sexcentésimo,* aunque son de escaso uso. Los correspondientes a *mil, diez mil, cien mil* y *un millón* son, respectivamente, *milésimo, diezmilésimo, cienmilésimo* y *millonésimo*. Los demás se forman por yuxtaposición: *centésimo vigésimo quinto* (125.º).

- En los comprendidos entre el 13.º y el 29.º se prefiere la escritura en una sola palabra: *decimotercero, vigesimoctava* (aunque no son incorrectas *décimo tercero* y *vigésima octava*).
- Las formas *decimoprimero* y *decimosegundo*, en otro tiempo rechazadas, se admiten hoy en convivencia con *undécimo* y *duodécimo*.

n

c) Los ordinales *primero, tercero* y *postrero,* y sus derivados, adoptan las formas apocopadas *primer, tercer* y *postrer* solo cuando preceden a un sustantivo masculino: *el postrer esfuerzo, el decimoprimer día*.

Usos de los ordinales. Clases de palabras a las que corresponden

a) Se asimilan a los adjetivos calificativos, ya que pueden aparecer antepuestos o pospuestos al nombre: *las dos primeras semanas* ~ *las primeras dos semanas*. Son compatibles con los cardinales.

b) Suelen aparecer en grupos nominales definidos (*el tercer intento*), pero no rechazan los indefinidos (*Hubo un tercer intento*).

c) Se usan como sustantivos en algunos contextos: *Son alumnos de segundo* (se entiende *curso*).

d) El ordinal *primero* puede ser adverbio, como en *Marta terminó primero,* frente a *Marta terminó primera* [adjetivo].

LOS NUMERALES FRACCIONARIOS

Se llaman también PARTITIVOS y aluden a fracciones de una unidad segmentable: *medio, tercio, doceavo, treintaisieteavo, centésimo*. Designan entidades contables y se distribuyen en dos series: adjetivos y sustantivos. Los primeros adoptan forma femenina y, salvo *medio/-a,* suelen ir seguidos del sustantivo *parte* (*la cuarta parte*). Los segundos se adhieren al masculino, con algunas excepciones, como *una décima, una centésima, una milésima*. Las formas de los numerales fraccionarios son las siguientes:

a) Para expresar la fracción $^1/_2$, como adjetivo, se usa *medio/-a* ante cualquier nombre contable: *medio pastel, media naranja.* Como sustantivo, se emplean *medio* o *mitad: un medio, la mitad de la plantilla.* Para $^1/_3$, como sustantivo, se usa *tercio: un tercio del sueldo.*

b) Entre $^1/_3$ y $^1/_{10}$ coinciden con los ordinales respectivos, tanto cuando son adjetivos (*la tercera, cuarta, quinta... parte*), como cuando son sustantivos (con la excepción de *tercio*): *un cuarto, un quinto, un sexto... de litro.* También se da dicha coincidencia formal entre *la centésima, milésima* o *millonésima parte* y *una décima, una centésima, una milésima de segundo* (en algunos países americanos se usan las formas masculinas *un décimo, un centésimo, un milésimo*).

c) A partir de $^1/_{11}$ se forman adjetivos con la terminación *-ava* (*la onceava, doceava, veinteava, treintava... parte*) y sustantivos con *-avo* (*un onceavo, un doceavo, un veinteavo... de los habitantes*). También se usan en ocasiones las formas de los ordinales: *la undécima, duodécima, vigésima, trigésima... parte; un undécimo, un duodécimo, un vigésimo... del total.*

Se considera incorrecto usar los numerales fraccionarios con el valor de los ordinales. Por ejemplo, no debe decirse *la veinteava vez,* sino la *vigésima vez.* *n*

LOS NUMERALES MULTIPLICATIVOS

Expresan el resultado de multiplicar una cantidad por un número natural: *doble, triple, cuádruple, duodécuplo, céntuplo.* He aquí sus rasgos más significativos:

a) Algunos tienen formas propias en *-ble* (*doble*) o en *-ple* (*triple, cuádruple, quíntuple, séxtuple*). Se usan muy poco otros como *séptuple* y *óctuple,* así como las formas en *-plo* (*duplo, cuádruplo, quíntuplo, séxtuplo, óctuplo*).

b) Poseen uso adjetivo (*doble vuelta de llave*) y sustantivo (*el doble de comida*).

c) Para expresar los contenidos multiplicativos, es habitual el uso de fórmulas analíticas construidas con el sustantivo *veces* y el cuantificador *más: siete veces más.*

13

Relativos, interrogativos y exclamativos

Características de relativos, interrogativos y exclamativos

RELATIVOS

Los RELATIVOS forman una clase limitada y cerrada de palabras, átonas en su mayoría, que presentan un valor referencial de carácter anafórico, desempeñan una función sintáctica (casi siempre oracional) y ejercen, además, un papel relacional similar al de las conjunciones de subordinación.

a) VALOR ANAFÓRICO. Uno de los rasgos esenciales de los relativos es el de poseer el mismo referente que una expresión previa o implícita en el contexto, su ANTECEDENTE. En *la felicidad que te desea, la felicidad* es el antecedente del relativo *que*. Existen contextos en los que el antecedente del relativo no está expreso: *Quien* (es decir, 'el que, la persona que') *lo probó lo sabe; Está donde* (esto es, 'en el lugar en que') *lo has dejado.*

b) FUNCIÓN SINTÁCTICA. Los relativos contraen una función sintáctica, normalmente dentro de la oración que introducen. Esta función es la misma que desempeñaría su antecedente si estuviera en su lugar: *la casa que compró* (CD de *compró,* como en *Compró la casa*).

c) VALOR SUBORDINANTE. Los relativos subordinan la oración que introducen. Cuando tienen antecedente expreso, la oración relativa se comporta como un modificador nominal, por lo que recibe también el nombre de SUBORDINADA ADJETIVA: *una imagen que deprime ~ una imagen deprimente.* Cuando el antecedente no está expreso, se denominan subordinadas de relativo sin antecedente o RELATIVAS LIBRES, y se asimilan a los grupos nominales o preposicionales: *Quien lo ha visto lo ratifica ~ La persona que lo ha visto lo ratifica; Está donde lo dejé ~ Está en el lugar donde lo dejé.*

d) Posición sintáctica. Los relativos se sitúan siempre al comienzo de la oración en la que aparecen. Sin embargo, a menudo arrastran a esa posición inicial a otras palabras, con las que forman grupos relativos. Así, al igual que *del libro* es complemento del sustantivo *prólogo* en *Revisé el prólogo del libro,* también el grupo relativo *del que* es complemento de *prólogo* en *El libro del que revisé el prólogo.*

INTERROGATIVOS Y EXCLAMATIVOS

Aunque, a diferencia de la mayoría de los relativos, los interrogativos y los exclamativos son tónicos, lo mismo que ellos constituyen una clase limitada y cerrada de elementos que están dotados de valor referencial y que contraen una función sintáctica, casi siempre en la oración que introducen. Cuando esta oración depende de un predicado, interrogativos y exclamativos poseen valor subordinante, también como los relativos, y dan lugar a oraciones interrogativas y exclamativas indirectas:

a) Valor referencial. Los componentes de esta clase poseen capacidad denotativa, pero no son propiamente anafóricos, ya que no se refieren a una entidad mencionada previamente:

¿*Quién* mató al comendador?	¡*Quién* supiera escribir!
¿*Cómo* vive?	¡*Cómo* vive!

b) Función sintáctica. Desempeñan en la oración que introducen una función sintáctica acorde con la categoría a la que pertenecen. Así, *qué* es complemento directo (CD) de *dijo* en *No recuerdo qué me dijo,* y *cómo* es complemento circunstancial (CC) en *¿Cómo lo haces?*

c) Valor subordinante. Pueden aparecer tanto en oraciones autónomas o independientes como en oraciones subordinadas (interrogativas y exclamativas indirectas). En este último caso, ejercen un papel subordinante, pero, a diferencia de lo que ocurre con las relativas, el resultado no es una oración subordinada adjetiva, sino sustantiva:

Veíamos *cómo tejían* [en cursiva, interrogativa de CD]
No imaginas *cómo vive* [en cursiva, exclamativa de CD]
No importa *quién haya sido* [en cursiva, interrogativa de sujeto]

d) Posición sintáctica. A diferencia de los relativos, los interrogativos pueden aparecer bien al comienzo de su oración (*¿Qué le dijiste?*), bien en la posición en la que ejercen su función sintáctica (*¿Le dijiste qué?*). Los interrogativos y los exclamativos constituyen asimismo grupos sintácticos paralelos a los relativos. Así, la expresión subrayada en *No te imaginas de qué extraña manera me miraba* es un grupo preposicional exclamativo situado al comienzo de una exclamativa indirecta.

RELATIVOS, INTERROGATIVOS Y EXCLAMATIVOS. SEMEJANZAS Y DIFERENCIAS

Semejanzas. El parentesco semántico, funcional y relacional de los relativos con los interrogativos y exclamativos da lugar a dos sistemas que presentan gran paralelismo. Se componen prácticamente de las mismas unidades. Los dos conjuntos constituyen clases transversales, por lo que algunos de sus componentes se hallan adscritos a varias categorías, como es el caso del relativo *cuanto* y de las formas tónicas *qué* y *cuánto*.

Relativos, interrogativos y exclamativos comparten también propiedades de contenido, puesto que las formas átonas y las correspondientes tónicas designan las mismas clases semánticas: hacen referencia a personas (*quien, quién*), cosas (*que, qué*), lugares (*donde, dónde*), maneras (*como, cómo*), tiempos (*cuando, cuándo*) y cantidades o grados (*cuanto, cuánto*).

Diferencias. Los relativos presentan asimismo diferencias con los interrogativos y exclamativos:

a) Los relativos, con la excepción de *el cual*, son normalmente átonos; los interrogativos y exclamativos son siempre tónicos.

b) Los relativos poseen antecedente (expreso o tácito); los interrogativos y exclamativos carecen de él.

c) Los interrogativos y los exclamativos pueden aparecer en oraciones independientes (*¿Quién habla?; ¡Quién lo tuviera!*); los relativos, por el contrario, siempre introducen subordinadas.

d) Las oraciones subordinadas formadas con interrogativos y exclamativos son sustantivas; las subordinadas de relativo con antecedente nominal son adjetivas y forman grupos nominales, preposicionales o adverbiales cuando el antecedente no está expreso.

e) Los relativos son compatibles con los sujetos antepuestos al verbo (*Cosas que la gente dice*); los interrogativos y los exclamativos no lo son (**¡Qué cosas la gente dice!*), excepto en algunas variedades del español caribeño (*¿Qué tú dices?*) y de otras áreas (*¿Qué vos dijiste?*).

INVENTARIOS

Paradigma de los relativos. Está constituido por ocho unidades, que presentan variantes formales y también categoriales. Los relativos *cuyo* y *cuanto* tienen flexión de género y número; *quien* y *cual* solo varían en número; todos los demás son invariables. Pertenecen a una sola categoría *que, cuyo, quien, cuando, como* y *donde*, mientras que el resto de los relativos se incluyen en más de una:

<table>
<tr><th>Determinantes</th><th>Pronombres</th><th>Adverbios</th></tr>
<tr><td></td><td>que ~ «art. + que»</td><td>donde</td></tr>
<tr><td>cuyo/-a/-os/-as</td><td>quien/-es</td><td>cuando</td></tr>
<tr><td colspan="2">«art. + cual/-es»</td><td>como</td></tr>
<tr><td colspan="2">cuanto/-a/-os/-as</td><td>cuanto</td></tr>
</table>

Que (pronombre): *el tiempo que perdemos.*
«Art. + *que*» (pronombre): *las causas por las que no viene.*
«Art. + *cual*» (pronombre): *un objetivo por el cual dan la vida.*
«Art. + *cual*» (determinante) [poco usado hoy]: *por las cuales causas yo dimití.*
Quien (pronombre): *los muchachos a quienes defiende.*
Cuyo (determinante): *Son fenómenos cuya causa desconocemos.*
Donde (adverbio): *la ventana por donde mira al mundo.*
Cuando (adverbio): *los tiempos cuando íbamos a la escuela.*
Como (adverbio): *No juega como jugaba.*
Cuanto (determinante): *Lo transmite a cuantos países hay en el mundo.*
Cuanto (pronombre): *Desprecia cuanto ignora.*
Cuanto (adverbio): *Trabajó cuanto pudo.*

Paradigma de los interrogativos y exclamativos. Presenta las siguientes unidades:

<table>
<tr><th>Determinantes</th><th>Pronombres</th><th>Adverbios</th></tr>
<tr><td colspan="3">qué</td></tr>
<tr><td>[cúyo]</td><td>quién/-es</td><td>dónde, cuándo</td></tr>
<tr><td colspan="2">cuál/-es</td><td>[cuál], cómo</td></tr>
<tr><td colspan="2">cuánto/-a/-os/-as</td><td>cuánto ~ cuán</td></tr>
</table>

Si se exceptúan algunas regiones de América, *cuán* queda restringido al ámbito literario. *Cúyo* ha desaparecido del uso y resulta arcaico el empleo exclamativo de *cuál* como adverbio (por ello aparecen entre corchetes en el cuadro). No existe total coincidencia de usos entre interrogativos y exclamativos, como se puede comprobar:

	INTERROGATIVOS	EXCLAMATIVOS
Qué (det.)	*¿Qué día vendrán?*	*¡Qué día tan maravilloso!*
Qué (pron.)	*¿Qué dicen?*	*¡Qué dices!*
Qué (adv.)	[No usado]	*¡Qué fácil parece!*
Cuánto (det.)	*¿Cuánto dinero cuesta?*	*¡Cuánto miedo han pasado!*
Cuánto (pron.)	*¿Cuánto se ha gastado?*	*¡Cuánto gasta!*
Cuánto (adv.)	*¿Cuánto ha sufrido?*	*¡Cuánto sufre!*
Cuán (adv.)	*¿Cuán lejos está de aquí?*	*¡Cuán lejos viven!*
Cuál (det.)	*¿Cuál vida prefieres?*	[No usado]
Cuál (pron.)	*¿Cuáles son tus libros?*	[No usado]
Cuál (adv.)	[No usado]	*¡Cuál gritan esos malditos!*
Cómo (adv.)	*¿Cómo vive?*	*¡Cómo vive!*
Quién (pron.)	*¿Quién es el comandante?*	*¡Quién pudiera asistir!*
Cuándo (adv.)	*¿Cuándo es la reunión?*	*¡Cuándo nos veremos!*
Dónde (adv.)	*¿Dónde están las llaves?*	*¡Dónde hemos caído!*

Descripción de los relativos

LOS RELATIVOS *QUE*, *QUIEN*, *CUAL* Y *CUYO*

Poseen características formales, sintácticas y semánticas diferentes, por lo que a continuación se realiza una descripción individualizada de cada uno de ellos.

Que. El relativo *que* es un pronombre invariable en género y número. Puede referirse a seres animados y no animados. *Que* contrae en la oración subordinada funciones propias de los grupos nominales: *los amigos que* [Suj.] *no vuelven; la balada que* [CD] *ha compuesto; la señal con que* [término de preposición] *nos avisa*. Cuando el relativo va precedido del artículo determinado y el antecedente está expreso, ambos forman los llamados RELATIVOS COMPLEJOS: *el que, la que, lo que.*

Cuando hay antecedente expreso, la preposición que precede al relativo complejo forma con él un GRUPO RELATIVO, que ejerce una función sintáctica en la oración subordinada: *las amigas [[a las que* (CD)*] invitó]; los compañeros [[de los que* (CR)*] se acuerda]; el bisturí [[con el que* (CC)*] operaba].* Esta preposición se puede elidir en ocasiones: en los CD animados (*los amigos que recuerda ~ los amigos a los que recuerda*); en los CC de tiempo, especialmente si su antecedente no necesita preposición (*el día (en) que llegó, el año (en) que emigraron*).

Cuando el antecedente y el relativo llevan la misma preposición, en el habla coloquial se tiende a suprimirla delante de este último (*Saludó con la gracia que siempre saluda*) pero lo aconsejable es mantenerla (*Saludó con la gracia con la que siempre saluda*). n

Quien. El relativo *quien* es un pronombre que presenta variación de número (*quien/quienes*). Carece de flexión de género, pero este se manifiesta en la concordancia con el atributo: *quienes estaban {contentas/contentos}*. Hace referencia a personas, a instituciones o a cosas personificadas: *las hermanas por quienes tanto ha luchado; Fue la propia empresa quien decidió cerrar.* Es frecuente la personificación de nombres de animales, como en *un perro por quien sentía un gran afecto.*

En cuanto pronombre, está capacitado para aparecer en los contextos propios del grupo nominal: *Quien* [Sujeto] *bien te quiere te hará sufrir; No olvides a quienes* [CD] *te han ayudado,* etc.

Puede construirse con antecedente expreso o sin él. En el primer caso forma oraciones subordinadas adjetivas (*los familiares de quienes tanto habla*). En el segundo, la construcción de relativo entera constituye una relativa libre, asimilable, como se ha explicado, a un grupo nominal (*Quienes lo vieron dan fe*).

Como en el caso de *que*, si *quien* viene precedido de una preposición, esta puede afectar:

a) A toda la oración de relativo. Esto sucede cuando no hay antecedente y la relativa es libre: *Mis palabras son para [quienes me comprenden].*

b) Solamente al relativo. En este caso posee antecedente expreso: *Los seres [[por quienes] se sacrifica].*

En las relativas libres *quien* alterna con *el que* y sus variantes: *Esto es para {el que ~ quien} lo quiera.* No se da la alternancia si la oración de *quien* depende de *haber, tener* y unos pocos verbos más (*No tenía con quién hablar*), ya que el pronombre adquiere valor indefinido en estos contextos.

Quien puede introducir relativas explicativas (*Ha colmado la paciencia de su jefe, quien no dudará en despedirlo*) y especificativas, en las que solo aparece cuando va precedido de preposición:

No conozco al profesor {*de quien ~ del que*} me hablas
No conozco al profesor {*que ~ *quien*} va a dar la conferencia

Cual. El relativo *cual* presenta flexión de número (*cual/cuales*). Solo se usa precedido del artículo determinado, que le permite mostrar también las variantes de género (*el cual/la cual/lo cual/los cuales/las cuales*). Han desaparecido prácticamente sus usos como determinante (*por los cuales excesos*), pero mantiene su valor como pronombre:

a) No encabeza relativas sin antecedente expreso: *{Quien ~ El que ~*El cual} es feliz no necesita nada.*

b) Al igual que *quien*, aparece en relativas explicativas, con preposición o sin ella: *Hablaba con Mario, el cual parecía ausente.* Solo introduce subordinadas especificativas si lleva preposición. Esta preposición afecta al papel que el relativo desempeña dentro de la subordinada: *los amigos [[con los cuales] se divierte].*

> Se desaconseja el empleo de la fórmula *lo cual que*, propia del español coloquial europeo: *Ya ha agotado todos los recursos; lo cual que no hay nada que hacer.* — *n*

Cuyo. Es un determinante relativo con valor posesivo que tiene flexión de género y número. Concuerda con el sustantivo sobre el que incide, no con el antecedente: *Un niño cuya vivacidad nos asombra.* Puede alternar con *del cual, de la cual*, etc. (o, más esporádicamente, con *del que, de la que...*) en casos como *un estanque {en cuyo centro ~ en el centro del cual} había un surtidor.* Apenas se usa *cuyo* en los registros informales; casi ha desaparecido de la lengua oral, e incluso de la periodística en algunos países.

> Se percibe una marcada tendencia en los registros informales a sustituir *cuyo* por la combinación formada por *que* y un posesivo –uso que se denomina QUESUISMO– o un artículo: *Tengo un amigo que {a su ~ al} padre le gusta escribir*, en lugar de *Tengo un amigo a cuyo padre le gusta escribir*, opción que se recomienda. — *n*

RELATIVOS ADVERBIALES

Características. Los ADVERBIOS RELATIVOS aportan los significados genéricos 'lugar', 'tiempo' y 'modo'. Forman oraciones de relativo especificativas y explicativas con antecedente nominal (*la cancha donde juegan, los momentos cuando más se deprime, la manera como nos mira*) o adverbial (*allí donde nos lleve la vida; Ahora, cuando estaba bien, se cae; Lo describo así como lo veo*).

Cuando carecen de antecedente explícito, introducen relativas libres y, dentro de ellas, contraen normalmente la función de complemento circunstancial. Así, el adverbio relativo *donde* es CC de *encontraron* en *Se quedaron a vivir donde encontraron agua y buenos pastos.*

Donde. Los únicos adverbios relativos de lugar que se conservan son *donde* y su compuesto *adonde* ~ *a donde*. Sus antecedentes suelen tener sentido espacial, que a veces se obtiene de un modo figurado: *Es un relato donde hay un solo protagonista.*

- Se recomienda evitar expresiones como *proyectos donde* (por *en los que*), *en decisiones políticas donde* (por *en las que*), etc., pues en ellas *donde* aparece con antecedente no locativo.
- Aun siendo redundante, la combinación *en donde* se considera correcta para expresar ubicación: *Te metes en donde no te llaman*. Para indicar el término de una trayectoria, alternan *donde, adonde* y *a donde* (*Acababa de llegar {donde ~ adonde ~ a donde} me habían citado*). Por ello, no es justificable el uso de *adonde* o *a donde* con sentido de ubicación, como en *El libro estaba adonde lo había dejado*, en lugar de la correcta *El libro estaba donde lo había dejado.*

n

Cuando. El adverbio relativo *cuando* equivale aproximadamente a 'en el tiempo o en el momento en que'. Se emplea mucho más encabezando relativas libres (*Lo haré cuando pueda*) que con antecedente expreso: *Recuerdo aquellos veranos cuando íbamos a la playa.* Con todo, la presencia de antecedente es más habitual en las relativas explicativas, como en *ni siquiera ahora, cuando ya ha acabado todo.*

Como. Este adverbio relativo encabeza sobre todo relativas libres: *Lo dice como lo diría una princesa.* En las relativas con antecedente expreso, este suele limitarse a los sustantivos *forma, manera* y *modo* (*Aprendió la forma como opera*) o los adverbios *así, tal* e *igual* (*Lo hizo tal como le enseñaron*). En construcciones como *Hay que terminar pronto, como dice el director*, el antecedente es la oración subrayada.

EL CUANTIFICADOR RELATIVO *CUANTO*

Expresa una cantidad, equivalente a la manifestada por *tanto* o *todo*, sus posibles antecedentes. Con variación de género y de número (*cuanto*/*-a*/*-os*/*-as*), puede ser determinante (*Recibe a cuantos alumnos se lo piden*) o pronombre (*Desprecia cuanto ignora*). Como forma invariable, es adverbio (*Habló cuanto quiso*). Presenta equivalencia con «artículo determinado + *que*» (más frecuente en el uso que *cuanto*): *Recuerda {cuanto ~ lo que} le dijimos; Gracias por {cuanto ~ lo que} nos has hecho reír.*

RELATIVOS INESPECÍFICOS

Los RELATIVOS INESPECÍFICOS son palabras compuestas formadas por un relativo y la forma verbal gramaticalizada *-quiera*. Integran el paradigma *quienquiera, comoquiera, dondequiera* (con su variante arcaizante *doquiera*), *adondequiera* y *cuandoquiera*. También *cualquiera* cuando va seguido de una relativa especificativa (*cualquiera que lo sepa*), pero no en otros casos (*Eso lo sabe cualquiera*). Suelen denotar personas o cosas no identificadas y su significado equivale aproximadamente a 'sea quien sea', 'sea como sea', etc.

El segmento *-quiera* que integra estos compuestos no se escribe nunca separado (*dondequiera que viva*, no *donde quiera que viva*). La escritura en dos palabras equivale a una forma del verbo *querer* precedida de un adverbio relativo que introduce una relativa libre: *Que vaya donde quiera* (es decir, 'donde quiera ir'). *n*

Descripción de los interrogativos y exclamativos

LOS INTERROGATIVOS Y EXCLAMATIVOS *QUÉ*, *QUIÉN* Y *CUÁL*

Al igual que ocurre en el caso de las formas relativas correspondientes, cada uno posee sus propias peculiaridades.

Qué. Morfológicamente es invariable. En construcciones interrogativas, puede ser determinante (*¿Qué regalo quieres?; Dime qué libro prefieres*) o pronombre (*¿Qué deseas?; No sé qué hizo*). En expresiones exclamativas, no abundan los usos pronominales (*¡Qué dices!*); pero sí se registra como determinante (*¡Qué vida nos espera!; ¡Qué ilusión!; ¡Qué casa!*) y como adverbio (*¡Qué fácil parece!; ¡Qué lejos están ustedes!*).

Quién. Es un pronombre que se refiere a personas. Presenta flexión de número (*quién/quiénes*), pero no de género, aunque puede imponerlo en la concordancia con el atributo: *¡Quién fuera famosa!*

Cuál. Puede ser pronombre o determinante y tiene solo flexión de número (*cuál/cuáles*). En expresiones interrogativas, identifica una entidad entre las otras de su misma clase: *¿Cuál prefieres?; ¿Cuál torneo es más famoso?* Admite complementos partitivos: *cuál de ellos, cuál de las propuestas*. Casi se ha perdido su uso exclamativo, aunque pervive en fórmulas lexicalizadas como *¡Cuál no sería mi sorpresa!*

Son vulgares las formas de origen dialectal *cuálo* y *cuála*. *n*

ADVERBIOS INTERROGATIVOS Y EXCLAMATIVOS

Dónde. Es un adverbio interrogativo y exclamativo que puede sustituir a nombres o adverbios de lugar. Se une a preposiciones para referirse a los valores 'lugar de donde' (*de, desde*); 'lugar por donde' (*por*); 'lugar a donde' (*a, hacia, hasta, para*). Al igual que el relativo correspondiente, *dónde* alterna con *en dónde* para expresar ubicación (*¿Dónde vives?* ~ *¿En dónde vives?*), y con *adónde* y *a dónde* para indicar destino: *¿Dónde vas?* ~ *¿Adónde vas?* ~ *¿A dónde vas?*

Deben evitarse las combinaciones redundantes en las que el adverbio *adónde* va precedido de otra preposición que indique dirección o destino, como en *¿Hacia adónde nos dirigimos?*, en lugar de *¿Hacia dónde nos dirigimos?* *n*

Cuándo. El adverbio interrogativo-exclamativo *cuándo* es análogo en muchos aspectos a su equivalente relativo *cuando*, pero se diferencia de él por la mayor facilidad con la que admite otros tiempos verbales, ya que se puede construir con futuro (*¿Cuándo llegará?*) y con el pretérito perfecto compuesto (*¿Cuándo ha venido?*), tiempos mucho más restringidos con el adverbio *cuando* (*Lo llamaré cuando {*llegará ~ llegue}*), aunque se registran algunos casos: *El martes es cuando llegará.*

Cómo. El interrogativo-exclamativo *cómo* aporta normalmente sentido de MODO O MANERA (*¿Cómo lo hace?; Aún no sé cómo lo hace; ¡Cómo se puso!; No sabes cómo se puso*). Puede tener valor causal, visible sobre todo en ciertas interrogativas negativas: *¿Cómo llegas tan tarde?* En cuanto adverbio exclamativo, suele expresar cantidad, con sentido cercano a *cuánto: ¡Cómo corre!*

Existen casos de posible incertidumbre a la hora de usar *como* o *cómo*. Así, en *Ya verás {como ~ cómo} se queja*, puede entenderse que la subordinada es una sustantiva declarativa, y entonces se usa sin acento (*como* casi equivalente a *que*), pero también una interrogativa indirecta ('de qué manera se queja'). Se admiten las dos opciones. *n*

EL CUANTIFICADOR INTERROGATIVO Y EXCLAMATIVO *CUÁNTO*

Se usa como determinante (*¿Cuántas veces?; ¡Cuánto tiempo!*), como pronombre (*No sé cuánto te habrá contado; ¡Cuánto hemos leído!*) y como adverbio (*¿Cuánto duerme?; ¡Cuánto nos hemos reído!*).

La forma apocopada *cuán* se emplea ante adjetivos o adverbios, y da lugar a expresiones exclamativas en registros elevados: *¡Cuán confundida estás!; ¡Cuán lejos estamos!* Hoy es más común usar *qué* en su lugar: *¡Qué lejos estamos!* El uso de *cuán* en las interrogativas es hoy algo más frecuente en el español americano: *No sabemos cuán poderoso es.*

14

El adverbio

Caracterización

El ADVERBIO constituye una clase de palabras muy heterogénea. Lo que en la clasificación tradicional era un conjunto léxico que se distinguía por su carácter invariable y por su función de modificador verbal (*ad verbum*) se fue incrementando hasta constituir un amplio conjunto de unidades (tanto de forma como de función) al que es difícil asignar propiedades comunes.

La categoría alcanza mayor homogeneidad si se separan de este conjunto dos clases de palabras que presentan un comportamiento singular: los llamados ADVERBIOS DE FOCO (*incluso, aun, hasta, ni siquiera...*) y los CONECTORES DISCURSIVOS. Ambos serán estudiados en otros capítulos (→ págs. 14 y 175-176) porque comparten numerosas propiedades con expresiones no adverbiales. Excluidas estas clases, la categoría adverbial se puede definir con diferentes criterios:

a) Desde el punto de vista morfológico, carece de flexión. Se aproxima en este sentido a las preposiciones, conjunciones e interjecciones.

b) Desde el punto de vista fónico, los adverbios son palabras tónicas, hecho que los diferencia de preposiciones y conjunciones.

c) Desde el punto de vista sintáctico, el adverbio puede formar GRUPOS ADVERBIALES. Los adverbios y los grupos que forman están capacitados para modificar a diferentes categorías sintácticas: verbos (*camina despacio*), adjetivos (*excesivamente estrecho*) y otros adverbios (*muy cerca*), así como a grupos nominales (*más amigos*), adjetivales (*muy contento del resultado*), adverbiales (*bastante lejos de su casa*) y preposicionales (*casi sin esfuerzo*). Pueden actuar también como atributos (*Estás estupendamente; Te veo mejor*). El adverbio aparece en posiciones periféricas especialmente usado como tópico (*Humanamente, deja mucho que desear*), adverbio del enunciado (*Probablemente, son ya las cuatro*) o adverbio de la enunciación o de verbo enunciativo tácito (*Sinceramente, no sé nada*). Los grupos adverbiales, al igual que los nominales, adjetivales y verbales, tienen la posibilidad de convertirse en enunciados independientes (*¡Arriba!; ¡Muy bien!; —¿Cuándo vendrán? —Hoy*).

d) Desde el punto de vista del significado, con independencia de que su número sea en algunos casos limitado y cerrado, los adverbios son unidades léxicas dotadas de valor semántico representativo y de capacidad referencial: *aquí, entonces, nunca, ya, mal, sí, quizás...*

Existen distintos criterios para clasificar los adverbios. Los principales son su significado, su estructura morfológica, su naturaleza gramatical y su incidencia sintáctica. Los criterios de clasificación no son excluyentes y dan lugar con frecuencia a clases que se cruzan. Un mismo adverbio puede pertenecer a varias subcategorías en función de las propiedades que se estén evaluando. Así, *nunca* y *jamás* son adverbios de tiempo, como *cuando*, y de negación, como *tampoco*, pero también son indefinidos, al igual que *alguno* o *ninguno*.

Clases de adverbios según su significado

En la siguiente tabla se clasifican los adverbios en función de su significado. A lo largo de la sección se describirá cada una de estas clases. Los de afirmación, negación y duda se estudian en el capítulo 24.

Clasificación semántica de los adverbios	
CANTIDAD	*más, menos, tanto (tan), nada, algo, mucho (muy), poco, todo, demasiado, cuan(to), cuán(to)*
LUGAR	*aquí (acá), ahí, allí (allá); lejos, cerca; (a)dentro, (a)fuera; (a)donde, (a)dónde; arriba, abajo; encima, debajo; (a)delante, detrás*
TIEMPO	*antes, ahora, después, luego, primero, entonces, ayer, hoy, mañana, siempre, nunca, jamás, temprano, pronto, presto, enseguida, mientras, cuando, cuándo*
ASPECTO	*ya, todavía, aún*
MODO O MANERA	*así, bien, mal; mejor, peor, tal;* advs. en *–mente;* advs. adjetivales

Clasificación semántica de los adverbios	
AFIRMACIÓN, NEGACIÓN	*sí, también, claro, efectivamente, cierto; no, tampoco*
DUDA, POSIBILIDAD	*quizá(s), acaso, igual, probablemente, posiblemente*

ADVERBIOS DE CANTIDAD

Expresan cantidad, grado o intensificación. Son, prototípicamente, los únicos adverbios que pueden modificar al adjetivo (*más elegante*) y a otro adverbio (*menos lejos, suficientemente tarde*). Se distinguen varias subclases:

a) Los adverbios INDEFINIDOS, que se corresponden con determinantes, adjetivos y pronombres indefinidos: *algo, bastante, demasiado, nada, poco, más, menos, suficiente, cuanto, mucho*. Estas voces se consideran determinantes o adjetivos cuando modifican a los sustantivos y los grupos nominales (*bastantes problemas; Son bastantes*) y adverbios cuando modifican a otras categorías: adjetivo (*bastante listo*), adverbio (*muy despacio*) o verbo (*sonreír mucho*). Con los verbos transitivos pueden comportarse como pronombres (*No había leído mucho*); con los intransitivos son adverbios (*Viaja mucho; Sufre bastante*). Con algunos verbos son posibles los dos valores: *mucho*, en *Corrió mucho*, puede ser pronombre ('muchos kilómetros') o adverbio ('con gran velocidad').

b) Los que expresan gradación o intensificación: *sobremanera, bien, regular*. Los dos últimos, cuyo sentido originario es de modo, cuando actúan como modificadores: *Es bien rico; No come mucho, solo regular*.

c) Muchos adverbios terminados en *-mente*, como *considerablemente, escasamente, extremadamente, notablemente*.

d) Locuciones adverbiales con significados ponderativos o evaluativos: *a más no poder, al máximo, a mares, a todo pulmón*, etc.

ADVERBIOS DE LUGAR

Se agrupan en dos clases: los ADVERBIOS DEMOSTRATIVOS (*aquí, ahí, allí, acá, allá*, etc.) y los ADVERBIOS DE RELACIÓN LOCATIVA (*delante/detrás, adelante/atrás*, etc.). Los primeros poseen carácter deíctico, es decir, orientan su referencia en relación con las personas del discurso, propiedad que comparten con los pronombres (*yo, tú, él*).

Los adverbios de relación locativa se subdividen en dos grupos, según su significado. Los del primer grupo (A en la tabla) expresan ubicación (*Estoy detrás de la pared*), pero también destino o término (*Lo lanzó detrás de la pared*). Los del segundo (grupo B), dirección o destino:

A (ubicación)	B (dirección)
delante/detrás	adelante/atrás
encima/debajo	arriba/abajo
dentro/fuera	adentro/afuera

- Los adverbios de dirección u orientación se usan también con valor de ubicación en muchas variedades del español americano, por lo que pueden llevar complementos: *adelante de la casa, arriba de la escalera, adentro de la estación.* En los registros formales del español europeo se evita esta construcción y se prefieren los adverbios del grupo A con complemento: *delante de la casa, encima de la escalera, dentro de la estación.*
- Se recomienda evitar la forma *alante,* variante incorrecta de *adelante.*

n

Los adverbios locativos de ubicación se caracterizan por el hecho de que se construyen con complementos: *El perro estuvo toda la noche {fuera/ dentro/encima/debajo...} de la casa.* Establecen, por tanto, una relación locativa entre dos entidades. En el ejemplo anterior, dicha relación se da entre *el perro* y *la casa.* El complemento del adverbio puede estar implícito si es recuperable por el contexto: *Lo dejé delante (de la casa).*

ADVERBIOS DE TIEMPO

Atendiendo a su significado, los adverbios de tiempo se suelen clasificar en adverbios de referencia temporal, de duración y de frecuencia.

Según su significado		
	Responden a los interrogativos	
REFERENCIALES	*¿cuándo?*	*ayer, hoy, mañana, actualmente, antiguamente, recientemente*
DE DURACIÓN	*¿cuánto (tiempo)?*	*brevemente, largamente, siempre*
DE FRECUENCIA	*¿cada cuánto (tiempo)?*	*cotidianamente, habitualmente, nunca, semanalmente, siempre*

Los adverbios temporales REFERENCIALES localizan en el tiempo la acción, proceso o estado, denotados bien a partir del tiempo gramatical del predicado sobre el que inciden (*Llegaremos antes*), bien a partir del tiempo que señala su complemento (*antes de las diez* y *después de la misa*). Estas relaciones pueden ser de ANTERIORIDAD (*antes, anteriormente, previamente*),

POSTERIORIDAD (*después, luego, posteriormente*) o COINCIDENCIA (*simultáneamente, a la vez*).

> Cuando *antes* y *después* se usan como adjetivos y modifican a sustantivos temporales (*día, noche, semana, mes*), se considera innecesario anteponer la preposición *de*. Se prefiere, por tanto, *el día antes* a *el día de antes*. *n*

Los adverbios DE DURACIÓN expresan el tiempo que permanece la situación denotada por el predicado al que modifican, desde su inicio hasta su fin.

Los adverbios DE FRECUENCIA indican la cadencia del proceso verbal sobre el que inciden. Se dividen en adverbios de frecuencia imprecisa (*a menudo, de vez en cuando, esporádicamente, frecuentemente*, etc.) y adverbios de frecuencia precisa (*a diario, bienalmente, diariamente, semestralmente*, etc.). Los adverbios de esta clase ocupan con facilidad posiciones preoracionales, con una interpretación asimilable a los adverbios de tópico (→ pág. 146).

ADVERBIOS ASPECTUALES

No expresan propiamente tiempo, sino más bien ASPECTO, las locuciones adverbiales que aluden a la REPETICIÓN de un suceso, como *de nuevo* u *otra vez* (*He perdido las llaves otra vez*), así como los adverbios que hacen referencia a alguna de sus FASES, sea anterior o posterior, caso de *ya* y *todavía*. Así, *todavía* en *Todavía vive allí* indica la persistencia actual de una situación anterior (*Vivía allí*). Por su parte, en *Ya conozco a Javier* se supone que la situación denotada por el predicado (*conocer a Javier*), que se da ahora, no se daba en un tiempo anterior.

ADVERBIOS DE MODO O MANERA

Pertenecen a esta clase el demostrativo *así* (*No me gusta que se comporte así*); los adverbios *bien, mal, regular, mejor, peor, despacio, deprisa, aprisa* (*Suena regular*); numerosos adverbios en *-mente* (*Actuó inconscientemente; Se marchó tranquilamente*); muchos adverbios adjetivales (como *alto* en *No hables tan alto*), y muchas locuciones adverbiales (*a gatas, a escondidas, a pies juntillas, a dos carrillos, punto por punto*...).

Clases de adverbios según su estructura morfológica

Según este criterio, los adverbios pueden ser simples, como *bien, mal, cerca, lejos, aquí, siempre, luego*, o formados por derivación u otro recurso morfológico. Entre estos últimos, destacan los creados sobre la pauta A-*mente* (*ciertamente, irremediablemente, tranquilamente*). Poseen la forma de los adjetivos masculinos los llamados ADVERBIOS ADJETIVALES, que proceden de la recategorización de algunos adjetivos calificativos (*caer bajo, comer sano, jugar limpio*).

ADVERBIOS EN *-MENTE*

Constituyen la clase más numerosa y heterogénea de adverbios. Se forman sobre la base femenina singular de muchos adjetivos calificativos (*fijamente*) y, en menor grado, de adjetivos relacionales (*matrimonialmente*). Constituyen una clase abierta, ya que el paradigma que constituyen se adapta con facilidad a las necesidades expresivas y comunicativas. Estos adverbios poseen doble acento de intensidad, uno en el adjetivo y otro en el elemento compositivo (*libremente*). Conservarán la tilde del adjetivo de base, si este la tuviere (*difícilmente, cortésmente*). En la coordinación de varios de ellos, es común la supresión del segmento *-mente* en los adverbios que preceden al último: *lisa y llanamente; rotunda, radical y definitivamente*.

ADVERBIOS ADJETIVALES

Los ADVERBIOS ADJETIVALES tienen la forma de la variante masculina singular de un adjetivo o un participio. Al igual que los demás adverbios, carecen de flexión. Son, por tanto, adverbios adjetivales los subrayados en *Las golondrinas vuelan bajo; Las espinacas saben raro*. En cambio, son adjetivos que funcionan como complementos predicativos los marcados en *Las golondrinas vuelan bajas; Las espinacas saben raras*. Estos últimos, al ser adjetivos, concuerdan con el nombre del que se predican.

Los adverbios de este grupo, más frecuentes en el español americano, se forman únicamente con ciertos adjetivos. Entre ellos, constituyen un grupo amplio los que expresan evaluación positiva de la manera de actuar: *bárbaro* (*Jugó bárbaro*), *bonito* (*Que te vaya bonito*), *rico* (*Cantan rico*), *genial* (*Se portó genial*), *sabroso* (*Conversaron sabroso*). Pueden aludir a dimensiones espaciales (*alto, bajo, hondo, profundo*) o a diversas formas de percibir algo (*recio, quedo*), entre otras nociones. Poseen ciertas restricciones combinatorias, ya que solo modifican a verbos (no a adjetivos ni a otros adverbios) y aparecen normalmente junto al verbo modificado. Entre las construcciones *Hablar claro sobre una cuestión* y *Hablar sobre una cuestión claro*, se prefiere la primera. También presentan restricciones léxicas, ya que tienden a aparecer solo con ciertos verbos: se apunta *alto* o *bajo*; se juega *limpio* o *sucio;* se hila *fino, delgado, basto*...

Clases de adverbios según su naturaleza gramatical

De acuerdo con este criterio, los adverbios se dividen en LÉXICOS y GRAMATICALES. Los primeros forman una clase abierta a la creación o incorporación de nuevas unidades, constituida sobre todo por los terminados en *-mente*, aunque no solo por ellos (*bien, deprisa, temprano*). Los adverbios gramaticales, en cambio, forman paradigmas cerrados (→ pág. 11) y pueden clasificarse a su vez en:

a) DEMOSTRATIVOS (*aquí, ahora, así*). Se analizan en esta obra con los determinantes y pronombres demostrativos (→ cap. 11).

b) IDENTIFICATIVOS O REFERENCIALES (*antes/después, encima/debajo*). Se estudian entre los adverbios de tiempo y de lugar, pues son estos los significados que suelen expresar.

c) CUANTIFICATIVOS INDEFINIDOS (*algo, demasiado, suficiente*), incluidos en la clase de los adverbios de cantidad (→ pág. 142).

d) RELATIVOS (*cuando, cuanto, como, donde*).

e) INTERROGATIVOS (*cuándo, cuánto, cómo, dónde*) y EXCLAMATIVOS (*cuándo, cuánto, cómo, dónde, qué*). Coinciden formalmente, aunque existen diferencias semánticas entre ellos (→ cap. 13).

Clases de adverbios según su incidencia sintáctica

Este criterio agrupa los adverbios de acuerdo con las relaciones sintácticas a las que dan lugar, ya sea en funciones centrales o en posiciones marginales; ya afecten a expresiones verbales, ya a segmentos adjetivales o adverbiales. Desde este punto de vista, los adverbios o los grupos adverbiales pueden ser:

a) ARGUMENTALES. Están seleccionados por un predicado (*Pon el libro ahí; Mide muy poco*).

b) ATRIBUTOS. Realizan la función de atributo (*La encontré divinamente*).

c) MODIFICADORES de adjetivos (*muy tontos, menos atrevidos, nada fácil*) y de adverbios (*harto lejos, demasiado dentro*).

d) ADJUNTOS O CIRCUNSTANCIALES: *Viven muy lejos.*

e) ADVERBIOS DE TÓPICO, que incluyen los ADVERBIOS DE PUNTO DE VISTA: (*Aquí, sí lo saben; Artísticamente, es digno*).

f) Adverbios del enunciado: *Verdaderamente, fue un caos.*

g) Adverbios de la enunciación (o del verbo enunciativo): *Sencillamente, estamos de acuerdo; Sinceramente, ¿quién lo ha roto?*

Las locuciones adverbiales

Son expresiones fijas constituidas por varias palabras que equivalen a un adverbio. Algunas admiten paráfrasis con adverbios en *-mente* (*en secreto ~ secretamente*), pero la mayor parte expresan significados más específicos. En la tabla siguiente se recogen las principales pautas sintácticas que dan lugar a locuciones adverbiales en español:

Locuciones adverbiales

PAUTAS SINTÁCTICAS	EJEMPLOS DE LOCUCIONES		
«prep. + sust. sing.»	*a bocajarro, a gusto, de día, de reojo, en secreto, sin duda*		
«prep. + sust. pl.»	*a trozos, a pedazos, a cachos*	*a gatas, a saltos, a tientas*	
« prep. + sust. (lat.)»	ex aequo, in memoriam, in situ		
«prep. + grupo nominal»	*a la fuerza, al azar, a primera vista*	*a grito pelado, a salto de mata*	*de una vez, de un trago*
«prep. + adj./part.»	*a diario, en serio*	*a ciegas, a oscuras*	
«prep. + art. + adj.»	*a la larga*	*a lo grande*	
correlación de preps.	*de un momento a otro, de ahora en adelante, de vez en cuando*		
grupos nominales	*una barbaridad, una eternidad*	*horrores, montones*	*acto seguido*
esquemas coordinados	*más tarde o más temprano, ni más ni menos*		

15

El verbo

Los morfemas verbales. Concepto de tiempo verbal

La flexión verbal expresa en español dos tipos de información:

a) La de NÚMERO y PERSONA, que viene impuesta por el sujeto con el que el verbo concuerda.

b) La de TIEMPO, ASPECTO y MODO, que caracteriza a la oración en su conjunto, y no solo a alguno de los participantes que intervienen en ella.

El tiempo verbal es una categoría gramatical DEÍCTICA, como los demostrativos, y, como tal, permite localizar los sucesos en relación con el momento en que se habla:

El tren salió puntualmente (la salida es anterior al momento del habla)
El tren saldrá puntualmente (la salida es posterior al momento del habla)
El tren sale lentamente (la salida es simultánea con el momento del habla)

El aspecto. Sus clases

DEFINICIÓN

El ASPECTO VERBAL informa sobre la organización interna de las situaciones en relación con el tiempo. Indica, por ejemplo, si una situación comienza (*Empezó a comer*), se repite (*Casi siempre come a las dos*) o se muestra en un punto de su desarrollo (*Está comiendo*). También es aspectual la diferencia que existe entre *Llegó a Caracas,* que designa una acción puntual, y *Vivió en Caracas,* que indica una situación durativa.

El aspecto, al contrario que el tiempo, no proporciona información deíctica, en el sentido de que no se interpreta en relación con el momento del habla.

Se distinguen tres clases de aspecto: el MORFOLÓGICO, el LÉXICO Y el SINTÁCTICO, que se manifiesta a través de ciertas perífrasis verbales (págs. → 164-166).

EL ASPECTO MORFOLÓGICO

Se expresa a través de las desinencias verbales. Fundamentalmente, permite representar una situación como acabada (ASPECTO PERFECTIVO), o bien sin hacer referencia a su inicio o a su fin (ASPECTO IMPERFECTIVO). Así, mientras que en *Luis pintó la valla* (aspecto perfectivo) se entiende que la acción de pintar Luis la valla se completó, no cabe afirmar lo mismo de *Luis pintaba la valla* (aspecto imperfectivo). El aspecto morfológico permite distinguir en la tradición gramatical entre TIEMPOS PERFECTIVOS Y TIEMPOS IMPERFECTIVOS.

EL ASPECTO LÉXICO O MODO DE ACCIÓN

El aspecto léxico depende del significado de los predicados, así como del de las construcciones que estos forman. Atendiendo a su aspecto léxico, los predicados se suelen agrupar en cuatro clases:

1. ACTIVIDADES: *ganar dinero, llorar, llover, manejar un auto, trabajar.*
2. REALIZACIONES: *comer un platillo, construir un dique, recitar un poema.*
3. LOGROS O CONSECUCIONES: *alcanzar la cima, llegar, perder las llaves.*
4. ESTADOS: *merecer un premio, residir en un lugar, ser alto, tener dinero.*

Los predicados verbales de estas clases se distinguen por la presencia o ausencia de algunos rasgos, como 'durativo', 'limitado' o 'dinámico'. Los procesos durativos se extienden en el tiempo y son compatibles con CC introducidos por *durante* (*Estudiaba durante la noche*). Los procesos delimitados poseen un término o fin y son compatibles con CC de tiempo introducidos por la preposición *en* (*en un año, en diez horas*). Los predicados dinámicos expresan progresión de una situación en curso.

a) Las actividades son predicados durativos (*Llovió durante dos horas*), no delimitados (**Llovió en dos horas*) y dinámicos (*Siguió lloviendo*).

b) Las realizaciones son durativas (*Escribió un artículo durante dos horas*), delimitadas (*Escribió un artículo en dos horas*) y dinámicas.

c) Los logros no son durativos (**Llegará a casa durante una hora*), pero se presentan como procesos limitados (*Llegará a casa en una hora*) y dinámicos.

d) Los estados carecen de límite (**Residió en Colombia en dos años*), son durativos (*Residió en Colombia durante dos años*), pero no se muestran como una actividad dinámica, por lo que no son admisibles construcciones como **Está siendo alta.*

Tiempos verbales del español

DEFINICIÓN

Se llaman TIEMPOS VERBALES las formas de la conjugación que expresan gramaticalmente las informaciones de tiempo, modo y aspecto. Cada tiempo verbal constituye un paradigma flexivo. En el cuadro siguiente aparecen los tiempos verbales del español con la terminología académica. El imperativo no se incluye porque no da lugar a oposiciones temporales. Se usa el verbo *cantar* en primera persona del singular como modelo para identificar fácilmente los tiempos verbales:

Tiempos verbales

	TIEMPOS SIMPLES		TIEMPOS COMPUESTOS	
MODO INDICATIVO	presente	CANTO	pretérito perfecto compuesto	HE CANTADO
	pretérito perfecto simple	CANTÉ	pretérito anterior	HUBE CANTADO
	pretérito imperfecto	CANTABA	pretérito pluscuamperfecto	HABÍA CANTADO
	futuro simple	CANTARÉ	futuro compuesto	HABRÉ CANTADO
	condicional simple	CANTARÍA	condicional compuesto	HABRÍA CANTADO
MODO SUBJUNTIVO	presente	CANTE	pretérito perfecto compuesto	HAYA CANTADO
	pretérito imperfecto	CANTARA O CANTASE	pretérito pluscuamperfecto	HUBIERA O HUBIESE CANTADO
	futuro simple	CANTARE	futuro compuesto	HUBIERE CANTADO

CLASIFICACIÓN

Los tiempos verbales se clasifican según los siguientes criterios:

a) El modo. Opone indicativo, subjuntivo e imperativo.

b) La estructura morfológica. Diferencia tiempos simples y compuestos.

c) El aspecto. Distingue tiempos perfectivos e imperfectivos (*canté/cantaba*).

d) El punto de anclaje temporal. Este criterio distingue entre los TIEMPOS ABSOLUTOS y los TIEMPOS RELATIVOS. Los absolutos se orientan a partir del momento del habla (en *El tren salió puntual* se dice que salió antes del momento del habla); los relativos orientan la referencia de forma indirecta (en *El revisor anunció que el tren saldría tarde* se expresa que la salida es posterior al anuncio, que a su vez es anterior al momento del habla).

Tiempos verbales del modo indicativo

EL PRESENTE (CANTO)

Expresa la coincidencia de la situación designada con el momento del habla. Esta coincidencia puede ser puntual (*En este instante el delantero sale al campo*) o más amplia (*Su prima vive ahora en Lima*). El PRESENTE GENÉRICO extiende mucho tal duración, hasta convertirla en propiedad permanente. Los diferentes usos del presente reciben a menudo denominaciones específicas: el PRESENTE HABITUAL describe acciones repetidas (*Lo visita a diario*); el llamado PRESENTE CARACTERIZADOR O DESCRIPTIVO alude a situaciones estables (*Quito es la capital del Ecuador*); el PRESENTE GNÓMICO es propio de los axiomas o enunciados normativos (*El dolor se palia con analgésicos*). En cualquier caso, es importante resaltar que estas variedades no constituyen tiempos diferentes, sino interpretaciones contextuales diversas de un mismo tiempo verbal. El presente puede usarse, además, con el significado que corresponde a otros tiempos:

a) Con valor de pretérito: PRESENTE HISTÓRICO (*Sarmiento muere en 1888*); PRESENTE NARRATIVO (*Ayer va mi jefe y me dice...*).

b) Con valor de futuro: PRESENTE PROSPECTIVO (*Llegan mañana; Me las pagas*); PRESENTE DE MANDATO (*Vos salís de aquí ahora mismo*).

EL PRETÉRITO PERFECTO COMPUESTO (HE CANTADO)

Este tiempo admite dos significados fundamentales:

a) En uno de ellos se usa para hacer referencia a situaciones pretéritas que tienen lugar en un intervalo que se inicia en el pasado y se prolonga hasta el momento del habla.

b) En la segunda de las interpretaciones, propia del español boliviano y de otras zonas, HE CANTADO adquiere el significado que corresponde a CANTÉ, como en *Ha muerto hace dos meses*, donde *ha muerto* debe entenderse en el sentido de *murió*.

EL PRETÉRITO PERFECTO SIMPLE (CANTÉ). LA OPOSICIÓN CANTÉ / HE CANTADO

CANTÉ localiza una situación en un punto de la línea temporal anterior al momento del habla: *Llegaron ayer; Cuando era joven, vivió en Barcelona durante diez años; El año pasado trabajé de camarero.*

La oposición CANTÉ / HE CANTADO es pertinente solo en los supuestos en los que HE CANTADO expresa el significado señalado en *a* en el apartado anterior. En estos casos, existe coincidencia casi general en que HE CANTADO hace referencia a hechos pretéritos que se incluyen en un lapso que se prolonga hasta el momento del habla, mientras que CANTÉ denota hechos pasados ocurridos en un período que no abarca el momento del habla: *He trabajado de camarero* (en algún momento a lo largo de un intervalo que comienza en el pasado e incluye el momento del habla: *este año...*); *Trabajé de camarero* (en algún momento a lo largo de un intervalo que se localiza completamente en el pasado: *cuando era joven...*).

Existen grandes áreas lingüísticas en las que todos o parte de los valores atribuidos a HE CANTADO se expresan habitualmente mediante CANTÉ: *Nunca lo vi* ~ *Nunca lo he visto*. Ocurre, por ejemplo, en gran parte de la Argentina, Chile, noroeste de España y Canarias. En México, buena parte de Centroamérica y algunos países caribeños, como Venezuela, CANTÉ se usa para referirse a acciones acabadas en el pasado, aunque sea reciente (*Hoy estuvo más tranquilo*), y HE CANTADO para expresar situaciones que continúan o siguen abiertas en el presente (*María no ha llegado*).

EL PRETÉRITO IMPERFECTO (CANTABA). LA OPOSICIÓN CANTÉ/CANTABA

CANTABA localiza la situación en un momento anterior al momento del habla y sin relación con él: *De niño, jugaba en la playa.* Se opone a CANTÉ en que expresa aspecto imperfectivo, por lo que presenta las situaciones en su curso sin aludir a su comienzo ni a su final: *Leí el periódico* (la acción de leer ha terminado en el momento al que nos referimos) ~ *Leía el periódico* (no se dice si la acción de leer ha terminado en ese momento). CANTABA puede indicar por sí solo reiteración o hábito: *Se acostaba temprano* (sin la presencia de otros modificadores), frente a *Se acostó temprano todos los días.*

Se denominan *usos modales* de CANTABA los que evocan un alejamiento o distanciamiento del plano actual. Se pueden explicar a partir de la noción tradicional de COPRETÉRITO. Incluyen interpretaciones como las siguientes: el IMPERFECTO ONÍRICO O DE FIGURACIÓN (*Soñé que aprobaba*); el IMPERFECTO LÚDICO (*Juguemos a los piratas: Yo era el capitán*); el IMPERFECTO DE CORTESÍA (*Quería pedirte un favor*) o el IMPERFECTO PROSPECTIVO, que expresa hechos posteriores a una situación pretérita (*Habíamos llegado a la estación, pero el tren no salía hasta las cinco*). El IMPERFECTO NARRATIVO no es, por excepción, un tiempo imperfectivo, puesto que caracteriza acciones pasadas y completadas: *Tuvo un grave accidente en la carretera y poco después moría en un hospital.*

EL FUTURO SIMPLE (CANTARÉ)

Localiza una situación en un punto temporal posterior al momento del habla: *El libro se presentará mañana.* Los enunciados que llevan este tiempo se pueden entender como órdenes (*Comprarás el más barato*), advertencias (*Te caerás*) o amenazas (*Me las pagarás*), entre otros valores posibles. El FUTURO DE CONJETURA introduce una suposición relativa al presente: *Ahora mismo serán las ocho.*

EL CONDICIONAL SIMPLE (CANTARÍA)

Localiza un estado de cosas en una situación no actual, sea esta pretérita o hipotética. En el primer caso, designa una situación posterior a otra del pasado: *Anunció* (situación pretérita) *que se jubilaría* (situación posterior) *al año siguiente.* En el segundo caso, la situación hipotética se puede expresar, entre otras maneras, mediante construcciones de significado condicional: *Yo, en tu lugar, iría.* Se consideran variantes el llamado CONDICIONAL DE ATENUACIÓN (*Convendría salir pronto*) y el denominado CONDICIONAL DE CORTESÍA (*Desearía pedirle un favor*). El CONDICIONAL DE CONJETURA introduce alguna suposición del hablante relativa a una situación pretérita (*Tendría entonces veinte años*).

TIEMPOS COMPUESTOS RELATIVOS

Tal como se explicó, se orientan desde un punto temporal a su vez orientado en relación con el acto de habla. Son los siguientes:

a) El pretérito pluscuamperfecto (HABÍA CANTADO). Designa una situación anterior al momento del habla, la cual, a su vez, es anterior a otra también pasada: *Vi que alguien había cerrado la puerta* (es decir, «cierre < visión < momento del habla», donde '<' expresa la relación de anterioridad).

b) El pretérito anterior (HUBE CANTADO). Denota una situación pasada anterior a otra igualmente pasada, y siempre delimitada. Aparece introducido por las expresiones *apenas, cuando, después (de) que, en cuanto, luego que, una vez (que)* y algunas más, siempre en alternancia con CANTÉ: *Apenas hubo cenado, se marchó* (es decir, «cena < marcha < momento del habla»). Hoy suele estar restringido a la lengua escrita.

c) El futuro compuesto (HABRÉ CANTADO) y el condicional compuesto (HABRÍA CANTADO) comparten la propiedad de denotar una acción futura anterior a otra también futura. Si la acción denotada es futura respecto del momento del habla, se usa el futuro compuesto: *Cuando llegue, habrán salido* (es decir, «salida < llegada; llegada > momento del habla», donde '>' expresa posterioridad); si lo es, en cambio, respecto de una acción pretérita, se emplea el condicional compuesto: *Dijo que, cuando llegara, habrían salido* (es decir, «salida < llegada; llegada > comunicación; comunicación < momento del habla»).

Tiempos verbales del modo subjuntivo

CARACTERÍSTICAS GENERALES

El español establece menos distinciones temporales en el modo subjuntivo que en el indicativo. Así, los nueve tiempos del indicativo (no se incluye el pretérito anterior porque no establece correspondencias) que son posibles en el contexto *Creo que...* se corresponden con solo cuatro tiempos del subjuntivo (tras *No creo que...*), puesto que los futuros hoy carecen prácticamente de uso, como se observa en el siguiente cuadro:

Indicativo		**Subjuntivo**	
	Creo que...		*No creo que...*
presente	*... Eva viene*	presente	*... Eva venga*
futuro simple	*... Eva vendrá*		
pretérito perfecto compuesto	*... Eva ha venido*	pretérito perfecto compuesto	*... Eva haya venido*
futuro compuesto	*... Eva habrá venido*		
pretérito perfecto simple	*... Eva vino*		
pretérito imperfecto	*... Eva venía*	pretérito imperfecto	*... Eva {viniera ~ viniese}*
condicional simple	*... Eva vendría*		
pretérito pluscuamperfecto	*... Eva había venido*	pretérito pluscuamperfecto	*... Eva {hubiera ~ hubiese} venido*
condicional compuesto	*... Eva habría venido*		

Todos los tiempos del subjuntivo pueden expresar acciones futuras en alguna de sus interpretaciones.

LOS TIEMPOS Y SUS SIGNIFICADOS

a) El presente (CANTE) abarca tanto el presente como el futuro. Los complementos temporales permiten determinar cuál es su valor en cada caso: *Le disgusta que su hijo esté de viaje {hoy ~ mañana}.*

b) El pretérito perfecto compuesto (HAYA CANTADO) posee una interpretación retrospectiva, propia de HE CANTADO, como en *Dudo que haya estado en México en su vida,* y otra prospectiva, equivalente a HABRÉ CANTADO: *Dudo que haya terminado el próximo lunes.*

c) El pretérito imperfecto (CANTARA O CANTASE) expresa los significados temporales de CANTÉ, CANTABA Y CANTARÍA, de modo que *No creí que {llegara ~ llegase}* es la oración negativa correspondiente a *Creí que {llegó ~ llegaba ~ llegaría}*. Es frecuente, sobre todo en la lengua periodística, el empleo de CANTARA por HABÍA CANTADO y por CANTÉ: *Ayer falleció el que {fuera ~ había sido}...; el discurso que {pronunciara ~ pronunció} ayer; Como {dijera ~ dijo} el general...* Este uso está casi restringido a las oraciones de relativo, de manera que *convenciera* no equivale a *había convencido* en *Me dijo que la convenciera.*

CANTARA, pero no CANTASE, alterna con CANTARÍA con los verbos modales *poder* y *deber*, y también con el auxiliar *querer: {Pudiera ~ Podría ~ *Pudiese} ser como dices; {Quisiera ~ Querría ~ *Quisiese} pedirle un favor.*

Se recomienda evitar el uso de CANTARÍA por CANTARA en otros contextos. Se consideran incorrectas las expresiones *Si llovería, no iría; Lo hizo para que sería más cómodo; Le avisaría cuando lo vería*, que corresponden a las variantes correctas *Si lloviera* (o *lloviese*), *no iría; Lo hizo para que fuera* (o *fuese*) *más cómodo; Le avisaría cuando lo viera* (o *viese*). *n*

d) El pretérito pluscuamperfecto (HUBIERA O HUBIESE CANTADO) corresponde a los tiempos del indicativo HABÍA CANTADO, HABRÍA CANTADO. Así, la oración *No creyó que Arturo {hubiera ~ hubiese} llegado* constituye la negación de *Creyó que Arturo había llegado*, cuya subordinada denota una situación pasada, y de *Creyó que Arturo habría llegado*, cuya subordinada expresa una situación irreal.

e) El futuro simple (CANTARE) y el futuro compuesto (HUBIERE CANTADO) han caído en desuso en la lengua oral de todas las áreas lingüísticas y han sido reemplazados por otras formas: el futuro simple por CANTARA (también por CANTE) y el futuro compuesto por HUBIERA O HUBIESE CANTADO. Se registran, en cambio, como rasgo arcaizante, en textos jurídicos y administrativos: *las prácticas que tuvieren por objeto...; para recuperar la fianza que se hubiere depositado*. Son restos del futuro simple las expresiones *Adonde fueres, haz lo que vieres; Sea lo que fuere.*

Modo y subordinación

INTRODUCCIÓN

El MODO VERBAL, como manifestación de la MODALIDAD (→ cap. 24), informa sobre la actitud del hablante ante lo que dice. En general, el modo pone de manifiesto que los estados de cosas se presentan como conocidos, imaginados, ciertos, deseados o negados, entre otras posibilidades. No obstante, la selección del modo por un predicado es solo una de las formas en las que esos contenidos pueden expresarse.

En las oraciones subordinadas de relativo, el indicativo puede hacer que un grupo nominal posea referencia específica (*un libro que me resulta útil*), mientras que el subjuntivo hace que sea inespecífica (*un libro que me resulte útil*).

En español, las oraciones no subordinadas se construyen generalmente en indicativo, por lo que este se considera el modo no seleccionado (o modo por defecto). Las subordinadas, en cambio, pueden construirse también en subjuntivo, ya se trate de subordinadas sustantivas (*Dudo que venga*), de relativo (*El que llegue pronto ganará*) o de otro tipo (*Aunque no lo creas, te aprecio*).

El modo puede ser dependiente e independiente. El MODO DEPENDIENTE aparece en presencia de algún elemento gramatical llamado INDUCTOR (*ojalá, quizás, en caso de que, con tal de que*); el MODO INDEPENDIENTE no requiere inductor alguno. Combinando la dependencia y la obligatoriedad se obtienen los cuatro grupos siguientes:

a) Subjuntivo dependiente y obligatorio. Aparece sin alternancia modal: *Quiero que {vengas ~ *vienes}; sin que lo {sepa ~ *sabe}; con tal de que {llegue ~ *llega}.*

b) Subjuntivo dependiente y no obligatorio. Aparece con alternancia modal: *un estudiante que {hable ~ habla} tres idiomas.*

c) Indicativo dependiente y obligatorio. No existe alternancia modal: *Sé que {está ~ *esté} preparada; y eso que {son ~ *sean} amigos.*

d) Subjuntivo independiente: *En gloria esté; Que te diviertas; Pudiera ser como dices; Quisiera llegar pronto.*

LOS INDUCTORES MODALES

Funcionan como inductores modales los verbos (*Ya veo que no {está ~ *esté} usted bien*); los adjetivos (*cansado de que todo le {*parece ~ parezca} mal*); los sustantivos (*la sospecha de que la {siguen ~*sigan}*); los adverbios (*antes de que {*aterriza ~ aterrice}; Me parece bien que {*practica ~ practique} más*); las preposiciones o locuciones prepositivas (*para que {*estás ~ estés} contenta; en vez de que nos {*llama ~ llame} usted; a fin de que se {*recupera ~ recupere} pronto*).

Además de los anteriores, pueden inducir el subjuntivo la negación (*Cree que viene* frente a *No cree que {*viene ~ venga}*), la interrogación (*¿Ves algo que te guste?*) y la exclamación (*¡Quién estuviera allí para verlo!*).

Las formas no personales del verbo

Las FORMAS NO PERSONALES DEL VERBO (también NO CONJUGADAS O VERBOIDES) son el INFINITIVO (*cantar*), el GERUNDIO (*cantando*) y el PARTICIPIO (*cantado*). Las tres carecen de la flexión de persona, de tiempo y de modo y, salvo el participio, también de número. Sus marcas formales son *-r* para el infinitivo, *-ndo* para el gerundio y *-do* (*-a*/*-os*/*-as*) para los participios regulares, precedidas por la vocal del tema correspondiente de cada conjugación. El infinitivo y el gerundio admiten formas compuestas (*haber cantado* y *habiendo cantado*); no así el participio. En cuanto al aspecto, el participio tiene valor perfectivo y el gerundio, durativo, mientras que el infinitivo es neutro en este sentido.

El infinitivo

En la tradición se ha considerado el infinitivo como una categoría híbrida, en cuanto que presenta a la vez propiedades nominales y verbales. En la actualidad se suele aceptar que los infinitivos son verbales o nominales, según la forma en que se construyan. Así, en *Rocío deseaba comprar una casa,* el infinitivo *comprar* se comporta como verbo porque lleva un complemento directo: *una casa.* En cambio, en *el lento caminar de la gente,* tiene carácter nominal, puesto que lleva modificadores y complementos nominales: *lento, de la gente.*

LOS INFINITIVOS NOMINALES

Pueden ser de dos tipos: infinitivos de naturaleza léxica y de naturaleza sintáctica.

Infinitivos nominales de naturaleza léxica. También llamados FALSOS INFINITIVOS, aparecen como nombres en los diccionarios y como tales se comportan. Reciben modificadores nominales (*el inmenso poder de la prensa*) y pueden formar plural (*estos amaneceres*). Pertenecen a este grupo, en su uso nominal, *amanecer, andar, anochecer, atardecer, cantar, haber, parecer, pesar, poder, querer,* entre otros.

Los infinitivos nominales de naturaleza sintáctica. No forman plurales, pero se construyen como grupos nominales. Así, en la secuencia *Aquel continuo ladrar de los perros resultaba molesto,* el carácter nominal de la construcción se manifiesta en el determinante *aquel,* en el complemento encabezado por *de* y en el modificador adjetivo *continuo.* Son muy frecuentes los de los verbos que expresan acción continua, movimiento, acaecimiento, aparición o desaparición (*aparecer, caminar, correr, ir, morir, nacer, pasar, venir, vivir*).

LOS INFINITIVOS VERBALES

Forman grupos verbales, por lo que se construyen con los complementos propios de un verbo (directos, indirectos, de régimen, circunstanciales); incluso pueden aparecer con sujeto explícito y admiten formas compuestas, pasiva y perífrasis: *al haber encendido* [tiempo compuesto] *él* [sujeto] *la luz* [CD].

Interpretación. Semánticamente, los infinitivos verbales se asemejan a los sustantivos deverbales formados con *-ción, -miento* y otros sufijos, ya que denotan acciones, propiedades o estados. En lo que respecta al tiempo, dado que el infinitivo no lo expresa por sí mismo, se interpreta en función de las palabras a las que se subordina. Así, la interpretación es prospectiva en *Tiene necesidad de viajar,* mientras que en *Lo vi llegar* es simultánea.

El sujeto del infinitivo

a) El sujeto del infinitivo suele ser tácito. En tal caso, concierta con algún argumento del verbo principal. Así, en *María lamentó haberlo llamado,* el sujeto del verbo *lamentó* comparte referente con el sujeto tácito del infinitivo, mientras que en *Le permitió acompañarlo,* el sujeto tácito de *acompañar* posee el mismo referente que el complemento indirecto del verbo conjugado.

b) El infinitivo puede llevar sujeto expreso, normalmente pospuesto. Este sujeto es característico de los infinitivos que aparecen en el complemento de ciertos adverbios (*Después de irse Isabel, sucedió todo*) o en el interior de grupos nominales (*En el momento de llegar nosotras, llovía*). También aparece en construcciones introducidas por otras partículas (*al salir el sol*) y en oraciones independientes (*¿Reírme yo?*).

Construcciones de infinitivo verbal. Además de participar en las perífrasis, los infinitivos verbales pueden hacerlo en las siguientes construcciones:

a) Grupos verbales dependientes que no constituyen oraciones subordinadas. Con verbos de percepción (*ver, oír*) y causación (*hacer, dejar*), el infinitivo forma un grupo verbal que funciona como complemento predicativo: *Vieron a Guadalupe llorar.*

b) Oraciones subordinadas sustantivas. Las construcciones de infinitivo pueden ser subordinadas sustantivas enunciativas (*Espero no* equivocarme) e interrogativas indirectas (*No les expliqué cómo llegar*). Como es esperable, desempeñan funciones sintácticas análogas a las propias de las sustantivas de verbo flexionado: sujeto (*Le encanta pasear*), complemento directo (*Desea recuperar el tiempo perdido*) o término de preposición (*Se olvidó de llamarnos*).

c) Oraciones subordinadas de relativo. El infinitivo también aparece en oraciones de relativo, con antecedente (*Buscaba a alguien con quien hablar*) o sin él (*No tiene donde ir*).

d) La pauta «*al* + infinitivo» expresa valor causal (*Al perder los documentos, no pudo realizar el trámite bancario*) o temporal (*Al vernos, se acercó*), y la combinación «*de* + infinitivo», valor condicional (*De haberlo sabido, habría ido*).

e) Oraciones independientes. Son frecuentes como respuestas a preguntas con el verbo *hacer* (—*¿Qué hacen?* —*Correr*). Se usan también en algunas construcciones exclamativas (*¡Esperar todo el día para esto!*), interrogativas (*Y ahora, ¿adónde ir?*) e imperativas (*A dormir*).

Se recomienda evitar el uso del infinitivo con los verbos *decir, señalar, indicar* y otros similares en los contextos en los que se introduce alguna información dirigida a alguien, como en *Señores, informarles (de) que...* o *Por último, decir que...*, en lugar de *Señores, les informo (de) que...* o *Por último, quisiera decir que...*

n

El gerundio

CARACTERÍSTICAS MORFOLÓGICAS

El gerundio se forma mediante la adjunción de la desinencia *-ndo* a la vocal temática del verbo: *-a-* en la primera conjugación; *-ie-* en la segunda y en la tercera. Puede ser simple (*cantando*) o compuesto (*habiendo cantado*), y carece de marcas de número, persona, tiempo y modo.

PROPIEDADES SINTÁCTICAS

El gerundio se construye habitualmente como verbo y, como tal, admite sujeto (expreso o tácito) y complementos (directo, indirecto, de régimen, circunstancial o atributo).

a) Con sujeto tácito, se suele interpretar que la acción, el estado o el proceso descrito por el gerundio se atribuye a alguna entidad ya mencionada (normalmente, la denotada por el sujeto de la oración principal): Mamá *siempre se dormía escuchando la radio.* También es posible que el sujeto tácito reciba una interpretación inespecífica: *Los problemas se resuelven abordándolos fríamente.*

b) Si el sujeto se halla expreso, aparece normalmente pospuesto: *Esto solo se soluciona hablando tú con él.*

USOS Y FUNCIONES

a) El gerundio puede formar perífrasis verbales: *Seguía mirándola.*

b) Forma complementos predicativos, frecuentemente con verbos de percepción: *Lo recuerdo mirándome; Las vi alejándose.*

c) Funciona como adjunto o circunstancial del verbo: *Redactó el trabajo poniendo todo el cuidado del mundo.*

> No se considera correcto el uso del gerundio como modificador restrictivo del nombre, que aparece frecuentemente en el lenguaje periodístico y administrativo: *Nueva ley reformando las tarifas aduaneras.* Se recomienda utilizar una oración de relativo o un grupo preposicional: *Nueva ley que reforma..., Nueva ley para reformar...* — *n*

d) También aparece como tópico, separado del resto por pausas, en posición inicial o intermedia: *Subiéndose a la grada, pudo ver el espectáculo.* En ocasiones, el gerundio hace referencia al propio acto verbal (*Resumiendo, ...; Cambiando de tema, ...*).

INTERPRETACIÓN

El gerundio es una categoría verbal imperfectiva. El contenido expresado por el gerundio simple se interpreta habitualmente como simultáneo a la acción o proceso del verbo principal: *Llegaremos caminando.* No obstante, también puede expresar anterioridad inmediata: *Después se mete en el horno, calentándolo previamente.* El gerundio compuesto indica anterioridad, sea inmediata o no: *Habiendo llegado al final de la vida, me dispongo a hacer testamento,* lo que no obsta para que sea también compatible con la interpretación causal.

> Se considera incorrecto el uso del gerundio para indicar una pura relación de posterioridad: *Estudió en Madrid, yendo* (en lugar de ... *y fue*) *después a Buenos Aires.* — *n*

A la relación temporal expresada por el gerundio se unen otros contenidos, como el de modo o manera (*Abrió la puerta introduciendo una tarjeta por la ranura*), y también los de causa (*Conociéndolo, no me extraña su reacción*), condición (*Solo terminarás el trabajo dedicándole toda la semana*) y concesión, este último con el adverbio *aun* (*Aun hablando, no se entendieron*). Expresa en ocasiones un valor ilativo o copulativo: *Se murió joven, dejándole a su esposa un futuro difícil.*

El participio

CARACTERÍSTICAS MORFOLÓGICAS

El participio se forma adjuntando el segmento *-do* al tema de perfecto de las tres conjugaciones: *amado, temido, partido.* A diferencia del gerundio y del infinitivo, posee flexión de género y número (*leído/leída/leídos/leídas*) en todos sus usos, con la excepción del participio de los tiempos compuestos. Algunos presentan formas irregulares (*abierto, dicho, escrito*), que alternan a veces con las regulares en ciertos contextos (*freído ~ frito*). Carece de formas compuestas (**habido destruido*) y rechaza los pronombres clíticos (**entregádole el premio*).

INTERPRETACIÓN

El participio posee aspecto perfectivo, por lo que la situación que designa se suele interpretar como un estadio alcanzado con anterioridad al punto indicado por el verbo principal: *La policía encontrará a los rehenes atados a un árbol.* Expresa simultaneidad cuando el participio se forma sobre un verbo no delimitado: *un edificio custodiado por la policía.*

USOS Y FUNCIONES

Los participios de los verbos transitivos e inacusativos (→ pág. 226) pueden aparecer en los siguientes contextos:

a) Intervienen en la formación de perífrasis: *Tengo escrita la carta.*

b) Se usan como modificadores nominales: *el candidato elegido por los militantes; Las disputas surgidas provocaron la ruptura.*

c) Funcionan como atributos, sea en oraciones copulativas (*Está muy crecido para su edad*), como complementos predicativos (*Se quedó paralizado*) o en cláusulas absolutas (*Terminado el trabajo, se fue*).

PARTICIPIO Y ADJETIVO

Semejanzas. Además de sus características flexivas, muchos participios comparten con los adjetivos las diversas construcciones propias de los elementos predicativos:

a) Modificadores del nombre: *un partido {ganado ~ emocionante}*.

b) Atributos en las oraciones copulativas: *Estaba {rota ~ nueva}*.

c) Complementos predicativos: *Acabó {destrozada ~ loca}*.

d) Construcciones absolutas: *una vez {concluido el debate ~ sola}*.

Diferencias

a) Los participios designan acciones o procesos y reciben complementos verbales, como el agente o el predicativo, mientras que los adjetivos señalan propiedades. Así, el lugar del participio *considerada* no puede ser ocupado por un adjetivo en *una persona considerada culpable por el juez*.

b) Los adverbios *mucho, poco, bastante, demasiado* y otros similares se posponen a los verbos, y normalmente también a los participios, pero se anteponen siempre a los adjetivos. Contrastan así *La puerta fue abierta demasiado* y *Su actitud fue demasiado abierta*.

c) Los participios solo admiten sufijación apreciativa en determinados contextos, mientras que los adjetivos admiten esta sufijación sin restricciones contextuales.

ADJETIVOS PERFECTIVOS O RESULTATIVOS

El participio está muy cercano a los ADJETIVOS PERFECTIVOS O RESULTATIVOS (*contento, enfermo, junto, maduro, tenso* y otros relacionados con raíces verbales).

Estos adjetivos expresan, como los participios, el resultado de un proceso, por lo que pueden formar construcciones absolutas (*Una vez lleno el vaso*...). Sin embargo, no se refieren al proceso mismo, por lo que rechazan los complementos agentes (*una mesa {*limpia ~ limpiada} por el mesero*), los complementos instrumentales, los adverbios de modo o manera (*un almacén cuidadosamente {*vacío ~ vaciado}*) y el adverbio *recién* (*recién {llenado ~ *lleno}*), a diferencia de los participios. Son raros los adjetivos que admiten construcciones absolutas sin pertenecer a este grupo: *Una vez sola, lo llamó por teléfono*.

Las perífrasis verbales

CARACTERIZACIÓN. CLASES DE PERÍFRASIS

Se denominan PERÍFRASIS VERBALES las combinaciones en las que un verbo auxiliar se une a un verbo auxiliado, construido en forma no personal, sin dar lugar a dos predicaciones distintas: *No puedo* [auxiliar] *entrar* [auxiliado]; *Nos iremos* [auxiliar] *conociendo* [auxiliado]; *Lo llevo* [auxiliar] *aprendido* [auxiliado].

El VERBO AUXILIAR aporta a la perífrasis la información ligada a la flexión verbal y, a veces, datos relacionados con el modo de acción. El VERBO AUXILIADO selecciona los argumentos y establece relación con los adjuntos. En *María suele quejarse de su hermana,* el auxiliar *suele* aporta los morfemas verbales, mientras que el verbo auxiliado *quejarse* selecciona el complemento de régimen (*de su hermana*).

Entre el verbo auxiliar y el auxiliado media a veces una preposición o la conjunción *que,* como en «*empezar a* + infinitivo» o «*tener que* + infinitivo».

La cohesión que se establece en las perífrasis entre las dos formas verbales permite que los pronombres átonos que complementan a la segunda se puedan anteponer a la primera, de modo que son posibles *Voy a decírselo* y *Se lo voy a decir.* Aun así, auxiliar y auxiliado mantienen cierta independencia, de manera que se pueden introducir palabras entre ellos: *No podía yo imaginármelo; Empezó inmediatamente a trabajar.*

Se distinguen tres tipos de perífrasis: DE INFINITIVO, DE GERUNDIO y DE PARTICIPIO.

PERÍFRASIS DE INFINITIVO

Perífrasis modales. Expresan obligación, posibilidad, necesidad u otras manifestaciones de la actitud del hablante:

a) Manifiestan obligación «*haber de* + infinitivo» (*Hemos de intentarlo una vez más*), «*haber que* + infinitivo» (*Hay que salir a las cinco y media*) y «*deber* + infinitivo» (*Juan debe callarse ya*).

b) «*Deber de* + infinitivo» indica conjetura: *Deben de ser hermanos.*

> Aunque una y otra se documentan en ambos usos, se recomienda el empleo de «*deber* + infinitivo» y «*deber de* + infinitivo» con los valores señalados. No obstante, el uso de «*deber* + infinitivo» con valor de conjetura está hoy sumamente extendido, incluso entre escritores de prestigio. *n*

c) «*Tener que* + infinitivo» expresa obligación (*Tienes que ayudar a tus hermanos*), necesidad (*Tienen que volver mañana*) o inferencia de lo que se tiene por cierto (*Tiene que haber sido un error*).

d) «*Poder* + infinitivo» manifiesta capacidad o permiso (*Ya puedo mover la mano; Puedes pasar*) y también conjetura (*Podía haber cien personas*).

Perífrasis tempoaspectuales

a) En algunas perífrasis de infinitivo predominan los rasgos temporales: «*ir a* + infinitivo» ('posterioridad': *Vas a caerte*); «*soler* + infinitivo» ('repetición': *Suelen madrugar*); «*acostumbrar (a)* + infinitivo» ('repetición': *Acostumbran a venir por la tarde*); «*volver a* + infinitivo» ('repetición': *Volvió a soñar*).

b) En otras se destaca una fase concreta de la situación designada por el núcleo verbal y sus complementos. Hacen referencia a la fase preparatoria o de inminencia las perífrasis «*estar por* + infinitivo» o «*estar a punto de* + infinitivo». Se consideran de fase inicial o incoativos los esquemas «*empezar a* + infinitivo», «*comenzar a* + infinitivo» y «*ponerse a* + infinitivo». Son perífrasis de interrupción «*dejar de* + infinitivo», «*cesar de* + infinitivo» y «*parar de* + infinitivo». Entre las perífrasis de fase final destacan «*acabar de* + infinitivo» y «*terminar de* + infinitivo».

c) En otras, finalmente, se alude a alguno de los estadios de un proceso, pero ordenándolos implícitamente en una jerarquía: «*empezar por* + infinitivo» (*empezar por leer el texto*, frente a *empezar a leer el texto*); «*acabar por* + infinitivo», «*terminar por* + infinitivo», «*venir a* + infinitivo» y «*llegar a* + infinitivo», entre otras.

PERÍFRASIS DE GERUNDIO

Son aspectuales y muestran una acción, un proceso o un estado de cosas presentados en su curso. Gran parte de los auxiliares de las perífrasis de gerundio (*andar, ir, seguir, venir...*) tienen usos independientes como verbos de movimiento, sentido que se altera en buena medida al gramaticalizarse como auxiliares. Las principales son:

a) «*Estar* + gerundio» presenta una situación en su desarrollo, es decir, comenzada pero no concluida. Tiene, por tanto, sentido progresivo: *Está escribiendo una novela.*

b) «*Ir* + gerundio» expresa la idea de que el proceso se realiza en etapas sucesivas que pueden acumularse hasta alcanzar un final: *Iba alejándose poco a poco.* Es, pues, progresiva y acumulativa.

c) «*Venir* + gerundio» describe un proceso que se desarrolla a partir de una situación retrospectiva: *Nos viene ocultando sus intenciones.*

d) «*Andar* + gerundio» presenta situaciones que se efectúan con interrupciones o de modo intermitente. Se trata, pues, de una perífrasis frecuentativa: *Anda preguntando por ti.*

Otras perífrasis de gerundio son las formadas con los auxiliares *llevar* (*Llevo viviendo aquí diez años*), *seguir* (*Siguió jugando después de la lesión*) y *continuar* (*Continúa siendo el candidato a pesar de todo*).

PERÍFRASIS DE PARTICIPIO

Las perífrasis de participio muestran concordancia de género y número con el sujeto o con el objeto directo. Los esquemas perifrásticos se restringen a los auxiliares *estar* (*Las cartas están escritas con tinta azul*), *tener* (*Tengo archivados los documentos*) y *llevar* (*Lleva publicadas cinco novelas*).

16

La preposición. La conjunción. La interjección

La preposición

DEFINICIÓN

Las PREPOSICIONES constituyen una clase cerrada de palabras, normalmente átonas y dotadas de valor relacional, que introducen un complemento que se denomina TÉRMINO con el que forman grupo sintáctico y al que pueden caracterizar sintáctica y semánticamente.

CARACTERÍSTICAS SINTÁCTICAS

a) La preposición y su término forman un GRUPO PREPOSICIONAL O PREPOSITIVO: *a México, con su ayuda, tras la casa.*

b) Pueden ser término de preposición los grupos nominales y pronominales (*desde la casa, con ella*), los adjetivales (*pasar por tonto*), los adverbiales (*hasta aquí mismo*) y los preposicionales (*de entre los arbustos*). También las oraciones subordinadas sustantivas en sus diferentes variedades (*la noticia de que habían llegado, la incertidumbre de si estará vivo o no*).

c) Los pronombres personales precedidos de preposición adoptan normalmente el caso oblicuo (→ pág. 104) *para mí* (no **para yo*), *sin ti, de sí* (pero *de él*), etc. No rigen caso oblicuo *entre* (*entre tú y yo*) y *según* (*según tú*).

CARACTERÍSTICAS SEMÁNTICAS

Desde una perspectiva semántica, las preposiciones se dividen en dos grupos:

a) Preposiciones con significado gramatical o funcional. No tienen significado léxico y constituyen marcas de función. Aunque de diversas formas, contribuyen a señalar la relación sintáctica que media entre un núcleo y su complemento (*Vio a los artistas, la ira de los dioses*).

b) Preposiciones con significado léxico. Algunas preposiciones expresan también significados léxicos, habitualmente contenidos locativos y temporales (*bajo, desde, sobre...*).

El significado de las preposiciones es relacional, pues ponen en contacto dos elementos: el elemento del que depende el grupo y el término de la preposición. En *Lo pintó con Inés,* la preposición *con* contribuye a indicar que el referente de su término (*Inés*) aporta la noción de 'compañía' al proceso que representa *pintó.*

Las preposiciones que tienen contenido léxico pueden restringir semánticamente su término. Así, *durante* introduce sustantivos que denotan sucesos o unidades temporales: *durante la {guerra ~ primavera ~ *casa}.* Igualmente, suelen establecer relaciones de oposición entre sí: *bajo/sobre* (*bajo la mesa / sobre la mesa*), *con/sin* (*con leche / sin leche*), *desde/hasta* (*desde Chile / hasta Perú*).

LAS PREPOSICIONES DEL ESPAÑOL

En la actualidad, forman la clase de las preposiciones del español *a, ante, bajo, cabe, con, contra, de, desde, durante, en, entre, hacia, hasta, mediante, para, por, según, sin, so, sobre, tras, versus* y *vía.*

Precisiones acerca del inventario. Algunos de los componentes de la lista anterior poseen características especiales:

Cabe y *so.* Ya no se usan en el español hablado, aunque *so* se integra en algunas locuciones (*so pena de*). *Cabe* equivale a *junto a,* y *so,* a *bajo.*

Durante y *mediante.* En su origen, eran participios de presente de los verbos *durar* y *mediar,* uso que se conserva en la expresión *Dios mediante.* En la actualidad, han perdido su tonicidad y la posibilidad de concordar (ya no se dice **durantes dos días*), y se han convertido en preposiciones: *durante dos días, mediante su ayuda.*

Hasta. Hay que diferenciar la preposición *hasta* del adverbio homónimo, que significa 'incluso'. Cuando el término es un pronombre personal, la preposición *hasta* rige caso oblicuo (*Vino hasta {mí ~ *yo}*), mientras que el adverbio se antepone a pronombres en caso recto (*Iré hasta yo* 'incluso yo', donde *yo* no es un sujeto preposicional). Como preposición, *hasta* indica habitualmente el límite de un proceso, un espacio o una situación (*Caminó hasta el muelle; Se quedó hasta el día siguiente*).

SEGÚN. Significa 'conforme a' (*según la ley*), 'en función de' o 'dependiendo de' (*según quien venga*). Es la única preposición tónica y, como se ha explicado, rechaza el caso oblicuo (*según {tú ~ *ti}*).

VERSUS. Es una preposición latina que ha entrado en el español a través del inglés (*el conflicto del campo versus la ciudad*). Según el contexto, equivale a *contra* o a *frente a*, que se consideran preferibles a *versus*.

VÍA. Procede de un sustantivo e introduce el lugar por el que se pasa (*Volaron a la Argentina vía París*). También indica medio: *Se transmitirá vía satélite*.

Admiten usos preposicionales o cuasipreposicionales los adverbios relativos DONDE y CUANDO si preceden a ciertos grupos nominales: *donde su madre, cuando la guerra*.

Principales usos y valores de las demás preposiciones. Dado que son muy numerosos, se presentará una síntesis de los más frecuentes:

A. Introduce el complemento indirecto (*Se lo dije a Manuel*) y en ocasiones el directo (*He visto a tu hijo*). Puede introducir, entre otros, complementos de destino y término (*Iremos a Managua; Llegaremos a fin de mes*), de dirección u orientación (*La fachada daba a poniente*), de ubicación temporal (*Llegó a las cuatro*), de finalidad (*Viene a que la escuches*) y de modo o manera (*callos a la madrileña*).

ANTE. Indica localización con significados cercanos a *delante de* (*Se situó ante la puerta*) y *en presencia de* (*Se arrodilló ante ella*). También puede equivaler a *en vista de* (*ante la gravedad de los hechos*).

BAJO. Su término expresa 'lugar inferior', bien en sentido físico (*bajo el puente*), bien figurado (*bajo control, bajo su tutela, bajo pretexto*).

CON. Introduce complementos de compañía (*Está con su novio*), de instrumento (*Abrió con la llave*), de medio (*Se lava con agua; Lo transporta con un carro*), de modo o manera (*Comía con gula*), de adición (*café con leche*) y de simultaneidad o coocurrencia (*Viajé con mucha lluvia*).

CONTRA. Expresa fundamentalmente oposición o enfrentamiento (*delitos contra la salud*). También puede indicar ubicación (*Se apoyó contra la pared*) y destino o término (*Se estrelló contra un árbol*).

DE. Es, junto con *a*, la preposición más usada. Introduce complementos que indican origen, sobre todo espacial (*Procede de Colombia*). Expresa buena parte de la información que en latín señalaba el genitivo, con valores como el agente (*la decisión del director*), el paciente (*la lectura de una novela*), el poseedor (*la casa de mi padre*), el todo del que procede una parte (*la pata de la mesa*), lo caracterizado por una propiedad (*el azul del cielo*), el contenido (*un vaso de agua*), la materia (*campanas de bronce*), el destino o propósito de algo (*traje de ceremonia*), etc.

> No son correctos algunos usos en los que *de* ocupa el lugar que corresponde a otras preposiciones, como en *ser adicto de algo* (por ... *a algo*), *hacer algo de urgencia* (por ... *con urgencia*) o *perder de quince puntos* (en lugar de ... *por quince puntos*).
>
> *n*

DESDE. Expresa origen o punto de partida, sea de una trayectoria (*La ruta va desde Rosario hasta Mendoza*) o de una situación (*Está así desde el verano*).

EN. Manifiesta ubicación, bien espacial (*en el cajón, en Venezuela*), bien temporal (*en verano, en 1983*). Indica, asimismo, el término de un movimiento o un proceso (*Entró en el salón; Se convirtió en un monstruo*); lapsos de tiempo, en equivalencia con *a lo largo de* (*lo logrado en un año*), y el tiempo que se tarda en alcanzar algo (*En doce horas lo termino*).

ENTRE. Expresa la localización de algo en medio de dos o más cosas (*entre mayo y junio*), pero también en el interior de algún conjunto (*entre la gente*) o de lo denotado por ciertas materias (*entre el ruido, entre el humo*). Introduce predicativos que expresan cooperación múltiple (*Los hermanos lo pagaron entre todos* = 'así'). Se combina a distancia con la conjunción *y* para expresar suma (*Entre autos y motos había cien*).

HACIA. Indica dirección u orientación (*Iban hacia Valparaíso; Se orientaba hacia el mar*). Manifiesta, asimismo, ubicación aproximada en el espacio (*Ese lugar cae hacia Santiago*) o en el tiempo (*Llegaremos hacia las tres*).

PARA. Expresa destino en sentido espacial (*Voy para allá*) y temporal (*Estará hecho para mañana*). Indica, asimismo, finalidad (*Se encogió para protegerse*), utilidad (*un remedio para la artrosis*), orientación (*Estudia para maestro*) y destinatario (*Lo compré para mi hermana*).

POR. Introduce el complemento agente (*Fue rescatado por los bomberos*) y también los complementos de causa (*Cerrado por vacaciones*). En sentido espacial, indica trayecto o vía (*Circulaba por la carretera*) y ubicación aproximada (*Viven por la zona del puerto*), que puede ser temporal (*Vuelve a casa por Navidad*). Expresa, además, aquello a favor de lo que se actúa (*Lucha por sus ideas*), el medio por el que se remite o transmite algo (*Lo envié por fax*), la cantidad por la que se vende o se compra (*Lo adquirió por doscientos pesos*) y lo que se busca o se persigue (*Fue por agua a la fuente*), entre otros valores.

Es característica de España la combinación *a por* (*Fue a por agua*), que se percibe como anómala en América. *n*

Sin. Posee sentido negativo y expresa privación (*Lo hizo sin ayuda*). Ello le otorga valores opuestos a los de *con* (*una habitación {con ~ sin} ventana, un paseo {con ~ sin} compañía*).

Sobre. Indica 'lugar superior' en sentido físico (*Está sobre la mesa*) o figurado (*Creía estar sobre el bien y el mal*). Puede expresar también el asunto sobre el que versa algo (*un libro sobre la lucha de clases*), así como el carácter aproximado de un cómputo (*Andaba sobre los cuarenta años*).

Se considera incorrecto el empleo de la preposición *sobre* en lugar de *hacia, a* o *contra* (*tirar sobre puerta, falta sobre un contrario*), propio del lenguaje deportivo. Tampoco se recomienda usarla en lugar de *de* para expresar un número del que se toma una parte. Se prefiere, pues, *Votaron a favor cinco <u>de</u> veinte participantes* a ... *cinco <u>sobre</u> veinte...* *n*

Tras. Alterna con *detrás de* y expresa que algo se sitúa a continuación de otra cosa (*El ocho viene tras el siete; La casa estaba tras un montículo*). Con términos temporales, equivale a *después de* (*Firmaron tras varios días de debates*).

LAS LOCUCIONES PREPOSICIONALES O PREPOSITIVAS

Son agrupaciones de palabras que adquieren el significado y el funcionamiento gramatical de las preposiciones. Como todas las clases de locuciones, forman una serie de muchos miembros y se aproximan, por ello, a un paradigma ABIERTO.

La pauta más productiva en la formación de estas locuciones es «preposición + sustantivo + preposición». Las preposiciones que suelen aparecer con más frecuencia en posición inicial son las siguientes:

A: *a base de, a cargo de, a costa de, a falta de;*
CON: *con arreglo a, con respecto a, con excepción de;*
DE: *de cara a, de conformidad con, de parte de;*
EN: *en aras de, en atención a, en bien de, en lugar de;*
POR: *por causa de, por conducto de, por culpa de.*

Se considera incorrecta la locución *en base a*. Se recomienda sustituirla por expresiones como *basándonos en, con base en, sobre la base de, con apoyo en...* *n*

La conjunción

DEFINICIÓN

Las CONJUNCIONES constituyen una clase de palabras invariables y generalmente átonas, cuya función es establecer relaciones entre palabras, grupos sintácticos u oraciones.

CLASES DE CONJUNCIONES

Las conjunciones se dividen en dos grandes grupos, según el tipo de conexión que se establece entre los segmentos que relacionan:

a) CONJUNCIONES COORDINANTES. Vinculan elementos sin establecer relaciones jerárquicas entre ellos: *María y tú, antes o después.* Pueden ser COPULATIVAS, DISYUNTIVAS O ADVERSATIVAS.

b) CONJUNCIONES SUBORDINANTES. Vinculan elementos estableciendo entre ellos relaciones de dependencia: *Saben que perderán.*

LAS CONJUNCIONES COPULATIVAS

Los grupos coordinados con estas conjunciones se interpretan como conjuntos cuyos elementos se suman.

La conjunción *y*. Es la conjunción copulativa más característica. Cuando precede a palabras que empiezan por *i-* o *hi-*, toma la forma *e* (*Fernando e Isabel; madre e hija*). Cuando el segundo término comienza por diptongo, adopta la forma *y* (*matas y hierbas*). Ante palabras que pueden articularse con hiato o con diptongo, como *ion* o *hiato*, ambas formas son posibles: *moléculas e iones* o *moléculas y iones*; *diptongo e hiato* o *diptongo y hiato*.

La conjunción *ni*. Suma dos o más elementos negados. Exige siempre alguna negación previa: *Nunca escribe ni llama.* Puede aparecer ante cada uno de los miembros o bien solo ante el segundo: *Jamás hablaba (ni) de su familia ni de su trabajo.*

Conjunciones discontinuas o correlativas. Constan de varios componentes, cada uno de los cuales se sitúa ante uno de los miembros coordinados: *tanto... como...* (*Tanto su familia como sus amigos la apoyaron*), *tanto... cuanto...* (*Son importantes tanto la prudencia cuanto la justicia*), *igual... que...* (*Pueden participar igual niños que niñas*), *lo mismo... que* (*Aquí residen lo mismo cazadores que turistas*), *ni... ni...* (*No llegaron ni el novio ni la novia*), *no solo..., sino también* (*No solo lo presenció el público, sino también los televidentes*).

LAS CONJUNCIONES DISYUNTIVAS

La más característica es *o*, que puede aparecer como enlace simple (*carne o pescado*) o discontinuo (*o carne o pescado*). Cuando la palabra siguiente comienza por *o-* u *ho-*, adopta la forma *u* (*siete u ocho, mujeres u hombres*), incluso cuando aparece ante el primer elemento de una coordinación discontinua (*u hombres o mujeres*).

Valores. La conjunción *o* adquiere en el uso diferentes valores:

a) Valor EXCLUSIVO. Se opta necesariamente por una de las posibilidades que se presentan. Este valor es el propio del uso discontinuo (*Llámame o a las cuatro o a las cinco*). En el uso simple, junto a la interpretación exclusiva es posible también la INCLUSIVA, en la que la elección indicada no se impone: *En su mesa nunca faltaban las sopas especiadas o los suculentos asados.*

b) La interpretación exclusiva puede desembocar en la interpretación ABIERTA, en la que las opciones señaladas se presentan como ejemplo de otras posibles e intermedias. Así, en *Tenía veinticinco o treinta años,* se da a entender que cualquier edad entre estas dos es posible.

c) Equivalencia DENOMINATIVA. Une dos expresiones con idéntico valor denominativo: *Cervantes o el manco de Lepanto; Los médicos estudian la dispepsia o digestión lenta.*

Las conjunciones disyuntivas discontinuas. Se denominan también DISTRIBUTIVAS. Indican alternancia y se usan, sobre todo, en contextos formales. Las más conocidas son *bien... bien..., ya... ya..., ora... ora..., sea... sea..., fuera... fuera...: Vendrá, sea hoy, sea mañana.*

Acercamiento entre las copulativas y las disyuntivas. La conjunción copulativa *y* y la disyuntiva *o* son aparentemente antagónicas, pero el hecho de que la segunda pueda tener valor inclusivo llega a producir un acercamiento entre sus respectivos valores: *Se puede entrar por esta puerta {y ~ o} por aquella.* Suelen usarse indistintamente en enumeraciones equivalentes a una ejemplificación que no agota todas las posibilidades: *Borges, Cortázar {y ~ o} Sábato son grandes escritores argentinos.*

LAS CONJUNCIONES ADVERSATIVAS

La conjunción *pero*. Mediante ella se contraponen dos ideas, una de las cuales —y a veces las dos— no se formula de manera expresa, sino que se infiere de lo que se dice. De este modo, si acerca de la eventual contratación de un jugador de fútbol se dice *Es muy bueno, pero tiene muchas lesiones,* se deducen dos ideas contrarias: de *Es muy bueno* se infiere

'Deberíamos contratarlo', y de *tiene muchas lesiones,* 'No deberíamos contratarlo'. Puede introducir oraciones (*Es tarde, pero llegaremos a tiempo*) y grupos sintácticos diversos (*Es listo, pero algo vago*).

La conjunción *mas,* equivalente a *pero,* es propia de la lengua escrita en estilo formal y arcaizante: *Acudí pronto, mas no te hallé.*

La conjunción *sino.* Da lugar a construcciones adversativas de otra naturaleza. El primer segmento es negativo y refuta una opinión expresa o implícita. El segundo segmento introduce una corrección o matización. Así, en el ejemplo *Iván no es inteligente, sino listo,* la primera parte rechaza la opinión de quien sostiene o podría sostener que Iván es inteligente. El segundo segmento, al tiempo que corrige, matiza la cualidad de Iván.

La corrección puede efectuarse sobre distintos grupos: nominales (*No fue Pedro, sino su hermano*), adjetivos (*No es azul, sino gris*) o adverbiales (*No sucedió ayer, sino anteayer*). Cuando se corrigen oraciones de verbo en forma personal, *sino* se antepone en el español actual a la conjunción *que* (*No lo hago por capricho, sino que es una necesidad para mí*).

LAS CONJUNCIONES SUBORDINANTES

Enlazan únicamente dos elementos, de forma que hacen depender aquel al que preceden de otro, generalmente oracional. El verbo de la oración que introducen presenta forma personal: *Te llamé porque quería hablarte; Pasearemos aunque {llueva ~ *llover}.*

Clasificación. Las conjunciones subordinantes se clasifican en función de su significado y del tipo de oraciones subordinadas que introducen. Estas son las más representativas de cada clase:

a) Completivas: *que* (*Creo que es la hora*); *si* (*Nadie sabe si vendrá*).

b) Condicionales: *si* (*Si tienes tiempo, ven*); *como* (con subjuntivo: *Como no asistas a clase, no lo aprenderás*).

c) Causales: *porque* (*Lo creo porque tú lo dices*); *como* (con indicativo: *Como era nuevo, no entendía nada*).

d) Concesivas: *aunque* (*Aunque vive lejos, viene caminando*); *si bien* (*Si bien no es la mejor solución, la aceptaremos*).

e) Temporales: *luego que* (*Luego que lo examinó, regresó a casa*).

f) Consecutivas: *que* (*Hacía tanto frío que no se podía salir de casa*).

g) Ilativas: *luego* (*Pienso, luego existo*); *conque* (*Es tarde, conque apúrate*).

h) COMPARATIVAS: *que* (*Ahora hay más gente que antes*); *como* (*Hemos tenido tantos aciertos como errores*).

Locuciones conjuntivas. La mayor parte de las conjunciones subordinantes son en realidad locuciones conjuntivas y constan, por tanto, de más de una palabra. Se estudian a continuación los tipos más frecuentes:

a) «PREPOSICIÓN + *QUE*». Se trata de combinaciones como *porque* o *para que*: *Lo hizo porque no quería trabajar; Le hablaba para que estuviera tranquila.*

b) «ADVERBIO + *QUE*». Se forman con esta pauta *aunque, ahora que, bien que, mientras que...*

c) «PARTICIPIO + *QUE*». Se ajustan a este esquema las locuciones conjuntivas causales *dado que, puesto que, visto que.*

d) «PREPOSICIÓN + SUSTANTIVO O GRUPO NOMINAL + *QUE*». Entre otras, *a medida que, de forma que, de manera que.* No suelen introducir oraciones subordinadas de infinitivo: *a medida que {llegan ~ *llegar}.*

e) «PREPOSICIÓN + SUSTANTIVO + *DE* + *QUE*». Se incluyen en este grupo *a causa de que, a fin de que, en razón de que, en vista de que.*

Los conectores discursivos

Se trata de unidades lingüísticas que vinculan semánticamente grupos sintácticos, oraciones o partes de un texto: *Estudió Medicina y, además, Filosofía.* Constituyen un grupo heterogéneo en el que se encuadran adverbios, grupos preposicionales y conjuntivos, además de otros tipos de construcciones. En la gramática tradicional se suelen considerar conjunciones, pues a ellas se asemejan en función y significado; pero no lo son. Así, aunque el adverbio *consecuentemente* establezca un vínculo discursivo, no pertenece al grupo de las conjunciones. Entre los conectores adverbiales y las conjunciones se establecen principalmente las diferencias siguientes:

a) Los conectores son normalmente tónicos (*además, asimismo*) y, a veces, presentan una forma compleja (*no obstante, ahora bien*).

b) Aparecen entre pausas (*... y, sin embargo, te quiere*) y algunos admiten complementos (*Además de médico, es abogado*).

c) Suelen poseer movilidad dentro de la secuencia a la que enlazan: *Es poderoso, pero (con todo) no es (con todo) soberbio (con todo).*

d) Pueden coexistir con conjunciones de significado compatible, pero no se anteponen a ellas: *Tienes fiebre y, en consecuencia, debes acostarte.*

e) A pesar de su tonicidad, no son autónomos. No desempeñan ninguna función sintáctica ni se convierten en enunciados independientes.

Los conectores del discurso se agrupan por su contenido en clases que guardan relación con los tipos de conjunciones:

a) ADITIVOS. Aportan el significado de suma y son compatibles con la conjunción copulativa *y*. Son conectores aditivos *además, asimismo, encima, es más.*

b) CONTRAARGUMENTATIVOS O ADVERSATIVOS. Se ubican en el segundo término de una construcción binaria y expresan, como las conjunciones adversativas, oposición o contraposición de ideas. Unos aportan un significado equiparable al de *sino* (*en cambio, al contrario, todo lo contrario, por el contrario, antes bien*) y otros al de *pero* (*sin embargo, no obstante, con todo, así y todo, ahora bien, eso sí*): *Ese canal de televisión carece de programas interesantes; sin embargo, tiene una gran audiencia.*

c) ILATIVOS. En una construcción bimembre, favorecen la interpretación del segundo término como consecuencia del primero. Son conectores consecutivos *por (lo) tanto, así pues, entonces, en consecuencia, consecuentemente, consiguientemente, por consiguiente.*

La interjección

CARACTERIZACIÓN

La INTERJECCIÓN es una clase de palabras capaz de formar por sí misma enunciados, generalmente exclamativos. Se emplea para comunicar sentimientos e impresiones, poner de manifiesto diversas reacciones afectivas o inducir a la acción. No se utiliza para describir contenidos, sino para llevar a cabo acciones tales como saludar (*¡Buenos días!*), animar (*¡Adelante!*), brindar (*¡Salud!*), manifestar sorpresa (*¡Ahí va!*) o contrariedad (*¡Lástima!*), entre otras muchas posibilidades. Así, el que dice *¡Chitón!* no describe la orden de mandar callar, sino que la da. Se destacan además dos rasgos de esta clase de palabras:

a) Las interjecciones suelen pronunciarse con una línea tonal y una intensidad particulares, pronunciación que se refleja en la escritura.

Algunas alternan la entonación exclamativa (*¡Eh, tú!*) y la interrogativa (*¿Eh?*). Muchas son monosilábicas y presentan particularidades fonéticas que raramente aceptan otras voces, como la /f/ en posición final: *puaf, uf*.

b) Desde el punto de vista sintáctico, las interjecciones no modifican ni determinan a las demás clases de palabras, sino que forman enunciados por sí solas (*¡Adiós!; ¡Caramba!; ¡Vaya!*), o bien concatenadas (*¡Bueno, bueno!; ¡Eh, cuidado!*).

CLASIFICACIÓN GRAMATICAL

Desde el punto de vista gramatical, se distinguen dos grupos de interjecciones:

a) Interjecciones propias. Se emplean únicamente como interjecciones (*epa, oh, olé*), exceptuando los usos nominalizados (*los olés*).

b) Interjecciones impropias. Son formas creadas a partir de sustantivos (*cielos, hombre, Virgen Santa*), verbos (*arrea, venga*), adverbios (*adelante, fuera*) y adjetivos (*bravo, bueno, claro*).

No se consideran interjecciones los sustantivos y los grupos nominales que se utilizan para solicitar algo (*¡Café, por favor!*) ni tampoco los adjetivos que expresan valoración (*¡Chévere!*) o que poseen usos apelativos (*Tranquilo, señor*).

CLASIFICACIÓN SEMÁNTICA

Se diferencian los siguientes tipos:

a) Interjecciones apelativas o directivas. Están orientadas hacia el oyente, es decir, se dirigen a un destinatario con la intención de moverlo a la acción o provocar alguna reacción emocional en él, pero también tienen alguna función social, como saludar, despedirse, brindar, etc.: *hola, adiós, chao, gracias, de nada, ojo, cuidado, órale, ánimo*. Algunas interjecciones apelativas se dirigen a los animales: *arre, pitas, so, zape*.

b) Interjecciones expresivas o sintomáticas. Se orientan hacia el hablante, en el sentido de que manifiestan sus sensaciones, sentimientos y otros estados de ánimo: *ajá, ay, caramba, lástima, maldición*.

LOCUCIONES INTERJECTIVAS

Se llaman locuciones interjectivas las expresiones acuñadas que realizan la misma función que las interjecciones, pero que están formadas por dos o más palabras: *ahí va, cómo no, en fin, hasta luego*, etc.

No se deben confundir las locuciones interjectivas con los grupos sintácticos interjectivos, constituidos por una interjección y su complemento (*ay de mí, cuidado con el perro*...).

LOS GRUPOS INTERJECTIVOS

A veces, las interjecciones se integran en segmentos mayores. Pueden ir seguidas de los elementos siguientes:

a) De un grupo nominal (*¡Vaya, qué sorpresa!*), que puede ser un vocativo, como en *Eh, tú, sal de ahí.*

b) De un grupo preposicional: *¡Adiós a las vacaciones!; ¡Lástima de comida desperdiciada!; ¡Caray con la mosquita muerta!*

c) De una oración: *¡Ojalá (que) gane el partido!; ¡Así se muera!; ¡Mira que eres bobo!*

III

Sintaxis

IIIa Estructuras sintácticas simples

17. El grupo nominal
18. Los grupos adjetival, preposicional y adverbial
19. El sujeto
20. Complemento directo. Complemento indirecto. Complemento de régimen
21. Adjuntos. Complementos circunstanciales
22. El atributo
23. Oraciones activas, pasivas, impersonales y medias
24. La modalidad. La negación

IIIb Estructuras sintácticas complejas

25. Oraciones subordinadas sustantivas
26. Oraciones subordinadas de relativo
27. Construcciones comparativas, superlativas y consecutivas
28. Construcciones causales, finales e ilativas
29. Construcciones condicionales y concesivas

17

El grupo nominal

El grupo nominal

DEFINICIÓN

El GRUPO NOMINAL (también SINTAGMA NOMINAL O FRASE NOMINAL) es un grupo sintáctico cuyo núcleo es un sustantivo. Este admite modificadores y complementos que matizan, restringen o amplían su significado. El grupo, en su conjunto, recibe las propiedades fundamentales de su núcleo, por lo que desempeña funciones sintácticas características del nombre, como las de sujeto o complemento directo, entre otras.

COMPONENTES DEL GRUPO NOMINAL

El grupo nominal está constituido a veces únicamente por un sustantivo (*Me gusta mayo; Entra aire; Llamó Marta*), pero también puede presentar una estructura compleja (*el fresco aire otoñal que entraba por la ventana, esos cuatro bellos cuadros de Klee*). Los elementos que pueden añadirse al núcleo son los siguientes:

a) Determinantes: *el profesor, esta autora, mis libros, algunas fechas.*

b) Grupos adjetivales y participios: *aire muy frío, los boletos reservados.*

c) Grupos nominales: *el doctor García; Raúl, el mejor jefe.*

d) Grupos preposicionales construidos con grupos nominales o con oraciones sustantivas como término de la preposición: *lazos de colores, ladrones sin escrúpulos, viaje al círculo polar ártico, la idea de que te vayas otra vez.*

e) Oraciones subordinadas de relativo: *objetos que faltan; el gato, que seguía allí.*

ESTRUCTURA DEL GRUPO NOMINAL

Los grupos nominales, como el resto de los grupos sintácticos, tienen estructura interna. Los distintos modificadores inciden sobre el núcleo de forma jerarquizada, es decir, subordinados unos a otros. Así, la secuencia *tres hermosos libros de poemas* se estructura de la siguiente manera:

a) El núcleo del grupo es *libros*, al que se une *de poemas* para formar un primer grupo nominal: *libros de poemas*.

b) El adjetivo *hermosos* no modifica únicamente a *libros*, sino a *libros de poemas*. Así pues, *hermosos libros de poemas* es un grupo nominal que contiene otro en su interior.

c) El numeral *tres* modifica al grupo nominal *hermosos libros de poemas*, no solo a *libros*.

En los siguientes apartados se explican los modificadores del núcleo nominal, prestando mayor atención a aquellos cuya relación con el sustantivo no ha sido descrita en otros capítulos.

Los determinantes

Los DETERMINANTES son una clase de palabras que se anteponen al nombre y sus complementos para reducir la extensión significativa del segmento al que afectan y formar expresiones referenciales. Son determinantes los artículos, así como algunos demostrativos, posesivos, cuantificadores, relativos, interrogativos y exclamativos: *la novela, este dolor, mi perro, ciertos rumores, siete días, cuya paciencia, ¿Cuánto dinero cuesta?, ¡Qué angustia!* Constituyen los componentes más externos del grupo nominal (→ caps. 8-13).

Complementos argumentales y adjuntos del nombre

Según el tipo de relación semántica que se establece entre el núcleo y sus complementos, se distinguen dos tipos de modificadores nominales: los COMPLEMENTOS ARGUMENTALES y los ADJUNTOS.

Los complementos argumentales están seleccionados por el significado de ciertos nombres. Así, el sustantivo *lectura* reclama una expresión que precise su significado (*lectura de algo*). Por tanto, en *la lectura de un libro* el complemento *de un libro* es de carácter argumental. Aun siéndolo, estos complementos pueden omitirse ocasionalmente si el contexto lo permite, como en *Interrumpió la lectura (del libro)*.

La presencia de los adjuntos no está determinada semánticamente por el núcleo nominal, por lo que mantienen con él una relación menos estrecha. Así, en *la lectura de un libro por la mañana* puede comprobarse que el segmento subrayado aporta información temporal de naturaleza circunstancial. Los adjuntos pueden pertenecer a distintas categorías gramaticales: grupos adjetivales (*decisión acertada*), grupos preposicionales (*pastel de chocolate*), grupos nominales (*su aparición el martes pasado*) o adverbiales (*la llegada ayer mismo de los participantes en la regata*), oraciones de relativo (*el resultado que esperamos*).

Tipos de adjuntos del nombre

Los adjuntos pueden ser clasificados atendiendo a varios criterios:

a) Por la categoría a la que pertenecen: adjetivos, sustantivos...

b) Por su valor clasificativo o calificativo.

c) Por la circunstancia que aportan: lugar, tiempo, cantidad, posesión...

d) Por su carácter especificativo o explicativo.

Estas clasificaciones no son excluyentes entre sí, sino que pueden cruzarse. Los adjetivos calificativos, por ejemplo, podrán aparecer como especificativos (*Los perros nerviosos ladraban*) o como explicativos (*Los perros, nerviosos, ladraban*). Asimismo, encontramos aposiciones especificativas y aposiciones explicativas (*Su abuelo ministro nació aquí / Su abuelo, el ministro, nació aquí*).

COMPLEMENTOS DE INTERPRETACIÓN CLASIFICATIVA Y DE INTERPRETACIÓN CALIFICATIVA O EVALUATIVA

Los primeros añaden al significado del núcleo una propiedad clasificatoria. Suelen ser adjetivos relacionales (→ pág. 74) o grupos preposicionales cuyo término es un grupo nominal sin determinante: *una pasta {dentífrica ~ de dientes}*. Forman con el sustantivo una unidad solidaria que normalmente admite la paráfrasis 'un tipo de' (*un submarino nuclear* es 'un tipo de submarino') y que puede llegar a constituir una locución nominal. Expresan, entre otros, los siguientes significados: finalidad o uso (*coches de alquiler, cuchillo de cocina*), precio o valor (*zapatos de cien dólares*), funcionamiento (*barco de vela, estufa de gas*), materia o contenido (*pastel de queso*).

Los del segundo grupo aportan una cualidad evaluable y son, principalmente, adjetivos calificativos (*árboles robustos, crudo invierno*) y grupos preposicionales cuyo término es un grupo nominal, a menudo sin determinante: *argumentos de peso, objetos de gran valor.*

COMPLEMENTOS ESPECIFICATIVOS Y EXPLICATIVOS

Complementos especificativos. Delimitan un subconjunto en lo denotado por el grupo nominal. Así, en *los libros rojos*, la presencia del adjetivo *rojos* establece un subconjunto de libros: aquellos que son rojos. Expresan esta restricción los adjetivos, los grupos preposicionales y las oraciones de relativo llamadas *especificativas* o *restrictivas* (→ págs. 247-248): *los televisores modernos, los edificios de la plaza, los médicos que trabajan en este centro*. Los grupos nominales con complementos especificativos pueden estar determinados (*el libro azul, las flores del jardín*) o no estarlo (*Aquí hay libros de colores*).

Desde el punto de vista del significado, los complementos especificativos expresan varias nociones: pertenencia o posesión (*la casa de Ana*), cualidad (*la casa nueva*), oficio (*el chico de los recados*), lugar (*la gente de aquí*), tiempo (*la excursión que hicimos ayer*), cantidad (*el viaje de dos días*), finalidad o uso (*gafas {de ~ para} bucear*), entre otros. Suelen permitir la sustitución por posesivos o por demostrativos:

La casa *de Eva* > *Su* casa	La casa *de la esquina* > *Esa* casa
Las botas *de Luis* > *Sus* botas	Las botas *de la tienda* > *Esas* botas

Complementos explicativos. Son incisos que proporcionan informaciones adicionales, a menudo aclaraciones o justificaciones. A diferencia de los modificadores especificativos, no introducen restricción en el significado del núcleo. Así, en *Los niños, cansados, se retiraron*, la expresión *los niños* se refiere a la totalidad de los niños de los que se está hablando. Sin embargo, en *Los niños cansados se retiraron*, el verbo *se retiraron* se predica solo de un subconjunto de tales niños, los que estaban cansados. Pueden funcionar como modificadores explicativos los adjetivos calificativos y los participios o sus grupos sintácticos (*Los montañeros, muy contentos, aplaudieron a su jefe*), los grupos preposicionales (*Laura, con gesto preocupado, nos lo comunicó*), y las oraciones de relativo denominadas *explicativas* (→ págs. 247-248): *María, que es muy intuitiva, lo adivinará.*

LA APOSICIÓN

La APOSICIÓN O CONSTRUCCIÓN APOSITIVA es una secuencia en la que un sustantivo o un grupo nominal (B) incide sobre otro (A): *el rey* (A) *Lear* (B). En sentido amplio, también se utiliza el término *aposición* para algunas construcciones en las que los dos segmentos nominales están separados por la preposición *de* («A *de* B»): *el problema* (A) *del tráfico* (B). Se usa asimismo la voz *aposición* para aludir únicamente al segundo elemento de la construcción, que actúa como modificador del primero: *el rey* (A) *Lear* (B).

Se distingue tradicionalmente entre la aposición especificativa y la explicativa. La APOSICIÓN ESPECIFICATIVA incide sobre el nombre o grupo nominal, normalmente sin pausa interpuesta. La APOSICIÓN EXPLICATIVA lo hace en una construcción parentética, es decir, en un inciso. Dentro de la primera, se distinguen dos tipos, RESTRICTIVA y ATRIBUTIVA, en función de la relación semántica que mantienen con su núcleo.

La aposición especificativa restrictiva. El elemento apositivo realiza una especificación o restricción sobre lo denotado por el núcleo. Dicho núcleo puede ser un nombre propio (*Isabel la Católica, Madrid capital*) o un nombre común (*el rey poeta*).

La aposición especificativa atributiva. En ella, el modificador no acota el significado del núcleo, sino que identifica su referente o señala la clase a la que pertenece. Se pueden parafrasear a través de estructuras atributivas en las que el primer segmento (A) es el atributo y el segundo (B) es el sujeto: *el poeta Salinas* («A B») 'Salinas es poeta' («B es A»). En cuanto a su estructura, esta aposición puede adoptar dos formas:

a) El segundo miembro se une directamente al primero. Esta pauta ofrece varias posibilidades combinatorias:

   - «Nombre común + nombre propio», como los casos en los que el núcleo designa parentesco y relación social (*la abuela Ana*), formas de tratamiento (*el señor Domínguez, la infanta Leonor*) o una denominación geográfica (*el río Paraná*).
   - «Nombre común + nombre común»: *el hueso escafoides*. A este tipo pertenecen las aposiciones cuyo segundo término es una expresión metalingüística (*la palabra* convenimos, *el adverbio* sí).

b) El segundo constituyente se une al primero mediante la preposición *de*, que a veces es obligatoria (*el problema de la droga, el arte de la fotografía*) y a veces opcional: *la calle (de) Goya, el cabo (de) San Vicente, el año (de) 1923*. Tienen valor enfático construcciones como *el tonto de mi cuñado* o *una maravilla de película*.

> En los casos señalados como alternantes, el uso de una u otra opción es sumamente variable, pero ambas son igualmente correctas: *la calle Alcalá* o *la calle de Alcalá, el año 1953* o *el año de 1953*. — n

La aposición explicativa. Se denomina así porque, como los complementos explicativos, el segundo término aparece normalmente en inciso, separado del primero por pausas. El elemento apositivo posee dos formas:

a) Una expresión no definida (sin determinante o con artículo indefinido), que aporta propiedades del núcleo: *Ataúlfo, hijo primogénito, heredó la corona; Don Julio, un ejemplo de honestidad, renunció al cargo.*

b) Una expresión definida (con determinante), que ayuda a identificar el referente del núcleo: *D. Tomás, el director de nuestro colegio, se jubila; Viajó a San José, la capital de Costa Rica; Teresa, su mejor amiga, no ha venido.*

Los argumentos nominales

Los complementos argumentales son, como se ha visto, modificadores seleccionados por el núcleo. Se distinguen al menos dos tipos de nombres que, por motivos diferentes, requieren argumentos: las NOMINALIZACIONES y los NOMBRES CON SIGNIFICADO DE RELACIÓN.

NOMINALIZACIONES

Son sustantivos, derivados de verbos o de adjetivos, que heredan ciertas propiedades sintácticas de su base, entre ellas sus argumentos. De este modo, en *la donación de Inés de un lote de libros a la biblioteca,* el sustantivo *donación* hereda los argumentos de la base verbal *donar (Inés donó un lote de libros a la biblioteca),* en forma de complementos. Los grupos sintácticos introducidos por la preposición *de* representan, respectivamente, el COMPLEMENTO SUBJETIVO, que está relacionado con el sujeto del verbo que aporta la base (*Inés*), y el COMPLEMENTO OBJETIVO, vinculado con el objeto directo (*un lote de libros*).

A partir de los verbos que se construyen con complemento de régimen, se forman nombres que heredan el mismo tipo de modificador. Tales sustantivos requieren un complemento de régimen introducido por la misma preposición: *la carencia de medios, su aspiración al cargo.*

VERBO	NOMBRE	VERBO	NOMBRE
carecer (de)	carencia (de)	acceder (a)	acceso (a)
depender (de)	dependencia (de)	aludir (a)	alusión (a)
abusar (de)	abuso (de)	renunciar (a)	renuncia (a)
insistir (en)	insistencia (en)	luchar (por)	lucha (por)

Los sustantivos deverbales que se construyen con argumentos se dividen en cuatro grupos:

a) DE ACCIÓN. Son nombres que designan una actividad (*acoso, explicación, lectura, subida*, etc.). Heredan con facilidad los argumentos del verbo del que proceden. En *la rendición de los rebeldes*, el segmento subrayado denota el agente (*Los rebeldes se rindieron*) y, en *la conclusión de los trabajos*, el paciente (*Los trabajos fueron concluidos*). A veces, ambas interpretaciones son posibles: en *la elección del delegado* puede entenderse que cierto delegado elige algo, pero también que es elegido por alguien. Estos nombres admiten varios argumentos si el verbo del que derivan también lo hace: *el envío de medicamentos a los damnificados*.

b) DE EFECTO. Denotan el resultado de la acción verbal. El complemento con *de* suele identificarse con el agente: *el escrito de los huelguistas* (donde se entiende que los huelguistas escriben algo). Muchas nominalizaciones pueden ser de acción o de efecto, según el contexto. Así, *construcción* pertenece al primer grupo en *La construcción duró un año*, pero al segundo en *La construcción es sólida*.

c) DE AGENTE. Denotan al individuo que realiza la acción expresada por la base léxica, como en *el comprador* ('el que compra') o *la traductora* ('la que traduce'). Pueden ir acompañados del "paciente", que se expresa a través de un complemento con *de* o de un posesivo: *el comprador del cuadro, su traductora* (= 'la traductora de la obra').

d) DE ESTADO. Suelen aludir a sensaciones, impresiones, emociones o actitudes: *el deseo de vacaciones, el recuerdo de su padre*.

A partir de adjetivos se forman nombres DE CUALIDAD, que expresan propiedades. Sus complementos argumentales identifican los seres de los que se predican tales propiedades: *la amabilidad del anfitrión, la aspereza del corcho, la sordera del abuelo*.

NOMBRES DE RELACIÓN Y DE SENTIMIENTO

Algunos nombres expresan significados de relación. Se trata de nociones que establecen un vínculo con alguien o con algo, que se expresa mediante un complemento argumental. Así, no puede concebirse la noción expresada por el sustantivo *sobrino* sin pensar en otra persona con la que se establecerá tal relación de parentesco. El grupo nominal que designa a esta persona se considera un argumento del sustantivo: *el sobrino de Javier*. Entre los nombres relacionales se hallan los de parentesco (*cuñada, padre*), los de representación (*cuadro, estatua*), los que denotan relaciones sociales (*amigo, colega*) y los que expresan relaciones parte-todo (*cabeza, final*).

Ciertos sustantivos (no necesariamente derivados de verbos) que expresan afección, así como determinados movimientos del ánimo y otras nociones psíquicas, admiten argumentos asimilables a los complementos de régimen. El término de la preposición denota el ser sobre el que se proyecta dicho sentimiento, como en *el miedo al fracaso, la aversión a los cambios, su interés por la música*. En algunos casos son compatibles dos preposiciones: *su afición {a ~ por} la bebida*.

Grupos nominales y locuciones nominales

Una LOCUCIÓN NOMINAL es un grupo de palabras que constituye una sola pieza léxica y que equivale a un nombre. Se diferencia de un grupo nominal en distintos aspectos.

Un grupo nominal:

a) Se forma combinando un sustantivo con sus complementos y modificadores de acuerdo con las reglas de la gramática. Tiene, por tanto, una estructura interna: *la edad de la niña, las orejas del gato*.

b) Su significado se obtiene del significado de las piezas léxicas que lo componen, así como del modo en que estas se combinan.

c) El núcleo del grupo nominal es el nombre.

d) Cuando contiene como complemento un grupo preposicional, este se puede sustituir normalmente por un posesivo o un demostrativo: *la edad de la niña* > *su edad, los vinos de Chile* > *esos vinos*.

Una locución nominal:

a) Tiene forma de grupo nominal: *caballo de batalla, diente de león, ojo de buey, oveja negra, pata de gallo*. El significado de la locución no se obtiene de la combinación de sus componentes. Así, la locución *pata de gallo* no significa 'la pata del gallo', sino que denota 'arrugas de la comisura de los ojos'.

b) El núcleo del grupo en estos ejemplos es un sustantivo complejo (*ojo de buey, pata de gallo*), que coincide, por tanto, con la locución. Este núcleo puede admitir modificadores: *las típicas patas de gallo*. En cambio, no es posible que los elementos constitutivos de las locuciones reciban modificadores independientemente: *patas de (* este) gallo*.

c) El grupo preposicional no es en ellas independiente, sino que forma parte del núcleo complejo. En consecuencia, no se sustituye por un posesivo: **su ojo*, **su pata*.

A menudo es el contexto el que permite establecer si se trata de un grupo nominal o de una locución, puesto que muchas expresiones pueden admitir ambos análisis. Así, *mesa redonda* es grupo nominal en *Compré una mesa redonda*, pero locución en *Convoqué una mesa redonda*, donde denota un tipo de reunión, no de mesa. En el primer caso sería posible un grupo nominal con el núcleo elidido (*Compré una redonda*), a diferencia del segundo (**Convoqué una redonda*), donde el núcleo no es *mesa*, sino *mesa redonda*.

La construcción de las locuciones nominales puede obedecer a distintas pautas:

a) «sust. + adj.»: *cabo suelto, caja fuerte, carta blanca, llave inglesa, manga ancha, pez gordo, sentido común;*

b) «adj. + sust.»: *malas artes, media naranja;*

c) «sust. + *de* + sust. o grupo nominal complejo»: *alma de Dios, arreglo de cuentas, botón de muestra, caza/cacería de brujas, golpe de suerte, mal de ojo, palos de ciego, paño de lágrimas;*

d) «det. + sust. + *de* + N propio o grupo nominal»: *las cuentas del Gran Capitán, el amo del cotarro, el chocolate del loro, la cresta de la ola, la ley del embudo, la manzana de la discordia;*

e) fórmulas coordinadas: *alfa y omega, cara y cruz* (también *cara o cruz*), *carros y carretas, dimes y diretes, duelos y quebrantos, el oro y el moro, santo y seña, sapos y culebras, tira y afloja.*

18

Los grupos adjetival, preposicional y adverbial

El grupo adjetival

DEFINICIÓN

El GRUPO ADJETIVAL (también SINTAGMA ADJETIVAL o FRASE ADJETIVAL) es una construcción sintáctica cuyo núcleo es un adjetivo que puede recibir modificadores y complementos. Contrae las funciones de modificador nominal (*las manzanas muy verdes*) y de atributo, en todas sus variedades (*Las manzanas están muy verdes; Las veo muy verdes*).

COMPONENTES DEL GRUPO ADJETIVAL

Como en el caso del grupo nominal, el grupo adjetival puede estar constituido por un solo elemento: el propio adjetivo (*Vio calles estrechas*); pero, en ocasiones, presenta una estructura compleja (*Hizo los cada vez más imprescindibles cambios; Estaba plenamente satisfecha de su nueva vida*).

ESTRUCTURA DEL GRUPO ADJETIVAL

Los componentes del grupo adjetival se relacionan entre sí de manera jerarquizada, es decir, subordinados unos a otros. Así, en *demasiado cansado de esperar* se puede señalar la siguiente estructura:

a) El núcleo del grupo es *cansado,* al que se une *de esperar* para formar un primer segmento.

b) El cuantificador de grado *demasiado* modifica a *cansado de esperar.*

La secuencia es, por tanto, *cansado* > *cansado de esperar* > *demasiado cansado de esperar.* Los elementos que inciden sobre el adjetivo son de dos clases: MODIFICADORES y COMPLEMENTOS.

LOS MODIFICADORES DEL ADJETIVO

Suelen aparecer en la posición inicial del grupo y son, generalmente, intensificadores de grado y adverbios que se les asimilan, aunque también ejercen esta función adverbios de otros tipos, como los de punto de vista, los de modalidad y los de foco:

a) Intensificadores. Modifican a adjetivos graduables y determinan la medida en la que se atribuye la propiedad denotada por el adjetivo. Inciden sobre el grupo formado por el adjetivo y sus complementos. Desempeñan esencialmente este papel los adverbios de grado y algunos en *-mente* que se les asimilan (*muy, poco, algo, bastante, demasiado, bien, excesivamente, sumamente...: muy bueno, demasiado difícil*), así como los cuantificadores comparativos (*más, menos, tan: tan barato como este*) y consecutivos (*tan: tan frío que no se podía beber*).

b) Adverbios de punto de vista. Muestran equivalencia con 'desde el punto de vista...': *países lingüísticamente heterogéneos.*

c) Adverbios de modalidad. Muestran la actitud del hablante en relación con el significado que expresa el adjetivo: *escena lamentablemente cotidiana, funcionarios indudablemente preparados.*

d) Adverbios de foco. Resaltan un adjetivo: *un riesgo específicamente económico.*

LOS COMPLEMENTOS DEL ADJETIVO

Se trata de grupos preposicionales y pueden ser de dos tipos: complementos ARGUMENTALES y ADJUNTOS.

Complementos argumentales. Son complementos cuya presencia está prevista en el significado del adjetivo, lo que no impide que puedan quedar tácitos en contextos particulares. Algunos van encabezados por preposiciones pedidas por el propio adjetivo: *fiel a sus principios, digna de lástima, harto de comer, contenta con su suerte, apta para estudiar, incompatible con la vida, llena de luz*. Otros, encabezados siempre por *de*, proceden de la transformación del CD de un verbo transitivo en el complemento de un adjetivo que deriva de dicho verbo: *amante de la música* (*ama la música*), *causante de la crisis* (*causa la crisis*), *deseoso de contarlo* (*desea contarlo*), *estudiosa de su obra* (*estudia su obra*), *merecedora del premio* (*merece el premio*).

Complementos adjuntos. Los adjetivos admiten también complementos que no exige su significado, es decir, adjuntos: *feliz durante unos meses, torcido hasta la punta, lleno hasta la mitad*. Estos complementos pueden coaparecer con los argumentales, como en los siguientes ejemplos: *la persona más próxima a mí en el vagón*, *fiel a sus principios hasta la muerte* (el adjunto se marca con subrayado continuo, y el argumento, con subrayado discontinuo).

El grupo preposicional

DEFINICIÓN

El GRUPO PREPOSICIONAL es una construcción sintáctica formada por una preposición y su término o complemento, conjunto sobre el que ocasionalmente inciden algunos modificadores. Los términos de la preposición, que nunca se omiten, aparecen inmediatamente a continuación de ella (*Vengo de la calle* ~ **Vengo la calle de*).

EL TÉRMINO DE LA PREPOSICIÓN

Se registran como término de preposición los siguientes elementos:

a) Grupos nominales y pronominales: *desde la casa, con ella, de sí.*

b) Grupos adjetivales: *pasar por tonto, pecar de impulsivos.*

c) Grupos adverbiales: *hasta aquí, desde enfrente de la casa.*

d) Grupos preposicionales: *de entre los arbustos, tras de ti.*

e) Oraciones subordinadas sustantivas, con verbo en forma personal o en infinitivo, sean declarativas (*la noticia de que se había producido una explosión, la razón de cambiar de trabajo*) o interrogativas indirectas (*la incertidumbre de si estaría vivo o no*).

LOS MODIFICADORES DEL GRUPO PREPOSICIONAL

En algunos contextos, los grupos preposicionales admiten modificadores, normalmente antepuestos. Así, en *muy hacia el sur* aparece el cuantificador *muy*, que incide sobre todo el grupo. Pueden desempeñar esta función:

a) Adverbios y locuciones adverbiales que expresan precisión o aproximación: *exactamente por esa razón*. A estos pueden añadirse otros adverbios focalizadores, como *incluso, hasta, aun, solo, ni siquiera: incluso en el siglo pasado, hasta por la carretera, aun sin su trabajo, solo por eso.*

b) Grupos cuantificativos de medida: *dos metros sobre el suelo.*

c) Adverbios de cantidad o de grado: *más hacia la derecha.*

FUNCIONES DEL GRUPO PREPOSICIONAL

Los grupos preposicionales aparecen como argumentos o como adjuntos de algún núcleo, y también como atributos y predicativos.

Complementos argumentales. Los grupos preposicionales constituyen la realización más genuina de los complementos de régimen. Contraen dicha función en dependencia de verbos (*contar con su ayuda*), de sustantivos (*miedo al fracaso*) o de adjetivos (*paralelo al río*).

Complementos adjuntos. En este caso, el grupo preposicional no se halla seleccionado por el núcleo. Se diferencian distintas clases de adjuntos preposicionales, según la relación semántica que mantienen con el núcleo: clasificativos (*avión de combate, libro de música*), especificativos (*las noticias de la tele, el auto de Marta*) o circunstanciales (*Salen con amigos*), entre otros.

Atributos y complementos predicativos. Algunos grupos preposicionales aparecen como atributos (*Este sombrero es de fieltro; Laura es de Caracas*) o como complementos predicativos (*La pintó con gafas; Déjanos en paz*).

El grupo adverbial

DEFINICIÓN

El GRUPO ADVERBIAL tiene como núcleo un adverbio, que puede aparecer solo (*Lo hizo cuidadosamente*) o con modificadores y complementos (*Llegaron un poco antes de las cuatro*), aunque la presencia de estos elementos cuenta con restricciones.

ESTRUCTURA DEL GRUPO ADVERBIAL

Los componentes del grupo se interrelacionan de manera jerarquizada, subordinados unos a otros. Así, en *un poco antes de las cuatro* se observan los siguientes elementos:

a) Un núcleo, *antes*, al que se une el complemento *de las cuatro* para formar un primer grupo adverbial.

b) El cuantificador de grado *un poco* no modifica solo a *antes*, sino a *antes de las cuatro*. Forma, pues, un segundo grupo adverbial que contiene el anterior.

La secuencia es, por tanto, *antes* > *antes de las cuatro* > *un poco antes de las cuatro*.

LOS MODIFICADORES DEL ADVERBIO

Aparecen en la posición inicial del grupo y suelen ser otros adverbios. Los que más frecuentemente se prestan a recibir modificadores son los adverbios de lugar, de tiempo y de modo. Entre los modificadores destacan los siguientes:

a) Cuantificadores de grado: *muy lejos, demasiado lejos.*

b) Cuantificadores comparativos y consecutivos: *más tarde que ayer, tan lejos que no se ve.*

c) Adverbios de foco: *casi bien, solo hoy, precisamente aquí.*

d) Ciertos grupos nominales cuantificativos: *dos horas después, varios metros delante de la casa.*

> Los adverbios terminados en *-mente* no se suelen combinar entre sí. Se prefiere, en efecto, *solo políticamente* a *solamente políticamente;* mientras que resulta normal *asombrosamente fácil,* se rechaza *asombrosamente fácilmente.*
>
> *n*

LOS COMPLEMENTOS DEL ADVERBIO

Los adverbios, sobre todo los temporales y los locativos, pueden recibir también complementos preposicionales: *antes de las cuatro, lejos de casa.*

19

El sujeto

La oración. Sujeto y predicado

La oración es una construcción formada normalmente por la unión de dos funciones sintácticas: el SUJETO y el PREDICADO (→ págs. 13-14).

SUJETO	PREDICADO
La lluvia	arrecia
Eduardo	me las ha regalado
La primavera	ha venido tarde

Por extensión, se aplican también las denominaciones de sujeto y predicado a los grupos sintácticos que contraen tales funciones. Así, se dice que *La lluvia* es sujeto del predicado *arrecia*.

Sujeto y predicado se definen por rasgos formales como la concordancia. En la tradición era frecuente asociar las nociones de "sujeto" y "agente". En la actualidad se reconoce, por el contrario, que hay verbos que no tienen sujetos agentes, pues no denotan acciones (*caber, descansar, gustar, merecer, sufrir*). Se denominan SUJETOS PACIENTES los de las oraciones pasivas, sean de participio (*El barco fue avistado*) o reflejas (*Se venden pisos*).

Categorías sintácticas que ejercen la función de sujeto

Desempeñan la función de sujeto las siguientes unidades sintácticas:

a) GRUPOS NOMINALES, simples o complejos, tanto en posición preverbal como posverbal: *Javier trabaja bien; Falta sal; Los invitados disfrutan de la fiesta*. Se asimilan a este paradigma los pronombres y sus grupos sintácticos: *Nosotras nos oponíamos; Nada de la función me ha gustado*. También se consideran grupos nominales las RELATIVAS LIBRES (*Quien bien te quiere te hará llorar*) y las RELATIVAS SEMILIBRES (*Ganará el que mejor juegue*).

b) SUBORDINADAS SUSTANTIVAS, ya sean declarativas con verbo en forma personal (*Me sorprendió que quisiera venir*), construcciones de infinitivo (*No le importa comer cualquier cosa*) o interrogativas y exclamativas indirectas, tanto si el verbo es conjugado como si está en infinitivo (*No se sabe si llegará pronto; No le importaba quién era yo; Me gusta cómo lo expresa*).

Entre las categorías y construcciones que pueden ejercer la función del sujeto no figuran los GRUPOS PREPOSICIONALES. No constituyen excepción los grupos introducidos por *hasta*, *entre* y *según*. *Hasta* no es preposición, sino adverbio, cuando equivale a *incluso* (*Hasta los niños protestaban*). *Entre* sí es preposición en oraciones como *Lo trajeron entre todos*, pero existe hoy acuerdo general en que el grupo preposicional subrayado no ejerce la función de sujeto, sino la de COMPLEMENTO PREDICATIVO. Prueba de ello es que la oración puede admitir otro sujeto (*Los compañeros lo trajeron entre todos*) y que el predicativo puede ser sustituido por un adverbio de manera o modo (*Lo trajeron así*).

No es grupo preposicional el que encabeza la partícula *según* en oraciones como *Según tú sostienes*. El que alterne con *Según sostienes tú* lleva a pensar que *según* es conjunción subordinante o bien adverbio relativo ('como', 'tal como') en estos casos.

Posición sintáctica. Sujeto y determinación

En posición anterior al verbo, el español exige que el sujeto sea una expresión referencial (un nombre propio, un pronombre o un nombre común determinado): *Iván ha vencido; Ustedes no estaban allí; Los soldados sofocaron el fuego;* pero **Niños vinieron*. Los grupos coordinados, especialmente en plural, prescinden con frecuencia del determinante, ya que la coordinación aporta en sí misma esa capacidad referencial: *Patronos y obreros coincidieron en la fiesta*.

En relación con la posposición del sujeto, pueden distinguirse dos casos:

a) En las oraciones activas, los verbos INACUSATIVOS (→ pág. 226), sobre todo los de significado presentativo o existencial, admiten grupos nominales sin determinante en función de sujeto: sustantivos no contables en singular (*Brotaba agua en abundancia*) o contables en plural (*Llegaban clientes todos los días*). Con los demás verbos suele requerirse algún determinante en los grupos nominales que ejercen esta función (*Lo abrazó el ministro*).

b) Las oraciones pasivas, sean reflejas o perifrásticas, admiten generalmente como sujeto grupos nominales sin determinante: *Han sido observadas deficiencias en la construcción; Ahora apenas se escriben cartas.*

Sujetos expresos y sujetos tácitos

Al igual que la mayor parte de las lenguas románicas, el español admite SUJETOS TÁCITOS, es decir, sujetos que carecen de expresión fónica. Suele suponerse que estos sujetos tácitos (que se representan con el signo Ø) tienen propiedades pronominales, ya que permiten la concordancia de número y persona con el verbo, y la de género y número con adjetivos y participios: *Ø estaban cansadas; Ø llegaron molestas; Ø no se soportaban*. El ANTECEDENTE de este elemento tácito pronominal se recupera a partir del texto precedente. Así, en *Los ladrones actuaron como si Ø estuviesen solos,* el antecedente del sujeto elidido es *los ladrones.*

La concordancia entre sujeto y verbo

El sujeto y el núcleo del predicado concuerdan en número y persona. Es el sujeto el que impone estos rasgos al verbo. En los sujetos tácitos se recuperan los rasgos de número y persona, como en Ø [3.ª pers., pl.] *estaban* [3.ª pers., pl.] *allí*. El género y el número del sujeto elidido provocan la concordancia con adjetivos y participios en los atributos y complementos predicativos: Ø [fem., pl.] *estaban contentas* [fem., pl.]; Ø [fem., pl.] *regresaron cansadas* [fem., pl.].

LA CONCORDANCIA DE PERSONA

Las personas gramaticales, que son las que intervienen en la concordancia, no siempre coinciden con las personas del discurso, sino que se producen a veces algunas asimetrías entre unas y otras. Por ejemplo, al pronombre personal *usted* y a los grupos nominales que expresan respeto o cortesía (*su excelencia, su ilustrísima, su majestad, su señoría, vuestra excelencia, vuestra ilustrísima...*) les corresponde la segunda persona del discurso, pero la tercera de las personas gramaticales, lo que da lugar a la concordancia que se observa en *Usted* [3.ª pers., sing.] *tiene* [3.ª pers., sing.] *suerte.*

Se emplea también la tercera persona cuando el que habla se refiere a sí mismo en expresiones como *uno, el abajo firmante, (un) servidor,* etc.: *Uno hace lo que puede.*

Si se coordinan un pronombre de primera persona y uno de segunda o tercera en función de sujeto, el verbo presenta la flexión de la primera persona: *Lo haremos* [1.ª] *{tú ~ vos}* [2.ª] *y yo* [1.ª]; *Lo haremos* [1.ª] *él* [3.ª] *y yo* [1.ª]. Pero si la coordinación es entre un pronombre de segunda y otro de tercera, el verbo mostrará la flexión de la segunda persona en las zonas en que se usa *vosotros: Lo haréis* [2.ª] *tú* [2.ª] *y ella* [3.ª], y de tercera en las zonas donde no se usa: *Lo harán* [3.ª] *{tú ~ vos}* [2.ª] *y ella* [3.ª] (pág. → 101).

Cuando la función de sujeto está desempeñada por grupos en plural que designan personas (*los habitantes, las madres, los docentes, los cuatro, todos*), y el hablante se considera incluido en la clase designada por el sujeto, el verbo aparece en primera persona del plural: *Los ladrones somos gente honrada*. En cambio, si el emisor considera que quien está incluido en dicha clase es el destinatario, el verbo aparecerá en segunda persona del plural: *Los profesores sois gente honrada* (*Los profesores son gente honrada,* en las zonas donde no se usa *vosotros*). En el caso de que ni el hablante ni el oyente estén incluidos en ella, la concordancia se realiza en tercera persona del plural: *Los profesores son gente honrada*. Por tanto, la variante con *son* tiene dos sentidos: los correspondientes a *ellos* y a *ustedes*, respectivamente.

LA CONCORDANCIA DE NÚMERO EN SUJETOS COORDINADOS

Los grupos nominales coordinados que desempeñan la función de sujeto concuerdan con el verbo en plural (*La computadora y la impresora se estropearon esta mañana; Ni él ni su mujer escondieron el dinero*), con las excepciones que se indican a continuación:

a) Pueden concordar en singular cuando el hablante entiende que las dos expresiones forman una sola construcción compleja, sea compartiendo artículo (*Será autorizada la carga y descarga de mercancías*) o con determinantes diferentes (*Les encanta el sol y la playa*). Con los grupos nominales pospuestos son frecuentes las dos opciones: *Les encantan el sol y la playa; Le {faltaba ~ faltaban} tiempo y paciencia.*

b) Los grupos nominales coordinados mediante la conjunción *ni* admiten en posición posverbal la concordancia en singular (*No llegó la fruta ni la verdura*), pero si uno de los elementos coordinados presenta rasgos de primera o segunda persona, se exige el plural de dicha persona: *No tenemos compostura ni ella ni yo.*

c) En la coordinación de grupos con género neutro predomina el singular: *Me gusta lo uno y lo otro.* Se registran, sin embargo, usos en plural, sobre todo con predicados que se atribuyen necesariamente a grupos o conjuntos: *Conviven lo privado y lo público.*

d) Las oraciones subordinadas sustantivas coordinadas que desempeñan la función de sujeto concuerdan con el verbo en singular, como en *Es preferible que uno salga y que el otro se quede* o en *Me gusta viajar y conocer otras culturas.*

LA CONCORDANCIA EN CONSTRUCCIONES PARTITIVAS Y PSEUDOPARTITIVAS

Las CONSTRUCCIONES PARTITIVAS seleccionan una parte de un conjunto mayor. Están constituidas por dos grupos nominales unidos mediante la preposición *de*. El primero designa la parte y puede estar formado por un nombre o un pronombre con significado de cantidad: *la mitad, la cuarta parte, alguno, siete*. El segundo es un grupo definido, delimitado, que denota el todo: *la mitad de los papeles, dos de estos atletas, algunos de mis amigos*. Cuando una construcción partitiva funciona como sujeto, el verbo puede concordar en singular (con el núcleo) o en plural (con el complemento): *La mitad de los estudiantes no {conoce ~ conocen} al rector.*

Las CONSTRUCCIONES PSEUDOPARTITIVAS se asemejan externamente a las partitivas, pero se diferencian de ellas en ciertos aspectos formales y en el significado. El primer elemento está constituido por un nombre cuantificativo (*conjunto, grupo, montón, puñado*) o uno clasificativo (*clase, especie, género, tipo*) (→ pág. 72); sin embargo, no indica una parte de un conjunto, sino que aporta una cuantificación (*un montón de libros* significa 'muchos libros'). El segundo elemento de la construcción carece de determinantes (*un enjambre de periodistas, un sinfín de problemas*). Cuando el primer grupo no es definido, el verbo puede concordar en singular (con el primer nombre) o en plural (con el segundo): *Un grupo de estudiantes {recorrió ~ recorrieron} la avenida.* En cambio, si el primer grupo es definido, deja de ser cuantificador e impone su concordancia al verbo: *Este grupo de estudiantes {recorrió ~ *recorrieron} la avenida.*

LA CONCORDANCIA EN LAS CONSTRUCCIONES COPULATIVAS

El sujeto de las oraciones copulativas concuerda con el verbo en número y persona, y con el atributo en género y número: *Las casas* [3.ª pers., pl., fem.] *estaban* [3.ª pers., pl.] *desiertas* [pl., fem.]. Sin embargo, se observan aparentes casos de discordancia entre el sujeto y el verbo en las copulativas construidas con *ser* cuando el sujeto es un nombre cuantificativo al que modifica un complemento partitivo expreso o tácito: *Hubo dos preguntas interesantes. El resto Ø eran tonterías* (*Ø = de las preguntas*). En estos casos, el atributo suele atraer la concordancia.

Los rasgos de plural de los sustantivos en función de atributo se imponen en el verbo copulativo a los del sujeto neutro, como en *Todo eran habladurías.* Sin embargo, la alternancia es frecuente cuando desempeñan la función de sujeto los grupos nominales no neutros, como en *Su mayor ilusión {sería ~ serían} unas vacaciones en el Caribe.*

El verbo aparece en plural y en tercera persona en las RELATIVAS SEMILIBRES introducidas por la preposición *de* que se incluyen en oraciones copulativas, como en *Tú eres de los que apoyan esa propuesta,* pero en ocasiones el verbo aparece en 3.ª persona del singular reproduciendo los rasgos de un posible indefinido tácito *uno: Tú eres (uno) de los que apoya esa propuesta.*

> En las relativas semilibres, se considera incorrecta la variante que presenta el verbo en primera o segunda persona, en correspondencia con el sujeto de la principal. Por tanto, no debe decirse *Tú eres de los que apoyas esa propuesta* o *Yo soy de los que digo siempre la verdad,* sino *Tú eres de los que apoyan esa propuesta* y *Yo soy de los que dicen siempre la verdad.* — n

20

Complemento directo. Complemento indirecto. Complemento de régimen

El complemento directo (CD)

DESCRIPCIÓN Y CATEGORÍAS

Descripción. El COMPLEMENTO DIRECTO (CD) es una FUNCIÓN SINTÁCTICA ARGUMENTAL, es decir, seleccionada por el significado del verbo, que se halla estrechamente ligada a los pronombres de acusativo (*lo, la, los, las*) y que contribuye a delimitar y completar el significado del verbo.

Categorías sintácticas que desempeñan la función de CD. Contraen esta función:

a) Los grupos nominales: *Tomó su mano; Defiende lo justo; Gasté todo lo que tenía*. A ellos se asimilan las oraciones de relativo sin antecedente expreso: *Ayuda a quien se lo pide*.

b) Las oraciones subordinadas sustantivas:

- Declarativas, sean de infinitivo (*Desea entrar*) o con verbo en forma personal: *Quiere que vengas*.
- Interrogativas indirectas, ya sean de infinitivo (*No sabemos cómo solucionarlo*) o con verbo en forma personal, totales o parciales: *No sabe si llegará a tiempo; Nos dijo quién lo había hecho*.

PROPIEDADES GRAMATICALES DEL COMPLEMENTO DIRECTO

El CD presenta unos rasgos formales propios que se utilizan como pruebas para poder diferenciarlo de otras funciones sintácticas e identificarlo frente ellas. Se presentan a continuación.

Sustitución por pronombres átonos. Los grupos nominales en función de CD se sustituyen por los pronombres átonos de acusativo *lo/la/los/las*.

La forma *le*, de origen dativo, se utiliza también para sustantivos en masculino singular que designan seres animados (leísmo: → pág. 109):

Necesitan ayuda	→ *La* necesitan
Recorren ese camino	→ *Lo* recorren
Reconoció a su hijo	→ *{Lo ~ Le}* reconoció

Esta propiedad es la que mejor caracteriza al CD, pero presenta algunas limitaciones como criterio de identificación:

a) Los pronombres átonos *me, te, nos* y *os* son comunes al complemento directo y al indirecto. Para identificar su función, basta con sustituirlos por átonos de tercera persona, que sí distinguen ambos complementos:

   Aquella bruja *nos* encantó ~ Aquella bruja *los* encantó [CD] (= 'hechizó')
   Aquel regalo *nos* encantó ~ Aquel regalo *les* encantó [CI] (= 'gustó')

b) El pronombre átono presenta resistencia a sustituir a los grupos indefinidos inespecíficos: *Esa noche escribí mucho* > **Lo escribí*. Sin embargo, tales grupos se pueden recuperar por medio de un pronombre átono en una oración posterior: *Esa noche escribí mucho, pero lo perdí.*

Duplicación de pronombres átonos. Cuando el CD se antepone al verbo, aparece también el pronombre átono: *El informe lo encuadernamos en la oficina*. El duplicado no se produce, sin embargo, si la anteposición se debe a razones enfáticas (→ pág. 13): *Eso dijo el profesor* (frente a *Eso lo dijo el profesor*). Cuando el CD es un pronombre personal tónico con la preposición *a*, es obligatoria la presencia del pronombre átono: *Vi a María* ~ **Vi a ella* ~ *La vi a ella* (→ pág. 108).

Presencia de la preposición *a*. Aunque existen excepciones, lo habitual es que el CD lleve la preposición *a* cuando su referente es específico y animado (*No encuentro mi libro / No encuentro a mi gato*). Si el referente es animado, pero no identificable, aparece generalmente sin preposición. Contrastan así *Busca (una) traductora* ('alguna, la que sea') y *Busca a una traductora* ('una en particular').

Tiende a suspenderse esta regla cuando es necesario evitar posibles ambigüedades:

a) Casos en los que un sujeto y un CD con referentes inanimados son permutables: *La virtud vence al vicio ~ El vicio vence a la virtud.* A veces, son posibles las dos variantes: *La columna tapa {el/al} cartel.*

b) Circunstancias en las que el CD con referente animado coincide con otro complemento que se construye con *a* (*Entregaron al culpable /*

Entregaron el culpable a la policía; Llevaron al niño / Llevaron el niño al pediatra).

La presencia y la ausencia de la preposición dependen también de la naturaleza semántica del verbo. Así, hay verbos, como *ayudar* o *servir,* que exigen siempre la preposición (*Ayuda a los enfermos*), mientras que otros, como los existenciales *haber* o *tener,* no la llevan nunca (*Hay muchas personas; Isabel tiene dos hijos*). Hay, incluso, verbos que cambian de significado en función de la presencia o ausencia de la preposición: *abandonar un pueblo* ('irse de él') ~ *abandonar a un pueblo* ('no cuidarlo').

CONSTRUCCIONES PARTICULARES

Verbos transitivos en uso absoluto. Los verbos transitivos llamados tradicionalmente ABSOLUTOS o en USO ABSOLUTO omiten su complemento, que se recupera a través del contexto o de la situación, como en *Los leopardos cazan de noche* (se entiende 'a sus presas') o en *Hace tiempo que no escribes* (se entiende 'cartas, literatura', etc.).

Complemento directo interno. Algunos verbos pasan a usarse como transitivos cuando permiten la presencia de un complemento directo con significado afín: *Lloran lágrimas de infortunio.* Cuando, además, el complemento es de su misma raíz, recibe el nombre de COGNADO: *Viven la vida; Soñarán sueños felices.*

Complementos directos lexicalizados o semilexicalizados. Algunos complementos directos han pasado a formar con el verbo una construcción semilexicalizada:

dar asco ~ asquear	prestar atención ~ atender
dar las gracias ~ agradecer	tener confianza ~ confiar
tener miedo ~ temer	tomar nota ~ anotar

Estos complementos directos no constituyen expresiones referenciales, no permiten la construcción pasiva y en algunos casos presentan resistencia a la pronominalización: *El secretario dio fe* ~ **El secretario la dio.*

El complemento indirecto (CI)

INTRODUCCIÓN

El COMPLEMENTO INDIRECTO es una función sintáctica relacionada con el caso dativo. Puede ser desempeñada por los pronombres átonos que presentan este caso o por grupos preposicionales encabezados por la preposición *a: {Le/Les} gusta el chocolate; Regaló un libro a sus amigos*. El grupo nominal que aparece como término de la preposición *a* puede ser definido o indefinido (*Pidió ayuda al profesor; Dio un beso a alguien*).

El CI posee gran número de interpretaciones semánticas. Puede designar a la persona o cosa a la que se destina o dirige algo (*Donó sus bienes a una sobrina:* "destinatario"); al que experimenta sensaciones o emociones (*Le dolían las muelas:* "experimentante o experimentador"); a la persona de la que procede algo (*Compró una casa a un constructor:* "origen"), o al que recibe el daño o provecho de la acción verbal (*¿Podrías coserme este botón?:* "beneficiario"), entre otras interpretaciones.

PROPIEDADES GRAMATICALES DEL COMPLEMENTO INDIRECTO

Los rasgos principales del CI se explican a continuación.

Los pronombres átonos de dativo. El CI es una función estrechamente relacionada con los pronombres del caso dativo (*le, les*). Los grupos sintácticos que presentan la estructura «*a* + grupo nominal» son indirectos cuando pueden ser sustituidos por dichos pronombres, como en *Envió un libro a Irene* > *Le envió un libro* (frente a *Recurrió a Irene* > *Recurrió a ella*, no **Le recurrió*).

Cuando el pronombre átono de CI precede al de CD y ambos presentan rasgos de tercera persona, *le* y *les* adoptan la forma *se:*

Vendió *los cuadros a un coleccionista* → *Se los* vendió
Entregarán *el premio al novelista* → *Se lo* entregarán

Duplicación de pronombres átonos. El CI puede aparecer DUPLICADO o DOBLADO por pronombres átonos de dativo. Cuando el CI va antepuesto, la duplicación es obligatoria: *A los contribuyentes Hacienda les devolverá poco dinero*. Cuando se pospone, es optativa en unos casos, como en *Hacienda (les) devolverá dinero a los contribuyentes*, pero obligatoria en otros: *El deporte no {*Ø ~ le} gusta a Juan*. La duplicación es necesaria con cualquier verbo si el CI es un pronombre tónico: *Me entregó el paquete a mí* ~ **Entregó el paquete a mí*.

Presencia de la preposición *a*. Los grupos preposicionales de CI se forman siempre con la preposición *a*. En algunas obras tradicionales se consideraban complementos indirectos los grupos encabezados por *para* con valor de destinatario, pero dicha concepción carece de apoyo formal:

a) Los complementos con *para* no permiten la sustitución por los pronombres de dativo, ni pueden coaparecer con ellos para denotar un mismo referente: *Le compró flores para su mamá* [*le* ≠ *su mamá*].

b) En una misma oración pueden coexistir complementos indirectos y construcciones en las que *para* introduce un destinatario: *Le compró al librero* (CI) *una enciclopedia para su hijo; Le* (CI) *dio un regalo para su amiga* (frente a *Le dio un regalo a su amiga*).

COMPLEMENTOS INDIRECTOS ARGUMENTALES

Los complementos indirectos argumentales reciben ese nombre porque se hallan previstos en la ESTRUCTURA ARGUMENTAL del verbo (→ pág. 14). En el significado de verbos como *dar* o *prometer* se reserva un lugar para el CI: 'alguien da algo a alguien', 'alguien promete algo a alguien'. Generalmente van asociados a las funciones semánticas de "destinatario" y de "experimentante" y, en ocasiones, a las de "origen" y "término". Se construyen con CI argumental muchos verbos transitivos de TRANSFERENCIA (*comprar, conceder, dar, devolver, entregar, enviar, llevar, mandar*...) y de COMUNICACIÓN (*decir, comunicar, contar, contestar*...). También llevan CI argumental algunos usos de verbos intransitivos de AFECCIÓN o reacción afectiva (*admirar, agradar, alegrar, convencer, disgustar, divertir, encantar, impresionar, interesar, molestar, ofender, preocupar*...) y de ATINGENCIA O ASIGNACIÓN (*atañer, competer, corresponder, importar, incumbir*...).

COMPLEMENTOS INDIRECTOS NO ARGUMENTALES

Dativo de interés. Algunos verbos de los que no incluyen en su estructura argumental una posición para el complemento indirecto presentan un esquema abstracto del tipo «*alguien* + verbo + *algo*»: *Inés preparó un guiso; Gloria pintó un óleo.* Sin embargo, no es infrecuente que a estas acciones pueda agregarse un beneficiario, que se expresa por medio de un complemento indirecto. En tales casos, aparece un pronombre átono reduplicado: *Ana le reparó la radio a mi padre* (frente a la oración, más extraña, *Ana reparó la radio a mi padre*). Este proceso es frecuente con verbos de preparación, creación o destrucción, como *cocinar, copiar, coser, destruir, dibujar, encontrar, lavar, pintar, poner, preparar, reparar, romper*...

Otros pronombres dativos. Propiedades. Ciertos clíticos de dativo no son requeridos por la estructura argumental del verbo. Estos son sus rasgos más relevantes:

a) Pertenecen a dos paradigmas: el reflexivo o concordado y el no concordado.

	SINGULAR			PLURAL		
	1.ª pers.	2.ª pers.	3.ª pers.	1.ª pers.	2.ª pers.	3.ª pers.
DATIVO CONCORDADO	me	te, se	se	nos	os, se	se
DATIVO NO CONCORDADO	me	te, le	le	nos	os, les	les

El pronombre dativo *me* concuerda con el verbo en primera persona en *No me lo voy a estudiar todo* (dativo concordado), pero no lo hace en *Al niño no me lo molestes* (dativo no concordado).

b) Al no ser argumentales, su supresión no implica la pérdida de ninguna función referencial de la oración:

Hoy *nos* daremos un paseo → Hoy daremos un paseo
Se lo merece usted todo → Lo merece usted todo
Su hijo no *le* come nada → Su hijo no come nada
Mi computadora *me* falla → Mi computadora falla

c) Añaden énfasis de diversas formas, a la vez que aluden a la persona que se ve afectada, directa o indirectamente, por la acción verbal.

d) Los dativos pueden coexistir con otro complemento indirecto en una misma oración:

A mi marido ese policía *me* [dat.] *le* [CI] impuso una sanción

No *me* [dat.] *le* [CI] pongan ustedes la mano encima

Dativo concordado. Los dativos concordados presentan las siguientes propiedades:

a) Asumen la forma de los pronombres átonos reflexivos *me, te, se, nos, os, se,* que concuerdan en número y persona con el sujeto.

b) No se duplican en un grupo prepositivo: *Nos ganamos un premio* ~ **Nos ganamos un premio a nosotros*.

c) Son compatibles con dativos no concordados: *Se nos han comido la merienda*.

d) Mediante su uso, el hablante introduce énfasis en el proceso oracional: *leerse el periódico* (frente a *leer el periódico*).

e) Suelen indicar que el proceso durativo ha culminado en un cambio de estado, por lo que se denominan también DATIVOS ASPECTUALES: *Me recorrí todo el camino; Se ha estudiado toda la Química*.

f) Se aplican a eventos delimitados, lo que excluye los nombres sin determinante: **Inés se tomó yogur* ~ *Inés se tomó el yogur*.

Dativo no concordado. Como indica su nombre, no concuerda con el verbo. Expresa, según los contextos, diferentes valores:

a) Alude a la persona que resulta beneficiada, perjudicada o que posee interés en la acción expresada por el verbo (DATIVO ÉTICO), como en *¿Les llovió a ustedes durante el trayecto?* o en *Nos nació otro hijo*. Puede coincidir con el dativo concordado: *No te* [concordado] *me* [no concordado] *comas el pastel*. Son compatibles con un CI argumental: *A mi hijo me le dieron un premio.*

b) Se pueden referir al poseedor (DATIVO SIMPATÉTICO O POSESIVO), entendido en un sentido amplio, de lo designado por otro complemento: *Le rompieron un dedo; ¿Te cortaron el pelo?*

El complemento de régimen preposicional (CR)

DESCRIPCIÓN Y CATEGORÍAS

Definición. El COMPLEMENTO DE RÉGIMEN PREPOSICIONAL (abreviadamente, COMPLEMENTO DE RÉGIMEN) es una función sintáctica argumental desempeñada por un grupo preposicional seleccionado por el verbo, como en *depender de las circunstancias*, pero también por sustantivos y adjetivos (*dependencia de las circunstancias, dependiente de las circunstancias*).

El hecho de estar seleccionados los diferencia de los CC:

COMPLEMENTO DE RÉGIMEN	COMPLEMENTO CIRCUNSTANCIAL
Habló *sobre la gripe*	Habló *sobre la tarima*
Juan acabó *con la prisa*	Juan acabó *con prisa*
Confunde la presbicia *con la miopía*	Lo confunde *con su miopía*

Características. El CR presenta los siguientes rasgos:

a) Es una función representada por grupos preposicionales: *Se queja de la comida; Se abalanzó sobre ellos; Renuncia al cargo.*

b) Es una función argumental: se halla prevista en la estructura argumental o capacidad combinatoria del verbo, del sustantivo o del adjetivo.

c) La preposición está asimismo seleccionada por el núcleo: *{confiar ~ confianza} en los demás*. Algunos verbos son compatibles con varias preposiciones, unas veces con cambios notables en la significación (*proceder de ~ proceder a*) y otras con leves diferencias de sentido (*hablar de / sobre / acerca de...*).

d) Las preposiciones más frecuentes en el régimen preposicional son *a, con, contra, de, en, por.*

e) El término de la preposición puede ser un grupo nominal (*Depende de la ministra*), un pronombre (*Depende de nosotras*) o una subordinada sustantiva (*Depende de que la ministra esté de acuerdo*). El grupo nominal y la oración son conmutables por pronombres tónicos: *Depende de ella* y *Depende de ello,* respectivamente.

VERBOS QUE SE CONSTRUYEN CON COMPLEMENTO DE RÉGIMEN

Se distinguen fundamentalmente tres grupos de verbos que se construyen con complemento de régimen.

Verbos pronominales. Se forman con un pronombre del paradigma reflexivo (*me, te, se, nos, os, se*) y se construyen prototípicamente con complemento de régimen: *abalanzarse (sobre), adelantarse (a), adentrarse (en), alejarse (de), arrepentirse (de), atreverse (a), desprenderse (de), enterarse (de), esforzarse (en), exponerse (a), ocuparse (de), preocuparse (por), privarse (de), quejarse (de), reírse (de), vanagloriarse (de)...: Se desprendió de todas sus riquezas; Se adelantó a su tiempo.*

Verbos no pronominales. Existe un número considerable de verbos no pronominales que seleccionan un complemento de régimen, como en *Su familia carecía de recursos* o en *Arremetió contra los funcionarios.* Con algunos es obligatoria la presencia de esta función: *equivaler (a), versar (sobre).* Con otros, es optativa: *acceder (a), arremeter (contra), bastar (con), convencer (de), depender (de), desconfiar (de), desistir (de), influir (en), insistir (en), recurrir (a), renegar (de), renunciar (a).*

Verbos que se construyen con CD y CR. Un grupo no muy numeroso de verbos permite la coexistencia de un complemento directo y uno de régimen: *Dijo barbaridades del entrenador; Los libró de un castigo ejemplar; Te invito a cenar.* A este grupo pertenecen, entre otros, los verbos siguientes: *adecuar* CD *(a), comparar* CD *(con), confundir* CD *(con), decir* CD *(de), defender* CD *(de), informar* CD *(de), invitar* CD *(a), obligar* CD *(a), persuadir* CD *(de), someter* CD *(a).*

LOCATIVOS, TEMPORALES Y COMPLEMENTOS DE RÉGIMEN

La gramática tradicional establecía una estrecha correspondencia entre los complementos circunstanciales y los complementos que semánticamente denotan lugar o tiempo. Se solían identificar, de hecho, los complementos subrayados en *Se casó en Maracaibo* y *Residía en Maracaibo,* sin tener en cuenta que el primero es un adjunto añadido potestativamente y el segundo está exigido por el significado del verbo. Además de *residir*, pertenecen a este grupo los verbos *colocar, desembocar, permanecer, poner, suceder* o *vivir*, entre otros.

Los verbos *alejarse, apartarse, desviarse, distar, emanar, huir, proceder*... seleccionan la preposición *de*. En tales casos el grupo nominal se sustituye por un adverbio:

El ruido emana de *la fábrica*	→ Emana de *allí*
Sus ideas proceden de *la Antigüedad*	→ Proceden de *entonces*

Cuando el CR locativo o temporal indica 'lugar donde' o 'tiempo en el que', el adverbio incluye la preposición en el español general (*Viven en Arequipa* > *Viven allí*).

21

Adjuntos. Complementos circunstanciales

Definición

Los ADJUNTOS son modificadores opcionales, no previstos en el significado de su núcleo, que inciden sobre diferentes categorías léxicas y los grupos que forman. Los segmentos subrayados son adjuntos de un sustantivo (*un movimiento lento, gente con la que contar*), de un adjetivo (*irascible desde que perdió el trabajo*), de un adverbio (*lejos para siempre*) y de un verbo (*Se movían lentamente*).

Los adjuntos se oponen a los ARGUMENTOS, que sí están previstos en el significado de su núcleo. Se reserva la denominación de COMPLEMENTOS CIRCUNSTANCIALES (que constituirán el objeto fundamental de este capítulo) para los adjuntos del verbo o del grupo verbal.

Los complementos circunstanciales (CC) y los argumentos

RASGOS COMUNES

Los CC comparten con los argumentos (el sujeto, el CD, el CR y el CI argumental) ciertas características que, a su vez, los diferencian de los ADJUNTOS EXTERNOS (TÓPICOS, ADJUNTOS DEL ENUNCIADO y ADJUNTOS DE LA ENUNCIACIÓN):

a) Responden a los interrogativos tónicos (*¿quién?, ¿a quién?, ¿qué?, ¿dónde?, ¿cuándo?, ¿cómo?, ¿por qué?, ¿para qué?* y otros), pero los adjuntos externos, no:

Residen *en Lima* [CR] ¿*Dónde* residen?

Trabajan *en Lima* [CC]	¿*Dónde* trabajan?
En Lima, trabajan [adjunto externo]	*¿*Dónde* trabajan?

b) Los argumentos y los circunstanciales se pueden realzar por medio de construcciones copulativas enfáticas. Los adjuntos externos, no:

Residen *en Lima* [CR]	*En Lima* es donde residen
Trabajan *en Lima* [CC]	*En Lima* es donde trabajan
En Lima, trabajan [adjunto externo]	**En Lima* es donde trabajan

---

RASGOS DIFERENCIADORES

La diferencia fundamental entre argumentos y adjuntos es que solo los primeros son requeridos por el significado del núcleo. De ahí que la supresión de un argumento, pero no la de un circunstancial, pueda generar secuencias agramaticales: **Estos funcionarios carecen;* **El olor emana;* **La nueva ley afecta.* Existen además otras diferencias entre argumentos y adjuntos que tienen que ver con su compatibilidad con determinadas estructuras sintácticas:

a) La expresión *hacerlo* y sus variantes flexionadas pueden sustituir a un predicado verbal, con la inclusión de sus argumentos, pero no de los circunstanciales ni de algunos predicativos. Por consiguiente, todo lo que no quede incluido en dicha sustitución (con la excepción del sujeto, que queda al margen) no se considera argumento:

Envió un paquete a su hermana ayer	Lo hizo *ayer* [CC]

De esta prueba se deduce que *un paquete* y *a su hermana* son argumentos de *envió*, pues quedan englobados en la sustitución efectuada por *lo hizo*, mientras que *ayer*, al quedar fuera de dicha sustitución, se muestra como un adjunto o CC.

b) En la primera parte de las copulativas condicionales enfáticas aparece un indefinido que se corresponde con el segmento que realzan. Este indefinido es obligatorio cuando se trata de un argumento, como en los dos primeros ejemplos, pero suele ser optativo cuando representa a un complemento circunstancial, como en los dos últimos:

Lo sabe *tu profesor*	→ Si {*alguien*/*Ø} lo sabe es *tu profesor*
Se compró *un auto*	→ Si {*algo*/*Ø} se compró fue *un auto*
Lo dijo *por ignorancia*	→ Si {*por algo*/Ø} lo dijo fue *por ignorancia*
Lo rompió *con un palo*	→ Si {*con algo*/Ø} lo rompió fue *con un palo*

Categoría gramatical de los complementos circunstanciales

Pueden desempeñar esta función los siguientes grupos sintácticos y oraciones subordinadas:

a) Grupos preposicionales. Constituyen la forma de expresión más común en los CC: *Llegaron por el mar; Lo sabe desde la infancia; Lo cubrieron con pintura; Viaja con él.*

b) Grupos adverbiales. Inciden sobre los grupos verbales aportando circunstancias de lugar, tiempo, modo y cantidad: *Estudia aquí; Vendrán luego; Articulan bastante bien; He dormido muy poco.*

c) Grupos nominales. Pueden actuar como circunstanciales fundamentalmente los que indican tiempo: *Se fue el martes; Ven la tarde que quieras; Caía enfermo muchas veces.*

d) Oraciones subordinadas, como las causales y finales (*Lo sabe porque lo ha vivido; Lo hace para que le obedezcan*), y las relativas sin antecedente expreso introducidas por un adverbio (*La encontró donde la había dejado; Sucedió cuando llegábamos al teatro*).

Clasificación semántica de los complementos circunstanciales

Según su significado, se distinguen diferentes tipos de complementos circunstanciales.

DE LUGAR

Designan el espacio en el que se sitúa el proceso representado por el verbo. Se expresan por medio de grupos preposicionales o adverbiales, pero nunca nominales. Los grupos preposicionales que manifiestan esta noción vienen encabezados generalmente por diversas preposiciones: *a (a tu espalda), ante (ante la puerta), bajo (bajo la alfombra), contra (contra su pecho), de (de un sitio a otro), desde (desde mi casa), en (Lo compré en una tienda), hacia (hacia el norte), hasta (hasta el final del camino), para (Me voy para casa), por (por el camino), sobre (Lo puso sobre la mesa), tras (tras la reja).* También pueden ser CC de lugar las relativas sin antecedente expreso precedidas por el relativo *donde* y sus derivados: *Estaban donde los habían dejado.*

Se identifican por su correspondencia con el adverbio *¿dónde?* en preguntas, por la posibilidad de ser sustituidos por los adverbios de lugar *aquí/ahí/allí* y por el uso de *donde* en construcciones enfáticas de relativo (*De Madrid es de donde vienen*). Recuérdese que una expresión de sentido locativo, además de CC (*Estudian en Asunción*), puede ser complemento argumental con algunos predicados (*Viven en Asunción*), adjunto externo (*En Asunción, estudian*) e incluso predicativo (*La recuerdo en Asunción*).

DE TIEMPO

Sitúan lo designado por el verbo en unas coordenadas temporales. La situación temporal que refieren permite diferenciar entre adjuntos temporales de LOCALIZACIÓN (*recientemente, por la mañana*), de DURACIÓN (*brevemente, para siempre*) y de FRECUENCIA (*diariamente, cada dos horas*). Pueden ser grupos adverbiales (*El tren sale más tarde*), grupos nominales (*Llegaremos el martes*) y grupos preposicionales (*Te esperamos desde las dos*). También las relativas sin antecedente expreso pueden construir complementos circunstanciales de tiempo: *Lo abracé cuando lo reconocí*.

Se identifican porque se corresponden con *¿cuándo?* en preguntas, con *entonces* (*ahora, siempre...*) en sustituciones y con *cuando* en enfáticas de relativo. Además de como CC (*Llegarán el lunes*), las expresiones temporales pueden funcionar como argumentos (*Procede de la Antigüedad*), como adjuntos externos (*El lunes, llegarán*) o como predicativos (*La imagino en la Antigüedad*).

DE MANERA O MODO

Aportan información sobre la forma en que tiene lugar el proceso al que hace referencia el verbo. Pueden funcionar normalmente como CC de manera los adverbios de modo (*así, cómo, como, bien, mal, regular, aprisa, deprisa, despacio...*), muchos de ellos derivados en *-mente* (*inteligentemente, suavemente*). También ejercen esta función los adverbios adjetivales (*afinado, alto, bajo, duro, fuerte, hondo, lento, lindo*), muchas locuciones adverbiales (*a ciegas, de memoria...*) y los grupos preposicionales (*con bastante prudencia*). La preposición *con* introduce complementos de manera cuando le siguen grupos nominales formados con sustantivos contables sin determinante (*traducir con diccionario, viajar con guardaespaldas*) o sustantivos abstractos que denotan cualidades, estados de ánimo u otras características similares de los individuos (*Actúa con temor; Habla con ironía*).

Responden a las preguntas *¿cómo?*, *¿de qué manera?*, *¿de qué modo?* y se pueden sustituir por el adverbio *así*. Los atributos que expresan cualidad responden también a estas pruebas; sin embargo, a diferencia de los

CC de modo, los atributos son muchas veces adjetivos y se predican siempre de un grupo nominal con cuyo núcleo concuerdan: *Dejó la casa* [grupo nominal] *muy bonita* [complemento predicativo]. Si el atributo es un grupo preposicional, la concordancia no se manifiesta: *Déjame con mis locuras* (frente a *tranquilo* o *tranquila*).

DE CANTIDAD O GRADO

Aportan al proceso verbal intensidad, ponderación o grado: *El verano nos gusta mucho; ¡Cuánto ha sufrido!* Estos circunstanciales están representados fundamentalmente por adverbios de cantidad y grado, y locuciones adverbiales. Expresa asimismo cantidad el adverbio interrogativo *cuánto*, a veces construido como término de preposición: *¿a cuánto?, ¿por cuánto?, ¿en cuánto?* También, las locuciones adverbiales constituidas por grupos nominales lexicalizados, como *un montón, una miseria, la mar de veces* y otras muchas.

Los complementos directos de medida responden también a la pregunta *¿cuánto?* Sin embargo, a diferencia de los circunstanciales de cantidad, pueden ser sustituidos por los pronombres átonos de CD (*lo, la, los, las*): *Mide dos metros (Los mide); Duró diez años* (*Los duró*).

DE COMPAÑÍA

Son circunstanciales cuyo grupo nominal denota un ser, generalmente animado, que acompaña al sujeto o participa con él en el desarrollo del proceso verbal: *María canta con nosotros; Pasea con su perro Fido*. Los CC de compañía se expresan por medio de grupos preposicionales encabezados por la preposición *con*, que alterna a veces con *junto con* o *juntamente con*.

El CC de compañía suele estar muy ligado semánticamente a un argumento del verbo (generalmente el sujeto). Se registran alternancias como las siguientes:

Inés pasea *con su novio*	Inés *y su novio* pasean juntos
Javier estudia *con un amigo*	Javier *y un amigo* estudian juntos

Están muy extendidas en el español americano las construcciones en las que la flexión verbal de primera persona del plural representa el conjunto formado por el hablante y el elemento designado por el término de la preposición: *Con José estuvimos hablando durante horas* ('José y yo estuvimos hablando durante horas').

DE INSTRUMENTO

Denotan el utensilio, el dispositivo o, en general, el recurso empleado por un agente para llevar a cabo la acción de la que se habla: *Lo escribió* con su pluma. Los adjuntos de instrumento se expresan por medio de grupos preposicionales introducidos por la preposición *con*. Se utiliza *sin* cuando se quiere expresar la ausencia del instrumento que se menciona: *No veía sin las gafas*. Carecen de expresión adverbial.

DE MEDIO

Estos adjuntos contienen grupos nominales que denotan entidades, animadas o no, que representan el canal o la vía a través de la cual se realiza la acción expresada por el verbo: *Se comunican por computadora; Lo envió por medio de su hijo*. Se manifiestan en grupos formados con las preposiciones *por, con, en* y *a*, además de las de nuevo cuño *mediante* y *vía*, y con locuciones prepositivas como *a través de* o *por medio de*. La noción de medio se emplea para referirse a un canal o medio de comunicación o de información (*Viaja en tren; Lo transmiten por radio; Se comunican a través de Internet*); una vía o medio de transporte (*Lo envían por avión*); un canal de percepción (*Perciben su huella a través del olfato*); un intermediario (*Me enteré por los vecinos; Lo consiguió por medio de un cuñado*); u otros recursos de los que se sirve alguien para lograr algo (*Se decidió por sorteo*).

DE MATERIA

Se refieren a la realidad, material o no, que sirve para elaborar, ocupar, tratar, modificar o transformar algo. Los complementos de materia son grupos preposicionales. Las preposiciones más comunes son *con* y *de*: *Lo pintó con tinta china; Estaba hecho de barro*. El uso de la preposición *sin* implica carencia, en este caso de materia: *Tuvo que hacer el panqué sin crema*. La materia se expresa mediante sustantivos no animados, contables y no determinados en plural (*Lo hicieron con palillos*), y no contables en singular (*Se fabrica con harina*).

DE FINALIDAD

Expresan el propósito u objetivo de la acción significada por el verbo. Están formados por grupos preposicionales encabezados por las preposiciones *a* y *para*, cuyo término es una expresión nominal de referente no animado (*Viene a su revisión anual; Lo hicimos para su provecho*) o una subordinada sustantiva con verbo en subjuntivo o en infinitivo (*Viene a que se le revise la presión arterial; Lo hice para que estuvieran contentos*). Como es esperable, el término de la preposición admite sustitutos pronominales no personales: *¿para qué?, ¿a qué?* (en ambos casos con pronombre neutro), *¿con qué fin?, para ello*. Los complementos de finalidad suelen aparecer con verbos de acción y sujetos agentivos.

DE BENEFICIARIO

El término nominal de estos complementos preposicionales denota un ser prototípicamente animado que recibe el daño o el provecho de la acción representada por el verbo. Se expresan a través de un grupo introducido por las preposiciones *para* y *por* seguidas de una expresión nominal: *Trabajaba para un ciego; Lo hizo por todos nosotros*. El término de la preposición puede corresponder a diversos pronombres con rasgos de persona: *¿para quién?, ¿por quién?, por ella, para quienes,* como en *los directivos para quienes realizaba informes,* etc.

Aunque por su significado y su expresión se hallan cerca de los adjuntos finales, se distinguen de ellos en que el término de la preposición designa casi siempre seres animados en los complementos de beneficiario. También se relacionan por su significado con los CI, pero se diferencian en que estos siempre están introducidos por la preposición *a* y pueden ser sustituidos o duplicados por el pronombre de dativo:

Lleva un regalo *para su tía* [CC] *Le* lleva un regalo *a su tía* [CI]

DE CAUSA

Expresan la causa, motivo o razón del proceso significado por el verbo. Se forman con las preposiciones *por, con, de* y las locuciones *a causa de* y *por causa de*. El término de la preposición puede ser nominal (*Entré por simple curiosidad; La suela de los zapatos resbala con el hielo; Se murió de pena*) u oracional (*Se marchó porque le dolía la cabeza; Sufrió una indigestión por comer demasiado*).

Adjuntos periféricos

RASGOS COMUNES

Existe una serie de adjuntos que se sitúan en una posición más externa que los complementos circunstanciales: los tópicos (→ págs. 12-14), los adjuntos del enunciado y los adjuntos de la enunciación. Se diferencian de ellos por las siguientes características:

a) Aparecen separados del resto de la oración por pausas: *De verdad, nada sabemos; Lógicamente, es una falacia.*

b) Rechazan los pronombres interrogativos: *En Cancún, descansa (*¿Dónde descansa?),* frente a *Descansa en Cancún (¿Dónde descansa?).*

c) Rechazan las relativas enfáticas. La estructura *En Cancún es donde descansa* realza el CC de *Descansa en Cancún*, pero no el adjunto periférico de *En Cancún, descansa*.

ADJUNTOS DEL ENUNCIADO

Expresan normalmente un juicio o una valoración del hablante respecto del enunciado en el que aparecen: *Por fortuna, todos llegaron bien; Ciertamente, es un campeón; Injustamente, fueron eliminados*. Admiten paráfrasis mediante una oración atributiva: *Verdaderamente, estuvo aquí* ('Es verdad que estuvo aquí'); *Desgraciadamente, no sé nada* ('Es una desgracia que no sepa nada').

ADJUNTOS DE LA ENUNCIACIÓN O DE VERBO ENUNCIATIVO

Son los adjuntos más externos, ya que no modifican al predicado ni a la oración, sino al acto de enunciación mismo. Así, en el ejemplo *Sinceramente, no lo hemos visto*, se comunica, a través del adverbio, la actitud del hablante hacia sus palabras. El enunciado se puede interpretar presuponiendo la existencia de un verbo enunciativo tácito (*digo*) al que modifica dicho adverbio: 'Digo sinceramente que no lo hemos visto'. Existen diferentes tipos de adjuntos de la enunciación o de verbo enunciativo, varios de los cuales corresponden a distintas clases de subordinadas, que se estudian en los capítulos correspondientes:

a) De MODO: Se concretan en expresiones como *honestamente, francamente, sinceramente, con toda franqueza, lisa y llanamente...*: *Honestamente, no puedo aceptar.* Preceden en el orden a los adjuntos del enunciado y a los tópicos. A diferencia de estos, se articulan con entonación descendente.

b) De TIEMPO: *Una vez más, por aquí no han pasado.*

c) De CAUSA: *Están en casa, porque hay luz en la ventana*. El que haya luz en la ventana es la causa por la que se dice que están en casa.

d) De CONCESIÓN: *Aunque no me creas, yo no fui*. La concesiva no afecta al predicado *fui*, sino al acto de decir: *Aunque no me creas, digo...*

e) De CONDICIÓN: *Si me permites, yo no estoy de acuerdo*. La condicional incide sobre el verbo enunciativo implícito: *Si me lo permites, digo...*

f) De FINALIDAD: *Para que te enteres, ese no es el director*. El adjunto final recae sobre la enunciación: *Para que te enteres, digo...*

22

El atributo

Características generales del atributo

DEFINICIÓN

Se denomina ATRIBUTO la función desempeñada por grupos sintácticos cuyo contenido se predica, normalmente a través de un verbo, del referente denotado por un grupo nominal o por una oración sustantiva. La atribución se realiza en distintos tipos de construcciones:

a) Con los verbos COPULATIVOS *ser, estar* y *parecer.* Son verbos que poseen escaso contenido léxico y que sirven de unión entre una predicación no verbal (→ págs. 14-15) y el sujeto: *Su hijo es encantador; La gente estaba contenta; La ciudad parece tranquila.* Estos atributos pueden ser sustituidos por el pronombre neutro *lo: Lo es; Lo estaba; Lo parece.*

b) Con verbos SEMICOPULATIVOS O PSEUDOCOPULATIVOS, es decir, verbos plenos que, al recibir el atributo, modifican su significado y sus propiedades gramaticales. Así se observa en estos pares:

VERBO PLENO	VERBO SEMICOPULATIVO
Anduvo todo el día	*Anduvo triste todo el día*
Se quedó en Madrid	*Se quedó sorprendido*

Los atributos de los verbos semicopulativos rechazan la sustitución por el pronombre *lo: Resulta original* > **Lo resulta.*

c) Con verbos PLENOS, es decir, verbos dotados de significado léxico cuya estructura argumental no requiere la presencia de un atributo: *Ingresó en la maestría muy bien preparado.* En este caso el atributo recibe el nombre de COMPLEMENTO PREDICATIVO.

d) En algunas estructuras bimembres no verbales, como las construcciones absolutas (*Concluidas las fiestas, todo el mundo regresó*) (→ pág. 223). También en algunos enunciados sin verbo (*Obama, presidente*).

e) En algunas estructuras nominales, la función de atributo puede relacionarse con el grupo nominal con el que concuerda a través de un sustantivo. Así, en *la búsqueda del asesino vivo o muerto*, el segmento *vivo o muerto* se relaciona con *el asesino* a través de *la búsqueda* (al igual que en *Buscan vivo o muerto al asesino* lo hace a través de *buscan*).

CATEGORÍAS GRAMATICALES QUE PUEDEN SER ATRIBUTO

Según los grupos sintácticos que los constituyen, los atributos pueden dividirse en adjetivales, nominales, preposicionales y adverbiales. Con más restricciones, también pueden ser atributo oraciones subordinadas de diversos tipos.

a) Atributos adjetivales. Son los más característicos. Aparecen en todas las manifestaciones de la atribución: *La mañana era soleada; El viajero parecía cansado; Los contratantes quedaron satisfechos; Los bueyes caminaban lentos; La encontraron contenta*. Sin embargo, no todos los adjetivos admiten esta función: **La visita fue presidencial; *El culpable es presunto*.

b) Atributos nominales. Se combinan con facilidad con los verbos copulativos *ser* y *parecer* (*Luis es médico; Parece un buen especialista*) y con los semicopulativos *hacerse, resultar* y *volverse* (*Se hizo aviador; Resultó la persona indicada*), pero rechazan, por lo general, el verbo *estar* y algunos semicopulativos, como *ponerse*.

c) Atributos preposicionales. Es frecuente que los atributos sean grupos preposicionales: *Estoy de vacaciones; El vestido parecía de seda*. En algunos de estos atributos, el término nominal de la preposición concuerda con el sujeto: *Ellos saldrán de delanteros*.

d) Atributos adverbiales. Pueden funcionar como atributos muchos adverbios de modo: *Estaba estupendamente, La encontré bien*. También el interrogativo *cómo* y algunos locativos: *¿Cómo era?; La puso delante*.

e) Atributos oracionales. Pueden realizar esta función las subordinadas sustantivas que aparecen en definiciones y explicaciones (*Ser famoso es que lo paren a uno por la calle; Vivir es sufrir*), y algunas relativas (*Los hay que no saben nada; Lo encontré como me lo imaginaba; Lo vieron que salía corriendo*).

CONCORDANCIA DEL ATRIBUTO

La concordancia con el sustantivo. El atributo concuerda con el sustantivo del que se predica siempre que la morfología lo permita. Así:

a) Los atributos adjetivales concuerdan en género y número: *Los guardias estaban dormidos; No veo claras sus intenciones.* Concuerdan también implícitamente con el sujeto tácito de los infinitivos: *Inés preferiría Ø estar sola.*

b) Los atributos nominales muestran en general esa misma concordancia (*Ernestina era su hija*), salvo si el sustantivo carece de flexión genérica: *La reunión fue un fracaso.*

c) Los pronombres que sustituyen a los atributos muestran género neutro: *Parece insegura, pero no lo es.*

La concordancia con el verbo. Lo normal es que el verbo concuerde con el sujeto en número y persona. No obstante, existen oraciones copulativas construidas con *ser* en las que el verbo parece no concordar con él, sino con el atributo. Ocurre esto sobre todo cuando el sujeto es un pronombre o está encabezado por el artículo neutro (*Todo eran imaginaciones; Aquello son molinos de viento; Lo anterior son malas noticias*).

El atributo en las oraciones copulativas

ATRIBUTOS CON *SER* Y *ESTAR*

Diferencia general entre *ser* y *estar*. Los atributos que se construyen con *ser* suelen designar propiedades, permanentes o no, que sirven para caracterizar a los individuos independientemente de cualquier situación concreta (*Es alto; Es diestro; Es mudo*). Los que se construyen con *estar* aluden a algunos de sus estados transitorios (*Está triste; Está solo*).

Como consecuencia de ello, los atributos construidos con *estar* exigen una vinculación temporal. Así, si se dice de alguien que *es* simpático, se entiende que lo es siempre o habitualmente, pero si se dice que *está* simpático, implica que lo es un momento o un período determinado. Se elige, por ello, *estar* para aludir al resultado de un cambio de estado (*El suelo está sucio*) o al comportamiento momentáneo o circunstancial de alguien (*El gobernador estuvo cruel en su discurso*).

Copulativas con atributos locativos. En función de su sentido general, *estar* es el verbo más adecuado para los atributos que sitúan algo en un lugar: *El jefe no está en su despacho; ¿Dónde estás?* No obstante, cuando se sitúan en el espacio o en el tiempo acciones o sucesos, se emplea *ser: La reunión es aquí.*

Copulativas con atributos nominales. Lo normal es que, cuando el atributo es un grupo nominal, se construya con *ser: Aquel hombre era {un desastre ~ cocinero ~ el jefe de Fernando}*. Pueden ser de dos clases:

a) Caracterizadoras o adscriptivas. Con ellas se dice a qué clase pertenecen los seres: *Ese metal es cobre; Ángel es cocinero.* En todas ellas el atributo puede sustituirse por *lo* (*Ángel lo es*) o por un demostrativo neutro (*Ángel es eso, cocinero*), y se pregunta por él usando *qué: ¿Qué es Ángel?*

b) Identificativas o ecuativas. Expresan la identidad de personas o cosas. Así, al decir *Ana es la enfermera,* no se comunica una propiedad de Ana, sino que se señala quién es. El atributo de estas oraciones responde a los interrogativos *quién* o *cuál* (*¿Quién es Ana?; ¿Cuál es tu abrigo?*), y se sustituye por demostrativos no neutros (*Ana es esa; Mi abrigo es este*). En las oraciones identificativas, el atributo es un grupo nominal definido.

Copulativas con atributos adjetivales. Son las más habituales, y se construyen con *ser* o *estar* de acuerdo con su significado. Eligen *ser:*

a) Los adjetivos de relación que pueden ser atributos: *digital, geográfico, literario, musical, político...*

b) Los que expresan verdad o certeza: *cierto, evidente, obvio, seguro.* No obstante, algunos admiten también *estar: {Es ~ Está} claro.*

c) Los que expresan frecuencia o infrecuencia, predicados de situaciones o estados permantentes: *habitual, normal, raro...*

d) Los de valor causativo: *angustioso, preocupante, terrorífico...*

e) Muchos de naturaleza evaluativa, que admiten como sujeto subordinadas sustantivas: *Es posible que llueva.* No obstante, algunos de ellos se construyen con *estar: Está feo que lo diga yo.*

Eligen *estar:*

a) Los adjetivos formados sobre antiguos participios, como *contento, descalzo, desnudo, lleno, quieto, vacío...*

b) Los participios que expresan el resultado de un proceso de cambio: *Está {cansado ~ herido ~ prohibido}.*

En algunos adjetivos se perciben cambios de significado según se construyan con uno u otro verbo. Así ocurre, por ejemplo, con *ser listo* ('inteligente, despierto') ~ *estar listo* ('preparado'); *ser rico* ('adinerado') ~ *estar rico* ('sabroso'); *ser vivo* ('listo') ~ *estar vivo* ('con vida').

En la aparición de *ser* o de *estar* intervienen otros factores sintácticos y semánticos. Los dativos simpatéticos favorecen la presencia de *estar* (*Los zapatos son grandes* / *Los zapatos me están grandes* ~ ... *me quedan grandes*). Ciertas propiedades se predican con *estar* o con *ser* en función de que el sujeto designe o no un ser humano: *Su marido estaba grave*, frente a *La enfermedad {*estaba ~ era} grave*.

EL VERBO *PARECER*

Este verbo puede ser copulativo, pero también pertenecer a otras clases sintácticas. Estos son sus tres usos básicos:

a) Verbo copulativo (como *ser*). Se construye con un atributo nominal, adjetival o preposicional: *Jorge parece un buen escritor; Noelia parece segura de sí misma; Ustedes no parecen de Honduras*. El atributo admite la sustitución por el pronombre neutro *lo*: *Acaso estuvieran cansados, pero no lo parecían*.

b) Auxiliar de una perífrasis (como *poder*) (→ págs. 164-165). Cuando *parecer* va seguido de un infinitivo, como en *La tensión parecía disminuir*, no se comporta como un verbo copulativo típico, en cuanto que tiende a rechazar la sustitución por *lo*.

c) Verbo introductor de una aserción. *Parecer* puede construirse con una oración subordinada sustantiva introducida por *que*, como en *Parece que no me oye*. En estos casos, la subordinada actúa como sujeto (como en las oraciones correspondientes construidas con *suceder* o *resultar*), por lo que en estos usos *parecer* no se comporta como verbo copulativo.

Verbos semicopulativos

Se distinguen fundamentalmente tres tipos:

a) Verbos de cambio. Denotan el paso de un estado a otro. Los más usados son *hacerse, volverse, ponerse, quedar(se)*. Los dos primeros se corresponden con *ser* y los dos últimos con *estar*: *El cambio {era ~ se hacía ~ se volvía ~ *estaba ~ *se ponía ~ *(se) quedaba} inevitable; La muchacha {estaba ~ se quedó ~ se puso ~ *se volvió ~ *se hizo} contenta*. A ellos se añaden otros verbos semicopulativos de cambio, como *acabar* (*Los asistentes acabaron borrachos*), *caer* (*Al poco tiempo cayó* *enfermo)*, *resultar* (*El edificio resultó alcanzado*), *salir* (*Salió elegido por una amplia mayoría*), *terminar* (*Julio e Isabel terminaron casados*).

b) VERBOS DE PERMANENCIA, PERSISTENCIA O CONTINUIDAD. Indican que una situación está vigente. A este grupo pertenenen *andar* (*Julián anda enamorado*), *conservarse* (*Se conserva joven*), *continuar* (*Continúa enfermo*), *mantenerse* (*Se mantuvo firme*), *permanecer* (*Permaneció fiel*), *seguir* (*Sigue callada*).

c) VERBOS DE MANIFESTACIÓN O PRESENCIA DE ESTADOS O PROPIEDADES. Los principales son *encontrarse* (*Aquel día me encontraba enfermo*), *hallarse* (*La señora se hallaba indispuesta*), *mostrarse* (*Las medidas se mostraron ineficaces*), *presentarse* (*El negocio se presenta difícil*), *revelarse* (*El nuevo jefe se ha revelado como un perfecto inútil*).

Los complementos predicativos

DEFINICIÓN

Se aplica la denominación de COMPLEMENTOS PREDICATIVOS (o simplemente PREDICATIVOS) a un tipo de atributos que se construyen con verbos plenos: *Julio llegó radiante*. Obsérvese que en esta oración se dice que Julio llegó y que, cuando llegó, estaba radiante. Así pues, el predicativo añade a la predicación principal otra secundaria (→ págs. 14-15), a diferencia de los atributos examinados anteriormente. No admiten la sustitución por *lo*, con la excepción del verbo *llamar*: *A Lola la llamaban «la Faraona»* > *Se lo llamaban*.

TIPOS DE COMPLEMENTOS PREDICATIVOS

Los predicativos se pueden clasificar a partir de la función sintáctica del elemento del que se predican.

Complementos predicativos del sujeto. Suelen expresar, a través de un verbo pleno, estados circunstanciales de personas o cosas, como en *Noelia caminaba exhausta*, frente a *Noelia quedó exhausta*, con verbo semicopulativo.

Complementos predicativos del complemento directo. Pueden ser adjetivos (*Lo compraste caro*), sustantivos (*Lo eligieron alcalde*), grupos preposicionales (*Envió la carta sin estampilla*), adverbios de modo (*Te veo estupendamente*) o de lugar (*La quiero aquí*), locuciones adjetivas o adverbiales (*La llevaba en volandas*) y también oraciones (*Lo prefiero que tenga aire acondicionado*).

Complementos predicativos de otras funciones. Aunque no son muy frecuentes, existen predicativos de otras funciones:

a) Del complemento indirecto: *Le extrajeron la muela dormido.*

b) De complementos de régimen: *¿Se acuerdan ustedes de Enrique borracho?*

c) De un grupo nominal (casi siempre formado por sustantivos deverbales o de representación). Al igual que *cansado* es un complemento predicativo en *Enrique llegó cansado,* lo es también en *la llegada de Enrique cansado,* ahora dentro del grupo nominal. Otros ejemplos del mismo tipo son *el regreso de los exploradores heridos y aterrorizados* o *un retrato del marqués a caballo.*

Las construcciones absolutas

DEFINICIÓN

Las CONSTRUCCIONES ABSOLUTAS son expresiones bimembres en las que un atributo se predica de un elemento nominal sin que medie un verbo flexionado: *Terminada la reunión, el edificio quedó vacío.* Normalmente, forman un inciso, representado en la grafía mediante comas.

SUJETO Y PREDICADO EN LAS CONSTRUCCIONES ABSOLUTAS

El sujeto de las construcciones absolutas es normalmente un grupo nominal que suele aparecer pospuesto (*Terminada la reunión, ...* y no *La reunión terminada, ...*). Puede ser también una oración subordinada, como en *Una vez comprobado que no se podía hacer nada, se volvieron al pueblo.* El sujeto no siempre está expreso (*Cansados, se retiraron pronto*).

El predicado de las construcciones absolutas puede ser de varios tipos:

a) Participios. Son los más característicos. Pueden corresponder a múltiples verbos transitivos de acción (*Presentado el proyecto, el jurado decidirá*), pero también a los verbos llamados INACUSATIVOS: *Transcurridos dos días, se inició el proceso* (→ pág. 226).

b) Adverbios o locuciones adverbiales: *Así las cosas, nos fuimos.*

c) Grupos preposicionales: *En prensa el libro, se hicieron varias correcciones.*

d) Adjetivos o locuciones adjetivas: *Una vez sola Patricia, lloró amargamente.*

e) Sustantivos: *Víctimas de la especulación, fueron desahuciados.*

Copulativas enfáticas de relativo

Las CONSTRUCCIONES COPULATIVAS ENFÁTICAS DE RELATIVO sirven para realzar un constituyente tomado de una oración neutra, no marcada o no focalizada. Constan de tres partes: foco (→ págs. 13-14), verbo *ser* y oración de relativo. En esta última, el relativo es congruente desde el punto de vista sintáctico con el foco y se recoge la parte no realzada de la oración neutra. En el ejemplo *Mamá llamó a María ayer,* se pueden focalizar los segmentos *mamá, a María* y *ayer:*

(A) Foco	*SER*	(B) Oración de relativo
Mamá	es ~ fue	quien llamó a María ayer
A María	es ~ fue	a quien llamó mamá ayer
Ayer	es ~ fue	cuando llamó mamá a María

El verbo *ser* suele aparecer en el mismo tiempo que el verbo de la relativa. Permiten tres distribuciones:

«A-*ser*-B»: *Mamá es (fue) quien llamó a María ayer*
«B-*ser*-A»: *Quien llamó a María ayer es (fue) mamá*
«*Ser*-A-B»: *Es (Fue) mamá quien llamó a María ayer*

Cuando el foco de una copulativa enfática es un pronombre de primera o segunda persona, impone sus rasgos de número y persona al verbo *ser:* *Nosotros somos los que llamamos a María ayer.*

23

Oraciones activas, pasivas, impersonales y medias

Activas y pasivas

La lengua ofrece la posibilidad de describir un mismo proceso con estructuras que presentan diferente organización sintáctica. Si se comparan las secuencias *María despertó a los niños* y *Los niños fueron despertados por María,* se observa que en ambos enunciados *María* es "agente" y *los niños* es "paciente", pero que dichos constituyentes desempeñan distintas funciones sintácticas: *María* es sujeto en la primera oración y complemento agente en la segunda; a su vez, *los niños* es complemento directo en la primera y sujeto en la segunda.

María	*despertó*	*a los niños*
sujeto	núcleo del predicado	CD
"agente"	verbo en activa	"paciente"

Los niños	*fueron despertados*	*por María*
sujeto	núcleo del predicado	CAg
"paciente"	perífrasis pasiva	"agente"

Recibe el nombre de DIÁTESIS cada una de las construcciones gramaticales que permiten expresar de manera diversa los argumentos de un verbo. Las más importantes son la ESTRUCTURA ACTIVA y la ESTRUCTURA PASIVA.

Para manifestar estas oposiciones las lenguas acuden a recursos morfológicos (flexión o derivación) o sintácticos (fundamentalmente, perífrasis). Estas diferencias formales que expresan la diátesis (por ejemplo, *despertó / fue despertado*) se denominan VOCES. En español se distinguen tradicionalmente dos tipos: la VOZ ACTIVA y la VOZ PASIVA. En los estudios gramaticales se ha venido manteniendo una interpretación amplia del concepto de voz activa, ya que abarca incluso secuencias en las que el sujeto no es propiamente agente, como en *La muchacha padecía una extraña enfermedad; El reo recibió la sentencia sin inmutarse.*

La pasiva perifrástica

ASPECTOS FORMALES

En español, la PASIVA PERIFRÁSTICA se expresa mediante una construcción sintáctica formada con el verbo *ser* más el participio de un verbo transitivo, que concuerda en género y número con el sujeto: *Las propuestas serán estudiadas; La habitación fue pintada recientemente.*

RESTRICCIONES

A diferencia de otras lenguas, en español no se construyen oraciones pasivas con verbos intransitivos. Los transitivos que denotan estados o propiedades tienden a rechazarlas: **Una casa linda es tenida (por Pablo).* Existen, no obstante, excepciones (*La obra era conocida por todos*).

EL COMPLEMENTO AGENTE

El COMPLEMENTO AGENTE es una función sintáctica que reproduce en las oraciones pasivas el sujeto de las activas. Suele construirse con la preposición *por,* pero con ciertos participios alternan *por* y *de*: *conocido {de ~ por} todos; rodeada {de ~ por} montañas.* Los complementos agentes están vinculados al participio. Por esta razón, pueden complementarlo cuando este constituye un modificador nominal (*una ciudad rodeada por montañas*). Aparecen asimismo con los adjetivos derivados en *-ble* (*gastos asumibles por la empresa*) y con algunos sustantivos deverbales (*la supresión de las libertades por el dictador*).

Los verbos inacusativos

Los VERBOS INACUSATIVOS (también llamados SEMIDEPONENTES) son verbos intransitivos que expresan presencia, aparición o acaecimiento de algo, como *caer, entrar, llegar, morir* o *nacer.* A pesar de ser intransitivos, poseen algunas propiedades que los aproximan a los transitivos. Sus participios pueden, por ejemplo, formar construcciones absolutas (*Desaparecido el problema, todo volvió a la normalidad*), modificar a sustantivos (*los niños nacidos el año* pasado) o admitir el adverbio *recién*, característico de los verbos transitivos (*recién llegados*).

Las oraciones impersonales. Impersonales no reflejas

EL CONCEPTO DE ORACIÓN IMPERSONAL

Se denomina tradicionalmente ORACIÓN IMPERSONAL la que no lleva sujeto, sea expreso o sobrentendido. No obstante, debe distinguirse entre los VERBOS IMPERSONALES LÉXICOS, que carecen de la posibilidad de tener sujeto porque su propio significado impide que se prediquen de alguna entidad (*Nieva; Ya es de día; Habrá buena cosecha*), y aquellos otros que se predican de alguna entidad inespecífica, casi siempre personal: *Se duerme mejor en primavera; Dicen que vuelve el buen tiempo; Si vas con prisas, nunca resuelves nada.*

IMPERSONALES CON VERBOS REFERIDOS A FENÓMENOS ATMOSFÉRICOS

Verbos como *granizar, llover, nevar, oscurecer* o *tronar* son los impersonales léxicos más característicos. Van en tercera persona del singular y carecen de sujeto. Algunos, sin embargo, admiten usos personales, sobre todo en sentido figurado: *Le llovieron las críticas; Tronaban los cañones; Amanecí con dolor de cabeza.*

IMPERSONALES CON *HABER, HACER, SER, ESTAR*

Impersonales con *haber*. Este verbo se usa en tercera persona de singular como impersonal transitivo, por lo que no concuerda con su argumento, que es complemento directo: *No hay posibilidades.*

- Los hablantes de algunas áreas establecen, sin embargo, la concordancia de número: *Habían suficientes pruebas; Hubieron dificultades.* Se recomienda la variante en singular: *Había suficientes pruebas; Hubo dificultades.*
- La concordancia de persona (*Habemos algunos que no queremos*) es rechazada en el español europeo y en el de algunos países americanos, pero resulta habitual en la lengua conversacional de ciertas áreas, como la centroamericana y la andina.

n

Impersonales con *hacer, ser* y *estar*. Estos verbos participan en construcciones impersonales asociadas con el tiempo atmosférico (*Hace sol*) o con el cronológico (*Hace años; Todavía era de noche*).

> Varía la concordancia de número en las oraciones que expresan la hora. Se recomiendan en estos casos las variantes concordadas (*Ya son las siete; Ya es la una*), frente a las impersonales (*Ya es las siete*). Alternan, sin embargo, *¿Qué hora es?*, opción general en el mundo hispánico, y *¿Qué horas son?*, propia del registro conversacional de algunas áreas. *n*

IMPERSONALES CON OTROS VERBOS

Otros verbos dan lugar a construcciones impersonales en ciertos usos: *dar* (*Le dio por hacerse titiritero*); *ir* («*irle* a alguien + complemento de manera»: —*¿Cómo le va?* —*Me va bien*); *apestar, oler*... (*Aquí huele a rancio*); *doler, escocer, picar* con locativo (*Me duele aquí*); *bastar, pesar, tratarse* y otros construidos con complemento preposicional (*Me basta con su palabra*).

Estos verbos suelen admitir también construcciones con sujeto: *Tu cuarto apesta a tabaco; Me duele la cabeza; Me basta tu palabra; Me pesa no haberte hecho caso*.

SUJETOS TÁCITOS DE INTERPRETACIÓN INESPECÍFICA

Se consideran impersonales ciertas oraciones con el verbo en tercera persona del plural a las que se supone un sujeto tácito inespecífico, referido siempre a persona: *Llaman a la puerta* ('Alguien no determinado llama a la puerta'). Estos sujetos no alternan con pronombres personales y solo se interpretan así en las oraciones activas. La interpretación genérica se da también con la primera del plural (*En México cenamos más tarde que en muchos países*) y con la segunda del singular (*Si quieres vivir bien, debes tener dinero*).

Impersonales con *se* o impersonales reflejas

USOS DE *SE*

La forma *se* encierra un gran número de valores gramaticales y aparece en estructuras muy diversas. Se distinguen básicamente dos tipos:

a) *Se* PARADIGMÁTICO. El *se* pertenece al paradigma de formas *me, te, se, nos, os, se*, que aparecen concordando con el sujeto en las construcciones reflexivas y recíprocas (*Se conoce poco a sí mismo; Se aman los unos a los otros*) o en los verbos pronominales (*Ella se divierte*).

b) *Se* NO PARADIGMÁTICO. No alterna con pronombres de otras personas y aparece en las impersonales reflejas (*Se vive bien siendo estudiante*) y en las pasivas reflejas (*Las noticias se recibieron ayer*). No contrae función sintáctica.

ORACIONES IMPERSONALES REFLEJAS

Se construyen con *se* y un verbo en tercera persona de singular, sea transitivo (*Se honra a los héroes*) o intransitivo (*Allí se discutía de casi todo*). En estas oraciones, el participante que corresponde al sujeto queda oculto, pero se refiere a una persona (*Se habla de política* implica 'Alguien habla de política').

La pasiva refleja

CARACTERÍSTICAS

Además de perifrásticas, las pasivas pueden ser también REFLEJAS. Las características básicas de estas oraciones son las siguientes:

a) Se construyen con la forma *se* y un verbo que concuerda con el sujeto paciente en número y persona: *Se aprobaron los estatutos.*

b) El sujeto puede ser, además de un grupo nominal, una oración sustantiva: *Se dice <u>que habrá elecciones</u>; Se decidió <u>cómo hacerlo</u>.*

c) Son posibles en perífrasis verbales, con la forma *se* antes del verbo auxiliar o después del principal: *Estas fechas {no <u>se</u> deben olvidar ~ no deben olvidar<u>se</u>}.*

La pasiva refleja muestra resistencia a aceptar complementos agentes. Aunque su uso es frecuente en el lenguaje jurídico y administrativo (*La ley se aprobará por el Senado*), se prefiere en estos casos la construcción activa (*El Senado aprobará la ley*) o la pasiva perifrástica (*La ley será aprobada por el Senado*). *n*

PASIVAS REFLEJAS E IMPERSONALES CON *SE*

Son construcciones muy cercanas. En ambas se oculta un argumento, que se corresponde con el primitivo sujeto:

Alguien cura las heridas	Se curan las heridas [pasiva refleja]
Alguien cura a los heridos	Se cura a los heridos [impersonal]

En estos ejemplos se observa que, cuando la forma *se* se aplica a un verbo transitivo, el resultado puede ser doble: una construcción de pasiva refleja (el CD no tiene preposición y pasa a ser sujeto: *Se curan las heridas*) o una impersonal (el CD tiene preposición y se mantiene como tal: *Se cura a los enfermos*). La diferencia formal no oculta su proximidad semántica: tanto las pasivas como las impersonales formadas sobre oraciones transitivas expresan sentido pasivo (*Se curan las heridas = Las heridas son curadas; Se cura a los enfermos = Los enfermos son curados*).

- Con sujetos de cosa, es preferible la pasiva refleja (*Se alquilan habitaciones; Se dan clases de inglés*), si bien, sobre todo en publicidad, es frecuente la forma impersonal (*Se alquila habitaciones; Se da clases de inglés*), opción que no se recomienda.
- En algunas áreas del español americano (notablemente la rioplatense), son comunes las impersonales con *se* y CD de cosa (*El asunto era importante, pero no se lo planteó bien*). En las demás áreas se prefieren en estos casos las pasivas reflejas (*El asunto era importante, pero no se planteó bien*).
- El verbo de las impersonales reflejas con *se* se construye en singular. No son, pues, correctas oraciones como *Se premiaron a los mejores alumnos* (por *Se premió a los mejores alumnos*).

n

Con los verbos intransitivos solamente son posibles las oraciones impersonales: *En verano se duerme mal; Aquí no se habla de política.*

Construcciones medias

CONCEPTO

Se puede hablar para el español de un tercer tipo de diátesis: las CONSTRUCCIONES MEDIAS. Son oraciones intransitivas que expresan cambios de estado o procesos experimentados por un sujeto que no ejerce control directo sobre ellos. Se forman con verbos pronominales (*Los campos se secan*) o no pronominales (*La hierba crece*). Con algunos verbos podemos observar una triple oposición de diátesis: activa, pasiva (perifrástica o refleja) y media.

Activa	Pasiva	Media
Ana hirvió la leche	La leche fue hervida Se hirvió la leche	La leche hirvió
Ana despierta a los niños	Los niños son despertados Se despierta a los niños	Los niños se despiertan
Ana cura a los enfermos	Los enfermos son curados Se cura a los enfermos	Los enfermos se curan

LOS VERBOS PRONOMINALES

Se llaman VERBOS PRONOMINALES los que se conjugan con las formas átonas del paradigma reflexivo *me, te, se, nos, os, se* (*arrepentirse, cansarse, marearse...*). En la oración *Yo me mareo,* concuerdan los pronombres *yo* y *me* con la flexión del verbo (1.ª persona). Esta doble concordancia se extiende a todo el paradigma: *Tú te mareas; Él se marea,* etc. Se distinguen dos clases de verbos pronominales: los que tienen únicamente forma pronominal (*abalanzarse, abstenerse, arrepentirse...*) y los que poseen variantes no pronominales (*decidir* y *decidirse, esconder* y *esconderse, olvidar* y *olvidarse, lamentar* y *lamentarse...*).

24

La modalidad. La negación

La modalidad

El término ENUNCIACIÓN designa la acción verbal de emitir un mensaje. El ENUNCIADO constituye la estructura lingüística con la que se realiza esa acción verbal. Todo enunciado comunica no solamente la representación de algo (SECUENCIA O *DICTUM*), sino también la actitud que el hablante tiene ante dicho contenido (MODALIDAD O *MODUS*). La *modalidad* expresa la actitud del hablante por medio de marcas o recursos lingüísticos.

TIPOS DE MODALIDAD

Obsérvense los siguientes enunciados:

Juan viene	*¿Viene Juan?*	*¡Juan viene!*	*Ven, Juan*	*Ojalá venga Juan*

En todos ellos se predica de *Juan* la acción de venir. Sin embargo, se trata de cinco enunciados distintos, pues expresan distinta actitud del hablante. La modalidad utiliza recursos lingüísticos diversos:

a) Fonológicos, como la entonación: *¡Juan viene! / Juan viene.*

b) Sintácticos, como el orden de palabras: *Juan viene / ¿Viene Juan?*

c) Morfológicos, como la flexión verbal: *Ven, Juan / Juan viene.*

Se distinguen cinco modalidades fundamentales:

a) ENUNCIATIVA O ASEVERATIVA: *Juan viene.*

b) INTERROGATIVA: *¿Viene Juan?*

c) EXCLAMATIVA: *¡Juan viene!*

d) Imperativa: *Ven, Juan; Vení, Juan.*

e) Desiderativa: *Ojalá venga Juan.*

Estas modalidades pueden combinarse también con secuencias que no contienen verbo, dando lugar a enunciados no oracionales: *¡Todo un campeón!; ¿Dos barras de pan?; ¡Arriba esos ánimos!*

Es necesario diferenciar asimismo entre las nociones de enunciado lingüístico y acto verbal. El enunciado lingüístico es una construcción formada por una secuencia y su modalidad. Un mismo enunciado puede ser utilizado en el habla con valores contextuales diferentes, es decir, ejecutando actos verbales distintos. Por medio de los enunciados lingüísticos realizamos, pues, actos verbales o actos de habla. En los mensajes *¡Buenos días!, ¡Hasta luego!, ¡Enhorabuena!, Le ruego que me escuche, No se ponga nervioso, ¿Tomas un café?, ¿Cuántos hermanos tienes?, Salga ahora mismo de aquí* reconocemos, respectivamente, la realización de los siguientes actos: saludo, despedida, felicitación, ruego, consejo, invitación, pregunta y mandato.

Los verbos denominados realizativos (*prometer, rogar, ordenar, perdonar,* etc.) dan lugar a actos verbales en determinados contextos sintácticos. Así, la oración *Te lo prometo* constituye una promesa, mientras que *Te lo prometí* constituye una aseveración; por tanto, otro tipo de acto verbal.

LOS ACTOS VERBALES Y LA MODALIDAD

No existe correspondencia necesaria entre las modalidades y los actos de habla. La modalidad lingüística interrogativa se utiliza prototípicamente para realizar preguntas (*¿Cómo se llama su hija?*), pero también para efectuar peticiones (*¿Me da usted lumbre?*), ofrecimientos (*¿Desea usted algo?*), recriminaciones (*¿No te da vergüenza?*) e incluso aseveraciones, como es el caso de las interrogaciones retóricas (el enunciado *¿Soy acaso el guardián de mi hermano?* se interpreta como 'Yo no soy el guardián de mi hermano'). A la inversa, los enunciados aseverativos no solo realizan afirmaciones (*El hombre es mortal*), sino también órdenes (*Usted se calla*), alabanzas (*Es usted muy generoso*), etc.

Los enunciados aseverativos

En los enunciados aseverativos o enunciativos el emisor se compromete con la veracidad de lo que expresa la secuencia o *dictum,* por lo que aquel puede ser calificado de veraz o falaz, y los mensajes, de verdaderos o de falsos.

Los enunciados aseverativos se clasifican en afirmativos (*El tren llegó*) y negativos (*El tren no llegó*). No obstante, la posibilidad de contener o no negación se extiende a casi todos los enunciados (*Ven* ~ *No vengas; ¿Es hoy martes?* ~ *¿No es hoy martes?*).

En los enunciados aseverativos oracionales el verbo se manifiesta en indicativo y se adopta un orden no marcado ni fijo: *La fiesta terminó* ~ *Terminó la fiesta.*

Los enunciados interrogativos

CONCEPTO

Las construcciones interrogativas se caracterizan por introducir alguna incógnita. En la modalidad interrogativa el emisor no se compromete con la veracidad de lo que expresa la secuencia o *dictum*, por lo que estos enunciados no son ni verdaderos ni falsos. Comunicativamente, son enunciados abiertos, en el sentido de que posibilitan una respuesta del interlocutor. Los enunciados interrogativos pueden ser oracionales (*¿Llueve?*) o no (*¿Más libros?; ¿Contento?; ¿Ya?*). Las interrogativas oracionales se construyen generalmente en el modo indicativo.

CLASES DE CONSTRUCCIONES INTERROGATIVAS

Existen dos clasificaciones de las interrogativas, que pueden cruzarse entre sí:

a) Directas o indirectas. Solo las primeras constituyen por sí mismas enunciados interrogativos (*¿Cuándo ocurrió?*). Las segundas son un tipo de oración subordinada sustantiva (*Dígame cuándo ocurrió*) (→ págs. 244-245).

b) Totales o parciales. En las totales, o disyuntivas, se presenta una incertidumbre entre varias posibilidades. Las opciones son dos en las totales de sí o no, como *¿Ha llegado tu hermano (o no)?*, pero pueden ser múltiples en las llamadas totales alternativas, como *¿Vendrá hoy, mañana o pasado mañana?* En las parciales, la incógnita es representada por un interrogativo (*¿Dónde están?; ¿Quién me llama?*).

Todas estas interrogativas pueden ser también indirectas: *en función de si viene hoy, mañana o pasado mañana; No sé si ha llegado o no; No han averiguado dónde están*, etc.

Una propiedad sintáctica de las oraciones interrogativas, especialmente observable en las parciales, es la marcada tendencia a posponer el sujeto cuando este no representa la incógnita por la que se pregunta: *María triunfó* > *¿Triunfó María?; Juan come arroz* > *¿Come Juan arroz?* No son, sin embargo, anómalas oraciones como *¿Qué tú dijiste?* en el español conversacional caribeño.

Las preguntas que esconden aseveraciones (sean afirmativas o negativas) se denominan RETÓRICAS (*¿Estamos aquí para perder el tiempo?; ¿A quién le va a interesar esta película?*). Se llaman habitualmente DE ECO las interrogativas que solicitan una confirmación de lo que se acaba de decir (*¿Te vas adónde?; ¿Que te vas a París?; ¿María triunfó?*). Las preguntas se enmarcan entre el signo de interrogación de apertura (¿) y el de cierre (?).

Es incorrecto escribir las preguntas sin el signo interrogativo de apertura (*Vienes a la fiesta?*). Se admite, en cambio, en ciertos casos, combinar los signos interrogativos con los exclamativos (*¿¡Qué dices!?*). *n*

Los enunciados exclamativos

CONCEPTO

Los ENUNCIADOS EXCLAMATIVOS son expresiones oracionales (*¡Qué cosas me dices!*) o de otro tipo (*¡Vaya frío!; ¡Estupendo!; ¡Nunca!; ¡Ay!*) que los hablantes emplean para ponderar las propiedades de las cosas, las personas o las situaciones, así como para manifestar con énfasis sensaciones o sentimientos. Las interjecciones suelen aparecer en enunciados exclamativos (*¡Eh!; ¡Cielos!*). La entonación exclamativa termina en inflexión descendente, pero presenta contrastes mayores que la de los enunciados asertivos. Ortográficamente, esta modalidad se representa por los signos de exclamación de apertura (¡) y cierre (!).

Con los enunciados exclamativos se realizan numerosos actos verbales. Destacan entre ellos la manifestación de sorpresa o asombro (*¡Qué cosas!*), desacuerdo (*¡Menudo disparate!*), insulto (*¡Vago!; ¡Embustero!*), o la expresión de una gama muy variada de sentimientos (*¡Tonterías!; ¡Qué encanto!*). Pueden emplearse también para llamar la atención (*¡El precipicio!; ¡La policía!*), para solicitar algo (*¡Un momento, por favor!*) o para dar órdenes (*¡Más despacio!*), entre otras muchas posibilidades que el contexto y la relación entre los interlocutores ayudan a identificar en cada caso. Se llaman EXCLAMATIVAS RETÓRICAS aquellas que dan a entender lo contrario de lo que dicen literalmente, y por lo general transmiten el enfado o el malestar del hablante, como en *¡Te parecerá bonito!; ¡Contento me tienes!; ¡Empezamos bien!*

TIPOS DE ENUNCIADOS EXCLAMATIVOS

Pueden ser totales o parciales:

a) EXCLAMATIVOS TOTALES. No contienen palabras exclamativas (*qué, cuándo, dónde,* etc.): *¡Hemos ganado el partido!; ¡Ya se acabaron las clases!*

b) EXCLAMATIVOS PARCIALES. Contienen un pronombre, determinante o adverbio exclamativo, que siempre aparece en posición desplazada, encabezando la oración: *¡<u>Qué</u> estás diciendo!; ¡<u>Cuánto</u> esfuerzo!; ¡<u>Cómo</u> te has puesto!* Al igual que en las interrogativas parciales, los sujetos se posponen si no constituyen expresiones exclamativas: *¡Qué alto {está el muchacho ~ *el muchacho está}!*, frente a *¡Qué cosas tan extrañas sucedieron!*

Los enunciados imperativos

CONCEPTO

Se denominan ENUNCIADOS IMPERATIVOS los destinados a influir en el interlocutor para que actúe en determinado sentido. Se denominan así porque utilizan de forma prototípica, aunque no exclusiva, el MODO IMPERATIVO, combinado con otros rasgos sintácticos y semánticos.

En estos enunciados el emisor asume la responsabilidad del acto verbal, pero las oraciones imperativas no son ni verdaderas ni falsas, al igual que ocurre con los enunciados interrogativos (*¿Qué hora es?; ¿Han publicado ya la noticia los periódicos?*, etc.).

EL IMPERATIVO. PROPIEDADES FORMALES

El modo imperativo consta de las siguientes formas:

Persona gramatical	Singular	Plural
1.ª		vengamos
2.ª	<u>ven</u> (tú) ~ <u>vení</u> (vos)	<u>venid</u> (vosotros)
3.ª	venga (usted)	vengan (ustedes)

En este paradigma solo hay tres formas específicas del imperativo: las subrayadas, correspondientes a *tú, vos* y *vosotros,* que son las tres formas de la segunda persona gramatical.

Los pronombres *usted, ustedes* presentan la tercera persona gramatical (al igual que *su excelencia* o *su señoría*), aun cuando aluden a la segunda persona del discurso, ya que se dirigen a algún interlocutor. Esta tercera persona y la primera del plural comparten sus formas con el presente del subjuntivo (*venga, vengamos, vengan*).

Con el imperativo, los pronombres átonos (*la, se*...) son enclíticos, es decir, se posponen al verbo: *Decímelo; Dígamelo; Siéntense*. No se registra la variante **Me lo decí,* pero sí se atestiguan —y se recomienda evitarlas— las formas *Me lo diga* y *Se sienten,* en las que la flexión imperativa no se diferencia de la del subjuntivo.

> En las formas de tercera persona del plural, se recomienda no colocar tras los pronombres átonos el morfema *-n* (*siéntensen, tráigamen, dígalen*... en lugar de las formas correctas *siéntense, tráiganme, díganle*...). *n*

Al aparecer pospuestos, los clíticos pueden producir ciertos cambios en la terminación del imperativo. Así, la terminación *-d,* característica de la forma correspondiente a *vosotros,* desaparece cuando va seguida del clítico *os* (*sentaos,* no **sentados*).

> Fuera de los registros más informales, es incorrecto utilizar el infinitivo por el imperativo (*sentaros* en lugar de *sentaos*). *n*

También desaparece la *-s* final de los imperativos terminados en *-mos* cuando van seguidos del clítico *-nos* (*quedémonos*). En cambio, cuando el clítico *nos* se pospone a una forma terminada en *-n,* se preserva la terminación del verbo, que permite así distinguir la forma *díganoslo* (*ustedes*) de *díganoslo* (*usted*).

> Son incorrectas las formas *quedémosnos, vámosnos,* etc., que se documentan en la lengua no cuidada tanto de España como de América. Se ha de evitar la grafía con doble *-s* (*digámosselo*) cuando el clítico *-se* se pospone a un verbo acabado en *-mos.* Pese a que en la pronunciación se pueden preservar ambos sonidos, la grafía correcta es *digámoselo.* *n*

PROPIEDADES SINTÁCTICAS Y SEMÁNTICAS

Las oraciones imperativas contienen un sujeto, explícito o sobrentendido, que designa la persona a la que va dirigida la orden o la petición: *¡Sal (tú)!* ~ *¡Salí (vos)!* Es importante diferenciar en estos casos los sujetos del imperativo de los vocativos. El sujeto del imperativo va directamente unido al verbo (*Sal tú*). El VOCATIVO es una expresión nominal, separada del resto de la oración, que se emplea para dirigirse a una persona o a una cosa personificada: *Juan, sal* (vocativo); *Sal tú* (sujeto); *Juan, sal tú* (vocativo y sujeto).

El modo imperativo no se emplea en forma negativa. En los enunciados imperativos negativos es sustituido por el subjuntivo. En este caso, los pronombres no se posponen (*No me lo diga*/**No dígamelo*).

> No se recomienda emplear el infinitivo para sustituir a la forma negativa de los imperativos (*No venir* por *No vengáis*), si bien quedan fuera de esta recomendación ciertas fórmulas interjectivas (*¡Ni hablar!*) y los carteles que contienen advertencias que son de aplicación general (*No fumar; No pisar el césped*). *n*

El imperativo expresa órdenes, peticiones, consejos, ruegos, exhortaciones y advertencias, es decir, aquellos actos verbales que tratan de influir sobre la conducta del interlocutor y que se hallan relacionados, por tanto, con la función apelativa o conativa del lenguaje.

OTROS ENUNCIADOS DE VALOR IMPERATIVO

Es posible también realizar órdenes y mandatos mediante enunciados sin modalidad imperativa, como los construidos con el PRESENTE DE MANDATO (*Usted se calla*) o el FUTURO (*Saldremos inmediatamente del edificio*). Se forman igualmente enunciados que se interpretan como órdenes o recomendaciones con la PASIVA REFLEJA de algunos verbos (*Se ordena silencio; Se ruega discreción*) y mediante las construcciones en las que las preposiciones *a* y *sin* aparecen seguidas de INFINITIVO: *¡A callar!; ¡Sin rechistar!* Otras expresiones no oracionales también pueden formar enunciados directivos (órdenes, ruegos, exhortaciones...): *¡Fuera de mi casa!; ¡Adelante!; ¡Todos a la calle!*

Los enunciados desiderativos

Se hallan ligados a la función expresiva del lenguaje. El emisor manifiesta de forma patente el deseo o la voluntad de que se cumpla el contenido de su mensaje. Adoptan una entonación común con los enunciados exclamativos, y en la escritura se suelen representar enmarcados por los mismos signos (¡!). Sin embargo, los enunciados desiderativos se construyen en subjuntivo (*¡Quién pudiera!; Bienvenido seas*) y contienen frecuentemente partículas como *ojalá* (*¡Ojalá ganen!*); *que* (*¡Que todo les salga bien!*); *así* (*¡Así sea!*); *si* (*¡Si yo fuera rico!*). Son muy comunes asimismo los enunciados desiderativos no oracionales (*¡Felicidades!; ¡Buenas noches!; ¡Feliz Navidad!*). Algunos de ellos se asimilan parcialmente a las locuciones interjectivas (→ págs. 177-178).

La negación

CONCEPTO

En las ORACIONES NEGATIVAS se expresa la falsedad o la inexistencia de cierto estado de cosas: *Carlos no tiene dinero; Nadie pudo responder*. Sintácticamente, la negación puede manifestarse mediante determinantes y pronombres (*nadie, ninguno, nada*), así como por medio de adverbios (*no, nunca, jamás, tampoco, nada*), conjunciones (*ni, sino*) y preposiciones (*sin*).

Los indefinidos negativos se rechazan en posición posverbal (**Dijo nada*), a menos que aparezca una palabra negativa en posición preverbal (*No dijo nada; sin decir nada*). La doble opción que muestran pares como *No vino nadie* ~ *Nadie vino* se suele denominar ALTERNANCIA NEGATIVA.

NEGACIÓN SINTÁCTICA Y NEGACIÓN MORFOLÓGICA

En la NEGACIÓN SINTÁCTICA el adverbio *no* puede dar lugar a distintas interpretaciones en función de los elementos que niega en cada ocasión. El segmento sintáctico sobre el que incide se denomina ÁMBITO. En la NEGACIÓN EXTERNA O PROPOSICIONAL el ámbito es toda la oración. Así sucede cuando se interpreta la oración *Isabel no le dio el libro a Julio* como 'No es cierto que Isabel le diese el libro a Julio'. En la NEGACIÓN INTERNA, el ámbito es más reducido: se niega un elemento focalizado que se interpreta contrastivamente. Se subraya este elemento focalizado en *Isabel no le dio el libro <u>a Julio</u>, sino a Luis; Isabel no le <u>dio</u> un libro a Julio, sino que se lo prestó.*

Ciertos elementos morfológicos tienen sentido negativo, como los prefijos *a-* (*amorfo, apolítico*), *in-* (*inútil, intocable*) o *des-* (*desleal, deshonor*). La NEGACIÓN MORFOLÓGICA se caracteriza por no tener efectos sintácticos fuera de la palabra en la que aparece. Contrastan así *No es posible nada* (con negación sintáctica) y **Es imposible nada* (con negación morfológica).

TÉRMINOS DE POLARIDAD NEGATIVA E INDUCTORES NEGATIVOS

Además de los indefinidos negativos (*nada, nadie, nunca*), otros elementos requieren, cuando se posponen al verbo, una negación preverbal. Forman el grupo de los llamados TÉRMINOS DE POLARIDAD NEGATIVA. Es el caso de los adverbios negativos, como *tampoco*, de las conjunciones *sino* o *ni*, y también de locuciones verbales como *mover un dedo* o *ser gran cosa*, entre muchas otras. Se obtienen así contrastes como *{No vino ~ *Vino} Nicolás <u>ni</u> María; Él {no <u>movió</u> ~ *<u>movió</u>} <u>un dedo</u> por ella.*

Los elementos que permiten la aparición de las expresiones de sentido negativo se denomina INDUCTORES DE LA NEGACIÓN O INDUCTORES NEGATIVOS. No siempre es una palabra negativa la expresión que los términos de polaridad negativa requieren. Puede ser suplida por una interrogación retórica (*¿Quién movió un dedo por ti todos estos años?*), una comparación (*Corre más que nadie*), un adjetivo de sentido negativo (*Era absolutamente contrario a realizar ningún cambio*), etc.

25

Oraciones subordinadas sustantivas

Subordinación sustantiva

DEFINICIÓN Y CLASES

Se denominan tradicionalmente ORACIONES SUBORDINADAS SUSTANTIVAS las que desempeñan las funciones características de los sustantivos o de los grupos nominales. Por ejemplo, en *Los trabajadores deseaban que les subieran el sueldo* el segmento subrayado es una subordinada sustantiva que desempeña la función de complemento directo. Prueba la naturaleza nominal de estas subordinadas el hecho de que admitan la sustitución por pronombres átonos o tónicos (*Los trabajadores lo deseaban* ~ *Los trabajadores deseaban eso*), así como la posibilidad de coordinarse con grupos nominales que ejerzan su misma función, como en *Los trabajadores exigían que les subieran el sueldo y mejores condiciones laborales*, o de alternar con ellos: *Los trabajadores deseaban {que les subieran el sueldo ~ una subida de sueldo}*. Esta alternancia presenta ciertas restricciones, ya que algunos verbos solo admiten como complemento directo oraciones subordinadas, pero no grupos nominales: *Dudo que venga* ~ **Dudo su venida*. En otros casos, la alternancia modifica el significado del verbo. Así, el verbo *ver* no significa lo mismo en *Vi a mi hijo* que en *Vi que me hijo no me entendía*.

La oración subordinada está incrustada en una unidad más amplia, llamada ORACIÓN PRINCIPAL. Así, en *Los ladrones no sabían que la policía los vigilaba*, la oración principal es la secuencia entera (y no, como se defiende en algunos análisis tradicionales, la expresión *los ladrones no sabían*).

Las oraciones subordinadas sustantivas se clasifican a partir de su estructura y su significado en DECLARATIVAS, INTERROGATIVAS INDIRECTAS y EXCLAMATIVAS INDIRECTAS.

FUNCIONES SINTÁCTICAS

Las subordinadas sustantivas desempeñan, en general, las funciones sintácticas propias del grupo nominal:

a) Sujeto, como las subrayadas en *Me molesta que mientas; Sería preferible ir solos; Ocurre que a veces la gente no se entiende*. Como otros sujetos, pueden ser sustituidas por los pronombres neutros *eso, ello* o *qué: Eso me molesta; Ello sería preferible; ¿Qué ocurre?*

b) Complemento directo. En esta función se dejan sustituir por los pronombres *eso, qué* y *lo* (*Dijo que vendría > Dijo eso ~ ¿Qué dijo? ~ Lo dijo*).

c) Complemento indirecto. En un número limitado de construcciones, tales como *dar importancia a que..., dar tiempo a que..., atribuir el problema a que..., dar crédito a que...*, funcionan como CI, puesto que en ellas el grupo que forman *a* y la subordinada suele admitir la sustitución por el pronombre átono *le* (*No des importancia a que dijera eso > No le des importancia*, en alternancia con *No des importancia a eso*).

d) Término de preposición, sea en los complementos de régimen o en otros grupos preposicionales. En el primer caso, el grupo preposicional puede complementar a un verbo (*No te olvides de que contamos contigo*), a un sustantivo (*Mi confianza en que la situación económica mejorará ha disminuido*), a un adjetivo (*Eso es parecido a vivir sin trabajar*) o a un adverbio (*Llegó antes de que cerraran el museo*). Las subordinadas sustantivas pueden ser términos de preposiciones que no encabezan complementos de régimen, sino complementos adjuntos o circunstanciales, como en el caso de *para* (*Trabaja para que coman sus hijos*). Unas y otras se sustituyen por los pronombres neutros *ello, eso* o *qué*.

e) Aposiciones de grupos nominales o de pronombres: *Me preocupa ese rumor, que esté implicado en corrupción*.

Declarativas o enunciativas

DEFINICIÓN

Subordinan contenidos que se declaran o se enuncian, sean positivos o negativos: *Sé que {está ~ no está} contento*. Pueden construirse con verbo en indicativo, en subjuntivo o en infinitivo: *Sé que está contento; Me alegro de que regrese pronto; Espero aprobar esta asignatura*.

LA CONJUNCIÓN *QUE*

Las sustantivas declarativas van encabezadas por la conjunción subordinante *que* cuando el verbo aparece en forma personal: *Necesito que alguien me escuche.* No obstante, la conjunción puede omitirse en ciertos contextos en algunas variedades de la lengua escrita: *Esperamos (que) nos visiten pronto; Las lecturas que creo (que) son necesarias.*

En las subordinadas sustantivas de sujeto, la conjunción *que* puede ir precedida del artículo *el*, lo que otorga carácter enfático a la oración subordinada: *Que digas eso me molesta* ~ *El que digas eso me molesta.*

DEQUEÍSMO Y QUEÍSMO

El uso incorrecto de la secuencia *de que* en las subordinadas sustantivas de sujeto y complemento directo, cuando la preposición no está seleccionada o exigida por el predicado, se llama DEQUEÍSMO, como en *Es seguro de que se enteró* por *Es seguro que se enteró* o en *Creo de que tienes razón* en lugar de *Creo que tienes razón.* La supresión indebida de la preposición que precede a *que*, como en *Confío que venga* por *Confío en que venga* o en *Estoy seguro que lo sabes* por *Estoy seguro de que lo sabes,* constituye otra incorrección denominada QUEÍSMO.

Con algunos verbos son correctas las subordinadas sustantivas tanto con *que* como con *de que*. Con el verbo *advertir,* por ejemplo, se encuentran las dos variantes: *Nos advirtió que había peligro* o *Nos advirtió de que había peligro,* si bien en América predomina la primera.

Algunos verbos presentan usos pronominales con complemento de régimen (*Me alegro de que te guste*), junto a otros no pronominales en los que la oración sustantiva funciona como sujeto (*Me alegra que te guste*). Así pues, la secuencia *Me alegro que te guste* constituye un caso de queísmo, y *Me alegra de que te guste,* uno de dequeísmo.

En ocasiones el verbo pronominal con complemento de régimen conlleva un cambio de significado: *acordar que...* 'llegar a un acuerdo', frente a *acordarse de que...* 'recordar'; *asegurar que...* 'afirmar algo con certeza', frente a *asegurarse de que...* 'adquirir la certeza de algo'.

No hay dequeísmo cuando la preposición introduce el complemento oracional de un adverbio: *antes de que..., aparte de que..., después de que..., encima de que..., enseguida de que..., luego de que...* Lo hay, en cambio, cuando se introduce indebidamente la preposición *de* en ciertas locuciones conjuntivas: *de manera de que* o *a medida de que* frente a las formas correctas *de manera que, a medida que.* *n*

LAS SUBORDINADAS SUSTANTIVAS Y LAS RELATIVAS SIN ANTECEDENTE EXPRESO

Las llamadas RELATIVAS SIN ANTECEDENTE EXPRESO (también LIBRES O SEMILIBRES), como las subrayadas en *Quien tenga frío que se vaya* o *No me gusta lo que compré*, desempeñan las mismas funciones que las subordinadas sustantivas, pero existen diferencias semánticas y formales entre unas y otras. Las sustantivas denotan nociones abstractas, mientras que las relativas sin antecedente expreso pueden aludir a cualquier tipo de referente. Esta diferencia repercute en su comportamiento sintáctico y en su distribución gramatical. Por ejemplo, determinados predicados no admiten subordinadas sustantivas de sujeto (*morir, ser alto, parecer amarillo*) o de complemento directo (*cancelar, comer, guiar*) y sí, en cambio, relativas sin antecedente expreso: *Comía {lo que le daban / *que le daban}*. Las subordinadas sustantivas, por tanto, se comportan como oraciones, mientras que las relativas libres o semilibres (→ págs. 249-250) se asimilan a los grupos nominales.

Interrogativas indirectas

Son oraciones subordinadas que implican algún tipo de elección entre opciones o alternancias: *Averiguaré si nos han descubierto; No recuerdo quién llamó*. Carecen de entonación interrogativa y se construyen tanto en forma personal como en infinitivo: *No sabíamos si {felicitarla ~ la felicitó}; No sé qué {hacer ~ haré}*.

Pueden ser TOTALES O PARCIALES. Las totales están encabezadas por la conjunción interrogativa *si*. Unas veces presentan la elección entre dos opciones contrapuestas, como en *No sé si vendrá el cartero (o no)*, y otras una elección abierta entre elementos paralelos, pero no contrapuestos: *No sé si el cartero vendrá hoy o mañana*. Las interrogativas indirectas parciales están introducidas por los determinantes y pronombres interrogativos *quién, qué, cuál, cuánto*, o sus variantes de género y número, por los adverbios interrogativos *cómo, dónde, cuándo, cuánto*, o por los grupos sintácticos en los que intervienen los elementos anteriores: *para qué autor, cuánto café, desde dónde*. Los interrogativos forman parte de la oración que introducen y, por tanto, desempeñan en ella una función sintáctica propia de la categoría a la que pertenecen.

Como las demás subordinadas sustantivas, las interrogativas indirectas ejercen funciones sintácticas propias de los grupos nominales: sujeto (*Me da igual quién gane el partido*), complemento directo (*No sé si contestar*) y término de preposición en los complementos preposicionales de un verbo (*No me acuerdo de quién vino*), de un nombre (*Me queda la duda de si tenía el título de licenciado*), o de un adjetivo (*Está pendiente de si apruebo o no*). Se construyen con indicativo, salvo con ciertos predicados como *depender* (*Depende de cómo resulte*); con otros, como *saber* (*No sé si te guste lo que te ofrezco*), el subjuntivo es propio solo de algunas áreas como la mexicana o la caribeña.

Solo los predicados cuyo significado está vinculado con el concepto de 'información' admiten interrogativas indirectas y expresan diversos contenidos relativos a esa noción: solicitud de información (*demandar, preguntar*), posesión o adquisición de información (*saber, comprender, averiguar*), ausencia de información (*desconocer, dudar*), etc.

No son interrogativas indirectas, sino relativas de adverbio o pronombre tónico, las oraciones introducidas por los verbos *haber* y *tener* en construcciones como *No tenía dónde dormir* o *No hay de quién fiarse.*

Exclamativas indirectas

Este tipo de oraciones son formalmente idénticas a las interrogativas indirectas parciales. Se diferencian de ellas, principalmente, en su significado, ya que no expresan elección, sino ponderación: *Ya verás qué clase de persona es, ¡de primera!* Además, el verbo que contienen está siempre en indicativo, y no admiten variantes con infinitivo.

Discurso directo y discurso indirecto

Tradicionalmente se han distinguido dos formas de reproducir o citar palabras ajenas: el discurso directo y el discurso indirecto.

Se llama DISCURSO DIRECTO el que reproduce de forma literal palabras o pensamientos, sean propios o de otra persona. La cita puede seguir a un verbo introductor (*Elsa dijo: "Mi hermana está aquí"*), puede precederlo, como en *Me gustaría trabajar en Londres, respondió su hija,* o incluso el propio verbo introductor puede aparecer en posición medial: *El director –aseguró la secretaria– está ocupado.* En estos dos últimos casos, el verbo se antepone al sujeto. El segmento citado en estilo directo, aunque no posea conjunción, se comporta como una oración sustantiva.

El DISCURSO INDIRECTO reproduce las palabras de otro adaptándolas al sistema de referencias deícticas del hablante. El cambio afecta a demostrativos, posesivos, pronombres personales y tiempos verbales:

Estilo directo: *Elsa dijo: "Mi hermana está aquí"*

| | |

Estilo indirecto: *Elsa dijo que su hermana estaba allí*

26

Oraciones subordinadas de relativo

Caracterización

Se denominan ORACIONES SUBORDINADAS DE RELATIVO (también ORACIONES RELATIVAS o simplemente RELATIVAS) las encabezadas por un pronombre, adverbio o determinante relativo, así como por los grupos sintácticos que se forman con estas expresiones. Por ejemplo, el segmento subrayado en *No me interesan esas historias que cuentas* es una subordinada de relativo, encabezada por el pronombre *que*. En el capítulo 13 se describen las características morfológicas y sintácticas de los relativos del español, que son los pronombres *que, cual, quien, cuanto,* los determinantes *cuanto/-a/-os/-as* y *cuyo/-a/-os/-as,* y los adverbios *donde, adonde, como* y *cuando.*

Los relativos y su antecedente

EL ANTECEDENTE DE LOS RELATIVOS

Las oraciones de relativo modifican a un ANTECEDENTE. Esta relación de modificación es, desde el punto de vista semántico, semejante a la que tiene lugar entre el adjetivo y el sustantivo. Así, en el ejemplo antes citado, la subordinada de relativo *que cuentas* actúa como modificador de *historias* (igual que el adjetivo subrayado en *una historia aburrida*). Por este motivo, en la tradición gramatical se ha llamado a estas oraciones SUBORDINADAS ADJETIVAS.

FUNCIONES DE LOS RELATIVOS

Los relativos poseen tres valores: son nexos subordinantes, ejercen una función dentro de la oración subordinada y realizan una referencia anafórica. Así, en *el libro que leo*, el relativo *que* convierte en subordinada la oración que encabeza, funciona como CD de *leo* y denota la misma realidad que su antecedente (*libro*) (→ págs. 129-130).

El primer rasgo aproxima los relativos a las conjunciones, mientras que los otros dos los acercan a otros pronombres, como los personales y los demostrativos. Aun así, solo los relativos poseen los tres conjuntamente.

ANTECEDENTE EXPRESO Y ANTECEDENTE INCORPORADO

El antecedente de los relativos puede hallarse expreso (como en *El libro que leí*), elidido (*El que leí*) o incorporado en el propio relativo. Así, en *Quien dice eso miente*, el pronombre *quien* equivale a *la persona que*. De acuerdo con este criterio, se distinguen dos tipos de relativas:

a) RELATIVAS CON ANTECEDENTE EXPRESO. Poseen función adjetiva y modifican a su antecedente: *La canción que me gusta; Un hombre del cual no sé nada; El lugar donde resido.*

b) RELATIVAS SIN ANTECEDENTE EXPRESO. Se subdividen en dos clases:

- Relativas LIBRES. Van introducidas por los relativos variables *quien* y *cuanto*, así como por los invariables *donde, cuando, como*: *Quien dice eso* [sujeto] *miente; La veré cuando llegue* [CC].
- Relativas SEMILIBRES. Van encabezadas por el pronombre *que* precedido del artículo determinado: *El que la hace* [sujeto] *la paga*. Son una variante de las libres, pues la secuencia *el que* comparte muchas propiedades con *quien*.

Relativas especificativas y explicativas

Las ESPECIFICATIVAS delimitan el significado del antecedente, mientras que las EXPLICATIVAS no restringen dicho contenido, sino que añaden cierta información a la expresada por el grupo nominal. Así se comprueba en estas oraciones:

Los documentos que se salvaron del incendio son fundamentales
Los documentos, que se salvaron del incendio, son fundamentales

En la primera, que es especificativa, se dice que no todos los documentos son fundamentales, sino solo los que se salvaron del incendio; en la segunda, explicativa, se afirma que son fundamentales todos los documentos a los que se alude, sin establecer discriminación alguna.

DIFERENCIAS PROSÓDICAS

Las relativas explicativas constituyen un inciso, esto es, un grupo con entonación propia que se separa del resto por medio de pausas y que en la escritura se representa delimitado por signos de puntuación (comas, y también paréntesis o rayas). Las especificativas, por el contrario, no aparecen en incisos y en la escritura no se separan del antecedente.

DIFERENCIAS SEMÁNTICAS Y SINTÁCTICAS

En relación con el antecedente. Son reseñables los siguientes rasgos diferenciadores:

a) A menudo las explicativas se pueden suprimir sin que ello afecte esencialmente al significado del antecedente, al contrario de lo que ocurre con las especificativas. Así, si reducimos la secuencia *Ayer solo salió un tren, que transportaba mineral* a *Ayer solo salió un tren,* seguirá describiendo la misma situación; pero, si suprimimos la subordinada en *Ayer solo salió un tren que transportaba mineral,* cambiará el sentido, ya que la presencia de la subordinada da a entender que pueden haber salido otros trenes que no transportaban mineral.

b) Al contrario que las explicativas, las especificativas son incompatibles con los pronombres personales (**ella que tiene 23 años*) y con los nombres propios (**Mónica que tiene 23 años*), debido a que la designación unívoca que estos realizan no se presta a restricciones.

En relación con los relativos. Las especificativas solo admiten *el que, el cual* y *quien* si están precedidos de preposición (*la reunión <u>de la que</u> te hablé, la pared <u>contra la cual</u> chocó, el abogado <u>con quien</u> trabaja*), pero los rechazan cuando no la llevan: **la muchacha la cual conocí*. En las explicativas, en cambio, *el cual, quien* y sus variantes no están sujetos a esta restricción: *Acusó a su director, <u>el cual</u> no lo desmintió.*

En relación con el verbo. Las especificativas pueden construirse, además de con indicativo, con infinitivo (*Busco una persona en la {que ~ cual} <u>confiar</u>*) o con subjuntivo (*Hace tiempo que no veo una película que me <u>guste</u>*); las explicativas se forman normalmente con indicativo.

Oraciones introducidas por relativos complejos

Las oraciones de relativo pueden estar introducidas por un relativo SIMPLE o por uno COMPLEJO. Estos últimos están formados por las combinaciones «artículo determinado + *que*» o «artículo determinado + *cual*», y siempre aparecen con antecedente expreso.

LA PREPOSICIÓN ANTE RELATIVOS COMPLEJOS

Los relativos complejos pueden ir precedidos por una preposición, con la que forman un grupo sintáctico. Este contrae una función dentro de la oración subordinada. Así, en *la pluma [[con la que] escribe]*, el grupo *con la que* es complemento circunstancial de *escribe*.

OMISIÓN DEL ARTÍCULO EN RELATIVOS COMPLEJOS

Cuando un relativo complejo construido con el relativo *que* es término de las preposiciones *a, con, de, en* y, en ocasiones, *por*, puede omitirse a veces el artículo determinado: *los hechos a (los) que alude, la paciencia con (la) que nos trata*. La omisión es rara en las relativas explicativas. Aun así, se encuentran excepciones, sobre todo en el español americano.

ALTERNANCIA DE *EL QUE* Y *EL CUAL*

Los relativos complejos *el que* y *el cual*, con sus variantes, alternan en algunos casos, como cuando van precedidos de preposición (*la cuestión a la {que ~ cual} me refiero*). Sin preposición, también alternan los neutros *lo cual* y *lo que* en las relativas explicativas con antecedente oracional: *Escaseaba el trabajo, lo {cual ~ que} indujo a muchos a emigrar.*

Las relativas sin antecedente expreso

La ausencia de antecedente expreso da lugar a dos clases de relativas, las LIBRES y las SEMILIBRES, que mantienen entre sí semejanzas, pero también diferencias.

LAS RELATIVAS LIBRES

Al incorporar semánticamente su antecedente, pero no expresarlo, las encabezadas por los pronombres *quien* y *cuanto* (y sus variantes flexivas) se asimilan a los grupos nominales, por lo que ejercen sus mismas funciones sintácticas. Pueden ser, por tanto, argumentos de algún predicado. Así, en *Quien dice eso miente*, la relativa subrayada es el sujeto de *miente*. Las introducidas por los adverbios relativos *donde, como, cuando* y *cuanto* suelen equivaler a grupos adverbiales o preposicionales (*cuando quieras ~ entonces ~ en ese momento*). En *Ya hablaremos cuando llegue*, la relativa actúa como CC.

LAS RELATIVAS SEMILIBRES

Son relativas sin antecedente expreso encabezadas por el artículo determinado y el pronombre *que* (*el que / la que / lo que / los que / las que*).

En ocasiones, el antecedente puede recuperarse del contexto, como en *He visto muchas películas, pero las Ø que más me gustan son las del Oeste* (donde Ø = *películas*). En otros casos, el antecedente no es recuperable, como en *El que dice eso miente*, donde *el que* equivale a *la persona que*.

El artículo y el relativo no constituyen aquí relativos complejos, pues forman parte de segmentos distintos, como muestra el hecho de que pueden intercalarse determinadas palabras entre ellos: *Es el mismo que vimos el otro día*.

RELATIVAS LIBRES O SEMILIBRES ENCABEZADAS POR UNA PREPOSICIÓN

En estas construcciones, la preposición tiene como término no el relativo, sino toda la oración relativa: en *Sale con [la [que le escribe]]*, el grupo *con la que le escribe* es CC de *sale* (*Sale con ella*). Este mismo comportamiento se observa en *Sale con quienes le escriben; Sale por donde están las tiendas*. En todos estos casos la oración relativa es término de la preposición, al igual que sus sustitutos en *Sale con ellos; Sale por allí*. Los grupos preposicionales encabezados por *con* y *por* son CC.

En las relativas semilibres puede aparecer *el que* o sus variantes, pero no *el cual* o las suyas: *según los {que ~ *cuales} saben de estas cosas*. En este comportamiento se diferencian de las relativas con antecedente, que admiten los relativos complejos *el que* y *el cual*: *Una teoría según {la que ~ la cual} todo es materia*.

27

Construcciones comparativas, superlativas y consecutivas

Las construcciones comparativas

NATURALEZA

Las CONSTRUCCIONES COMPARATIVAS establecen una relación de superioridad, inferioridad o igualdad entre dos magnitudes a través de ciertos procesos sintácticos. Dichas magnitudes pueden ser:

a) NÚMEROS. En *Ahora vendemos más paraguas que antes* se compara el número de paraguas que se vendía en el pasado con el número de paraguas que se vende en la actualidad.

b) CANTIDADES. En *Tiene menos trabajo que su compañero* se compara la cantidad de trabajo que tiene una persona con la cantidad de trabajo que tiene su compañero.

c) GRADOS. En *Este tejido es tan suave como aquel* se compara el grado de suavidad de un tejido con el grado de suavidad de otro.

CLASES DE CONSTRUCCIONES COMPARATIVAS

Se clasifican en función de los cuantificadores comparativos que intervienen en ellas. Tanto unas como otros pueden verse en el siguiente cuadro:

Clase		Cuantificador comparativo	Ejemplos
COMPARATIVAS DE DESIGUALDAD	COMPARATIVAS DE SUPERIORIDAD	más	*Ahora vendemos <u>más</u> paraguas <u>que</u> antes*
	COMPARATIVAS DE INFERIORIDAD	menos	*Tiene <u>menos</u> trabajo <u>que</u> su compañero*

Clase	Cuantificador comparativo	Ejemplos
COMPARATIVAS DE IGUALDAD	tan	*Este tejido es tan suave como aquel*
	tanto/tanta/ tantos/tantas	*Acá viven tantas familias como allá*

Se recomienda evitar secuencias como *No hay nada más relajante como un buen baño*, en las que se cruzan las comparativas de desigualdad y las de igualdad. Lo correcto es *No hay nada más relajante que un buen baño*.

n

LOS CUANTIFICADORES COMPARATIVOS

Son invariables morfológicamente *más* y *menos*. *Tanto* varía en género y número (*tanto árbol, tanta planta, tantos árboles, tantas plantas*), excepto cuando es adverbio (*No grites tanto*). Se apocopa en la forma *tan* ante adjetivos (*tan rebeldes*) y adverbios (*tan lejos*).

LA NOCIÓN COMPARADA

Es el concepto sobre el que se establece la comparación. Viene determinada por el elemento en el que incide el cuantificador comparativo. Dicho componente es el NÚCLEO DE LA CONSTRUCCIÓN COMPARATIVA. Las magnitudes comparadas —números, cantidades o grados— tienen la siguiente distribución:

a) Cuando el núcleo es un sustantivo contable, la NOCIÓN COMPARADA alude a un número de entidades. Así, en *Hoy he escrito más cartas que ayer,* donde el núcleo es *cartas,* la noción comparada es el número de cartas.

b) Cuando se trata de un sustantivo no contable o de un *pluralia tantum* (*celos, ganas*), se comparan cantidades, como en *Tiene menos trabajo que su compañero,* donde el núcleo es *trabajo* y la noción comparada es la cantidad de trabajo.

c) Si el cuantificador comparativo incide sobre un adjetivo o un adverbio, lo comparado es el grado de una propiedad o cualidad. Así, en *Su vestido es tan elegante como el mío* y en *Ana camina más lentamente que Mirta,* los núcleos respectivos son el adjetivo *elegante* y el adverbio *lentamente,* y las nociones comparadas, el grado de elegancia y el de lentitud.

La comparación de desigualdad

ELEMENTOS CONSTITUTIVOS

Las estructuras comparativas de desigualdad se dividen tradicionalmente en dos partes. La primera parte abarca todo el segmento que precede al nexo comparativo. En ella aparecen el grupo cuantificativo (formado por el cuantificador comparativo y su núcleo) y el PRIMER TÉRMINO DE LA COMPARACIÓN. En la segunda parte se ubican el nexo y el SEGUNDO TÉRMINO DE LA COMPARACIÓN. Estos componentes aparecen reflejados en el siguiente cuadro. El primer término es de localización variable, por lo que aparece subrayado en cada ejemplo:

PRIMERA PARTE DE LA ESTRUCTURA COMPARATIVA			SEGUNDA PARTE	
	GRUPO CUANTIFICATIVO		COMPL. COMPARATIVO	
	Cuant. comparativo	**Núcleo**	**Nexo**	**2.º término**
Luis tiene ahora	*más ~ menos*	*amigos*	*que*	*Pedro*
Luis tiene ahora	*más ~ menos*	*amigos*	*que*	*antes*
Luis tiene ahora	*más ~ menos*	*amigos*	*que*	*amigas*

El grupo cuantificativo. Puede estar constituido solo por el cuantificador comparativo (*más* o *menos*), como en *Andrés trabaja ahora más que antes,* pero lo más frecuente es que vaya unido al núcleo de la comparación (*más alto, menos paciencia, más libros*). Es el único componente que no puede quedar tácito, puesto que es el que proporciona la noción comparada.

Existen COMPARATIVOS SINCRÉTICOS, que contienen implícito en su significado el cuantificador *más.* Algunos son adjetivales: *mejor* ('más bueno'), *peor* ('más malo'), *mayor* ('más grande'), *menor* ('más pequeño): *Este vino es mejor que ese; Su esfuerzo es menor que el nuestro. Mayor* y *menor,* en comparaciones entre personas, no indican tamaño, sino edad. Otros son adverbiales: *mejor* ('más bien'), *peor* ('más mal'), *antes* ('más pronto'), *después* ('más tarde'): *Yo canto peor que tú; Marco llegó antes que su equipaje.*

Los términos de la comparación. Son paralelos desde el punto de vista conceptual, funcional y, a menudo, categorial. Así, en *Escribía poemas con más facilidad que relatos,* el primer término de la comparación es *poemas,* y el segundo, *relatos.* Ambos coinciden conceptualmente en el significado de 'composición literaria'; funcionalmente, en actuar como CD; en cuanto a la categoría gramatical, los dos son sustantivos.

Tanto el primer término como el segundo pueden quedar implícitos. El elemento omitido, que se recupera a través del contexto o de la situación, ha de tenerse en cuenta para la interpretación de la comparativa. Dicho elemento omitido puede pertenecer a la primera parte de la comparación o incluir todo el complemento comparativo, así como el nexo comparativo. En los siguientes ejemplos, el elemento implícito se señala entre paréntesis, lo que da lugar a oraciones como *Hace más frío dentro* o *Te veo más contento que el mes pasado.*

	Primer término	Nexo	Segundo término
Hacía más frío	*dentro*	*(que*	*fuera)*
Te veo más contento	*(ahora)*	*que*	*el mes pasado*
Me gustas más	*(así)*	*que*	*con el pelo largo*
Será mejor	*viajar de noche*	*(que*	*viajar de día)*

En la comparación de desigualdad se presentan casos de COMPARATIVAS DE TÉRMINO MÚLTIPLE, en las que se desdoblan o multiplican los términos de la comparación:

	GRUPO CUANTIFICATIVO		COMPLEMENTO COMPARATIVO	
	Cuant. comparativo	Núcleo	Nexo	Segundo término múltiple
Luis tiene ahora	*más ~ menos*	*amigos*	*que*	*enemigos yo*
Luis tiene ahora	*más ~ menos*	*amigos*	*que*	*tú a su edad*

El complemento comparativo. Contiene el segundo término de la comparación, introducido por la conjunción *que.* Si el segundo término es una subordinada sustantiva encabezada por *que,* las dos conjunciones aparecen contiguas: *Es mejor que vayas tú que que vengan ellos.* Con el fin de evitar la cacofonía que produce esta confluencia de conjunciones, suele recurrirse a la inserción de una negación expletiva: *Es mejor que vayamos nosotros que no que vengan ellos.* También es frecuente que se acuda a una construcción coordinada en cuyo segundo segmento habría una elipsis: *Es mejor que vayamos nosotros y no Ø que vengan ellos.*

LA ALTERNANCIA *QUE ~ DE* EN LAS COMPARATIVAS DE DESIGUALDAD

En determinadas circunstancias, el complemento comparativo puede estar encabezado por la preposición *de: Recibió más dinero del que pensaba; Trabaja menos de lo que trabajaba.*

La comparación de igualdad

La COMPARACIÓN DE IGUALDAD implica una equiparación del primer término con el segundo: *Estudia tanto como él*. En muchos contextos tiende a sobrepasarlo: *Estudia tanto como él, si no más*.

ELEMENTOS CONSTITUTIVOS

Son análogos a los reconocidos en las comparativas de desigualdad. Como en aquellas, el primer término aparece subrayado:

	GRUPO CUANTIFICATIVO		COMPLEMENTO COMPARATIVO	
	Cuant. comparativo	**Núcleo**	**Nexo**	**Segundo término**
Luis tiene ahora	*tantos*	*amigos*	*como*	*Pedro*
Luis tiene ahora	*tantos*	*amigos*	*como*	*antes*
Luis tiene ahora	*tantos*	*amigos*	*como*	*amigas*

Los dos términos de la comparación se pueden desdoblar o multiplicar en las llamadas comparativas de término múltiple:

	GRUPO CUANTIFICATIVO		COMPLEMENTO COMPARATIVO	
	Cuant. comparativo	**Núcleo**	**Nexo**	**Segundo término múltiple**
Luis tiene ahora	*tantos*	*amigos*	*como*	*enemigos yo*
Luis tiene ahora	*tantos*	*amigos*	*como*	*tú a su edad*

LA COMPARACIÓN DE IGUALDAD CON ELEMENTOS LÉXICOS

Aparte de con los recursos sintácticos examinados, es posible establecer comparaciones de igualdad a través de ciertas piezas léxicas, como *mismo* o *igual*. Con el adjetivo *mismo* se expresa identidad no solo de número, cantidad y grado, sino también de entidades individuales: *Teresa vivía en la misma ciudad que él: La Habana*.

- En las comparativas con *mismo* y con *igual*, deben evitarse las construcciones en las que la conjunción *que* se sustituye por *como* para introducir el segundo término, tales como *Usa la misma talla como yo* (en lugar de ... *que yo*) o *Son ustedes igual de mentirosos como ellos* (en lugar de ... *que ellos*).
- Dado que *igual* es un adverbio en estas construcciones, se recomienda su uso sin flexionar: *Los dos relojes son igual de caros* (y no *Los dos relojes son iguales de caros*).

n

Las construcciones superlativas

EL SUPERLATIVO ABSOLUTO

Expresa una propiedad en su grado máximo. Los adjetivos que lo manifiestan se forman con los sufijos *-ísimo* (*altísimo*) y *-érrimo* (*celebérrimo*). (Para otras formas del superlativo absoluto: → pág. 82).

EL SUPERLATIVO RELATIVO

Expresa una propiedad poseída por uno o varios individuos en un grado más alto que los demás miembros de un conjunto. El grupo nominal que la manifiesta se construye con el artículo definido y admite complementos que expresan dicho conjunto: *el más simpático de mis amigos, la mejor novela de los últimos años.* Acepta asimismo posesivos prenominales (*su mejor película*).

Los componentes del superlativo relativo. Son tres: el PRIMER TÉRMINO, que denota la entidad de la que se predica la propiedad extrema; el GRUPO CUANTIFICATIVO, que se construye con *más* y *menos,* o con los comparativos sincréticos; y el COMPLEMENTO RESTRICTIVO (o CODA SUPERLATIVA), que es opcional y puede consistir en un grupo preposicional, un adjetivo o una oración de relativo. En el cuadro se subraya el primer término:

PRIMERA PARTE DEL SUPERLATIVO RELATIVO			SEGUNDA PARTE
	GRUPO CUANTIFICATIVO		COMPL. RESTRICTIVO
el árbol	*más alto*		*de todos*
el automóvil	*más veloz*		*que yo haya visto*
la	*peor*	*película*	*del certamen*
los	*mayores*	*desprecios*	*imaginables*

> En construcciones como *Las comidas deben ser lo más variadas posible,* el primer término es *lo,* por lo que la concordancia con el adjetivo *posible* adopta la forma del masculino singular. Es, pues, incorrecta la variante *Las comidas deben ser lo más variadas posibles.* Es válida, en cambio, la doble concordancia del adjetivo —con *lo* o con el sustantivo *comidas*— que se muestra en *Las comidas eran de lo más {variado ~ variadas}.*
>
> *n*

El grupo cuantificativo puede estar directamente unido al nombre (*la habitación más amplia de toda la casa*) o hallarse incrustado en el complemento nominal (ya sea oración de relativo o grupo preposicional), como se observa en los ejemplos del cuadro siguiente:

PRIMER TÉRMINO	COMPLEMENTO DEL NOMBRE		COMPL. RESTRICTIVO
		Grupo cuantificativo	
la habitación		*más amplia*	*de toda la casa*
la habitación	*que tiene*	*más amplitud*	*de toda la casa*
la habitación	*con*	*más amplitud*	*de toda la casa*

Los superlativos sincréticos. Constituyen SUPERLATIVOS SINCRÉTICOS (→ pág. 83) los adjetivos *primero* (*el primero en aparecer*), *último* (*el último vagón del tren*) y *único* (*la única que vino*), y los adverbios *antes* (*el que antes llegó de todos* ~ *el que llegó antes de todos*) y *primero* (*la alumna que primero termine*).

Verbos como *predominar, preponderar* o *prevalecer* contienen implícitamente el significado que corresponde al cuantificador *más*, por lo que no es correcto combinarlos con él: *el que predomina*, no *el que predomina más*. *n*

Las construcciones consecutivas

DEFINICIÓN Y ESTRUCTURA

Se llaman CONSECUTIVAS PONDERATIVAS (o simplemente CONSECUTIVAS) ciertas construcciones en las que lo elevado de una magnitud o de un cómputo se interpreta como causa de determinado efecto: *Gritó tanto que se quedó afónico; Cometieron tantos errores defensivos que perdieron el partido; Proponían tales condiciones que fue imposible alcanzar un acuerdo*. Como las estructuras comparativas, constan de dos partes. En la primera se ubica el GRUPO CUANTIFICATIVO (formado a partir de un determinante ponderativo: *tanto/tanta/tantos/tantas* o la forma apocopada *tan*) o el GRUPO CUALIFICATIVO (con *tal/tales*). La segunda parte está formada por una oración subordinada encabezada por la conjunción *que*.

	Grupo cuantificativo o cualificativo	Oración subordinada
Hacían	*tanto ruido*	*que hubo que llamar a la policía*
Se sentían	*tan felices*	*que no se daban cuenta de nada*
Su lentitud era	*tal*	*que llegaba siempre tarde*
Madruga	*tanto*	*que sale a la calle de noche*

Como muestran los dos últimos ejemplos, el grupo puede reducirse al elemento ponderativo (*tal, tanto*). En la lengua conversacional se omite a veces todo el grupo: *Está que se muere* (por *Está tan débil que se muere*).

OTRAS ESTRUCTURAS CONSECUTIVAS

Existen otras construcciones con valor consecutivo, casi todas correspondientes al registro conversacional, en las que el elemento ponderativo es diferente de los examinados hasta ahora:

a) «*un* + sustantivo»: *Hace un frío que pela.*

b) «*de un* + adjetivo»: *Es de un insensible que asusta.*

c) «*un* + sustantivo + *tal*»: *Se creó un lío tal que nadie entendía nada.*

d) «*cada* + sustantivo»: *Decía cada tontería que hacía reír a todos.*

e) «*si* + futuro de conjetura»: *Si será antipático que nunca sonríe.*

f) Palabras interrogativo-exclamativas: *¿Qué le habrán dicho que está tan receloso?; ¡Cómo estaría que tuvieron que internarlo!*

g) El artículo neutro en las estructuras del tipo *lo fuertes que eran: Lo buenos que son que ganaron; Lo lejos que están que tardan un día.*

CONSECUTIVAS SUSPENDIDAS

Se omite en ellas la oración subordinada encabezada por *que* y se suple con una suspensión entonativa (puntos suspensivos en la escritura), como en *Dice tales disparates...; Se trata con cada tipejo...; Estás de (un) susceptible...; Ganan de dinero...* Las consecutivas suspendidas son características de la lengua coloquial.

28

Construcciones causales, finales e ilativas

Introducción

CAUSA Y EFECTO

Con las construcciones causales, finales e ilativas se expresan relaciones de «causa-efecto».

a) CONSTRUCCIONES CAUSALES. En *Se quedaron en casa porque hacía frío*, la oración subordinada, que aparece subrayada, expone la causa de lo afirmado en la principal (*Se quedaron en casa*), que denota, por tanto, el efecto.

b) CONSTRUCCIONES FINALES. Expresan el propósito de las acciones. En *Se quedaron en casa para no pasar frío* se subraya la oración subordinada, que pone de manifiesto la finalidad (o causa final) que origina la decisión de quedarse en casa.

c) CONSTRUCCIONES ILATIVAS. Manifiestan la consecuencia de una afirmación anterior. En *Se quedaron en casa, así que no pasaron frío*, la subordinada expresa la consecuencia de lo dicho en la principal.

La expresión de la causa y la finalidad

CONSTRUCCIONES CAUSALES Y FINALES

La noción de causa se expresa normalmente por medio de ORACIONES SUBORDINADAS CAUSALES (*Aprende rápido porque tiene un buen profesor; No pudo viajar por no estar vacunado*), así como a través de diversos grupos preposicionales (*Murió por una sobredosis*). Del mismo modo, las formas de expresión más características de la finalidad son las ORACIONES

SUBORDINADAS FINALES (*Se muestra amable conmigo para que lo perdone; Se quedaron en casa para no pasar frío*) y ciertos grupos preposicionales (*Ajústalo para mayor seguridad*).

ESTRUCTURA SINTÁCTICA DE LAS CONSTRUCCIONES CAUSALES Y FINALES

Los dos introductores prototípicos de las oraciones causales y finales son, respectivamente, *porque* y *para que*, que la tradición gramatical ha entendido de dos maneras: como conjunciones o como secuencias de «preposición + *que*». Según la primera aproximación, expresiones como *porque era muy valiente* y *para que estés más cómoda* son oraciones subordinadas introducidas por conjunciones (*porque* y *para que*, por tanto, «conjunción subordinante + oración»). Según la segunda, se trata de grupos preposicionales formados por una preposición y un término oracional (*por* y *para*, por tanto, «preposición + subordinada sustantiva»).

LOCUCIONES CAUSALES Y FINALES

La doble segmentación explicada en el apartado precedente puede aplicarse a las secuencias construidas con la mayor parte de las locuciones causales y finales:

a) LOCUCIONES CONJUNTIVAS CAUSALES: *a causa de (que), a fuerza de (que), con motivo de (que), en razón de (que), en vista de (que), por razón de (que), debido a (que), visto (que), habida cuenta de (que), en tanto (y) en cuanto, por cuanto, ya que, gracias a (que), por culpa de (que), comoquiera que, en la medida en que, toda vez que*. Las locuciones *dado (que), puesto (que)* y *supuesto (que)* proceden de construcciones absolutas, con las que aún mantienen cierta relación (*dado ese hecho, puestas tales condiciones*).

> Se consideran incorrectas las variantes *{con/por} motivo a* de la locución *por motivo de*. Se aconseja no construir con infinitivo la locución *debido a*, como en *Jugó solo diez minutos debido a tener dolores*, en lugar de *Jugó solo diez minutos debido a que tenía dolores*. *n*

b) LOCUCIONES CONJUNTIVAS FINALES: *a efecto(s) de (que), a fin de (que), al objeto de (que), con ánimo de (que), con (el) objeto de (que), con (la) intención de (que), con vistas a (que), en orden a (que), con tal (de) que, con tal de*.

> Las locuciones finales *a objeto de, a virtud de, con vista a, en vistas a, en aras a* se documentan en el lenguaje periodístico, entre otras variedades, pero no se han integrado en la lengua culta general. *n*

Sujetos y verbos en las construcciones causales y finales

Las oraciones causales se construyen normalmente en indicativo o en infinitivo, pero el verbo puede aparecer en subjuntivo cuando el modo viene inducido por algún elemento externo, a menudo modalizador, como la interrogación (*¿Hemos de aceptar lo que dice porque sea el jefe?*), la negación (*No estoy aquí porque me hayan llamado*) o el adverbio *ojalá* (*¡Ojalá trabajes siempre porque te guste lo que haces!*).

Las oraciones finales se construyen con el verbo en infinitivo o en subjuntivo. Cuando se emplea el infinitivo, el sujeto, por lo general tácito, es correferente con una función del verbo principal: con el sujeto (*Elena lo llamó para disculparse,* donde se entiende que es Elena quien se disculpa); con el CD (*La llamaron para dirigir la empresa*); con el CI (*Le dieron permiso para asistir al baile*); con el CR (*Cuento con José para coordinar el departamento*).

Construcciones causales

Las construcciones causales pueden constituir modificadores INTERNOS o EXTERNOS al predicado.

CONSTRUCCIONES CAUSALES INTERNAS AL PREDICADO

Especifican la causa del suceso o del estado de cosas que describe el predicado del que dependen, como en *Se marchó porque estaba apurada.* Las causales internas, por el hecho de afectar al verbo de la oración principal o verbo del enunciado, se consideran CAUSALES DEL ENUNCIADO.

Los complementos causales internos pueden estar introducidos por diversas preposiciones (*Esto se estropea con el calor; Temblaba de miedo*) o locuciones: *debido a (que), gracias a (que), por culpa de (que),* etc. Sin embargo, como se ha explicado, es más frecuente que vengan encabezadas por la preposición *por: Se fue porque le dolía la cabeza; Lo hizo por cumplir con su deber; Pesca por afición.* Dichos complementos pueden ser ARGUMENTALES O NO ARGUMENTALES (las locuciones solo introducen complementos no argumentales).

a) Son argumentales los COMPLEMENTOS DE RÉGIMEN del verbo (*Se esforzó {porque ~ por que} todo saliera bien*); del nombre (*su interés por que estén felices; su alegría por haber ganado*) y del adjetivo (*preocupado {porque ~ por que} su hijo pase el curso; preocupado por pasar el curso*).

b) Son no argumentales los COMPLEMENTOS ADJUNTOS del verbo (*Irá porque la han convocado; Lo hizo por cumplir con su deber; Trabajamos por necesidad*); del nombre (*su protesta {porque le maltrataron ~ por haber sido maltratado}*), y del adjetivo (*famoso {porque no dejaba títere con cabeza ~ por enfrentarse a los periodistas ~ por sus desplantes}*).

La preposición *por* se escribe separada de la conjunción *que* en los complementos argumentales cuando el verbo está en indicativo, como en *Las células eucariontes se caracterizan por que* (y no *porque*) *tienen un núcleo delimitado por una membrana doble.* En cambio, puede escribirse junta o separada si el verbo se construye en subjuntivo: *Luchaba porque cambiaran las cosas ~ Luchaba por que cambiaran las cosas.* *n*

CONSTRUCCIONES CAUSALES EXTERNAS AL PREDICADO

Las CAUSALES EXTERNAS se separan de la oración principal mediante pausas: *Como es joven, todo lo critica.* A diferencia de las causales internas, no responden a preguntas, no se focalizan mediante oraciones copulativas de énfasis (**Como es joven es {como ~ por lo que} todo lo critica*) y no pueden ser negadas (resulta agramatical **No como lo ignoraba, es inocente,* frente a la afirmativa *Como lo ignoraba, es inocente*). Tampoco admiten adverbios de foco: *{Como ~ *Solo como} se aburría, se fue.*

Aportan una justificación a lo afirmado, por lo que, en sentido genérico, todas ellas son explicativas. Sin embargo, esta denominación se aplica con mayor propiedad a una de sus variedades, a las denominadas más abajo CODAS EXPLICATIVAS O JUSTIFICATIVAS.

Según la relación que se establece entre la principal y la subordinada, se diferencian tres tipos de oraciones causales externas al predicado: CAUSALES EXTERNAS ANTEPUESTAS, CAUSALES DE LA ENUNCIACIÓN y CODAS CAUSALES EXPLICATIVAS.

Causales externas antepuestas. En ellas el hablante sitúa en posición de tópico un motivo real (no inferido). En *Como ya era tarde, me fui,* la circunstancia *ya era tarde* se presenta como la causa de que el hablante se fuera. A pesar de ser externas al predicado, se relacionan semánticamente con el verbo de la oración. Aparecen introducidas por conjunciones (*porque, como*) o por locuciones conjuntivas: *comoquiera que, dado (que), en la medida en que, en tanto en cuanto, en vista de (que), habida cuenta de (que), puesto (que), supuesto que, toda vez que, visto (que), ya que...*

Causales de la enunciación. No afectan al verbo del enunciado, sino a un verbo enunciativo implícito. Así, en *Llueve, porque la gente lleva paraguas,* la presencia de los paraguas no se aduce como causa de que llueva, sino como causa de que el hablante afirme o infiera que está lloviendo. Una paráfrasis aproximada de esta oración podría contener un verbo de lengua en primera persona, como *Digo que llueve porque la gente lleva paraguas* (donde la subordinada causal depende de *digo*). Estas oraciones responden a preguntas que incluyen este verbo (*¿Por qué dices que llueve?*) y pueden ser realzadas por construcciones condicionales enfáticas que lo contienen (*Si digo que llueve es porque la gente lleva paraguas*).

Codas causales explicativas o justificativas. Aparecen pospuestas al enunciado al que afectan y se separan de él por medio de una pausa marcada, que en la escritura se representa por coma, punto y coma e, incluso, por punto. A través de estas causales, el hablante justifica por qué ha realizado el acto verbal que expresa el enunciado precedente (orden, petición, ruego, felicitación, deseo...): *¿Hace frío?, porque os veo muy abrigados; ¡Cállense!, que el abuelo duerme; ¿Me prestas tu libro? Es que he olvidado el mío; ¡Auxilio!, que me ahogo; ¡Ojalá gane el premio!, porque se lo merece.* Se construyen sobre todo con las conjunciones o locuciones conjuntivas *que, porque, pues, puesto que, es que.*

Construcciones finales

Las construcciones finales también pueden ser INTERNAS, si actúan como complementos argumentales o adjuntos del predicado, o EXTERNAS, en el caso de que modifiquen a la oración o a un segmento externo al predicado.

CONSTRUCCIONES FINALES INTERNAS AL PREDICADO

Son internas las FINALES DEL ENUNCIADO, que expresan fundamentalmente el propósito u objetivo de la acción o el proceso denotados por el grupo verbal. Vienen encabezadas principalmente por las preposiciones *para* y *a*, así como por las locuciones *a fin de que, al objeto de que*. Pueden ser de tres tipos: oracionales con *que*, siempre con verbo en subjuntivo (*Abro la ventana para que se ventile el cuarto*), oracionales de infinitivo (*Entraron un momento a saludarla*) y grupos nominales (*Trabajan para la regeneración del país*). Responden a preguntas construidas con *¿para qué?* (también *¿a qué?* o *¿a fin de qué?*, según los casos), pueden ser realzadas o focalizadas en construcciones enfáticas de relativo (*Para lo que lo han llamado es para que los entrene*) y admiten negación contrastiva (*Trabajan no para que los alabes, sino para que les pagues*).

Desde el punto de vista de su relación con el predicado, las construcciones finales pueden ser:

a) ARGUMENTALES. Funcionan como complemento de régimen, ya sea de un verbo, de un nombre o de un adjetivo: *La animó a que estudiara; su predisposición a dejarse dominar; apto para competir.* A este grupo pertenecen muchas de las introducidas por la preposición *a*: *La obligarán a renunciar al cargo.*

b) NO ARGUMENTALES. Desempeñan la función de adjuntos o circunstanciales. Coinciden con las anteriores en que pueden complementar a varias categorías: al verbo (*Leía para que le viniera el sueño*), al nombre (*mantas para soportar el invierno*) o al adjetivo (*sigiloso para que los niños no se despierten*).

CONSTRUCCIONES FINALES EXTERNAS AL PREDICADO

Al igual que las causales externas, vienen separadas del enunciado por pausas. Como aquellas, no responden a preguntas, no pueden ser realzadas en estructuras copulativas de énfasis ni por adverbios de foco, y no pueden ser negadas. Todas aportan cierto matiz explicativo, pero es en las finales pospuestas donde este rasgo presenta mayor relevancia.

Finales externas antepuestas. Muestran el comportamiento propio de los tópicos. Suelen adquirir valores contextuales alejados del sentido final, como el de contraste: *Para que lo cambien ellos, lo cambio yo; Para que se rían de mí, no voy; Para que todo siga igual, no voto.*

Finales de la enunciación. Expresan la finalidad que impulsa al emisor a emitir su enunciado. Así, en *Para que lo sepas, yo no hice nada,* la subordinada no indica la finalidad de no hacer nada, sino la intención que se persigue al afirmar *yo no hice nada*. Complementan a un verbo de lengua implícito (*digo, afirmo*), que puede hacerse expreso (*Para que lo sepas, digo...*).

Codas explicativas o justificativas de carácter final. Las finales explicativas pospuestas aportan una explicación de carácter final que justifica por qué se ha emitido el acto verbal anterior (orden, consejo, exhortación...). Como en las causales explicativas, puede aparecer sola la conjunción *que*: *Dile algo, (para) que no te pase como la otra vez; Muéstrate firme, (para) que todos te respeten.*

Construcciones ilativas

DEFINICIÓN

Las ILATIVAS son construcciones bimembres en cuyo segundo segmento se aporta una consecuencia de lo expresado en el primero: *Tu idea no funcionó, así que tendrás que pensar otra cosa.* Por esta razón, han sido agrupadas muchas veces en la tradición gramatical con las oraciones CONSECUTIVAS.

CONJUNCIONES Y LOCUCIONES CONJUNTIVAS ILATIVAS

Además de *así que*, las más características son *luego* (*Todavía sigue ahí, luego mucha prisa no tenía*); *pues* (*No quieres ir, pues no vayas*); *conque* (*Ese es mi sillón, conque levántate inmediatamente*); *de {forma ~ manera ~ modo ~ suerte} que* (*Le urgía la venta del apartamento, de modo que se vio obligado a bajar el precio*); *de ahí que* (*Faltaban datos esenciales, de ahí que el análisis resultara fallido*).

Voces como *consecuentemente, consiguientemente, de resultas, en consecuencia, entonces, por consiguiente, por ende* o *por (lo) tanto* no constituyen conjunciones o locuciones conjuntivas, sino adverbios o locuciones adverbiales. Se comportan como conectores de discurso que expresan relaciones ilativas.

RELACIÓN ENTRE LAS CONSTRUCCIONES ILATIVAS Y LAS CAUSALES

Como las causales, las ilativas constan de dos componentes: el que introduce la causa y el que expresa la consecuencia. Entre ambos media siempre una PREMISA o un SUPUESTO IMPLÍCITO. Así, es congruente afirmar *Le subió la fiebre porque tiene gripe* o *Tenía gripe, luego le subió la fiebre*, pues en esas oraciones se asume un supuesto común ('La gripe sube la temperatura corporal').

Todas las construcciones ilativas tienen correspondencia con secuencias causales: *Pienso, luego existo* [ilativa] ~ *Puesto que pienso, existo* [causal]. Aun así, entre unas y otras se da una relación inversa: en las causales la subordinada expresa el motivo de algo, mientras que la principal introduce la consecuencia; en las ilativas es la principal la que expresa la causa, mientras que la subordinada manifiesta la consecuencia.

PROPIEDADES SINTÁCTICAS DE LAS CONSTRUCCIONES ILATIVAS

Las propiedades se deducen directamente de su naturaleza externa al predicado:

a) Se separan de la principal mediante una pausa.

b) No pueden anteponerse a aquella: *Ella ya lo sabía, así que alguien se lo dijo* ~ **Así que alguien se lo dijo, ella ya lo sabía.*

c) No pueden focalizarse: *Estoy al margen, conque no quiero ir* ~ **Es conque estoy al margen que no quiero ir.*

29

Construcciones condicionales y concesivas

Construcciones condicionales y concesivas

CARACTERÍSTICAS FORMALES

Las CONSTRUCCIONES CONDICIONALES y las CONSTRUCCIONES CONCESIVAS más típicas son estructuras oracionales bimembres que tradicionalmente se denominan PERÍODOS. Tales períodos se hallan formados por una oración principal y una subordinada. Esta última, que no está incluida en la primera, suele aparecer introducida por las conjunciones *si* (en las condicionales) y *aunque* (en las concesivas). Generalmente, la subordinada se sitúa entre pausas y en posición inicial, por lo que ha sido denominada PRÓTASIS ('lo que va delante'). La oración principal se llama APÓDOSIS:

Período condicional: *Si le sube la fiebre*, *báñese con agua fría*
Prótasis Apódosis

Período concesivo: *Aunque me lo recomienden*, *no lo compraré*
Prótasis Apódosis

ASPECTOS DE SENTIDO

Desde el punto de vista semántico, las condicionales y las concesivas son, al igual que las causales y las ilativas, construcciones que unen un segmento que expresa 'causa' y otro que denota 'efecto', a través de una PREMISA O SUPUESTO IMPLÍCITO compartido. Así se observa en las siguientes construcciones, que comparten el supuesto 'Los días de fiesta no se trabaja':

Causal: *Puesto que hoy es fiesta* [causa], *María no trabaja* [efecto]
Ilativa: *Hoy es fiesta* [causa], *así que María no trabaja* [efecto]
Condicional: *Si hoy es fiesta* [causa hipotética], *María no trabaja* [efecto]

Concesiva: *Aunque mañana es fiesta* [causa ineficiente], *María trabaja* [efecto no conseguido]

LA ELIPSIS EN LOS PERÍODOS CONDICIONALES Y CONCESIVOS

En los períodos condicionales y concesivos cabe la posibilidad de que algún elemento de la prótasis o de la apódosis, o de ambas a la vez, aparezca elíptico, implícito o incompleto. La prótasis condicional puede construirse con la conjunción *si* y el adverbio *no* cuando se elide información presentada en un enunciado previo, como en *Si me invitan, voy; si no, me quedo en casa,* donde se elide *me invitan.* También cabe pensar en elipsis similares en las prótasis concesivas, como en *El abuelo se valía por sí mismo, aunque [se valía por sí mismo] con alguna dificultad.* Condicionales y concesivas coinciden en admitir la elipsis en la apódosis, que con frecuencia queda reducida al sujeto y a un adverbio de afirmación o negación (*sí, no, también* y *tampoco,* en las condicionales; *sí* y *no,* en las concesivas): *Si él no está de acuerdo, yo sí; Aunque él está de acuerdo, yo no.*

Cuando se omite la apódosis y se deja en suspenso la prótasis, las oraciones condicionales y concesivas reciben el nombre de SUSPENDIDAS: *Si tú estás de acuerdo...; Como no llueva pronto...; Aunque así fuera...*

Construcciones condicionales

DEFINICIÓN

Los períodos condicionales son oraciones compuestas en las que la prótasis expresa bien un requisito que, caso de darse, conduce a un resultado (*Si no es difícil, lo entiende*), bien la premisa de la que se parte para llegar a cierta conclusión (*Si lo entiende, no es difícil*).

CONJUNCIONES, LOCUCIONES CONJUNTIVAS Y CONSTRUCCIONES CONDICIONALES

Conjunciones. La conjunción *si* es la más representativa y frecuente en las construcciones condicionales, pero existen otras:

a) *Como.* Con verbo en subjuntivo, introduce condicionales que el hablante orienta de manera enfática hacia una situación futura: *Como no estudies, no vas de vacaciones; Como ganen, enloquecerán.*

b) *Mientras.* Se antepone a la prótasis con verbo en subjuntivo y con orientación prospectiva: *Mientras se porte bien, será bien acogido.*

c) *Cuando*. Forma prótasis que aportan significación a la vez condicional y causal: *Cuando él lo dice, será verdad.*

Locuciones conjuntivas condicionales. Las prótasis condicionales también pueden ir encabezadas por ciertas locuciones, como *con tal (de) (que), siempre que, siempre y cuando, a menos que, a no ser que, como no sea que*, etc. También se forman locuciones conjuntivas con ciertos sustantivos: *en caso de (que), en el supuesto de (que), a condición de (que)*. Estos sustantivos mantienen su significado. Los dos primeros conservan, además, en mayor o menor grado, sus propiedades gramaticales. Admiten, por ejemplo, ciertos adjetivos: *en el más que improbable caso de que...*

Otras construcciones condicionales. En posición de tópicos, varias construcciones que no contienen verbos en forma personal actúan como prótasis condicionales. Están entre ellas las siguientes:

a) Grupos preposicionales: *En tu casa, no te comportarías así; Con tu ayuda, conseguiremos vencer,* que equivalen aproximadamente a *Si estuvieras en tu casa...* y *Si contamos con tu ayuda...*

b) Esquemas con preposición e infinitivo, sobre todo «*de* + infinitivo», «*para* + infinitivo» y «*a* + infinitivo»: *De haberlo sabido, habría avisado.* Muchas de ellas son locuciones gramaticalizadas: *a juzgar por, de haberlo sabido, para ser sincero.*

c) Ciertas construcciones absolutas de participio y gerundio, cuando la apódosis alude a situaciones posteriores: *Desalojado el edificio, no tendrán dónde esconderse; Viniendo tu mujer, seríamos cinco.*

d) Expresiones lexicalizadas como *yo que {tú ~ vos ~ usted ~ ella ~ tu hermano...}* o *yo en {tu ~ su} lugar: Yo que usted, no iría; Yo en su lugar, denunciaba a la empresa.*

TIPOS DE CONDICIONALES

Las condicionales siguen un comportamiento paralelo al de las causales externas. Según la relación que se establece entre prótasis y apódosis, se diferencian dos tipos: CONDICIONALES DEL ENUNCIADO y CONDICIONALES DE LA ENUNCIACIÓN.

Condicionales del enunciado. Denotan una causa hipotética directamente relacionada con el hecho expresado por la apódosis. Así, en *Si me llaman, voy,* se entiende que el hecho de que me llamen es la causa de que yo vaya.

Condicionales de la enunciación. En ellas se señala que el cumplimiento de la prótasis permitirá decir o deducir el contenido de la apódosis. Estas condicionales permiten normalmente recuperar el verbo enunciativo *decir: Si es mi turno, (digo que) yo también estoy de acuerdo.* Se utilizan para atenuar la aserción (*Si no me equivoco, eso no es así*), para expresar cortesía (*Si usted me lo permite, yo no estoy de acuerdo*) o para plantear una hipotética situación cuya solución se insinúa en la apódosis (*Si tienes frío, en el armario hay mantas; Si te vuelve a molestar, ahí enfrente está la comisaría*).

TIEMPO Y MODO EN LOS PERÍODOS CONDICIONALES

Los rasgos modales y temporales de la prótasis y de la apódosis son interdependientes: los de la oración subordinada ponen de manifiesto la actitud del hablante en relación con la posibilidad, probabilidad o irrealidad de la situación supuesta; los de la principal indican la modalidad de la oración. Tradicionalmente se vienen distinguiendo tres tipos de períodos condicionales:

a) PERÍODO REAL. Se expresan hechos que se tienen por verdaderos o por esperables. El verbo de la prótasis siempre aparece en indicativo, en tiempos del presente o del pasado, mientras que el verbo de la apódosis va en indicativo en tiempos del pasado, del presente o del futuro: *Si estoy junto al mar, descanso muy bien; Si le haces caso, llegarás antes; Si estudiaste allí, sin duda aprendiste mucho.*

b) PERÍODO POTENCIAL. Alude a sucesos que pueden tener lugar. Se construye con imperfecto de subjuntivo en la prótasis, y condicional o imperativo en la apódosis: *Si fuera rico, viviría aquí; Si vieras a Pepe, dile que sí.*

c) PERÍODO IRREAL. La prótasis se construye con pretérito pluscuamperfecto de subjuntivo y la apódosis, con condicional compuesto o pluscuamperfecto de subjuntivo: *Si se lo hubieran explicado, lo {habría ~ hubiera} entendido.* Cuando la oración es afirmativa, designa una situación pasada que no tuvo lugar: *Si hubiera salido de casa* (> 'No salió de casa'), *lo habría visto.* Cuando la oración es negativa, denota una situación acaecida: *Si no hubiera salido de casa* (> 'Salió de casa'), *no lo habría visto.*

En las prótasis condicionales solo se admiten el presente de indicativo y el pretérito imperfecto de indicativo y subjuntivo, así como el pretérito perfecto de indicativo y el pretérito pluscuamperfecto de indicativo y subjuntivo.

> No se consideran correctas las prótasis introducidas por «*si* + condicional»: *Si tendría* (por *si tuviera*) *que volver a elegir, elegiría lo mismo; Si habría tenido* (por *hubiera tenido*) *que regresar, lo habría hecho.* n

ORACIONES PSEUDOCONDICIONALES

Se denominan así las construcciones que adoptan la forma de una condicional, pero que no aportan una hipótesis. Así, son construcciones pseudocondicionales aquellas en las que se enfatiza la verdad o la falsedad de uno de los dos miembros del período, o incluso de los dos (*Si él sabe algo de fútbol, yo soy Maradona*). Se apoyan en una falsa hipótesis (*Si tú estás cansado...*) los períodos cuya apódosis presenta un grado mayor de la propiedad introducida (*... yo estoy exhausta*). Existen otras variantes, similares a estas, que presentan como recurso argumentativo alguna situación falsamente hipotética: *Si París tiene la Ópera, Buenos Aires tiene el Colón*. Son asimismo pseudocondicionales los períodos cuya apódosis (*... ¡Si nunca estoy en casa!*) aporta una justificación de la información expresada veladamente en una interrogación retórica introducida antes (*¿Cómo voy a hablar con mis hijos?*).

COPULATIVAS CONDICIONALES DE ÉNFASIS

Las construcciones condicionales se utilizan en la focalización o realce de argumentos o adjuntos de la oración. Así, los segmentos subrayados de la oración *Laura contó esa noticia* pueden dar lugar a las siguientes condicionales de énfasis: *Si alguien contó la noticia fue Laura; Si algo contó Laura fue esa noticia*. Estas construcciones constan de tres partes: una oración condicional introducida por la conjunción *si*, el verbo *ser* y el elemento focalizado. A partir de *Mamá llamó ayer a María*, se pueden formar tres construcciones condicionales de énfasis:

Oración condicional	SER	Foco
Si alguien llamó ayer a María	*fue*	*mamá*
Si a alguien llamó mamá ayer	*fue*	*a María*
Si (en algún momento) mamá llamó a María	*fue*	*ayer*

Cuando el elemento focalizado no es un argumento verbal, el indefinido de estas construcciones puede ser suprimido: *Si por algo van al cine es porque les gusta ~ Si Ø van al cine es porque les gusta.*

Construcciones concesivas

DEFINICIÓN

En las construcciones concesivas la prótasis sugiere una conclusión que es negada por la apódosis. Así, en el ejemplo *Aunque es muy listo, se equivoca*, de la prótasis *es muy listo* se puede deducir o suponer 'no se equivoca', supuesto que rechaza la apódosis.

TIPOS DE CONCESIVAS

Según la relación que se establece entre la prótasis y la apódosis, se pueden diferenciar dos tipos de subordinadas concesivas: DEL ENUNCIADO Y DE LA ENUNCIACIÓN.

Concesivas del enunciado. Su prótasis denota un obstáculo o una dificultad que no logra impedir lo expresado por la apódosis: *Aunque llovía, salió a caminar*. La prótasis expone una causa ineficiente, en el sentido de 'una causa que no llega a producir el efecto que de ella se espera'. La subordinada aparece más frecuentemente antepuesta, a modo de tópico, pero también puede aparecer pospuesta, con pausa o sin ella: *Salió a caminar aunque llovía; Eran felices, aunque no parecían tener motivos para serlo.*

Concesivas de la enunciación. Estas construcciones presentan una dificultad que no llega a impedir el hecho de que se enuncie la oración principal. Suelen reclamar un verbo enunciativo (como *decir*): *Aunque tal vez sea tarde, (<u>digo</u> que) ese muchacho es inocente.*

OTRAS CONSTRUCCIONES CONCESIVAS

Existe una gran variedad de construcciones concesivas, además de las introducidas por *aunque*. En su mayoría, aparecen como tópicos, es decir, separadas por pausa y en posición inicial. Si la construcción es oracional, el verbo tiende a construirse en subjuntivo. Los adverbios *aun, incluso* y *ni siquiera* contribuyen a reforzar el sentido concesivo de estas secuencias.

Otras oraciones subordinadas concesivas. Existen oraciones no introducidas por *aunque* que adquieren sentido concesivo en determinadas circunstancias:

a) Condicionales y relativas temporales modificadas por *aun, incluso* o *ni siquiera*: *Aun si se lo juras, no lo creeré; Incluso cuando está triste, no muda el gesto; No abandona el traje, ni siquiera cuando hace calor.*

b) Construcciones duplicadas con verbo en subjuntivo. Unas contienen una oración de relativo (*Esté donde esté, siempre llama a sus papás; Lo diga quien lo diga, no lo creo*); otras presentan una estructura coordinada disyuntiva: *Llame o no llame, asistiré; Haga frío o haga calor, nunca falta.*

c) La conjunción *así* (distinta del adverbio *así*) encabeza prótasis concesivas pospuestas en subjuntivo con significación hiperbólica: *No vuelvo a ese lugar así me maten.*

d) La construcción «*mal que {me, te, le, nos, os, les}* + *pesar* (subjuntivo)» da lugar a períodos concesivos, como *Tendrá que aceptar, mal que le pese.*

e) La locución *si bien* forma concesivas en indicativo: *Si bien no es muy hábil, obtiene buenos resultados.*

f) Los gerundios en posición de tópico modificados por *aun, incluso* o *ni siquiera* originan expresiones concesivas: *Aun nevando, va a visitar a sus tíos; Incluso repitiéndoselo mil veces, no lo entienden.*

Construcciones preposicionales de sentido concesivo. Se forman también construcciones concesivas con preposiciones o con locuciones prepositivas:

a) Las preposiciones *con* y *por* en combinación con construcciones cuantificadas en las que se expresa una cantidad o un número, o se pondera el grado extremo de alguna propiedad: *por mucho que corrió, con lo inteligente que es, con ser tan inteligente...*

b) Infinitivos precedidos de las preposiciones *con* (*Con tener tanto dinero, no es muy feliz*) o *para* (*Para ser tan joven, toca muy bien*).

c) Grupos preposicionales reforzados por *aun, incluso* y *ni siquiera*: *Aun en su casa, no era feliz; Incluso entre los amigos, era muy prudente; No come bien, ni siquiera con sus padres.*

d) La locución *a pesar de* con grupos nominales y con oraciones subordinadas sustantivas: *A pesar de las dificultades, sobrevivieron; A pesar de que los tiempos eran duros, no pasaron hambre.*

Locuciones adverbiales. Poseen sentido concesivo las locuciones adverbiales *con todo y con eso* y sus variantes (*con todo y eso, con eso y todo...*), *así y todo, en todo caso, de todos modos: El apartamento no tenía mucha luz; con todo y con eso, lo compró*. La expresión *y todo*, pospuesta a grupos de diferente naturaleza, aporta un valor concesivo: *Asmático y todo, ganó muchas vueltas; Protestando y todo, lo hizo; Con defectos y todo, es el mejor que he tenido nunca.*

Construcciones absolutas. Aportan sentido concesivo las construcciones absolutas, completas o abreviadas, cuando están modificadas por los adverbios *aun, incluso, ni siquiera: Aun roto el matrimonio, mantuvieron la amistad; Incluso enfermo su padre, siguió escribiendo; Incluso lejos, esos buques constituyen una amenaza.*

Apéndices

1 MODELOS DE CONJUGACIÓN

2 ÍNDICE ALFABÉTICO DE VERBOS IRREGULARES

Modelos de conjugación

1 AMAR

Verbo modelo de la primera conjugación

Tiempos simples

Formas no personales

Infinitivo	Participio	Gerundio
amar	amado	amando

Indicativo

NÚMERO	PERSONAS DEL DISCURSO	PRONOMBRES PERSONALES	Presente	Pret. imperfecto/ Copretérito	Pret. perfecto simple/ Pretérito
Singular	1.ª	yo	amo	amaba	amé
	2.ª	tú/vos	amas/amás	amabas	amaste
		usted	ama	amaba	amó
	3.ª	él, ella			
Plural	1.ª	nosotros, -as	amamos	amábamos	amamos
	2.ª	vosotros, -as	amáis	amabais	amasteis
		ustedes	aman	amaban	amaron
	3.ª	ellos, ellas			

NÚMERO	PERSONAS DEL DISCURSO	PRONOMBRES PERSONALES	Futuro simple/Futuro	Condicional simple/Pospretérito
Singular	1.ª	yo	amaré	amaría
	2.ª	tú/vos	amarás	amarías
		usted	amará	amaría
	3.ª	él, ella		
Plural	1.ª	nosotros, -as	amaremos	amaríamos
	2.ª	vosotros, -as	amaréis	amaríais
		ustedes	amarán	amarían
	3.ª	ellos, ellas		

Subjuntivo

NÚMERO	PERSONAS DEL DISCURSO	PRONOMBRES PERSONALES	Presente	Pret. imperfecto/ Pretérito	Futuro simple/Futuro
Singular	1.ª	yo	ame	amara *o* amase	amare
	2.ª	tú/vos	ames	amaras *o* amases	amares
		usted	ame	amara *o* amase	amare
	3.ª	él, ella			
Plural	1.ª	nosotros, -as	amemos	amáramos *o* amásemos	amáremos
	2.ª	vosotros, -as	améis	amarais *o* amaseis	amareis
		ustedes	amen	amaran *o* amasen	amaren
	3.ª	ellos, ellas			

Imperativo

Singular	2.ª	tú/vos	ama/amá	Plural	2.ª	vosotros, -as	amad
		usted	ame			ustedes	amen

Tiempos compuestos

Formas no personales

Infinitivo	Participio	Gerundio
haber amado	—	habiendo amado

Indicativo

NÚMERO	PERSONAS DEL DISCURSO	PRONOMBRES PERSONALES	Pret. perfecto compuesto/ Antepresente	Pret. pluscuamperfecto/ Antecopretérito	Pret. anterior/ Antepretérito
Singular	1.ª	yo	he amado	había amado	hube amado
	2.ª	tú/vos	has amado	habías amado	hubiste amado
		usted	ha amado	había amado	hubo amado
	3.ª	él, ella			
Plural	1.ª	nosotros, -as	hemos amado	habíamos amado	hubimos amado
	2.ª	vosotros, -as	habéis amado	habíais amado	hubisteis amado
		ustedes	han amado	habían amado	hubieron amado
	3.ª	ellos, ellas			

NÚMERO	PERSONAS DEL DISCURSO	PRONOMBRES PERSONALES	Futuro compuesto/Antefuturo	Condicional compuesto/ Antepospretérito
Singular	1.ª	yo	habré amado	habría amado
	2.ª	tú/vos	habrás amado	habrías amado
		usted	habrá amado	habría amado
	3.ª	él, ella		
Plural	1.ª	nosotros, -as	habremos amado	habríamos amado
	2.ª	vosotros, -as	habréis amado	habríais amado
		ustedes	habrán amado	habrían amado
	3.ª	ellos, ellas		

Subjuntivo

NÚMERO	PERSONAS DEL DISCURSO	PRONOMBRES PERSONALES	Pret. perfecto compuesto/ Antepresente	Pret. pluscuamperfecto/ Antepretérito	Futuro compuesto
Singular	1.ª	yo	haya amado	hubiera *o* hubiese amado	hubiere amado
	2.ª	tú/vos	hayas amado	hubieras *o* hubieses amado	hubieres amado
		usted	haya amado	hubiera *o* hubiese amado	hubiere amado
	3.ª	él, ella			
Plural	1.ª	nosotros, -as	hayamos amado	hubiéramos *o* hubiésemos amado	hubiéremos amado
	2.ª	vosotros, -as	hayáis amado	hubierais *o* hubieseis amado	hubiereis amado
		ustedes	hayan amado	hubieran *o* hubiesen amado	hubieren amado
	3.ª	ellos, ellas			

2 TEMER

Verbo modelo de la segunda conjugación

Tiempos simples

Formas no personales

Infinitivo	Participio	Gerundio
temer	temido	temiendo

Indicativo

NÚMERO	PERSONAS DEL DISCURSO	PRONOMBRES PERSONALES	Presente	Pret. imperfecto/ Copretérito	Pret. perfecto simple/ Pretérito
Singular	1.ª	yo	temo	temía	temí
	2.ª	tú/vos	temes/temés	temías	temiste
		usted	teme	temía	temió
	3.ª	él, ella			
Plural	1.ª	nosotros, -as	tememos	temíamos	temimos
	2.ª	vosotros, -as	teméis	temíais	temisteis
		ustedes	temen	temían	temieron
	3.ª	ellos, ellas			

NÚMERO	PERSONAS DEL DISCURSO	PRONOMBRES PERSONALES	Futuro simple/Futuro	Condicional simple/Pospretérito
Singular	1.ª	yo	temeré	temería
	2.ª	tú/vos	temerás	temerías
		usted	temerá	temería
	3.ª	él, ella		
Plural	1.ª	nosotros, -as	temeremos	temeríamos
	2.ª	vosotros, -as	temeréis	temeríais
		ustedes	temerán	temerían
	3.ª	ellos, ellas		

Subjuntivo

NÚMERO	PERSONAS DEL DISCURSO	PRONOMBRES PERSONALES	Presente	Pret. imperfecto/ Pretérito	Futuro simple/Futuro
Singular	1.ª	yo	tema	temiera *o* temiese	temiere
	2.ª	tú/vos	temas	temieras *o* temieses	temieres
		usted	tema	temiera *o* temiese	temiere
	3.ª	él, ella			
Plural	1.ª	nosotros, -as	temamos	temiéramos *o* temiésemos	temiéremos
	2.ª	vosotros, -as	temáis	temierais *o* temieseis	temiereis
		ustedes	teman	temieran *o* temiesen	temieren
	3.ª	ellos, ellas			

Imperativo

Singular	2.ª	tú/vos	teme/temé	Plural	2.ª	vosotros, -as	temed
		usted	tema			ustedes	teman

Tiempos compuestos

Formas no personales

Infinitivo	Participio	Gerundio
haber temido	—	habiendo temido

Indicativo

NÚMERO	PERSONAS DEL DISCURSO	PRONOMBRES PERSONALES	Pret. perfecto compuesto/ Antepresente	Pret. pluscuamperfecto/ Antecopretérito	Pret. anterior/ Antepretérito
Singular	1.ª	yo	he temido	había temido	hube temido
	2.ª	tú/vos	has temido	habías temido	hubiste temido
		usted	ha temido	había temido	hubo temido
	3.ª	él, ella			
Plural	1.ª	nosotros, -as	hemos temido	habíamos temido	hubimos temido
	2.ª	vosotros, -as	habéis temido	habíais temido	hubisteis temido
		ustedes	han temido	habían temido	hubieron temido
	3.ª	ellos, ellas			

NÚMERO	PERSONAS DEL DISCURSO	PRONOMBRES PERSONALES	Futuro compuesto/Antefuturo	Condicional compuesto/ Antepospretérito
Singular	1.ª	yo	habré temido	habría temido
	2.ª	tú/vos	habrás temido	habrías temido
		usted	habrá temido	habría temido
	3.ª	él, ella		
Plural	1.ª	nosotros, -as	habremos temido	habríamos temido
	2.ª	vosotros, -as	habréis temido	habríais temido
		ustedes	habrán temido	habrían temido
	3.ª	ellos, ellas		

Subjuntivo

NÚMERO	PERSONAS DEL DISCURSO	PRONOMBRES PERSONALES	Pret. perfecto compuesto/ Antepresente	Pret. pluscuamperfecto/ Antepretérito	Futuro compuesto
Singular	1.ª	yo	haya temido	hubiera *o* hubiese temido	hubiere temido
	2.ª	tú/vos	hayas temido	hubieras *o* hubieses temido	hubieres temido
		usted	haya temido	hubiera *o* hubiese temido	hubiere temido
	3.ª	él, ella			
Plural	1.ª	nosotros, -as	hayamos temido	hubiéramos *o* hubiésemos temido	hubiéremos temido
	2.ª	vosotros, -as	hayáis temido	hubierais *o* hubieseis temido	hubiereis temido
		ustedes	hayan temido	hubieran *o* hubiesen temido	hubieren temido
	3.ª	ellos, ellas			

3 PARTIR

Verbo modelo de la tercera conjugación

Tiempos simples

Formas no personales

Infinitivo	Participio	Gerundio
partir	partido	partiendo

Indicativo

NÚMERO	PERSONAS DEL DISCURSO	PRONOMBRES PERSONALES	Presente	Pret. imperfecto/ Copretérito	Pret. perfecto simple/ Pretérito
Singular	1.ª	yo	parto	partía	partí
	2.ª	tú/vos	partes/partís	partías	partiste
		usted	parte	partía	partió
	3.ª	él, ella			
Plural	1.ª	nosotros, -as	partimos	partíamos	partimos
	2.ª	vosotros, -as	partís	partíais	partisteis
		ustedes	parten	partían	partieron
	3.ª	ellos, ellas			

NÚMERO	PERSONAS DEL DISCURSO	PRONOMBRES PERSONALES	Futuro simple/Futuro	Condicional simple/Pospretérito
Singular	1.ª	yo	partiré	partiría
	2.ª	tú/vos	partirás	partirías
		usted	partirá	partiría
	3.ª	él, ella		
Plural	1.ª	nosotros, -as	partiremos	partiríamos
	2.ª	vosotros, -as	partiréis	partiríais
		ustedes	partirán	partirían
	3.ª	ellos, ellas		

Subjuntivo

NÚMERO	PERSONAS DEL DISCURSO	PRONOMBRES PERSONALES	Presente	Pret. imperfecto/ Pretérito	Futuro simple/Futuro
Singular	1.ª	yo	parta	partiera *o* partiese	partiere
	2.ª	tú/vos	partas	partieras *o* partieses	partieres
		usted	parta	partiera *o* partiese	partiere
	3.ª	él, ella			
Plural	1.ª	nosotros, -as	partamos	partiéramos *o* partiésemos	partiéremos
	2.ª	vosotros, -as	partáis	partierais *o* partieseis	partiereis
		ustedes	partan	partieran *o* partiesen	partieren
	3.ª	ellos, ellas			

Imperativo

Singular	2.ª	tú/vos	parte/partí	Plural	2.ª	vosotros, -as	partid
		usted	parta			ustedes	partan

Tiempos compuestos

Formas no personales

Infinitivo	Participio	Gerundio
haber partido	—	habiendo partido

Indicativo

NÚMERO	PERSONAS DEL DISCURSO	PRONOMBRES PERSONALES	Pret. perfecto compuesto/ Antepresente	Pret. pluscuamperfecto/ Antecopretérito	Pret. anterior/ Antepretérito
Singular	1.ª	yo	he partido	había partido	hube partido
	2.ª	tú/vos	has partido	habías partido	hubiste partido
		usted	ha partido	había partido	hubo partido
	3.ª	él, ella			
Plural	1.ª	nosotros, -as	hemos partido	habíamos partido	hubimos partido
	2.ª	vosotros, -as	habéis partido	habíais partido	hubisteis partido
		ustedes	han partido	habían partido	hubieron partido
	3.ª	ellos, ellas			

NÚMERO	PERSONAS DEL DISCURSO	PRONOMBRES PERSONALES	Futuro compuesto/Antefuturo	Condicional compuesto/ Antepospretérito
Singular	1.ª	yo	habré partido	habría partido
	2.ª	tú/vos	habrás partido	habrías partido
		usted	habrá partido	habría partido
	3.ª	él, ella		
Plural	1.ª	nosotros, -as	habremos partido	habríamos partido
	2.ª	vosotros, -as	habréis partido	habríais partido
		ustedes	habrán partido	habrían partido
	3.ª	ellos, ellas		

Subjuntivo

NÚMERO	PERSONAS DEL DISCURSO	PRONOMBRES PERSONALES	Pret. perfecto compuesto/ Antepresente	Pret. pluscuamperfecto/ Antepretérito	Futuro compuesto
Singular	1.ª	yo	haya partido	hubiera *o* hubiese partido	hubiere partido
	2.ª	tú/vos	hayas partido	hubieras *o* hubieses partido	hubieres partido
		usted	haya partido	hubiera *o* hubiese partido	hubiere partido
	3.ª	él, ella			
Plural	1.ª	nosotros, -as	hayamos partido	hubiéramos *o* hubiésemos partido	hubiéremos partido
	2.ª	vosotros, -as	hayáis partido	hubierais *o* hubieseis partido	hubiereis partido
		ustedes	hayan partido	hubieran *o* hubiesen partido	hubieren partido
	3.ª	ellos, ellas			

Formas no personales	Infinitivo	**4 ACERTAR**	**5 ACTUAR**	**6 ADEUDAR**	**7 ADQUIRIR**
	Participio	acertado	actuado	adeudado	adquirido
	Gerundio	acertando	actuando	adeudando	adquiriendo
Indicativo	Presente	acierto aciertas/acertás acierta acertamos acertáis aciertan	actúo actúas/actuás actúa actuamos actuáis actúan	adeudo adeudas/adeudás adeuda adeudamos adeudáis adeudan	adquiero adquieres/adquirís adquiere adquirimos adquirís adquieren
	Pret. imperfecto/ Copretérito	acertaba acertabas acertaba acertábamos acertabais acertaban	actuaba actuabas actuaba actuábamos actuabais actuaban	adeudaba adeudabas adeudaba adeudábamos adeudabais adeudaban	adquiría adquirías adquiría adquiríamos adquiríais adquirían
	Pret. perfecto simple/ Pretérito	acerté acertaste acertó acertamos acertasteis acertaron	actué actuaste actuó actuamos actuasteis actuaron	adeudé adeudaste adeudó adeudamos adeudasteis adeudaron	adquirí adquiriste adquirió adquirimos adquiristeis adquirieron
	Futuro simple/ Futuro	acertaré acertarás acertará acertaremos acertaréis acertarán	actuaré actuarás actuará actuaremos actuaréis actuarán	adeudaré adeudarás adeudará adeudaremos adeudaréis adeudarán	adquiriré adquirirás adquirirá adquiriremos adquiriréis adquirirán
	Condicional simple/ Pospretérito	acertaría acertarías acertaría acertaríamos acertaríais acertarían	actuaría actuarías actuaría actuaríamos actuaríais actuarían	adeudaría adeudarías adeudaría adeudaríamos adeudaríais adeudarían	adquiriría adquirirías adquiriría adquiriríamos adquiriríais adquirirían
Subjuntivo	Presente	acierte aciertes acierte acertemos acertéis acierten	actúe actúes actúe actuemos actuéis actúen	adeude adeudes adeude adeudemos adeudéis adeuden	adquiera adquieras adquiera adquiramos adquiráis adquieran
	Pret. imperfecto/ Pretérito	acertara *o* acertase acertaras *o* acertases acertara *o* acertase acertáramos *o* acertásemos acertarais *o* acertaseis acertaran *o* acertasen	actuara *o* actuase actuaras *o* actuases actuara *o* actuase actuáramos *o* actuásemos actuarais *o* actuaseis actuaran *o* actuasen	adeudara *o* adeudase adeudaras *o* adeudases adeudara *o* adeudase adeudáramos *o* adeudásemos adeudarais *o* adeudaseis adeudaran *o* adeudasen	adquiriera *o* adquiriese adquirieras *o* adquirieses adquiriera *o* adquiriese adquiriéramos *o* adquiriésemos adquirierais *o* adquirieseis adquirieran *o* adquiriesen
	Futuro simple/ Futuro	acertare acertares acertare acertáremos acertareis acertaren	actuare actuares actuare actuáremos actuareis actuaren	adeudare adeudares adeudare adeudáremos adeudareis adeudaren	adquiriere adquirieres adquiriere adquiriéremos adquiriereis adquirieren
Imperativo		acierta/acertá acierte acertad acierten	actúa/actuá actúe actuad actúen	adeuda/adeudá adeude adeudad adeuden	adquiere/adquirí adquiera adquirid adquieran

Formas no personales	Infinitivo	8 AGRADECER	9 AISLAR	10 ANDAR	11 ANUNCIAR
	Participio	agradecido	aislado	andado	anunciado
	Gerundio	agradeciendo	aislando	andando	anunciando
Indicativo	Presente	agradezco agradeces/agradecés agradece agradecemos agradecéis agradecen	aíslo aíslas/aislás aísla aislamos aisláis aíslan	ando andas/andás anda andamos andáis andan	anuncio anuncias/anunciás anuncia anunciamos anunciáis anuncian
	Pret. imperfecto/ Copretérito	agradecía agradecías agradecía agradecíamos agradecíais agradecían	aislaba aislabas aislaba aislábamos aislabais aislaban	andaba andabas andaba andábamos andabais andaban	anunciaba anunciabas anunciaba anunciábamos anunciabais anunciaban
	Pret. perfecto simple/ Pretérito	agradecí agradeciste agradeció agradecimos agradecisteis agradecieron	aislé aislaste aisló aislamos aislasteis aislaron	anduve anduviste anduvo anduvimos anduvisteis anduvieron	anuncié anunciaste anunció anunciamos anunciasteis anunciaron
	Futuro simple/ Futuro	agradeceré agradecerás agradecerá agradeceremos agradeceréis agradecerán	aislaré aislarás aislará aislaremos aislaréis aislarán	andaré andarás andará andaremos andaréis andarán	anunciaré anunciarás anunciará anunciaremos anunciaréis anunciarán
	Condicional simple/ Pospretérito	agradecería agradecerías agradecería agradeceríamos agradeceríais agradecerían	aislaría aislarías aislaría aislaríamos aislaríais aislarían	andaría andarías andaría andaríamos andaríais andarían	anunciaría anunciarías anunciaría anunciaríamos anunciaríais anunciarían
Subjuntivo	Presente	agradezca agradezcas agradezca agradezcamos agradezcáis agradezcan	aísle aísles aísle aislemos aisléis aíslen	ande andes ande andemos andéis anden	anuncie anuncies anuncie anunciemos anunciéis anuncien
	Pret. imperfecto/ Pretérito	agradeciera *o* agradeciese agradecieras *o* agradecieses agradeciera *o* agradeciese agradeciéramos *o* agradeciésemos agradecierais *o* agradecieseis agradecieran *o* agradeciesen	aislara *o* aislase aislaras *o* aislases aislara *o* aislase aisláramos *o* aislásemos aislarais *o* aislaseis aislaran *o* aislasen	anduviera *o* anduviese anduvieras *o* anduvieses anduviera *o* anduviese anduviéramos *o* anduviésemos anduvierais *o* anduvieseis anduvieran *o* anduviesen	anunciara *o* anunciase anunciaras *o* anunciases anunciara *o* anunciase anunciáramos *o* anunciásemos anunciarais *o* anunciaseis anunciaran *o* anunciasen
	Futuro simple/ Futuro	agradeciere agradecieres agradeciere agradeciéremos agradeciereis agradecieren	aislare aislares aislare aisláremos aislareis aislaren	anduviere anduvieres anduviere anduviéremos anduviereis anduvieren	anunciare anunciares anunciare anunciáremos anunciareis anunciaren
Imperativo		agradece/agradecé agradezca agradeced agradezcan	aísla/aislá aísle aislad aíslen	anda/andá ande andad anden	anuncia/anunciá anuncie anunciad anuncien

	Infinitivo	12 APLAUDIR	13 ASIR	14 AUNAR	15 AVERIGUAR
Formas no personales	Participio	aplaudido	asido	aunado	averiguado
	Gerundio	aplaudiendo	asiendo	aunando	averiguando
Indicativo	Presente	aplaudo aplaudes/aplaudís aplaude aplaudimos aplaudís aplauden	asgo ases/asís ase asimos asís asen	aúno aúnas/aunás aúna aunamos aunáis aúnan	averiguo averiguas/averiguás averigua averiguamos averiguáis averiguan
	Pret. imperfecto/ Copretérito	aplaudía aplaudías aplaudía aplaudíamos aplaudíais aplaudían	asía asías asía asíamos asíais asían	aunaba aunabas aunaba aunábamos aunabais aunaban	averiguaba averiguabas averiguaba averiguábamos averiguabais averiguaban
	Pret. perfecto simple/ Pretérito	aplaudí aplaudiste aplaudió aplaudimos aplaudisteis aplaudieron	así asiste asió asimos asisteis asieron	auné aunaste aunó aunamos aunasteis aunaron	averigüé averiguaste averiguó averiguamos averiguasteis averiguaron
	Futuro simple/ Futuro	aplaudiré aplaudirás aplaudirá aplaudiremos aplaudiréis aplaudirán	asiré asirás asirá asiremos asiréis asirán	aunaré aunarás aunará aunaremos aunaréis aunarán	averiguaré averiguarás averiguará averiguaremos averiguaréis averiguarán
	Condicional simple/ Pospretérito	aplaudiría aplaudirías aplaudiría aplaudiríamos aplaudiríais aplaudirían	asiría asirías asiría asiríamos asiríais asirían	aunaría aunarías aunaría aunaríamos aunaríais aunarían	averiguaría averiguarías averiguaría averiguaríamos averiguaríais averiguarían
Subjuntivo	Presente	aplauda aplaudas aplauda aplaudamos aplaudáis aplaudan	asga asgas asga asgamos asgáis asgan	aúne aúnes aúne aunemos aunéis aúnen	averigüe averigües averigüe averigüemos averigüéis averigüen
	Pret. imperfecto/ Pretérito	aplaudiera *o* aplaudiese aplaudieras *o* aplaudieses aplaudiera *o* aplaudiese aplaudiéramos *o* aplaudiésemos aplaudierais *o* aplaudieseis aplaudieran *o* aplaudiesen	asiera *o* asiese asieras *o* asieses asiera *o* asiese asiéramos *o* asiésemos asierais *o* asieseis asieran *o* asiesen	aunara *o* aunase aunaras *o* aunases aunara *o* aunase aunáramos *o* aunásemos aunarais *o* aunaseis aunaran *o* aunasen	averiguara *o* averiguase averiguaras *o* averiguases averiguara *o* averiguase averiguáramos *o* averiguásemos averiguarais *o* averiguaseis averiguaran *o* averiguasen
	Futuro simple/ Futuro	aplaudiere aplaudieres aplaudiere aplaudiéremos aplaudiereis aplaudieren	asiere asieres asiere asiéremos asiereis asieren	aunare aunares aunare aunáremos aunareis aunaren	averiguare averiguares averiguare averiguáremos averiguareis averiguaren
Imperativo		aplaude/aplaudí aplauda aplaudid aplaudan	ase/así asga asid asgan	aúna/auná aúne aunad aúnen	averigua/averiguá averigüe averiguad averigüen

		16 BAILAR	17 BENDECIR	18 CABER	19 CAER
Formas no personales	Infinitivo	16 BAILAR	17 BENDECIR	18 CABER	19 CAER
	Participio	bailado	bendecido	cabido	caído
	Gerundio	bailando	bendiciendo	cabiendo	cayendo
Indicativo	Presente	bailo bailas/bailás baila bailamos bailáis bailan	bendigo bendices/bendecís bendice bendecimos bendecís bendicen	quepo cabes/cabés cabe cabemos cabéis caben	caigo caes/caés cae caemos caéis caen
	Pret. imperfecto/ Copretérito	bailaba bailabas bailaba bailábamos bailabais bailaban	bendecía bendecías bendecía bendecíamos bendecíais bendecían	cabía cabías cabía cabíamos cabíais cabían	caía caías caía caíamos caíais caían
	Pret. perfecto simple/ Pretérito	bailé bailaste bailó bailamos bailasteis bailaron	bendije bendijiste bendijo bendijimos bendijisteis bendijeron	cupe cupiste cupo cupimos cupisteis cupieron	caí caíste cayó caímos caísteis cayeron
	Futuro simple/ Futuro	bailaré bailarás bailará bailaremos bailaréis bailarán	bendeciré bendecirás bendecirá bendeciremos bendeciréis bendecirán	cabré cabrás cabrá cabremos cabréis cabrán	caeré caerás caerá caeremos caeréis caerán
	Condicional simple/ Pospretérito	bailaría bailarías bailaría bailaríamos bailaríais bailarían	bendeciría bendecirías bendeciría bendeciríamos bendeciríais bendecirían	cabría cabrías cabría cabríamos cabríais cabrían	caería caerías caería caeríamos caeríais caerían
Subjuntivo	Presente	baile bailes baile bailemos bailéis bailen	bendiga bendigas bendiga bendigamos bendigáis bendigan	quepa quepas quepa quepamos quepáis quepan	caiga caigas caiga caigamos caigáis caigan
	Pret. imperfecto/ Pretérito	bailara *o* bailase bailaras *o* bailases bailara *o* bailase bailáramos *o* bailásemos bailarais *o* bailaseis bailaran *o* bailasen	bendijera *o* bendijese bendijeras *o* bendijeses bendijera *o* bendijese bendijéramos *o* bendijésemos bendijerais *o* bendijeseis bendijeran *o* bendijesen	cupiera *o* cupiese cupieras *o* cupieses cupiera *o* cupiese cupiéramos *o* cupiésemos cupierais *o* cupieseis cupieran *o* cupiesen	cayera *o* cayese cayeras *o* cayeses cayera *o* cayese cayéramos *o* cayésemos cayerais *o* cayeseis cayeran *o* cayesen
	Futuro simple/ Futuro	bailare bailares bailare bailáremos bailareis bailaren	bendijere bendijeres bendijere bendijéremos bendijereis bendijeren	cupiere cupieres cupiere cupiéremos cupiereis cupieren	cayere cayeres cayere cayéremos cayereis cayeren
Imperativo		baila/bailá baile bailad bailen	bendice/bendecí bendiga bendecid bendigan	cabe/cabé quepa cabed quepan	cae/caé caiga caed caigan

	Infinitivo	20 CAUSAR	21 CEÑIR	22 COITAR	23 CONDUCIR
Formas no personales	Participio	causado	ceñido	coitado	conducido
	Gerundio	causando	ciñendo	coitando	conduciendo
Indicativo	Presente	causo causas/causás causa causamos causáis causan	ciño ciñes/ceñís ciñe ceñimos ceñís ciñen	coito coitas/coitás coita coitamos coitáis coitan	conduzco conduces/conducís conduce conducimos conducís conducen
	Pret. imperfecto/ Copretérito	causaba causabas causaba causábamos causabais causaban	ceñía ceñías ceñía ceñíamos ceñíais ceñían	coitaba coitabas coitaba coitábamos coitabais coitaban	conducía conducías conducía conducíamos conducíais conducían
	Pret. perfecto simple/ Pretérito	causé causaste causó causamos causasteis causaron	ceñí ceñiste ciñó ceñimos ceñisteis ciñeron	coité coitaste coitó coitamos coitasteis coitaron	conduje condujiste condujo condujimos condujisteis condujeron
	Futuro simple/ Futuro	causaré causarás causará causaremos causaréis causarán	ceñiré ceñirás ceñirá ceñiremos ceñiréis ceñirán	coitaré coitarás coitará coitaremos coitaréis coitarán	conduciré conducirás conducirá conduciremos conduciréis conducirán
	Condicional simple/ Pospretérito	causaría causarías causaría causaríamos causaríais causarían	ceñiría ceñirías ceñiría ceñiríamos ceñiríais ceñirían	coitaría coitarías coitaría coitaríamos coitaríais coitarían	conduciría conducirías conduciría conduciríamos conduciríais conducirían
Subjuntivo	Presente	cause causes cause causemos causéis causen	ciña ciñas ciña ciñamos ciñáis ciñan	coite coites coite coitemos coitéis coiten	conduzca conduzcas conduzca conduzcamos conduzcáis conduzcan
	Pret. imperfecto/ Pretérito	causara *o* causase causaras *o* causases causara *o* causase causáramos *o* causásemos causarais *o* causaseis causaran *o* causasen	ciñera *o* ciñese ciñeras *o* ciñeses ciñera *o* ciñese ciñéramos *o* ciñésemos ciñerais *o* ciñeseis ciñeran *o* ciñesen	coitara *o* coitase coitaras *o* coitases coitara *o* coitase coitáramos *o* coitásemos coitarais *o* coitaseis coitaran *o* coitasen	condujera *o* condujese condujeras *o* condujeses condujera *o* condujese condujéramos *o* condujésemos condujerais *o* condujeseis condujeran *o* condujesen
	Futuro simple/ Futuro	causare causares causare causáremos causareis causaren	ciñere ciñeres ciñere ciñéremos ciñereis ciñeren	coitare coitares coitare coitáremos coitareis coitaren	condujere condujeres condujere condujéremos condujereis condujeren
Imperativo		causa/causá cause causad causen	ciñe/ceñí ciña ceñid ciñan	coita/coitá coite coitad coiten	conduce/conducí conduzca conducid conduzcan

	Infinitivo	24 CONSTRUIR	25 CONTAR	26 DAR	27 DECIR
Formas no personales	Participio	construido	contado	dado	dicho
	Gerundio	construyendo	contando	dando	diciendo
Indicativo	Presente	construyo construyes/construís construye construimos construís construyen	cuento cuentas/contás cuenta contamos contáis cuentan	doy das da damos dais dan	digo dices/decís dice decimos decís dicen
	Pret. imperfecto/ Copretérito	construía construías construía construíamos construíais construían	contaba contabas contaba contábamos contabais contaban	daba dabas daba dábamos dabais daban	decía decías decía decíamos decíais decían
	Pret. perfecto simple/ Pretérito	construí construiste construyó construimos construisteis construyeron	conté contaste contó contamos contasteis contaron	di diste dio dimos disteis dieron	dije dijiste dijo dijimos dijisteis dijeron
	Futuro simple/ Futuro	construiré construirás construirá construiremos construiréis construirán	contaré contarás contará contaremos contaréis contarán	daré darás dará daremos daréis darán	diré dirás dirá diremos diréis dirán
	Condicional simple/ Pospretérito	construiría construirías construiría construiríamos construiríais construirían	contaría contarías contaría contaríamos contaríais contarían	daría darías daría daríamos daríais darían	diría dirías diría diríamos diríais dirían
Subjuntivo	Presente	construya construyas construya construyamos construyáis construyan	cuente cuentes cuente contemos contéis cuenten	dé des dé demos deis den	diga digas diga digamos digáis digan
	Pret. imperfecto/ Pretérito	construyera *o* construyese construyeras *o* construyeses construyera *o* construyese construyéramos *o* construyésemos construyerais *o* construyeseis construyeran *o* construyesen	contara *o* contase contaras *o* contases contara *o* contase contáramos *o* contásemos contarais *o* contaseis contaran *o* contasen	diera *o* diese dieras *o* dieses diera *o* diese diéramos *o* diésemos dierais *o* dieseis dieran *o* diesen	dijera *o* dijese dijeras *o* dijeses dijera *o* dijese dijéramos *o* dijésemos dijerais *o* dijeseis dijeran *o* dijesen
	Futuro simple/ Futuro	construyere construyeres construyere construyéremos construyereis construyeren	contare contares contare contáremos contareis contaren	diere dieres diere diéremos diereis dieren	dijere dijeres dijere dijéremos dijereis dijeren
Imperativo		construye/construí construya construid construyan	cuenta/contá cuente contad cuenten	da dé dad den	di/decí diga decid digan

Formas no personales	Infinitivo	**28 DESCAFEINAR**	**29 DISCERNIR**	**30 DORMIR**	**31 ENTENDER**
	Participio	descafeinado	discernido	dormido	entendido
	Gerundio	descafeinando	discerniendo	durmiendo	entendiendo
Indicativo	Presente	descafeíno descafeínas/descafeinás descafeína descafeinamos descafeináis descafeínan	discierno disciernes/discernís discierne discernimos discernís disciernen	duermo duermes/dormís duerme dormimos dormís duermen	entiendo entiendes/entendés entiende entendemos entendéis entienden
	Pret. imperfecto/ Copretérito	descafeinaba descafeinabas descafeinaba descafeinábamos descafeinabais descafeinaban	discernía discernías discernía discerníamos discerníais discernían	dormía dormías dormía dormíamos dormíais dormían	entendía entendías entendía entendíamos entendíais entendían
	Pret. perfecto simple/ Pretérito	descafeiné descafeinaste descafeinó descafeinamos descafeinasteis descafeinaron	discerní discerniste discernió discernimos discernisteis discernieron	dormí dormiste durmió dormimos dormisteis durmieron	entendí entendiste entendió entendimos entendisteis entendieron
	Futuro simple/ Futuro	descafeinaré descafeinarás descafeinará descafeinaremos descafeinaréis descafeinarán	discerniré discernirás discernirá discerniremos discerniréis discernirán	dormiré dormirás dormirá dormiremos dormiréis dormirán	entenderé entenderás entenderá entenderemos entenderéis entenderán
	Condicional simple/ Pospretérito	descafeinaría descafeinarías descafeinaría descafeinaríamos descafeinaríais descafeinarían	discerniría discernirías discerniría discerniríamos discerniríais discernirían	dormiría dormirías dormiría dormiríamos dormiríais dormirían	entendería entenderías entendería entenderíamos entenderíais entenderían
Subjuntivo	Presente	descafeíne descafeínes descafeíne descafeinemos descafeinéis descafeínen	discierna disciernas discierna discernamos discernáis disciernan	duerma duermas duerma durmamos durmáis duerman	entienda entiendas entienda entendamos entendáis entiendan
	Pret. imperfecto/ Pretérito	descafeinara *o* descafeinase descafeinaras *o* descafeinases descafeinara *o* descafeinase descafeináramos *o* descafeinásemos descafeinarais *o* descafeinaseis descafeinaran *o* descafeinasen	discerniera *o* discerniese discernieras *o* discernieses discerniera *o* discerniese discerniéramos *o* discerniésemos discernierais *o* discernieseis discernieran *o* discerniesen	durmiera *o* durmiese durmieras *o* durmieses durmiera *o* durmiese durmiéramos *o* durmiésemos durmierais *o* durmieseis durmieran *o* durmiesen	entendiera *o* entendiese entendieras *o* entendieses entendiera *o* entendiese entendiéramos *o* entendiésemos entendierais *o* entendieseis entendieran *o* entendiesen
	Futuro simple/ Futuro	descafeinare descafeinares descafeinare descafeináremos descafeinareis descafeinaren	discerniere discernieres discerniere discerniéremos discerniereis discernieren	durmiere durmieres durmiere durmiéremos durmiereis durmieren	entendiere entendieres entendiere entendiéremos entendiereis entendieren
Imperativo		descafeína/descafeiná descafeíne descafeinad descafeínen	discierne/discerní discierna discernid disciernan	duerme/dormí duerma dormid duerman	entiende/entendé entienda entended entiendan

	Infinitivo	32 ENVIAR	33 ERGUIR	34 ERRAR**	35 ESTAR
Formas no personales	Participio	enviado	erguido	errado	estado
	Gerundio	enviando	irguiendo	errando	estando
Indicativo	Presente	envío envías/enviás envía enviamos enviáis envían	yergo* yergues*/erguís yergue* erguimos erguís yerguen *	yerro yerras/errás yerra erramos erráis yerran	estoy estás está estamos estáis están
	Pret. imperfecto/ Copretérito	enviaba enviabas enviaba enviábamos enviabais enviaban	erguía erguías erguía erguíamos erguíais erguían	erraba errabas erraba errábamos errabais erraban	estaba estabas estaba estábamos estabais estaban
	Pret. perfecto simple/ Pretérito	envié enviaste envió enviamos enviasteis enviaron	erguí erguiste irguió erguimos erguisteis irguieron	erré erraste erró erramos errasteis erraron	estuve estuviste estuvo estuvimos estuvisteis estuvieron
	Futuro simple/ Futuro	enviaré enviarás enviará enviaremos enviaréis enviarán	erguiré erguirás erguirá erguiremos erguiréis erguirán	erraré errarás errará erraremos erraréis errarán	estaré estarás estará estaremos estaréis estarán
	Condicional simple/ Pospretérito	enviaría enviarías enviaría enviaríamos enviaríais enviarían	erguiría erguirías erguiría erguiríamos erguiríais erguirían	erraría errarías erraría erraríamos erraríais errarían	estaría estarías estaría estaríamos estaríais estarían
Subjuntivo	Presente	envíe envíes envíe enviemos enviéis envíen	yerga* yergas* yerga* irgamos* irgáis* yergan*	yerre yerres yerre erremos erréis yerren	esté estés esté estemos estéis estén
	Pret. imperfecto/ Pretérito	enviara *o* enviase enviaras *o* enviases enviara *o* enviase enviáramos *o* enviásemos enviarais *o* enviaseis enviaran *o* enviasen	irguiera *o* irguiese irguieras *o* irguieses irguiera *o* irguiese irguiéramos *o* irguiésemos irguierais *o* irguieseis irguieran *o* irguiesen	errara *o* errase erraras *o* errases errara *o* errase erráramos *o* errásemos errarais *o* erraseis erraran *o* errasen	estuviera *o* estuviese estuvieras *o* estuvieses estuviera *o* estuviese estuviéramos *o* estuviésemos estuvierais *o* estuvieseis estuvieran *o* estuviesen
	Futuro simple/ Futuro	enviare enviares enviare enviáremos enviareis enviaren	irguiere irguieres irguiere irguiéremos irguiereis irguieren	errare errares errare erráremos errareis erraren	estuviere estuvieres estuviere estuviéremos estuviereis estuvieren
Imperativo		envía/enviá envíe enviad envíen	yergue*/erguí yerga* erguid yergan*	yerra/errá yerre errad yerren	está esté estad estén

* Son poco usadas, pero correctas igualmente las formas *irgo, irgues, irgue, irguen*, para el presente de indicativo; *irga, irgas, irga, yergamos, yergáis, irgan*, para el presente de subjuntivo; e *irgue, irga, irgan*, para el imperativo.

** En el español de amplias zonas de América se documenta este verbo con paradigma plenamente regular.

Formas no personales	Infinitivo	**36 HABER**	**37 HACER**	**38 IR**	**39 JUGAR**
	Participio	habido	hecho	ido	jugado
	Gerundio	habiendo	haciendo	yendo	jugando
Indicativo	Presente	he has ha (*impersonal:* hay) hemos habéis han	hago haces/hacés hace hacemos hacéis hacen	voy vas va vamos vais van	juego juegas/jugás juega jugamos jugáis juegan
	Pret. imperfecto/ Copretérito	había habías había habíamos habíais habían	hacía hacías hacía hacíamos hacíais hacían	iba ibas iba íbamos ibais iban	jugaba jugabas jugaba jugábamos jugabais jugaban
	Pret. perfecto simple/ Pretérito	hube hubiste hubo hubimos hubisteis hubieron	hice hiciste hizo hicimos hicisteis hicieron	fui fuiste fue fuimos fuisteis fueron	jugué jugaste jugó jugamos jugasteis jugaron
	Futuro simple/ Futuro	habré habrás habrá habremos habréis habrán	haré harás hará haremos haréis harán	iré irás irá iremos iréis irán	jugaré jugarás jugará jugaremos jugaréis jugarán
	Condicional simple/ Pospretérito	habría habrías habría habríamos habríais habrían	haría harías haría haríamos haríais harían	iría irías iría iríamos iríais irían	jugaría jugarías jugaría jugaríamos jugaríais jugarían
Subjuntivo	Presente	haya hayas haya hayamos hayáis hayan	haga hagas haga hagamos hagáis hagan	vaya vayas vaya vayamos vayáis vayan	juegue juegues juegue juguemos juguéis jueguen
	Pret. imperfecto/ Pretérito	hubiera *o* hubiese hubieras *o* hubieses hubiera *o* hubiese hubiéramos *o* hubiésemos hubierais *o* hubieseis hubieran *o* hubiesen	hiciera *o* hiciese hicieras *o* hicieses hiciera *o* hiciese hiciéramos *o* hiciésemos hicierais *o* hicieseis hicieran *o* hiciesen	fuera *o* fuese fueras *o* fueses fuera *o* fuese fuéramos *o* fuésemos fuerais *o* fueseis fueran *o* fuesen	jugara *o* jugase jugaras *o* jugases jugara *o* jugase jugáramos *o* jugásemos jugarais *o* jugaseis jugaran *o* jugasen
	Futuro simple/ Futuro	hubiere hubieres hubiere hubiéremos hubiereis hubieren	hiciere hicieres hiciere hiciéremos hiciereis hicieren	fuere fueres fuere fuéremos fuereis fueren	jugare jugares jugare jugáremos jugareis jugaren
Imperativo		he, habe haya habed hayan	haz/hacé haga haced hagan	ve* vaya id vayan	juega/jugá juegue jugad jueguen

* No tiene forma propia de voseo; en su lugar se usa el imperativo de *andar: andá.*

Formas no personales	Infinitivo	40 LEER	41 LUCIR	42 MOVER	43 MULLIR
	Participio	leído	lucido	movido	mullido
	Gerundio	leyendo	luciendo	moviendo	mullendo
Indicativo	Presente	leo lees/leés lee leemos leéis leen	luzco luces/lucís luce lucimos lucís lucen	muevo mueves/movés mueve movemos movéis mueven	mullo mulles/mullís mulle mullimos mullís mullen
	Pret. imperfecto/ Copretérito	leía leías leía leíamos leíais leían	lucía lucías lucía lucíamos lucíais lucían	movía movías movía movíamos movíais movían	mullía mullías mullía mullíamos mullíais mullían
	Pret. perfecto simple/ Pretérito	leí leíste leyó leímos leísteis leyeron	lucí luciste lució lucimos lucisteis lucieron	moví moviste movió movimos movisteis movieron	mullí mulliste mulló mullimos mullisteis mulleron
	Futuro simple/ Futuro	leeré leerás leerá leeremos leeréis leerán	luciré lucirás lucirá luciremos luciréis lucirán	moveré moverás moverá moveremos moveréis moverán	mulliré mullirás mullirá mulliremos mulliréis mullirán
	Condicional simple/ Pospretérito	leería leerías leería leeríamos leeríais leerían	luciría lucirías luciría luciríamos luciríais lucirían	movería moverías movería moveríamos moveríais moverían	mulliría mullirías mulliría mulliríamos mulliríais mullirían
Subjuntivo	Presente	lea leas lea leamos leáis lean	luzca luzcas luzca luzcamos luzcáis luzcan	mueva muevas mueva movamos mováis muevan	mulla mullas mulla mullamos mulláis mullan
	Pret. imperfecto/ Pretérito	leyera *o* leyese leyeras *o* leyeses leyera *o* leyese leyéramos *o* leyésemos leyerais *o* leyeseis leyeran *o* leyesen	luciera *o* luciese lucieras *o* lucieses luciera *o* luciese luciéramos *o* luciésemos lucierais *o* lucieseis lucieran *o* luciesen	moviera *o* moviese movieras *o* movieses moviera *o* moviese moviéramos *o* moviésemos movierais *o* movieseis movieran *o* moviesen	mullera *o* mullese mulleras *o* mulleses mullera *o* mullese mulléramos *o* mullésemos mullerais *o* mulleseis mulleran *o* mullesen
	Futuro simple/ Futuro	leyere leyeres leyere leyéremos leyereis leyeren	luciere lucieres luciere luciéremos luciereis lucieren	moviere movieres moviere moviéremos moviereis movieren	mullere mulleres mullere mulléremos mullereis mulleren
Imperativo		lee/leé lea leed lean	luce/lucí luzca lucid luzcan	mueve/mové mueva moved muevan	mulle/mullí mulla mullid mullan

	Infinitivo	44 OÍR	45 OLER	46 PEDIR	47 PEINAR
Formas no personales	Participio	oído	olido	pedido	peinado
	Gerundio	oyendo	oliendo	pidiendo	peinando
Indicativo	Presente	oigo oyes/oís oye oímos oís oyen	huelo hueles/olés huele olemos oléis huelen	pido pides/pedís pide pedimos pedís piden	peino peinas/peinás peina peinamos peináis peinan
	Pret. imperfecto/ Copretérito	oía oías oía oíamos oíais oían	olía olías olía olíamos olíais olían	pedía pedías pedía pedíamos pedíais pedían	peinaba peinabas peinaba peinábamos peinabais peinaban
	Pret. perfecto simple/ Pretérito	oí oíste oyó oímos oísteis oyeron	olí oliste olió olimos olisteis olieron	pedí pediste pidió pedimos pedisteis pidieron	peiné peinaste peinó peinamos peinasteis peinaron
	Futuro simple/ Futuro	oiré oirás oirá oiremos oiréis oirán	oleré olerás olerá oleremos oleréis olerán	pediré pedirás pedirá pediremos pediréis pedirán	peinaré peinarás peinará peinaremos peinaréis peinarán
	Condicional simple/ Pospretérito	oiría oirías oiría oiríamos oiríais oirían	olería olerías olería oleríamos oleríais olerían	pediría pedirías pediría pediríamos pediríais pedirían	peinaría peinarías peinaría peinaríamos peinaríais peinarían
Subjuntivo	Presente	oiga oigas oiga oigamos oigáis oigan	huela huelas huela olamos oláis huelan	pida pidas pida pidamos pidáis pidan	peine peines peine peinemos peinéis peinen
	Pret. imperfecto/ Pretérito	oyera u oyese oyeras u oyeses oyera u oyese oyéramos u oyésemos oyerais u oyeseis oyeran u oyesen	oliera u oliese olieras u olieses oliera u oliese oliéramos u oliésemos olierais u olieseis olieran u oliesen	pidiera *o* pidiese pidieras *o* pidieses pidiera *o* pidiese pidiéramos *o* pidiésemos pidierais *o* pidieseis pidieran *o* pidiesen	peinara *o* peinase peinaras *o* peinases peinara *o* peinase peináramos *o* peinásemos peinarais *o* peinaseis peinaran *o* peinasen
	Futuro simple/ Futuro	oyere oyeres oyere oyéremos oyereis oyeren	oliere olieres oliere oliéremos oliereis olieren	pidiere pidieres pidiere pidiéremos pidiereis pidieren	peinare peinares peinare peináremos peinareis peinaren
Imperativo		oye/oí oiga oíd oigan	huele/olé huela oled huelan	pide/pedí pida pedid pidan	peina/peiná peine peinad peinen

	Infinitivo	48 PODER	49 PONER	50 PREDECIR	51 PROHIBIR
Formas no personales	Participio	podido	puesto	predicho	prohibido
	Gerundio	pudiendo	poniendo	prediciendo	prohibiendo
Indicativo	Presente	puedo puedes/podés puede podemos podéis pueden	pongo pones/ponés pone ponemos ponéis ponen	predigo predices/predecís predice predecimos predecís predicen	prohíbo prohíbes/prohibís prohíbe prohibimos prohibís prohíben
	Pret. imperfecto/ Copretérito	podía podías podía podíamos podíais podían	ponía ponías ponía poníamos poníais ponían	predecía predecías predecía predecíamos predecíais predecían	prohibía prohibías prohibía prohibíamos prohibíais prohibían
	Pret. perfecto simple/ Pretérito	pude pudiste pudo pudimos pudisteis pudieron	puse pusiste puso pusimos pusisteis pusieron	predije predijiste predijo predijimos predijisteis predijeron	prohibí prohibiste prohibió prohibimos prohibisteis prohibieron
	Futuro simple/ Futuro	podré podrás podrá podremos podréis podrán	pondré pondrás pondrá pondremos pondréis pondrán	predeciré *o* prediré predecirás *o* predirás predecirá *o* predirá predeciremos *o* prediremos predeciréis *o* prediréis predecirán *o* predirán	prohibiré prohibirás prohibirá prohibiremos prohibiréis prohibirán
	Condicional simple/ Pospretérito	podría podrías podría podríamos podríais podrían	pondría pondrías pondría pondríamos pondríais pondrían	predeciría *o* prediría predecirías *o* predirías predeciría *o* prediría predeciríamos *o* prediríamos predeciríais *o* prediríais predecirían *o* predirían	prohibiría prohibirías prohibiría prohibiríamos prohibiríais prohibirían
Subjuntivo	Presente	pueda puedas pueda podamos podáis puedan	ponga pongas ponga pongamos pongáis pongan	prediga predigas prediga predigamos predigáis predigan	prohíba prohíbas prohíba prohibamos prohibáis prohíban
	Pret. imperfecto/ Pretérito	pudiera *o* pudiese pudieras *o* pudieses pudiera *o* pudiese pudiéramos *o* pudiésemos pudierais *o* pudieseis pudieran *o* pudiesen	pusiera *o* pusiese pusieras *o* pusieses pusiera *o* pusiese pusiéramos *o* pusiésemos pusierais *o* pusieseis pusieran *o* pusiesen	predijera *o* predijese predijeras *o* predijeses predijera *o* predijese predijéramos *o* predijésemos predijerais *o* predijeseis predijeran *o* predijesen	prohibiera *o* prohibiese prohibieras *o* prohibieses prohibiera *o* prohibiese prohibiéramos *o* prohibiésemos prohibierais *o* prohibieseis prohibieran *o* prohibiesen
	Futuro simple/ Futuro	pudiere pudieres pudiere pudiéremos pudiereis pudieren	pusiere pusieres pusiere pusiéremos pusiereis pusieren	predijere predijeres predijere predijéremos predijereis predijeren	prohibiere prohibieres prohibiere prohibiéremos prohibiereis prohibieren
Imperativo		puede/podé pueda poded puedan	pon/poné ponga poned pongan	predice/predecí prediga predecid predigan	prohíbe/prohibí prohíba prohibid prohíban

Formas no personales	Infinitivo	52 PROHIJAR	53 PUDRIR / PODRIR*	54 QUERER	55 REHUSAR
	Participio	prohijado	podrido	querido	rehusado
	Gerundio	prohijando	pudriendo	queriendo	rehusando
Indicativo	Presente	prohíjo prohíjas/prohijás prohíja prohijamos prohijáis prohíjan	pudro pudres/pudrís pudre pudrimos *o* podrimos pudrís *o* podrís pudren	quiero quieres/querés quiere queremos queréis quieren	rehúso rehúsas/rehusás rehúsa rehusamos rehusáis rehúsan
	Pret. imperfecto/ Copretérito	prohijaba prohijabas prohijaba prohijábamos prohijabais prohijaban	pudría *o* podría pudrías *o* podrías pudría *o* podría pudríamos *o* podríamos pudríais *o* podríais pudrían *o* podrían	quería querías quería queríamos queríais querían	rehusaba rehusabas rehusaba rehusábamos rehusabais rehusaban
	Pret. perfecto simple/ Pretérito	prohijé prohijaste prohijó prohijamos prohijasteis prohijaron	pudrí *o* podrí pudriste *o* podriste pudrió *o* podrió pudrimos *o* podrimos pudristeis *o* podristeis pudrieron *o* podrieron	quise quisiste quiso quisimos quisisteis quisieron	rehusé rehusaste rehusó rehusamos rehusasteis rehusaron
	Futuro simple/ Futuro	prohijaré prohijarás prohijará prohijaremos prohijaréis prohijarán	pudriré *o* podriré pudrirás *o* podrirás pudrirá *o* podrirá pudriremos *o* podriremos pudriréis *o* podriréis pudrirán *o* podrirán	querré querrás querrá querremos querréis querrán	rehusaré rehusarás rehusará rehusaremos rehusaréis rehusarán
	Condicional simple/ Pospretérito	prohijaría prohijarías prohijaría prohijaríamos prohijaríais prohijarían	pudriría *o* podriría pudrirías *o* podrirías pudriría *o* podriría pudriríamos *o* podriríamos pudriríais *o* podriríais pudrirían *o* podrirían	querría querrías querría querríamos querríais querrían	rehusaría rehusarías rehusaría rehusaríamos rehusaríais rehusarían
Subjuntivo	Presente	prohíje prohíjes prohíje prohijemos prohijéis prohíjen	pudra pudras pudra pudramos pudráis pudran	quiera quieras quiera queramos queráis quieran	rehúse rehúses rehúse rehusemos rehuséis rehúsen
	Pret. imperfecto/ Pretérito	prohijara *o* prohijase prohijaras *o* prohijases prohijara *o* prohijase prohijáramos *o* prohijásemos prohijarais *o* prohijaseis prohijaran *o* prohijasen	pudriera *o* pudriese pudrieras *o* pudrieses pudriera *o* pudriese pudriéramos *o* pudriésemos pudrierais *o* pudrieseis pudrieran *o* pudriesen	quisiera *o* quisiese quisieras *o* quisieses quisiera *o* quisiese quisiéramos *o* quisiésemos quisierais *o* quisieseis quisieran *o* quisiesen	rehusara *o* rehusase rehusaras *o* rehusases rehusara *o* rehusase rehusáramos *o* rehusásemos rehusarais *o* rehusaseis rehusaran *o* rehusasen
	Futuro simple/ Futuro	prohijare prohijares prohijare prohijáremos prohijareis prohijaren	pudriere pudrieres pudriere pudriéremos pudriereis pudrieren	quisiere quisieres quisiere quisiéremos quisiereis quisieren	rehusare rehusares rehusare rehusáremos rehusareis rehusaren
Imperativo		prohíja/prohijá prohíje prohijad prohíjen	pudre/pudrí *o* podrí pudra pudrid *o* podrid pudran	quiere/queré quiera quered quieran	rehúsa/rehusá rehúse rehusad rehúsen

* En el español europeo predominan las formas en *-u-*, salvo para el participio. En el americano se prefieren las formas en *-u-*, pero se registran igualmente las variantes con *-o-*.

		56 REUNIR	57 ROER	58 SABER	59 SALIR
Formas no personales	Infinitivo	56 REUNIR	57 ROER	58 SABER	59 SALIR
	Participio	reunido	roído	sabido	salido
	Gerundio	reuniendo	royendo	sabiendo	saliendo
Indicativo	Presente	reúno reúnes/reunís reúne reunimos reunís reúnen	roo *o* roigo *o* royo roes/roés roe roemos roéis roen	sé sabes/sabés sabe sabemos sabéis saben	salgo sales/salís sale salimos salís salen
	Pret. imperfecto/ Copretérito	reunía reunías reunía reuníamos reuníais reunían	roía roías roía roíamos roíais roían	sabía sabías sabía sabíamos sabíais sabían	salía salías salía salíamos salíais salían
	Pret. perfecto simple/ Pretérito	reuní reuniste reunió reunimos reunisteis reunieron	roí roíste royó roímos roísteis royeron	supe supiste supo supimos supisteis supieron	salí saliste salió salimos salisteis salieron
	Futuro simple/ Futuro	reuniré reunirás reunirá reuniremos reuniréis reunirán	roeré roerás roerá roeremos roeréis roerán	sabré sabrás sabrá sabremos sabréis sabrán	saldré saldrás saldrá saldremos saldréis saldrán
	Condicional simple/ Pospretérito	reuniría reunirías reuniría reuniríamos reuniríais reunirían	roería roerías roería roeríamos roeríais roerían	sabría sabrías sabría sabríamos sabríais sabrían	saldría saldrías saldría saldríamos saldríais saldrían
Subjuntivo	Presente	reúna reúnas reúna reunamos reunáis reúnan	roa *o* roiga *o* roya roas *o* roigas *o* royas roa *o* roiga *o* roya roamos *o* roigamos *o* royamos roáis *o* roigáis *o* royáis roan *o* roigan *o* royan	sepa sepas sepa sepamos sepáis sepan	salga salgas salga salgamos salgáis salgan
	Pret. imperfecto/ Pretérito	reuniera *o* reuniese reunieras *o* reunieses reuniera *o* reuniese reuniéramos *o* reuniésemos reunierais *o* reunieseis reunieran *o* reuniesen	royera *o* royese royeras *o* royeses royera *o* royese royéramos *o* royésemos royerais *o* royeseis royeran *o* royesen	supiera *o* supiese supieras *o* supieses supiera *o* supiese supiéramos *o* supiésemos supierais *o* supieseis supieran *o* supiesen	saliera *o* saliese salieras *o* salieses saliera *o* saliese saliéramos *o* saliésemos salierais *o* salieseis salieran *o* saliesen
	Futuro simple/ Futuro	reuniere reunieres reuniere reuniéremos reuniereis reunieren	royere royeres royere royéremos royereis royeren	supiere supieres supiere supiéremos supiereis supieren	saliere salieres saliere saliéremos saliereis salieren
Imperativo		reúne/reuní reúna reunid reúnan	roe/roé roa *o* roiga *o* roya roed roan *o* roigan *o* royan	sabe/sabé sepa sabed sepan	sal/salí salga salid salgan

	Infinitivo	60 SENTIR	61 SER	62 SONREÍR	63 TAÑER
Formas no personales	Participio	sentido	sido	sonreído	tañido
	Gerundio	sintiendo	siendo	sonriendo	tañendo
Indicativo	Presente	siento sientes/sentís siente sentimos sentís sienten	soy eres/sos es somos sois son	sonrío sonríes/sonreís sonríe sonreímos sonreís sonríen	taño tañes/tañés tañe tañemos tañéis tañen
	Pret. imperfecto/ Copretérito	sentía sentías sentía sentíamos sentíais sentían	era eras era éramos erais eran	sonreía sonreías sonreía sonreíamos sonreíais sonreían	tañía tañías tañía tañíamos tañíais tañían
	Pret. perfecto simple/ Pretérito	sentí sentiste sintió sentimos sentisteis sintieron	fui fuiste fue fuimos fuisteis fueron	sonreí sonreíste sonrió sonreímos sonreísteis sonrieron	tañí tañiste tañó tañimos tañisteis tañeron
	Futuro simple/ Futuro	sentiré sentirás sentirá sentiremos sentiréis sentirán	seré serás será seremos seréis serán	sonreiré sonreirás sonreirá sonreiremos sonreiréis sonreirán	tañeré tañerás tañerá tañeremos tañeréis tañerán
	Condicional simple/ Pospretérito	sentiría sentirías sentiría sentiríamos sentiríais sentirían	sería serías sería seríamos seríais serían	sonreiría sonreirías sonreiría sonreiríamos sonreiríais sonreirían	tañería tañerías tañería tañeríamos tañeríais tañerían
Subjuntivo	Presente	sienta sientas sienta sintamos sintáis sientan	sea seas sea seamos seáis sean	sonría sonrías sonría sonriamos sonriáis sonrían	taña tañas taña tañamos tañáis tañan
	Pret. imperfecto/ Pretérito	sintiera *o* sintiese sintieras *o* sintieses sintiera *o* sintiese sintiéramos *o* sintiésemos sintierais *o* sintieseis sintieran *o* sintiesen	fuera *o* fuese fueras *o* fueses fuera *o* fuese fuéramos *o* fuésemos fuerais *o* fueseis fueran *o* fuesen	sonriera *o* sonriese sonrieras *o* sonrieses sonriera *o* sonriese sonriéramos *o* sonriésemos sonrierais *o* sonrieseis sonrieran *o* sonriesen	tañera *o* tañese tañeras *o* tañeses tañera *o* tañese tañéramos *o* tañésemos tañerais *o* tañeseis tañeran *o* tañesen
	Futuro simple/ Futuro	sintiere sintieres sintiere sintiéremos sintiereis sintieren	fuere fueres fuere fuéremos fuereis fueren	sonriere sonrieres sonriere sonriéremos sonriereis sonrieren	tañere tañeres tañere tañéremos tañereis tañeren
Imperativo		siente/sentí sienta sentid sientan	sé sea sed sean	sonríe/sonreí sonría sonreíd sonrían	tañe/tañé taña tañed tañan

	Infinitivo	64 TENER	65 TRAER	66 VALER	67 VENIR
Formas no personales	Participio	tenido	traído	valido	venido
	Gerundio	teniendo	trayendo	valiendo	viniendo
Indicativo	Presente	tengo tienes/tenés tiene tenemos tenéis tienen	traigo traes/traés trae traemos traéis traen	valgo vales/valés vale valemos valéis valen	vengo vienes/venís viene venimos venís vienen
	Pret. imperfecto/ Copretérito	tenía tenías tenía teníamos teníais tenían	traía traías traía traíamos traíais traían	valía valías valía valíamos valíais valían	venía venías venía veníamos veníais venían
	Pret. perfecto simple/ Pretérito	tuve tuviste tuvo tuvimos tuvisteis tuvieron	traje trajiste trajo trajimos trajisteis trajeron	valí valiste valió valimos valisteis valieron	vine viniste vino vinimos vinisteis vinieron
	Futuro simple/ Futuro	tendré tendrás tendrá tendremos tendréis tendrán	traeré traerás traerá traeremos traeréis traerán	valdré valdrás valdrá valdremos valdréis valdrán	vendré vendrás vendrá vendremos vendréis vendrán
	Condicional simple/ Pospretérito	tendría tendrías tendría tendríamos tendríais tendrían	traería traerías traería traeríamos traeríais traerían	valdría valdrías valdría valdríamos valdríais valdrían	vendría vendrías vendría vendríamos vendríais vendrían
Subjuntivo	Presente	tenga tengas tenga tengamos tengáis tengan	traiga traigas traiga traigamos traigáis traigan	valga valgas valga valgamos valgáis valgan	venga vengas venga vengamos vengáis vengan
	Pret. imperfecto/ Pretérito	tuviera *o* tuviese tuvieras *o* tuvieses tuviera *o* tuviese tuviéramos *o* tuviésemos tuvierais *o* tuvieseis tuvieran *o* tuviesen	trajera *o* trajese trajeras *o* trajeses trajera *o* trajese trajéramos *o* trajésemos trajerais *o* trajeseis trajeran *o* trajesen	valiera *o* valiese valieras *o* valieses valiera *o* valiese valiéramos *o* valiésemos valierais *o* valieseis valieran *o* valiesen	viniera *o* viniese vinieras *o* vinieses viniera *o* viniese viniéramos *o* viniésemos vinierais *o* vinieseis vinieran *o* viniesen
	Futuro simple/ Futuro	tuviere tuvieres tuviere tuviéremos tuviereis tuvieren	trajere trajeres trajere trajéremos trajereis trajeren	valiere valieres valiere valiéremos valiereis valieren	viniere vinieres viniere viniéremos viniereis vinieren
Imperativo		ten/tené tenga tened tengan	trae/traé traiga traed traigan	vale/valé valga valed valgan	ven/vení venga venid vengan

Formas no personales	Infinitivo	**68 VER**	**69 YACER**
	Participio	visto	yacido
	Gerundio	viendo	yaciendo
Indicativo	Presente	veo ves ve vemos veis ven	yazco *o* yazgo *o* yago yaces/yacés yace yacemos yacéis yacen
	Pret. imperfecto/ Copretérito	veía veías veía veíamos veíais veían	yacía yacías yacía yacíamos yacíais yacían
	Pret. perfecto simple/ Pretérito	vi viste vio vimos visteis vieron	yací yaciste yació yacimos yacisteis yacieron
	Futuro simple/ Futuro	veré verás verá veremos veréis verán	yaceré yacerás yacerá yaceremos yaceréis yacerán
	Condicional simple/ Pospretérito	vería verías vería veríamos veríais verían	yacería yacerías yacería yaceríamos yaceríais yacerían
Subjuntivo	Presente	vea veas vea veamos veáis vean	yazca *o* yazga *o* yaga yazcas *o* yazgas *o* yagas yazca *o* yazga *o* yaga yazcamos *o* yazgamos *o* yagamos yazcáis *o* yazgáis *o* yagáis yazcan *o* yazgan *o* yagan
	Pret. imperfecto/ Pretérito	viera *o* viese vieras *o* vieses viera *o* viese viéramos *o* viésemos vierais *o* vieseis vieran *o* viesen	yaciera *o* yaciese yacieras *o* yacieses yaciera *o* yaciese yaciéramos *o* yaciésemos yacierais *o* yacieseis yacieran *o* yaciesen
	Futuro simple/ Futuro	viere vieres viere viéremos viereis vieren	yaciere yacieres yaciere yaciéremos yaciereis yacieren
Imperativo		ve vea ved vean	yace o yaz/yacé yazca o yazga o yaga yaced yazcan o yazgan o yagan

Índice alfabético de verbos irregulares

Se incluyen en esta lista los verbos irregulares de uso más frecuente. El número que acompaña entre corchetes a cada verbo es el correspondiente al modelo que sigue, incluido en las tablas de conjugación (→ apéndice 1). Los verbos cuyos números están resaltados en negrita son utilizados como modelos en las citadas tablas.

abastecer [8]
abnegar [4]
aborrecer [8]
abreviar [11]
absolver [42]; part. irreg. **absuelto**
abstener [64]
abstraer [65]
acaecer [8]
acariciar [11]
aceitar [47]
acentuar [5]
acertar **[4]**
acontecer [8]
acopiar [11]
acordar [25]
acostar [25]
acrecentar [4]
actuar **[5]**
acuciar [11]
adecuar [15] o [5]
adeudar **[6]**
adherir [60]
adolecer [8]
adormecer [8]
adquirir **[7]**
aducir [23]
advertir [60]
afeitar [47]
afiliar [11]
afluir [24]
agenciar [11]
agobiar [11]
agraciar [11]
agradecer **[8]**
agraviar [11]
agriar [32] u [11]
aguar [15]
ahumar [14]
airar [9]
aislar **[9]**
ajusticiar [11]
alentar [4]
aliar [32]
aliviar [11]
almorzar [25]
amainar [16]
amanecer [8]
amnistiar [32]
amortiguar [15]
ampliar [32]
andar **[10]**
anestesiar [11]
angustiar [11]
anochecer [8]
ansiar [32]
anticuar [5]
anunciar **[11]**
apacentar [4]
apaciguar [15]
aparecer [8]
apetecer [8]
aplaudir **[12]**
apostar [25]
apreciar [11]
apremiar [11]
apretar [4]
aprobar [25]
apropiar [11]
argüir [24]
arraigar [16]
arreciar [11]
arrecir defect.
arrendar [4]
arrepentirse [60]
arriar [32]
asalariar [11]
ascender [31]
asediar [11]
asentar [4]
asentir [60]
aserrar [4]
asfixiar [11]
asir **[13]**
asociar [11]
asolar [25]
atañer [63]; defect.
atardecer [8]
ataviar [32]
atender [31]
atener [64]
atenuar [5]
aterir defect.
aterrar [4]
atestiguar [15]
atraer [65]
atravesar [4]
atribuir [24]
atrofiar [11]
atronar [25]
aullar [14]
aunar **[14]**
aupar [14]
auspiciar [11]
autografiar [32]
auxiliar [11]
aventar [4]
avergonzar [25]
averiar [32]
averiguar **[15]**

bailar **[16]**
balbucir defect.
bendecir **[17]**
beneficiar [11]
bruñir [43]
bullir [43]

caber **[18]**
caer **[19]**
calentar [4]
caligrafiar [32]
calumniar [11]
cambiar [11]
carecer [8]
causar **[20]**
cegar [4]
ceñir **[21]**
cerner [31]
cernir [29]
cerrar [4]
chirriar [32]
cimentar [4] o reg.
cocer [42]
codiciar [11]
cohibir [51]
coitar **[22]**
colar [25]
colegiar [11]
colegir [46]
colgar [25]
columpiar [11]
comenzar [4]
comerciar [11]
compadecer [8]
comparecer [8]
compendiar [11]
competer defect.

competir [46]
complacer [8]
componer [49]
comprobar [25]
concebir [46]
conceptuar [5]
concernir [29]; defect.
concertar [4]
concienciar [11]
conciliar [11]
concluir [24]
concordar [25]
condescender [31]
conducir **[23]**
conferir [60]
confesar [4]
confiar [32]
confluir [24]
congeniar [11]
congraciar [11]
conmover [42]
conocer [8]
conseguir [46]
consensuar [5]
consentir [60]
consolar [25]
constituir [24]
constreñir [21]
construir **[24]**
contagiar [11]
contar **[25]**
contender [31]
contener [64]
continuar [5]
contradecir [50]
contraer [65]
contrariar [32]
contribuir [24]
controvertir [60]
convalecer [8]
convenir [67]
convertir [60]
copiar [11]
corregir [46]
corroer [57]
costar [25]
crecer [8]
creer [40]
criar [32]
custodiar [11]

dar **[26]**
decaer [19]
decir **[27]**
deducir [23]
defender [31]
defraudar [20]
degollar [25]
deleitar [47]
demoler [42]
demostrar [25]
denostar [25]
denunciar [11]
derretir [46]
derruir [24]
desafiar [32]
desahuciar [11] y [20]
descafeinar **[28]**
descarriar [32]
descender [31]
descollar [25]
desconcertar [4]
desdecir [50]
desfallecer [8]
desgraciar [11]
desleír [62]
desolar [25]
desollar [25]
despedir [46]
desperdiciar [11]
despertar [4]
despreciar [11]
desquiciar [11]
desterrar [4]
destituir [24]
destruir [24]
desvaír [24]
desvanecer [8]
desvariar [32]
desviar [32]
desvirtuar [5]
detener [64]
devaluar [5]
devolver [42]; part. irreg. **devuelto**
diferenciar [11]
diferir [60]
digerir [60]
diluir [24]
diluviar [11]
discernir **[29]**
disentir [60]
disminuir [24]
disolver [42]; part. irreg. **disuelto**
distanciar [11]
distender [31]
distraer [65]
distribuir [24]
divertir [60]
divorciar [11]
doler [42]
domiciliar [11]
dormir **[30]**

efectuar [5]
elegir [46]; part. irreg. **electo** y reg. **elegido**
elogiar [11]
embaucar [20]
embellecer [8]
embestir [46]
emblanquecer [8]
embrutecer [8]
emparentar [4] o reg.
empedrar [4]
empequeñecer [8]
empezar [4]
empobrecer [8]
enaltecer [8]
enardecer [8]
encanecer [8]
encauzar [20]
encender **[31]**
encerrar [4]
encomendar [4]
encomiar [11]
encontrar [25]
endeudarse [6]
endurecer [8]
enflaquecer [8]
enfriar [32]
enfurecer [8]
engrandecer [8]
engreír [62]
engrosar [25] o reg.
engullir [43]
enjaular [20]
enjuiciar [11]
enloquecer [8]
enmendar [4]
enmohecer [8]
enmudecer [8]
enmugrecer [8]
ennegrecer [8]
ennoblecer [8]
ennoviarse [11]
enorgullecer [8]
enraizar [9]
enrarecer [8]
enriquecer [8]
enrocar [25]
enrojecer [8]
ensangrentar [4]
ensoberbecer [8]
ensombrecer [8]
ensordecer [8]
ensuciar [11]
entender **[31]**
enternecer [8]
enterrar [4]
entibiar [11]
entorpecer [8]
entretener [64]
entristecer [8]
entumecer [8]
enturbiar [11]
enunciar [11]
envainar [16]
envanecer [8]
envejecer [8]
enviar **[32]**
envidiar [11]
envolver [42]; part. irreg. **envuelto**
equivaler [66]
erguir **[33]**
errar **[34]**
escabullir [43]
escanciar [11]
escarmentar [4]
escarnecer [8]
esclarecer [8]
escocer [42]
esforzar [25]
espaciar [11]
espiar [32]
esquiar [32]
establecer [8]
estar **[35]**
estatuir [24]
estremecer [8]
estreñir [21]
estriar [32]

estudiar [11]
evacuar [15] o [5]
evaluar [5]
evidenciar [11]
exceptuar [5]
excluir [24]
exfoliar [11]
exiliar [11]
expatriar [11] o [32]
expedir [46]
expiar [32]
expoliar [11]
expropiar [11]
extasiar [5]
extender [31]
extenuar [5]
extraer [65]
extraviar [32]

fallecer [8]
fastidiar [11]
favorecer [8]
fenecer [8]
fiar [32]
financiar [11]
florecer [8]
fluctuar [5]
fluir [24]
foliar [11]
follar [25]
fortalecer [8]
forzar [25]
fotografiar [32]
fraguar [15]
fregar [4]
freír [62]; part. irreg. **frito** y reg. **freído**

gemir [46]
gloriar [32]
gobernar [4]
graduar [5]
gruñir [43]
guarecer [8]
guarnecer [8]
guiar [32]

haber **[36]**
habituar [5]
hacer **[37]**
hastiar [32]
heder [31]
helar [4]
henchir [46]
hender [31]
hendir [29]
herir [60]
herniarse [11]
herrar [4]
hervir [60]
historiar [11] o [32]
holgar [25]
hollar [25]
homogeneizar [47]
huir [24]
humedecer [8]

imbuir [24]
impedir [46]
incautar [20]
incendiar [11]
incensar [4]
incluir [24]
incordiar [11]
individuar [5]
inducir [23]
inferir [60]
influenciar [11]
influir [24]
ingeniar [11]
ingerir [60]
iniciar [11]
injerir [60]
injuriar [11]
inmiscuir [24]
inquirir [7]
insidiar [11]
insinuar [5]
instaurar [20]
instituir [24]
instruir [24]
interferir [60]
introducir [23]
intuir [24]
invertir [60]
investir [46]
ir **[38]**
irradiar [11]

jugar **[39]**

languidecer [8]
leer **[40]**
liar [32]
licenciar [11]
licuar [15] o [5]
lidiar [11]
limpiar [11]
lisiar [11]
llover [42]
lucir **[41]**

maldecir [17]
maliciar [11]
manifestar [4]
mantener [64]
matrimoniar [11]
maullar [14]
mecanografiar [32]
mediar [11]
medir [46]
menguar [15]
menospreciar [11]
menstruar [5]
mentar [4]
mentir [60]
merecer [8]
merendar [4]
moler [42]
morder [42]
morir [30]; part. irreg. **muerto**
mostrar [25]
mover **[42]**
mullir **[43]**

nacer [8]
negar [4]
negociar [11]
nerviar [11]
nevar [4]
noticiar [11]

obedecer [8]
obsequiar [11]
obstar defect.
obstruir [24]
obtener [64]
obviar [11]
odiar [11]
oficiar [11]
ofrecer [8]
oír **[44]**
oler **[45]**
oscurecer [8]

pacer [8]
padecer [8]
paliar [11] o [32]
palidecer [8]
parecer [8]
parodiar [11]
pausar [20]
pautar [20]
pedir **[46]**
peinar **[47]**
pensar [4]
perder [31]
perecer [8]
permanecer [8]
perpetuar [5]
perseguir [46]
pertenecer [8]
pervertir [60]
piar [32]
placer [8]
plagiar [11]
plegar [4]
poblar [25]
poder **[48]**
poner **[49]**
porfiar [32]
poseer [40]
potenciar [11]
preciar [11]
predecir **[50]**
preferir [60]
preludiar [11]
premiar [11]
presagiar [11]
presenciar [11]
presentir [60]
presidiar [11]
prestigiar [11]
prevalecer [8]
prevenir [67]
prever [68]
principiar [11]
privilegiar [11]
probar [25]
producir [23]
proferir [60]
prohibir **[51]**
prohijar **[52]**
promediar [11]
promover [42]
pronunciar [11]
propiciar [11]
prostituir [24]

proveer [40]; part. irreg. **provisto** y reg. **proveído**
pudrir/podrir **[53]**
puntuar [5]

quebrar [4]
querer **[54]**

rabiar [11]
radiar [11]
radiografiar [32]
recaudar [20]
recluir [24]
recomendar [4]
recordar [25]
recostar [25]
recrudecer [8]
reducir [23]
referir [60]
reforzar [25]
refugiar [11]
regar [4]
regir [46]
rehusar **[55]**
reinar [47]
reír [62]
rejuvenecer [8]
remediar [11]
remendar [4]
rendir [46]
renegar [4]
renovar [25]
renunciar [11]
reñir [21]
repatriar [11] o [32]
repetir [46]
reprobar [25]
repudiar [11]
requebrar [4]
requerir [60]
resabiar [11]
resentirse [60]
resfriar [32]
resollar [25]
resolver [42]; part. irreg. **resuelto**
resonar [25]
resplandecer [8]
restaurar [20]
restituir [24]
restregar [4]
retribuir [24]
reunir **[56]**
reuntar [55]
reventar [4]
reverenciar [11]
robustecer [8]
rociar [32]
rodar [25]
roer **[57]**
rogar [25]
rumiar [11]

saber **[58]**
saciar [11]
salir **[59]**
salpimentar [4]
santiguar [15]
satisfacer [37]; imperativo **satisfaz** o **satisface**; part. irreg. **satisfecho**
seducir [23]
segar [4]
seguir [46]
sembrar [4]
sentar [4]
sentenciar [11]
sentir **[60]**
ser **[61]**
seriar [11]
serrar [4]
servir [46]
silenciar [11]
sitiar [11]
situar [5]
sobreseer [40]
solar [25]
soldar [25]
soler [42]; defect.
soltar [25]
sonar [25]
sonreír **[62]**
soñar [25]
sosegar [4]
sostener [64]
soterrar [4] o reg.
subsidiar [11]
sugerir [60]
suponer [49]
sustanciar [11]
sustituir [24]
sustraer [65]

tañer **[63]**
tapiar [11]
tatuar [5]
telegrafiar [32]
temblar [4]
templar [4] o reg.
tender [31]
tener **[64]**
tentar [4]
teñir [21]
terciar [11]
testimoniar [11]
torcer [42]
tostar [25]
traducir [23]
traer **[65]**
tra(n)scender [31]
tra(n)sferir [60]
trasegar [4]
trastrocar [25]
travestir [46]
trocar [25] o reg.
tronar [25]
tropezar [4]
tullir [43]

usufructuar [5]

vaciar [32]
valer **[66]**
valuar [5]
vanagloriarse [11]
variar [32]
vendimiar [11]
venir **[67]**
ver **[68]**
verter [31]
vestir [46]
viciar [11]
vidriar [11] o [32]
vilipendiar [11]
volar [25]
volcar [25]
volver [42]; part. irreg. **vuelto**

yacer **[69]**

zambullir [43]

Ortografía
BÁSICA
de la
lengua española

Presentación

En diciembre de 2010 salió a la luz la última edición de la *Ortografía de la lengua española*. Fue concebida y gestada desde una orientación panhispánica. Es una obra de todos y para todos, pues, por encima de otros ideales, late el objetivo compartido de cuidar la unidad del tronco común en el que se apoya la frondosidad del español. La Real Academia Española y, con ella, las demás integrantes de la Asociación de Academias de la Lengua Española invirtieron tiempo, trabajo e ilusión en este proyecto, ya que la ortografía constituye el código en el que con mayor transparencia se manifiesta la cohesión y uniformidad de la lengua.

Frente a ediciones precedentes, la nueva *Ortografía de la lengua española* (2010) presenta caracteres singulares:

a) Es exhaustiva y explícita. Aborda con minuciosidad la mayoría de los problemas ortográficos que se presentan al hablante en los diferentes ámbitos de la norma escrita: uso de las letras, puntuación, acentuación gráfica, mayúsculas y minúsculas, abreviaciones, unión y separación de palabras, expresiones procedentes de otras lenguas, nombres propios y expresiones numéricas.

b) Es razonada. Combina explicitud con reflexión, norma con descripción y explicación. Determina los fundamentos, principios e ideales teóricos en los que se basan las prescripciones establecidas para la correcta escritura a lo largo del tiempo. Explica las relaciones que mantiene la ortografía con otras ramas de la lingüística como la fonología, la morfología y la sintaxis.

c) Es coherente y simple. Sienta las bases metodológicas que habrán de incluir la ortografía como una nueva disciplina científica en el seno de la lingüística aplicada.

d) Es innovadora, pero sin reformar el sistema. Las novedades que aporta son consecuencia de aplicar los principios de coherencia y de explicitud.

Siguiendo este planteamiento teórico, se retira la consideración de letras a los dígrafos *ch* y *ll*, y se avanza la propuesta de una denominación simple y única para cada letra. Por congruencia con la noción de diptongo ortográfico establecida en la *Ortografía* de 1999, se consideran palabras monosílabas (que, por lo tanto, deben escribirse sin tilde) voces como *guion, truhan, lio, fieis*... Se fija el papel de la tilde diacrítica como recurso gráfico destinado a marcar la forma tónica frente a la átona en algunos binomios de gran uso (*él/el, mí/mi, qué/que, cómo/como*...). Se elimina el acento gráfico de la conjunción disyuntiva *o* entre cifras. Se admite la supresión de la tilde en el adverbio *solo* y los pronombres demostrativos *este, ese, aquel* (con sus femeninos y plurales) incluso en los casos de posible anfibología. En concordancia con criterios gramaticales y semánticos, se especifican numerosas normas novedosas en el ámbito de la puntuación, del uso de mayúsculas y minúsculas, así como en la escritura de los prefijos y de los préstamos de otras lenguas, entre los que se incluyen los latinismos.

Siguiendo la tradición de otras obras académicas, se publica esta *Ortografía básica de la lengua española*, más reducida, esencial y manejable que la versión mayor. En el proceso de reducción se han eliminado algunos razonamientos teóricos, así como incursiones enciclopédicas que, aun siendo muy útiles, pudieran desviar la atención del lector de lo esencial. Se ha buscado una redacción más sencilla y transparente, y se aportan los ejemplos necesarios para facilitar al máximo la comprensión. Se han incluido, además, numerosas advertencias, que aparecen en recuadros con trama oscura marcados con la letra *a*. A pesar de la reducción de espacio, esta *Ortografía básica* es fiel cualitativa y cuantitativamente a la *Ortografía* de 2010. Recoge toda la información normativa contenida en aquella con el fin de que en su estudio y en posibles consultas no existan vacíos informativos. Se incluyen los apéndices usuales: de abreviaturas, símbolos alfabetizables y símbolos no alfabetizables, así como de países y capitales, con sus gentilicios. Con el fin de facilitar la navegación por sus páginas, añade como novedad un minucioso índice de materias, lo que permite un acceso rápido a sus contenidos.

La obra que ahora presentamos, concebida como una versión más didáctica, de consulta más rápida y de formato más manejable que la edición mayor, comparte objetivos con la *Gramática básica de la lengua española* (2011), por lo que a ella se asemeja también en tamaño, formato y diseño. Esta *Ortografía básica* es de acceso fácil y comprensible. Nace con la vocación de convertirse en fiel compañera de viaje y útil consejera en las dificultades y dudas ortográficas de cada día. Aspira a ser la *Ortografía* de todo el mundo que habla y escribe en español.

Información preliminar

En la redacción del texto, se ha atendido al criterio general de limitar, en la medida de lo posible, el uso de tecnicismos lingüísticos excesivamente especializados. En una ortografía como esta, resulta ineludible hacer referencia al sistema fonológico de la lengua cuya representación escrita se pretende describir y regular.

La voluntad de prescindir de tecnicismos no estrictamente necesarios se ha concretado también en el modo de representar los fonemas del español. Para ello, no se ha recurrido en esta obra al alfabeto fonético internacional (AFI), el sistema de símbolos de transcripción empleado hoy día por los lingüistas, dada la poca o nula familiaridad que tienen con dichos símbolos la mayoría de los destinatarios de esta obra. Por esa razón, para representar los diferentes fonemas o sonidos, se utilizan aquí las propias letras del alfabeto, sistema que permite una comprensión intuitiva e inmediata por parte del lector no especializado de las unidades fónicas a las que se hace referencia.

Se ofrece a continuación la tabla de correspondencias entre los signos empleados en esta ortografía y los símbolos del alfabeto fonético internacional, así como los correspondientes a la *Revista de Filología Española (RFE)*, usados en la tradición hispánica durante décadas.

Símbolos usados para representar los fonemas del español		
VOCALES		
En esta obra	AFI	*RFE*
/a/	/a/	/a/
/e/	/e/	/e/
/i/	/i/	/i/
/o/	/o/	/o/
/u/	/u/	/u/

Símbolos usados para representar los fonemas del español		
CONSONANTES		
En esta obra	AFI	*RFE*
/b/	/b/	/b/
/ch/	/ʧ/	/ĉ/
/d/	/d/	/d/
/f/	/f/	/f/
/g/	/g/	/g/
/j/	/x/	/x/
/k/	/k/	/k/
/l/	/l/	/l/
/ll/	/ʎ/	/l̮/
/m/	/m/	/m/
/n/	/n/	/n/
/ñ/	/ɲ/	/n̮/
/p/	/p/	/p/
/r/	/ɾ/	/r/
/rr/	/r/	/r̄/
/s/	/s/	/s/
/t/	/t/	/t/
/y/	/ʝ/	/y/
/z/	/θ/	/θ/

Los fonemas se representan entre barras, mientras que la pronunciación de palabras o expresiones concretas se representa entre corchetes. Dentro de los corchetes de pronunciación se señala siempre con una tilde la vocal tónica, aunque a la palabra cuya pronunciación se representa no le corresponda llevar acento gráfico según las reglas de acentuación: [kása] por *casa*; [gérra] por *guerra*; [jinéta] por *gineta*; [sapáto, zapáto] por *zapato*. Como se ve en el último ejemplo, se indica siempre, y en primer lugar, la pronunciación seseante por ser la mayoritaria en el conjunto de los países hispanohablantes.

En ciertos casos (extranjerismos, pronunciaciones dialectales, etc.), ha sido necesario representar algunos sonidos que no pertenecen al sistema fonológico español, para lo cual se han utilizado los signos siguientes:

Símbolos usados para representar algunos fonemas no pertenecientes al actual sistema fonológico del español		
En esta obra	AFI	*RFE*
/h/	/h/	/h/
/sh/	/ʃ/	/š/
/v/	/v/	/v/
/ʒ/	/ʒ/	/ž/

Introducción

La ortografía es el conjunto de normas que regulan la correcta escritura de una lengua. Se denomina también así la disciplina lingüística que se ocupa de describir el funcionamiento del sistema ortográfico, de fijar sus normas y de efectuar las modificaciones necesarias para la mejor adecuación a sus fines.

La función esencial de la ortografía es facilitar y garantizar la comunicación escrita entre los usuarios de una lengua mediante el establecimiento de un código común para su representación gráfica. Cumple, además, un papel esencial como factor de unidad lingüística, pues impone una representación gráfica uniforme y compartida por encima de las variantes de pronunciación que puedan existir debido a factores geográficos, socioculturales e incluso individuales.

La ortografía se concreta en un conjunto de normas que deben ser respetadas por todos los hablantes que deseen escribir con corrección. Su incumplimiento da lugar a las comúnmente denominadas *faltas de ortografía*. El conocimiento de las normas ortográficas es condición necesaria para el completo desarrollo del individuo, ya que es indisociable de la adquisición de las destrezas básicas de la lectura y la escritura. Es la propia sociedad la que recompensa a quienes dominan la ortografía con una buena imagen social y profesional y, en sentido contrario, la que sanciona a las personas que muestran una ortografía deficiente con valoraciones que afectan a su imagen y pueden restringir su promoción académica y profesional.

En el establecimiento y fijación de las normas ortográficas del español han operado, con diferente peso e importancia según las épocas, criterios y principios de distinta naturaleza y no siempre congruentes entre sí:

a) Adecuación entre grafía y pronunciación. El criterio fonológico determina que en la escritura de las palabras se deben representar todos los fonemas que se articulan en su pronunciación, así como evitar incluir letras que no tengan reflejo oral. Por eso escribimos, por ejemplo, *escala* (y no *scala*) o *salmo* (y no *psalmo*). Para aplicar este criterio se toma como referencia la pronunciación culta estándar. La fidelidad a la pronunciación ha sido el principal criterio regulador de la ortografía del español.

b) CORRESPONDENCIA BIUNÍVOCA ENTRE LETRAS Y FONEMAS. Según este principio, cada letra debería representar un único fonema y cada fonema debería ser representado por una sola letra. Aunque, por razones históricas y etimológicas, este ideal no se cumple de manera perfecta en la ortografía del español, sí ha guiado muchas de las reformas llevadas a cabo en etapas previas a su normalización.

c) ETIMOLOGÍA. Según este criterio, en la escritura de las palabras debe respetarse en alguna medida la forma gráfica de su étimo (el término del que proceden). Este criterio funciona, en muchos casos, en sentido opuesto al fonológico y explica por qué la forma escrita de determinadas palabras contradice el principio básico de adecuación entre grafía y pronunciación, como en *psicología* [sikolojía].

d) USO CONSTANTE. Este criterio avala la grafía consolidada a lo largo del tiempo por el uso mayoritario de los hablantes. El uso ha actuado como árbitro entre los otros dos criterios principales, la pronunciación y la etimología, a la hora de fijar la grafía de muchas palabras. En unos casos, el uso mayoritario se ha decantado por grafías fonológicas (como en *tisana,* del lat. *ptisāna*) y, en otros, por grafías etimológicas (como en *psicología,* formada sobre la voz griega *psychḗ* 'alma').

e) DIFERENCIACIÓN DE HOMÓNIMOS. Este criterio establece o perpetúa diferencias gráficas para evitar casos de homonimia, como en *basto* ('tosco') y *vasto* ('extenso') o *hasta* (preposición) y *asta* ('cuerno'). Esta pauta ha sido poco relevante en la fijación de la ortografía del español; de hecho, existen en nuestra lengua muchos casos de palabras homónimas (de igual grafía, pero distinto significado) que la ortografía no evita, como *bonito* ('bello') y *bonito* ('pez'). Aun así, el criterio antihomonímico puede explicar algunos rasgos de nuestro sistema ortográfico, como el uso de la tilde diacrítica: *el* (artículo) / *él* (pronombre).

f) ANALOGÍA. Según este principio, las variantes flexivas de una palabra (femeninos, plurales o formas verbales), así como las voces de una misma familia o que contienen una misma raíz léxica, han de presentar idéntica grafía en el segmento que comparten: *vano, vanas, vanagloria; hambre, hambruna; ligero, ligereza, aligerar,* etc. Solo se alteran las grafías de las formas flexivas, derivadas o compuestas cuando debe aplicarse alguna de las reglas generales de correspondencia entre letras y fonemas, por ejemplo, la que establece que delante de *a, o, u* se escribe *j* y no *g* para representar el fonema /j/: *escoger, escogimos...*, pero *escojo, escojan...*

g) UNIDAD ORTOGRÁFICA. Según este principio, al que deben supeditarse todos los criterios hasta aquí expuestos, la representación gráfica del español ha de ser la misma para todos sus hablantes y en todo su territorio, y debe reflejar todas las unidades fónicas distintivas efectivamente existentes en cualquiera de sus variedades, aunque algunas de esas unidades no existan en el habla de determinadas áreas o hablantes. Por esta razón, la ortografía del español ha tomado como referencia para su escritura las variedades orales que distinguen los fonemas /z/ y /ll/, aun cuando estas son claramente minoritarias en el conjunto del ámbito hispánico.

En el momento actual, la ortografía del español goza de un alto grado de estabilidad y adecuación, y cuenta con el acatamiento general de todos los hablantes alfabetizados, razón por la que la Asociación de Academias de la Lengua Española no estima conveniente realizar en ella reformas de calado, sin renunciar a llevar a cabo pequeños ajustes para aumentar su coherencia y su eficacia.

1

Uso de las letras

Las letras. Definición y función

Las letras son los signos gráficos mínimos, sucesivos, indivisibles y distintivos que componen la secuencia escrita. Su función, en una lengua de escritura alfabética como el español, es representar los fonemas o sonidos distintivos de la lengua oral.

Los fonemas son unidades fónicas abstractas capaces de distinguir una palabra de otra. Así, el fonema representado por la letra *p* permite distinguir en español la palabra *pasa* de otras como *basa, casa, gasa, masa* o *tasa,* de muy diverso significado.

Los fonemas se manifiestan en el habla en forma de sonidos. Los sonidos que realmente se emiten cuando se materializa un fonema no siempre se articulan de idéntica manera ni son pronunciados de igual modo por todos los hablantes. Aun así, presentan siempre unos rasgos mínimos constantes, que son los que permiten percibirlos como realizaciones de un mismo fonema. En las obras lingüísticas, los fonemas se escriben entre barras, como /b/, y los sonidos, entre corchetes, como [b].

La finalidad de las letras es representar gráficamente los fonemas, no sus diversos modos de realización. Gracias a ello la ortografía del español es la misma para todos sus hablantes y en todo su territorio, con independencia de las diferencias de pronunciación que puedan darse por distintos factores, como la influencia de las características de los sonidos contiguos, el origen geográfico del hablante, la situación comunicativa, etc.

Los fonemas del español

El español cuenta, en total, con veinticuatro fonemas, cinco vocálicos y diecinueve consonánticos:

a) Vocales: /a/, /e/, /i/, /o/, /u/.

b) Consonantes: /b/, /ch/, /d/, /f/, /g/, /j/, /k/, /l/, /ll/, /m/, /n/, /ñ/, /p/, /r/, /rr/, /s/, /t/, /y/, /z/.

No todos los fonemas consonánticos indicados se hallan en todas las variedades lingüísticas del español. En concreto, los fonemas /z/ y /ll/ solo se dan en una minoría de zonas o de hablantes, mientras que no existen en las variedades más extendidas, lo que da lugar a los fenómenos del seseo y el ceceo, por un lado, y del yeísmo, por otro.

EL SESEO Y EL CECEO

Los hispanohablantes de América, Canarias y casi toda Andalucía no distinguen al hablar los fonemas /z/ y /s/. En el español de esas zonas existe un solo fonema, que presenta dos realizaciones básicas: una, mayoritaria, como [s], característica del seseo; y otra, muy minoritaria, como [z], característica del ceceo.

Así pues, los hispanohablantes de las zonas citadas pronuncian igual pares de palabras como *abrasar / abrazar, casa / caza* o *sima / cima*. Quienes sesean —la mayoría— pronuncian [abrasár], [kása] y [síma]; quienes cecean, en cambio, pronuncian [abrazár], [káza] y [zíma].

En consecuencia, para estos hablantes, las letras *c* (ante *e, i*), *z* y *s* representan el mismo fonema, lo que es fuente de problemas ortográficos adicionales que no tienen los hablantes para los que estas letras representan dos fonemas distintos: /z/ (las letras *c* ante *e* o *i* y *z*) y /s/ (la letra *s*).

EL YEÍSMO

La gran mayoría de los hispanohablantes ya no diferencia al hablar el fonema /ll/ del fonema /y/. Estos dos fonemas distintos han acabado por confluir en uno solo, el fonema /y/, dando lugar a la pronunciación característica del yeísmo.

Los hablantes yeístas articulan del mismo modo pares de palabras como *callado / cayado, halla / haya* o *pollo / poyo*, que pronuncian indistintamente [kayádo], [áya] y [póyo]. Para estos hablantes, por tanto, el dígrafo *ll* y la letra *y* representan el mismo fonema, lo que es asimismo fuente de dudas ortográficas.

El abecedario del español

El abecedario es la serie ordenada de las letras que se utilizan para representar gráficamente una lengua de escritura alfabética.

El abecedario del español está formado por veintisiete letras. A continuación se ofrecen las formas minúscula y mayúscula de cada una de ellas, y, debajo, su nombre recomendado:

a, A	**b, B**	**c, C**	**d, D**	**e, E**	**f, F**	**g, G**	**h, H**	**i, I**
a	*be*	*ce*	*de*	*e*	*efe*	*ge*	*hache*	*i*
j, J	**k, K**	**l, L**	**m, M**	**n, N**	**ñ, Ñ**	**o, O**	**p, P**	**q, Q**
jota	*ka*	*ele*	*eme*	*ene*	*eñe*	*o*	*pe*	*cu*
r, R	**s, S**	**t, T**	**u, U**	**v, V**	**w, W**	**x, X**	**y, Y**	**z, Z**
erre	*ese*	*te*	*u*	*uve*	*uve doble*	*equis*	*ye*	*zeta*

LETRAS CON VARIOS NOMBRES

Algunas letras tienen diversos nombres con tradición y vigencia en diferentes zonas del ámbito hispánico. La recomendación de utilizar un solo nombre para cada letra no significa que se consideren incorrectos aquellos otros con vigencia en el uso que presentan varias de ellas, tal como muestra el cuadro siguiente:

Letra	Nombre recomendado	Otros nombres
b	*be*	*be larga* *be grande* *be alta*
v	*uve*	*ve* *ve corta* *ve chica o chiquita* *ve pequeña* *ve baja*
w	*uve doble*	*ve doble* *doble ve* *doble u* *doble uve*
y	*ye*	*i griega*
i	*i*	*i latina*

- Letra *b*. Se denomina simplemente *be* entre los hablantes que utilizan el nombre *uve* para la *v*. En cambio, quienes llaman *ve* (*corta, chica, chiquita, pequeña* o *baja*) a la *v* utilizan para la *b* las denominaciones *be larga, be grande* o *be alta*.
- Letra *v*. En España se usa generalmente el nombre *uve*, mientras que en la mayor parte de América está más extendido el nombre *ve*. Este último suele acompañarse de los adjetivos *corta, chica, chiquita, pequeña* o *baja* para distinguirlo oralmente del nombre de la letra *b* (*be*), que se pronuncia igual. Se recomienda el nombre *uve* por distinguirse sin necesidad de añadidos del nombre de la letra *b*.
- Letra *w*. Además de *uve doble* y *doble uve*, en el español americano recibe también los nombres de *ve doble, doble ve* y *doble u* (calco del inglés *double u*). Se prefiere *uve doble* por ser *uve* el nombre recomendado para la *v*.
- Letra *y*. El nombre *i griega*, heredado del latino, es el tradicional y más extendido de esta letra. El nombre *ye* se creó en el siglo XIX por analogía con el de la mayoría de las consonantes (*be, ce, de*, etc.). Se da preferencia al nombre *ye* por diferenciarse sin necesidad de especificadores del de la letra *i*.
- Letra *i*. Su nombre es *i*, pero recibe también la denominación de *i latina* para distinguirla de la letra *y* cuando para esta última se emplea el nombre tradicional de *i griega*.

a No debe usarse el nombre *ere* para la *r* ni las formas *ceta, ceda* y *zeda* para la z. Los únicos nombres válidos hoy para estas letras son *erre* y *zeta*.

LETRAS Y DÍGRAFOS: EL ESTATUS DE *CH* Y *LL*

Además de las veintisiete letras que componen el abecedario, el sistema gráfico del español cuenta con cinco dígrafos (combinaciones de dos letras para representar un solo fonema):

a) El dígrafo *ch* representa el fonema /ch/: *chapa, abochornar*.

b) El dígrafo *ll* representa el fonema /ll/ o, en hablantes yeístas, el fonema /y/: *lluvia, rollo*.

c) El dígrafo *gu* representa el fonema /g/ ante *e, i*: *pliegue, guiño*.

d) El dígrafo *qu* representa el fonema /k/ ante *e, i*: *queso, esquina*.

e) El dígrafo *rr* representa el fonema /rr/: *arroz, tierra*.

Tradicionalmente se consideraban también letras los signos *ch* y *ll* (con los nombres respectivos de *che* y *elle*) por representar cada uno de ellos de forma exclusiva un fonema del español. Sin embargo, no forman hoy parte del abecedario por no ser propiamente letras (unidades gráficas mínimas y, por tanto, indivisibles), sino dígrafos, esto es, signos gráficos dobles, compuestos por dos letras ya incluidas de manera individual en el inventario alfabético.

La representación gráfica de los fonemas

Idealmente, cada fonema debería estar representado por una sola letra y cada letra debería servir para representar, en exclusiva, un solo fonema. Sin embargo, el español, que cuenta con veintisiete letras y cinco dígrafos para transcribir veinticuatro fonemas, presenta algunas desviaciones de este ideal de correspondencia biunívoca entre fonemas y letras por razones históricas y etimológicas.

Así, hay algunos fonemas que pueden representarse con diferentes letras o con combinaciones de dos letras, y algunas letras que representan, según los casos, distintos fonemas. Existen, además, dos letras especiales: la *h,* que no representa ningún fonema y no suena (salvo en ciertas zonas dialectales y en algunos préstamos de otras lenguas, donde se pronuncia con un sonido aspirado) y la *x,* que normalmente representa una secuencia de dos fonemas.

LA REPRESENTACIÓN GRÁFICA DE LAS VOCALES

/a/, /e/, /o/. Estos tres fonemas vocálicos se representan siempre con la misma letra: el fonema /a/ con la letra *a* (*asa, par*); el fonema /e/ con la letra *e* (*este, pez*), y el fonema /o/ con la letra *o* (*oso, por*).

/i/. El fonema /i/ puede representarse en español con dos letras: *i* o *y.*

a) Debe usarse siempre la letra *i,* salvo en los casos en que las normas prescriben o admiten el uso de *y* (→ b); así pues, la *i* puede aparecer en representación de este fonema en cualquier posición: *isla, aire, tierno, ti, allí.*

En español, casi todas las palabras que comienzan por el fonema /i/ seguido de otra vocal se escriben con *h-: hiato, hiedra, hiel, hielo, hiena, hierático, hierba, hierro, hioides,* etc. Son excepción algunas voces procedentes del griego o creadas sobre raíces griegas, como *ion, iodo, iota* o *iatrogenia.*

El fonema /i/ en posición inicial de palabra o de sílaba seguido de otra vocal con la que forma diptongo tiende a convertirse, en la pronunciación espontánea, en el fonema consonántico /y/ (solemos pronunciar [yédra], [yérba], [desyerbár], [yérro], [yódo], etc.); por eso, algunas de las palabras que comienzan por la secuencia *hi-* o *i-* + vocal, o que la contienen, presentan variantes gráficas escritas con *y* (en los ejemplos que siguen, se cita en primer lugar la variante preferida en cada caso); así, son válidas las grafías *hiedra / yedra, hierba / yerba* (también en sus compuestos y derivados, como *hierbabuena / yerbabuena* o *desyerbar / deshierbar*), *yatrogenia / iatrogenia* o *yodo / iodo.*

b) Se usa la letra *y* con valor vocálico en los casos siguientes:

- Cuando se trata de la conjunción copulativa *y: coser y cantar; este y aquel; madera y hierro.*

a

- La *y* copulativa se transforma en *e* cuando precede a una palabra que empieza por /i/ (en la escritura *i-*, *hi-* o, excepcionalmente, *y-*): *único e irrepetible; aguja e hilo; Sanz e Yrigoyen;* pero mantiene su forma originaria cuando la palabra siguiente comienza por un diptongo de /i/ + vocal: *madera y hierro*. Tampoco se transforma cuando es tónica y tiene valor adverbial en oraciones interrogativas: *¿Y Inés?* [í inés] ('¿dónde está Inés?' o '¿cómo está Inés?'). La transformación ocurre por razones fónicas, de ahí que se produzca siempre que la palabra siguiente comience por /i/, aunque no se escriba con *i-* o *hi-* por tratarse de una voz extranjera: *Iberia e Easyjet* [ibéria e isiyét]; y que no se produzca si la palabra que sigue no comienza por /i/, aunque se escriba con *i-* o *hi-*: *Franco y Hitler* [fránko i jítler].
- Análogamente, la *o* disyuntiva se transforma en *u* cuando la palabra siguiente comienza por /o/ (en la escritura *o-* u *ho-*): *uno u otro; vertical u horizontal*. También ante números escritos con cifras que oralmente empiezan por /o/ (*Había unas 7000 u 8000 personas*) y en disyunciones correlativas en las que se repite la conjunción ante cada una de las opciones (*Los hornos antiguos eran o circulares u ovalados; U obtenemos beneficios ya o tendremos que cerrar*).

- Cuando el fonema /i/ es átono y va en posición final de palabra precedido de otra vocal con la que forma un diptongo, o de dos con las que forma un triptongo: *ay* [ái], *carey* [karéi], *hoy* [ói], *Uruguay* [uruguái] (hay algunas excepciones, siempre en palabras procedentes de otras lenguas: *agnusdéi, Hawái, Hanói, moái, saharaui;* en algunos préstamos se admiten ambas grafías, siendo mayoritaria en el uso la citada en primer lugar: *bonsái / bonsay, paipái / paipay, samurái / samuray*).

Si el fonema /i/ final precedido de vocal es tónico, se representa con la letra *i*: *benjuí, caí, chií, sonreí* (salvo en *muy*, donde la /i/ final se representa con *y* aun siendo tónica para buena parte de los hispanohablantes).

> Es ajena a la ortografía española la *y* final precedida de consonante. Por ello, los nombres familiares o hipocorísticos terminados en /i/ precedida de consonante, cuando proceden de nombres de pila españoles, deben escribirse con *-i* (y no con *-y*, como a veces se hace por influjo del inglés): *Cati* (de *Catalina*), *Dani* (de *Daniel*), *Mari* (de *María*), *Toni* (de *Antonio*). Para la adaptación de voces extranjeras que terminan en *y* precedida de consonante, → pág. 476. *a*

- En posición inicial o interior de palabra se admite el uso de *y* con valor vocálico solo en ciertas circunstancias: cuando a una forma verbal terminada en *y* se le añade un pronombre (*haylas, voyme*); en algunos topónimos y antropónimos, y en sus derivados, bien como vestigio de la antigua ortografía castellana, en que era normal el uso de esta letra con valor vocálico en cualquier posición (*Ayllón; Guaymas, guaymeño* o *guaymense; Yrigoyen; Goytisolo*), bien por tratarse de nombres propios foráneos (*Seychelles, seychellense; byroniano*); y en siglas y acrónimos (*YPF* [Yacimientos Petrolíferos Fiscales], *BOCYL* [Boletín Oficial de Castilla y León], *pyme* [pequeña y mediana empresa]).

Salvo en los casos que se acaban de señalar, la ortografía del español no admite hoy el uso de *y* con valor vocálico en posición inicial o interior de palabra (para la adaptación de los extranjerismos que presentan una *y* vocálica en interior de palabra, → pág. 476).

> Cuando a una palabra terminada en *y* se le añade una *s* para formar el plural, la *-y* del singular debe transformarse en *-i-*: *espráis* (pl. de *espray*), *gais* (pl. de *gay*), *jerséis* (pl. de *jersey*). *a*

/u/. El fonema /u/ puede aparecer representado en español con dos letras: la *u* (que en determinados casos debe escribirse con diéresis: *ü*) o la *w*.

a) La *u* es la letra genuinamente española para representar el fonema /u/ y puede hacerlo en cualquier posición: *untar, causa, cuerda, tribu, tú*.

La *u* debe escribirse con diéresis cuando, precedida de *g* y seguida de *e* o de *i*, tiene sonido propio: *cigüeña, pingüino*. Así se distingue de los casos en que la *u* es simplemente el segundo elemento del dígrafo *gu* con el que se representa en español el fonema /g/ ante las vocales *e, i: juguete, águila.*

> *a*
>
> No debe trasladarse la diéresis de una palabra que la requiera al resto de las voces de su familia si estas no cumplen los requisitos para llevarla: *ambigüedad*, pero *ambiguo; averigüe*, pero *averiguar*. A su vez, deben escribirse con diéresis los derivados que así lo precisen, aunque no la lleve la palabra a partir de la cual se forman: *agüita* (de *agua*), *lengüeta* (de *lengua*).

En español, con muy pocas excepciones, se escribe siempre *h* delante de los diptongos /ua/, /ue/, /ui/, tanto a principio de palabra como de sílaba (→ pág. 337): *huacal, huérfano, huincha, marihuana, parihuela,* etc. Normalmente se suele articular ante el diptongo un refuerzo consonántico cercano al fonema /g/; así, palabras como *hueso, huevo, marihuana* o *chihuahua* suelen pronunciarse aproximadamente [guéso], [guébo], [mariguána] y [chiguágua]. Este hecho ha alcanzado a veces reflejo en la escritura, de forma que algunas palabras que comienzan por las secuencias gráficas *hua, hue, hui,* o que las contienen, pueden escribirse también con *gua, güe, güi,* como en los casos siguientes (se cita en primer lugar la variante mayoritaria): *huaca / guaca, huacal / guacal, huincha / güincha, huipil / güipil, correhuela / corregüela* o *marihuana / mariguana,* entre otros muchos.

b) La *w* representa el fonema /u/ —o la secuencia /gu/ cuando dicho fonema forma diptongo con la vocal siguiente— en la mayoría de las palabras de origen inglés en las que se ha conservado esta letra en su paso al español, como *sándwich* [sánduich o sánguich], *waterpolo* [guaterpólo], *web* [guéb] o *wéstern* [guéstern]. También en voces transcritas al alfabeto latino procedentes de lenguas orientales, semíticas o indígenas, incorporadas a menudo a través del inglés, como *taekwondo* [taekuóndo], *wau* [guáu] o *kiwi* [kígui]. En otros casos se trata de derivados de nombres propios que ya contienen esta letra, como *darwinismo* [darguinísmo] (de *Darwin*), *hawaiano* [haguayáno] (de *Hawái*) o *taiwanés* [taiguanés] (de *Taiwán*).

Cuando la *w* va precedida o seguida de letras que ya representan el fonema /u/, suele pronunciarse como /b/ en muchas áreas del ámbito hispánico para diferenciar su articulación de la de las letras contiguas: *Kuwait* [kubáit], *kuwaití* [kubaití], *hollywood(i)ense* [jolibud(i)énse].

Algunas voces foráneas con *w* en su grafía originaria se han adaptado al español trocando la *w* en *u* —letra más natural en español para representar este fonema—, como *suajili* (del ingl. *swahili*) o *suéter* (del ingl. *sweater*), o los topónimos *Botsuana, Malaui, Lilongüe* o *Zimbabue* (que sustituyen a las grafías anglicadas *Botswana, Malawi, Lilongwe* y *Zimbabwe*). En algún caso se dan por válidas ambas grafías, como en *laurencio / lawrencio* o *taekuondo / taekwondo*.

LA REPRESENTACIÓN GRÁFICA DE LAS CONSONANTES

Muchos de los fonemas consonánticos se representan siempre con la misma letra o dígrafo, pero hay otros que pueden ser representados de varias formas.

La mayor parte de las dificultades ortográficas suelen plantearse precisamente en aquellos casos en que existe más de una posibilidad para representar un mismo fonema. Para resolver esas dudas es posible ofrecer, en ocasiones, notas orientadoras que ayudan a seleccionar la grafía adecuada en determinados grupos de palabras que comparten algún rasgo que determina la elección de una de las opciones. Otras veces solo es posible despejar las dudas ortográficas por medio del aprendizaje de la grafía que corresponde a cada palabra concreta a través de la lectura o de la consulta al diccionario.

/ch/, /d/, /f/, /l/, /ll/, /m/, /n/, /ñ/, /p/, /r/, /t/. Estos fonemas se representan siempre en español a través de una misma letra o dígrafo.

a) El fonema /ch/ se representa con el dígrafo *ch: choza, ancho, ocho, zarévich.*

b) El fonema /d/ se representa con la letra *d: dado, madrina, advertir, verdad.*

c) El fonema /f/ se representa con la letra *f: fresco, zafiro, afgano, rosbif.*

d) El fonema /l/ se representa con la letra *l: luego, pala, blusa, alfombra, mal.*

e) El fonema /ll/ se representa con el dígrafo *ll: lluvia, calle, conllevar.* (Para los hablantes yeístas, el dígrafo *ll* representa el fonema /y/; → pág. 330).

f) El fonema /m/ se representa con la letra *m: manto, amanecer, amplio, islam.*

g) El fonema /n/ se representa con la letra *n: nublado, banana, antes, son.*

En español, donde es indistinta la pronunciación de /m/ o /n/ ante los fonemas /p/ y /b/, deben tenerse en cuenta las siguientes notas orientadoras:

Notas orientadoras sobre el uso de las letras *m* y *n*
▪ Delante de *b* y *p* se escribe siempre *m: ambos, cambio, campo, empezar.* ▪ Delante de *v* se escribe siempre *n: convencer, enviar, invasión.*

a Cuando se antepone una palabra o un prefijo terminados en *n* a una palabra que comienza por *p* o *b,* dicha *-n* debe transformarse en *-m-: biempensante* (de *bien* + *pensante*), *ciempiés* (de *cien* + *pies*), *embotellar* (de *en-* + *botella* + *-ar*).

h) El fonema /ñ/ se representa con la letra *ñ: ñame, español.*

i) El fonema /p/ se representa con la letra *p: pulcro, capa, prado, adoptar, chip.*

j) El fonema /r/ se representa con la letra *r.* Este fonema puede aparecer en posición intervocálica: *cara* [ká.ra]; tras una consonante perteneciente a su misma sílaba, lo que ocurre cuando sigue a /b/, /d/, /k/, /f/, /g/, /p/, /t/: *sobre* [só.bre], *drama* [drá.ma], *escrito* [es.krí.to], *kril* [kríl], *ofrenda* [o.frén.da], *grupo* [grú.po], *prosa* [pró.sa], *tripa* [trí.pa]; y en posición final de sílaba o de palabra: *carta* [kár.ta], *subir* [su.bír].

En las palabras prefijadas o compuestas en las que el primer elemento termina en una de las consonantes citadas y el segundo empieza por *r,* existe normalmente una frontera silábica entre el prefijo y la base, o entre los dos términos del compuesto, de modo que la *r* representa en esos casos no el fonema /r/, sino el fonema /rr/ (→ pág. 329): *subrayar* [sub.rra.yár], *ciudadrealeño* [siu.dad.rre.a.lé.ño, ziu.dad.rre.a.lé.ño].

k) El fonema /t/ se representa con la letra *t: tubo, este, contra, atlas, robot.*

/b/. En español, el fonema /b/ puede ser gráficamente representado por tres letras distintas: *b, v* y *w.*

a) La *b* y la *v* son las letras propiamente españolas para representar el fonema /b/, ya que ambas se usaban en latín, desde donde pasaron a nuestro sistema de escritura. En latín servían para representar fonemas distintos, que en español pronto dejaron de distinguirse, de modo que las letras *b* y *v* acabaron por representar el mismo fonema (/b/).

No existe en español ninguna diferencia en la pronunciación de las letras *b* y *v*, ya que las dos representan hoy el fonema /b/. Por tanto, no es propio de nuestra lengua articular la *v* apoyando los dientes superiores sobre el labio inferior, como ocurre en otros idiomas. Así pues, palabras como *baca* y *vaca*, *bello* y *vello* se pronuncian exactamente igual. *a*

Ambas letras se han mantenido por tradición en nuestro sistema ortográfico, y la aparición de una u otra en la grafía de una palabra depende generalmente de la etimología.

En la mayoría de las palabras se mantienen la *b* o la *v* etimológicas: *beber* (del lat. *biběre*), *vivir* (del lat. *vivěre*), *valija* (del it. *valigia*), *taburete* (del fr. *tabouret*), *tobogán* (del ingl. *toboggan*); aunque no faltan casos de distribución antietimológica: *avellana* (del lat. *abellāna*), *móvil* (del lat. *mobĭlis*), *arribista* (del fr. *arriviste*), *esbelto* (del it. *svelto*). Además, se escriben con *b* muchas palabras que presentan una *-p-* intervocálica en el étimo latino, ya que, en el proceso de evolución del latín al español, el fonema /p/ pasa a /b/ en dicha posición: *rabo* (del lat. *rapum*), *saber* (del lat. *saněre*).

Notas orientadoras sobre el uso de la letra *b*

Se escriben con *b*:

- Las palabras en que el fonema /b/ precede a otra consonante o está en posición final: *abdicación, absolver, amable, brazo, obtener, obvio, baobab, club, esnob*. Excepciones: *ovni, molotov* y ciertos nombres propios eslavos, como *Kiev, Prokófiev, Romanov*.
- Las palabras en que el fonema /b/ sigue a la sílaba *tur: disturbio, perturbar, turbina, turbulento*.
- Las que empiezan por las sílabas *bu-*, *bur-* y *bus-*: *bula, burla, buscar*. Excepción: *vudú* y sus derivados.
- Las terminaciones *-aba, -abas, -ábamos, -abais, -aban* del pretérito imperfecto (o copretérito) de indicativo de los verbos de la primera conjugación: *amaba, bajabas, cantábamos, saludabais, trabajaban*. También las formas de ese mismo tiempo del verbo *ir: iba, ibas, íbamos, ibais, iban*.
- Los verbos terminados en *-bir: escribir, prohibir, recibir, sucumbir*. Excepciones: *hervir, servir, vivir* y sus derivados.
- Los verbos terminados en *-buir: atribuir, contribuir, retribuir*.
- Las palabras acabadas en *-bilidad: amabilidad, habilidad, posibilidad*. Excepciones: *civilidad* y *movilidad*.

- Las acabadas en *-bundo* o *-bunda: tremebundo, vagabundo, abunda.*
- Las que contienen los siguientes prefijos o elementos compositivos:
    - *bi-, bis-, biz-* ('dos' o 'dos veces'): *bilingüe, bisnieto, bizcocho;*
    - *bibli(o)-* ('libro'): *biblia, bibliobús, biblioteca;*
    - *bio-, -bio* ('vida'): *biodiversidad, biografía, microbio;*
    - *sub-* ('bajo o debajo de'): *subacuático, subíndice, subinspector.*
- Las palabras compuestas cuyo primer elemento es *bien* o las palabras que empiezan por su forma latina *ben(e): bienestar, bienvenido, bendecir, beneficio.*
- Las palabras compuestas cuyo último elemento es *fobia* ('aversión o temor') o *-́fobo/a* ('que siente aversión o temor'): *agorafobia, claustrofobia, homófobo, xenófoba.*
- Los verbos *beber, caber, deber, haber, saber* y *sorber* (y sus derivados), así como todas las voces de sus familias léxicas: *bebí, bebedor, cabemos, cabida, deben, débito, hubiera, haberes, sabemos, sabio, sorbió, sorbete, absorbe, absorbente.*

Notas orientadoras sobre el uso de la letra *v*

Se escriben con *v:*

- Las palabras en que las letras *b* o *d* preceden al fonema /b/: *adverbio, animadversión, inadvertido, obvio, subvención.* Se exceptúan aquellas en las que el prefijo *sub-* se antepone a una palabra que comienza por *b: subbloque.*
- Las palabras en que la secuencia *ol* precede al fonema /b/: *disolver, olvidar, polvo, solvencia.*
- Las que empiezan por *eva-, eve-, evi-* y *evo-: evasión, eventual, evitar, evolución.* Excepción: *ébano* y sus derivados *ebanista* y *ebanistería.*
- Las que empiezan por la sílaba *di-: diva, divergencia, dividir.* Excepción: *dibujo* y sus derivados.
- Las que empiezan por las sílabas *lla-, lle-, llo-* y *llu-: llave, llevar, llovizna, lluvia.*
- Las que empiezan por el prefijo *vice-, viz-* o *vi-* ('que hace las veces de'): *vicealmirante, vizconde, virrey.*
- Los adjetivos llanos terminados en *-ave, -avo/a, -eve, -evo/a, -ivo/a: grave, esclavo, octava, leve, longevo, nueva, decisivo, activa.*
- Las palabras terminadas en *-ívoro/a,* como *carnívoro, herbívora, insectívoro.* Excepción: *víbora.*
- Las terminadas en *-valencia* y *-valente* (de *valer*): *equivalencia, polivalente.*
- Las formas verbales que contienen el fonema /b/ de los verbos *andar, estar, tener* e *ir,* y sus derivados, salvo las del pretérito imperfecto (o copretérito) de indicativo: *anduviste, desanduvo, estuvieron, tuvo, mantuviere, vaya, ve, voy* (pero *andaba, estábamos, iban*).

- Los verbos *mover, valer, venir, ver* y *volar* (y sus derivados), así como todas las voces de sus familias léxicas: *muevo, movimiento, valgo, valioso, vendremos, venidero, vería, vidente, prever, vuelo, volante.*

En lo que respecta a las pocas palabras que admiten hoy su escritura con *b* y con *v*, deben preferirse para todas ellas las grafías con *b: bargueño* ('cierto mueble'), *boceras* ('bocazas, jactancioso'), *cebiche* o *sebiche* ('plato a base de pescado o marisco crudo en adobo') y *endibia* ('cierta planta comestible').

b) La *w* representa el fonema /b/ en nombres propios de origen visigodo, como *Wamba* [bámba], *Wifredo* [bifrédo] o *Witiza* [bitísa, bitíza]; en préstamos del alemán, así como en topónimos y antropónimos alemanes y sus derivados: *wolframio* [bolfrámio], *Wagner* [bágner], *wagneriano* [bagneriáno], *Westfalia* [bestfália], *westfaliano* [bestfaliáno], *Weimar* [béimar], *weimarés* [beimarés]; y en topónimos y antropónimos de otras lenguas europeas, como el polaco o el neerlandés: *Kowalski* ([kobálski], apellido polaco), *Van der Weyden* ([banderbéiden], apellido neerlandés).

De algunas de estas palabras existen variantes gráficas con *v* (*Vifredo, Vitiza, volframio, vestfaliano, veimarés*) o, rara vez, con *b* (*Bamba*), pero son mayoritarias en el uso las grafías con la *w* etimológica.

/g/. En español, el fonema /g/ puede representarse de dos formas: con la letra g o con el dígrafo *gu*.

a) Se emplea la letra *g* ante las vocales /a/, /o/, /u/: *gato, ciego, gusto;* ante consonante: *dogma, grande, regla;* y a final de palabra: *tuareg, zigzag*. La *u* que representa el fonema /u/ se escribe con diéresis (*ü*) cuando va seguida de *e* o *i: desagüe, agüita* (→ pág. 319).

b) Se emplea el dígrafo *gu* ante las vocales /e/, /i/: *burgués, guerra, alguien, guisar*. La *u* del dígrafo no se pronuncia, es un mero signo gráfico que no representa ningún fonema.

/j/. Para representar este fonema se emplean en español dos letras: *j* y g. Además, de manera excepcional, en algunos topónimos y antropónimos que mantienen una ortografía arcaica puede aparecer representado por la letra *x*.

a) La letra *j* puede representar el fonema /j/ en cualquier posición y ante cualquiera de las vocales: *jabalí, jeta, jirafa, dijo, perjuicio, reloj.*

b) La letra g solo representa el fonema /j/ ante las vocales /e/, /i/: *gente, esfinge, girar, alergia*. (En otras posiciones esta letra representa el fonema /g/; → pág. 325).

Así pues, ante /e/, /i/ el fonema /j/ puede transcribirse con *j* o con g. La presencia de una u otra letra en la grafía de una palabra depende, en la mayoría de los casos, de la etimología, ya que suelen escribirse con g ante *e, i* las palabras cuyo étimo se escribe con esa misma letra: *congelar* (del lat. *congelāre*), *genético* (del gr. *gennētikós*), *magenta* (del it. *magenta*), *higiene* (del fr. *hygiène*). No obstante, también hay casos de distribución antietimológica, como en *jirafa* (del it. *giraffa*), *menaje* (del fr. *ménage*) o *viaje* (del cat. *viatge*).

Notas orientadoras sobre el uso de la letra *j* ante *e, i*

Se escriben con *j* ante *e, i:*

- Las palabras que empiezan por *eje-: ejecutar, ejemplo, ejército*. Se exceptúan algunos topónimos y antropónimos, como *Egeo* o *Egeria*.
- Las que acaban en *-aje, -eje: coraje, garaje, esqueje, hereje*. Excepción: el plural *ambages* ('rodeos').
- Las que acaban en *-jería: cerrajería, consejería, extranjería, relojería*.
- Las palabras llanas terminadas en *-jero/a: cajero, extranjero, lisonjera, viajera*. Excepción: *ligero/a*.
- Los verbos terminados en *-jear: chantajear, cojear, homenajear*.
- Todas las formas verbales que contienen el fonema /j/ y corresponden a verbos cuyo infinitivo carece de él. Esta regla afecta a formas de los verbos *decir* y *traer* (y sus derivados), así como a los terminados en *-ducir: dije, dijera* (de *decir*); *predijéramos, predijere* (de *predecir*); *produjiste, produjesen* (de *producir*); *trajiste, trajerais* (de *traer*).

Notas orientadoras sobre el uso de la letra g ante *e, i*

Se escriben con g ante *e, i:*

- Las palabras que contienen la secuencia *inge: esfinge, faringe, ingeniero, ingenuo, ingerir* ('introducir algo por la boca para llevarlo al estómago'). Excepciones: *injerir(se)* ('introducir una cosa en otra' y 'entrometerse, inmiscuirse') y su derivado *injerencia*, e *injerto* y sus derivados (*injertar*, etc.).
- Las que contienen la sílaba *gen* en cualquier posición, incluidas todas las que acaban en *-gencia* o *-gente: aborigen, agencia, contingente, engendrar, gentil*. Excepciones: *ajenjo, jején, jengibre* y *ojén*, y las formas de los verbos terminados en *-jar, -jer, -jir* (*bajen, tejen, crujen*, etc.).

- Las que contienen la secuencia *gest: congestión, digestivo, gesta, gestor, sugestión*. Excepciones: *majestad* (y sus derivados) y *vejestorio*.
- Las que contienen las secuencias *gia, gio* (con tilde o sin ella): *alergia, apología, orgía, artilugio, litigio, plagio*. Excepciones: *bujía, canonjía, crujía, herejía* y *lejía*, y las terminadas en *-plejia* o *-plejía* (*apoplejía, paraplejia* o *paraplejía*, etc.).
- Las que empiezan por *gene-, geni-, geno-, genu-: generoso, genio, genocidio, genuino*.
- Las que empiezan por *legi-: legible, legión, legislar, legítimo*. Excepción: *lejía* y *lejísimos, lejitos* (derivados de *lejos*).
- Las que acaban en *-gésimo/a* y *-gesimal: cuadragésimo, vigésima, sexagesimal*.
- Las que acaban en *-ginoso/a: cartilaginoso, ferruginosa*.
- Todas las formas de los verbos terminados en *-ger* (*coger, emerger, proteger*, etc.) y *-gir* (*dirigir, fingir, regir*, etc.), salvo aquellas en que el fonema /j/ antecede a las vocales *a, o*, que se escriben con *j: emergemos, protege, fingía, regimos*, pero *emerjo, proteja, finjo, rijamos*. Excepciones: *tejer, crujir* y sus derivados.
- Las palabras que contienen los siguientes prefijos o elementos compositivos:
  - *geo-, -geo* ('tierra'): *geógrafo, geometría, hipogeo;*
  - *ger(onto)-* ('vejez', 'viejo'): *geriatría, gerontocracia;*
  - *giga-* ('mil millones de veces'): *gigahercio, gigavatio;*
  - *gine(co)-* ('mujer'): *gineceo, ginecólogo*.
- Las que acaban en los siguientes elementos compositivos:
  - *-algia* ('dolor'): *lumbalgia, neuralgia;*
  - *-fagia* ('acción de comer o tragar'): *aerofagia, antropofagia;*
  - los derivados de la raíz grecolatina *gen* ('generar, producir'), como *-génesis* ('origen o principio'), *-genia* ('origen o formación'), *-génito/a* ('nacido, engendrado') o *-́geno/a* ('que produce o es producido'): *orogénesis, criogenia, congénito, primogénita, alérgeno, cancerígena;*
  - *-́gero/a* ('que lleva o produce'): *alígero, flamígera;*
  - *-logía* ('estudio, disciplina científica') y su derivado *-lógico/a: ecología, biológico, filológica;*
  - *-rragia* ('flujo o derramamiento'): *blenorragia, hemorragia*.

Hay algunas palabras que pueden escribirse tanto con *j* como con *g* ante *e, i;* es el caso, entre otras, de *jenízaro/genízaro* ('soldado turco de infantería'), *gineta/jineta* ('cierto mamífero') o *hégira/héjira* ('era de los musulmanes'). En los ejemplos, se ha citado en primer lugar la forma más usada.

c) Quedan algunos restos del antiguo valor de la *x* como representante del fonema /j/ en ciertos topónimos y antropónimos que mantienen una grafía arcaica, como *México, Oaxaca* o *Texas* (con sus respectivos derivados *mexicano, mexicanismo, oaxaqueño, texano,* etc.), y en variantes gráficas arcaizantes de algunos antropónimos, como el nombre de pila *Ximena* o los apellidos *Ximénez* o *Mexía* (cuyas grafías modernas son *Jimena, Jiménez* y *Mejía*).

> *a* No debe olvidarse que la pronunciación correcta que corresponde hoy a la *x* en este tipo de voces de grafía arcaica o arcaizante es /j/ ([méjiko], [oajáka], [téjas], [jiména], [mejía], etc.), y no /k + s/ (⊗[méksiko], ⊗[oaksáka], ⊗[téksas], ⊗[ksiména], ⊗[meksía], etc.).

Los topónimos *México* y *Texas*, y sus derivados, presentan variantes gráficas con *-j-*, también válidas: *Méjico, Tejas, mejicano, tejano,* etc. En el caso de *México* y sus derivados, las grafías con *-x-* resultan preferibles por ser las usadas en el propio país y hoy ya, de forma mayoritaria, en el resto del ámbito hispánico.

/k/. La letra *c* y el dígrafo *qu* son las grafías genuinamente españolas para representar el fonema /k/. Además, en voces de origen extranjero y en transcripciones de otras lenguas este fonema también puede aparecer representado con la letra *k*.

a) Se emplea la letra *c* ante las vocales /a/, /o/, /u/: *casa, poco, oculto;* ante consonante: *aclamar, cráter, pacto, técnico;* y a final de palabra: *clic, tictac, cómic, frac.*

b) Se emplea el dígrafo *qu* ante las vocales /e/, /i/: *esquema* [eskéma], *quimera* [kiméra]. La *u* del dígrafo no se pronuncia, es un mero signo gráfico que no representa ningún fonema.

c) La *k* aparece hoy en español, en cualquier posición, en la escritura de muchos préstamos de diverso origen que contienen esta letra en su grafía originaria o en su transcripción desde otros alfabetos u otros sistemas de escritura. Hay préstamos con *k* procedentes del inglés (*bikini*), del alemán (*búnker*), del francés (*anorak*), del ruso (*vodka*), del húngaro (*páprika* o *paprika*), del neerlandés (*afrikáner*), del vasco (*euskera*), del japonés (*karaoke*), del árabe (*kebab*), del hebreo (*kipá*), del turco (*kílim* o *kilim*), del sánscrito (*karma*) y de lenguas caucásicas, amerindias, asiáticas, oceánicas o africanas (*kéfir, kiwi, koala, okapi, ukelele*). También aparece la *k* en topónimos y antropónimos de otras lenguas y en sus derivados: *Alaska, alaskeño; Kafka, kafkiano.* Se escriben asimismo con *k,* además del nombre de la propia letra (*ka*) y el de su equivalente en griego (*kappa*), algunos cultismos en los que la *k* transcribe esa letra griega, como *eureka* o *koiné,* y las voces formadas con los elementos compositivos de origen griego *kili-*, *kilo-* ('mil') y *kinesi(o)-*, *-kinesia* ('movimiento'), como *kiliárea, kilómetro, kinesiología, telekinesia.*

Es ajeno a la ortografía del español el empleo de la *q* con valor fónico autónomo, esto es, fuera del dígrafo *qu* (→ pág. 328). Para la adaptación al español de voces de otras lenguas cuya grafía etimológica o su transcripción al alfabeto latino incluye una *q* que por sí sola representa el fonema /k/ (*exequatur, Iraq, Qatar, quasar, quorum*, etc.), → pág. 475. *a*

Las diversas posibilidades de representación del fonema /k/ han propiciado la existencia de numerosos casos de variantes gráficas en la escritura de préstamos de otras lenguas que incluyen este fonema. Estas variantes se han generado por la convivencia en el uso de grafías etimológicas con *k* junto a grafías modificadas para adaptarse al patrón característico del sistema gráfico del español (*c, qu*), como ocurre en *bikini / biquini, folclore / folklore, harakiri / haraquiri, kermés / quermés, kinesiología / quinesiología, kimono / quimono, moka / moca, póquer / póker, telequinesia / telekinesia,* etc. (aparecen en primer lugar las variantes más usadas). Aunque en muchos casos, especialmente en los préstamos de nueva o más reciente incorporación, el uso mayoritario tiende hoy a conservar la *k* etimológica, siempre se considerarán también válidas las grafías que se acomoden a las pautas gráficas tradicionales en español.

/rr/. En español, el fonema /rr/ puede representarse de dos formas: con la letra *r* o con el dígrafo *rr*.

a) Se emplea la letra *r* en representación del fonema /rr/ en posición inicial de palabra: *romper* [rrompér], *rueda* [rruéda]; y detrás de consonante perteneciente a la sílaba anterior: *alrededor* [al.rre.de.dór], *honrado* [on.rrá.do], *israelí* [is.rra.e.lí], *Azrael* [as.rra.él, az.rra.él], *exrepresentante* [eks.rre.pre.sen.tán.te], *subrayar* [sub.rra.yár]. (Si la consonante que la precede pertenece a su misma sílaba, la *r* representa el fonema /r/: *ocre* [ó.kre]; → pág. 322).

b) Se emplea el dígrafo *rr* en representación del fonema /rr/ en posición intervocálica: *arruga, barrio, terrible.*

En las voces prefijadas o compuestas, debe escribirse *rr* si el fonema /rr/ queda en posición intervocálica, aunque en la palabra base ese mismo fonema se represente con *r* por ir en posición inicial: *antirrobo* (de *anti-* + *robo*), *vicerrector* (de *vice-* + *rector*), *guardarropa* (de *guarda* + *ropa*), *hazmerreír* (de *haz* + *me* + *reír*). *a*

/y/. Para el grupo minoritario de hispanohablantes que distingue en la pronunciación los fonemas /y/ y /ll/, el fonema /y/ se corresponde siempre en la escritura con la letra *y*, puesto que, para ellos, el dígrafo *ll* representa el fonema /ll/ (→ pág. 321).

Pero para los hablantes yeístas (→ pág. 314), que son la inmensa mayoría, el fonema /y/ se transcribe con la letra *y* en unos casos y con el dígrafo *ll* en otros, lo que ocasiona frecuentes dudas ortográficas.

Debido a la actual generalización del yeísmo, ya no es posible determinar a partir de la pronunciación si una palabra debe escribirse con *y* o con *ll*, duda que solo puede solucionar, en última instancia, la consulta al diccionario; no obstante, pueden ofrecerse algunas notas orientadoras al respecto.

Notas orientadoras sobre el uso de la letra y con valor consonántico

Se escriben con *y* consonántica:

- Las palabras en las que el fonema /y/ sigue a los prefijos *ad-*, *des-*, *dis-* y *sub-*: *adyacente, desyemar, disyuntiva, subyugado*.
- Las que contienen la sílaba *yec: abyecto, proyección, trayecto*.
- Las que contienen la sílaba *yer* en posición inicial o medial: *enyerbar, reyerta, yerno*.
- Los plurales en *-es* de los sustantivos cuyo singular termina en *y: ayes* (de *ay*), *leyes* (de *ley*), *reyes* (de *rey*).
- Todas las formas verbales que contienen el fonema /y/ y corresponden a verbos cuyo infinitivo carece de él: *cayó, cayeran, cayendo* (de *caer*); *leyeron, leyésemos, leyendo* (de *leer*); *oyó, oyeras, oyendo* (de *oír*); *atribuyamos, atribuyeseis, atribuyendo* (de *atribuir*); *concluya, concluyéramos, concluyendo* (de *concluir*); *hayáis, hayan* (de *haber*); *vaya, vayamos, yendo* (de *ir*). También los adjetivos y sustantivos derivados de estos verbos: *concluyente, contribuyente, oyente*.
- Todas las formas de los verbos *erguir* y *errar* que llevan el acento prosódico en la raíz: *yergo, yergues, yergue, yerguen, yerga, yergas, yergan* (de *erguir*); *yerro, yerras, yerra, yerran, yerre, yerres, yerren* (de *errar*).

Notas orientadoras sobre el uso del dígrafo *ll*

Se escriben con *ll:*

- Las palabras en las que el fonema /ll/ o /y/ sigue a las sílabas iniciales *fa-, fo-* y *fu-: fallar, follaje, fullero*.
- Las que terminan en *-illa, -illo: alcantarilla, costilla, cigarrillo, monaguillo*.

- Casi todas las terminadas en *-ello, -ella: atropello, camello -lla, cuello, centella, estrella, querella.* Excepciones: *leguleyo -ya, plebeyo -ya, yeyo* y *zarigüeya*, así como los arabismos *aleya* y *omeya*, y las palabras que incluyen la terminación de origen grecolatino *-peya* (*epopeya, onomatopeya*, etc.).
- Los verbos de uso general terminados en *-ellar, -illar, -ullar* y *-ullir: atropellar, acribillar, apabullar, bullir.*

/z/. Para representar este fonema, que solo existe en el habla de un grupo minoritario de hispanohablantes (los que distinguen en la pronunciación los fonemas /z/ y /s/), se usan dos letras: la *z* y la *c*.

a) Se emplea la letra *z* ante las vocales /a/, /o/, /u/: *zapato, razonable, azufre;* ante consonante: *amanezca, brizna, juzgar;* y en posición final de palabra: *feliz, luz.*

b) Se emplea la letra *c* ante las vocales /e/, /i/: *ceder, gracias.*

(Para los hispanohablantes que no distinguen entre /z/ y /s/ —todos los americanos y canarios, así como la mayoría de los andaluces—, estas letras, en los contextos indicados, representan el fonema /s/; → págs. 331-336).

De manera excepcional, y por razones etimológicas, hay palabras que se escriben con *z* ante *e, i*, como el nombre de la propia *z* (*zeta*), algunos préstamos de otras lenguas que contienen esta letra en su grafía originaria o en su transcripción al alfabeto latino (*enzima, kamikaze, nazi, zéjel, zeugma, zigurat*, etc.), algunas onomatopeyas (*zis*), y ciertos topónimos y antropónimos de origen foráneo y sus derivados (*Azerbaiyán, azerbaiyano, Ezequiel, Zeus*).

Por otra parte, hay palabras que pueden escribirse tanto con *c* como con *z* ante las vocales *e, i*, como *ácimo / ázimo, bencina / benzina, cinc / zinc, cíngaro / zíngaro* o *eccema / eczema*, entre otras.

/s/. En todas las áreas hispanohablantes, el fonema /s/ puede aparecer representado por la letra *s* en cualquier posición y, en determinados contextos, por la letra *x*. Además, para los hablantes que sesean, este fonema puede corresponderse también en la escritura con las letras *c* (ante *e, i*) y *z*.

a) La letra *s* representa siempre en español el fonema /s/: *saber, piso, estrella, además.*

b) La letra *x* representa el fonema /s/ cuando aparece a principio de palabra, lo que solo sucede, en el español general, en cultismos de origen griego, entre ellos los formados con los elementos compositivos *xeno-* ('extranjero'), *xero-* ('seco') y *xilo-* ('madera'): *xenofobia* [senofóbia], *xerocopia* [serokópia], *xilófono* [silófono].

c) Como consecuencia del seseo, para la mayoría de los hispanohablantes el fonema /s/ también puede aparecer representado por la *c* (ante *e, i*) y por la *z*: *cera* [séra], *cielo* [siélo], *lazo* [láso]. (Para los hablantes que no sesean esas letras representan el fonema /z/: *cera* [zéra], *cielo* [ziélo], *lazo* [lázo]; → pág. 331).

Así pues, la confluencia de las letras *s*, *c* (ante *e, i*) y *z* en la representación de un mismo fonema genera problemas ortográficos a los hablantes que no distinguen en la pronunciación los fonemas /s/ y /z/. Se ofrecen a continuación algunas notas orientadoras que pueden ayudar a seleccionar la grafía correcta en ciertos grupos de palabras a aquellos hablantes que pronuncian igual estas letras (incluida la minoría de los que, en lugar de sesear, cecean).

Notas orientadoras sobre el uso de la letra *s* para hablantes que sesean o cecean

Se escriben con *s*:

- Las palabras que empiezan por las sílabas *(h)as-*, *(h)es-*, *(h)is-*, *(h)os-*: *aspirar, hasta, estudiar, hespéride, isla, hispano, oscuro, hostil*. Excepciones: *azteca, hazmerreír, izquierdo -da* (y sus derivados), y algunos nombres propios, como *Azcona* o *Ezcaray*.
- Las que empiezan por la secuencia *(h)us-*: *usted, usufructo, husmear*. Excepciones: *uci* ('unidad de cuidados intensivos'), *Uzbekistán* y *uzbeko -ka*.
- Las que empiezan por las sílabas *des-* o *dis-*, sean o no prefijos: *descolocar, destino, discapacitado, díscolo*. Excepción: *dizque* (Am. 'al parecer, supuestamente', 'presunto, supuesto').
- Las que empiezan por la secuencia *pos-*: *posible, posguerra, posterior*. Excepciones: *pozo* y *pozol(e)*.
- Las que empiezan por *semi-*: *semidiós, semilla, semiótico*.
- Los sustantivos y adjetivos terminados en *-asco/a, -esco/a, -osco/a*: *atasco, borrasca, dantesco, muesca, tosco, mosca*.
- Los verbos terminados en *-ascar*: *atascar, mascar, rascar*.
- Las palabras terminadas en *-astro/a*: *alabastro, madrastra, rastro*.
- Los verbos terminados en *-ersar*: *conversar, dispersar, tergiversar*.
- Los adjetivos terminados en *-oso/a*: *afectuoso, deliciosa*. Excepción: *mozo -za*.
- Las palabras terminadas en *-sis*: *análisis, crisis, génesis, neurosis, tesis*. Excepciones: *glacis* ('talud o pendiente'), *macis* ('corteza que cubre la semilla de la nuez moscada'), *piscis* y *viacrucis*.
- Las terminadas en *-sivo/a*: *abusivo, efusiva, persuasivo, subversiva*. Excepciones: *lascivo -va, nocivo -va* y *policivo -va* (Col., Ven. y Pan., 'policial').

- Las terminadas en *-sor/a: confesor, divisor, emisora, precursora*. Excepciones: *avizor, azor, dulzor* y *escozor*.
- Las terminadas en *-sura: basura, clausura, mesura*. Excepciones: *dulzura* y *sinvergüenzura*.
- Todas las desinencias verbales en las que está presente el fonema /s/, sea en medio o al final: *abr-isteis, cant-as* o *cant-ás, sub-iesen*.
- El fonema /s/ que aparece en la raíz de algunas formas verbales de verbos cuyo infinitivo no tiene ni *c* (ante *e, i*) ni *z* ni *s: puso, pusiese, pusieron* (de *poner*); *quiso, quisiera, quisiesen* (de *querer*); *visto* (de *ver*).
- Las palabras que terminan en los siguientes sufijos:
  - *-ense* (en gentilicios y otras voces que expresan relación o pertenencia): *canadiense, castrense*. Excepción: *vascuence;*
  - *-és, -esa* (en gentilicios y otras voces que expresan relación o pertenencia): *aragonés, burgués, camerunesa, montañesa;*
  - *-ésimo/a* (en numerales ordinales y fraccionarios): *vigésimo, sexagésimo, centésima, cienmilésima.* No se escriben con *s décimo -ma* ni sus derivados *undécimo -ma, duodécimo -ma;*
  - *-ísimo/a* (en adjetivos superlativos): *altísimo, listísima;*
  - *-ismo* (en tecnicismos y voces que denotan doctrinas, sistemas o movimientos, actividades deportivas, actitudes): *alpinismo, cateterismo, compañerismo, vanguardismo;*
  - *-ista* (en voces que designan a la persona que tiene determinada ideología, profesión, inclinación o afición): *coleccionista, ecologista, futbolista, humanista;*
  - *-ístico/a* (en adjetivos que expresan relación o pertenencia; también forma sustantivos, en especial femeninos): *característica, humorístico, lingüística, turístico.*

Notas orientadoras sobre la terminación *-sión*

Terminan en *-sión* los sustantivos siguientes:

- Los derivados de verbos terminados en *-der, -dir, -ter, -tir* que no conservan la *d* o la *t* del verbo base: *comprensión* (de *comprender*), *persuasión* (de *persuadir*), *comisión* (de *cometer*), *diversión* (de *divertir*). Excepciones: *atención* (de *atender*), *deglución* (de *deglutir*). Cuando conservan la *t* o la *d* del verbo, terminan en *-ción: perdición* (de *perder*), *fundición* (de *fundir*), *competición* (de *competir*).
- Los derivados de verbos terminados en *-sar* que no contienen la sílaba *-sa-: dispersión* (de *dispersar*), *progresión* (de *progresar*). Cuando sí la contienen, terminan en *-ción: acusación* (de *acusar*), *improvisación* (de *improvisar*).
- Los derivados de verbos terminados en *-primir* o *-cluir: opresión* (de *oprimir*), *conclusión* (de *concluir*).

Notas orientadoras sobre el uso de la letra *c* ante *e, i* para hablantes que sesean o cecean

Se escriben con *c* ante *e, i:*

- Las palabras que empiezan por *cerc-* o *circ-: cerca, cercenar, circuito, circunferencia.*
- Las terminadas en *-ancia, -ancio, -encia, -encio: abundancia, cansancio, insistencia, silencio.* Excepciones: *ansia* y *hortensia.*
- Los verbos terminados en *-ceder, -cender* y *-cibir: conceder, encender, recibir.*
- Las palabras terminadas en *-cial: artificial, comercial, superficial.* Excepciones: *controversial* y *eclesial.*
- Las terminadas en *-ciencia, -cente* y *-ciente: ciencia, paciencia, adolescente, inocente, aliciente, coeficiente.* Excepciones: *ausente, presente* y *rusiente* ('candente o rojo por la acción del fuego').
- Las terminadas en *-cimiento: acontecimiento, conocimiento, padecimiento.* Excepciones: *(des)asimiento,* derivados de *asir.*
- Las terminadas en *-cioso/a: avaricioso, deliciosa, gracioso, ociosa.* Excepciones: *ansioso -sa* y *fantasioso -sa.*
- Las terminadas en *-icia, -icie, -icio: avaricia, caricia, calvicie, superficie, alimenticio, beneficio.* Excepciones: *anafrodisia* ('disminución o falta del deseo sexual'), *artemisia* ('planta'), *fisio* ('fisioterapeuta'), *frisio -sia* ('de Frisia') y el antropónimo *Dionisio -sia.*
- Las esdrújulas terminadas en *-́ice, -́cito/a: apéndice, explícito, solícita.*
- Las que empiezan por los siguientes prefijos o elementos compositivos:
  - *centi-* ('centésima parte'): *centígrado, centilitro;*
  - *deci-* ('décima parte'): *decibelio, decímetro;*
  - *decimo-* (en los ordinales del 11.° al 19.°): *decimoprimero, decimocuarto, decimoséptimo,* etc. (también los cultismos *undécimo* y *duodécimo*);
  - *vice-* ('que hace las veces de'): *vicecónsul, vicepresidente.*
- Las que contienen los interfijos *-c-* o *-ec-* antepuestos a sufijos que empiezan por *e* o *i,* como *-ejo/a, -ete/a, -ito/a, -illo/a, -ico/a, -ín, -ino/a, -iño/a, -ísimo/a: milloncejo, amorcete, pan(e)cito, flor(e)cilla, pececico, Ramoncín, nubecinas, corazonciño, mayorcísimo.*
- Los derivados de palabras que terminan en *-co, -ca: circense* (de *circo*), *clasicista* (de *clásico*), *costarricense* (de *Costa Rica*).
- Las palabras que terminan en los siguientes sufijos o elementos compositivos:
  - *-áceo/a* ('semejante a' o 'perteneciente a'): *grisáceo, herbácea;*
  - *-cida* ('que mata') o *-cidio* ('acción de matar'): *bactericida, fratricida, homicidio, suicidio;*
  - *-cracia* ('gobierno o poder'): *democracia, teocracia.*

Notas orientadoras sobre la terminación *-ción*

Se escriben con *c* todas las palabras que contienen el sufijo *-ción,* el cual se añade a bases verbales para crear sustantivos que denotan la acción o el efecto de lo designado por el verbo base, aunque también puede formar nombres que designan objetos, lugares u otras nociones. Contienen este sufijo los siguientes grupos de sustantivos:

- Los derivados de verbos acabados en *-ar: acusación* (de *acusar*), *comunicación* (de *comunicar*), *eliminación* (de *eliminar*), *participación* (de *participar*), *terminación* (de *terminar*). Son excepción los derivados de verbos terminados en *-sar* que no contienen la sílaba *-sa-: confesión* (de *confesar*), *expresión* (de *expresar*).
- Los derivados de verbos terminados en *-der, -dir, -tir,* cuando conservan la *d* o la *t* de la última sílaba del infinitivo: *perdición* (de *perder*), *fundición* (de *fundir*), *repetición* (de *repetir*).
- Los que pertenecen a la misma familia léxica de adjetivos terminados en *-to*: *absorción* (*absorto*), *devoción* (*devoto*), *discreción* (*discreto*), *erudición* (*erudito*), *oposición* (*opuesto*), *resolución* (*resuelto*), *sustitución* (*sustituto*). Excepciones: *visión* (*visto*), *previsión* (*previsto*), *provisión* (*provisto*).
- Los terminados en *-pción* o *-unción: adopción, descripción, función, presunción.*
- Los terminados en *-cción.*

Nota orientadora sobre la terminación *-cción*

Entre las voces que contienen el sufijo *-ción,* se escriben con *-cc-* todas las que tienen en su familia léxica alguna palabra con el grupo *-ct-* en la misma posición: *acción* (*activo, acto*), *adicción* (*adictivo, adicto*), *construcción* (*constructivo, constructor*), *dirección* (*directo, director*), *elección* (*electo, elector*), *ficción* (*ficticio*), *infección* (*infectado, infectar*), *infracción* (*infractor*), *reacción* (*reactivo, reactor*), *satisfacción* (*satisfactorio*), *traducción* (*traductor*). Además, terminan en *-cción* las palabras *cocción, confección, fricción* y *micción.* Los demás sustantivos que contienen el sufijo *-ción* y no tienen palabras con *-ct-* en su familia se escriben con una sola *c: aclamación, discreción, emigración, evaluación, función, relación, secreción,* etc.

Los hablantes que sesean pronuncian igual las terminaciones *-cción* y *-xión* [ksión]. Para la terminación *-xión,* → pág. 340.

Notas orientadoras sobre el uso de la letra z para hablantes que sesean o cecean

Se escriben con *z:*

- Las palabras agudas que terminan en *-triz: actriz, cicatriz, emperatriz, matriz.*
- Los adjetivos terminados en *-az* que designan cualidades: *audaz, capaz, voraz.*
  En ambos casos, en el plural, la *z* del singular se transforma en *c* por ir seguida de *e: actrices, audaces,* etc.
- Las palabras que terminan en los siguientes sufijos:
  - *-anza* (forma, a partir de verbos, sustantivos que denotan 'acción y efecto' y, también, 'agente, medio o instrumento de la acción'): *confianza, enseñanza, ordenanza, semejanza;*
  - *-azgo* (forma sustantivos que denotan 'cargo o dignidad', 'condición o estado' y 'acción y efecto'): *almirantazgo, hallazgo, noviazgo;*
  - *-azo/a* (normalmente forma sustantivos con valor aumentativo o despectivo, o que denotan 'golpe, daño o herida causados con lo designado por la palabra base' o 'acción repentina o contundente'): *balonazo, cambiazo, flechazo, madraza, manaza;*
  - *-ez, -eza* (forman, a partir de adjetivos, sustantivos abstractos de cualidad): *madurez, pesadez, belleza, sutileza;*
  - *-izar* (forma verbos que denotan acciones cuyo resultado implica el significado del sustantivo o adjetivo base): *alfabetizar* (de *alfabeto*), *aterrizar* (de *tierra*), *impermeabilizar* (de *impermeable*);
  - *-izo/a* (forma adjetivos que denotan 'semejanza', 'propensión' o 'pertenencia'; también aparece en ciertos sustantivos que denotan 'lugar'): *asustadizo, caliza, cobertizo, fronteriza;*
  - *-zón* (forma, a partir de verbos de la primera conjugación, sustantivos que denotan 'acción y efecto'): *cerrazón* (de *cerrar*), *hinchazón* (de *hinchar*), *ligazón* (de *ligar*).
- Las palabras que contienen los interfijos *-z-, -az-, -ez-* o *-iz-* antepuestos a sufijos que empiezan por *a, o, u,* como *-al, -ote/a, -ucho/a* o *-uelo/a: barrizal, favorzote, tiendezucha, ladronzuelo.*

Hay palabras que presentan variantes escritas con *s* y con *z* o *c* (ante *e, i*), como *bisnieto -ta / biznieto -ta, casabe / cazabe, cebiche / sebiche, cingalés -sa / singalés -sa, Cuzco / Cusco, zonzo -za / sonso -sa,* etc. Estas variantes son solo gráficas para los hispanohablantes que no distinguen en su pronunciación los fonemas /s/ y /z/, pues estas letras representan para ellos el mismo fonema. En cambio, para el grupo minoritario de hispanohablantes que sí distingue los dos fonemas, estas variantes son también de pronunciación, ya que la *s* representa para ellos el fonema /s/, y la *z* o la *c* ante *e, i,* el fonema /z/.

LETRAS ESPECIALES

La letra *h*. La *h* es la única letra del abecedario que no representa ningún fonema. Carece de valor fónico —es decir, no suena— en la mayoría de las palabras que conforman el léxico del español, aunque en algunos préstamos de otras lenguas se pronuncia con un sonido aspirado o próximo al del fonema /j/, de ahí que se hable, por un lado, de «*h* muda» y, por otro, de «*h* aspirada».

a) LA *H* MUDA. La *h* se ha mantenido en nuestro sistema ortográfico por razones etimológicas o de uso tradicional consolidado. Así, la mayoría de las haches que aparecen en las palabras de nuestro léxico se deben a la presencia de esta letra en su étimo o en la transcripción de este al alfabeto latino, ya se trate de voces procedentes del latín (*anhelar, exhibir, hábil, hernia, hiedra, hoy, vehemencia*...), ya de otras lenguas como el griego (*hedonismo, hegemonía, helio, hemiciclo, hioides*...), el árabe (*alcohol, alhaja, almohada, azahar, harén*...), el francés (*hangar, higiene, horda, hotel, menhir*...) o el inglés (*hamburguesa, hipnotismo, hurra*...). Hay, no obstante, casos de presencia o ausencia de haches no justificadas por la etimología, como en *hinchar* (del lat. *inflāre*) o *invierno* (del lat. *hibernum*).

Se escriben también con *h* las palabras que proceden de voces latinas con *f* inicial —*hacer* (de *facĕre*), *harina* (de *farīna*), *heder* (de *foetēre*), *herir* (de *ferīre*), *hijo* (de *filĭus*), *hormiga* (de *formīca*), *hurto* (de *furtum*)...—, como vestigio gráfico de su antigua pronunciación aspirada.

Por otra parte, la *h* que, con independencia de la etimología, se escribe ante los diptongos /ua/, /ue/, /ui/, tanto a principio de palabra como a comienzo de sílaba (*huerto, hueso, huipil, marihuana, parihuela, vihuela*...), procede de la consolidación en el uso de la costumbre antigua de indicar con ella que, en esos casos, la *u* era vocal, y no consonante. Esta práctica se inició en épocas en que la *u* y la *v* no tenían aún diferenciados sus usos y ambas letras podían representar tanto el fonema vocálico /u/ como el consonántico /b/; así, la *h* de *hueso* indicaba que la pronunciación de esa voz era /uéso/, y no /béso/.

La ausencia de valor fónico de la *h* en la mayoría de las palabras del léxico del español hace difícil saber cuándo debe escribirse o no esta letra. Se ofrecen a continuación algunas notas orientadoras al respecto.

Notas orientadoras sobre el uso de la letra *h*

Se escribe *h* en los casos siguientes:

- Delante de los diptongos /ua/, /ue, /ui/, tanto a principio de palabra como en posición interior a comienzo de sílaba: *huacal, huérfano, huipil; alcahuete, parihuela.* Excepciones: los topónimos *Uagadugú* (capital de Burkina Faso) y *Malaui;* algunos arabismos, como *alauí* y *saharaui,* y el valencianismo *fideuá* ('paella hecha con fideos').
- Delante de las secuencias /ia/, /ie/ en posición inicial de palabra: *hiato, hiedra, hiel, hierático.* Excepciones: las voces formadas con la raíz de origen griego *iatro-* (del gr. *iatrós* 'médico'), como *iatrogenia.*
- En las palabras que empiezan por las secuencias *herm-, histo-, hog-, holg-, horm-, horr-* y *hosp-: hermético, historia, hogar, holganza, hormona, horrible, hospicio.* Excepciones en voces de uso frecuente: *ermita, ogro* y sus derivados.
- En las palabras que empiezan por la secuencia *hum-* seguida de vocal: *humano, húmero, humildad, humor, humus.*
- En las palabras que comienzan por los siguientes elementos compositivos o raíces de origen griego:
  - *hect(o)-* ('cien'): *hectárea, hectolitro;* distinto de *ecto-* ('por fuera'): *ectoplasma;*
  - *helico-* ('espiral'): *helicoidal, helicóptero;*
  - *helio-* ('sol'): *heliocéntrico, heliotropo;*
  - *hema-, hemat(o)-, hemo-* ('sangre'): *hematoma, hemoglobina, hemorragia;*
  - *hemi-* ('medio, mitad'): *hemiciclo, hemisferio;*
  - *hepat(o)-* ('hígado'): *hepatitis;*
  - *hepta-* ('siete'): *heptasílabo;*
  - *hetero-* ('otro, distinto'): *heterogéneo, heterosexual;*
  - *hex(a)-* ('seis'): *hexágono, hexasílabo, hexosa;*
  - *hidr(o)-* ('agua'): *hidráulico, hidroavión;*
  - *higro-* ('humedad'): *higrómetro, higroscópico;*
  - *hiper-* ('superioridad' o 'exceso'): *hiperactividad, hipermercado;*
  - *hipo*^{1}*-* ('inferioridad' o 'escasez'): *hipodérmico, hipoglucemia;*
  - *hip(o)*^{2}*-* ('caballo'): *hípica, hipódromo, hipopótamo;*
  - *hol(o)-* ('todo'): *holístico, holografía;*
  - *homeo-* ('semejante, parecido'): *homeopatía, homeotermo;*
  - *homo-* ('igual'): *homogéneo, homosexual.*
- En todas las formas de los verbos *haber, habitar, hablar, hacer, hallar, hartar, helar, herir, hervir, hinchar* y *hundir,* y sus derivados.
- En ciertas interjecciones, sea en posición inicial: *hala, hale, hola, hurra, huy;* o en posición final: *ah, bah, eh, oh, uh.* Algunas de las que se escriben con *h* inicial pueden escribirse también sin ella, como *ale, uy.*
- Tras la secuencia inicial *ex-* en las voces *exhalar, exhausto, exhibir, exhortar* y *exhumar,* y en sus derivados. Las palabras *exuberancia* y *exuberante* se escriben sin *h* intercalada.

Hay palabras que admiten hoy su escritura con *h* y sin ella, como *alacena / alhacena, alelí / alhelí, arpa / harpa, arpía / harpía, baraúnda / barahúnda, desarrapado / desharrapado* o *uy / huy,* entre otras. En esos casos, como norma general, se recomienda dar preferencia a la variante sin *h.* No obstante, puede suceder que cada una de las formas haya adquirido un significado diverso, como en *aprehender* ('captar o apresar') / *aprender* ('adquirir conocimiento').

b) LA *H* ASPIRADA. En algunos préstamos de otras lenguas, especialmente en los más recientes, puede conservarse en español la pronunciación aspirada (consistente en hacer salir con cierta fuerza el aire de la garganta) que presenta la *h* en la lengua de procedencia; así ocurre en voces originarias del árabe, como *dírham* o *hachís;* del alemán, como *hámster* o *hansa* (y su derivado *hanseático*); del inglés, como *hándicap;* del japonés, como *haiku* o *haikú,* así como en nombres propios foráneos y sus derivados (*Hawái, hawaiano, Hitler, hitleriano,* etc.).

La aspiración de la *h* se asimila a menudo al sonido correspondiente al fonema /j/; por eso hay en español algunas palabras que presentan variantes escritas con *h* y con *j,* como *hipido / jipido, halar / jalar* o *pitahaya / pitajaya,* entre otras. Las variantes con *j* resultan del reflejo en la escritura de la pronunciación aspirada de la *h* en variedades dialectales del español tanto de América como de España. Pero no hay que olvidar que, en el español general, a cada una de esas grafías le corresponde una pronunciación diferente, puesto que, fuera de las áreas de aspiración dialectal de la *h,* esta letra es muda: *halar* [alár] / *jalar* [jalár].

Algunos extranjerismos con *h* aspirada en su grafía originaria se han adaptado al español con *j,* como *jipi* (del ingl. *hippy* o *hippie*) o *suajili* (del ingl. *swahili*), o los americanismos *jaibol* o *jonrón* (del ingl. *highball* y *home run,* respectivamente).

La letra *x*. Esta letra tiene hoy los siguientes valores fónicos:

a) En posición intervocálica o a final de palabra representa la secuencia de fonemas /k + s/: *axila* [aksíla], *exhibir* [eksibír], *relax* [rreláks].

b) En posición final de sílaba —es decir, en interior de palabra seguida de consonante—, en el español de América y en la pronunciación culta enfática de España representa asimismo la secuencia /k + s/: *excombatiente* [ekskombatiénte], *expulsar* [ekspulsár], *mixto* [míksto]. Pero en la pronunciación relajada, especialmente en España, es frecuente que la *x,* en esa posición, se pronuncie como simple /s/: *excombatiente* [eskombatiénte], *expulsar* [espulsár], *mixto* [místo].

c) A principio de palabra, representa el fonema /s/: *xenofobia* [senofóbia], *xilófono* [silófono].

a Es incorrecta la pronunciación de la *x* inicial como /k + s/ en lugar de /s/: ⊗[ksenofóbia].

La frecuente pronunciación de la *x* como simple /s/ suele ser fuente de dificultades ortográficas para los hablantes, que pueden tener dudas sobre si ciertas palabras se escriben con *x* o con *s*.

Notas orientadoras sobre el uso de la letra *x*

Se escriben con *x:*

- Las palabras que empiezan por la sílaba *ex-* seguida de *-pl-* o *-pr-: explanada, explicar, explotar, expresar, exprimir, expropiar*. Excepciones: *esplendor* (y sus derivados), *espliego* y algunos extranjerismos adaptados, como *espray* o *esprínter*.
- Las que empiezan por los siguientes prefijos o elementos compositivos:
  - *ex-* ('que fue y ya no es', 'fuera, más allá' o 'privación'): *exalumno, excéntrico, exculpar;*
  - *exo-* ('fuera'): *exoesqueleto, exogamia;*
  - *extra-* ('fuera de' o 'sumamente'): *extraordinario, extraplano;*
  - *hex(a)-* ('seis'): *hexágono, hexámetro;*
  - *maxi-* ('muy grande o muy largo'): *maxicrisis, maxifalda;*
  - *xeno-* ('extraño, extranjero'): *xenofobia, xenófobo;*
  - *xero-* ('seco, árido'): *xerocopia, xerófilo;*
  - *xilo-* ('madera'): *xilófago, xilófono*.
- Las que contienen las siguientes raíces griegas o latinas:
  - *flex-* (del lat. *flexus* 'curvatura, pliegue'): *flexible, flexo, papiroflexia;*
  - *lex(i)-* (del gr. *léxis* 'palabra'): *lexema, léxico, lexicografía;*
  - *oxi-* (del gr. *oxýs* 'ácido' o 'agudo'): *óxido, oxítono;*
  - *sex*[1]*-* (del lat. *sexus* 'sexo'): *sexismo, sexo, transexual;*
  - *sex*[2]*-* (del lat. *sex* 'seis'): *sexenio, sexteto, sexto;*
  - *tax(i)-* (del gr. *táxis* 'ordenación, tasa'): *sintaxis, taxi, taxonomía;*
  - *tox(i)-* (del gr. *toxikón* 'veneno'): *intoxicar, tóxico, toxicología.*

Nota sobre la terminación *-xión* para hablantes que sesean o cecean

Los hablantes que no distinguen los fonemas /s/ y /z/ pronuncian igual las terminaciones *-xión* y *-cción*. Estos hablantes deben tener en cuenta que las palabras que terminan en *-xión* contienen siempre en su familia léxica un término acabado en *-xo* o *-jo: anexión* (*anexo, anejo*), *complexión* (*complejo*), *conexión* (*conexo*), *crucifixión* (*crucifijo*). En cambio, los sustantivos terminados en *-cción*, como *acción, adicción, construcción*, etc., no tienen en su familia léxica voces con esas terminaciones.

Excepcionalmente, hay algunas palabras que admiten su escritura con *x* y con *s* (en los ejemplos se indica en primer lugar la forma más usada hoy), como *excusado/escusado* ('retrete'), *expoliar/espoliar* ('despojar de forma violenta o ilegal') o *mistificar/mixtificar* ('falsear o falsificar'), entre otras.

d) La *x* conserva su antiguo valor como representante del fonema /j/ en algunos topónimos americanos que mantienen una ortografía arcaica, como *México* [méjiko], *Oaxaca* [oajáka] o *Texas* [téjas] (con sus respectivos derivados), así como en variantes arcaizantes de algunos antropónimos, como el nombre de pila *Ximena* [jiména], o los apellidos *Ximénez* [jiménes, jiménez] o *Mexía* [mejía] (→ págs. 327-328).

Valores fonológicos de letras y dígrafos

Letras		Fonemas	Ejemplos
a		/a/	*asa, ha, antes, diana, ah*
b		/b/	*beso, cebra, absurdo, club*
c	***c*** + *a, o, u*	/k/	*casa, seco, escuela*
	c + cons.		*creer, aclamar, recto*
	-*c*		*bloc, cómic, frac*
	c + *e, i*	/z/ /s/ (en zonas de seseo)	*cebra, encerar, cien, precio*
d		/d/	*doy, drama, admirar, red*
e		/e/	*elefante, heno, en, cueva, eh*
f		/f/	*feo, grifo, frío, nafta, golf*
g	***g*** + *a, o, u*	/g/	*gato, agonía, agua*
	g + *ü* + *e, i*		*bilingüe, pingüino*
	g + cons.		*globo, agrio, amígdala*
	-*g*		*tuareg, zigzag*
	g + *e, i*	/j/	*gesto, página*
h		No representa ningún fonema en el español estándar	*hotel, ahí, anhelo, bah*
		Se aspira en algunos préstamos de otras lenguas	*hachís, hámster, dírham*
i		/i/	*iglesia, tinto, híbrido, cursi*

Letras		Fonemas	Ejemplos
j		/j/	*jaca, eje, tejí, ajo, juez, boj*
k		/k/	*koala, kril, búnker, yak*
l		/l/	*color, clave, altivo, piel*
m		/m/	*mayo, teme, amperio, álbum*
n		/n/	*nadie, anónimo, andar, ron*
ñ		/ñ/	*ñame, ñoño, cañería*
o		/o/	*osar, hora, actor, oh, cabo*
p		/p/	*padre, plano, aceptar, clip*
q		En las palabras españolas o plenamente adaptadas al español solo se utiliza como elemento integrante del dígrafo *qu* (→ cuadro siguiente sobre los dígrafos).	
r	***-r-***	/r/	*cara, aire, cloruro*
	r precedida de cons. de la misma sílaba	/r/	*abrazo, crema, patria*
	-r final de sílaba o palabra	/r/	*circo, taberna, oler*
	r-	/rr/	*rama, red, riñe, ron, ruido*
	r inicio de sílaba, precedida de cons.	/rr/	*alrededor, enredo, israelí*
s		/s/	*sábado, casa, esto, anís*
t		/t/	*tarde, potro, ritmo, mamut*
u (***ü*** en *güe, güi*)		/u/	*uno, tú, uh, cigüeña, agüita*
v		/b/	*valer, calvo, subvención*
w		/u/	*waterpolo, web, sándwich*
		/b/	*Witiza, wolframio*
x***	***-x-***	/k + s/	*flexible, taxi, exhibir*
	x + cons.	/k + s/ o /s/	*excursión, experto, mixto*
	-x	/k + s/	*relax, tórax*
	x-	/s/	*xenofobia, xilófono*
y		/i/	*y, rey, convoy, muy*
		/y/	*baya, yeso, hoyito, yo, yugo*
z		/z/	*zapato, bizco, nazi, paz*
		/s/ (en zonas de seseo)	*zapato, bizco, nazi, paz*

* En algunos topónimos y antropónimos de grafía arcaizante y sus derivados, como *México, mexicano, Texas, texano, Mexía* o *Ximena,* representa el fonema /j/.

Dígrafos	Fonemas	Ejemplos
ch	/ch/	*chal, bache, ancho, crómlech*
gu + *e, i*	/g/	*guerra, erguir*
ll	/ll/	*llamar, fallo*
	/y/ (en hablantes yeístas)	
qu + *e, i*	/k/	*paquete, aquí*
rr	/rr/	*perro, antirrobo*

Reducción de vocales iguales contiguas en palabras prefijadas y compuestas

La presencia de dos vocales iguales contiguas en la grafía de una palabra suele corresponderse, en la lengua oral, especialmente en la pronunciación aislada, con la articulación de una doble vocal: *afrikáans* [a.fri.ká.ans], *leer* [le.ér], *chiita* [chi.í.ta], *loor* [lo.ór], *duunviro* [du.un.bí.ro]. La mayoría de las veces la confluencia de dos vocales iguales se produce en voces compuestas o prefijadas en las que el elemento antepuesto termina con la misma vocal por la que empieza la palabra a la que se une: *contraataque, portaaviones, preestreno, sobreesfuerzo, antiinflamatorio, semiinconsciente, microorganismo,* etc.

En muchas de estas voces es frecuente que las dos vocales iguales se reduzcan a una sola en la pronunciación. Por ello, en los casos en que de forma generalizada y en todos los niveles del habla, incluida la pronunciación cuidada, se articule una vocal simple, las secuencias de dos vocales iguales podrán reducirse a una sola en la escritura. Según esta norma, se consideran válidas —e incluso preferibles a las grafías con doble vocal— formas como *contrataque, portaviones, prestreno, sobresfuerzo, antinflamatorio, seminconsciente* o *microrganismo.*

Debe tenerse en cuenta, no obstante, que la reducción de las dos vocales a una sola no se produce en la escritura, y normalmente tampoco en el habla, en los casos siguientes:

a) Cuando, de realizarse la reducción vocálica, la forma resultante fuera a coincidir con la de otra palabra ya existente de distinto significado. Así, por ejemplo, se mantienen las dos vocales en *reestablecerse* ('volver a establecerse') para evitar la coincidencia con *restablecerse* ('recuperarse de una enfermedad'); o en *reemitir* ('volver a emitir'), distinto de *remitir* ('enviar', 'diferir', 'perder intensidad').

b) Cuando la vocal por la que comienza la palabra base sea en sí misma un prefijo, como ocurre con las vocales *a* o *i* cuando funcionan como prefijos privativos. Así, se mantienen las dos vocales en *archiilegal* (*archi-* + *ilegal*) para evitar su confusión con *archilegal* (*archi-* + *legal*); lo mismo en *ultraamoral* (*ultra-* + *amoral*), distinto de *ultramoral* (*ultra-* + *moral*).

Simplificación de grupos consonánticos

EN INICIAL DE PALABRA: *CN-*, *GN-*, *MN-*, *PN-*, *PS-*, *PT-*

Los grupos consonánticos iniciales *cn-*, *gn-*, *mn-*, *pn-*, *ps-*, *pt-* solo aparecen en voces tomadas de otras lenguas, en su mayoría cultismos de origen grecolatino cuyo uso está a menudo restringido a ámbitos científico-técnicos: *cneoráceo -a, cnidario, gnetáceo -a, gnosticismo, mnemónico -ca, mnemotecnia, pneuma, psicología, psitacosis, ptolemaico -ca,* etc.

Estos grupos consonánticos en posición inicial son ajenos a los patrones silábicos del español y resultan, por ello, de imposible o difícil articulación para los hispanohablantes. De ahí que, en la práctica, se simplifiquen en la pronunciación eliminando la primera de las consonantes: *cnidario* [nidário], *gnóstico* [nóstiko], *mnemotecnia* [nemotéknia], *pneuma* [néuma], *psicología* [sikolojía], *psitacosis* [sitakósis], *ptolemaico* [tolemáiko], etc. Ello explica la existencia de variantes gráficas que prescinden también en la escritura de la primera consonante: *nidario, nóstico, nemotecnia, neuma, sicología, sitacosis, tolemaico,* etc.

Aunque los especialistas de las disciplinas a las que pertenecen este tipo de términos suelen preferir mayoritariamente las grafías etimológicas, se considera asimismo válido el uso de las variantes gráficas simplificadas, que reflejan la pronunciación habitual de estas voces en español.

EN INTERIOR DE PALABRA

Grupo *-bs-*. La reducción del grupo *-bs-* a *-s-* en posición final de sílaba es general en la pronunciación culta de las voces *obscuro -ra, subscribir, substancia, substituir, substraer* y *substrato,* así como en la de todos sus derivados y parientes léxicos. Esa reducción se refleja también en la escritura, de forma que las grafías con *-s-* son hoy las más usadas y, por ello, las más recomendables: *oscuro -ra, oscurantismo, oscurecer, suscribir, sustancia, consustancial, sustantivo -va, sustituir, sustituto -ta, sustraer, sustracción, sustrato,* etc.

Grupo *-ns-: trans- / tras-*. La reducción del grupo *-ns-* a *-s-* se ha generalizado en la pronunciación culta en muchas de las voces que contienen el prefijo de origen latino *trans-* ('al otro lado de' o 'a través de'), que cuenta en español con la variante simplificada *tras-*. Algunas palabras se han formado directamente a partir de la forma *tras-* y no presentan, por ello, variantes con *trans-* (→ a). Otras, las que contienen el prefijo *trans-* en su étimo latino o se han formado añadiendo ese prefijo a una base española, admiten casi siempre las dos variantes (→ b). Solo en algunos casos no es posible la reducción de *trans-* a *tras-* (→ c).

Para el correcto uso de cada una de estas formas, debe tenerse en cuenta lo siguiente:

a) Se usa *tras-:*

- Cuando, con el sentido de 'detrás de', se emplea este prefijo para formar sustantivos que designan el espacio o lugar situado detrás del designado por la palabra base: *trasaltar, trascoro, traspatio, trastienda.*
- En las siguientes palabras con vigencia en el uso y en todos sus derivados: *trasbocar, trascolar, trasconejarse, trascordarse, trasfondo, trashoguero -ra, trashumar, traslado, traslapar, traslumbrar, trasluz, trasmano, trasminar, trasmochar, trasnochar, trasoír, trasojado -da, traspal(e)ar, traspapelar, trasparecer, traspasar, traspié, traspillar, trasplantar, traspunte, trasquilar, trastabillar, trastornar, trast(r)ocar, trastumbar, trasudar, trasver, trasvolar.*

b) Puede usarse tanto *trans-* como *tras-:*

- Cuando *trans-* va seguido de consonante distinta de *s,* ya que, al estar el grupo *-ns-* en posición final de sílaba, es frecuente su reducción a *-s-* también en la pronunciación culta: *trasbordo* o *transbordo, trascendencia* o *transcendencia, trascribir* o *transcribir, trasferir* o *transferir, trasgredir* o *transgredir, traslúcido -da* o *translúcido -da, trasmitir* o *transmitir, trasparente* o *transparente,* etc.
- Cuando el prefijo *trans-* se usa para formar derivados en español, aunque la palabra base a la que se una comience por vocal: *trasandino -na* o *transandino -na, trasatlántico -ca* o *transatlántico -ca, trasnacional* o *transnacional,* etc.

c) Se usa *trans-:*

- Cuando el prefijo *trans-* se une a palabras que comienzan por *s-* (la *s* del prefijo se funde con la inicial del término base): *transexual, transiberiano -na, transustanciación.*

- En los casos en que esta secuencia va seguida de vocal y no es analizable como prefijo en la lengua actual, esto es, cuando la palabra en la que aparece no es resultado de añadir el prefijo *trans-* a una palabra base española: *transacción* (del lat. *transactĭo, -ōnis*), *transeúnte, transición, transigir, transistor, transitar* o *transitorio -ria,* y sus respectivos derivados o parientes léxicos. En estas voces, al no estar el grupo *-ns-* en posición final de sílaba —cada consonante forma parte de una sílaba distinta (*tran.sac.ción, tran.se.ún.te, tran.si.ción,* etc.)—, no existe dificultad articulatoria, razón por la que este grupo no se reduce aquí ni en la pronunciación ni en la escritura.

Grupo *-st-: post- / pos-*. El grupo *-st-* aparece en posición final de sílaba cuando el prefijo *post-* ('detrás de' o 'después de') se une a palabras que empiezan por consonante: *post.da.ta, post.mo.der.no, post.par.to,* etc. (si se une a palabras que empiezan por vocal, cada consonante se articula en una sílaba distinta: *pos.te.lec.to.ral, pos.to.pe.ra.to.rio*).

Dada la dificultad que plantea la articulación del grupo *-st-* como cierre silábico, la *t* no suele pronunciarse, de ahí que el prefijo *post-* cuente con la variante simplificada *pos-*. En general, aunque es válido el uso de ambas formas, la etimológica *post-* y la simplificada *pos-,* se recomienda emplear con preferencia esta última en la escritura de todas las voces que incorporen este prefijo, tanto si la palabra base comienza por consonante (*posdata, posmoderno, posparto,* etc.) como si comienza por vocal (*poselectoral, posoperatorio,* etc.).

Solo en los casos en que este prefijo se une a palabras que comienzan por *s* debe mantenerse la *t* en la escritura (*postsimbolismo, postsocialismo, postsoviético,* etc.) para evitar la secuencia gráfica *-ss-,* ajena al español (⊗*possocialismo*).

Grupo *-pt-*. Este grupo no aparece nunca en posición final de sílaba, de modo que cada una de las consonantes pertenece a una sílaba distinta: *a.dep.to, es.cép.ti.co, óp.ti.mo, per.cep.ti.ble,* etc.

La /p/, cuando cierra sílaba, tiende a relajar su articulación, pero se mantiene, más o menos debilitada, en la pronunciación culta. Solo en el caso de las palabras *séptimo* y *septiembre* el debilitamiento articulatorio de la /p/ llega a menudo hasta su completa elisión incluso en el nivel culto. Ello explica la existencia de las variantes *sétimo* y *setiembre,* también válidas, aunque minoritarias frente a las formas etimológicas que conservan el grupo *-pt-*.

En el caso de los participios de los verbos pertenecientes a la familia de *escribir* (cuya terminación etimológica sería *-scripto*), en la mayor parte del ámbito hispánico, por analogía con el participio *escrito*, se emplean exclusivamente las formas sin *-p-*: *adscrito, circunscrito, descrito, inscrito, prescrito, proscrito, suscrito*, etc.; no obstante, en el español de algunas zonas de América, especialmente en la Argentina, el Paraguay y Uruguay, son de uso normal las formas que conservan el grupo *-pt-*: *adscripto, circunscripto, descripto, inscripto, prescripto, proscripto, suscripto*, etc.

2

Uso de la tilde

La tilde en la representación gráfica del acento

La tilde o acento gráfico u ortográfico es un signo en forma de rayita oblicua (´) que, colocado sobre la vocal de una palabra, indica que la sílaba a la que pertenece dicha vocal se articula con acento, esto es, con mayor relieve o prominencia que las de su entorno.

a La tilde en español debe descender siempre de derecha a izquierda, en forma de acento agudo (´), y no de izquierda a derecha, trazo que corresponde al acento grave (`), que carece de uso en nuestro idioma.

El acento prosódico

Al pronunciar aisladamente cualquier palabra polisílaba del español, no todas las sílabas que la componen se emiten y se perciben con el mismo relieve. Una de ellas destaca en el conjunto y resulta más perceptible que las demás. Así, en la palabra *soNIdo,* la sílaba *-NI-* se pronuncia con mayor relieve que las sílabas *so-* y *-do.*

Esa diferencia en la pronunciación de una determinada sílaba, que establece un contraste entre ella y el resto de las que integran la palabra, recibe el nombre de *acento.*

El acento es un rasgo prosódico, es decir, una propiedad fónica que afecta a unidades lingüísticas mayores que el fonema, de ahí que se denomine también *acento prosódico.*

La sílaba sobre la que recae el acento en una palabra es la sílaba tónica (destacada en versalitas a lo largo de este capítulo), mientras que las sílabas pronunciadas sin acento son sílabas átonas. En la palabra *soNIdo*, *-NI-* es la sílaba tónica, mientras que *so-* y *-do* son sílabas átonas.

En español, el acento no ocupa la misma posición en todas las palabras, sino que puede recaer en la última, la penúltima o la antepenúltima sílaba (*conducTOR, PARque, TÚnica*); también, aunque excepcionalmente, en una sílaba anterior a la antepenúltima (*DÍgamelo*).

Como consecuencia de su posición variable, el acento tiene valor distintivo en español, pues dos o más palabras formadas por las mismas letras pueden diferenciarse únicamente porque en cada una de ellas el acento prosódico afecte a una sílaba distinta, como ocurre en *MÉdico, meDIco* y *mediCÓ*. El valor distintivo del acento se pone también de manifiesto en el hecho de que dos palabras formalmente idénticas se diferencien solo porque una de ellas se articule con acento y la otra carezca de él. Es el caso del pronombre personal *ÉL*, constituido por una sílaba tónica, distinto del artículo *el*, cuya única sílaba es átona.

PALABRAS TÓNICAS Y PALABRAS ÁTONAS

Todas las palabras pronunciadas de manera aislada se articulan con acento en una de sus sílabas. Sin embargo, dentro de la cadena hablada, no todas se pronuncian con acento: hay palabras acentuadas o tónicas (las que contienen una sílaba tónica) y palabras inacentuadas o átonas (las compuestas solo por sílabas átonas). En el siguiente enunciado, las palabras tónicas están subrayadas, mientras que las átonas aparecen sin subrayar: *El carTEro TRAjo DOS CARtas para TI.*

La condición de voz átona o tónica no se determina de forma caprichosa o aleatoria en cada palabra concreta, sino que está asociada a factores como su categoría gramatical, su significado y la función que desempeña dentro de la oración. Así, las palabras con significado léxico, como sustantivos, adjetivos, verbos y la mayor parte de los adverbios, son tónicas, mientras que las palabras de significado gramatical, como los artículos, las preposiciones y las conjunciones, son en su mayoría átonas.

Funciones de la tilde

La tilde desempeña en español dos funciones:

a) FUNCIÓN PROSÓDICA. La principal función de la tilde es señalar que la sílaba de la que forma parte la vocal sobre la que se escribe se pronuncia con acento prosódico: *aSÍ, canCIÓN, ÁRbol, RÁpido, PÓNgaselo*.

b) FUNCIÓN DIACRÍTICA. En algunas voces concretas, en su mayoría monosílabas, la tilde cumple una función diacrítica, ya que permite distinguir palabras tónicas de otras formadas por las mismas letras, pero de pronunciación átona: *él* y *el*, *tú* y *tu*, *dé* y *de*, *sé* y *se*, *cuándo* y *cuando*, *cómo* y *como*, etc. (→ págs. 356-357).

Las reglas de acentuación gráfica

El uso de la tilde para representar el acento prosódico en español se rige por un conjunto de normas que son de aplicación obligatoria. Este conjunto de reglas ortográficas permite a los hablantes reflejar la acentuación prosódica de cualquier palabra del léxico español sin necesidad de haberla visto escrita antes, así como acentuar correctamente cualquier palabra al leerla aun cuando no se haya escuchado con anterioridad.

Como ya se ha dicho, la tilde escrita sobre una vocal indica que la sílaba a la que pertenece esa vocal es tónica. En la palabra *FÁcil*, la tilde sobre la *a* denota que el acento de la palabra recae sobre la sílaba *FÁ-*. Ahora bien, no en todas las palabras se señala con tilde su sílaba tónica. En *dificulTAD*, el acento recae sobre la sílaba *-TAD*, pero ninguna tilde lo marca. No obstante, la aplicación de las reglas de acentuación gráfica, que determinan en qué casos debe usarse o no la tilde, permite también saber cuál es la sílaba sobre la que recae el acento en las palabras tónicas que se escriben sin tilde.

REGLAS GENERALES

Acentuación gráfica de las palabras monosílabas. Las palabras de una sola sílaba se escriben sin tilde: *fe, ve, ya, mes, sol, bien, dio, fue, vio, guion*. Son excepción a esta regla las palabras monosílabas que se escriben con tilde diacrítica (→ págs. 358-359).

Acentuación gráfica de las palabras polisílabas. Las reglas de acentuación gráfica de las palabras polisílabas están formuladas teniendo en cuenta dos factores: el lugar que ocupa en ellas la sílaba tónica y la letra en la que terminan.

Según el lugar que ocupa en ellas la sílaba tónica, las palabras de más de una sílaba pueden ser en español agudas, llanas (o graves), esdrújulas o sobresdrújulas, tal como se explica en el siguiente cuadro.

Palabras polisílabas según la posición de la sílaba tónica		
Agudas	La sílaba tónica es la última ▬ ▬ ■	*coliBRÍ, miRAR, taLÓN*
Llanas o graves	La sílaba tónica es la penúltima ▬ ■ ▬	*ÁNgel, ceLESte, MARtes*
Esdrújulas	La sílaba tónica es la antepenúltima ■ ▬ ▬	*PÁgina, TÍpico, Único*
Sobresdrújulas	La sílaba tónica es anterior a la antepenúltima sílaba ■ ▬ ▬ ▬	*CÓmaselo,* *DÍgannoslo,* *imaGÍnesemelas*

La clasificación en agudas, llanas, esdrújulas y sobresdrújulas solo afecta a las palabras de más de una sílaba. Las palabras monosílabas, de ser tónicas, no se consideran agudas. Los monosílabos solo se clasifican en tónicos (aquellos cuya única sílaba se pronuncia con acento prosódico: *DÉ, SOL, VEN*) y átonos (aquellos que carecen de acento: *de, con, su*). *a*

Para cada una de estas clases de palabras existen reglas específicas de acentuación gráfica, que se detallan a continuación.

a) ACENTUACIÓN GRÁFICA DE LAS PALABRAS AGUDAS

Las palabras agudas llevan tilde cuando terminan en *n* o en *s* (no precedidas de otra consonante), o en las vocales *a, e, i, o, u: razón, compás, acá, comité, magrebí, revisó, iglú.*

Las palabras agudas no llevan tilde en los siguientes casos:

- Cuando terminan en consonante distinta de *n* o *s: actriz, amistad, escribir, relax, reloj, trigal.*
- Cuando terminan en más de una consonante: *compost, esnobs, mamuts, minigolf, roquefort, zigzags.*
- Cuando terminan en *y: convoy, guirigay, virrey.*

b) ACENTUACIÓN GRÁFICA DE LAS PALABRAS LLANAS

Las palabras llanas se escriben con tilde en los siguientes casos:

- Cuando terminan en consonante distinta de *n* o *s: dólar, lápiz, referéndum, Tíbet, tórax, túnel.*
- Cuando terminan en más de una consonante: *bíceps, cíborg, clárens, fórceps, récords, wéstern.*
- Cuando terminan en *y: yérsey, yóquey.*

Las palabras llanas no llevan tilde cuando terminan en *n* o *s* (no precedidas de otra consonante), o en las vocales *a, e, i, o, u: margen, crisis, lata, parque, bici, libro, tribu.*

a Palabras como *examen, imagen, joven, margen* u *origen* no llevan tilde por ser llanas terminadas en *n*. En cambio, sí la llevan sus plurales por ser palabras esdrújulas: *exámenes, imágenes, jóvenes, márgenes, orígenes.*

c) ACENTUACIÓN GRÁFICA DE LAS PALABRAS ESDRÚJULAS Y SOBRESDRÚJULAS

Las palabras esdrújulas y sobresdrújulas se escriben siempre con tilde: *análisis, cóselo, hábitat, rápido, recítenoslo, llévesemelas.*

LA ACENTUACIÓN GRÁFICA DE LAS PALABRAS CON SECUENCIAS VOCÁLICAS

La mayor parte de las sílabas en español contienen una sola vocal. Sin embargo, algunas sílabas contienen dos y hasta tres vocales; así, en la palabra *cien*, las vocales *i* y *e* se articulan en la misma sílaba, formando un diptongo; y en *buey*, la *u*, la *e* y la *y* se pronuncian igualmente dentro de la misma sílaba, formando un triptongo.

Hay también palabras que contienen secuencias de dos o más vocales que, por el contrario, se articulan en sílabas distintas, dando lugar a un hiato; así ocurre en *pa.ís*, donde las vocales *a* e *i* pertenecen a sílabas diferentes.

El siguiente cuadro refleja los tipos de secuencias vocálicas del español.

Secuencias vocálicas		
Diptongo	Dos vocales que forman parte de la misma sílaba	*au.la, es.toy, deu.da, vier.nes*
Triptongo	Tres vocales que forman parte de la misma sílaba	*buey, cam.biáis, dioi.co, miau*
Hiato	Dos vocales que forman parte de sílabas sucesivas distintas	*fe.o, ha.bí.a, o.í.do, pun.tú.a*

A la hora de dividir en sílabas las palabras con secuencias vocálicas, a muchos hablantes se les plantean dificultades para percibir con nitidez las fronteras silábicas. Por otra parte, la pronunciación de muchas de estas secuencias oscila entre el hiato y el diptongo o el triptongo en función de muy diversos factores (la procedencia geográfica del hablante, la posición que la secuencia ocupa dentro de la palabra, la velocidad de emisión, la analogía con otras palabras formadas a partir de la misma raíz, etc.), de modo que combinaciones vocálicas que en ciertas zonas o para determinados hablantes se articulan generalmente dentro de la misma sílaba, en otras zonas o para otros hablantes se suelen articular en sílabas distintas (y viceversa).

Por todo ello, al dividir en sílabas las palabras con secuencias vocálicas para aplicarles las reglas de acentuación gráfica, es preciso tener en cuenta ciertas convenciones que establecen qué combinaciones deben considerarse diptongos, triptongos o hiatos a efectos ortográficos, con independencia de cómo las articulen realmente los hablantes en cada caso concreto. Estas convenciones son solo ortográficas, por lo que no implican, en modo alguno, que los hablantes deban cambiar la manera en que pronuncian naturalmente dichas secuencias en palabras concretas, sea con hiato, sea con diptongo o triptongo.

> La *h* intercalada no influye en que sean hiatos o diptongos las secuencias de vocales entre las que se sitúa. Así, contienen diptongos palabras como *de.sahu.cio, prohi.bir* o *ahi.ja.do,* mientras que *pro.hí.bo, a.za.har* o *ta.húr* incluyen hiatos. Como reflejan algunos de estos ejemplos, la *h* intercalada tampoco supone ningún inconveniente para que cualquiera de las vocales entre las que se sitúa la *h* lleve tilde si así lo establecen las reglas de acentuación gráfica.

Las palabras que contienen secuencias vocálicas se acentúan gráficamente según las reglas generales anteriormente enunciadas para las palabras monosílabas y polisílabas (→ págs. 350-352), con una sola excepción: las palabras que contienen hiatos formados por una vocal cerrada tónica y una abierta átona llevan siempre tilde, al margen de las reglas generales (→ págs. 355-356).

Palabras con diptongo

a) DIPTONGOS ORTOGRÁFICOS

Los diptongos son secuencias de dos vocales que forman parte de una misma sílaba. Con independencia de cómo se articulen realmente en cada palabra concreta, se consideran siempre diptongos a efectos ortográficos las siguientes combinaciones vocálicas:

- Vocal abierta (/a/, /e/, /o/) seguida o precedida de vocal cerrada átona (/i/, /u/): *estabais, hay, hacia, diario, afeitar, virrey, siento, pie, cohibir, doy, guion, aunar, acuario, actuado, reunir, sueño, estadounidense, antiguo.*
- Dos vocales cerradas distintas (/i/, /u/): *ciudad, diurno, viuda, cuidar, ruido, huir, muy.*

b) ACENTUACIÓN GRÁFICA DE PALABRAS CON DIPTONGO

Las palabras que contienen diptongos ortográficos se acentúan gráficamente según las reglas generales de acentuación (→ págs. 350-352).

Así, palabras como *Sainz, cian, veis, pie,* soy, dio, *truhan, dual, fue, cruel, muon, siux, hui* o *fluir* no llevan tilde por ser monosílabas. Voces como *nupcial, bailar, Javier, posterior,* autor, *deshuesar, feudal, rehuir, ciudad, pierrots, tuaregs, virrey* o *estoy* tampoco la llevan por ser agudas terminadas en consonante distinta de *n* o *s*, en más de una consonante o en *y*, mientras que *rufián, bonsái, habláis, recién, estéis, desvió, averigüé, licuó, derruí* o *interviú* sí llevan acento gráfico por ser agudas terminadas en *n, s* o vocal. Por su parte, palabras como *clienta, contabais, peinasteis, cuentan, ingenua, inocuo, fortuito, incluido* o *diurno* no llevan tilde por ser llanas terminadas en *n, s* o vocal, y sí la llevan las también llanas *estiércol, máuser, huésped, médiums, sóviets* o *yóquey* por terminar en consonante distinta de *n* o *s*, en más de una consonante o en *y*. Por último, palabras como *diálogo, ciénaga, áulico, demiúrgico* o *lingüística* se acentúan gráficamente por ser esdrújulas.

c) COLOCACIÓN DE LA TILDE EN LOS DIPTONGOS

Cuando la sílaba tónica de una palabra contiene un diptongo y debe acentuarse gráficamente de acuerdo con las reglas, la tilde se coloca en una u otra vocal según estas pautas:

- En los diptongos formados por una vocal abierta seguida o precedida de una vocal cerrada, la tilde se escribe sobre la vocal abierta: *mediático, diéresis, acción, acuático, después, licuó, camináis, alféizar, Hanói, Cáucaso, terapéutico.*
- En los diptongos formados por dos vocales cerradas distintas, la tilde se coloca sobre la segunda vocal: *acuífero, cuídate, veintiún.*

Palabras con triptongo

a) TRIPTONGOS ORTOGRÁFICOS

Los triptongos son secuencias de tres vocales que forman parte de una misma sílaba. Con independencia de cómo se articulen realmente en cada palabra concreta, se consideran siempre triptongos a efectos ortográficos las secuencias formadas por una vocal abierta (/a/, /e/, /o/) seguida y precedida de una vocal cerrada átona (/i/, /u/): guau, *buey, confiáis, despreciéis, dioico.*

b) ACENTUACIÓN GRÁFICA DE PALABRAS CON TRIPTONGO

Las palabras con triptongo siguen las reglas generales de acentuación gráfica (→ págs. 350-352).

Así, palabras como *fiais, lieis, miau* o *buey* no llevan tilde por ser monosílabas; *estudiáis, limpiéis, consensuáis, apacigüéis* sí la llevan por ser agudas terminadas en *s; biaural, Paraguay* o *jagüey* no se tildan por ser palabras agudas terminadas en consonante distinta de *n* o *s,* o en *y;* tampoco se escriben con tilde *vieira, dioico* o *hioides* porque, siendo llanas, terminan en vocal o en *s.*

c) COLOCACIÓN DE LA TILDE EN LOS TRIPTONGOS

Cuando la sílaba tónica de una palabra contiene un triptongo y debe acentuarse gráficamente de acuerdo con las reglas generales de acentuación, la tilde se coloca siempre sobre la vocal abierta: *apreciáis, cambiéis, santiguáis, puntuéis.*

Palabras con hiato

a) HIATOS ORTOGRÁFICOS

Cuando dos vocales seguidas dentro de una palabra pertenecen a sílabas distintas, constituyen un hiato. Con independencia de cómo se articulen realmente en cada palabra concreta, se consideran siempre hiatos a efectos de acentuación gráfica las combinaciones vocálicas siguientes:

- Una vocal cerrada tónica (/i/, /u/) seguida o precedida de una vocal abierta (/a/, /e/, /o/): *María, desvíe, crío, púa, hindúes, búho, caída, reído, prohíbo, aúna, transeúnte.*
- Dos vocales abiertas (/a/, /e/, /o/): *caer, aorta, reactor, herbáceo, loado, roedor.*
- Dos vocales iguales: *azahar, dehesa, chiita, cooperar, duunviro.*

b) ACENTUACIÓN GRÁFICA DE PALABRAS CON HIATO

Las palabras con hiato se acentúan gráficamente según las siguientes pautas:

- Las palabras que contienen un hiato formado por una vocal cerrada tónica seguida o precedida de una vocal abierta llevan siempre tilde en la vocal cerrada, con independencia de las reglas generales de acentuación. Por eso se acentúan gráficamente palabras como *serías, sabíais, desvíen, mío, cacatúa, actúe, búhos, caído, reído, oído, transeúnte* o *finoúgrio,* a pesar de ser llanas terminadas en *n, s* o vocal; lo mismo ocurre en *raíz, reír, oír, laúd* o *tahúr,* que llevan asimismo tilde aun siendo agudas terminadas en consonante distinta de *n* o *s.*

- Las palabras que incluyen cualquier otro tipo de hiato se someten a las reglas generales de acentuación (→ págs. 350-352). Así, *Jaén, traerás, acordeón, peleó, Noé, rehén* o *chií* llevan tilde por ser voces agudas terminadas en *n, s* o vocal; *caer, baobab, soez* o *alcohol* no la llevan por ser agudas terminadas en consonante distinta de *n* o *s; bóer, Sáez* o *afrikáans* se acentúan gráficamente por ser palabras llanas terminadas en consonante distinta de *n* o *s,* o en dos consonantes, mientras que *paella, vean, ahora, anchoa, museo, poetas* o *chiitas,* igualmente llanas, se escriben sin tilde por terminar en *n, s* o vocal; por su parte, *aéreo, línea, caótico, coágulo, teórico, héroe* o *zoólogo* llevan tilde por ser esdrújulas.

> *a* La palabra *chiita* o diminutivos como *diita, tiitos* o *Rociito* no deben llevar tilde por ser palabras llanas terminadas en vocal o en *s.* La palabra *chií,* sin embargo, se escribe con tilde por ser aguda terminada en vocal, y *día, tío* o *Rocío* por contener hiatos de vocal cerrada tónica y abierta átona.

LA TILDE DIACRÍTICA

La tilde diacrítica se utiliza para diferenciar en la escritura ciertas palabras de igual forma, pero distinto valor, que se oponen entre sí por ser una de ellas tónica y la otra átona (→ pág. 349). La tonicidad o atonicidad con que se pronuncia cada una de esas palabras está asociada, normalmente, a la categoría gramatical a la que pertenece. Así, la forma verbal *dé,* que se escribe con tilde diacrítica, es, como todos los verbos, una palabra tónica, mientras que la preposición *de,* que se escribe sin tilde, es átona, como casi todas las preposiciones.

La mayoría de las palabras que se escriben con tilde diacrítica son monosílabas (hecho lógico si se tiene en cuenta que la mayor parte de las voces átonas del español constan de una sola sílaba) y solo unas cuantas son polisílabas, como los interrogativos y exclamativos *cuáles, quiénes, cómo, cuánto, cuándo* y *(a)dónde,* que pertenecen a la misma clase de los interrogativos y exclamativos monosílabos *qué, cuál, cuán, quién.*

Todas las voces que se escriben con tilde diacrítica son palabras que no deberían llevarla según las reglas generales de acentuación, bien por tratarse de monosílabos (*él, dé, sí, quién*...), bien, en el caso de las polisílabas, por ser palabras llanas acabadas en vocal o en *s* (*cómo, dónde, cuántos, quiénes*...). En todas ellas la función de la tilde no es la de indicar cuál es su sílaba tónica (función prosódica), sino la de señalar que la palabra que la lleva es tónica y no debe confundirse con otra formalmente idéntica, pero de pronunciación átona (función diacrítica).

La tilde diacrítica no se aplica de manera sistemática a todas las palabras que en español se oponen por ser tónicas a otras idénticas de pronunciación átona. Solo se utiliza la tilde diacrítica en un grupo restringido de palabras monosílabas pertenecientes a diferentes categorías gramaticales (→ págs. 357-359) y en las palabras que forman parte de la clase de los interrogativos, exclamativos y relativos (→ págs. 359-366), todas ellas de uso frecuente en español.

La tilde diacrítica en español no se emplea para distinguir pares de palabras de igual forma y distinto significado que siempre son tónicas, como *di* del verbo *decir* y *di* del verbo *dar; ve* del verbo *ir* y *ve* del verbo *ver; fue* y *fui* del verbo *ir,* y *fue* y *fui* del verbo *ser; sal* del verbo *salir* y el sustantivo *sal; vino* del verbo *venir* y el sustantivo *vino,* etc. Todas estas palabras, de acuerdo con las reglas generales de acentuación, se escriben siempre sin tilde, sea cual sea su significado. *a*

Tilde diacrítica en palabras monosílabas. Según las reglas generales de acentuación, las palabras monosílabas no llevan tilde (→ pág. 350). Constituye una excepción a esta regla general un grupo de palabras monosílabas tónicas de uso frecuente que se oponen a otras formalmente idénticas, pero de pronunciación átona. Para diferenciar gráficamente estos pares de monosílabos se prescribe la utilización de la tilde diacrítica en el elemento tónico del par.

En el cuadro que aparece más adelante (→ págs. 358-359) se registran todos los monosílabos que deben escribirse hoy con tilde diacrítica (a excepción de *qué, cuál, cuán* y *quién,* cuya acentuación se analiza en el apartado siguiente): los pronombres personales *tú, él, mí, sí;* las formas verbales *dé* y *sé;* el sustantivo *té,* y la palabra *más,* perteneciente a varias categorías gramaticales.

Aunque, por lo general, estos monosílabos se escriben con tilde diacrítica cuando se trata de palabras tónicas y sin ella cuando son palabras átonas, se observan algunas excepciones a esta pauta. Es el caso de los nombres de las letras *te* y *de,* y los de las notas musicales *mi* y *si,* que no llevan tilde diacrítica aun siendo palabras tónicas. Inversamente, también son excepciones los usos de *más* como conjunción equivalente a *y* para expresar suma o adición (*Dos más dos son cuatro*), en la construcción ponderativa «adj., + *más que* + el mismo adj.» (*Tonto, más que tonto*) o en la locución conjuntiva *más que* equivalente a *sino* (*No lo sabe más que su hermano*), en los que, siendo *más* átono, se escribe tradicionalmente con tilde.

Tilde diacrítica en monosílabos			
tú	pronombre personal: *Tú no digas nada.*	***tu***	posesivo: *¿Dónde está tu casa?*
él	pronombre personal: *Él lo ha visto todo.*	***el***	artículo: *El cartero ya ha venido.*
mí	pronombre personal: *Hazlo por mí.* *Solo dependo de mí mismo.*	***mi***	posesivo: *Olvidé mi sombrero.* sustantivo ('nota musical'): *Empieza en mi natural.*
sí	pronombre personal: *Se lo ha reservado para sí.* *Está orgullosa de sí misma.* adverbio de afirmación: *Sí, lo haré.* sustantivo ('aprobación o asentimiento'): *En el referéndum, triunfó el sí.*	***si***	conjunción, con distintos valores: *Si no lo encuentras, dímelo.* *Pregúntale si quiere ir.* *Haz como si no lo supieras.* *Pero ¡si yo no lo sabía!* *Si será bobo...* sustantivo ('nota musical'): *La obra está en si bemol.*
té	sustantivo ('planta' e 'infusión'): *Posee una plantación de té.* *Desayuno té con leche.* El plural *tés* mantiene la tilde diacrítica del singular. *a*	***te***	pronombre, con distintos valores: *Ayer no te vi en la reunión.* *¿De qué te arrepientes?* sustantivo ('letra'): *Escribió una te mayúscula.*
dé	forma del verbo *dar*: *Dé gracias a que estoy de buen humor.*	***de***	preposición: *Vienen de lejanos países.* sustantivo ('letra'): *Borra esa de.*
sé	forma del verbo *ser*: *Sé más discreto, por favor.* forma del verbo *saber*: *Ya sé qué ha pasado.*	***se***	pronombre, con distintos valores: *¿Se lo has traído?* *Luis se preparó la comida.* *Solo se han visto una vez.* *Siempre se queja por todo.* *Ese año se quemó su casa.* indicador de impersonalidad: *Aquí se trabaja mucho.* indicador de pasiva refleja: *Se hacen trajes a medida.*

Tilde diacrítica en monosílabos			
más	cuantificador (adverbio, determinante o pronombre): *Ana vive más lejos que tú.* *Cada vez tiene más canas.* *No puedes pedir más.* en diversas construcciones o locuciones: *Es de lo más refinado.* *Canta más bien mal.* *Estate quieto, tonto, más que tonto.* conjunción con valor de suma o adición: *Seis más cuatro, diez.* *Son diez más los invitados.* en la locución conjuntiva *más que* ('sino'): *No habla más que con él.* sustantivo ('signo matemático'): *Coloca el más entre las cifras.*	***mas***	conjunción adversativa equivalente a *pero:* *Me creyeron, mas solo después de verlo.*

Es incorrecto escribir el pronombre personal *ti* con tilde por analogía con los pronombres *mí* y *sí*. Aunque se trata de un monosílabo tónico, no existe ningún monosílabo átono de igual forma del que deba distinguirse, por lo que no tiene sentido el empleo de la tilde diacrítica: *¿A ti no te gusta?; Tienes que hacer las cosas por ti mismo.*

a

La conjunción *o* se escribirá siempre sin tilde, como corresponde a su condición de palabra monosílaba átona, con independencia de que aparezca entre palabras, cifras o signos: *¿Quieres té o café?; El artículo tendrá unas 14 o 15 páginas; Escriba los signos + o – en la casilla correspondiente.*

a

Tilde diacrítica en *qué, cuál, quién, cómo, cuán, cuánto, cuándo, dónde* y *adónde*. Las palabras tónicas *qué, cuál, quién, cómo, cuán, cuánto, cuándo, dónde* y *adónde* (y las formas de plural y de femenino que poseen algunas de ellas: *cuáles, quiénes, cuánta(s), cuántos*) se escriben con tilde diacrítica para diferenciarlas de las correspondientes átonas *que, cual, quien, como, cuan, cuanto, cuando, donde* y *adonde* (también con sus femeninos y plurales: *cuales, quienes, cuanta(s), cuantos*). Según las reglas generales de acentuación, ninguna de estas palabras debería llevar tilde, bien por ser monosílabas, bien por tratarse de palabras llanas terminadas en vocal o en *s*. La tilde en ellas no cumple, por tanto, una función prosódica, sino diacrítica.

A grandes rasgos, son tónicos y se escriben, por ello, con tilde diacrítica los interrogativos y exclamativos (y algunos relativos que pueden ser tónicos en determinadas circunstancias, → págs. 363-364), frente a las conjunciones y los relativos átonos de igual forma, que se escriben sin tilde.

A continuación se explica en qué usos deben escribirse con tilde estas palabras, cuándo se escriben sin ella y en qué contextos y construcciones pueden aparecer escritas tanto con tilde como sin ella. De todo ello se ofrece, además, un cuadro resumen al final de este epígrafe (→ pág. 365).

a) ESCRITURA CON TILDE. Las palabras *qué, cuál/es, quién/es, cómo, cuán, cuánto/a/os/as, cuándo, dónde* y *adónde* son siempre tónicas y se escriben con tilde cuando pertenecen a la clase de los interrogativos y exclamativos, llamados así porque pueden encabezar estructuras de sentido interrogativo y exclamativo, en las que aluden al valor de una incógnita referida a cosas (*qué, cuál*), personas (*quién, cuál, qué*), lugares (*dónde, adónde*), maneras (*cómo*), tiempos (*cuándo*) o cantidades (*cuán, cuánto*).

Los interrogativos y exclamativos pueden aparecer en tres tipos de contextos o situaciones: encabezando estructuras interrogativas y exclamativas directas o indirectas, sustantivados mediante un determinante o formando parte de ciertas locuciones o expresiones.

- Estas palabras pueden introducir estructuras INTERROGATIVAS O EXCLAMATIVAS DIRECTAS (con verbo explícito o sin él), que se emiten con entonación interrogativa o exclamativa y se escriben normalmente entre signos de interrogación o exclamación. Estas estructuras pueden constituir enunciados autónomos o independientes, o bien formar parte de un enunciado mayor:

  ¿Qué llevaba en la maleta?
  Se pasó la tarde repitiendo: «¡Qué pena más grande!».
  ¿Cuál te gusta más?
  ¡Cómo te agradezco que hayas venido!
  ¿Cuán firme es tu determinación?
  ¡Dónde se ha visto cosa igual!

  Los interrogativos y exclamativos pueden ir precedidos de preposición:

  ¿Por qué ha dicho eso?
  ¡Con qué poco se conforma!

¿En cuántos sitios trabajas?
Ya sé que lo estás ayudando, pero ¿hasta cuándo?

En vez de por interrogativos o exclamativos, algunas interrogativas y exclamativas directas pueden estar encabezadas por conjunciones o por relativos átonos, elementos que, por carecer de acento prosódico, deben escribirse sin tilde:

¿Que no sabes quién es Pepe? Ahora te lo cuento.
¡Que paséis buenas vacaciones!
¡Como si fuera tan fácil!
¡Hasta cuando quieras! Me ha encantado verte.
—Lo encontré en esa librería. —¿Donde dijo el profesor?

a

Aunque algunos enunciados interrogativos o exclamativos directos pueden aparecer sin signos de interrogación o exclamación, especialmente cuando se trata de preguntas retóricas o cuando constituyen títulos de obras o de partes de un texto, los interrogativos y exclamativos que los introducen siguen siendo tónicos y mantienen su acentuación gráfica:

Quién te habrá metido esas ideas en la cabeza.
Cuánto habría podido hacer por él en otras circunstancias.
El libro se titula *Por quién doblan las campanas.*
Dónde acudir en caso de emergencia.

Los interrogativos y exclamativos pueden introducir también estructuras INTERROGATIVAS O EXCLAMATIVAS INDIRECTAS (con verbo explícito o sin él), que constituyen oraciones subordinadas sustantivas, aquellas que ejercen funciones propias del sustantivo (sujeto, complemento directo, etc.) dentro de otra oración. En muchos casos las interrogativas indirectas se corresponden con una pregunta en estilo directo (*Pregúntale dónde vive*); pero también se consideran tales aquellas en las que, sin implicar una pregunta directa, el interrogativo introductorio representa la existencia de una incógnita o una incertidumbre referida a persona, lugar, cosa, etc. (*Da igual quién lo haga; No recuerdo dónde lo puse*). Estas estructuras no tienen entonación interrogativa o exclamativa ni se escriben entre signos de interrogación o exclamación, pero el interrogativo o exclamativo que las introduce es tónico y se escribe con tilde:

Preguntó qué tenía que hacer para ir al centro.
Aún no ha decidido con quién asociarse.
No sabía dónde estaba.

Mira qué fácil.
Hay que ver cuánto has crecido.
Es indignante cómo lo tratan.

- SUSTANTIVADOS MEDIANTE UN DETERMINANTE. Los interrogativos, especialmente *qué, cómo, cuándo, cuánto* y *dónde*, pueden sustantivarse anteponiéndoles un determinante, normalmente el artículo *el*. En estos casos, siguen siendo tónicos y conservan la tilde diacrítica que les es característica:

  De la cita no estaban claros ni el cuándo ni el dónde.

- Formando parte de algunas LOCUCIONES O EXPRESIONES, como *no hay de qué, qué sé yo, qué va, a cuál más, mira quién fue a hablar, mira por dónde*, etc.

Sin tener sentido interrogativo o exclamativo, las palabras *quién* y *cuál* también son tónicas y se escriben con tilde cuando forman parte de ciertas correlaciones distributivas usadas en la lengua literaria, en las que poseen valor de indefinidos, como en *quién(es)..., quién(es)...* y *cuál(es)..., cuál(es)...*, con el sentido de 'uno(s)..., otro(s)...':

Acudimos todos a la llamada: quiénes preocupados, quiénes curiosos, quiénes deseando terminar.

b) ESCRITURA SIN TILDE. Las palabras *que, cual/es, quien/es, como, cuan, cuanto/a/os/as, cuando, donde* y *adonde* son normalmente átonas y se escriben sin tilde en los siguientes casos:

- Cuando funcionan como RELATIVOS, esto es, cuando introducen oraciones subordinadas de relativo con antecedente explícito o sin él. Por lo general, los relativos carecen de acento prosódico, razón por la que no llevan tilde. Solo *cual/es*, cuando va precedido de artículo, es tónico, a pesar de lo cual se escribe también sin tilde, como el resto de las palabras de su clase. En los ejemplos que siguen, se subrayan los relativos y se destaca en versalitas su antecedente cuando lo tienen:

  Se puso el SOMBRERO que le regalamos.
  Ha conseguido TODO cuanto quería.
  Deme una RAZÓN por la cual deba creerla.
  Ganó el premio quien mejor lo hizo.
  Encontré el auto donde lo había dejado.

- Cuando funcionan como CONJUNCIONES. Las palabras *que, como, cuando* y *cuanto* pueden funcionar también como conjunciones, esto es, sirviendo de mero nexo o enlace entre grupos sintácticos u oraciones. En ese caso, son siempre voces átonas y se escriben sin tilde:

> Le dijeron que fuese puntual.
> Las dos dibujan tan bien como su madre.
> Cuando lo dice él, es por algo.
> Es tanto más difícil cuanto mayor sea el número de solicitudes.

- Cuando funcionan a modo de PREPOSICIONES, esto es, cuando introducen un sustantivo o un grupo nominal haciéndolos depender de una palabra anterior. En ese caso son asimismo átonas y se escriben sin tilde:

> Vivió aquí cuando la guerra.
> Está satisfecha de su trabajo como profesora.
> Ve donde el médico y dile que venga.

- Cuando forman parte de determinadas LOCUCIONES O EXPRESIONES. Son átonas y se escriben sin tilde en numerosas locuciones o expresiones: *¿a que...?; dar que hablar / pensar; hay que ver; ni que decir tiene; como si tal cosa; tal como; quien más, quien menos* o *cual más, cual menos; aun cuando; cuando más / menos; cuanto antes; en cuanto; en tanto en cuanto*, etc. No obstante, hay también construcciones y locuciones en las que estas palabras, aun pronunciándose tónicas, se escriben sin tilde: *cada cual; que si tal (y) que si cual* o *que si tal y (que si) cual; tal cual; tal para cual; tal por cual; un tal y un cual; cada quien; de cuando en cuando; de cuando en vez; de vez en cuando; tanto y cuanto; de tanto en cuanto; unos / algunos / otros cuantos.*

c) ESCRITURA CON TILDE O SIN TILDE. Estas palabras pueden pronunciarse tónicas o átonas y escribirse, por ello, con tilde o sin ella en los siguientes casos:

- Cuando encabezan relativas de antecedente implícito indefinido de carácter inespecífico. Aunque los relativos son normalmente átonos y se escriben sin tilde, pueden pronunciarse con acento prosódico o sin él cuando introducen subordinadas relativas sin antecedente expreso, siempre que el antecedente implícito sea indefinido y tenga carácter inespecífico (es decir, cuando no se refiere a un ente concreto y determinado, realmente existente, sino a uno cualquiera de los posibles, sin que se especifique o se sepa cuál es, ni siquiera si existe o no: *una persona, alguien, algo, algún lugar, nadie, nada*, etc.). Esto ocurre sobre todo con las relativas que dependen de los verbos *haber* y *tener*, o de otros como *buscar, encontrar, necesitar,* etc., que pueden admitir complementos indefinidos de carácter inespecífico. En estos casos es aceptable escribir el relativo tanto con tilde, reflejando la pronunciación tónica, como sin ella, representando la pronunciación átona:

Tiene en quién / quien confiar.
No hay dónde / donde esconderse.
Busco quién / quien me ayude.
No encuentro dónde / donde alojarme.

- Cuando introducen subordinadas que pueden analizarse como relativas sin antecedente expreso o como interrogativas indirectas. Algunos verbos como *gustar, depender, saber, ignorar, olvidar, recordar, imaginar,* etc., o expresiones como *según* o *independientemente de,* pueden construirse bien con oraciones interrogativas indirectas encabezadas por un interrogativo tónico (con tilde), bien con oraciones de relativo sin antecedente introducidas por un relativo átono (sin tilde), sin que a menudo la elección de una u otra estructura oracional suponga una diferencia sustancial de significado:

No me gusta cómo / como te mira.
Depende de cuándo / cuando llegue.
Responde una cosa u otra según quién / quien pregunte.

- Cuando *como / cómo* introduce subordinadas sustantivas que dependen de verbos de percepción o relato. La conjunción *como* se emplea con un valor equivalente a *que* para introducir subordinadas que funcionan como complemento de verbos de percepción (*ver, mirar, oír, observar, comprobar, detectar,* etc.) o que denotan exposición o relato (*contar, explicar, señalar,* etc.). En este uso, la palabra *como* es átona y se escribe sin tilde:

Ya verá como al final todo se arregla ('ya verá que...').
Le contó como, aun así, no pensaba ir ('le contó que...').

Estos mismos verbos se construyen a menudo con subordinadas interrogativas indirectas con sentido modal introducidas por el interrogativo tónico *cómo,* que equivale a *de qué manera:*

Mira cómo va vestido Andrés.
Cuéntame cómo lo has conseguido.

Dado que en muchas ocasiones la percepción o exposición de un hecho es indisociable de la percepción o exposición del modo en que este se produce, la conjunción átona *como* viene a confluir

TILDE DIACRÍTICA EN *QUÉ/QUE*, *CUÁL/CUAL*, *QUIÉN/QUIEN*, *CÓMO/COMO*, *CUÁN/CUAN*, *CUÁNTO/CUANTO*, *CUÁNDO/CUANDO* Y *(A)DÓNDE/(A)DONDE*

Con tilde	**Con valor interrogativo o exclamativo**	Encabezando estructuras interrogativas y exclamativas directas o indirectas	*¿Adónde va?* *¡Qué calor!* *No sé qué hora es.* *Es increíble cuánto sabe.*
		Sustantivados	*Lo que importa ahora es el cuándo.*
		En locuciones o expresiones	*Ha tenido varios novios, a cuál más raro.*
	Con valor de indefinidos en correlaciones distributivas	*Todos ayudan: quién hace la compra, quién limpia, quién cocina...*	
Sin tilde	**Como relativos**	Con antecedente expreso	*Juan hizo la casa donde vivimos.*
		Sin antecedente expreso	*Quien termine antes tendrá premio.*
	Como conjunciones	*Han dicho que iremos todos.*	
	Con otros valores (preposición)	*Solo me quiere como amiga.*	
	En locuciones o expresiones	Con pronunciación átona	*Sal cuanto antes.*
		Con pronunciación tónica	*De vez en cuando quedamos.*
Con o sin tilde	**En relativas de antecedente implícito indefinido de carácter inespecífico**	*No había dónde / donde sentarse.* *Ya tengo quién / quien me acompañe.*	
	En oraciones que pueden analizarse como interrogativas indirectas o como relativas	*Depende de cuándo / cuando sea.*	
	En interrogativas indirectas como interrogativo tónico (*cómo*) o en subordinadas sustantivas como conjunción átona (*como*)	*Oyó cómo / como se rompían los cristales.*	

■ Realización tónica □ Realización átona ▒ Realización tónica o átona a menudo, en oraciones dependientes de estos verbos, con el adverbio interrogativo tónico *cómo*. En esos casos en que el elemento introductor de la subordinada puede interpretarse de ambas formas y articularse como voz átona o tónica sin que el sentido del enunciado cambie sustancialmente, es posible su escritura tanto sin tilde como con ella:

Entonces vio como / cómo desaparecía su imagen de la pantalla.
Oímos como / cómo el director le afeaba su conducta.
Contó como / cómo su profesor le había animado a presentarse.

No obstante, hay casos en los que cada una de las opciones conlleva un significado claramente diverso, por lo que la escritura con tilde o sin ella no es indistinta:

Ya verás como viene ('seguro que viene, ya verás').
Ya verás cómo viene ('ya verás de qué manera viene: desaliñado, cansado...').

Tilde diacrítica en el adverbio *solo* y en los pronombres demostrativos. La palabra *solo*, tanto cuando es adverbio y equivale a *solamente* (*Solo le interesa el deporte*) como cuando es adjetivo (*Está muy solo*), así como los demostrativos *este, ese* y *aquel*, con sus femeninos y plurales, funcionen como pronombres (*Esta es la casa; Compra ese*) o como determinantes o adjetivos (*aquellas chicas, el niño este*), no deben llevar tilde según las reglas generales de acentuación, bien por ser palabras llanas terminadas en vocal o en *s*, bien, en el caso de *aquel*, por ser aguda y acabar en consonante distinta de *n* o *s*.

Aun así, las reglas ortográficas anteriores prescribían el uso de tilde diacrítica en el adverbio *solo* y los pronombres demostrativos para distinguirlos, respectivamente, del adjetivo *solo* y de los determinantes demostrativos, cuando en un mismo enunciado eran posibles ambas interpretaciones y podían producirse casos de ambigüedad, como en los ejemplos siguientes:

Estaré sólo un mes ('solamente un mes').
Estaré solo un mes ('yo solo, sin compañía').
¿Para qué trajeron aquéllos medicamentos? (*aquéllos* es el sujeto de la oración).
¿Para qué trajeron aquellos medicamentos? (*aquellos* determina al sustantivo *medicamentos*).

Sin embargo, ese empleo tradicional de la tilde no cumple el requisito fundamental que justifica el uso de la tilde diacrítica, que es el de oponer palabras tónicas a otras átonas formalmente idénticas, ya que tanto *solo* como los demostrativos son siempre palabras tónicas en cualquiera de sus funciones. Por eso, se podrá prescindir de la tilde en estas formas incluso en casos de ambigüedad.

TILDE EN *AÚN* / *AUN*

El adverbio *aún* / *aun* puede pronunciarse de dos maneras: como una palabra bisílaba tónica [a.ún], que debe escribirse con tilde por contener un hiato de vocal abierta y vocal cerrada tónica (*No la he visto aún*); o como una palabra átona con diptongo [aun], que debe escribirse sin tilde por tratarse de un monosílabo inacentuado (*Aun cuando sea verdad, no te creerán*).

La dificultad que plantea su escritura se debe a que su pronunciación es una u otra dependiendo de diferentes factores, como su significado, el lugar que ocupa dentro del enunciado, la velocidad, énfasis o esmero en la elocución, la procedencia geográfica del hablante, etc. No obstante, pueden formularse unas pautas generales, basadas en la pronunciación que suele corresponder mayoritariamente a cada uno de sus valores, para determinar cuándo este adverbio debe escribirse con tilde y cuándo sin ella:

a) El adverbio *aún* es normalmente tónico y debe escribirse con tilde cuando puede sustituirse por *todavía*, con los valores siguientes:

- Con valor temporal, denotando la continuidad o persistencia de una situación:

  Después de tantos años, <u>aún</u> está esperando que vuelva.

- Con valor ponderativo o intensivo (a menudo en oraciones de sentido comparativo, acompañado de los adverbios *más, menos, mejor, peor,* etc.):

  Ha ganado el segundo premio y <u>aún</u> se queja.
  Su última novela me parece <u>aún</u> más genial que la anterior.
  Peor <u>aún</u> que contestar mal es no contestar.

b) El adverbio *aun* es normalmente átono y debe escribirse sin tilde en los siguientes casos:

- Cuando, con valor inclusivo-ponderativo, se utiliza con el mismo sentido que *hasta, incluso, también* (o *siquiera,* cuando va precedido de *ni* en construcciones de sentido negativo):

  Aprobaron todos, <u>aun</u> los que no estudian nunca.
  Pueden quejarse y <u>aun</u> negarse a participar, pero lo haremos.
  Ni <u>aun</u> de lejos se parece a su hermano.

- Cuando tiene valor concesivo (equivalente a *aunque* o *a pesar de*), tanto en la locución conjuntiva *aun cuando* como seguido de un gerundio, un participio, un adverbio o un grupo preposicional:

  Te lo darán aun cuando no lo pidas ('aunque no lo pidas').
  Aun siendo malos datos ('aunque son malos'), hay esperanza.
  Es una buena oferta y, aun así ('a pesar de ello'), no firmará.

ACENTUACIÓN GRÁFICA DE FORMAS Y EXPRESIONES COMPLEJAS

Las formas y expresiones complejas son aquellas que están constituidas por varios elementos simples, que pueden aparecer escritos de diferentes maneras: formando una sola palabra gráfica (*correcaminos, rascacielos, ayúdenos, lentamente*), unidos mediante un guion (*causa-efecto, épico-lírico*) o separados por espacios en blanco (*piel roja, treinta y dos, Costa Rica*). Dado que las reglas de acentuación se aplican dentro de los límites de la palabra gráfica (entendida como toda sucesión de letras que aparece en la línea de escritura entre espacios en blanco, o flanqueada por signos de puntuación o auxiliares), la acentuación gráfica de estas formas o expresiones complejas dependerá, en esencia, de si se escriben en una o en varias palabras gráficamente independientes.

Formas complejas escritas en una sola palabra

a) PALABRAS COMPUESTAS. Las palabras compuestas formadas por la fusión de dos o más voces simples solo tienen un acento prosódico, que recae sobre la sílaba tónica del último de sus componentes. Ese acento es el que ha de tenerse en cuenta para acentuar gráficamente estos compuestos, que se someten a las reglas de acentuación como si fueran palabras simples:

   CIEN + PIES → ciemPIÉS (con tilde por ser aguda acabada en *s*)
   TÍo + VIvo → tioVIvo (sin tilde por ser llana acabada en vocal)
   sobre + Uso → sobreÚso (con tilde por contener un hiato de vocal abierta átona y cerrada tónica)

b) ADVERBIOS TERMINADOS EN *-MENTE*. Estas palabras son las únicas que tienen dos acentos prosódicos: el del adjetivo base y el de la terminación *-MENte*. Estos adverbios conservan siempre la tilde del adjetivo con el que se forman, si este la lleva:

   RÁpida + -MENte → RÁpidaMENte
   aMAble + -MENte → aMAbleMENte

c) FORMAS VERBALES CON PRONOMBRES ENCLÍTICOS. En las palabras formadas por un verbo seguido de uno o varios pronombres átonos (*me, te, se, lo/s, la/s, le/s, nos, os*), el acento prosódico recae sobre la sílaba tónica de la forma verbal. Estas palabras se acentúan gráficamente siguiendo las reglas de acentuación, del mismo modo que las palabras simples:

DIga + se + lo → *DÍgaselo* (con tilde por ser voz sobresdrújula)
DÉ + me → *DEme* (sin tilde por ser voz llana terminada en vocal)
suBID + os → *suBÍos* (con tilde por contener un hiato de vocal cerrada tónica y abierta átona)

Las formas del voseo con pronombres enclíticos no constituyen ninguna excepción:

penSÁ + lo → *penSAlo* (sin tilde por ser voz llana terminada en vocal)
deCÍ + me + lo → *deCÍmelo* (con tilde por ser voz esdrújula)

Expresiones complejas formadas por varias palabras unidas con guion. En las expresiones complejas formadas por dos o más términos unidos con guion, todas las palabras mantienen la acentuación gráfica que les corresponde como voces autónomas, con independencia de que conserven o no su acento prosódico en dicha situación: *épico-lírico* [epikolíriko], *José-Andrés* [joseandrés], *Álvarez-Arenas* [álbarez-arénas], *Madrid-París-Berlín* [madríd-parís-berlín].

Expresiones complejas formadas por varias palabras independientes. Hay expresiones complejas formadas por la yuxtaposición de palabras gráficamente independientes que, no obstante, constituyen unidades léxicas, bien por designar un concepto unitario (*piel roja, arco iris*) o, en el caso de los nombres propios, por identificar un único referente (*María Jesús, Nueva York*). En algunas de estas expresiones, todos los componentes conservan su acento prosódico (*soFÁ CAma*), mientras que, en otras, el primer elemento tiende a hacerse átono, de modo que la expresión compleja se pronuncia con un único acento, el del último componente (*tío aBUElo*). En cualquiera de los casos, mientras mantengan su autonomía gráfica, cada uno de los elementos que integran estas expresiones complejas debe escribirse con la acentuación gráfica que le corresponde como palabra independiente, tanto si conserva en ellas su acento prosódico como si no: *vigésimo quinto, arco iris, puerco espín, José María, Buenos Aires.*

Ahora bien: si alguna de estas expresiones complejas pasa a escribirse en una sola palabra, las reglas de acentuación gráfica se aplican sobre la voz compuesta resultante (→ pág. 368): *vigesimoquinto, arcoíris, puercoespín, Josemaría.*

ACENTUACIÓN GRÁFICA EN ABREVIACIONES Y SÍMBOLOS

Para la acentuación gráfica de abreviaciones y símbolos, → pág. 459 (abreviaturas), pág. 463 (siglas y acrónimos) y pág. 466 (símbolos).

ACENTUACIÓN GRÁFICA DE LAS MAYÚSCULAS

Sobre el uso de la tilde en las mayúsculas, → pág. 424.

3

Uso de los signos ortográficos

Los signos ortográficos. Clasificación

Llamamos *signos ortográficos* a todas aquellas marcas gráficas que, no siendo letras ni números, se emplean en los textos escritos para contribuir a su correcta lectura e interpretación. Según sus funciones, se clasifican en tres grupos:

a) SIGNOS DIACRÍTICOS. Inciden sobre una letra para indicar algún rasgo o valor distintivo. En el español actual son dos: la tilde (→ capítulo 2) y la diéresis (→ pág. 319).

b) SIGNOS DE PUNTUACIÓN. Su función principal es delimitar las unidades del discurso para facilitar la correcta interpretación de los textos y ofrecer ciertas informaciones adicionales sobre el carácter de esas unidades. A este grupo pertenecen el punto, la coma, el punto y coma, los dos puntos, los paréntesis, los corchetes, la raya, las comillas, los signos de interrogación y exclamación, y los puntos suspensivos.

c) SIGNOS AUXILIARES. Constituyen un inventario abierto y cumplen muy diversas funciones. Los de uso más común —y, por ello, los únicos que se tratan en esta obra— son el guion, la barra y el apóstrofo. Son también signos auxiliares, si bien su presencia está restringida a determinados tipos de textos, el asterisco (*), la flecha (→), el calderón (¶), el signo de párrafo (§), la llave ({}), o la antilambda o diple (< >).

Los signos ortográficos se clasifican también en simples y dobles según tengan una única forma o dos, una de apertura y otra de cierre. De los signos de puntuación, son simples el punto, la coma, el punto y coma, los dos puntos y los puntos suspensivos; todos ellos se escriben sin separación del elemento que los precede y separados por un espacio del elemento que los sigue. Son signos dobles los paréntesis, los corchetes, las comillas y los signos de interrogación y de exclamación; también la raya es un signo doble en muchos de sus usos. Los signos dobles se escriben siempre pegados al periodo que enmarcan.

Signos de puntuación

Los signos de puntuación son los signos ortográficos que organizan el discurso para facilitar su comprensión, poniendo de manifiesto las relaciones sintácticas y lógicas entre sus diversos constituyentes, evitando posibles ambigüedades y señalando el carácter especial de determinados fragmentos (citas, incisos, intervenciones de distintos interlocutores en un diálogo, etc.). Sus funciones principales son tres:

- Indicar los límites de las unidades discursivas, ya sean grupos sintácticos (*Inés, venga un momento, por favor*), oraciones (*No ponga excusas: tiene que acabar hoy*) o enunciados (*Me voy a mi casa. Hasta mañana*).
- Indicar la modalidad de los enunciados, es decir, si son enunciativos o aseverativos (*Ha comido ya*), interrogativos (*¿Ha comido ya?*), exclamativos (*¡Ha comido ya!*) o imperativos (*¡Come ya!*), o si se añade a su contenido alguna estimación subjetiva, como duda (*Bueno..., él asegura que volverá*), ironía (*Tendría gracia (?) que al final se saliera con la suya*), etc.
- Indicar la omisión de una parte del enunciado: *A caballo regalado...*

Teniendo en cuenta cómo ejercen la función delimitadora, común a todos ellos, y cuál es su función característica de entre las tres enumeradas, los signos de puntuación se clasifican como ilustra el siguiente cuadro:

Clasificación de los signos de puntuación		
DELIMITADORES PRINCIPALES	Establecen los límites entre las unidades discursivas (grupos sintácticos, oraciones, enunciados)	• punto . • coma , • punto y coma ; • dos puntos :
DELIMITADORES DE SEGUNDO DISCURSO	Delimitan un segundo discurso que interrumpe el principal para introducir un inciso, citar palabras de otro, etc.	• paréntesis ( ) • corchetes [ ] • rayas — • comillas « »

Clasificación de los signos de puntuación		
INDICADORES DE MODALIDAD (Y OMISIÓN)	Informan sobre la actitud del hablante (si pregunta, exclama, etc.)	• signos de interrogación ¿? • signos de exclamación ¡! • puntos suspensivos ...

Además de las reglas de uso de cada signo, para puntuar correctamente deben tenerse en cuenta las siguientes orientaciones generales:

a) PUNTUACIÓN Y PAUSAS. Se ha vinculado tradicionalmente la escritura de algunos signos de puntuación a las pausas e inflexiones tonales de la lengua oral. Sin embargo, a la hora de puntuar, priman hoy los criterios sintáctico-semánticos, es decir, los que atienden a la combinación y disposición de las palabras en la oración y al significado de los mensajes. Así, por ejemplo, la estrecha relación entre sujeto y predicado determina que entre ambos nunca se escriba coma, con independencia de que, tras un sujeto de cierta extensión, se realice una pausa: *La homenajeada, sus familiares, el público y las autoridades ocupan ya sus asientos; Quien no llegue antes de las nueve no podrá hacer el examen.*

b) USOS OBLIGATORIOS DE LOS SIGNOS DE PUNTUACIÓN. Hay contextos en los que el uso de los signos de puntuación es obligatorio, como sucede en las interrogativas directas, que se escriben entre signos de interrogación, o con los vocativos, que se delimitan siempre mediante comas. En casos como estos, la presencia de los signos de puntuación tiene carácter distintivo, pues refleja diferencias sintácticas y cambios de significado: *¿Sigue sin comer nada?* (distinto de *Sigue sin comer nada*); *Eva, escucha con atención* (distinto de *Eva escucha con atención*).

c) USOS OPCIONALES DE LOS SIGNOS DE PUNTUACIÓN. En otros contextos, el uso de los signos de puntuación o la elección entre varios posibles depende de criterios que nada tienen que ver con las funciones de los componentes oracionales y el significado de los mensajes. Estos criterios pueden ser de índole personal, como la preferencia por un estilo de escritura más o menos trabado: *A las ocho de la mañana, hago deporte / A las ocho de la mañana hago deporte;* o la intención de dar mayor relevancia a cierta información: *No quiero ni debo insistir / No quiero (ni debo) insistir*. Otras veces, el uso de los signos está condicionado por el contexto; así, la longitud del enunciado y de sus constituyentes favorece la presencia de signos que faciliten la comprensión de lo escrito: *El verano pasado la convivencia era idílica / En aquellos calurosos días de principios del verano pasado, la convivencia era idílica.* Es también contextual la elección de un determinado signo para evitar la acumulación de varios signos de un mismo tipo; con ello se contribuye a la presentación jerarquizada de la información: *No tenía buen aspecto: su pelo estaba sucio; su cara presentaba magulladuras; había adelgazado... No obstante, en cuanto apareció en el portal, lo reconocí* (mejor que *No tenía buen aspecto, su pelo estaba sucio, su cara presentaba magulladuras, había adelgazado, no obstante, en cuanto apareció en el portal, lo reconocí*).

EL PUNTO

El punto (.) señala el final de un enunciado —que no sea interrogativo ni exclamativo—, de un párrafo o de un texto.

> *a* La palabra que sigue inmediatamente al punto de cierre de un enunciado o de un párrafo se escribe siempre con inicial mayúscula.

Recibe distintos nombres según la unidad discursiva que delimite:

a) Si se escribe al final de un enunciado y a continuación, en la misma línea, se inicia otro, se denomina *punto y seguido:*

Busca entre sus cosas. Tal vez encuentres algo interesante.

b) Si se escribe al final de un párrafo y el enunciado siguiente inicia un párrafo nuevo, se denomina *punto y aparte*. Los distintos párrafos suelen desarrollar, dentro de la unidad del texto, ideas o contenidos diferentes:

El mar estaba embravecido aquel día. Los barcos sorteaban las olas con dificultad, aunque la mayoría de ellos no había salido a faenar.

Miguel, sentado en el muelle, esperaba el regreso de su padre. Atisbaba el horizonte buscando ansioso su barco con la mirada.

La elección entre un punto y seguido o un punto y aparte tiene que ver con destrezas relativas a la organización de la información. Aunque esta puede variar dependiendo de cómo quiere el que escribe que su texto sea interpretado, la agrupación de las ideas en un párrafo debe perseguir siempre la claridad y la coherencia del texto.

c) Si se escribe un punto al final de un texto o de una de sus divisiones principales (por ejemplo, un capítulo), se denomina *punto final*.

> *a* Aunque usuales, son menos apropiadas las denominaciones *punto seguido* y *punto aparte*. No es correcta la denominación ⊗*punto y final*.

Cuando aparecen aisladas en la página o son el único texto del renglón, no debe escribirse punto final tras secuencias de los tipos siguientes:

- Títulos y subtítulos de libros, artículos, capítulos, obras de arte, etc.:

  Cien años de soledad

- Títulos y cabeceras de cuadros y tablas:

  Tabla 1. Clasificación de los signos de puntuación

- Nombres de autor en cubiertas, portadas, prólogos, firmas de documentos, etc.:

  Un cordial saludo,
  Luis Pérez

- Eslóganes publicitarios:

  Asturias, paraíso natural

- Direcciones electrónicas:

  www.excelsior.com.mx
  consulta@rae.es

Los textos que aparecen bajo ilustraciones, fotografías, diagramas, etc., no se cierran con punto cuando constituyen rótulos o etiquetas que describen el contenido de dichas imágenes:

[*Imagen*]
Mario Vargas Llosa

Pueden cerrarse con punto, en cambio, cuando el texto es extenso, especialmente si presenta puntuación interna. Es, pues, opcional el uso del punto en un pie de fotografía como este:

[*Imagen*]
El escritor Mario Vargas Llosa, en la ceremonia de recepción del Premio Nobel de Literatura(.)

Cuando los pies de imagen no son propiamente etiquetas, sino explicaciones de carácter discursivo con estructura oracional, deben cerrarse con punto:

[*Imagen*]
Figura 13. En la pronunciación de las vocales, el aire no encuentra ningún obstáculo al salir.

Fuera del ámbito de la puntuación, el punto se usa para marcar las abreviaturas, como en *Sra.*, *n.º*, *pág.* o *EE. UU.* (→ pág. 462), y en ciertas expresiones numéricas (→ pág. 489). En obras de contenido lingüístico, se emplea en lugar del guion (→ pág. 419) para separar sílabas: *ma.ri.po.sa*, /dár.se.na/.

En las clasificaciones o enumeraciones en forma de lista, se escribe punto tras el número o la letra que encabeza cada uno de los elementos enumerados:

> ¿Cuál es la capital de Ohio?
> a. Cleveland
> b. Columbus
> c. Indianápolis

También pueden emplearse con este fin los paréntesis (→ pág. 396).

Concurrencia del punto con otros signos. Al escribir el punto de cierre de un enunciado, conviene tener en cuenta algunas limitaciones y reglas de colocación:

a) El punto debe colocarse siempre tras el paréntesis, la raya, el corchete o las comillas de cierre:

> Se fue dando un portazo. (Creo que estaba muy enfadado).
> Se llamaba Elvira Muñoz —si no recuerdo mal—.

> *a* Nunca debe escribirse un punto de cierre de enunciado delante de un signo de cierre de comillas, paréntesis, corchetes o rayas: *En el cartel que llevaba el perro del ciego decía: «No me acaricies. (Estoy trabajando)».*

b) Nunca se escribe punto tras los signos de cierre de interrogación y exclamación, ni tras los puntos suspensivos:

> ¿Vienes? ¡Qué bien! Cuando se lo diga a los demás...

c) Cuando después del cierre de interrogación o exclamación, o tras los puntos suspensivos, aparece un paréntesis, una raya, un corchete o unas comillas de cierre, es obligatoria la escritura de punto:

> Gritó entusiasmada: «¿Vienes? ¡Qué bien!».

LA COMA

La coma (,) delimita unidades discursivas inferiores al enunciado, como algunos tipos de oraciones (*Aunque no te guste, tendrás que hacerlo*) y grupos sintácticos (*David, el contable, no ha venido hoy*). Fuera del ámbito de la puntuación, se emplea como separador decimal en los números escritos con cifras (→ pág. 489).

Muchos de los usos de la coma tienen que ver con la delimitación de incisos y otras unidades que se presentan como información secundaria o accesoria. Hay secuencias necesariamente incidentales, como las explicativas: *La presentación de Eduardo Romero, el comisario de la exposición, fue muy aplaudida*. Otras, en cambio, pueden serlo o no, en función de cómo el que escribe prefiere presentar la información: *Juan vino junto con su padre* / *Juan vino, junto con su padre*.

Por otra parte, del mencionado vínculo entre la sintaxis y la puntuación se desprende una regla básica a la hora de usar la coma: la puntuación no debe romper la dependencia existente entre los grupos sintácticos más fuertemente vinculados desde el punto de vista sintáctico y semántico, ni siquiera cuando, en la pronunciación, esos grupos se separen del resto del enunciado mediante una pausa.

Coma e incisos. Los incisos son elementos suplementarios que aportan precisiones, ampliaciones, rectificaciones o circunstancias a lo dicho. Normalmente aparecen intercalados en el enunciado y se escriben entre comas, aunque a menudo pueden ir también entre paréntesis (→ pág. 395) o rayas (→ pág. 399):

> El volcán Villarrica, como todos saben, está en Chile.
>
> El mundo del espectáculo, en especial el de la danza, me fascina.

Otras veces, la información incidental encabeza o cierra el enunciado, y debe aparecer igualmente aislada mediante coma:

> Como todos saben, el volcán Villarrica está en Chile.
>
> Me fascina el mundo del espectáculo, en especial el de la danza.

Cualquier expresión u oración de carácter accesorio, sin vinculación sintáctica con el resto del enunciado, constituye un inciso: *Están dispuestas a todo, ¡qué barbaridad!, con tal de conseguir lo que quieren*. Además, son siempre incisos y, por tanto, se escriben entre comas las siguientes construcciones:

a) Las APOSICIONES EXPLICATIVAS, es decir, los sustantivos o grupos nominales que interrumpen el curso del enunciado para agregar alguna precisión o comentario sobre el elemento nominal que los precede:

> La conferencia de Eduardo Torres, experto en biotecnología, fue muy aplaudida.
>
> Mi hermano, Arturo, estuvo allí.

No se escriben entre comas las aposiciones que restringen o delimitan la referencia del sustantivo que las precede, llamadas *aposiciones especificativas:*

Mi hermano Arturo estuvo allí.

En este último ejemplo, el sustantivo *Arturo* especifica a cuál de los hermanos del hablante se está haciendo referencia, mientras que en el anterior se entiende que el hablante solo tiene un hermano, cuyo nombre es *Arturo*.

Los apodos, las designaciones antonomásticas o los seudónimos, que pueden usarse sin acompañamiento del nombre verdadero, son aposiciones explicativas cuando se mencionan tras este; por ello, se separan del nombre mediante comas: *Lola Flores, la Faraona; Simón Bolívar, el Libertador; José Martínez Ruiz, Azorín*. En cambio, los sobrenombres, que deben ir necesariamente acompañados del nombre propio al que especifican, se unen a este sin coma: *Alfonso II el Casto, Lorenzo el Magnífico*.

b) Las ORACIONES DE RELATIVO EXPLICATIVAS, que, como en el caso de las aposiciones, ofrecen una aclaración sobre el grupo nominal al que modifican, que constituye su antecedente: *La casa, que está al borde del mar, es muy luminosa* (se explica que la casa de la que se habla está al borde del mar); *Don Alfonso, a quien todos recordamos con cariño, estuvo siempre a nuestro lado.*

En cambio, las oraciones de relativo especificativas, que especifican a qué elementos de un conjunto se hace referencia, no se escriben entre comas: *La casa que está al borde del mar es muy luminosa* (se especifica que, de entre todas las casas que hay en determinada zona, se habla de la que está situada al borde del mar).

La misma regla de puntuación se aplica a los ADJETIVOS EXPLICATIVOS (*Los soldados, cansados, volvieron al campamento con dos horas de retraso*) frente a los especificativos (*Los soldados cansados volvieron al campamento con dos horas de retraso*).

c) Las CONSTRUCCIONES ABSOLUTAS, que son aquellas en las que se unen un sujeto y un elemento predicativo (normalmente un participio, pero también un gerundio, un adjetivo e incluso un adverbio o un grupo preposicional) sin la presencia de un verbo en forma personal:

Finalizadas las excavaciones, se organizó una exposición para mostrar los utensilios encontrados.

Ellos, viviendo allí su hija, no necesitan buscar un hotel.

Coma e interjecciones. Se separan con coma del resto del enunciado las interjecciones (*ah, ay, bah, caramba, eh, hola, ándale, atiza, oye, venga,* etc.) y las locuciones interjectivas (*ni modo, vaya por Dios,* etc.):

> Bah, no te preocupes.
> Date prisa, venga, que llegamos tarde.
> Ya está lloviendo, ¡vaya por Dios!

Coma y apéndices confirmativos. Van precedidos de coma los apéndices confirmativos, es decir, las muletillas interrogativas que pueden aparecer al final de los enunciados, como *¿verdad?, ¿no?, ¿eh?, ¿ves?* o *¿viste?:*

> Confías en mí, ¿no?
> La estamos pasando bárbaro, ¿viste?

Coma y vocativos. Se separan con coma del resto del enunciado los vocativos, esto es, los sustantivos, grupos nominales o pronombres que se emplean para llamar o dirigirse al interlocutor de forma explícita:

> Javier, no me gusta que salgas tan tarde.
> Estoy a sus órdenes, mi coronel.
> A ver, usted, acérquese inmediatamente.

Coma y conectores discursivos. Se separan mediante coma de la secuencia sobre la que inciden (subrayada en los ejemplos) los conectores discursivos, enlaces que ponen en relación dicha secuencia con el contexto precedente, como *además, asimismo, ahora bien, sin embargo, no obstante, por el contrario, aun así, con todo (y con eso), así pues, por consiguiente, por lo tanto, es decir, o sea, por ejemplo, en definitiva, en primer / segundo lugar, por una / otra parte, por último, pues bien* y otros similares:

> Se ha llevado todas sus cosas de la casa. O SEA, no piensa volver.
> Mi nombre es Catalina. Nadie, SIN EMBARGO, me llama así.
> Estaba lesionado, pero, CON TODO Y CON ESO, consiguió llegar a la meta.

> Muchos de los conectores son formalmente idénticos a secuencias que desempeñan otras funciones. En algunos casos, solo la puntuación hace evidente esta diferencia, que lleva consigo cambios de significado. Por tanto, debe tenerse especial cuidado a la hora de puntuar enunciados como los siguientes (el primero de ellos con un conector, pero no el segundo):
>
> ASÍ, consiguió lo que quería [= 'por lo tanto']. / Así consiguió lo que quería [= 'de esa manera'].
>
> A PROPÓSITO, no hagas eso [= 'dicho sea de paso']. / A propósito no hagas eso [= 'deliberadamente'].
>
> No nos trasladamos, ENTONCES, a Campeche [= 'por lo tanto']. / No nos trasladamos entonces a Campeche [= 'en ese momento'].

Coma y estructuras coordinadas. La coordinación es un recurso sintáctico que consiste en unir dos o más elementos análogos equiparándolos, es decir, sin establecer entre ellos una relación de dependencia. Si la coordinación implica una suma de esos elementos, se denomina *copulativa* (*pan y queso*); si supone una alternancia o implica una elección entre ellos, *disyuntiva* (*pan o queso*), y, cuando denota una oposición, *adversativa* (*pan, pero no queso*). Los miembros de una estructura coordinada pueden yuxtaponerse, o bien separarse mediante una conjunción (*y, o, pero,* etc.) o una locución conjuntiva (por ejemplo, *así como*).

Las reglas que rigen la escritura de coma en estas estructuras son las siguientes:

a) Se escribe coma entre los miembros gramaticalmente equivalentes de una coordinación copulativa o disyuntiva siempre que estos no sean complejos y ya contengan comas en su expresión (en ese caso, se utiliza el punto y coma; → pág. 390):

> Acudieron a la cita abuelos, padres, hijos, cuñados, etc.
>
> Cada uno participó de una manera: cocinando, poniendo la mesa, trayendo las bebidas...

b) Cuando el último elemento de una coordinación va introducido por una conjunción copulativa o disyuntiva (*y/e, ni, o/u*), no se escribe coma delante de ella:

> Es un chico muy reservado, estudioso y de buena familia.
>
> No le gustan las manzanas, las peras ni los plátanos.
>
> ¿Quieres té, café o manzanilla?

Sin embargo, existen casos en que el uso conjunto de la coma y la conjunción no solo es admisible, sino necesario:

- En una relación compuesta de elementos complejos que se separan unos de otros por punto y coma, delante de la conjunción que introduce el último de ellos se escribe coma (o bien punto y coma; → pág. 390):

> En el armario colocó la vajilla; en el cajón, los cubiertos; en los estantes, los vasos, y los alimentos, en la despensa.

- Se escribe coma delante de estas conjunciones cuando la secuencia que encabezan enlaza con todo el predicado anterior, y no con el último de sus miembros coordinados:

> Pagó el traje, el bolso y los zapatos, y salió de la tienda.
>
> No sé si ir de vacaciones a Francia o Italia, o quedarme en casa.

- Cuando se enlazan miembros gramaticalmente equivalentes dentro de un mismo enunciado, si el último de ellos no introduce un elemento perteneciente a la misma serie o enumeración por indicar normalmente una conclusión o una consecuencia, se escribe coma delante de la conjunción:

  Pintaron las paredes de la habitación, cambiaron la disposición de los muebles, pusieron alfombras nuevas, y quedaron encantados con el resultado.

- Es frecuente, aunque no obligatorio, que entre oraciones coordinadas se ponga coma delante de la conjunción cuando la primera tiene cierta extensión, especialmente cuando tienen sujetos distintos:

  La mujer salía de casa sola a la misma hora todas las mañanas, y el agente seguía sus pasos sin levantar sospechas.

- Cuando la conjunción *y* tiene valor adversativo (equivalente a *pero*), puede ir precedida de coma:

  Le aconsejé que no comprara esa casa, y no hizo caso.

- Debe escribirse coma delante o detrás de cualquiera de estas conjunciones si inmediatamente antes o después hay un inciso o cualquier otro elemento aislado mediante comas:

  Puedes venir conmigo, María, o quedarte en casa.
  Puedes venir con nosotros o, por el contrario, quedarte en casa.

c) Se recomienda puntuar las secuencias introducidas por la locución *así como* de igual manera que los incisos:

Era famoso por su voz, así como por su forma de actuar.
Ana, así como el resto de la familia, no quiso perderse el evento.

d) No se escribe coma entre los miembros coordinados por las conjunciones copulativas discontinuas *ni... ni...* y *tanto... como...*:

Es como el perro del hortelano: ni come ni deja comer.
Quedaron dañados tanto el tejado como la fachada del edificio.

e) Se escribe coma delante de cada una de las secuencias encabezadas por *bien..., bien...; ora..., ora...; sea..., sea...; ya..., ya...*:

Organizaremos la fiesta, bien en tu casa, bien en la mía.
Es mejor comprar el pulpo ya cocido, sea condimentado, sea sin condimentar.

Para los contextos en los que puede prescindirse de la coma ante el primer miembro de estas estructuras, → pág. 384.

f) Se escribe coma ante las oraciones coordinadas adversativas, es decir, las introducidas por *pero, mas, sino (que)* y *aunque:*

Hazlo si quieres, pero luego no digas que no te lo advertí.
Cree que ha hecho bien el examen, aunque tiene dudas.
No lo hizo porque le gustara, sino porque era su deber.
Lo conseguiremos, mas debemos ser pacientes.

La conjunción *sino* va también precedida de coma cuando forma parte de la construcción *no solo..., sino (también)...: Fue aplaudido no solo por mí, sino por todos los presentes.* No se escribe coma ante *sino* cuando equivale a *salvo,* como en *¿Quién sino tú puede ayudarme?*

a

- Solo se escribe coma detrás de las conjunciones adversativas cuando van seguidas de un inciso o cualquiera de las secuencias que se aíslan por comas, como las interjecciones, los vocativos, etc.:

  Está enfermo, pero, excepto tú, nadie ha venido a visitarlo.
  Le he traído un regalo, pero, ¡por Dios!, no le digas nada.

- No se escribe coma tras la conjunción adversativa cuando va seguida de una oración interrogativa o exclamativa, aunque en el habla suela hacerse una pausa en ese punto:

  Pero ¡qué alegría verte!
  Perdone la pregunta, pero ¿cuál es su edad?

Coma y sujeto, atributo, complemento directo, complemento indirecto, complemento predicativo, complemento de régimen y complemento agente. Las secuencias de la oración que desempeñan las funciones de sujeto, atributo, complemento directo, complemento indirecto, complemento predicativo, complemento de régimen y complemento agente no pueden separarse con coma del verbo, al que están fuertemente ligadas, sea cual sea su longitud, su posición en el enunciado o su naturaleza (oracional o no oracional). Consecuentemente, no se escribe coma entre los sujetos subrayados en los siguientes ejemplos y sus predicados:

Mis padres, mis tíos, mis abuelos me felicitaron ayer.
Los alumnos que no hayan entregado el trabajo antes de la fecha fijada por el profesor suspenderán la asignatura.
Que vengas esta tarde me parece muy bien.

O en estos otros ejemplos, donde se subrayan, respectivamente, el complemento directo y el atributo:

Va a visitar tanto los sitios turísticos como los más escondidos.
Quienes deben hacerlo son ellos.

Esta regla se aplica también a los sujetos y complementos antes mencionados cuando están integrados en una estructura contrastiva del tipo *no..., sino;* por tanto, en estos casos, no debe escribirse coma delante del adverbio *no:*

> Lo consideraba no ya un capricho, sino una necesidad.

Cuando los complementos verbales anticipan su aparición, normalmente con la intención de destacar o enfatizar el elemento anticipado, tampoco debe escribirse coma:

> Vergüenza debería darte.
> Muy contento te veo.

Sí se escribe coma cuando el complemento directo antepuesto al verbo es una cita entrecomillada (en estilo directo):

> «La claridad es la cortesía del filósofo», dijo Ortega.

En cambio, cuando el elemento anticipado simplemente expresa el tema del que se va a decir algo, la coma es opcional:

> De ese asunto(,) apenas sé nada.
> Carne(,) no suelo comer mucha.
> A ese ingeniero(,) lo quisimos contratar nosotros.

En este último caso, la presencia de la coma es más conveniente cuanto más largo sea el fragmento anticipado:

> La costumbre de hacer regalos a los niños cuando terminan las clases, nunca la hemos seguido en mi casa.

Excepcionalmente, puede aparecer una coma entre el verbo y los constituyentes oracionales aquí tratados en los siguientes casos:

a) Cuando alguno de esos constituyentes es una enumeración que se cierra con la palabra *etcétera* o su abreviatura (*etc.*), detrás de la cual se escribe coma:

> El novio, los parientes, los invitados, etc., esperaban ya la llegada de la novia.
> Ofrecieron agua, ropa, comida, etc., a todos los heridos.

b) Cuando, inmediatamente después del verbo, del sujeto, del complemento directo, etc., aparece un inciso o cualquiera de los elementos que se aíslan por comas del resto del enunciado:

> El manifiesto fue firmado, según la prensa, por más de cinco mil personas.
> Espero, hijo mío, una respuesta sensata.

c) Cuando el predicado verbal, el sujeto, el complemento directo, etc., están constituidos por una estructura distributiva encabezada por *(o) bien..., (o) bien...; ora..., ora...; ya..., ya...*, etc.:

> Miraba, ora al suelo, ora al horizonte.
>
> Después de comer, los niños, bien se ponían de nuevo a jugar, bien dormían la siesta.

En este caso es también correcto no escribir coma ante el primer miembro de la construcción: *Miraba ora al suelo, ora al horizonte.*

Coma y complementos circunstanciales. Los complementos circunstanciales, sean o no oracionales, que aportan informaciones de tiempo, lugar, compañía, etc., no se aíslan por comas cuando se posponen al verbo:

> La convivencia era idílica en aquellos calurosos días de verano.
>
> Llámame siempre que me necesites.
>
> Me trasladé a la capital cuando comenzó la guerra.
>
> Te acompañaré dondequiera que vayas.
>
> Viajé a Cuba con mi hermano y unos amigos.

Solo si quien escribe desea presentar esa circunstancia como información incidental o accesoria, el complemento circunstancial puede aparecer aislado por comas:

> Murió, justo dos años después, en acto de servicio.
>
> Murió en acto de servicio, justo dos años después.

En cambio, cuando el circunstancial precede al verbo, va normalmente seguido de coma (salvo que sea breve y la ausencia de coma no implique ambigüedades):

> En aquellos calurosos días de verano, la convivencia era idílica.
>
> Siempre que no sepas a quién acudir, llámame.
>
> Dondequiera que vayas, te acompañaré.
>
> Con mi hermano y unos amigos, viajé a Cuba.

La mayoría de las comas que delimitan los complementos circunstanciales antepuestos son opcionales, y su presencia o ausencia responde a la preferencia del que escribe por un estilo de escritura más trabado o más fluido. Su presencia, no obstante, puede contribuir a facilitar la interpretación del enunciado. Por ello, se recomienda escribir coma tras los complementos circunstanciales antepuestos al predicado cuando son extensos, como en *En aquellos calurosos días de principios del verano pasado, la convivencia era idílica* (frente a *En casa no puedo estudiar*). También cuando introducen referencias —generalmente de lugar o de tiempo— que enmarcan todo el enunciado: *En México, hace ya tiempo que en la prensa especializada se trata este asunto.* La presencia de coma puede contribuir, asimismo, a aislar una información circunstancial a la que se quiere dar relevancia (por ejemplo, para oponerla a otra): *Por las mañanas, estudia en la facultad y, por las tardes, se dedica a trabajar.*

También se aíslan por comas los complementos circunstanciales de cierta extensión cuando se interponen entre el verbo y alguno de los constituyentes sintácticos mencionados en el apartado anterior:

> Los amigos, en aquellos calurosos días de verano, iban a la playa.
> Llamé, desde la habitación más lejana, al jardinero.

Coma y construcciones causales, finales, condicionales, concesivas, comparativas, consecutivas e ilativas

a) CONSTRUCCIONES CAUSALES. Se aíslan siempre mediante coma las oraciones causales introducidas por las conjunciones o locuciones conjuntivas *ya que, pues, puesto que, que, como, comoquiera que:*

> Tuvimos que alquilar dos coches, ya que al final vinieron seis.
> Cierra, que hace frío.
> Como no ha llamado, supongo que estará bien.

No se separan con coma las causales introducidas por la conjunción *porque* que expresan la causa real de lo enunciado en la oración principal, llamadas *causales del enunciado: El suelo está mojado porque ha llovido* (la lluvia es la causa real de que el suelo esté mojado). En cambio, las *causales de la enunciación,* oraciones externas al predicado verbal que introducen el hecho que permite decir o afirmar lo enunciado en la oración principal, sí se delimitan por comas: *Ha llovido, porque está el suelo mojado* (lo que me lleva a afirmar que ha llovido es que el suelo está mojado).

b) CONSTRUCCIONES FINALES. Se aíslan mediante coma las oraciones finales antepuestas (si son breves, puede prescindirse de la coma):

> Para aprobar el examen de mañana, tienes que estudiar.

En cambio, no se escribe coma cuando van pospuestas y expresan la finalidad real de lo enunciado en la oración principal (*finales del enunciado*):

> Tienes que estudiar para aprobar el examen de mañana.

Debe tenerse en cuenta que, si la oración final pospuesta no expresa finalidad real, sino el objetivo que se persigue al enunciar la oración principal (*finales de la enunciación*), sí se separa con coma: *Tienes que estudiar con más atención, para que te quede claro* (el fin de mis palabras es dejarte claro que tienes que estudiar con más atención), diferente de *Tienes que estudiar con más atención para que te quede claro* (el fin de que estudies con más atención es que te quede claro lo que lees).

c) Construcciones condicionales y concesivas. Las oraciones o construcciones no oracionales que expresan una condición se aíslan mediante coma cuando van antepuestas al verbo principal, salvo si son breves, pero no suelen ir precedidas de coma si van pospuestas:

> Si vas a llegar tarde, no dejes de avisarme. / No dejes de avisarme si vas a llegar tarde.
>
> Como vuelva a salir un ocho, nos hacemos ricos. / Nos hacemos ricos como vuelva a salir un ocho.
>
> En caso de duda, consulte a su médico. / Consulte a su médico en caso de duda.

Lo mismo cabe decir de las construcciones concesivas, es decir, las que manifiestan un impedimento a pesar del cual se realiza lo enunciado en la oración principal:

> Aunque no quieras, te llevaré al hospital. / Te llevaré al hospital aunque no quieras.
>
> Llame quien llame, no abras la puerta. / No abras la puerta llame quien llame.

No obstante, cuando la información de la subordinada condicional o concesiva se presenta como información incidental o accesoria, va precedida de coma, como todos los incisos:

> Iremos los tres, siempre y cuando Ana no haya decidido otra cosa.
>
> Te llevaré al hospital, aunque no quieras.

Además, se separan siempre con coma las condicionales y las concesivas pospuestas cuando no expresan realmente una condición o un impedimento:

> El tren llegará a las diez, si he entendido bien.
>
> Trajo regalos para todos, aunque te parezca mentira.

d) Construcciones comparativas y consecutivas. Dada su estrecha relación, no se escribe coma entre los dos miembros de las construcciones comparativas (formadas por *más... que, menos... que, tan... como, tanto(s) / tanta(s)... como,* etc.) ni de las consecutivas (las que presentan correlaciones como *tal / tales... que, tan... que, tanto(s) / tanta(s)... que, de tal manera... que*):

Disfruta más cuidando su jardín que paseando por el campo.
Llegaron a tal grado de confianza que no necesitaban hablarse.

e) CONSTRUCCIONES ILATIVAS. Las oraciones introducidas por *así que, conque, luego, de modo / forma / manera que* o *de ahí que* se escriben siempre precedidas de coma:

Nadie abría la puerta, así que siguieron llamando.
Es un jarrón muy caro, conque mucho cuidado al transportarlo.

Coma y complementos que afectan a toda la oración. Se escribe coma detrás de muchos adverbios, así como de grupos y locuciones adverbiales y preposicionales, que afectan o modifican a toda la oración, y no solo a uno de sus elementos:

Generalmente, los alojamientos rurales se sitúan en enclaves privilegiados (*o* Por lo general, los alojamientos...).

Francamente, no creo que vuelva por aquí (*o* Con franqueza, no creo que...).

Técnicamente, los resultados de la prueba no fueron satisfactorios (*o* Desde el punto de vista técnico, los resultados...).

También afectan a toda la oración, y deben separarse con coma, las estructuras encabezadas por expresiones de valor introductorio como *en cuanto a, con respecto a, en relación con, con referencia a,* etc.:

Con respecto a esos papeles, nadie volvió a saber nada de ellos.
En cuanto a ti, no quiero volver a verte.

Coma y conjunciones subordinantes. No se escribe coma entre las conjunciones subordinantes (en versalita en los ejemplos) y las oraciones que introducen:

Ahora sé perfectamente QUE todo lo que me dijo era mentira.
Tiene que asistir a la inauguración AUNQUE no le apetezca.

Sí puede aparecer una coma en esa posición si entre la conjunción y la subordinada se intercala alguna de las secuencias que se separan por comas del resto del enunciado (incisos, circunstanciales de cierta extensión, complementos que afectan a toda la oración, etc.):

Ahora sé perfectamente QUE, durante el tiempo que duró nuestra relación, todo lo que me dijo era mentira.

Tiene que asistir a la inauguración AUNQUE, según ha declarado, no le apetezca.

Coma para marcar elisiones verbales. Se escribe coma para separar el sujeto de los complementos verbales cuando el verbo está elidido por haber sido mencionado con anterioridad o estar sobrentendido:

> Su hijo mayor es rubio; el pequeño, moreno.
> Los que no tengan invitación, por aquella puerta.
> Nueve por tres, veintisiete.

Aunque se recomienda la escritura de coma en estos casos, no se trata siempre de un uso obligatorio. A veces, como en el ejemplo siguiente, puede optarse por un estilo de puntuación más trabado: *Yo vigilaré los lunes; tú, los martes y los jueves, y Martín, los fines de semana;* o bien más suelto: *Yo vigilaré los lunes, tú los martes y los jueves, y Martín los fines de semana.*

La coma puede marcar también la elisión de un segmento mayor que el verbo: *Ricardo <u>ha decidido cursar sus estudios universitarios</u> en Bogotá, y su hermano Andrés, en Medellín.*

Otros usos de la coma

a) Se escribe coma delante de una palabra que se acaba de mencionar cuando se repite para introducir una explicación sobre ella: *Se compró la mejor moto que había en el mercado, moto que enseguida acabó olvidada en el garaje.* Debe evitarse, en cambio, el uso de coma en las reduplicaciones enfáticas o expresivas de una palabra:

> Me gusta el café café.
> Tenía el pelo muy muy corto.
> Es igual igual que su padre.

b) En la datación de cartas y documentos, se escribe coma entre el lugar y la fecha: *Santiago, 8 de enero de 1999; En Cartagena, a 16 de marzo de 2000;* o entre el día de la semana y el del mes: *Lunes, 23 de enero de 2012.* Fuera de este uso formalizado, la presencia o ausencia de coma entre el día de la semana y el del mes responde a la necesidad de marcar la estructura como explicativa (*El próximo martes, 30 de septiembre, tenemos reunión*) o como especificativa (*La reunión se celebrará el martes 30 de septiembre*); → págs. 377-378.

Concurrencia de la coma con otros signos. La coma no puede aparecer junto con el punto, el punto y coma o los dos puntos, pero sí puede coaparecer con el resto de los signos de puntuación. En caso de concurrencia, la coma se escribe detrás de los puntos suspensivos y de los signos de cierre de paréntesis, raya, comillas, interrogación o exclamación:

> Esto..., ¿sabes si María va a venir a la fiesta?
> Dime —y no quiero excusas—, ¿por qué no has llamado antes?

«Buenas noches», dijo muy circunspecto al entrar en la habitación.
¿Quieren saberlo?, pues pregúntenmelo.

La coma no exime de escribir el punto de las abreviaturas: *Martillo, alicates, destornillador, etc., son elementos imprescindibles en una caja de herramientas.* *a*

EL PUNTO Y COMA

El punto y coma (;) delimita unidades discursivas inferiores al enunciado, ya sean grupos sintácticos, como en el primero de los siguientes ejemplos, u oraciones, como en el segundo:

Se equivocó; lamentablemente.
En cuanto recibieron el aviso, salieron a buscarlo; aún estaba vivo cuando lo encontraron.

Este signo establece mayor disociación entre las unidades lingüísticas que la coma —y, por tanto, realza más cada una de ellas— y menor que la indicada por el punto. Su uso, en este sentido, obedece a la intención comunicativa del que escribe y, por tanto, presenta un alto grado de subjetividad. Así, los ejemplos anteriores podrían haberse puntuado como sigue:

Se equivocó, lamentablemente.
En cuanto recibieron el aviso, salieron a buscarlo. Aún estaba vivo cuando lo encontraron.

Detrás del signo de punto y coma se escribe siempre minúscula. La única excepción se da en obras de contenido lingüístico —como esta misma—, donde es habitual separar con punto y coma los diferentes enunciados que se ponen como ejemplo cuando se escriben seguidos, cada uno de los cuales se inicia, como corresponde, con mayúscula.

Punto y coma entre oraciones yuxtapuestas. Se escribe punto y coma para separar oraciones sintácticamente independientes entre las que existe una estrecha relación semántica:

Puede irse a casa; ya no hay nada más que hacer.
Lo hizo por el bien de su familia; no puede reprochársele nada.

Si el vínculo entre las oraciones se estima débil, en la mayor parte de estos casos se podría utilizar el punto y seguido. Cuando la relación semántica entre las oraciones conectadas es de dependencia, también se pueden usar entre ellas los dos puntos (→ pág. 393).

Punto y coma entre unidades coordinadas

a) COORDINADAS COPULATIVAS Y DISYUNTIVAS. Se escribe punto y coma para separar los miembros de las construcciones copulativas y disyuntivas en las que se suceden expresiones complejas que incluyen comas o que presentan cierta longitud. Cuando el último elemento coordinado va precedido por una conjunción, delante de esta puede escribirse punto y coma o simplemente coma, opción más recomendable, pues anticipa inequívocamente el final de la enumeración:

> Cada grupo irá por un lado diferente: el primero, por la izquierda; el segundo, por la derecha, y el tercero, de frente.

Asimismo, cabe escribir coma o punto y coma ante la expresión *etcétera* (o su abreviatura *etc.*) que cierra las enumeraciones incompletas: *Nos queda mucho por hacer antes de emprender el viaje: terminar el trabajo pendiente; ir a la agencia de viajes; despedirnos de nuestros padres, etc.* (o bien ... *despedirnos de nuestros padres; etc.*).

b) COORDINADAS ADVERSATIVAS. Se escribe punto y coma, en lugar de coma, ante las conjunciones *pero, mas, aunque* (y, menos frecuentemente, *sino*) cuando las oraciones vinculadas tienen cierta longitud, y especialmente si alguna de ellas presenta comas internas:

> No vivió mucho tiempo en aquella ciudad tan lejana; pero, mientras estuvo allí, disfrutó de todo lo que le ofrecía.

Punto y coma ante conectores. Se recomienda escribir punto y coma delante de conectores discursivos que vinculan periodos de cierta longitud:

> Los jugadores se entrenaron intensamente durante todo el mes; SIN EMBARGO, los resultados no fueron los esperados.
>
> Se había trasladado a una ciudad en la que no conocía a nadie; ASÍ PUES, tuvo que esforzarse por establecer nuevas relaciones.
>
> Todas las mercancías que llegaban tenían que pasar un estricto control; POR TANTO, se distribuían con mucho retraso.

Se recomienda el uso del punto en estos casos si los periodos son muy extensos:

> Este año han sido muy escasos los días en que ha llovido desde que se sembraron los campos. Por consiguiente, lo esperable es que haya malas cosechas y que los agricultores se vean obligados a solicitar ayudas gubernamentales.

Concurrencia del punto y coma con otros signos. Cuando el punto y coma concurre con otros signos de puntuación, deben aplicarse las mismas pautas señaladas para la coma (→ págs. 388-389).

LOS DOS PUNTOS

Los dos puntos (:), que, como la coma y el punto y coma, delimitan unidades sintácticas inferiores al enunciado, detienen el discurso para llamar la atención sobre lo que sigue, que siempre está en estrecha relación con el texto precedente. Por tanto, unen a su función delimitadora un valor anunciativo:

> Tres son los ingredientes principales para preparar un buen mojito: ron, zumo de lima y hojas de menta o hierbabuena.
>
> Ya lo dijo Plauto: «El hombre es un lobo para el hombre».

Por regla general, tras los dos puntos se escribe minúscula, aunque hay algunos casos en que debe escribirse mayúscula detrás de este signo (→ págs. 426-427).

Fuera del ámbito de la puntuación, los dos puntos se usan como símbolo matemático de división y como separador de horas y minutos en las indicaciones horarias escritas con números (→ pág. 503).

Dos puntos en enumeraciones. Se escriben dos puntos ante enumeraciones de carácter explicativo, es decir, aquellas precedidas de un elemento anticipador, como el subrayado en los siguientes ejemplos:

> Ayer me compré dos libros: uno de Carlos Fuentes y otro de Cortázar.
>
> Así me gustan las personas: inteligentes, simpáticas y sensibles.
>
> Cada uno puede contribuir con lo que quiera: un kilo de arroz, un litro de aceite, un paquete de galletas...

Debe evitarse la escritura de dos puntos ante enumeraciones que carecen de dicho elemento anticipador:

> ⊗Patrocinado por: Inditex, Caja Extremadura, Altadis.
>
> ⊗Mis aficiones son: leer, viajar y montar en bicicleta.

Sí pueden usarse los dos puntos en este supuesto cuando los miembros de la enumeración se insertan en forma de lista:

> Mis aficiones son:
> — leer
> — viajar
> — montar en bicicleta

Cuando se escriben en primer lugar los elementos de la enumeración, los dos puntos sirven para cerrarla y dar paso al concepto que los engloba:

> Natural, sana y equilibrada: así debe ser una buena alimentación.

a

Debe evitarse el uso repetido de los dos puntos en un mismo enunciado, práctica que dificulta la percepción de las relaciones entre las unidades lingüísticas. Así, no están adecuadamente puntuados los siguientes ejemplos:

> ⊗Se requieren dos tratamientos: uno físico y otro psicológico: el primero con un fisioterapeuta y el segundo con un equipo de psicólogos.
>
> ⊗Ofrecemos numerosas ventajas: tarifa plana en los siguientes servicios: teléfono, internet y televisión; la más avanzada tecnología; etc.

Para evitar la repetición, puede optarse por el empleo de otros signos:

> Se requieren dos tratamientos, uno físico y otro psicológico: el primero con un fisioterapeuta y el segundo con un equipo de psicólogos.

O bien modificar la redacción:

> Ofrecemos numerosas ventajas: tarifa plana en los servicios de teléfono, internet y televisión; la más avanzada tecnología; etc.

Dos puntos en ejemplificaciones. Se escriben dos puntos para separar una ejemplificación del elemento anticipador que la introduce (subrayado en los ejemplos):

> De vez en cuando tiene <u>algunos comportamientos inexplicables</u>: hoy ha venido a la oficina en zapatillas.
>
> Hay <u>cosas que no debes olvidar</u>: el pasaporte, por ejemplo.

Dos puntos y discurso directo. Se escriben dos puntos tras los verbos de lengua que introducen literalmente las palabras dichas por otra persona. Cuando los dos puntos preceden a la reproducción de una cita, esta se escribe entre comillas y con inicial mayúscula:

> Ya lo dijo Ortega y Gasset: «La claridad es la cortesía del filósofo».

En los diálogos, en cambio, las palabras reproducidas tras los dos puntos se introducen mediante una raya, normalmente en párrafo aparte:

> Después de dudarlo unos momentos, respondió:
>
> —¡Decidido! Me voy con ustedes a Tulum.

Cuando las palabras del discurso directo se anteponen al verbo de lengua, no se emplean los dos puntos, sino la coma o, en la reproducción de diálogos, la raya:

> «La claridad es la cortesía del filósofo», dijo Ortega.
>
> —¡Decidido! Me voy con ustedes a Tulum —respondió después de dudarlo unos momentos.

(Para las normas que rigen el uso de la raya en los diálogos de las obras narrativas, → págs. 399-401).

También se escriben dos puntos ante pensamientos transcritos tal cual se producen:

> Al ver aquel ambiente, pensó: «Pero ¿qué estoy haciendo yo aquí?».

Dos puntos y oraciones yuxtapuestas. Se usan los dos puntos para conectar oraciones relacionadas entre sí sin necesidad de emplear otro nexo. Son varias las relaciones que pueden expresar, entre ellas las siguientes:

a) Causa-efecto: *Se ha quedado sin trabajo: no podrá ir de vacaciones este verano.*

b) Conclusión, consecuencia o resumen de la oración anterior: *El arbitraje fue injusto y se cometieron demasiados errores: al final se perdió el partido.*

c) Verificación o explicación de la oración anterior, que suele tener un sentido más general: *La paella es un plato muy completo y nutritivo: tiene la fécula del arroz, las proteínas de sus carnes y pescados, y la fibra de sus verduras.*

d) Oposición: *Rodolfo no es una persona: es mi gato.*

Con esta función los dos puntos pueden alternar con el punto y coma (→ pág. 389).

Dos puntos y conectores discursivos. Suelen escribirse dos puntos detrás de algunos conectores de carácter introductorio que detienen el discurso con intención enfática, como *a saber, es decir, en conclusión, pues bien, dicho de otro modo, más aún, ahora bien*, etc.:

> La voz *carbunclo* se emplea con dos sentidos, A SABER: 'piedra preciosa' y 'enfermedad del ganado'.
> Ha dicho que se iba. MÁS AÚN: ha amenazado con no volver jamás.
> No se preocupe. AHORA BIEN: si sigue doliéndole, vaya al médico.

En la mayoría de estos casos puede escribirse coma en lugar de dos puntos, con lo que el énfasis desaparece y la expectación creada en el lector con respecto a lo que se va a decir es menor.

Dos puntos en títulos y epígrafes. En títulos y epígrafes es frecuente el uso de los dos puntos para separar el concepto general del aspecto parcial del que va a tratarse:

> La literatura medieval: fuentes y desarrollo

Seguidos de mayúscula inicial, los dos puntos sirven para separar los epígrafes internos de un libro del texto que los sigue, cuando este comienza en la misma línea. Para ello se usan también el punto y el punto y raya (→ pág. 402):

> La Revolución Industrial: Su origen hay que situarlo en Gran Bretaña, alrededor de 1780, cuando...

Dos puntos en cartas y documentos administrativos

a) Se emplean los dos puntos tras las fórmulas de saludo en el encabezamiento de cartas y documentos. La palabra que sigue a los dos puntos se escribe con inicial mayúscula y en renglón aparte:

> Muy señor mío:
> Le agradeceré que en el plazo más breve posible...

a

Es incorrecto en español utilizar la coma en lugar de los dos puntos tras las fórmulas de saludo en cartas y documentos:

> ⊗Querida Raquel,
> ¿Cómo estás? Hace tiempo que deseaba decirte...

b) En textos jurídicos y administrativos, como decretos, sentencias, bandos, edictos, certificados o instancias, se colocan dos puntos después del verbo que presenta el objetivo fundamental del documento (*certificar, exponer, solicitar*...) y que va escrito enteramente en mayúsculas. La primera palabra que sigue a dicho verbo se escribe con inicial mayúscula y en párrafo aparte:

> CERTIFICA:
> Que D. José Álvarez ha seguido con aprovechamiento el Curso...

Del mismo modo, se escriben dos puntos tras gerundios como *considerando* o *resultando* cuando preceden a cada una de las razones que sirven de apoyo a un fallo o dictamen.

Concurrencia de los dos puntos con otros signos. Cuando los dos puntos concurren con otros signos de puntuación, deben aplicarse las mismas pautas señaladas para la coma (→ págs. 388-389).

LOS PARÉNTESIS

Los paréntesis, cuya forma es ( ), son un signo doble que se usa generalmente para insertar en un enunciado una información complementaria o aclaratoria. La secuencia enmarcada por los paréntesis no se inicia con mayúscula, salvo que el signo de apertura vaya precedido por un punto, o por un signo de cierre de interrogación o exclamación:

> No, no (hablaba muy alto), no tienes razón.
> Salió de la habitación dando un portazo. (Estaba muy enfadado).
> ¿Qué puedo hacer yo? (Es importante que te hagas esa pregunta).

Paréntesis para aislar incisos y otros elementos intercalados. Se encierran entre paréntesis los incisos: *Las asambleas (la última duró casi cuatro horas) se celebran en el salón de actos.*

Aunque también las comas se utilizan con este fin (→ pág. 377), el uso de los paréntesis implica un mayor grado de aislamiento de la información que encierran con respecto al resto del enunciado:

> Alguien, y no quiero señalar, ha hecho trampa.
> Alguien (y no quiero señalar) ha hecho trampa.

Por ello, los incisos entre paréntesis son frecuentemente oraciones con sentido pleno y poca o nula vinculación sintáctica con los elementos del texto principal, como en el primer ejemplo de este apartado.

También se usan los paréntesis para intercalar algún dato o precisión, como fechas, lugares, desarrollos de siglas, el nombre de un autor, etc.:

> El año en que nació (1616) es el mismo en que murió Cervantes.
> Toda su familia nació en Guadalajara (México).
> «Más obran quintaesencias que fárragos» (Gracián).

Paréntesis en obras teatrales. En las obras teatrales, se utilizan los paréntesis para encerrar las acotaciones del autor (escritas, además, en cursiva) o los apartes de los personajes:

> RAMIRO. (*Con voz enojada*). ¿¡Quién es a estas horas!?
> LAURA. Soy yo; abre. (Como imaginaba, le sorprende mi visita).

Usos auxiliares de los paréntesis

a) Para introducir opciones en un texto. Se encierra entre paréntesis el elemento que constituye la alternativa, sea este una palabra completa, sea uno de sus segmentos: *En el documento se indicará(n) el (los) día(s) en que haya tenido lugar la baja.* Los paréntesis que añaden segmentos de palabra se escriben pegados a esta, no así los que añaden palabras completas. En este uso, el paréntesis puede alternar con la barra (→ pág. 419).

b) Para desarrollar las abreviaturas o reconstruir las palabras incompletas del original cuando se reproducen o transcriben textos o inscripciones. Los paréntesis encierran el tramo añadido, sin dejar espacio: *Imp(eratori) Caes(ari)*. En estos casos se recomienda utilizar con preferencia los corchetes (→ pág. 398).

c) En la reproducción de citas textuales, se usan tres puntos entre paréntesis para indicar que se omite un fragmento del original: *En* Tiempo de silencio, *Martín-Santos se refería a Madrid en este famoso párrafo: «Hay ciudades* (...) *que no tienen catedral»*. Con esta función es más frecuente y recomendable el uso de los corchetes (→ pág. 398).

d) Las letras o números que introducen elementos de una clasificación o enumeración pueden escribirse entre paréntesis o, más frecuentemente, seguidas solo del paréntesis de cierre:

> Los libros podrán encontrarse en los lugares siguientes:
> (a) en los estantes superiores de la sala de juntas;
> (b) en los armarios de la biblioteca principal.

O bien:

> Los libros podrán encontrarse en los lugares siguientes:
> a) en los estantes superiores de la sala de juntas;
> b) en los armarios de la biblioteca principal.

En lugar de paréntesis, el elemento separador puede ser un punto (→ pág. 376).

Concurrencia de los paréntesis con otros signos. Cuando los paréntesis concurren con otros signos de puntuación, deben seguirse las siguientes pautas:

a) El punto, la coma, el punto y coma y los dos puntos se escriben siempre después del paréntesis de cierre:

> Llevaban casados mucho tiempo (el año pasado cumplieron sus bodas de oro), pero nunca lograron entenderse.
> Se llama Elvira Muñoz (si no recuerdo mal).

a El punto se coloca siempre detrás del paréntesis de cierre, incluso cuando el texto entre paréntesis abarca todo el enunciado:

> Se fue dando un portazo. (Creo que estaba muy enfadado).

b) Si coinciden tras una palabra dos o más signos dobles, se cerrará primero el que se haya abierto en último lugar:

> «No estoy seguro de esto (¿por qué habría de estarlo?)», señaló.

Si los puntos suspensivos o el cierre de interrogación o exclamación preceden al paréntesis de cierre, el enunciado debe cerrarse con punto:

> Para curar un resfriado, se recomienda tomar bebidas calientes (¡nunca alcohol!).
>
> No ha parado de lamentarse desde que ha llegado (si lo llego a saber...).

a

c) El texto contenido dentro de los paréntesis tiene su propia puntuación, independiente de la del enunciado principal. Por ello, si la secuencia escrita entre paréntesis es interrogativa o exclamativa, los signos de interrogación o de exclamación deben colocarse dentro de los paréntesis:

> Su facilidad para los idiomas (¡habla con fluidez siete lenguas!) le ha abierto muchas puertas.

En cambio, cuando la secuencia interrogativa o exclamativa constituye una unidad mayor que la encerrada entre paréntesis, los signos correspondientes se escriben fuera de los paréntesis:

> ¿En qué año se fundó la ONU (Organización de las Naciones Unidas)?

La misma regla se aplica a los puntos suspensivos:

> Conté lentamente (uno, dos, tres...) y me di la vuelta.
>
> Visitamos el museo de la ciudad, las calles del centro histórico, las montañas cercanas (¡impresionantes!)... Acabamos agotados.

LOS CORCHETES

Los corchetes, cuya forma es [ ], son un signo doble que, en ciertos contextos, se utiliza de forma análoga a los paréntesis que incorporan información complementaria o aclaratoria (→ pág. 395).

Corchetes para aislar comentarios y otros elementos intercalados

a) Cuando se cita un texto ajeno entre comillas, se emplean los corchetes para intercalar los comentarios y aclaraciones de quien está reproduciendo la cita:

> Empezó a exagerar sus andanzas: «Nací en un pueblecito, pero he recorrido medio mundo [en realidad, no ha salido de Europa]. La preparación del viaje me apasiona tanto como el viaje mismo».

En cambio, cuando la información aclaratoria o complementaria no implica un cambio de autoría, se usan con este mismo fin los paréntesis:

El testigo afirmó: «Vi que los soldados lo maniataron (serían las ocho o las nueve) y lo metieron a la fuerza en un camión».

b) Se usan los corchetes cuando dentro de un enunciado que va entre paréntesis es preciso introducir alguna precisión o nota aclaratoria:

Alguna de las últimas novelas que publicó Galdós (por ejemplo, *El caballero encantado* [1909]) tuvo muy malas críticas en su época.

Usos auxiliares de los corchetes

a) En libros de poesía, suele colocarse un corchete de apertura delante de las últimas palabras de un verso cuando no se ha transcrito entero en una sola línea y se termina, alineado a la derecha, en el renglón siguiente:

Y busca errante la sonrisa plácida
que le fue arrebatada cuando
[no estaba alerta.

b) En las transcripciones de textos, se emplean para marcar cualquier interpolación o modificación en el texto original, como aclaraciones, adiciones, enmiendas o el desarrollo de abreviaturas:

Hay otros [templos] de esta misma época de los que no se conserva prácticamente nada.

Subió la cue[s]ta con dificultad [*en el original,* cuenta].

Acabose de imprimir el *A[nno] D[omini]* de 1537.

c) En obras de carácter lingüístico, los corchetes encierran las transcripciones fonéticas, como [eŋ'klaβ̞e], de la voz *enclave*. Para las transcripciones fonológicas se usan las barras: /en'klabe/ (→ pág. 421).

d) Se usan tres puntos entre corchetes para indicar, en la transcripción de un texto, que se ha omitido un fragmento del original:

En *Tiempo de silencio,* Martín Santos se refería a Madrid en este famoso párrafo: «Hay ciudades [...] que no tienen catedral».

Para las normas que rigen la escritura de estos corchetes intrapunteados, → pág. 410.

Concurrencia de los corchetes con otros signos. Cuando los corchetes concurren con otros signos de puntuación, deben aplicarse las pautas señaladas para los paréntesis (→ págs. 396-397).

LA RAYA

La raya (—) es un signo ortográfico representado por un trazo horizontal de mayor longitud que el guion (→ pág. 412) y que el signo matemático menos, con los que no debe confundirse.

raya	menos	guion
—	–	-

Puede emplearse como signo ortográfico doble o simple. En el primer caso, las rayas se usan para encerrar unidades lingüísticas que introducen información complementaria o accesoria en el enunciado principal.

Rayas para aislar incisos. Se encierran entre rayas los incisos: *Para él la fidelidad —cualidad que valoraba por encima de cualquier otra— era algo sagrado*. En este uso pueden utilizarse también las comas o los paréntesis. Los incisos entre rayas suponen un aislamiento mayor con respecto al texto en el que se insertan que los que se escriben entre comas, pero menor que los que se escriben entre paréntesis.

- Deben usarse las rayas para introducir una nueva aclaración o inciso en un texto ya encerrado entre paréntesis:

  Para más información sobre este tema (la bibliografía existente —incluso en español— es bastante extensa), deberá acudir a otras fuentes.

- Para intercalar algún dato o precisión en un inciso escrito entre rayas, han de usarse los paréntesis:

  Venezuela —primer lugar de tierra firme avistado por Colón en su tercer viaje a América (1498)— tenía entonces unos 300 000 habitantes.

a

No debe suprimirse la raya de cierre de inciso aunque vaya seguida de otro signo de puntuación o el inciso ocupe el final del enunciado:

> Esperaba a Emilio —un gran amigo—, que al final no vino.
> Se publicaron varias obras del autor —todas de su primera época—.

Para enmarcar comentarios de un narrador o transcriptor. Las rayas se usan para enmarcar, en medio de una cita textual entrecomillada, las aclaraciones del transcriptor sobre la autoría de las palabras que se citan: *«Es imprescindible —señaló el ministro— reforzar los sistemas de control sanitario en las fronteras»*.

Se usa, en cambio, la coma cuando la aclaración aparece en posición final, fuera del texto entrecomillado: *«Es imprescindible reforzar los sistemas de control sanitario en las fronteras», señaló el ministro*.

En los textos narrativos, las rayas sirven también para introducir o enmarcar los comentarios y precisiones del narrador a las intervenciones de los personajes. En este uso, debe tenerse en cuenta lo siguiente:

a) No se escribe raya de cierre si tras el comentario del narrador no sigue hablando inmediatamente el personaje:

> —Espero que todo salga bien —dijo Azucena con gesto ilusionado.
> A la mañana siguiente, Azucena se levantó nerviosa.

En cambio, se conservan las dos rayas cuando la intervención del personaje continúa tras la interrupción del narrador:

> —Lo principal es sentirse viva —añadió Pilar—. Afortunada o desafortunada, pero viva.

b) Cuando contiene un verbo de lengua (*decir, añadir, asegurar, preguntar, contestar, exclamar,* etc.), el comentario del narrador se inicia con minúscula, aunque venga precedido por un signo de cierre de interrogación o de exclamación, o por puntos suspensivos:

> —¡Qué le vamos a hacer! —exclamó resignada doña Patro.
> —Si me hubieras hecho caso... —susurró.

Como se aprecia en los ejemplos, los signos de cierre de interrogación y exclamación, así como los puntos suspensivos, se colocan antes del inciso que enmarcan las rayas. En cambio, el punto, la coma, el punto y coma y los dos puntos se escriben siempre inmediatamente detrás de la raya de cierre:

> —No te creo —afirmó—. Ya no puedo confiar en ti.
> —Te lo advierto —dijo amenazante—: no consentiré esa actitud.

c) Cuando el comentario del narrador no contiene un verbo de lengua y el parlamento precedente constituye un enunciado completo, las palabras del personaje se cierran con punto —o con un signo que tenga su valor— y el inciso del narrador se inicia con mayúscula:

> —No se moleste. —Cerró la puerta y salió de mala gana.
> —¿Puedo irme ya? —Se puso en pie con gesto decidido.

Si tras el comentario del narrador continúa el parlamento del personaje, es necesario colocar la raya de cierre tras la intervención del narrador y escribir después un punto:

> —¿Puedo irme ya? —Se puso en pie con gesto decidido—. No hace falta que me acompañe. Conozco el camino.

Cuando el comentario del narrador se intercala en mitad de un enunciado, el texto del inciso se inicia con minúscula:

> —¡Esto que has hecho —me miró con el gesto descompuesto— es una auténtica locura!

Usos de la raya como signo simple

a) En la reproducción escrita de un diálogo, la raya precede a la intervención de cada uno de los interlocutores, sin que se mencione el nombre de estos. Normalmente, en las novelas y otros textos de carácter narrativo, esas intervenciones se escriben en líneas distintas. No debe dejarse espacio de separación entre la raya y el comienzo del enunciado:

> —¿Cuándo volverás?
> —No tengo ni idea.

b) En enumeraciones en forma de lista, puede utilizarse la raya para introducir cada uno de los elementos enumerados. Debe dejarse un espacio en blanco entre la raya y el texto que sigue. En este uso, la raya puede sustituirse por letras o números seguidos de punto o paréntesis, así como por otros signos de carácter tipográfico (como •, ♦, ■).

La puntuación de enumeraciones en forma de lista

- Cuando los miembros de la enumeración están constituidos por una palabra o un grupo sintáctico breve, cabe prescindir de puntuación o cerrar cada uno de los conceptos con coma, excepto el último, que se cerrará con punto. Los elementos introducidos por la raya se escriben con minúscula inicial.

> En el arte griego existen tres órdenes arquitectónicos:
> — dórico(,)
> — jónico(,)
> — corintio(.)

- Cuando los elementos de la lista son más complejos —por su mayor extensión o por presentar puntuación interna—, es preferible el uso del punto y coma. Cada elemento de la relación se inicia con minúscula:

> En caso de tormenta, conviene seguir las siguientes recomendaciones:
> — no refugiarse debajo de un árbol;
> — desprenderse de objetos metálicos (paraguas, bastones, etc.);
> — no permanecer de pie en medio de espacios abiertos.

- Cuando la relación se compone de enunciados completos, se recomienda cerrar cada miembro con punto e iniciarlo con mayúscula:

  Entre los rasgos del castellano de Aragón, sobresalen los siguientes:
  — La entonación es ascendente y se tiende a alargar la vocal final.
  — Se evita el acento en posición esdrújula.
  — El sufijo diminutivo dominante es *-ico*.

c) Precedida de punto (.—) y seguida de un espacio en blanco, la raya se emplea tras los epígrafes internos de un libro cuando el texto que sigue comienza en la misma línea:

> Género de los sustantivos.— Por el género, los sustantivos se dividen en español en femeninos y masculinos. El género neutro...

Aparece también en la edición de obras teatrales, para separar el nombre de cada uno de los personajes del texto de sus intervenciones:

> MARÍA.— ¿Dónde vas?
> JUAN.— A dar una vuelta.

En el uso actual, la combinación de punto y raya ha perdido vigencia en favor de otros signos, como los dos puntos o el punto.

Concurrencia de las rayas con otros signos. Cuando las rayas, como signo doble, concurren con otros signos de puntuación, deben aplicarse las pautas señaladas para los paréntesis (→ págs. 396-397).

LAS COMILLAS

Las comillas son un signo doble cuya función principal es enmarcar la reproducción de palabras que corresponden a alguien distinto del emisor del mensaje (→ págs. 402-404); realizan, además, otras funciones que las acercan a los recursos tipográficos (→ pág. 404).

En español se emplean tres tipos de comillas: las angulares, también llamadas latinas o españolas (« »), las inglesas (“ ”) y las simples (‘ ’). Las comillas inglesas y las simples se escriben en la parte alta del renglón, mientras que las angulares se escriben centradas. En los textos impresos, se recomienda utilizar en primera instancia las comillas angulares, reservando los otros tipos para cuando deban entrecomillarse partes de un texto ya entrecomillado. En este caso, las comillas simples se emplearán en último lugar: «*Antonio me dijo: “Vaya ‘cacharro’ que se ha comprado Julián”*».

Comillas en citas. Las comillas se utilizan para enmarcar citas textuales: «*Sobreviven los que se adaptan mejor al cambio*», *dijo Darwin*.

Cuando en la cita se intercala entre rayas un comentario del transcriptor, no es necesario cerrar las comillas para volverlas a abrir después del inciso: *«Es imprescindible —señaló el ministro— reforzar los controles sanitarios en las fronteras».*

Si el texto que se reproduce consta de varios párrafos, antes era costumbre colocar comillas de cierre al comienzo de cada uno de ellos (salvo, claro está, en el primero, que se inicia con comillas de apertura):

> Dice Rafael Lapesa en su obra *Historia de la lengua española* a propósito de los germanos:
>
> «En el año 409 un conglomerado de pueblos germánicos —vándalos, suevos y alanos— atravesaba el Pirineo y caía sobre España [...].
>
> »Así quedó cumplida la amenaza que secularmente venía pesando desde el Rhin y el Danubio».

Hoy, lo normal es reproducir la cita con sangrado respecto del resto del texto y generalmente en un cuerpo menor o en cursiva. En ese caso, ya no son necesarias las comillas:

> Dice Rafael Lapesa en su obra *Historia de la lengua española* a propósito de los germanos:
>
>> En el año 409 un conglomerado de pueblos germánicos —vándalos, suevos y alanos— atravesaba el Pirineo y caía sobre España [...].
>>
>> Así quedó cumplida la amenaza que secularmente venía pesando desde el Rhin y el Danubio.

También se encierran entre comillas las palabras textuales que se reproducen dentro de un enunciado en estilo indirecto: *El premiado ha dicho que se encuentra «abrumado por los elogios y felicitaciones recibidos».*

> La inclusión, a través de las comillas, de un texto literal dentro de un enunciado en estilo indirecto es aceptable siempre y cuando no se incumpla alguna de las condiciones impuestas por dicho estilo, como la correlación de tiempos verbales o los cambios en determinados pronombres o adverbios. No es aceptable, por tanto, un enunciado como ⊗*El premiado ha dicho que se encuentra «abrumado por los elogios y felicitaciones que he recibido».* — *a*

Comillas en la reproducción de pensamientos. Las comillas se emplean también para enmarcar, en las obras literarias de carácter narrativo, los textos que reproducen de forma directa los pensamientos de los personajes: *«No tengo nada que perder», pensó Manuela.*

Cuando los pensamientos del personaje ocupan varios párrafos, se colocan comillas de cierre al comienzo de cada uno de ellos (salvo en el primero, que se inicia con comillas de apertura):

> «¡Qué va a ser de mí si este episodio sale a la luz! ¡Qué dirán mis padres, qué dirá todo el mundo!
>
> »Dirán que he sido un cobarde y que no he sabido comportarme como se esperaba de mí.
>
> »Tengo que hacer algo. Sí, tengo que enmendar mi error». Una vez tomada esa decisión, se sintió mejor y consiguió conciliar el sueño.

Otros usos de las comillas

a) Las comillas se pueden emplear para indicar que una palabra o expresión es impropia, vulgar, procede de otra lengua o se utiliza irónicamente o con un sentido especial:

> Siempre dice que las «cocretas» de ese sitio están riquísimas.
> Han comprado una «boiserie» que les ha costado un dineral.
> Parece que últimamente le va muy bien en sus «negocios».

En textos impresos en letra redonda es más frecuente y recomendable reproducir las voces o expresiones extranjeras en letra cursiva que escribirlas entrecomilladas. También en las expresiones vulgares, impropias, irónicas, etc., es posible el uso de cursiva en lugar de comillas.

b) Los términos o expresiones que se mencionan en un texto manuscrito para decir algo de ellos se escriben entre comillas: *La palabra «cándido» lleva tilde por ser esdrújula.* En los textos impresos, debe usarse para ello la letra cursiva.

En obras de carácter lingüístico, se utilizan las comillas simples para enmarcar los significados:

> La voz *apicultura* está formada a partir de los términos latinos *apis* 'abeja' y *cultura* 'cultivo, crianza'.

c) Se usan las comillas para citar el título de un artículo, un reportaje, un cuento, un poema, el capítulo de un libro o, en general, cualquier parte interna de una publicación, especialmente si aparecen junto con el título de la obra a la que pertenecen. Los títulos de los libros, revistas y periódicos, por el contrario, se citan en cursiva (si el texto base va en redonda) o en redonda (si el texto base va en cursiva):

> Escribió el artículo «El léxico de hoy» para el libro *El lenguaje en los medios de comunicación,* obra en la que participaron varios autores.

Concurrencia de las comillas con otros signos. Cuando las comillas concurren con otros signos de puntuación, deben aplicarse las pautas señaladas para los paréntesis (→ págs. 396-397).

LOS SIGNOS DE INTERROGACIÓN Y EXCLAMACIÓN

Los signos de interrogación (¿ ?) y de exclamación (¡ !) son signos dobles cuya función principal es delimitar, respectivamente, las secuencias interrogativas y exclamativas directas:

> ¿Qué quieres?
> ¡Qué nombre tan bonito!

Con esta función es incorrecto suprimir el signo de apertura por imitación de otras lenguas en las que únicamente se coloca el de cierre:

> ⊗Qué hora es?
> ⊗Qué alegría verte!

Ausencia de los signos de interrogación y exclamación. Las oraciones interrogativas directas se escriben siempre entre signos de interrogación. Cabe, sin embargo, omitir estos signos en dos tipos de contextos:

a) En enunciados interrogativos independientes que constituyen el título de una obra, un capítulo o cualquier otra sección de un texto: *Cómo escribir bien en español.* Es igualmente posible en estos casos escribir los signos de interrogación: *¿Qué es el estructuralismo?*

b) En las interrogaciones retóricas, como *Dónde vas a estar mejor que aquí,* en las que no se formula una verdadera pregunta, sino que se expresa indirectamente una aseveración ('en ningún sitio vas a estar mejor que aquí'). No hay motivos para censurar la ausencia de los signos de interrogación en estas expresiones, aunque en el uso general suelen escribirse.

Por su parte, en las expresiones inequívocamente exclamativas, es frecuente y admisible prescindir de los signos de exclamación en la escritura: *Caramba, cómo has crecido.*

Colocación de los signos de interrogación y exclamación. Los signos de apertura (¿, ¡) se han de colocar justo donde empieza la pregunta o la exclamación, aunque no se corresponda con el comienzo del enunciado.

a) SI EL INICIO DE LA PREGUNTA O LA EXCLAMACIÓN NO COINCIDE CON EL INICIO DEL ENUNCIADO. En este caso, la secuencia interrogativa o exclamativa comienza con minúscula. Quedan fuera de la pregunta o la exclamación los siguientes elementos:

- Los vocativos en posición inicial: *Pedro, ¿cuántos años tienes?*; en cambio, si van al final, se consideran parte de la pregunta o la exclamación: *¿Cuántos años tienes, Pedro?*
- Los enunciados aseverativos que preceden a los apéndices confirmativos: *Hoy es su cumpleaños, ¿no?*
- Las estructuras encabezadas por *en cuanto a, con respecto a, en relación con*, etc.: *En cuanto a Eva, ¿hay alguna novedad?*
- Los adverbios y locuciones como *sinceramente, francamente, en resumidas cuentas, brevemente*, etc., que inciden sobre toda la oración: *Francamente, ¡estoy encantado!*
- Las oraciones subordinadas condicionales y concesivas, así como las causales y finales, cuando ocupan el primer lugar de un enunciado:

  Si encuentro trabajo, ¡menuda fiesta voy a dar!
  Aunque no te apetezca venir, ¿puedo contar contigo?
  Puesto que no cabemos en un coche, ¿vamos en tren?
  Para que te enteres, ¡no pienso cambiar de opinión!

  En cambio, cuando van al final, se consideran incluidas en la pregunta o la exclamación:

  ¡Menuda fiesta voy a dar si encuentro trabajo!
  ¿Vamos en tren, puesto que no cabemos en un coche?

- Muchos de los conectores discursivos que anteceden a la secuencia sobre la que inciden: *Por lo demás, ¿qué aspecto tenía tu hermano?*

a

- Las conjunciones *y* y *o* en posición inicial deben escribirse como parte de la oración interrogativa o exclamativa:

  ¿Y cómo lo encontraste?

- Por su parte, la conjunción *pero* en posición inicial puede preceder a la secuencia interrogativa o exclamativa, o incluirse en ella:

  Pero ¿cómo lo encontraste?
  ¡Pero qué alegría!

b) Si concurren varias preguntas o exclamaciones. Cuando se escriben seguidas varias preguntas o exclamaciones breves, se pueden considerar como enunciados independientes, caso en el que cada interrogación o exclamación se iniciará con mayúscula:

¿Quién era? ¿De dónde salió? ¿Te dijo qué quería?
¡Cállate! ¡No quiero volver a verte! ¡Márchate!

Es igualmente correcto escribirlas como parte de un mismo enunciado, con minúscula y separadas por coma o por punto y coma:

¿Cómo te llamas?, ¿en qué trabajas?, ¿cuándo naciste?
¡Qué enfadado estaba!; ¡cómo se puso!; ¡qué susto nos dio!

Cuando la exclamación está compuesta por elementos breves que se repiten, los signos de exclamación encierran todos los elementos: *¡Ja, ja, ja!*

Usos especiales de los signos de interrogación y exclamación

a) Se utilizan los signos de cierre escritos entre paréntesis para expresar duda (los de interrogación) o sorpresa (los de exclamación), no exentas, en la mayoría de los casos, de ironía:

Tendría gracia (?) que al final se saliera con la suya.
Ha terminado los estudios con treinta años y está tan orgulloso (!).

b) Cuando el sentido de una oración es interrogativo y exclamativo a la vez, pueden combinarse ambos signos, abriendo con el de exclamación y cerrando con el de interrogación, o viceversa:

¡Cómo te has atrevido? / ¿Cómo te has atrevido!

O, preferiblemente, abriendo y cerrando con los dos signos a la vez:

¿¡Qué estás diciendo!? / ¡¿Qué estás diciendo?!

c) En obras literarias, así como en textos con fuerte carga expresiva, como los publicitarios o los propios de registros informales, es posible escribir dos o tres signos de exclamación para indicar mayor énfasis en la entonación exclamativa: *¡¡¡Traidor!!!*

d) Es frecuente el empleo de los signos de interrogación en la indicación de fechas dudosas. Se recomienda colocar ambos signos, el de apertura y el de cierre: *Hernández, Gregorio (¿1576?-1636)*; pero también es posible escribir únicamente el de cierre: *Hernández, Gregorio (1576?-1636)*. Cuando se desconoce alguno de los datos, suele consignarse en su lugar una interrogación de cierre: *fray Miguel de Salinas (?-1577)*.

Concurrencia de los signos de interrogación y exclamación con otros signos. Los signos de interrogación y exclamación son incompatibles con el punto; por tanto, cuando aparecen al final del enunciado, no debe añadirse tras ellos el punto de cierre:

> ¿Tiene un minuto? Necesito hablar con usted.

Sí pueden concurrir, en cambio, con el resto de los signos de puntuación y, en ese caso, deben seguirse las siguientes pautas:

a) La coma, el punto y coma y los dos puntos se posponen a los signos de interrogación y exclamación. No debe dejarse entre ambos signos ningún espacio de separación:

> ¿Sabes?, he estado en su casa.

b) Cuando se combinan con otros signos dobles, caben dos opciones. Si toda la secuencia escrita entre paréntesis, comillas, etc., es interrogativa o exclamativa, los signos de interrogación y de exclamación se colocan dentro de esos otros signos:

> Lo ha convencido (¡al fin!) para que haga deporte.
> «¿Qué es este paquete?», preguntaban impacientes los niños.

En cambio, cuando la secuencia interrogativa o exclamativa constituye una unidad mayor que la encerrada entre paréntesis, comillas, etc., los signos de interrogación y exclamación se escriben fuera de estos otros signos:

> ¡No quiere vernos más (y no me extraña)!
> ¿De verdad ha dicho que está «destruido»? ¡Qué exagerado!

c) Sobre la concurrencia con los puntos suspensivos, → págs. 410-412.

LOS PUNTOS SUSPENSIVOS

Los puntos suspensivos (...) tienen como función principal señalar una suspensión o una omisión en el discurso. Cuando cierran el enunciado, la palabra siguiente debe escribirse con mayúscula inicial:

> El caso es que si lloviese... Mejor no pensar en esa posibilidad.

En cambio, si el enunciado continúa tras ellos, la palabra que sigue se inicia con minúscula:

> Estoy pensando que... aceptaré; en esta ocasión debo arriesgarme.

Para indicar la suspensión del discurso con fines expresivos. Cuando el uso de los puntos suspensivos responde a necesidades expresivas de carácter subjetivo, funcionan como indicadores de modalidad (→ págs. 372-373) y tienen los siguientes valores:

a) Indican la existencia de una pausa transitoria en el discurso que expresa duda, temor o vacilación:

El niño dice que él no ha roto el jarrón...
Te llaman del hospital... Espero que sean buenas noticias.
Quería preguntarte..., bueno..., que si quieres ir conmigo a la fiesta.

b) Dejan el enunciado en suspenso con el fin de crear expectación (*Si yo te contara...*) o por cualquier otro motivo (*Fue todo muy violento, estuvo muy desagradable... No quiero seguir hablando de ello*).

c) A veces, sin que impliquen omisión, señalan la existencia de pausas que demoran enfáticamente el enunciado: *Ser... o no ser... Esa es la cuestión.*

Para señalar la omisión de parte del texto. Los puntos suspensivos se emplean, además, para indicar que se omiten palabras del texto, bien porque son innecesarias para descifrar el mensaje, bien porque resultan ya conocidas para el lector. Se relacionan a continuación estos usos:

a) Señalan la interrupción voluntaria de un discurso cuyo final se da por conocido o sobrentendido por el interlocutor:

A pesar de que prepararon cuidadosamente la expedición, llevaron materiales de primera y guías muy experimentados... Bueno, ya se sabe cómo acabó la cosa.

Es especialmente frecuente este uso cuando se reproduce un refrán o un fragmento literario de sobra conocido:

A quien madruga..., así que dense prisa.
Y en mitad de la fiesta, se subió a una mesa y comenzó a recitar: «Con diez cañones por banda...».

b) Se usan para evitar repetir la cita completa del título largo de una obra ya mencionada:

La obra *Yo era un tonto y lo que he visto me ha hecho dos tontos,* de Rafael Alberti, está llena de grandes aciertos. Los versos de *Yo era un tonto...* contienen algunos de los mejores hallazgos expresivos del autor.

c) Sirven para insinuar, evitando su reproducción, expresiones o palabras malsonantes o inconvenientes:

¡Qué hijo de... está hecho!

A veces se colocan tras la letra inicial del término que se insinúa:

Vete a la m... No te aguanto más.

d) Se emplean al final de enumeraciones abiertas o incompletas, con el mismo valor que la palabra *etcétera* o su abreviatura:

Puedes hacer lo que quieras: leer, ver la televisión, oír música...

Debe evitarse, por redundante, la aparición conjunta de ambos elementos:

⊗Puedes hacer lo que quieras: leer, ver la televisión, oír música, etcétera...

e) Entre corchetes [...] o, menos frecuentemente, entre paréntesis (...), los puntos suspensivos indican la supresión de una palabra o un fragmento en medio de una cita textual:

«Fui don Quijote de la Mancha y soy agora [...] Alonso Quijano el Bueno» (Cervantes *Quijote* II).

Cuando la marca de supresión coincida con signos de puntuación, se conservarán los necesarios para que el fragmento resultante siga estando adecuadamente puntuado.

Si se quiere dejar claro que la reproducción de una cita textual no se hace desde el comienzo mismo del enunciado, es posible (aunque no obligado) escribir puntos suspensivos al inicio de la cita, sin paréntesis ni corchetes, dejando un blanco de separación respecto de la palabra a la que preceden:

Al final de su intervención, el alcalde pidió «... colaboración de los ciudadanos para llevar adelante la propuesta».

Asimismo, para indicar que el enunciado continúa más allá de la última palabra reproducida, pueden escribirse puntos suspensivos tras la última palabra de la cita, sin paréntesis ni corchetes y sin blanco de separación con respecto al texto que antecede:

El alcalde pidió «... la colaboración de los ciudadanos para llevar adelante la propuesta...» y siguió exponiendo sus planes.

Concurrencia de los puntos suspensivos con otros signos. Los puntos suspensivos son incompatibles con el punto; por tanto, cuando aparecen al final del enunciado, no debe añadirse tras ellos un punto de cierre:

Me encanta esta casa. Es hermoso despertarse y ver el sol, los árboles, la luz en las ventanas... Creo que volveré el año que viene.

Pero, si los puntos suspensivos van detrás de una abreviatura, se suma a ellos el punto que la cierra, de modo que se escribirán cuatro puntos en total:

Algunas abreviaturas con tilde son *pág.*, *cód.*, *admón.*...

Los puntos suspensivos sí pueden concurrir con el resto de los signos de puntuación y, en ese caso, deben seguirse las siguientes pautas:

a) La coma, el punto y coma y los dos puntos se posponen a los puntos suspensivos. No debe dejarse entre ambos signos ningún espacio de separación:

> Cuando decidas los colores, las telas..., te haré el presupuesto.
> Una cosa no quedó clara...: ¿desde cuándo se aplicará esta medida?

La presencia de esos signos responde a los criterios generales de puntuación que se seguirían si no apareciesen los puntos suspensivos. Por lo tanto, un ejemplo como ⊗*Ya sé que me lo prohibiste, pero..., he avisado..., a papá* está mal puntuado (como también lo estaría ⊗*Ya sé que me lo prohibiste, pero, he avisado, a papá*). La puntuación correcta será *Ya sé que me lo prohibiste, pero... he avisado... a papá.*

b) Cuando se combinan con signos dobles, los puntos suspensivos preceden a la raya, el paréntesis o las comillas de cierre si lo que se omite o se sobrentiende forma parte del discurso enmarcado por esos signos:

> Está encantado con su nuevo Picasso (yo diría que es falso, pero...).
> Ya lo dijo Arquímedes: «Dadme un punto de apoyo...».

En cambio, si el texto elidido corresponde al discurso principal, los puntos suspensivos se escriben tras los mencionados signos de cierre:

> El paisaje chileno ofrece muchos atractivos: mar y montaña (el Pacífico y los Andes recorren el país de norte a sur), lagos y volcanes (como los de la X Región), desiertos (Atacama)...

c) Cuando los puntos suspensivos concurren con los signos de interrogación o exclamación, preceden a los signos de cierre si el enunciado interrogativo o exclamativo está incompleto:

> ¡Si te dije que...! Es inútil, nunca haces caso a nadie.

Pero, si el enunciado interrogativo o exclamativo está completo, los puntos suspensivos se escriben detrás, sin espacio de separación:

> ¿Me habrá traído los libros?... Seguro que sí.

Pueden darse casos en que se junten el punto de una abreviatura, los puntos suspensivos y el signo de cierre de interrogación o exclamación:

¿De verdad conoce todos esos países: México, Puerto Rico, Cuba, Panamá, Costa Rica, EE. UU....?

Signos auxiliares

Los signos auxiliares son signos de carácter accesorio que se utilizan en los textos con funciones muy diversas. Solo se tratan en esta obra los de carácter general, es decir, los que se emplean en la escritura de cualquier texto, como son el guion, la barra y el apóstrofo.

GUION

El guion (-) tiene dos usos principales: como signo de división de palabras a final de línea (págs. 412-416) y como signo de unión entre palabras u otros elementos gráficos independientes (págs. 416-419).

Como signo de división de palabras a final de línea. Tanto en la escritura a mano como en la escritura mecánica o tipográfica, se emplea el guion para dividir aquellas palabras situadas al final de una línea que, por falta de espacio, deben escribirse en parte en la línea siguiente. El guion, colocado inmediatamente después de la última letra de la línea, indica que el elemento que lo antecede es un fragmento de una palabra que se completa con el fragmento que inicia el renglón siguiente:

> En uno de los rincones del jardín, crecía un inmenso magno-
> lio a cuya sombra jugaban los niños.

Se ofrecen a continuación las pautas que deben seguirse para dividir adecuadamente en español las palabras con guion de final de línea.

a) El guion no debe separar letras de una misma sílaba, sino que debe colocarse en alguna de las fronteras silábicas de la palabra. Así, si las sílabas de *candidato* son *can, di, da* y *to,* esta palabra se puede dividir a final de línea de tres formas: *can-/didato, candi-/dato* y *candida-/to.* Excepcionalmente, en las voces prefijadas o compuestas, puede realizarse una división morfológica que no respete las fronteras silábicas (→ c).

   Naturalmente, para poder aplicar con corrección la norma anterior es imprescindible saber cómo se dividen las palabras españolas en sílabas, especialmente en lo que se refiere a las secuencias de consonantes, dado que, como se verá a continuación (→ b), las secuencias de vocales no se separan nunca con guion de final de línea, ni siquiera cuando las vocales pertenecen a sílabas distintas.

Pautas para la división silábica relativas a las secuencias de consonantes

- En español toda sílaba debe contener al menos una vocal, que constituye su núcleo. Por lo tanto, toda consonante o secuencia de consonantes situada a principio de palabra forma sílaba con la vocal siguiente: l*o.te,* gr*a.so,* pl*ie.go;* y toda consonante o secuencia de consonantes situada a final de palabra se agrupa con la vocal anterior: *a.zu*l, *com.po*st, *ré.co*rds.
- Una consonante entre dos vocales forma sílaba con la vocal posterior: *e.ra, pi.so.*
- Cuando son dos las consonantes en situación intervocálica, siempre que no constituyan un dígrafo (→ e), se dan dos casos, según las consonantes de que se trate:
  - Los grupos *pr, br, tr, dr, cr, kr, gr, fr,* así como *pl, bl, cl, kl, gl, fl,* son inseparables y forman sílaba con la vocal siguiente: *a.*pr*e.tar, ha.*bl*ó, ci.*cl*o, a.le.*gr*ó, la.*dr*ón, co.*fr*e.*

    No obstante, en casos de prefijación y composición puede existir una frontera silábica entre las consonantes de los grupos citados: *subrayar* [sub.rra.yár], *sublunar* [sub.lu.nár], *postromántico* [post.rro.mán.ti.ko], *ciudadrealeño* ('de Ciudad Real [Esp.]') [siu.dad.rre.a.lé.ño, ziu.dad.rre.a.lé.ño] (más raramente: *abrogar* [ab.rro.gár], *adrenal* [ad.rre.nál]). En estos casos, puede situarse entre las consonantes de esos grupos el guion de final de línea: *sub- / rayar, sub- / lunar, post- / romántico, ciudad- / realeño.*

    Por otra parte, la secuencia *tl,* que en casi toda España y en algunos países americanos se pronuncia en sílabas distintas, forma un grupo inseparable y se pronuncia dentro de la misma sílaba en gran parte de América, en Canarias y en algunas áreas españolas peninsulares. Por lo tanto, las palabras que contienen esta secuencia, se separan en sílabas de dos formas, según las zonas: *a*t.l*e.ta* o *a.*tl*e.ta.* Consecuentemente, el guion de final de línea podrá separar o no estas consonantes según se pronuncien en sílabas distintas o dentro de la misma sílaba: *at- / leta* o *atle- / ta.*
  - El resto de las secuencias de dos consonantes forman siempre parte de sílabas distintas: *a*c.t*o, re*c.c*ión, bla*n.c*o, hi*p.n*o.sis, pe*r.d*ón.*
- Si son tres las consonantes que aparecen en posición intervocálica, las dos primeras se pronuncian en una misma sílaba unidas a la vocal anterior, mientras que la tercera forma parte de la sílaba siguiente: *i*ns.t*ar, pe*rs.p*i.caz, i*st.m*o.* Naturalmente, si las dos últimas consonantes forman uno de los grupos inseparables antes citados (*pr, br, tr, bl, gl,* etc.), la separación silábica se realiza teniendo en cuenta esa circunstancia: *e*s.pl*en.dor, su*b.cl*a.se, co*m.pr*a.*

- Si son cuatro las consonantes que aparecen entre vocales, las dos primeras constituyen el final de una sílaba, y las otras dos forman parte de la sílaba siguiente: *cons.tru.yen, abs.trac.to.*

  En español es muy raro que se articulen en posición final de sílaba en interior de palabra más de dos consonantes, circunstancia que solo se da en algunas voces procedentes de otras lenguas, como *tungsteno* y *ángstrom*. En estos casos, la frontera silábica se sitúa detrás de la *s: tungs.te.no, ángs.trom.*

b) Las secuencias de dos o más vocales no deben separarse nunca con guion de final de línea, se pronuncien o no en una misma sílaba: *suer-/te,* y no ⊗*su-/erte; paí-/ses,* y no ⊗*pa-/íses; subi-/ríais,* y no ⊗*subirí-/ais.* Pueden darse excepciones a esta regla en palabras prefijadas o compuestas donde sea posible realizar una división morfológica (→ c).

c) Las palabras compuestas y prefijadas admiten, además de la división silábica conforme a las pautas *a* y *b* (*bie-/nestar, inte-/racción, hispa-/noamericano, mul-/tiusos, reins-/talar*), una división morfológica, en la que el guion de final de línea se inserta entre sus componentes, ignorando las fronteras silábicas: *bien-/estar, inter-/acción, hispano-/americano, multi-/usos, re-/instalar.* Para que en una palabra compuesta o prefijada pueda aplicarse la separación morfológica, debe tenerse en cuenta lo siguiente: en las compuestas, cada uno de los componentes debe tener existencia independiente, mientras que en las prefijadas, la base a la que se une el prefijo debe ser una palabra. Por ello, no es posible dividir *puntiagudo* de esta manera, ⊗*punti-/agudo,* porque «punti» no existe como palabra independiente; ni puede dividirse *inerme* así, ⊗*in-/erme,* porque «erme» no es una palabra. Igualmente, es necesario que el prefijo sea productivo para que pueda identificarse como tal; así, deben evitarse divisiones como ⊗*arz-/obispo* o ⊗*arc-/ángel,* ya que *arz-* y *arc-* no son hoy prefijos productivos.

d) Cuando la primera sílaba de una palabra está constituida únicamente por una vocal, no debe colocarse tras ella el guion de final de línea dejándola aislada al final del renglón: *abue-/lo,* y no ⊗*a-/buelo; ile-/gible,* y no ⊗*i-/legible.* Esta división sí puede realizarse si la vocal va precedida de *h: hi-/dratante.*

e) Los dígrafos *ch, ll* y *rr* son unidades gráficas inseparables, pues representan un solo fonema, de ahí que no puedan dividirse con guion de final de línea: *sanco-/cho, ga-/llo, aba-/rroten.* La única excepción se da en las palabras formadas por un prefijo o un elemento compositivo terminado en *r* (*ciber-*, *hiper-*, *inter-*, *super-*) antepuesto a una palabra que empieza por *r*, ya que en estos casos debe aplicarse obligatoriamente la división morfológica (→ c) para facilitar la identificación del término y su lectura: *hiper- / realista*, *inter- / relación*, y no ⊗*hipe- / rrealista*, ⊗*inte- / rrelación*.

f) Cuando la letra *x* va seguida de vocal, el guion de final de línea debe colocarse delante de la *x*: *ane- / xionar, bo- / xeo*. En cambio, cuando la *x* va seguida de consonante, el guion de final de línea se coloca detrás: *inex- / perto, mix- / to, ex- / seminarista*.

g) Las palabras que contienen una *h* muda intercalada se dividen a final de línea aplicándoles las reglas aquí expuestas, como si dicha letra no existiese. Así, al colocar el guion no deben separarse letras de una misma sílaba (→ a): *adhe- / sivo* (no ⊗*ad- / hesivo*), *trashu- / mancia* (no ⊗*tras- / humancia*); tampoco secuencias vocálicas, pertenezcan o no a la misma sílaba (→ b): *cohi- / bir* (no ⊗*co- / hibir*), *prohí- / ben* (no ⊗*pro- / híben*), *vihue- / la* (no ⊗*vi- / huela*); pero sí podrán separarse cuando se trate de palabras prefijadas o compuestas en las que sea posible aplicar la división morfológica (→ c): *des- / hidratado, co- / habitación, rompe- / hielos;* sin embargo, no podrán dividirse las palabras dejando a final de línea una vocal aislada (→ d): *ahi- / lar* (no ⊗*a- / hilar*). Existe una restricción: la partición no podrá dar como resultado combinaciones gráficas anómalas a comienzo de renglón; son, por tanto, inadmisibles divisiones como ⊗*desi- / nhibición*, ⊗*clo- / rhidrato*, pues dejan a principio de línea los grupos *nh* y *rh*, ajenos al español.

En palabras en las que la *h* intercalada representa un sonido aspirado en español, esta letra ha de considerarse como cualquier otra consonante: *dír- / ham, Mo- / hamed*.

h) Es preferible no dividir con guion de final de línea las palabras procedentes de otras lenguas cuyas grafías no han sido adaptadas al español, a no ser que se conozcan las reglas propias de los idiomas respectivos.

i) Las abreviaturas, sin estructura silábica en la mayor parte de los casos, no deben dividirse con guion de final de línea: ⊗*ap- / do.*, ⊗*te- / léf.*

j) Las siglas escritas enteramente en mayúsculas no deben dividirse con guion de final de línea: ⊗*UR- / JC;* ⊗*IR- / PF;* ⊗*NA- / SA*. Únicamente los acrónimos que se han incorporado como palabras plenas al léxico general admiten su división con guion de final de línea: *Unes- / co, ov- / ni*.

k) Cuando, al dividir una expresión compleja formada por varias palabras unidas con guion, este signo coincida con el final de línea, deberá escribirse otro guion al comienzo del renglón siguiente: *léxico- / -semántico, calidad- / -precio*. No es necesario repetir el guion cuando la palabra que sigue es un nombre propio que empieza con mayúscula: *Ruiz- / Giménez*.

l) Las expresiones numéricas, se escriban con números arábigos o romanos, no deben dividirse nunca a final de línea: ⊗*325- / 000 $*, ⊗*Luis XV- / III*.

Como signo de unión entre palabras u otros elementos. El guion se utiliza también para unir palabras entre sí o con otros elementos gráficos.

Las palabras unidas con guion conservan la acentuación gráfica que les corresponde como voces independientes (→ pág. 369). Además, si ha de usarse la mayúscula, esta afecta a todas las palabras unidas con guion: *Asociación de Amistad Hispano-Árabe, Sala de lo Contencioso-Administrativo*.

Se exponen a continuación los casos en los que el guion se emplea para unir palabras u otros elementos.

a) En antropónimos y topónimos compuestos. El guion se emplea para unir nombres de pila, apellidos y topónimos:

- *Nombres de pila*. Pueden unirse con guion los dos nombres de pila de un nombre compuesto cuando el segundo podría ser interpretado como apellido: *Manuel-Andrés Dueñas* (donde *Dueñas* es el primer apellido), frente a *Manuel Andrés Dueñas* (donde *Andrés* es el primer apellido).

- *Apellidos*. Se unen con guion los elementos integrantes de un apellido compuesto: *Ana Sánchez-Cano* (nombre y primer apellido).

- *Topónimos*. Se utiliza el guion para unir los nombres de entidades fusionadas que han dejado de ser independientes: *Rivas-Vaciamadrid* (fusión de dos municipios madrileños desaparecidos: Rivas del Jarama y Vaciamadrid). También, en el caso de territorios con varias lenguas oficiales, para unir las denominaciones en esas lenguas de un mismo lugar: *Vitoria-Gasteiz* (nombre en español y en vasco de la capital de una provincia española).

b) Para unir adjetivos. El guion se emplea para unir adjetivos relacionales cuando se aplican a un mismo sustantivo sin que medie entre ellos nexo alguno: *curso teórico-práctico, literatura infantil-juvenil, conflicto árabe-israelí*. Los adjetivos relacionales son los que denotan el ámbito al que pertenece o con el que está relacionada la entidad a la que afectan: *policial* ('perteneciente a la policía o relacionado con ella'). También son adjetivos relacionales los gentilicios, que denotan nacionalidad u origen geográfico: *americano* ('de América').

Muchos de los adjetivos relacionales adoptan una forma modificada terminada en *o* que les permite generar compuestos univerbales, al convertir los adjetivos en elementos compositivos que pueden unirse directamente, sin guion, al segundo término; así ocurre con *sado-* (por *sádico*) en *sadomasoquista,* con *espacio-* (por *espacial*) en *espaciotemporal,* con *italo-* (por *italiano*) en *italoamericano,* etc.

- *Adjetivos gentilicios.* Los adjetivos gentilicios se unen con guion cuando se mantiene la referencia independiente de cada uno de ellos, de manera que el guion actúa como indicador de un vínculo o relación entre entidades geográficas diferentes: [relaciones] *palestino-israelíes* ('entre los palestinos y los israelíes'), [frontera] *chileno-argentina* ('entre Chile y Argentina'), [guerra] *franco-prusiana* ('entre Francia y Prusia'), [película] *ítalo-franco-canadiense* ('producida entre Italia, Francia y Canadá').

  En cambio, cuando en el sustantivo al que se aplican conjuntamente los gentilicios se funden las nociones que denota cada uno de ellos por separado, no se emplea el guion intermedio. En ese caso ambos adjetivos forman un verdadero compuesto, que designa un concepto unitario: [escritor] *hispanoalemán* ('de origen español y alemán'), [dialecto] *navarroaragonés* ('del área de Navarra y Aragón'), [lucha] *grecorromana* ('característica de la Grecia y la Roma antiguas').

  Sobre la acentuación gráfica de estos compuestos, → pág. 368.

- *Adjetivos no gentilicios.* El guion también puede unir dos adjetivos relacionales no gentilicios que modifican conjuntamente a un sustantivo: [análisis] *lingüístico-literario,* [personalidad] *sádico-masoquista,* en lugar de [análisis] *lingüístico y literario,* [personalidad] *sádica y masoquista.* Si los adjetivos antepuestos adoptan la variante modificada en *-o,* se unen al último término sin guion: [literatura] *infantojuvenil,* [tratamiento] *bucodental,* en lugar de [literatura] *infantil-juvenil,* [tratamiento] *bucal-dental.*

c) PARA UNIR SUSTANTIVOS. El guion puede unir también sustantivos, bien para formar unidades léxicas complejas, bien para expresar relación entre las entidades por ellos designadas.

- *Formando unidades léxicas complejas.* Se utiliza el guion para crear compuestos ocasionales mediante la unión de dos sustantivos, de los que el segundo actúa como modificador del primero, al que aporta algunas propiedades o rasgos: *hombre-caballo* (hombre con cuerpo de caballo), *vivienda-puente* (vivienda temporal mientras se espera la definitiva), etc. Algunos de estos compuestos pueden consolidarse en el uso general y pasar a formar parte del léxico asentado, momento en el que dejan de escribirse con guion intermedio, como ha ocurrido con *ciencia ficción, coche bomba, hombre rana, sofá cama* o *pájaro mosca.*

  También se usa el guion para unir al mismo nivel las nociones expresadas por varios sustantivos: *director-presentador, cazador-recolector, lectura-escritura,* etc. Algunos de estos compuestos pueden transformar el primer sustantivo en un elemento compositivo y escribirse en una sola palabra, sin guion intermedio, como ha ocurrido en *lectoescritura.*

- *Expresando relación entre las entidades designadas.* El guion se utiliza también para unir varios sustantivos cuando se desea expresar de forma sintética la relación que se establece entre las entidades o conceptos designados por los sustantivos vinculados, en lugar de utilizar preposiciones o conjunciones: *encuentro amistoso España-Argentina* [= entre España y Argentina], *diálogo Gobierno-sindicatos* [= entre el Gobierno y los sindicatos], *binomio espacio-tiempo* [= formado por el espacio y el tiempo], *tren París-Berlín* [= de París a Berlín].

d) En palabras prefijadas. Sobre el uso del guion en la escritura de palabras con prefijo, → pág. 450.

e) En onomatopeyas formadas por repetición de elementos. En las expresiones onomatopéyicas (las que imitan o recrean un sonido) formadas por la repetición de elementos, puede emplearse el guion para unir estos cuando el conjunto se identifica como una sucesión rítmica continua: *ta-ta-ta-ta* (metralleta), *taca-taca-taca-taca* (taconeo), *chas-chas-chas* (cortes con unas tijeras o una podadera). Sobre otras formas de escritura de las onomatopeyas, → pág. 452.

f) En expresiones que combinan letras y cifras. El guion puede unir segmentos de letras y cifras en casos como los siguientes: *DC-10* (avión de la Douglas Company, modelo 10), *M-501* (carretera 501 de la Comunidad de Madrid). El uso del guion es obligatorio cuando el segmento alfabético es un prefijo: *sub-21* (categoría deportiva inferior a veintiún años), *super-8* (tipo de película cinematográfica). En el resto de los casos es admisible la escritura sin guion: *ácidos omega 3* (tipo de ácidos grasos), *3G* (por [telefonía de] *tercera generación*), *G20* (por *grupo de los 20* [países más industrializados y países emergentes]).

Otros usos

a) EN EXPRESIONES NUMÉRICAS. Se utiliza el guion entre grupos de cifras que componen determinadas expresiones numéricas:

- En las fechas, para separar las cifras que indican el día, el mes y el año (4-9-1994). Para ello puede usarse también la barra o el punto (→ pág. 504).

- Para reflejar intervalos numéricos expresados en números arábigos o romanos: *en las páginas 23-45; durante los siglos* X-XII. En la expresión de periodos, los años pueden escribirse en su forma plena (*1998-1999*) o de manera abreviada, omitiendo las dos primeras cifras, siempre que estas coincidan en los dos años (*curso académico 71-72; Revolución de 1688-89*).

b) COMO SEPARADOR DE SÍLABAS. En obras de contenido lingüístico y en el ámbito didáctico, se utiliza el guion para separar las sílabas que componen las palabras, dejando siempre un espacio antes y después: *ma - ri - po - sa*. Con este mismo fin se emplea también el punto, aunque en ese caso no se dejan espacios: *ma.ri.po.sa*.

c) COMO INDICADOR DE SEGMENTOS DE PALABRA. En obras de carácter lingüístico, el guion se utiliza en la escritura aislada de segmentos o unidades inferiores a la palabra (sílabas, prefijos, interfijos, sufijos, elementos compositivos, raíces, desinencias, etc.) para indicar que no son elementos gráficamente independientes. La colocación de los guiones indica la posición que ocupa el segmento dentro de la palabra: *inter-* (posición inicial: *internacional*), *-ec-* (posición interior: *padrecito*), *-izar* (posición final: *actualizar*).

BARRA

La barra (/) se emplea normalmente como signo simple, con diferentes funciones.

Como signo abreviativo. Aunque la mayoría de las abreviaturas se cierran con punto, existen algunas que utilizan la barra como signo de abreviación: *c/* por *calle*, *v/* por *visto*, *c/c* por *cuenta corriente*. En este uso se escribe sin espacio de separación con respecto a la letra que la precede o la sigue.

Como indicador de final de línea. Precedida y seguida de espacio, la barra se utiliza como signo indicador de final de línea en los siguientes casos:

a) Cuando se emplea para separar los versos en los textos poéticos que se reproducen en línea seguida: *¡Si después de las alas de los pájaros, / no sobrevive el pájaro parado! / ¡Más valdría, en verdad, / que se lo coman todo y acabemos!*

b) En las transcripciones de portadas o colofones de textos antiguos, la barra entre espacios se emplea para señalar el punto en el que se produce un cambio de línea en el original: *QVINTA / PARTE DE FLOR / DE ROMANCES NVE / uos, nunca hasta agora impressos.*

c) En obras de ortografía, se utiliza para señalar el final de línea al ejemplificar las pautas para la división de palabras cuando no caben completas en el mismo renglón: *estor- / nudo.*

Como signo de unión o relación entre palabras u otros elementos. La barra puede utilizarse para unir o relacionar palabras u otros elementos, con diferentes propósitos:

a) Para expresar división, proporción o mera relación entre los elementos que vincula, sustituyendo a una preposición: *180 km/h* [= kilómetros por hora], *salario bruto 1800 euros/mes* [= euros al mes], *Real Decreto Legislativo 1/1995 de 24 de marzo* [= primer decreto de 1995]. En este uso se escribe sin separación alguna de las palabras o signos que une.

b) Para indicar la existencia de dos o más opciones posibles entre las que se establece una oposición o una relación de alternancia: *En el par* gineta / jineta *la forma con jota es la menos usada; Querido/a amigo/a* [= querido amigo o querida amiga]. Cuando va entre una palabra y un morfema, alterna con los paréntesis (→ pág. 395) y se escribe sin espacio de separación.

Otros usos

a) En las fechas, para separar las cifras que indican el día, el mes y el año (4/9/1994). Para ello puede usarse también el guion o el punto (→ pág. 504).

b) En informática, se emplea para separar los subdominios jerárquicos de las direcciones electrónicas (*http://www.rae.es/rae.html*).

c) En matemáticas, como signo de división tanto en la expresión de operaciones —uso en que equivale al símbolo ÷ o a los dos puntos: 15/3 [= 15 ÷ 3 o 15 : 3; 'quince dividido por tres']— como en la expresión de quebrados o fracciones —uso en que equivale a la raya horizontal con la que también se representa este tipo de números: 3/4 ('tres cuartos')—. En estos casos la barra se escribe sin espacio de separación respecto de los números o símbolos entre los que aparece.

d) En obras lingüísticas, se utiliza como signo doble para encerrar los fonemas en las transcripciones fonológicas: /en'klabe/. En las transcripciones fonéticas se usan los corchetes (→ pág. 398).

APÓSTROFO

El apóstrofo es un signo ortográfico auxiliar en forma de coma alta (').

No debe utilizarse el acento agudo (´) para representar el apóstrofo. *a*

Este signo solo se utiliza hoy en ediciones actuales no modernizadas de textos antiguos, sobre todo poéticos, para indicar la elisión de la vocal final que se produce en determinadas palabras cuando la que sigue empieza por vocal: *l'aspereza* por *la aspereza; d'aquel* por *de aquel; qu'es* por *que es,* etc. También se emplea para reflejar en la escritura la supresión de sonidos que se produce al pronunciar palabras sucesivas en la lengua oral, especialmente en el habla popular: *Para el carro que m'acatarro; Váyase caminando pa'l río.*

El apóstrofo no debe utilizarse para marcar las supresiones de sonidos iniciales o finales que se producen con independencia de la palabra adyacente (*pa* por *para,* y no ⊗*pa'*; *ña* por *doña* o *niña,* y no ⊗*'ña,* etc.): *Pa mí que ya no viene; Todos decían que ña Paz era muy cariñosa.*

Cuando se citan en textos en español, deben conservarse todos los apóstrofos presentes en nombres o expresiones de otras lenguas: *L'Hospitalet de Llobregat; O'Donnell; five o'clock; c'est la vie; D'Annunzio.* *a*

Usos incorrectos

a) No se usa el apóstrofo en la expresión abreviada de los años. Así pues, es incorrecto escribir ⊗*promoción del '97* en lugar de *promoción del 97.* Sobre la expresión de los años, → pág. 505.

b) No debe utilizarse el apóstrofo en la expresión de las décadas mediante cifras: ⊗*los 30's.* Sobre la expresión de las décadas, → pág. 505.

c) Debe evitarse el uso del apóstrofo seguido de una *s* para expresar el plural de las siglas, tal como hace el inglés: ⊗*DVD's.* Sobre el plural de las siglas, → págs. 464-465.

d) No debe utilizarse el apóstrofo como signo separador en la expresión numérica de la hora: ⊗*las 15'30 h*. Para la correcta expresión de la hora en cifras, → págs. 501-503.

e) Es incorrecto el uso del apóstrofo como separador decimal en las expresiones numéricas: ⊗*27'454*. Sobre la escritura de las expresiones numéricas con decimales, → pág. 489.

4

Uso de las mayúsculas

Letras minúsculas y mayúsculas

Las letras de nuestro abecedario pueden adoptar dos configuraciones distintas: minúscula y mayúscula. Las mayúsculas se diferencian de las minúsculas por su tamaño y, a veces, también por su trazo (→ pág. 315).

Las palabras pueden escribirse en minúsculas, con mayúscula inicial o enteramente en mayúsculas. En la escritura ordinaria se utiliza como letra base la minúscula. Cuando la norma prescribe el uso de la mayúscula, se aplica solamente a la letra inicial de la palabra o palabras afectadas: *Acaba de regresar de Santiago don Juan Martínez*. La escritura enteramente en mayúsculas es propia de las siglas, los números romanos y textos cortos de carácter informativo (→ págs. 442-443).

El uso combinado de minúsculas y mayúsculas en el interior de una misma palabra debe evitarse en la escritura normal, aunque sea un procedimiento cada vez más extendido en la formación de siglas y acrónimos (*AEMet;* → págs. 443-444) y en los nombres comerciales (*IntraCredit;* → págs. 444-445).

Características formales de las mayúsculas

a) Todas las letras mayúsculas presentan un cuerpo de la misma altura, delimitado por dos líneas paralelas de referencia, a excepción de la *ñ* y la *q*, cuyas virgulillas, esto es, los trazos que las diferencian de la *n* y de la *o*, sobrepasan las líneas superior e inferior, respectivamente:

A B C D E F G H I J K L M N Ñ O P **Q** R S T U V W X Y Z

b) La mayúscula de las letras *i* y *j* carece de punto: *Inés, Javier, HIJO.* No obstante, en la escritura a mano es habitual y admisible escribir un punto sobre la *i* mayúscula cuando esta es un simple trazo vertical.

c) Si los dígrafos *ch, gu, ll* y *qu* aparecen al inicio de una palabra escrita con mayúscula inicial, solo toma forma de mayúscula la primera de sus letras: *China, Guinea, Llobregat, Quito;* si la palabra se escribe enteramente en mayúsculas, deben ir en mayúscula las dos letras del dígrafo: *CHINA, GUINEA, LLOBREGAT, QUITO.*

Cuando un dígrafo forma parte de una sigla, solo se escribe en mayúscula la primera de sus letras: *PCCh* (*Partido Comunista de China*). Esto permite identificar el dígrafo como una unidad, y no como letras iniciales de dos palabras distintas: *CDCH* (*Centro de Desarrollo Científico y Humanístico*).

La tilde y la diéresis en las mayúsculas

Las reglas de uso de la tilde y la diéresis se aplican a todas las palabras, también cuando están escritas con mayúscula: *Álvaro, LEÓN, ANTIGÜEDAD.*

Solo se exceptúan las siglas escritas íntegramente en mayúsculas, que nunca llevan tilde: *CIA* (y no ⊗*CÍA,* por *Central Intelligence Agency*). En cambio, los acrónimos que se escriben enteramente en minúsculas (por ser ya nombres comunes) o solo con mayúscula inicial (por ser nombres propios) llevarán tilde si así les corresponde según las reglas de acentuación: *módem, euríbor, Enagás, Codicén.*

Funciones de la mayúscula

Desde un punto de vista estrictamente lingüístico, la mayúscula cumple en español las siguientes funciones:

a) La mayúscula inicial

- marca el inicio de enunciados, párrafos y otras unidades del texto;
- marca y delimita los nombres propios (*Pilar Torres, Buenos Aires*), así como las expresiones pluriverbales que se comportan como nombres propios. La mayúscula inicial puede aparecer en todas las palabras significativas (*Ministerio de Asuntos Sociales*) o solo

en la primera palabra, en combinación con la cursiva o las comillas:

> El mejor poema del *Romancero gitano* es el «Romance de la pena negra».

b) La escritura enteramente en mayúsculas

- mejora la legibilidad de textos cortos informativos (*NO APARCAR*);
- sirve para formar e identificar las siglas (*RAE, AVE*);
- sirve para formar e identificar los números romanos (*XXI*).

Tradicionalmente, la mayúscula se emplea en ocasiones para marcar, a través de la palabra, el respeto o relevancia otorgados social o individualmente a determinadas personas o realidades: *papa, rey, misa, patria, bandera*... También se usa a veces para destacar conceptos considerados relevantes en determinados ámbitos o contextos: *humanidad, naturaleza, universo*... Estos usos responden a criterios extralingüísticos (en realidad, todas esas palabras son nombres comunes) y su aplicación no deja de ser subjetiva. Por ello, se recomienda restringir al máximo el uso de la mayúscula en estos casos.

Tampoco debe utilizarse la mayúscula para distinguir sentidos diferentes en palabras con varios significados. Solo cuando un sustantivo que cuenta con varias acepciones se emplea para designar una entidad institucional debe escribirse con inicial mayúscula, como sucede con *Estado, Gobierno, Iglesia* o *Parlamento*.

Las normas de aplicación de las mayúsculas son en su mayor parte sencillas y obligatorias. No obstante, existen contextos en los que puede optarse por emplear la mayúscula o la minúscula en función de distintos factores, sin que ninguno de los dos usos pueda considerarse incorrecto. Dado que la mayúscula es la forma marcada y excepcional, siempre que exista duda en su aplicación debe seguirse la recomendación general de utilizar con preferencia la minúscula.

La mayúscula condicionada por la puntuación

Se escriben con mayúscula inicial exigida por la puntuación las palabras siguientes:

a) La primera palabra de un escrito o la que aparece después de un punto, con independencia de que pueda ir precedida de un signo de apertura de paréntesis, comillas, interrogación o exclamación: *Llegó temprano. Aún no había anochecido. (El verano estaba llegando a su fin). ¿Habría alguien en la casa?*

Puede aparecer escrita con minúscula inicial solo cuando se trata de una cita que arranca con puntos suspensivos (→ pág. 410): *«... y los sueños, sueños son», se afirma en una famosa obra de Calderón de la Barca.*

Cuando un enunciado o un texto comienza con una cifra, la siguiente palabra debe escribirse con minúscula: *1080 recetas de cocina.*

b) La palabra que sigue a los puntos suspensivos cuando estos cierran el enunciado: *Estuvieron con nosotros Luis, María, Nieves... Todos preguntaron por ti;* pero *Es un tipo bastante... estúpido.*

c) Cuando una oración interrogativa o exclamativa constituye la totalidad de un enunciado, se escribe con mayúscula inicial la primera palabra del enunciado siguiente: *¿Qué hora es? Creo que llego tarde; ¡Qué alegría! Pensé que no volvería a verte.*

d) Cuando la pregunta o la exclamación constituye solo una parte del enunciado, pueden darse dos casos:

- Si la pregunta o la exclamación inicia el enunciado, la palabra que sigue al signo de apertura se escribe con mayúscula y la que sigue al signo de cierre se escribe con minúscula: *¿Qué puedo hacer hoy por mis semejantes?, pregúntate todos los días.*

- Si la pregunta o la exclamación no está situada al comienzo del enunciado, la palabra que sigue al signo de apertura de interrogación o exclamación se escribe con inicial minúscula: *Pero ¡qué niño tan guapo!; Eres arquitecta, ¿no?*

e) Se escribe mayúscula tras los dos puntos cuando estos anuncian el comienzo de una unidad con independencia de sentido, como sucede en los casos siguientes:

- Tras la fórmula de encabezamiento o saludo de una carta, se trate de un envío postal, un fax o un correo electrónico:

  Estimado Sr. Lizcano:

  En respuesta a su mensaje del día...

- Tras los dos puntos que anuncian la reproducción de palabras textuales: *El senador afirmó: «No defraudaremos a los electores»,* salvo que la cita se inicie con puntos suspensivos (→ pág. 410): *Y el monólogo termina así: «... y los sueños, sueños son».*

- Tras los dos puntos que cierran los epígrafes o subtítulos de un libro o documento, o los elementos de una enumeración en forma de lista, cuando el texto explicativo que los sigue comienza en la misma línea.

  La arquitectura egipcia: El elemento más característico de la arquitectura egipcia son las pirámides, construcciones funerarias que...

- Tras los dos puntos que siguen a palabras como *ejemplo, advertencia, nota,* etc., cuando preceden a enunciados con plena independencia sintáctica y de sentido:

  ADVERTENCIA: Medicamento no indicado para menores.

- Tras los dos puntos que introducen una explicación en uno o más párrafos independientes, normalmente precedidos de expresiones anunciativas como *a continuación* o *siguiente(s)*.

  La receta se elabora tal como se explica a continuación:

  Se baten los huevos y el azúcar hasta que liguen, y después se añade...

- Tras los dos puntos que siguen a verbos como *certificar, exponer, solicitar,* etc., cuando, escritos enteramente en mayúsculas, presentan el objetivo fundamental de determinados documentos jurídicos o administrativos:

  CERTIFICA:

  Que D.ª Celia Gracián ha trabajado para esta empresa durante tres años a plena satisfacción de sus superiores.

La mayúscula en los nombres propios y las expresiones denominativas

La función primordial de la mayúscula en español es distinguir el nombre propio del nombre común. Los nombres propios son sustantivos o grupos nominales que designan seres únicos (animados o inanimados) y que se emplean para singularizarlos e identificarlos en el habla. La mayúscula no afecta solo a los nombres propios genuinos, como los nombres de persona (antropónimos) o de lugar (topónimos). También afecta a las expresiones pluriverbales denominativas que cumplen funciones análogas a las del nombre propio, pues sirven asimismo para designar, identificar y particularizar entes únicos (instituciones, organismos, obras de creación, etc.).

Además, hay usos en que nombres o expresiones comunes pasan a escribirse con mayúscula, debido fundamentalmente a dos fenómenos:

- la antonomasia, por la que un nombre o expresión común remplaza enteramente a un nombre propio: *el Salvador* por *Jesucristo* o *el Nuevo Mundo* por *América;*
- la personificación, que atribuye rasgos humanos a animales, objetos o conceptos abstractos, de modo que el nombre común que los designa cumple el papel de nombre propio identificativo: *La Muerte se presentó guadaña en mano.*

CASOS EN QUE DEBE UTILIZARSE LA MAYÚSCULA INICIAL

Se escriben con mayúscula inicial:

a) Los nombres propios de persona, tanto nombres de pila como apellidos: *Ana de la Torre, María del Pilar Ruiz, Aureliano Buendía.* También los hipocorísticos (variantes familiares del nombre de pila): *Tina, Lucho, Pili, Luismi.* La mayúscula se mantiene en los usos en plural: *Las Anas suelen ser muy traviesas; No conozco muchos Pérez.*

Si un apellido comienza por preposición, o por preposición y artículo, estos se escriben con minúscula cuando acompañan al nombre de pila: *Luis de Torres, Juana de la Rosa.* Cuando se omite el nombre de pila, la preposición debe escribirse con mayúscula: *señor De Torres, De la Rosa.* Si el apellido comienza con artículo, este se escribe siempre con mayúscula, se anteponga o no el nombre de pila: *Antonio La Merced, señor La Merced.* En los apellidos unidos por la conjunción *y*, esta se escribe siempre con minúscula: *Ortega y Gasset, Ramón y Cajal.*

También se escriben con mayúscula los nombres o expresiones comunes que se utilizan como antropónimos. Así:

- traducciones de nombres de otras lenguas: *Toro Sentado, Águila Veloz;*
- nombres de personajes de fábulas o cuentos infantiles, incluidas las personificaciones de animales: *Caperucita Roja, el Gato con Botas;*
- personificaciones de conceptos abstractos o de los vientos en textos alegóricos, poéticos o mitológicos: *La Justicia es una matrona de ojos vendados; Yo soy Bóreas, dios del frío viento del norte.*

Cuando el nombre de un autor se emplea para designar sus obras, debe mantenerse la mayúscula: *un Gauguin, un Antonio*

López, varios Picassos, el último Truffaut (por el último filme de Truffaut), etc.

b) Los nombres que designan familias o dinastías: *los Claudios, los Austrias, los Romanov, la dinastía Ming*. Pasan a escribirse con minúscula cuando se utilizan como adjetivos: *los reyes borbones.* Las dinastías o linajes que se designan mediante un patronímico —nombre derivado del perteneciente al fundador de la dinastía que se usa para referirse a sus descendientes— se escriben con minúscula: *los abasíes* (del nombre propio *Abbās*), *los nazaríes* (de *Názar*), *un rey sasánida* (de *Sasán*), etc.

c) Los apodos, alias, sobrenombres y seudónimos, no así los artículos que pueden acompañarlos: *Sandro, el Gitano; Ernesto «Che» Guevara; el Greco; la Dama de Hierro; Isabel la Católica; Azorín* (seudónimo del escritor José Martínez Ruiz); *el Pobrecito Hablador* (seudónimo del escritor Mariano José de Larra).

d) Los nombres propios de deidades y otros seres religiosos, mitológicos o fabulosos: *Alá, Jehová, Odín, Júpiter, Satanás, el Espíritu Santo, Clío, Polifemo, Pegaso;* pero no los sustantivos comunes que designan las distintas clases de estos seres: *una sirena, un fauno, las musas, las ninfas, los cíclopes.*

También van en mayúscula los apelativos antonomásticos y las advocaciones: *el Creador, el Todopoderoso, la Purísima, el Maligno, la Virgen de Guadalupe, el Cristo de la Agonía.*

Dios se escribe con mayúscula inicial cuando se usa, sin artículo, como nombre propio del ser supremo de una religión monoteísta: *Dios envió a su hijo para salvarnos;* pero con minúscula y precedido de determinante cuando se usa referido al ser supremo de modo genérico o a divinidades de religiones politeístas: *Jehová es el nombre hebreo del dios de judíos y cristianos; Júpiter es un dios colérico*. Lo mismo ocurre en los usos metafóricos: *Se cree Dios / Se cree un dios.*

a

e) Los nombres propios de animales, plantas y objetos: *Moby Dick, Bucéfalo, el Big Ben, la Tizona.*

f) La primera palabra de los nombres latinos de especies y subespecies de animales y plantas usados en la nomenclatura científica internacional, que se escriben, además, en cursiva:

Homo sapiens, Felis silvestris catus.

También se escriben con mayúscula y en cursiva las palabras latinas que designan los taxones zoológicos y botánicos:

la familia *Cyatheaceae*, el orden *Coleoptera*, la clase *Insecta*.

Sobre los nombres españoles de los taxones, → págs. 438-439.

g) Los nombres propios de los cuerpos celestes y otros entes astronómicos: *Marte, la Osa Mayor, la Vía Láctea, el cometa Halley*. Las palabras *tierra, sol* y *luna* se escriben con mayúscula inicial solo cuando se usan como nombres propios en contextos netamente astronómicos: *Venus se encuentra más cerca del Sol que la Tierra*. Sobre su escritura con minúscula, → pág. 439.

h) Los nombres de los signos del Zodiaco: *Nació bajo el signo de Tauro*. Sobre su escritura con minúscula, → pág. 442.

i) Los nombres propios de tormentas, huracanes y otros fenómenos atmosféricos u oceánicos, pero no el nombre común genérico que los acompaña: *el huracán Wilma, el tifón Fred, la corriente del Labrador*.

j) Los nombres propios de los accidentes geográficos, pero no los nombres comunes genéricos que los acompañan: *el océano Pacífico, el mar Rojo, el lago Titicaca, el río Amazonas, la cordillera de los Andes, el cabo de Hornos, el golfo de México, las islas Galápagos, la falla de San Andrés*. Sobre los casos en que el genérico forma parte del nombre propio y se escribe, por ello, con mayúscula, → págs. 437-438.

Se escriben también con mayúscula inicial algunos nombres comunes geográficos cuando se utilizan antonomásticamente: *la Cordillera* (por la cordillera de los Andes para los chilenos y los argentinos), *el Estrecho* (por el estrecho de Gibraltar para los españoles) o *el Golfo* (por el golfo de México para los mexicanos). La aplicación de este tipo de mayúscula debe limitarse a la comunidad de hablantes para los que la identificación de la referencia sea inequívoca.

k) Los nombres propios de regiones naturales y comarcas, pero no el artículo que los acompaña: *la Patagonia, la Amazonia* (o *Amazonía*), *la Alcarria, los Monegros*.

l) Los nombres propios de continentes, países y ciudades, ya sean reales o imaginarios: *América, Suecia, Córdoba, La Habana, Macondo, el País de Nunca Jamás;* también las denominaciones antonomásticas usadas como alternativas estilísticas: *el Nuevo Mundo* [= América], *la Santa Sede* [= Vaticano], *la Ciudad Eterna* [= Roma].

Al igual que en el caso de los antropónimos, también en los topónimos se mantiene la mayúscula en los usos en plural: *Visitó las dos Córdobas, la argentina y la española.*

Sobre cuándo el artículo que acompaña a un topónimo se escribe con mayúscula, → pág. 436.

m) Los sustantivos y adjetivos que forman parte del nombre de zonas geográficas que abarcan varios países y se conciben como áreas geopolíticas con características comunes: *Occidente, el Cono Sur, América Latina, el Magreb, Europa del Este;* pero no las denominaciones que no se sustentan en un criterio geográfico: *los países en vías de desarrollo, el tercer mundo, la zona euro.*

n) Los nombres propios de las divisiones territoriales de carácter administrativo, pero no el nombre común genérico que los precede: *el departamento de Moquegua, el estado de Tlaxcala, la provincia de Cádiz, la diócesis de Cuernavaca.*

ñ) Los nombres propios de barrios, urbanizaciones, calles, espacios urbanos y vías de comunicación, pero no el nombre común genérico que los precede: *el barrio de las Letras, la calle (de) Alcalá, la plaza Mayor, el paseo (de) Martí, la avenida 47, la carretera Panamericana.* En denominaciones en las que el genérico aparece pospuesto, lo que suele ocurrir en nombres tomados o traducidos de otras lenguas, se escriben con mayúscula inicial todos los elementos: *la Sexta Avenida, Downing Street, Potsdamer Platz.*

o) Los términos que componen la denominación de caminos y rutas de carácter turístico o cultural: *el Camino de Santiago, la Ruta de la Seda.*

p) Todas las palabras significativas que componen la denominación completa de entidades, instituciones, organismos, departamentos o secciones administrativas, órdenes religiosas, unidades militares, partidos políticos, equipos deportivos, organizaciones, asociaciones, compañías teatrales, grupos musicales, etc.: *Ministerio de Asuntos Exteriores, Biblioteca Nacional, Universidad Central de Venezuela, Facultad de Farmacia, Orden del Temple, Regimiento de Granaderos a Caballo General San Martín, Partido Revolucionario Institucional, Real Potosí, Médicos Sin Fronteras, Vieja Trova Santiaguera.* La mayúscula inicial se mantiene en sus menciones abreviadas: *la Nacional* (por *la Biblioteca Nacional*), *la Complutense* (por *la Universidad Complutense*), *el Cervantes* (por *el Instituto Cervantes*).

También se escriben con mayúscula las denominaciones alternativas de carácter antonomástico que poseen algunas de estas entidades: *la Cámara Alta* [= el Senado], *la Benemérita* [= la Guardia Civil (Esp.) o la Cruz Roja (C. Rica)]. Se escriben asimismo con mayúscula las denominaciones alternativas antonomásticas de las selecciones deportivas nacionales: *la Roja* (selección chilena o española), *la Vinotinto* (selección venezolana).

q) Los adjetivos y sustantivos que forman parte de la denominación de sedes de entidades o instituciones, edificios singulares o monumentos: *el Partenón, la Casa Rosada, la Catedral de Santiago, la Pirámide del Sol, la Torre Eiffel, la Puerta de Alcalá, la Columna de la Independencia, la Estatua de la Libertad*. En el caso de los monumentos, es también admisible escribir el genérico con minúscula, como mero clasificador: *la torre Eiffel, la catedral de Santiago, la estatua de la Libertad*, etc.

La mayúscula se aplica asimismo a las denominaciones coloquiales alternativas, pero no a los artículos que las anteceden: *la Bombonera* (por los estadios del Boca Juniors argentino y del Deportivo Toluca mexicano).

r) Además de la primera, las palabras significativas del nombre de establecimientos comerciales, culturales o recreativos: *(bar) Aquí Me Quedo; (grandes almacenes) El Corte Inglés; (mercería) El Botón de Oro; (restaurante) La Vaca Argentina; (cine) Avenida; (hotel) La Perla*, etc. Sobre la escritura con mayúscula o minúscula del nombre genérico (*bar, restaurante, café, hotel*, etc.), → pág. 437.

s) Determinados sustantivos comunes cuando designan entidades u organismos de carácter institucional: *el Gobierno, la Administración, el Estado, la Iglesia, el Ejército, la Armada, la Policía, el Parlamento...*; pero no en sus usos comunes: *un policía* [= un agente], *una iglesia ortodoxa* [= un edificio]; ni cuando se emplean en singular con valor colectivo, refiriéndose a grupos concretos de individuos: *El ejército* [= las tropas] *cruzó la frontera; Lo detuvo la policía* [= varios agentes].

t) La primera palabra del título de cualquier obra de creación (libros, películas, cuadros, esculturas, piezas musicales, programas de radio o televisión, etc.): *Libro de buen amor, Cien años de soledad, Las señoritas de Avignon, El peine del viento, La consagración de la primavera, Pasión de gavilanes*. La cursiva obligatoria delimita claramente la extensión del título, por lo que no es necesario ni correcto escribir todos los elementos significativos con mayúscula (⊗*Libro de Buen Amor*). La misma norma puede aplicarse también a los títulos extranjeros citados en textos españoles: *Cavalleria rusticana, West side story*.

También se escriben en cursiva y con inicial mayúscula en la primera palabra los títulos abreviados o alternativos, no así el artículo que los precede:

la *Celestina* (por *Comedia* [o *Tragicomedia*] *de Calisto y Melibea*)
la *Quinta sinfonía* (por *Sinfonía n.º 5 en do menor, opus 67)*

Los títulos de artículos, reportajes, cuentos o poemas que se citan junto al de la obra mayor en la que se incluyen se delimitan con comillas:

Recitó el «Prendimiento de Antoñito el Camborio en el camino de Sevilla», del *Romancero gitano* de Lorca.

u) La primera palabra del título de las subdivisiones o secciones internas de una publicación o un documento (capítulos de un libro, titulares de prensa, columnas de opinión, etc.).

v) Los sustantivos y adjetivos que forman parte del título de los textos sagrados y de los libros que los componen, así como sus denominaciones antonomásticas, pero no el artículo que los antecede: *la Biblia, el Corán, el Libro de los Muertos, la Torá, el Nuevo Testamento, el Cantar de los Cantares, las Sagradas Escrituras.*

w) Además de la primera palabra, los sustantivos y adjetivos que forman parte del nombre de publicaciones periódicas o de colecciones: *La Vanguardia, El Comercio, Crecer Feliz, Biblioteca Románica Hispánica.*

x) Todas las palabras significativas del título de documentos oficiales o históricos (tratados, convenciones, acuerdos, declaraciones, etc.), y de textos legales o jurídicos (fueros, códigos, leyes, decretos, etc.):

la Convención de Ginebra; la Carta de las Naciones Unidas; el Código Civil; la Ley 40/1998, de 9 de diciembre, del Impuesto sobre la Renta de las Personas Físicas y otras Normas Tributarias.

Cuando el título de una ley es muy largo, la mayúscula se aplica solo al primer elemento y se delimita la extensión mediante la cursiva o las comillas:

Ley 17/2005, de 19 de julio, por la que se regula el permiso y la licencia de conducción por puntos y se modifica el texto articulado de la ley sobre tráfico, circulación de vehículos a motor y seguridad vial.

No se escriben con mayúscula los nombres abreviados con los que se designan comúnmente determinadas leyes, y que no se corresponden con su título oficial: *ley sálica, ley seca, ley de extranjería.*

y) La primera palabra del título de ponencias, discursos, conferencias o exposiciones. Si se citan dentro de un texto, se escriben además entre comillas para delimitar su extensión:

El rey inauguró la exposición «Goya y su tiempo».

z) Todas las palabras significativas que forman parte del nombre o título de programas, planes o proyectos:

Plan de Fomento de la Lectura
Proyecto del Genoma Humano

Si la denominación es larga, la mayúscula se aplica solo a la primera palabra y la extensión se delimita con comillas:

Presentó el «Proyecto para la detección del talento musical precoz en niños menores de seis años».

aa) La primera palabra de lemas, consignas y eslóganes. En el interior de los textos, se delimitan con comillas:

Mandela buscó la reconciliación bajo el lema «Un equipo, un país».

bb) Los sustantivos y adjetivos que forman parte de la denominación de asignaturas y cursos: *Matemáticas, Química Orgánica, Curso de Crítica Textual*. Si la denominación es larga, la mayúscula se aplica solo a la primera palabra y la extensión se delimita con comillas:

Se matriculó en «Historia de las ideas lingüísticas en el mundo hispánico».

cc) Las palabras significativas que forman parte de la denominación de eventos culturales o deportivos (congresos, exposiciones, ferias, torneos deportivos, etc.): *Jornadas de Arte Flamenco, IV Congreso de Cirugía Vascular, Bienal de Venecia, Salón del Cómic de Barcelona, Copa Libertadores de América, Juegos Olímpicos.*

dd) Las palabras significativas que forman parte de la denominación de premios y condecoraciones: *los Premios Príncipe de Asturias, la Gran Cruz de Isabel la Católica, el Premio Nobel de Física*. Para sus usos derivados, → pág. 442.

ee) Los sustantivos y adjetivos que forman parte del nombre de festividades civiles, militares o religiosas, y de los periodos litúrgicos: *Navidad, Año Nuevo, Día Internacional de la Mujer, Pascua Militar, Janucá* (festividad judía), *Fiesta del Sacrificio* o *Fiesta Grande* (festividad musulmana), *Adviento, Semana Santa, Ramadán.*

ff) Los nombres de las divisiones geológicas y paleontológicas, pero no los adjetivos que los acompañan: *el Precámbrico, el Mioceno, el Cretácico inferior, el Jurásico superior.* Si el periodo se designa mediante un sustantivo genérico (*era, periodo*) seguido de un adjetivo, se escriben con minúscula ambos componentes: *la era cenozoica, el periodo carbonífero.*

gg) Los nombres de los periodos en que se dividen tanto la prehistoria como la historia (ya sea la universal o la de un país en concreto): *el Neolítico, la Edad de Piedra, la Antigüedad, el Medievo, la Alta Edad Media, el Renacimiento, el Siglo de las Luces, el Romanticismo, la República de Weimar, el Tercer Reich, la Guerra Fría;* así como los sustantivos y adjetivos que forman parte de la denominación de acontecimientos históricos relevantes que dan nombre a determinados periodos: *la Reconquista, el Cisma de Occidente, la Contrarreforma, la Semana Trágica, la Gran Depresión, la Primavera de Praga.* Si se trata de acontecimientos puntuales, que no dan nombre a periodos históricos, no debe emplearse la mayúscula, salvo en los nombres propios: *el motín de Esquilache, la toma de la Bastilla, el desembarco de Normandía, el sitio de Leningrado.*

En el caso de los nombres propios de guerras y batallas, solo se escribe con mayúscula la parte específica de la denominación, no así los genéricos *guerra* y *batalla: la guerra de los Cien Años, la guerra de Secesión, la guerra del Opio, la guerra de los Seis Días; la batalla de las Termópilas, la batalla de San Quintín, la batalla de Ayacucho.* Los nombres de los dos conflictos mundiales se escriben con mayúscula en todos sus componentes: *Primera Guerra Mundial* y *Segunda Guerra Mundial.*

hh) Las palabras significativas que forman parte de la denominación de imperios y revoluciones, salvo que se trate de adjetivos gentilicios: *la Revolución Industrial, la Revolución de los Claveles, el Celeste Imperio,* pero *el Imperio romano, el Imperio maya, la Revolución rusa.*

ii) Las marcas y nombres comerciales, por su condición de nombres propios: *¿Has visto el último anuncio de Coca-Cola?; Salió al mercado el nuevo híbrido de Toyota; Acabo de instalar el Windows Vista; ¿Lo has buscado en Google?* Debe mantenerse la mayúscula cuando el nombre designa un producto de la propia marca: *Me he comprado un Seat.* Para sus usos derivados, → pág. 442.

El artículo en los nombres propios. La mayoría de los nombres propios prototípicos (antropónimos y topónimos) no necesitan artículo para integrarse en los enunciados: *Me llamo Miguel y nací en Buenos Aires;* solo algunos lo incorporan como parte fija e indisociable de la denominación, caso en que el artículo se escribe también con mayúscula: *Estuve en El Salvador el año pasado; Conozco muy bien La Haya; Viajo a Las Palmas todas las semanas.*

a

Cuando el artículo *el* se escribe con mayúscula por formar parte del nombre propio, la contracción con las preposiciones *a* o *de* no se realiza nunca en la escritura, aunque sí se produzca en el habla: *un viaje oficial a El Salvador; la portada de* El País.

Hay otros nombres propios que requieren la anteposición de artículo sin que este forme parte de la denominación; en esos casos, el artículo se escribe con minúscula: *el Amazonas, los Alpes, la Alpujarra, el Chispas* (apodo).

Cuando el artículo forma parte del nombre propio:

- puede ir precedido de otros determinantes, como demostrativos o posesivos: *aquel El Dorado mítico, nuestra querida Las Palmas* (pero no es posible decir **aquel el Orinoco mítico* o **nuestros queridos los Alpes*);
- si se antepone un adjetivo, este debe preceder a toda la denominación, artículo incluido: *la extravagante Las Vegas, el caótico El Cairo;* en cambio, si el artículo no forma parte del nombre propio, el adjetivo puede intercalarse entre el artículo y el nombre propio: *el caudaloso Amazonas, la misteriosa India, el simpático Chispas.*

Se escriben siempre con minúscula:

a) Los artículos que preceden a los apodos, sobrenombres o seudónimos: *la Faraona, Isabel la Católica, el Libertador, el Pobrecito Hablador;* o a los nombres propios de animales o cosas: *el Pájaro Loco, la Tizona, el Titanic.*

b) Los artículos que preceden necesariamente a los nombres de accidentes geográficos (ríos, mares, montes, etc.), aparezca o no expreso el sustantivo genérico: *el (río) Amazonas, el (pico) Everest, el (océano) Pacífico, los (montes) Pirineos.* También los que anteceden a los nombres propios de regiones o comarcas: *la Amazonia* (o *Amazonía*), *los Monegros.*

c) Los artículos que preceden de manera opcional al nombre de algunos continentes y al de muchos países: *(el) África, (el) Camerún, (la) China, (el) Ecuador, (los) Estados Unidos, (la) India, (el) Líbano, (el) Perú, (el) Senegal,* etc.

d) Los que preceden al término específico de una denominación, aun cuando se omita el sustantivo genérico: *la Moneda* (por el *palacio de la Moneda*), *el Retiro* (por el *parque del Retiro*), *el Prado* (por el *museo del Prado*).

Nombres genéricos categorizadores. Al nombrar entes individuales, a menudo se usa el sustantivo común genérico que designa la clase a la que pertenece el referente designado (*el río Amazonas, el océano Pacífico, el Ministerio de Hacienda*), seguido del término específico que permite identificarlo y singularizarlo (*Amazonas, Pacífico, de Hacienda*). El sustantivo genérico forma parte unas veces del nombre propio o la expresión denominativa, y se escribe, por ello, con mayúscula, y otras veces no, conservando entonces la minúscula que le corresponde como nombre común.

a) En los nombres de entidades, organismos e instituciones, lo habitual es que el genérico forme parte de la denominación, razón por la que se escribe con mayúscula inicial: *la Academia de Bellas Artes, el Departamento de Recursos Humanos, la Universidad Complutense.* Si el genérico no forma parte del nombre de la entidad, se escribe con minúscula: *la organización Amnistía Internacional.*

b) En los nombres de establecimientos comerciales o de espacios culturales o recreativos, pueden darse dos casos:

- Si el nombre está constituido por una expresión denominativa autosuficiente, que no requiere la presencia del genérico, este, si aparece, se escribe con minúscula: *restaurante La Vaca Argentina, bar Entre Amigos.*

- Si en el nombre del establecimiento el término específico complementa al sustantivo genérico (como sustantivo en aposición, adjetivo o complemento preposicional), el genérico puede escribirse tanto con minúscula (opción preferida) como con mayúscula: *café Gijón* o *Café Gijón, teatro Monumental* o *Teatro Monumental, parque del Retiro* o *Parque del Retiro...*

c) En los nombres geográficos, los sustantivos genéricos (*ciudad, río, mar, océano, sierra, cordillera, cabo, golfo, estrecho,* etc.) actúan normalmente como meros clasificadores y deben escribirse con minúscula (*la ciudad de Panamá, el río Orinoco, el mar Rojo, el océano Índico, la sierra de Gredos, la cordillera Cantábrica, el volcán de Ipala, el cabo de Buena Esperanza, el estrecho de Magallanes*), salvo en los siguientes casos:

- Cuando el sustantivo genérico denota una realidad distinta de la que corresponde a su significado: *Mar del Plata* (que es una ciudad y no un río), *Cabo Verde* (que es una isla y no un cabo).

- Cuando el nombre, incluido el genérico, no exige la anteposición del artículo para integrarse en un enunciado: *Soy de Ciudad del Cabo* (y no **de la Ciudad del Cabo*) o *Me fui a esquiar a Sierra Nevada* (y no **a la Sierra Nevada*).
- Cuando el sustantivo genérico no es el que habitualmente se utiliza para referirse al tipo de realidad designada: *los Picos de Europa, la Selva Negra.*

CASOS EN QUE NO DEBE UTILIZARSE LA MAYÚSCULA INICIAL

No pertenecen a la categoría de nombres propios y, por tanto, no deben escribirse con mayúscula inicial, aunque así aparezcan a veces en los textos, las palabras que se relacionan a continuación:

a) Los tratamientos, tanto los que preceden siempre al nombre propio (*don, doña, fray, sor, san(to)/ta,* etc.) como los que se usan o pueden usarse sin él (*señor/a, doctor/a, licenciado/da, reverendo/da, usted, excelencia, (su) señoría,* etc.). Únicamente se admite el uso de la mayúscula inicial en aquellos que se aplican a las más altas dignidades cuando el tratamiento no va seguido del nombre propio de la persona a la que se refiere: *La recepción a Su Santidad será esta tarde,* pero *Aterrizó su santidad Benedicto XVI.*

> *a* Las abreviaturas de los tratamientos se escriben siempre con mayúscula inicial: *D.ª, Dra., Fr., Lic., Ilmo., Sr., Sto., Ud.,* etc.

b) Los sustantivos que designan títulos nobiliarios, dignidades o cargos —sean civiles, militares, religiosos, públicos o privados—, tanto en sus usos genéricos (*El rey reina, pero no gobierna*), como si se refieren a una persona concreta (*La reina saludó al arzobispo de Managua; El papa visitará la India; El presidente del Gobierno llegó con la ministra de Defensa y el general Martínez, jefe del Estado Mayor*).

c) Los sustantivos que designan profesiones: *Su hija es ingeniera; Roberto Armendáriz, asesor fiscal.*

d) Los adjetivos y sustantivos que designan pueblos o etnias, así como los que denotan nacionalidad o procedencia geográfica: *la cultura mochica, los aztecas, los maoríes, los filipinos.*

e) Los nombres de las lenguas: *El español es la lengua más estudiada del mundo después del inglés.*

f) Los nombres españoles de los taxones zoológicos y botánicos: *Entre la fauna de la zona destacan los cérvidos y los cánidos; Esa planta pertenece a la familia de las cactáceas*. Sobre los nombres latinos usados en la nomenclatura científica internacional, → págs. 429-430.

g) Los sustantivos *sol, luna* y *tierra,* tanto en sus usos rectos como en los derivados o metafóricos: *Se levanta al salir el sol; Hoy hay luna llena; Son los desheredados de la tierra*. Solo se escriben con mayúscula inicial en contextos netamente astronómicos, aludiendo, como nombres propios, a los respectivos astros (→ pág. 430).

h) Los nombres de los puntos cardinales (*norte, sur, este, oeste*) y de los puntos del horizonte (*noroeste, sudeste,* etc.): *La brújula señala el norte; Viajamos rumbo al sur; Vivo al este de Jalisco; Sopla viento del noroeste.* Para la escritura de sus símbolos, → pág. 467.

i) Los nombres de los hemisferios, las líneas imaginarias y los polos geográficos: *el hemisferio sur, el círculo polar, el ecuador, la eclíptica, el polo norte geográfico,* etc.

> Las denominaciones *polo norte* y *polo sur* solo se escriben con mayúscula inicial cuando se refieren no a los extremos del eje de rotación de nuestro planeta, sino al área geográfica que circunda dichos puntos: *La expedición recorrerá el Polo Sur para estudiar su fauna.*
>
> *a*

j) Los nombres de los vientos: *el austro, el bóreas, el levante,* salvo que se trate de personificaciones en textos poéticos (→ pág. 428).

k) Los nombres de los días de la semana, así como de los meses y las estaciones del año: *Hoy es lunes, 23 de mayo; Estoy deseando que llegue el verano.*

l) Los nombres de las notas musicales: *Tocó una melodía en fa mayor.*

m) Los nombres de los elementos y compuestos químicos, así como los de las unidades de medida: *oxígeno, mercurio, sodio; tesla, newton, metro.* Para la escritura de sus símbolos, → pág. 467.

n) Los nombres de los principios activos de los medicamentos: *amoxicilina, ibuprofeno, paracetamol.* En cambio, los nombres comerciales registrados son nombres propios, al igual que las marcas, por lo que se escriben con mayúscula inicial: *Prozac, Nolotil.*

ñ) Los nombres de las monedas: *quetzales, soles, euros.*

o) Las denominaciones de impuestos y tasas (*impuesto sobre el valor añadido* [o, Am., *al valor agregado*], *impuesto sobre la renta de las personas físicas*), aunque sus siglas se escriban con mayúsculas (*IVA, IRPF*).

p) Las formas de Estado y de gobierno: *la capital del reino, las repúblicas bálticas, la monarquía parlamentaria, la democracia americana.* Solo se admite el uso de la mayúscula cuando estas voces se emplean para designar periodos concretos de la historia caracterizados por una de esas formas de gobierno, como sucede, por ejemplo, en la periodización de la historia de la antigua Roma con *la Monarquía, la República* y *el Imperio;* o cuando forman parte del nombre oficial completo de un país: *Reino de España, República Argentina.*

q) Los poderes del Estado y los poderes fácticos: *el poder ejecutivo, el poder legislativo, el cuarto poder* [= la prensa].

r) Los movimientos o tendencias políticas o ideológicas, idearios y doctrinas: *sandinismo, neoliberalismo, el principio de no intervención, la doctrina Estrada.*

s) Las disciplinas científicas y las diversas ramas del conocimiento: *Nuevos avances en física nuclear; La morfología es una parte de la gramática; Es magnífico en matemáticas.* Solo se escriben con mayúscula inicial en contextos académicos o curriculares, cuando designan asignaturas, estudios o materias regladas: *Me he matriculado en Arquitectura; ¿Quién te da Física este año?*

t) Las leyes, teorías y principios científicos, salvo los nombres propios que formen parte de la denominación: *ley de la gravedad, ley de Ohm, principio de Arquímedes, teoría de la relatividad.*

u) Los nombres de las escuelas y corrientes de las diversas ramas del conocimiento, así como los de estilos, movimientos y géneros artísticos: *darwinismo, platonismo, positivismo, culteranismo, dadaísmo, realismo mágico, cine negro.*

v) Las religiones, así como el conjunto de sus fieles: *budismo, cristianismo, islam, judaísmo, cristiandad.*

w) Conceptos del ámbito religioso, como sacramentos, ritos, pecados, virtudes, etc.: *comunión, eucaristía, misa, codicia, caridad, cielo, purgatorio, parábola, hadiz.* Es admisible la mayúscula, aunque no obligatoria, en las palabras que designan los lugares a los que se supone que van las almas tras la muerte, por su asimilación a los topónimos imaginarios: *Sé bueno e irás al Cielo.*

x) Los episodios relevantes en la historia narrativa de las religiones: *la oración en el huerto, la resurrección de Cristo, el descenso del Corán.* Solo se escribirán con mayúscula cuando se trate del nombre de una festividad: *La Ascensión es una fiesta movible.*

y) Los pronombres personales referidos a la divinidad o a personas sagradas como la Virgen: *A ti encomiendo mi espíritu; Bendita tú eres entre todas las mujeres.*

z) Los nombres que designan oraciones *(el padrenuestro, dos avemarías, el credo, el magníficat)*, salvo que se mencionen citando un fragmento del verso con el que comienzan, caso en el que se tratan como si fueran títulos:

> No recordaba el *Yo pecador.*

Naturalmente, cualquiera de las palabras aquí reseñadas deberá escribirse con mayúscula inicial cuando forme parte de un nombre propio o de una expresión denominativa: *América del Norte, Movimiento 19 de Abril, Viernes Santo, Fundación Oxígeno.*

Nombres propios usados como comunes. Los nombres propios pueden convertirse en nombres comunes cuando adquieren significado léxico y pasan a denotar clases de entes que comparten determinadas propiedades. En ese caso dejan de escribirse con mayúscula inicial y adoptan la minúscula propia del nombre común.

En virtud de este fenómeno, se escriben con minúscula inicial:

a) Los nombres propios de personas, personajes o lugares cuando pasan a designar genéricamente seres o lugares que poseen los rasgos más notables o característicos del referente original, convertido ya en arquetipo: *una celestina, un donjuán, un quijote, un potosí, la meca* (*del cine, del capitalismo...*), etc.

b) Muchos nombres de enfermedades, objetos, aparatos, sistemas, productos y otras realidades que pasan a ser designados directamente con el nombre propio de su descubridor, su inventor, su fabricante, o con el de la persona que los popularizó o en honor de la cual se hicieron (cuando se trata de nombres extranjeros, estos suelen adaptarse a nuestra lengua y someterse a las reglas de acentuación del español): *alzhéimer* (de A. Alzheimer), *cárter* (de H. Carter), *chagas* (de C. Chagas), *diésel* o *dísel* (de R. Diesel), *párkinson* (de J. Parkinson), *quevedos* (de F. de Quevedo), *quinqué* (de A. Quinquet), *rebeca* (del nombre de la protagonista de la película homónima), *yacusi* (de los hermanos Jacuzzi), etc. El nombre propio mantiene la mayúscula y su ortografía originaria si se usa como tal, esto es, si aparece en el complemento especificativo del correspondiente sustantivo genérico, como ocurre con las enfermedades: *la enfermedad de Parkinson, el mal de Chagas, la enfermedad de Alzheimer.*

c) Las variedades de vinos, quesos y otros productos que se designan directamente por el nombre del lugar del que son originarios o donde se producen y, en general, los nombres de comidas y bebidas que tienen su origen en un nombre propio: *Tomaré un solomillo al cabrales con una copa de rioja; Para cenar me hice un sanjacobo; El* manhattan *es mi combinado favorito.*

d) Los nombres de razas de animales que tienen su origen en un nombre propio, normalmente el topónimo de la zona de la que son originarios: *un terranova, un chihuahua.*

e) Los nombres de premios aplicados al objeto que los representa o a la persona premiada: *Se le cayó el goya en la ceremonia; Entrevistó al nobel de física.*

f) Los signos del Zodiaco aplicados a las personas que han nacido bajo ellos: *Los leo tienen mucho carácter.*

g) Las marcas y nombres comerciales cuando no designan ya un objeto o un producto de la propia marca, sino, genéricamente, cualquier objeto o producto de características similares: *Espese la salsa con maicena; No sale sin ponerse rímel en las pestañas.*

La mayúscula para favorecer la legibilidad

Las mayúsculas favorecen la visibilidad y la lectura de textos cortos, por lo que habitualmente se escriben de esa forma palabras, frases e incluso textos completos en inscripciones, carteles, letreros, paneles informativos, títulos, etc.

Así, suelen escribirse enteramente en mayúsculas:

a) Las palabras o frases que aparecen en las cubiertas y portadas de los libros y documentos, tanto impresos como electrónicos, así como los títulos que encabezan cada una de sus divisiones internas (partes, capítulos, escenas, etc.).

b) Las cabeceras de diarios y revistas: *EL MERCURIO, EL PAÍS;* no obstante, es cada vez más frecuente que se escriba solo con mayúscula la inicial de las palabras significativas: *La Voz de Galicia.*

c) Las inscripciones de lápidas, monumentos o placas conmemorativas.

d) Los lemas y leyendas que aparecen en banderas, estandartes, escudos y monedas: *LIBRE CREZCA FECUNDO* (en el reverso de la moneda guatemalteca de cinco centavos).

e) Los textos de los carteles de aviso o de las pancartas: *PROHIBIDO ESTACIONAR; NO A LA GUERRA.*

f) En textos de carácter informativo, las frases que expresan el contenido fundamental del escrito: *Por motivos de higiene, SE PROHÍBE DEPOSITAR BASURAS EN LA VÍA PÚBLICA.*

g) Términos como *aviso, nota, advertencia, posdata,* etc., cuando introducen de forma autónoma los textos correspondientes: *AVISO: El pago de recibos solo podrá efectuarse los martes.*

h) En textos jurídicos y administrativos, los verbos que expresan la finalidad del escrito o que introducen cada una de sus partes fundamentales, a fin de favorecer su rápida lectura: *CERTIFICA, EXPONE, SOLICITA, CONSIDERANDO.*

i) Los términos con los que se alude de forma breve y repetida a las diversas partes que se citan como intervinientes en documentos jurídicos o administrativos: *D. José Pérez García, en adelante, el DEMANDANTE...*

j) Los textos de los bocadillos en los cómics y viñetas gráficas.

La mayúscula en siglas y acrónimos

Las mayúsculas se emplean para formar siglas. La escritura de las siglas enteramente en mayúsculas, con independencia de cómo se escriba la expresión a la que remplazan, permite distinguirlas con claridad del léxico común: *AVE* (sigla de *alta velocidad española*) frente a *ave* ('animal con pico y plumas').

Aquellas siglas que tienen que leerse, en todo o en parte, deletreando sus componentes deben mantener siempre su escritura en mayúsculas: *FBI* [éfe-bé-í], *DDT* [dé-dé-té], *PSOE* [pe-sóe]. En cambio, los acrónimos, esto es, aquellas siglas cuya grafía permite leerlas secuencialmente (*OTAN, UNESCO, UCI, IVA,* etc.), pasan a convertirse en muchas ocasiones en palabras a todos los efectos, ya sea como nombres propios, caso en el que mantienen la mayúscula en la inicial (*Mercosur, Unesco, Unicef*), ya sea como nombres comunes, caso en el que pasan a escribirse enteramente en minúsculas (*uci, mir, ovni, radar, láser*).

Las expresiones desarrolladas de siglas y acrónimos llevarán las mayúsculas y minúsculas que les correspondan por su naturaleza: *Banco Central Europeo* (*BCE*), con mayúsculas iniciales por ser el nombre de una institución, frente a *documento nacional de identidad* (*DNI*) o *tecnologías de la información y la comunicación* (*TIC*), con minúsculas por tratarse de expresiones comunes.

El uso combinado de mayúsculas y minúsculas es plenamente admisible cuando se añaden especificaciones a siglas ya constituidas: *ARNm* (de *ácido ribonucleico mensajero*), *PCEr* (de *Partido Comunista de España reconstituido*).

Asimismo, en la actualidad es cada vez más frecuente escribir con mayúscula únicamente la inicial de los componentes de la sigla y mantener en minúscula las letras no iniciales o los conectores gramaticales (preposiciones o conjunciones): *DGTel* (de *D*irección *G*eneral de *Tel*ecomunicación), *JpD* (de *J*ueces *p*ara la *D*emocracia), *UNMdP* (*U*niversidad *N*acional de *M*ar *d*el *P*lata), *UdelaR* (*U*niversidad *de la R*epública).

La mayúscula en los números romanos

La mayúscula es la forma originaria y característica de los números romanos. Sobre la escritura y el uso de estos números, → págs. 485-488.

Mayúsculas y minúsculas en ámbitos especiales

PUBLICIDAD, DISEÑO GRÁFICO Y NOMBRES COMERCIALES

En ámbitos como la publicidad o el diseño gráfico, al igual que ocurre en el lenguaje literario, se busca llamar la atención del receptor no solo con el contenido, sino también con la forma o apariencia del mensaje. Entre los múltiples recursos utilizados para ello se encuentra la transgresión de las normas que regulan el uso común del lenguaje, por lo que es frecuente en estos ámbitos la aparición de mayúsculas no justificadas desde el punto de vista ortográfico y, a la inversa, el uso de minúsculas donde las normas ortográficas prescriben la mayúscula.

Comienza también a ser habitual que marcas y nombres comerciales presenten mayúsculas intercaladas cuando el nombre se forma a partir de varios componentes o palabras (la mayúscula marca así la frontera entre esos componentes): *CubaSí, MásVital, iBanesto.*

Del mismo modo, es frecuente que el nombre propio de la marca o institución aparezca escrito enteramente en minúsculas en los logotipos: *yoigo, xerox, adidas, renfe*. Estos recursos expresivos o estilísticos son admisibles en los logotipos, el diseño gráfico y la publicidad, pero no deben usarse de forma abusiva e indiscriminada, por lo que la grafía del nombre comercial o institucional debe acomodarse a la norma ortográfica y recuperar la mayúscula inicial cuando se utilice en el interior de los textos: *Las oficinas de Renfe estaban cerradas.*

NUEVAS TECNOLOGÍAS DE LA COMUNICACIÓN

En el ámbito de las nuevas tecnologías, la rapidez y la economía presiden las comunicaciones que se realizan a través de correos electrónicos, foros, chats y mensajes de móvil. Sus similitudes con la comunicación oral y el uso predominante del registro familiar o coloquial explican la frecuente relajación de las convenciones ortográficas en la escritura por estos medios, lo que incluye a menudo la ausencia de las mayúsculas preceptivas. Esta ortografía relajada, que puede resultar admisible en los chats y los mensajes de móvil, donde la rapidez prima sobre la pulcritud, no debe extenderse a todas las comunicaciones por vía electrónica. Así, en el correo electrónico se deben aplicar con rigor las normas ortográficas, ya que este medio no está tan condicionado por limitaciones de espacio o de tiempo como los otros citados.

5

Unión y separación de palabras y otros elementos en la escritura

La palabra como unidad gráfica

La palabra se define, desde el punto de vista gráfico, como una sucesión de letras que aparece en la línea de escritura entre espacios en blanco, o flanqueada por signos de puntuación o auxiliares; así, por ejemplo, el siguiente enunciado está constituido por diez palabras: *¿Te gustan las manzanas, cariño? —le preguntó a la niña*. Es importante delimitar correctamente las palabras en la escritura y, en general, los hablantes lo hacen sin dificultad. Pero hay casos en que pueden plantearse dudas o vacilaciones a la hora de decidir si ciertos segmentos del discurso deben escribirse juntos o separados, en una o en varias palabras. Se exponen a continuación los casos que pueden resultar más problemáticos.

La escritura de formas o expresiones complejas

Existen diversos tipos de formas o expresiones complejas, resultado de combinar varias palabras o raíces léxicas. Algunas de ellas se escriben siempre en una sola palabra, mientras que otras están constituidas por varias palabras gráficamente independientes o unidas mediante un guion. Además, hay ciertas expresiones que admiten su escritura tanto en una como en varias palabras.

COMPUESTOS UNIVERBALES Y PLURIVERBALES

Recibe el nombre de *composición* el proceso por el cual dos o más palabras o raíces léxicas se unen para formar una nueva pieza léxica, denominada *compuesto*. Se distinguen dos tipos de compuestos:

a) En los COMPUESTOS UNIVERBALES los distintos componentes se integran en una sola palabra gráfica y, por ello, presentan un único acento prosódico, el que corresponde al último componente: *agriDULce, bienmeSAbe, cazamariPOsas, hazmerreÍR, maniaTAR, milHOjas, peliRROjo, sabeloTOdo, sordoMUdo, tontiLOco, vaiVÉN*. En estos compuestos, que se comportan a todos los efectos como las palabras simples, las marcas de género o de número se manifiestan solo en el último constituyente: *pelirroja, sordomudas, tontilocos, vaivenes*, etc. No es correcto escribir este tipo de compuestos separando sus componentes: ⊗*un caza mariposas.*

b) Los COMPUESTOS PLURIVERBALES se componen de varias palabras gráficamente independientes que, sin embargo, constituyen una unidad léxica, pues todo el conjunto posee una forma fija estable y un significado unitario, no derivado de la simple suma de significados de sus componentes: *cabeza rapada, casa cuartel, hombre rana, llave inglesa, medio ambiente, pájaro mosca, piel roja, puerco espín*, etc. Normalmente, la escritura independiente de sus constituyentes se corresponde con el mantenimiento del acento prosódico en cada uno de ellos (*caBEza raPAda, CAsa cuarTEL, LLAve inGLEsa, PIEL ROja, HOMbre RAna*, etc.), y las marcas de plural se manifiestan o en ambos componentes (si se trata de un sustantivo y un adjetivo) o solo en el primero (si se trata de dos sustantivos): *cabezas rapadas, llaves inglesas, casas cuartel, hombres rana.*

Sin embargo, no resulta inusual que un compuesto pluriverbal adquiera paulatinamente mayor cohesión prosódica y morfológica. A menudo el primer componente pierde su acento y todo el conjunto forma un solo grupo acentual: [puerkoespín]; en ese caso, además, la marca de plural acaba por manifestarse solo en el segundo término: [puerkoespínes]. Cuando este proceso de cohesión prosódica y morfológica se completa, lo normal es que el compuesto originariamente pluriverbal termine adoptando una grafía unitaria: *puerco espín* > *puercoespín*. Así ha ocurrido en numerosos casos hoy asentados con grafía univerbal, como *aguardiente, bajorrelieve, camposanto, hierbabuena, padrenuestro* o *todoterreno*, que comenzaron siendo compuestos pluriverbales.

En la actualidad, existen algunos compuestos que vacilan entre la escritura en varias palabras y la escritura unitaria, reflejo de su evolución hacia auténticos compuestos univerbales; así, expresiones como *arcoíris / arco iris, guardiacivil / guardia civil, medioambiente / medio ambiente* o, en América, *pavorreal / pavo real* pueden aparecer escritas tanto en una como en varias palabras, siendo más recomendable, aunque a menudo aún minoritaria en el uso, la grafía univerbal.

Hay también expresiones pluriverbales constituidas por dos sustantivos unidos por preposición en las que se observa esta misma tendencia a la unificación gráfica, con pérdida del nexo prepositivo; así, puede escribirse *hoja de lata* u *hojalata*, *tela de araña* o *telaraña*.

Estos procesos de unificación pueden manifestarse asimismo en locuciones adverbiales: *bocabajo, deprisa* o *enseguida*, mejor que *boca abajo, de prisa* o *en seguida*. No obstante, en algunas ocasiones, la escritura en una o varias palabras de ciertas secuencias implica diferencias de valor o de significado, como en *conque* o *con que*, *porque* o *por que*, *sino* o *si no*, *sobretodo* o *sobre todo*, entre otros casos. Las principales secuencias que pueden escribirse en una o varias palabras, ya sea con el mismo o con distinto valor, se relacionan en las páginas 452-458.

EXPRESIONES COMPLEJAS FORMADAS POR VARIAS PALABRAS UNIDAS CON GUION

En determinadas circunstancias, pueden unirse con guion varios sustantivos o adjetivos, dando lugar a distintos tipos de expresiones complejas, como *árabe-israelí, coste-beneficio, director-presentador, Madrid-París--Berlín, teórico-práctico*, etc. Las condiciones para su formación, así como su tratamiento ortográfico, se detallan en el epígrafe dedicado al uso del guion (→ págs. 416-419).

NOMBRES PROPIOS COMPUESTOS

En los nombres propios compuestos, el primer elemento suele perder su acento prosódico, de manera que todo el conjunto forma un solo grupo acentual: *José María* [josemaría], *María Ángeles* [mariánjeles], *Buenos Aires* [buenosáires], *Costa Rica* [kostarríka].

En el caso de los nombres propios de persona, el peso de la tradición ha mantenido la escritura separada de sus componentes; no obstante, son también admisibles las grafías univerbales, que están alcanzando hoy cierta difusión en algunos de estos nombres: *Josemaría, Mariángeles, Maricarmen, Juampedro*, etc.

En los nombres propios de lugar, al tratarse de denominaciones oficiales, deben respetarse las grafías pluriverbales ya fijadas. Cabe señalar, no obstante, que hay topónimos hoy univerbales que son históricamente fruto de la fusión gráfica de varias palabras: *Casablanca, Torredonjimeno, Montenegro*, etc.

NUMERALES

Hay numerales que deben escribirse en una sola palabra, otros que admiten su escritura en una o en varias palabras, y otros que se escriben siempre en varias palabras. Todas las cuestiones relacionadas con la ortografía de los numerales se tratan en el apartado correspondiente del capítulo 7 (→ págs. 489-499).

ADVERBIOS EN *-MENTE*

Los adverbios que se forman añadiendo la terminación *-mente* a la forma femenina de algunos adjetivos se escriben siempre en una sola palabra: *ágilmente, estupendamente, trágicamente.* Sobre su acentuación gráfica, → pág. 368.

Cuando se coordinan dos o más de estos adverbios, se admite la omisión de su último componente en todos ellos, excepto en el que cierra la serie: *Todos sus artículos están directa o indirectamente relacionados con el problema de la mafia; Esta zona se ha transformado social, cultural y económicamente en muy poco tiempo.*

FORMAS VERBALES CON PRONOMBRES PERSONALES ÁTONOS

Los pronombres personales átonos —*me, nos, te, os, lo(s), la(s), le(s), se*—, al carecer de acento propio, se pronuncian unidos a la forma verbal contigua, con la que integran un solo grupo acentual: [melodíjo], [dímelo]. Su escritura depende de su posición con respecto al verbo. Si preceden a la forma verbal, se escriben como palabras independientes: *Me las regaló; No nos mientan; Se me ha olvidado.* En cambio, si van pospuestos, forman con el verbo una sola palabra gráfica: *Dilo tú; Decilo vos; Dénmelas; Voy a pedírsela; Haberlo hecho antes.*

Sobre la acentuación gráfica de estas formas verbales con pronombres pospuestos, → págs. 368-369.

La escritura de palabras o expresiones con prefijo

Los prefijos son elementos carentes de autonomía que se anteponen a una base léxica (una palabra o una expresión pluriverbal) a la que aportan diversos significados. Se resumen a continuación las normas que hay que aplicar para la correcta escritura de los prefijos en español.

a) Escritura unitaria. Los prefijos deben escribirse siempre soldados a la base a la que afectan cuando esta es univerbal, es decir, cuando es una sola palabra: *antiadherente, antirrobo, contraoferta, cuasiácrata, cuasidelito, exalcohólico, exjugadora, exmarido, interministerial, posparto, precontrato, proamnistía, superbién, supermodelo, ultracongelar, viceministra,* etc.

> *a* Cuando se añade un prefijo a una sola palabra, es incorrecto unirlo a esta con guion o escribirlo separado: ⊗*anti-mafia,* ⊗*anti cancerígeno.*

Sobre los casos en que la última vocal del prefijo y la primera de la base son iguales (*antiimperialista* o *antimperialista, microorganismo* o *microrganismo*), → págs. 343-344.

b) ESCRITURA CON GUION. Los prefijos se unen con guion a la palabra base si esta comienza por mayúscula, de ahí que se emplee este signo cuando el prefijo se antepone a una sigla o a un nombre propio constituido por una sola palabra: *anti-ALCA, mini-USB, pos-Gorbachov, pro-Obama.* También es preciso emplear el guion cuando la base es una cifra: *pre-1945, sub-21, super-8.*

> *a* Cuando se añade un prefijo a un nombre propio para crear otro nombre propio, el prefijo se escribe soldado a la base y la mayúscula se traslada a la inicial del nombre resultante: *Superlópez* (nombre del héroe de un cómic español), *Prepirineo* (nombre que se da a la franja anterior al Pirineo central).

Excepcionalmente, se admite el empleo del guion intermedio para marcar en una palabra la frontera entre el prefijo y su base cuando ello sea indispensable para la correcta comprensión de un derivado ocasional de sentido peculiar, a menudo con el fin de evitar confusiones con términos ya asentados. Suele aparecer este recurso en textos teóricos en los que se requiere una extremada precisión conceptual o en aquellos que priman la creatividad sobre otras consideraciones: *Denominaremos pre-textos aquellas composiciones literarias o teatrales de transmisión oral; Los sueños pueden considerarse una pre-presentación o una re-presentación de las preocupaciones del sujeto.*

c) ESCRITURA SEPARADA. Los prefijos se escriben necesariamente separados de la base a la que afectan cuando esta es pluriverbal, es decir, cuando se halla constituida por varias palabras, ya se trate de locuciones o de grupos de palabras que funcionan de forma unitaria desde el punto de vista léxico: *anti pena de muerte, ex alto cargo, ex chico de los recados, pre Segunda Guerra Mundial, pro derechos humanos, super en forma, vice primer ministro.*

El prefijo *ex-* debe someterse a las mismas normas que rigen para el resto de los prefijos y, por tanto, se escribirá unido a la base si esta es una sola palabra (*exjugador, exnovio, expresidente,* etc.), aunque la palabra prefijada pueda llevar un complemento o adjetivo especificativo detrás: *exjugador del Real Madrid, exnovio de mi hermana, expresidente brasileño,* etc.; y se escribirá separado si la base está formada por varias palabras que constituyen una unidad léxica: *ex cabeza rapada, ex número uno, ex teniente de alcalde, ex primera dama,* etc.

Cuando se duda si la base a la que se adjunta un prefijo es univerbal o pluriverbal, puede servir de orientación la siguiente advertencia:

- Los prefijos se escriben unidos a la palabra que los sigue (base univerbal) solo cuando ambos elementos pueden formar una pieza léxicamente autónoma con el significado y la categoría gramatical que corresponde al concepto designado. La palabra prefijada resultante puede, además, ir modificada por adjetivos o complementos, como en *cuasidelito civil, expresidente brasileño, exjugador del Real Madrid, supermodelo internacional,* donde los prefijos se escriben unidos a la base (subrayada), y los adjetivos y complementos modifican a las palabras prefijadas *cuasidelito, expresidente, exjugador* y *supermodelo.*

- Por el contrario, en _anti pena de muerte, ex chico de los recados, ex cabeza rapada, super en forma, vice primer ministro_ los prefijos se escriben separados de la base (subrayada) por ser esta pluriverbal, ya que el prefijo y el elemento que lo sigue no pueden formar una palabra autónoma con el sentido y la categoría gramatical que corresponden al concepto designado: _*antipena, *exchico, *excabeza, *superen, *viceprimer._ Estas formaciones no son modificadas por las demás palabras: _*antipena_ no es modificado por _de muerte;_ _*exchico,_ por _de los recados;_ _*excabeza,_ por _rapada;_ _*superen,_ por _forma;_ ni _*viceprimer,_ por _ministro_ (tampoco _*viceprimer_ modifica a _ministro_).

COMBINACIÓN DE PREFIJOS

Cuando se forma una palabra anteponiendo a otra varios prefijos —o el mismo repetido—, estos deben escribirse unidos, sin guion intermedio: *antiantisemita, cuasiposmoderna, exvicepresidente, requetesuperguapo.*

Si se añade un prefijo a la expresión resultante de la anteposición de otro prefijo a una base pluriverbal, ambos prefijos se escribirán separados: *ex vice primer ministro.*

COORDINACIÓN DE PREFIJOS

Los prefijos pueden desgajarse de la palabra base para coordinarse con la voz resultante de la unión de otro prefijo a esa misma palabra. Esto se da sobre todo cuando se coordinan palabras prefijadas que tienen una misma base, pero prefijos de sentido opuesto. El prefijo desgajado debe escribirse con un guion pospuesto para indicar que no se trata de una palabra autónoma: *pre- y posnatal, anti- y proabortista, intra- y extracelular.* Si la base de la prefijación es pluriverbal, no se emplea el guion: [grupos] *anti y pro pena de muerte.*

La escritura de expresiones onomatopéyicas

Cuando se pretende imitar o evocar un sonido mediante la repetición de una o más sílabas, se recomienda escribir cada elemento aislado y separado por comas del resto: *—Ja, ja, ja, ja, ja —su amigo no podía parar de reír; Taca, toc, taca, toc, taca, toc..., aquel golpeteo no la dejaba dormir; Que si tenía mucho que hacer, que si bla, bla, bla.* Se admite el uso de guiones cuando la repetición de elementos es una sucesión continua que constituye una unidad: *ta-ta-ta-ta* (sonido de una metralleta), *chas-chas-chas-chas* (ruido de unas tijeras o una podadera).

En cambio, si a partir de la reproducción onomatopéyica de un sonido se forma un sustantivo, las sílabas iguales o similares que concurran —normalmente en número no superior a tres— se escribirán formando una sola palabra (*blablablá, dindón, gluglú, tictac,* etc.): *Solo se oía el tictac del reloj; El resto de la reunión fue un puro blablablá.*

Secuencias que pueden escribirse en una o más palabras

CON IDÉNTICO VALOR

Algunas expresiones léxicamente unitarias y estables, pero formadas por varias palabras independientes (como *arco iris, de prisa* o *tal vez*) experimentan procesos tendentes hacia la fusión gráfica de sus componentes.

Cuando esto ocurre, es normal que, al menos durante un tiempo, convivan en el uso las grafías en una o en varias palabras. Se ofrece a continuación la relación de expresiones que presentan la doble posibilidad de escritura, sin que la elección de una u otra implique un cambio de función o significado; normalmente se indica la preferencia normativa por alguna de ellas.

a cal y canto o *a calicanto;*
a machamartillo, mejor que *a macha martillo;*
a maltraer, mejor que *a mal traer;*
a matacaballo, mejor que *a mata caballo;*
a rajatabla, mejor que *a raja tabla;*
a tocateja, mejor que *a toca teja;*
a vuelapluma, mejor que *a vuela pluma;*
adónde y *a dónde,* así como *adonde* y *a donde,* pueden emplearse indistintamente: *¿Adónde vamos?* o *¿A dónde vamos?; Vamos adonde prefieras* o *Vamos a donde prefieras; Ya veía la cumbre a donde se dirigía* o *Ya veía la cumbre adonde se dirigía;*
aguanieve, mejor que *agua nieve;*
alrededor, mejor que *al rededor;*
altamar, mejor que *alta mar;*
altorrelieve, mejor que *alto relieve;*
aposta, mejor que *a posta;*
aprisa, mejor que *a prisa;*
arcoíris, mejor que *arco iris;*
bajorrelieve, mejor que *bajo relieve;*
bocabajo, mejor que *boca abajo;*
bocarriba, mejor que *boca arriba;*
buenaventura, mejor que *buena ventura;*
camposanto, mejor que *campo santo;*
caradura ('sinvergüenza'), mejor que *cara dura;*
casaquinta ('casa con jardín'), mejor que *casa quinta;*
cielorraso ('techo'), mejor que *cielo raso;*
contrarreloj ('carrera'), mejor que *contra reloj;*
cubalibre ('bebida'), mejor que *cuba libre;*
deprisa, mejor que *de prisa;*
dizque (Am., 'al parecer o supuestamente' y 'presunto o pretendido'), mejor que *diz que;*
donjuán, mejor que *don juan;*
enfrente, mejor que *en frente;*
enseguida, mejor que *en seguida;*
entremedias, mejor que *entre medias;*
exlibris, mejor que *ex libris;*
fueraborda o *fuerabordo,* mejor que *fuera borda* o *fuera bordo;*
guardiacivil o *guardia civil* (Esp. 'agente de cierto cuerpo de seguridad');
guardiamarina, mejor que *guardia marina;*
hierbabuena ('planta aromática'), mejor que *hierba buena;*

hierbaluisa, mejor que *hierba luisa;*
librecambio ('sistema económico'), mejor que *libre cambio;*
mal humor o *malhumor;*
medialuna ('cosa en forma de media luna'), mejor que *media luna;*
medianoche ('doce de la noche' y 'panecillo dulce'), mejor que *media noche;*
medioambiente, mejor que *medio ambiente;*
Nochebuena, mejor que *Noche Buena;*
Nochevieja, mejor que *Noche Vieja;*
nomás ('solamente', 'tan pronto como') o *no más;*
padrenuestro ('oración'), mejor que *padre nuestro;*
pavorreal [Am.] o *pavo real;*
Perogrullo, mejor que *Pero Grullo;*
puercoespín, mejor que *puerco espín;*
quintaesencia, mejor que *quinta esencia;*
sanseacabó, mejor que *san se acabó;*
sobremanera, mejor que *sobre manera;*
tal vez es la grafía mayoritaria, pero también es válida la grafía *talvez*, usada en algunas zonas de América;
tosferina, mejor que *tos ferina*.

CON DISTINTO VALOR

Se ofrece a continuación la lista de expresiones en las que la elección de la grafía en una o en varias palabras supone un cambio de función o significado. Se destacan en un cuadro algunas secuencias de este tipo que resultan particularmente problemáticas para los hablantes (→ págs. 457-458).

(a)dondequiera ('sea cual sea el lugar, (a) cualquier lugar': *Dondequiera que vaya, la seguiré*), frente a la secuencia libre *(a)donde quiera* ('al lugar que desee': *Me iré donde quiera, no donde usted me diga*);
aguadulce ('cocción de agua y panela'), frente a *agua dulce* ('agua de poco o ningún sabor');
aparte ('distinto o singular': *Era un caso aparte;* 'conversación entre dos o más personas al margen de otras presentes': *En un aparte le comunicó su decisión;* o 'en otro lugar': *Escogió los mejores y los puso aparte*) no debe confundirse con la combinación ocasional de la preposición *a* y el sustantivo *parte* (*El virus ha afectado a parte del equipo*);
apropósito ('breve pieza teatral': *De joven escribió un interesante apropósito*), frente a *a propósito* ('adecuado', 'adrede' y 'por cierto': *Llevaba un vestido muy a propósito para la fiesta; Perdieron el partido a propósito; A propósito, ¿has tomado ya una decisión?*);

avemaría ('plegaria católica': *Recé una avemaría y dos padrenuestros*) no debe confundirse con el título de la pieza musical compuesta sobre el texto de esta oración ni con la fórmula introductoria del sacramento católico de la confesión, también usada como interjección (*El* Ave María *de Schubert; ¡Ave María, cuánta gente hay aquí!*);

comoquiera ('sea cual sea el modo, de cualquier manera': *Usted, comoquiera que se llame, venga acá;* 'dado que, puesto que': *Comoquiera que nadie le hacía caso, arreciaron sus protestas*), frente a la secuencia libre *como quiera* ('como desee': *Es usted libre de hacerlo como quiera; Puede tomarse tanto tiempo como quiera*);

contrarreloj ('[carrera] en que los participantes salen individualmente a intervalos regulares y gana el que completa el recorrido en menor tiempo': *Ganó la contrarreloj; Es especialista en pruebas contrarreloj*), frente a *contra reloj* ('con suma urgencia': *Trabajaron toda la noche contra reloj para poder terminar a tiempo*);

cuandoquiera ('sea cual sea el momento, en cualquier momento': *Cuandoquiera que venga, hágale pasar*), frente a la secuencia libre *cuando quiera* ('en el momento que desee': *Iré cuando quiera, no cuando le venga bien a usted*);

demás ('(lo) otro, (lo) restante': *Cuando ella se fue, los demás se pusieron a trabajar; Lo demás no importa; Vendrán alcaldes, gobernadores y demás autoridades*) no debe confundirse con *de más* ('demasiado', 'de sobra': *Me duele el estómago: he comido de más; Has hecho una copia de más; No estará de más que te diga que no puedes hacer eso*);

entorno ('ambiente, lo que rodea': *Vive en un entorno muy agradable*), frente a *en torno (a)* ('alrededor', 'aproximadamente' y 'sobre o acerca de': *Mira en torno, pero no lo ve; Llegaron en torno a las cuatro de la tarde; No sé nada en torno a eso*);

entrambos ('ambos': *Lo sujetó con entrambas manos*) no debe confundirse con la secuencia *entre ambos* ('entre los dos': *Entre ambos hermanos hay una buena relación*);

exabrupto ('dicho inesperado e inconveniente': *Cansado de su insistencia, le soltó un exabrupto*), frente a la locución latina *ex abrupto* ('de repente, de improviso': *El libro comienza,* ex abrupto, *con el secuestro del presidente*);

maleducado ('[persona] que tiene mala educación': *Eres un maleducado; Si sigues siendo tan maleducado, tendrás problemas*), frente a la secuencia constituida por el adverbio *mal* y el participio del verbo *educar* (*Había sido muy mal educado por su madre*); existe también el verbo *maleducar,* cuyo participio es *maleducado: Su familia lo había maleducado;*

malentendido ('mala interpretación o equivocación en el entendimiento de algo': *Ha habido un malentendido*), frente a la secuencia constituida por el adverbio *mal* y el participio del verbo *entender* (*Un pudor mal entendido le impedía pedir ayuda*);

porciento (Am., 'tanto por ciento': *Hemos aumentado el porciento de ganancia*), frente a *por ciento,* secuencia empleada en la expresión de porcentajes (*Los impuestos subieron un doce por ciento*);

pormenor ('detalle o aspecto secundario': *Me expuso todos los pormenores del asunto*), frente a *por menor* ('detalladamente, por extenso': *No es necesario describir por menor el asunto*) y *al por menor* ('en pequeñas cantidades': *Venden tabaco al por menor*);

porvenir ('tiempo futuro': *A los jóvenes de hoy les espera un duro porvenir*), frente a la preposición *por* y el infinitivo *venir* (*Aún quedan invitados por venir*);

quehacer ('tarea u ocupación': *Su principal quehacer era cuidar el jardín*) no debe confundirse con la secuencia constituida por la conjunción *que* o el relativo *que* seguidos del verbo *hacer* (*Tendríamos que hacer la comida; Hay mucho que hacer*);

quienquiera ('cualquiera, sea quien sea la persona': *Quienquiera que lo haya dicho no tiene razón*), frente a la secuencia libre *quien quiera* (*Cuéntaselo a quien quiera escucharlo; No hay nadie a quien quiera más que a vos*);

sinfín ('infinidad': *Tenían un sinfín de problemas*) no debe confundirse con *sin fin* ('innumerable o ilimitado': *Tras revueltas y traiciones sin fin, consiguió pacificar el reino*);

sinrazón ('cosa fuera de lo razonable o debido' o 'ausencia de razón o lógica': *Ha optado por la sinrazón de echar a sus hijos de casa; Había mucha sinrazón en sus propósitos*) no debe confundirse con la secuencia formada por la preposición *sin* y el sustantivo *razón* (*Se enfadó sin razón alguna*);

sinsabor ('pesar o disgusto': *Quería evitarle el sinsabor de la derrota*) no debe confundirse con la combinación de la preposición *sin* y el sustantivo *sabor* (*Comí frutas muy vistosas, pero sin sabor*);

sinsentido ('cosa absurda y que no tiene explicación': *Lo que hiciste fue un completo sinsentido*) no debe confundirse con la secuencia formada por la preposición *sin* y el sustantivo *sentido* (*Solo decían frases sin sentido*);

sinvergüenza ('inmoral o descarado': *No sabía que tu novio era tan sinvergüenza*) no debe confundirse con la combinación de la preposición *sin* y el sustantivo *vergüenza* (*Confesó sus faltas sin vergüenza alguna*);

sobretodo ('prenda de vestir que se lleva encima de las demás': *Se alzó el cuello del sobretodo para protegerse del frío*) no debe confundirse con la locución *sobre todo* ('especialmente, principalmente': *Me gusta sobre todo su sinceridad*).

Casos especialmente problemáticos			
asimismo	'también': *Denle las gracias y díganle asimismo que lo recompensaré.*	***así mismo***	'de ese mismo modo': *Ya me está hartando; así mismo se lo diré.*
conque	conjunción ilativa ('así que, de modo que'): *Esta es nuestra última oportunidad, conque aprovechémosla.* *¿Conque esas tenemos?* sustantivo coloquial ('condición', 'pega o inconveniente' y 'quid de la cuestión'): *Le dejó la herencia con el conque de que siguiera manteniendo la finca.* *Salió con el conque de que no tenía un vestido apropiado para la fiesta.* *Ahí está el conque, en adelantarse a los demás.*	***con que***	preposición + conjunción: *Basta con que haya tres sillas libres.* *Estoy de acuerdo con que vayamos todos juntos.* preposición + pronombre relativo (equivalente a *con el/la/los/las que*): *La pieza con que nos amenizó era de Chopin.* *Son los zapatos con que me casé.*
porque	conjunción causal: *Me acosté pronto porque estaba cansado.* *Estuvo aquí, porque se ven sus huellas.* conjunción final: *Rogué porque se salvase.* *Se esfuerza porque sus hijos tengan lo necesario.* *Iré porque no digan que soy un cobarde* (hoy raro).	***por que***	preposición de régimen + conjunción: –sin sentido final: *Estaba ansiosa por que vinieras.* *Voto por que lo haga él.* –con sentido final: *Rogué por que se salvase.* *Se esfuerza por que sus hijos tengan lo necesario.* preposición + relativo (equivalente a *por el/la/los/las que*): *El vestido por que suspiraba era muy caro.*

Casos especialmente problemáticos			
porqué	sustantivo ('causa, razón o motivo'): *No era fácil de adivinar el porqué de su silencio.* sustantivo ('pregunta que comienza con *por qué* e indaga la causa de algo'): *Nadie respondió a sus porqués.*	***por qué***	preposición + interrogativo: *¿Por qué lo hizo?* *Quería saber por qué.* *¿Por qué departamentos pasará el director?*
sino	sustantivo ('fatalidad o destino'; es tónico y se pronuncia [síno]): *Morir joven era su sino.* conjunción adversativa (carece de acento prosódico): *No bebe agua, sino leche.* *Aquello no era sino el resultado de su torpeza.* *¿Qué podemos hacer sino esperar?* *Allí no solo hay árboles, sino muchas flores.*	***si no***	conjunción + adverbio de negación (el adverbio es tónico, y la secuencia se pronuncia [sinó]): *Si no lo encuentras, dímelo.* *El dato, si no exacto, parece bastante ajustado.* *No sé si no estará roto.* *Vengo a ver a María. ¿A quién si no?*

Las contracciones *al* y *del*

La norma ortográfica del español solo admite hoy en la escritura la amalgama de las preposiciones *a* y *de* con la forma *el* del artículo, lo que da lugar a las contracciones *al* (< *a* + *el*) y *del* (< *de* + *el*): *¿Has visto al conserje?; Viene del cine*. La realización de estas contracciones es obligatoria, de forma que es incorrecto escribir las secuencias ⊗*de el* y ⊗*a el*. Solo si el artículo *el* que sigue a estas preposiciones forma parte de un nombre propio y se escribe, por ello, con mayúscula inicial, no se produce la referida contracción en la escritura:

> Nunca he ido a El Cairo.
> Tomó este fragmento de *El amor en los tiempos del cólera*.

Si en un enunciado coinciden dos secuencias consecutivas de la preposición *de* y el artículo *el*, no existe inconveniente para escribir las dos contracciones seguidas: *Quería aislar su balcón del del vecino*.

6

Abreviaciones gráficas y símbolos

Las abreviaciones gráficas y los símbolos

Las abreviaciones gráficas son representaciones reducidas de palabras o de expresiones complejas cuya motivación es, en principio, puramente gráfica, pues responden al deseo de ahorrar tiempo y espacio a la hora de escribir. Existen dos tipos de abreviaciones gráficas: las abreviaturas (→ págs. 459-461) y las siglas (→ págs. 463-466), dentro de las cuales forman un grupo especial los acrónimos, esto es, las siglas que se leen como palabras.

Debido a su escaso cuerpo gráfico, a menudo se consideran también abreviaciones los símbolos (por ejemplo, los de las unidades de medida —*cm, kg, h*— o los de los elementos químicos —*Ag, S, O*—), aunque no lo son propiamente. Se analizan dentro de este capítulo (→ págs. 466-469) por su semejanza con las abreviaturas, con las que, sin embargo, no deben confundirse.

Abreviaturas

Una abreviatura es la representación gráfica reducida de una palabra o grupo de palabras, obtenida por eliminación de algunas de las letras o sílabas de su escritura completa. Las abreviaturas se cierran con un punto o, algunas veces, con una barra inclinada: *pág.* por *página, c/* por *calle.*

Dependiendo de su ámbito de uso, se distingue entre abreviaturas «personales», las que cualquier hablante particular genera para uso propio en su escritura privada, y abreviaturas «convencionales», que son aquellas reconocidas y empleadas comúnmente por los usuarios de una lengua. Dentro de las convencionales, las hay de uso general, mientras que otras restringen su empleo a situaciones particulares, como las utilizadas dentro de un libro o documento, que suelen aparecer recogidas al principio o al final de este en una lista explicativa.

El uso de abreviaturas convencionales no es libre, sino que está limitado a ciertos contextos. Así, no sería adecuado utilizar la abreviatura *dcha.* en un enunciado como ⊗*Los asistentes al acto deberán acceder al salón por la puerta situada a la dcha. del vestíbulo,* pero sí lo sería en una dirección postal (*piso 3.º dcha.*).

En el APÉNDICE 1 (→ págs. 508-516) se ofrece la lista de abreviaturas convencionales de uso general en español.

LECTURA

Las abreviaturas se leen reponiendo la forma plena de las palabras que abrevian: *Sr.* se lee [señór]; *cap.* se lee [kapítulo], etc.

FORMACIÓN

Existen dos procedimientos básicos para formar abreviaturas:

a) Por TRUNCAMIENTO, suprimiendo letras o sílabas finales de la palabra abreviada: *art.* por *artículo, sig.* por *siguiente.* Cuando se suprimen todas las letras salvo la inicial, se habla de truncamiento extremo: *p.* por *página.* Las abreviaturas por truncamiento deben terminar en consonante, a excepción de las abreviaturas por truncamiento extremo de palabras que empiezan por vocal, como *A.* por *Alteza.* Cuando el truncamiento coincida con un dígrafo, este deberá mantener su integridad, salvo que el segundo elemento sea una letra vocal: *párr.* (y no ⊗*pár.*) por *párrafo,* pero *esq.* (y no ⊗*esqu.*) por *esquina.*

   Excepcionalmente, existen algunas abreviaturas complejas formadas por iniciales que no corresponden a una palabra completa, sino a los elementos compositivos que la integran, como *F. C.* (abreviatura de *ferrocarril*).

b) Por CONTRACCIÓN, conservando solo las letras más representativas (siempre la inicial y normalmente también la letra o letras finales): *Alfz.* por *alférez, cta.* por *cuenta, Fdez.* por *Fernández.* Hay abreviaturas que prescinden de la parte final: *cp.* por *compárese, ms.* por *manuscrito, tlf.* por *teléfono.*

   Las letras finales pueden aparecer también voladas (en cuerpo menor y por encima de la línea de escritura), como en *n.º* por *número, adm.ᵒʳ* por *administrador.* Incluyen también letras voladas las abreviaturas de los numerales ordinales representados con números arábigos: *1.º* por *primero, 2.ª* por *segunda, 1.er* o *3.er* por las formas apocopadas *primer* y *tercer.*

Es incorrecto utilizar las letras voladas con los números romanos de valor ordinal. Así, no debe escribirse ⊗*X.º Congreso* ni ⊗*tomo* VI.º, sino *X Congreso, tomo* VI. *a*

FEMENINO

Las abreviaturas de palabras con variación de género pueden también variar para expresar el femenino. No obstante, algunas abreviaturas terminadas en consonante sirven tanto para el masculino como para el femenino: *Lic.* (*licenciado* o *licenciada*), *izq.* (*izquierdo* o *izquierda*).

El femenino de las abreviaturas se forma de la siguiente manera:

a) Si la abreviatura del masculino termina en *o*, el femenino se forma sustituyendo esta vocal por una *a: Ilmo., Ilma.* (*ilustrísimo, ilustrísima*).

b) Si el masculino termina en consonante, se le añade una *a*, volada o no, dependiendo del procedimiento de formación de la abreviatura:

- En las abreviaturas obtenidas por truncamiento, la *a* se escribe preferiblemente volada: *Prof.ª*, mejor que *Profa.* (para *profesora*).
- En las abreviaturas obtenidas por contracción, la *a* final se escribe preferiblemente a su altura normal: *Sra.*, mejor que *Sr.ª* (para *señora*).

PLURAL

Las abreviaturas de adjetivos o sustantivos que se cierran con punto forman el plural de la siguiente manera:

a) Si la abreviatura se obtuvo por truncamiento y, por tanto, termina en consonante, se añade *-s* para formar el plural: *caps.* (por *capítulos*), *vols.* (por *volúmenes*). Algunas abreviaturas tienen un plural irregular, como *cent.* (*centavo, centésimo*) y *cént.* (*céntimo*), cuyo plural es *cts.*, y no ⊗*cents.* ni ⊗*cénts.*

b) En las abreviaturas obtenidas por truncamiento extremo, el plural se expresa duplicando la letra conservada: *vv.* por *versos, FF. AA.* por *Fuerzas Armadas.*

No debe prescindirse del espacio entre los bloques (⊗*FF.AA.*) y tampoco de los puntos detrás de cada bloque, sea con espacio intermedio o sin él (⊗*FF AA*, ⊗*FFAA*). *a*

c) Las abreviaturas por contracción forman el plural de dos maneras:

- Si conservan el final de la palabra abreviada, se aplican las reglas generales de formación de plural en español, añadiendo *-s* o *-es* según la terminación: *ctas.* por *cuentas, Sres.* por *señores*. Excepciones: *Ud.* (*usted*) y *ud.* (*unidad*) forman el plural en *-s: Uds.* (*ustedes*), *uds.* (*unidades*). El plural de las abreviaturas con letras voladas debe representarse con igual tipo de letras: *n.*^{os} (por *números*).
- Si no conservan el final de la palabra abreviada, el plural se forma añadiendo *-s: mss.* (por *manuscritos*), *tlfs.* (por *teléfonos*).

Las abreviaturas que utilizan la barra como signo abreviativo son invariables en plural: *d/f* por *día(s) fecha, g/p* por *giro(s) postal(es), ch/* por *cheque(s)*. También las abreviaturas de formas verbales o expresiones oracionales presentan la misma forma en singular y en plural: *v.* por *véase* o *véanse, D. E. P.* por *Descanse en paz* o *Descansen en paz.*

ORTOGRAFÍA Y OTRAS NORMAS DE ESCRITURA

a) A diferencia de las siglas y los símbolos, las abreviaturas se escriben siempre con un signo abreviativo: el punto o la barra.

- La mayoría de las abreviaturas se cierran con punto: *p.* por *página, dcha.* por *derecha*. En las abreviaturas que llevan letras voladas, el punto abreviativo se escribe delante de estas: *Sr.*^{a}, *3.*^{er}.

  El punto abreviativo no debe suprimirse cuando aparece seguido de algún signo de puntuación (coma, punto y coma, puntos suspensivos, signo de interrogación, etc.). Así, si tras una abreviatura hay puntos suspensivos, se escriben cuatro puntos: *Algunas abreviaturas con tilde son pág., cód., admón....* Pero, si el punto abreviativo coincide con el final de un enunciado, se escribe un solo punto, y no dos: *En un mercadillo de segunda mano se pueden encontrar libros, juguetes, ropa, etc.* Cuando una abreviatura con letras voladas va situada al final de un enunciado, no debe omitirse su punto abreviativo, pues no ocupa la última posición: *Avenida de la Paz, n.*^{o} *2, 1.*^{o}.
- Solo en algunas abreviaturas el signo abreviativo es una barra, que debe escribirse pegada a la letra o letras que forman la abreviatura: *c/* por *calle, b/n* por *blanco y negro, d/f* por *día(s) fecha.*

b) Las abreviaturas mantienen la tilde en caso de incluir la vocal que la lleva en la palabra plena: *pról.* por *prólogo, C.*^{ía} o *Cía.* por *compañía.*

c) Las abreviaturas deben respetar el uso de mayúsculas o minúsculas que corresponde a la palabra o expresión abreviadas: con inicial mayúscula las abreviaturas de nombres propios (*Bs. As.* por *Buenos Aires*) y normalmente con minúscula las abreviaturas de nombres o expresiones comunes (salvo que la mayúscula venga impuesta por la puntuación): *fasc.* por *fascículo, c. e.* por *correo electrónico.* Constituyen excepciones a esta norma algunas abreviaturas escritas tradicionalmente con mayúsculas, como *C. P.* por *código postal* o *P. V. P.* por *precio de venta al público,* y las abreviaturas de las fórmulas de tratamiento, que se escriben con mayúscula pese a que abrevian nombres comunes: *Ud.* por *usted, Sr.* por *señor, D.* por *don.*

d) En las abreviaturas de expresiones complejas, formadas por varios elementos, debe dejarse un espacio entre cada uno de los componentes: *e. p. m.* por *en propia mano.*

e) Las abreviaturas no deben dividirse con guion de final de línea: ⊗*ad-/món.* En las abreviaturas de expresiones complejas, no deben separarse sus componentes en líneas distintas: ⊗*p./ej.*

f) Las abreviaturas se escribirán en cursiva cuando así deba escribirse la expresión que abrevian, como es el caso de las abreviaturas de expresiones de otras lenguas: *et al.* (abreviatura del latín *et alii* 'y otros'). No obstante, las abreviaturas de uso muy frecuente en los textos de carácter general, aun cuando sustituyan a expresiones de otras lenguas, pueden escribirse en redonda:

   11 a. m. (abreviatura del latín *ante meridiem*).

Siglas y acrónimos

Se llama *sigla* tanto al signo lingüístico formado con las letras iniciales de los términos que integran una expresión compleja como a cada una de esas letras iniciales, de ahí que pueda decirse, por ejemplo, que la Organización de las Naciones Unidas es conocida por «su sigla» o por «sus siglas» *ONU*. Fuera de ese contexto particular, el término *sigla* se emplea hoy casi exclusivamente con el primer sentido indicado.

En muchos casos, las siglas están formadas por una secuencia de letras impronunciable en español: *CNT* (por *Confederación Nacional del Trabajo*), *FMI* (por *Fondo Monetario Internacional*). Cuando pueden ser leídas como cualquier otra palabra española, reciben el nombre de *acrónimos: OTI* (*Organización de Telecomunicaciones Iberoamericanas*), *COI* (*Comité Olímpico Internacional*).

FORMACIÓN

Las siglas se forman por la yuxtaposición de las iniciales de las palabras con significado léxico (normalmente sustantivos y adjetivos, aunque no solo) que integran una expresión compleja: *UNAM* (por *Universidad Nacional Autónoma de México*), *ONG* (*organización no gubernamental*). Aunque lo usual es que se prescinda de las palabras gramaticales (artículos, preposiciones y conjunciones), algunas siglas las tienen en cuenta bien porque son especialmente significativas (*MSF* por *Médicos Sin Fronteras*), bien porque su inclusión facilita la pronunciación de la sigla (*CONACYT* por *Consejo Nacional de Ciencia y Tecnología*). Hay siglas que incorporan también cifras u otros signos: *G8* (por *grupo de los 8* [*países más industrializados*]), *I+D* (por *investigación y desarrollo*).

LECTURA

A diferencia de las abreviaturas, las siglas no se leen reponiendo la expresión a la que remplazan, sino aplicando uno de los siguientes procedimientos:

a) Las siglas que presentan secuencias de letras difíciles de articular o directamente impronunciables se leen deletreándolas, es decir, nombrando cada una de las letras que las forman: *FM* [éfe-éme] (por *frecuencia modulada*), *GPS* [jé-pé-ése] (del ingl. *Global Positioning System*).

b) Cuando la secuencia de letras de que consta una sigla se ajusta a los patrones silábicos del español, esta se lee como cualquier otra palabra: *RAE* [rrá.e] (por *Real Academia Española*), *OPEP* [o.pép] (por *Organización de Países Exportadores de Petróleo*). Como ya se ha dicho, estas siglas pronunciables como palabras se llaman específicamente *acrónimos*.

c) En los casos en los que la sigla presenta un segmento pronunciable junto a otro que no lo es, se combinan ambos métodos, esto es, se lee secuencialmente el segmento pronunciable y se deletrea el que no lo es: *PSOE* [pe-sóe] (por *Partido Socialista Obrero Español*).

d) Las siglas que, además de letras, incluyen cifras u otros signos suelen leerse deletreando su parte alfabética y nombrando la cifra o signo de que se trate: *MP3* [éme-pé-trés], *I+D* [í-mas-dé].

PLURAL

Las siglas que corresponden a expresiones nominales comunes, y no a nombres propios, pueden usarse para aludir a varios referentes. En esos casos, aunque en la lengua oral las siglas tienden a tomar marca de plural ([oenejés] = 'organizaciones no gubernamentales'; [pesés, pezés] = 'computadoras personales'), se recomienda mantenerlas invariables en la escritura, procurando en lo posible, para evidenciar su uso en plural, que vayan acompañadas de algún determinante que así lo indique: *las ONG, varios CD.*

Se prefiere evitar, por tanto, el recurso, copiado del inglés, de añadir al final de la sigla una *s* minúscula, precedida o no de apóstrofo: ⊗*ONGs*, ⊗*CD's*.

Solo los acrónimos lexicalizados, al ser palabras plenas a todos los efectos, pluralizan como cualquier otra: *ovnis* (acrón. pl. de *objeto volador no identificado*), *tacs* (acrón. pl. de *tomografía axial computarizada*).

ORTOGRAFÍA Y OTRAS NORMAS DE ESCRITURA

a) Las siglas se escriben sin puntos ni blancos de separación: *ONU, DNI, FMI.*

b) En principio, las siglas se escriben con todas sus letras mayúsculas: *UNICEF, UNESCO, RENFE, OVNI, UCI, TAC, CD, DVD;* no obstante, cuando un dígrafo forma parte de una sigla, solo se escribe en mayúscula la primera de sus letras: *COCh* por *Comité Olímpico de Chile.* Los acrónimos, es decir, aquellas siglas con una grafía pronunciable pueden convertirse en palabras a todos los efectos y escribirse solo con la inicial mayúscula cuando son nombres propios (por lo general, solo si tienen más de cuatro letras: *Unicef, Unesco, Renfe*), o enteramente en minúsculas cuando se trata de nombres comunes (*ovni, uci, tac*). En las etapas de transición suelen convivir ambas grafías (*UNESCO / Unesco, RENFE / Renfe, TAC / tac,* etc.), pero lo normal y recomendable es la escritura con minúsculas cuando se ha perdido la conciencia de su originaria condición de siglas y se emplean ya como cualquier otra palabra. En cambio, las siglas que se leen por deletreo tienen que escribirse siempre enteramente en mayúsculas: *CD, DVD, FMI.*

c) Las siglas escritas en mayúsculas no llevan nunca tilde: *CIA.* En cambio, los acrónimos que han adquirido la condición de palabras plenas se someten, como cualquier otra, a las reglas de acentuación gráfica del español: *láser* (acrón. de *light amplification by stimulated emission of radiation,* 'amplificación de luz mediante emisión inducida de radiación'), *Fundéu* (acrón. de *Fundación del Español Urgente*).

d) Las siglas escritas en mayúsculas no deben dividirse con guion de final de línea: ⊗*PS- / OE,* ⊗*SE- / PLA.*

e) Se escriben en cursiva las siglas que corresponden a títulos de libros o publicaciones periódicas: *DHLE* (sigla de *Diccionario histórico de la lengua española*), *BRAE* (sigla de *Boletín de la Real Academia Española*).

Símbolos

Los símbolos no son abreviaciones de palabras o de expresiones lingüísticas, sino representaciones gráficas directas de conceptos o entes de la realidad mediante letras o signos, aunque en el caso de los formados por letras puedan haberse originado a partir de una palabra perteneciente a una lengua determinada. Así, *S*, que es el símbolo del azufre, está tomado de la inicial de la palabra latina *sulphur*. El símbolo es el mismo en todas las lenguas, no así el nombre del elemento que representa: *azufre* en español, *zolfo* en italiano, *sulphur* o *sulfur* en inglés, *soufre* en francés, *sofre* en catalán, etc.

En general, los símbolos han sido fijados por entidades de normalización, por lo que tienen un carácter convencional y estable, y validez internacional. Los más comunes son los que representan unidades básicas y derivadas del sistema internacional (*kg, m, s*); unidades que no pertenecen a él, pero cuyo uso está aceptado (*h, ha, l*); elementos químicos (*Au, C, Pb*); operaciones y conceptos matemáticos (+, ∫, %); unidades monetarias (€, £, $), y puntos cardinales (*N, S, SE*). También pueden considerarse símbolos los códigos bilíteros o trilíteros establecidos por entidades de normalización como la ISO (International Organization for Standardization, 'Organización Internacional para la Estandarización') para monedas, idiomas, identificadores de aeropuertos, etc.: *DZD* (dinar argelino), *bg* (lengua búlgara), *HAV* (aeropuerto de La Habana). Asimismo pueden considerarse símbolos, por su forma y uso internacional, las abreviaciones con las que se identifican los diferentes libros de la Biblia: *Gn* (*Génesis*), *Ex* (*Éxodo*), *Lv* (*Levítico*), etc.

El uso de los símbolos, al igual que el de las abreviaturas, está restringido a determinados contextos; así, no puede escribirse ⊗*Tiene deficiencia de Fe*, en lugar de *Tiene deficiencia de hierro*. En este sentido, los símbolos de unidades de medida solo se combinan con cantidades expresadas con cifras, no con palabras: *15 kV* (o *quince kilovoltios*), pero no ⊗*quince kV*.

En el APÉNDICE 2 (→ págs. 517-522) se recogen los principales símbolos alfabetizables. Los símbolos y signos no alfabetizables más comunes se ofrecen en el APÉNDICE 3 (→ págs. 523-524).

LECTURA

Los símbolos se leen reproduciendo la palabra que designa, en la lengua del texto, el concepto que el símbolo representa. Así, en español, *45 kV* se reproduce oralmente como *cuarenta y cinco kilovoltios*. No obstante, cuando el símbolo aparece integrado en una fórmula, es habitual su lectura por deletreo: H_2O [áche-dós-ó], *2πr* [dós-pí-érre].

FORMACIÓN

La forma de los símbolos viene ya determinada por el organismo de normalización que la haya fijado. Los símbolos alfabetizables suelen adoptar la inicial de la palabra que designa, en la lengua tomada como referencia (por lo general, el latín científico o el inglés), el concepto que el símbolo representa (si la inicial coincide con la de otro símbolo, se añade alguna letra más): *N* (inicial de la palabra que designa el norte en inglés y en otras lenguas); *P* (del lat. *phosphŏrus* 'fósforo'), *Pt* (del lat. *platinum* 'platino') y *Pb* (del lat. *plumbum* 'plomo'); o la primera letra de cada uno de sus componentes, en el caso de las unidades de medida constituidas por un prefijo y una unidad simple: *kg* (kilogramo), *cm* (centímetro).

PLURAL

Los símbolos no varían de forma aunque se usen en contextos de referencia plural: *25 km* por *veinticinco kilómetros, 2 C* por *dos carbonos*. En cambio, la realización oral del símbolo debe adecuarse a la morfología de la lengua en que esté escrito el texto; así, en español, la secuencia *30 €* debe leerse *treinta euros*, y no ⊗*treinta euro*.

ORTOGRAFÍA Y OTRAS NORMAS DE ESCRITURA

a) Los símbolos, a diferencia de las abreviaturas, se escriben siempre sin punto: *m* (metro), *N* (norte), *He* (helio), *COP* (peso colombiano), *Lv* (*Levítico*).

b) Los símbolos fijados para su uso internacional se escriben siempre sin tilde, aunque puedan contener la letra que la lleva en la palabra española correspondiente: *a* (y no ⊗*á*) por *área*, *lim* (y no ⊗*lím*) por *límite* (en matemáticas).

c) Los símbolos formados por letras presentan una forma fija e invariable en lo que atañe a su escritura con mayúsculas o minúsculas. En el siguiente cuadro se expone la pauta de los más comunes.

Mayúsculas y minúsculas en los símbolos		
ESCRITURA	**SÍMBOLOS**	**EJEMPLOS**
En minúsculas	Unidades de medida	*g* por *gramo*, *m* por *metro*, etc.
	Prefijos de submúltiplos de unidades de medida	*d-* por *deci-*, *c-* por *centi-*, *m-* por *mili-*, etc.
	Prefijos de múltiplos de unidades de medida hasta *kilo-*	*da-* por *deca-*, *h-* por *hecto-* y *k-* por *kilo-*
En mayúsculas	Unidades de medida derivadas de nombres propios	*N* por *newton* (de *Isaac Newton*), *W* por *vatio* (de *Jacobo Watt*), etc.
	Prefijos de múltiplos de unidades de medida a partir de *mega-*	*M-* por *mega-*, *G-* por *giga-*, *T-* por *tera-*, etc.
	Puntos cardinales y puntos del horizonte	*N* por *norte*, *SE* por *sureste*, etc.
	Códigos de monedas y aeropuertos	*CRC* (colón costarricense), *BCN* (aeropuerto de Barcelona), etc.
Solo con inicial mayúscula	Elementos químicos	*H* por *hidrógeno*, *Ca* por *calcio*, etc.
	Libros de la Biblia	*Ex* por *Éxodo*, *Lv* por *Levítico*, etc.

a El símbolo del litro (*l*) puede escribirse con mayúscula (*L*) en aquellos contextos en los que cabría confundirlo con el número uno (*1*).

d) Los símbolos deben escribirse pospuestos a la cifra que los cuantifica y separados de ella por un espacio: *33 dB, 125 m²*, *4 H, 20 %*. Se exceptúan los símbolos y números volados, que se escriben pegados a la cifra a la que acompañan: *12°, 35′, 10⁻³*. El símbolo de los grados de temperatura se escribe de distinta manera según aparezca o no especificada la escala en la que se miden: se pega a la cifra si no se hace explícita la escala (*27°*, por *veintisiete grados*), pero se separa de ella y se pega al símbolo de la escala si esta se especifica (*27 °C*, por *veintisiete grados Celsius*).

Para los símbolos monetarios no alfabetizables, en España se prefiere la escritura pospuesta y con blanco de separación, como es normal en el resto de los símbolos: *3 £, 50 $*. En cambio, en América, por influjo anglosajón, estos símbolos suelen aparecer antepuestos y sin blanco de separación: *£3, $50.* Los símbolos trilíteros de las monedas se escriben siempre con espacio de separación, tanto si aparecen antepuestos como pospuestos: *63 EUR, USD 45.*

e) No deben escribirse en líneas diferentes la cifra y el símbolo que la acompaña: ⊗*3 / $*.

7

Ortografía de expresiones que plantean dificultades específicas

Ortografía de las expresiones procedentes de otras lenguas

Se denominan *extranjerismos* o *préstamos* las voces que una lengua toma de otras, tanto si sirven para nombrar realidades nuevas como si entran en competencia con términos ya existentes en la lengua receptora.

Los extranjerismos suelen recibir una denominación particular dependiendo de su lengua de procedencia: son *anglicismos* los provenientes del inglés; *galicismos* los tomados del francés; *italianismos,* los del italiano; *arabismos,* los del árabe, etc. En concreto, se denominan *latinismos* las voces tomadas del latín en un momento posterior al de la formación del castellano. Tradicionalmente se venía otorgando un tratamiento ortográfico especial a estas voces por provenir de una lengua muerta que, además, es la lengua madre del español. A partir de ahora, sin embargo, se entiende que los latinismos son plenamente asimilables, en su tratamiento ortográfico, a los extranjerismos procedentes de otras lenguas y, por lo tanto, se regirán a todos los efectos por las mismas reglas.

La introducción de extranjerismos, en cuya lengua de origen son distintos los criterios de correspondencia entre grafía y pronunciación, supone, en principio, un factor desestabilizador para nuestro sistema ortográfico. Por ello, a lo largo de la historia se observa la tendencia de los préstamos a acomodarse, en su pronunciación y su grafía, a los patrones característicos de nuestra lengua: ár. hisp. *azzáyt* > *aceite;* fr. *jardin* > *jardín;* it. *canaglia* > *canalla;* al. *Kobalt* > *cobalto;* lat. *aequatĭo, -ōnis* > *ecuación;* ingl. *football* > *fútbol;* fr. *tatouage* > *tatuaje;* lat. *status* > *estatus,* etc. Esta tendencia tradicional se mantiene hoy, apoyada por instituciones normativas como la Asociación de Academias de la Lengua Española, que procura orientar los procesos de adopción de extranjerismos para que su incorporación responda, en lo posible, a nuevas necesidades expresivas y se produzca dentro de los moldes propios de nuestro idioma. Pese a ello, algunos vocablos de procedencia extranjera, a menudo de difusión internacional, parecen presentar cierta resistencia a los procesos de adaptación, como es el caso de *ballet*, *jazz*, *pizza*, *rock* o *software*, extranjerismos crudos o sin adaptar, cuya condición de tales debe reflejarse gráficamente cuando se incluyen en textos escritos en español.

Se explica a continuación el distinto tratamiento que debe dispensarse en los textos españoles a los extranjerismos que permanecen crudos o sin adaptar (→ págs. 471-472 y 473-474) frente a los que se acomodan a nuestra lengua (→ págs. 472-473). Finalmente, se detallan las grafías ajenas al sistema ortográfico del español que deben modificarse para que se considere adaptada la voz extranjera que las contiene (→ págs. 474-477).

EXTRANJERISMOS CRUDOS

Se denominan *extranjerismos crudos* aquellas voces de otros idiomas que se usan en textos escritos en español sin que hayan sufrido adaptación formal para adecuarse a los patrones gráfico-fonológicos de nuestra lengua, de forma que conservan su grafía y su pronunciación originarias.

En un texto en español pueden aparecer ocasionalmente términos de otra lengua, viva o muerta, que el autor incluye a fin de aportar color local, por prurito culto, o bien porque pretende aludir a una realidad exclusiva de la cultura o la civilización relacionadas con dicha lengua.

Otras veces se trata de extranjerismos difundidos en época más o menos reciente, empleados con frecuencia por los hablantes o por los medios de comunicación. Normalmente designan realidades nuevas o ajenas a nuestra cultura, que se han incorporado al uso con el nombre que tienen en la lengua en la que han surgido o que ha contribuido a su divulgación: *apartheid*, *blues*, *geisha*, *pendrive*, *piercing*, *pizza*, *reggae*, etc.

En cualquiera de los casos, los extranjerismos no adaptados o las voces de otras lenguas usadas con conciencia de tales deben escribirse siempre en los textos españoles con una marca gráfica que evidencie su condición de voces foráneas, razón por la que no tienen por qué atenerse a nuestras reglas ortográficas ni pronunciarse como correspondería en español a la grafía que presentan. Los extranjerismos crudos deben aparecer en cursiva en la escritura tipográfica (o en redonda, si el texto base está en cursiva) y entre comillas en los textos manuscritos.

A mi hijo le encanta el *ballet*.
Apareció en la fiesta acompañada de un *gigolo*.

Su novia es cantante de *jazz*.
He grabado los archivos en un *pendrive*.
En todas las termas había un vestuario o *apodyterium*.
Las artes liberales medievales se agrupaban en el *trivium* y el *quadrivium*.

EXTRANJERISMOS ADAPTADOS

Cuando para los extranjerismos extendidos en la lengua general no existe en español un término equivalente válido o si, pese a ello, el vocablo extranjero ha arraigado en el uso de los hablantes, lo habitual y más conveniente es que este acabe integrándose en el sistema gráfico, fonológico y morfológico de nuestra lengua. Se trata así de evitar que se perpetúen secuencias de sonidos o grafías ajenas al español, que desestabilizan nuestro sistema ortográfico.

Este proceso de acomodación de los extranjerismos, que busca preservar la fuerte cohesión entre grafía y pronunciación de que goza el español frente a otras lenguas, se realiza fundamentalmente por dos vías, y, en todo caso, las grafías adaptadas se someten siempre a las reglas de acentuación gráfica de nuestra lengua:

a) La mayoría de las veces se modifica la grafía original para que refleje, según nuestro sistema ortográfico, la pronunciación de esas voces en español, que suele aproximarse a la que tienen en la lengua de origen:

baipás, del ingl. *by-pass;* bulevar, del fr. *boulevard;* charlar, del it. *ciarlare;* cruasán, del fr. *croissant;* cuásar, del ingl. *quasar;* cuórum, del lat. *quorum;* espagueti, del it. *spaghetti;* eslalon, del noruego *slalom;* mitin, del ingl. *meeting;* pádel, del ingl. *paddle;* secuoya, del ingl. *sequoia;* yogur, del fr. *yogourt,* etc.

A veces la adaptación solo requiere la aplicación de las reglas de acentuación del español:

ambigú, del fr. *ambigu;* bádminton, del ingl. *badminton;* blíster, del ingl. *blister;* currículum, del lat. *curriculum (vitae);* máster, del ingl. *master;* referéndum, del lat. *referendum;* tóner, del ingl. *toner,* etc.

Y, en ocasiones, el extranjerismo no plantea ningún problema de adecuación entre grafía y pronunciación y, por tanto, se incorpora a nuestra lengua con la misma grafía que tiene en el idioma de origen, como ha ocurrido con los anglicismos *box, kit* o *set,* o con numerosos latinismos, como *cactus, herpes, humus, lapsus, ratio,* etc.

b) Otras veces se mantiene la grafía originaria sin cambios o con leves modificaciones, y es la pronunciación la que debe acomodarse a dicha forma según el sistema español de correspondencias entre grafías y fonemas:

> bafle [báfle], del ingl. *baffle* [báfel]; gay [gái], del ingl. *gay* [géi]; puzle [púsle, púzle], del ingl. *puzzle* [pásel]; quiche [kíche], del fr. *quiche* [kísh]; quid [kíd], del lat. *quid* [kuíd]; réquiem [rrékiem], del lat. *requiem* [rrékuiem], etc.

Como se ve en varios de los ejemplos anteriores, los latinismos se comportan a estos efectos del mismo modo que el resto de los extranjerismos. Algunos de los latinismos adaptados provienen originariamente de locuciones latinas, esto es, de expresiones fijas formadas por varias palabras que, en el proceso de adaptación, acaban por soldarse gráficamente:

> adlátere, etcétera, exabrupto, exlibris, exvoto, suigéneris, viacrucis, etc.

Puede ocurrir que una voz extranjera se haya adaptado con naturalidad en unas áreas del ámbito hispánico y siga usándose en otras como extranjerismo crudo; es el caso, por ejemplo, del inglés *iceberg* [áisberg] o el francés *beige* [béʒ], que en el español americano se usan con su pronunciación y su grafía originarias —de modo que deben escribirse con resalte tipográfico—, mientras que en España son extranjerismos adaptados: en el primer caso se ha mantenido la grafía original con pronunciación a la española ([isebérg, izebérg]) y, en el segundo, se ha modificado la grafía original dando lugar a la adaptación gráfica *beis*.

Asimismo, cabe señalar que un mismo extranjerismo puede generar soluciones diversas en diferentes zonas hispanohablantes; así, el anglicismo *pyjamas* se ha adaptado mayoritariamente en España como *pijama* [pijáma], mientras que en América tiende a conservarse la pronunciación originaria [piyáma], que encuentra reflejo en la grafía adaptada *piyama*.

LOCUCIONES, DICHOS O CITAS EN OTRAS LENGUAS

Cuando se introducen en un texto escrito en español expresiones o frases hechas en otras lenguas, estas deben aparecer en cursiva en la escritura tipográfica (o en redonda, si el texto base está en cursiva) y entre comillas en los textos manuscritos. Se procederá del mismo modo con las llamadas *locuciones latinas,* expresiones fijas en latín que se acostumbra a emplear en los textos, generalmente de nivel culto, con un sentido más o menos cercano al del original latino (*ad libitum, corpore insepulto, curriculum vitae, grosso modo, nihil obstat, numerus clausus, peccata minuta, post mortem, vox populi,* etc.).

Su enojo iba *in crescendo.*

En el cine negro la *femme fatale* siempre engatusa al detective.

Los documentos fueron clasificados como *top secret* por el alto mando.

Los ejemplos podrían multiplicarse *ad infinitum.*

Consiguió recuperar el dinero *in extremis.*

Acabó su discurso diciendo *c'est la vie* y encogiéndose de hombros.

Respiré hondo, me dije *alea jacta est,* y abrí la puerta.

a

Con el fin de facilitar a los hablantes su correcta pronunciación, ha sido costumbre tradicional del diccionario académico incluir las locuciones latinas en letra redonda y con sometimiento a las reglas de acentuación gráfica del español. Sin embargo, cuando se empleen en textos españoles, lo adecuado, en consonancia con el uso culto mayoritario, es que reciban el mismo tratamiento que las locuciones de otras lenguas y, por tanto, se escribirán en cursiva (o entre comillas) y sin tildes, ya que la escritura latina carece de ellas.

Si se transcribe una cita de un autor extranjero en su lengua original, bastará con marcarla con las comillas de cita:

La obra se abre con los siguientes versos:

«When shall we three meet again
In thunder, lightning, or in rain?».

«Nostra aetate, in qua genus humanum in dies arctius unitur et necessitudines inter varios populos augentur, Ecclesia attentius considerat quae sit sua habitudo ad religiones non-christianas» (Concilio Vaticano II, 1962-65).

Si la cita es breve y se opta por no entrecomillarla, irá en cursiva:

To be or not to be, that is the question, insistía él pese a que el público abandonaba la sala entre carcajadas.

GRAFÍAS QUE HAN SUFRIDO O SUFREN MODIFICACIONES EN LA ADAPTACIÓN DE EXTRANJERISMOS

Se comentan a continuación las grafías ajenas al sistema ortográfico tradicional del español que han sido o son objeto de cambio a la hora de adaptar las voces procedentes de otras lenguas.

a) Los extranjerismos que contenían la letra *w,* excluida durante largo tiempo del abecedario, solían adaptarse al español con las grafías *gu, u* o *v:* al. *Welf* > *güelfo;* ingl. *sweater* > *suéter;* ingl. *wagon* > *vagón.* En la actualidad, incorporada ya esta letra a nuestro abecedario (→ pág. 315), es habitual que se conserve en los préstamos cuyo étimo la incluye: *kiwi, waterpolo, web, wiski,* etc. No obstante, sigue habiendo voces foráneas en las que la *w* se sustituye por *u* en su adaptación al español, como *Botsuana* en lugar de *Botswana, suajili* en lugar de *swahili* o *Zimbabue* en lugar de *Zimbabwe.*

b) Tradicionalmente, la *k* se consideraba una letra extranjerizante y se sustituía en los préstamos por las grafías más propiamente españolas *c* o *qu:* malayo *kakatūwa* > *cacatúa;* fr. *kangourou* > *canguro;* ingl. *diskette* > *disquete.* En la actualidad, integrada ya la *k* en el abecedario del español (→ pág. 315), es más normal que esta letra se mantenga en aquellos préstamos cuyo étimo la incluye (→ págs. 328-329), bien como única posibilidad gráfica (*anorak, karaoke, kayak, kiwi, okapi...*), bien como variante (*bikini/biquini, kimono/quimono, kurdo/curdo, musaka/musaca...*).

c) El empleo autónomo de la *q* en representación del fonema /k/, sin formar dígrafo con la *u,* es ajeno a la ortografía del español (→ págs. 328-329). Por ello, debe sustituirse en los extranjerismos adaptados por las grafías asentadas en nuestra lengua para representar dicho fonema, como se ha venido haciendo tradicionalmente: it. *quartetto* > *cuarteto;* lat. *quota* > *cuota;* lat. *squalus* > *escualo;* ingl. *sequoia* > *secuoya.* Así, voces inglesas como *quark* o *quasar,* o latinas como *quorum,* deben escribirse en español *cuark, cuásar* y *cuórum.* En caso de mantener las grafías etimológicas con *q,* estas voces han de considerarse extranjerismos crudos y escribirse en cursiva y sin tildes. Se recomienda evitar también esta *q* anómala en los topónimos mayores, de modo que se prefieren formas como *Irak* o *Catar* a *Iraq* y *Qatar.*

d) Los dígrafos *ck* y *cq* no pertenecen al sistema gráfico del español. Así pues, las voces extranjeras que los incluyen, si se adaptan al español, deben sustituirlos por *c, qu* o *k* (→ págs. 328-329): it. *acquarella* > *acuarela;* fr. *becquerel* > *bequerel;* al. *Nicki* > *niqui;* ingl. *nubuck* > *nobuk.*

e) En español, la letra g ante *e, i* y la letra *j* representan únicamente el fonema /j/ (→ págs. 325-328). Por ello, las voces de otras lenguas en las que estas letras representan un sonido igual o similar al del fonema /y/, si se adaptan al español, deben modificar o bien su grafía, sustituyendo la g o la *j* etimológicas por *y:* ingl. *banjo* > *banyo,* anglohindú *gymkhana* > *yincana,* ingl. *jacuzzi* > *yacusi,* ingl. *junior* > *yúnior,* ingl. *manager* > *mánayer;* o bien su pronunciación, dotando a las grafías originarias del sonido que les corresponde en nuestra lengua: *banjo* [bánjo], *júnior* [júnior], *mánager* [mánajer].

f) La aspiración de la *h* se asimila a menudo al sonido del fonema /j/. Por ello, algunos extranjerismos con *h* aspirada en su grafía originaria se adaptan al español con *j* (→ págs. 337-339): ingl. *highball* > *jaibol;* ingl. *hippy* o *hippie* > *jipi;* ingl. *home run* > *jonrón;* ingl. *swahili* > *suajili.*

g) En español se prescribe la escritura de *m* ante *p* y *b*. Esta norma debe mantenerse al adaptar los extranjerismos, también si se trata de topónimos y gentilicios: *lumpemproletariado* (del al. *Lumpenproletariat*); *Brandemburgo* (en al. *Brandenburg*), *brandemburgués; Camberra* (en ingl. *Canberra*), *camberrano.*

h) Todos los extranjerismos que en su forma originaria contienen las secuencias gráficas *-mph-* o *-mf-* se adaptan al español con *-nf-:* ingl. *amphetamine* > *anfetamina;* ingl. *comfort* > *confort.*

i) Ni el fonema /sh/ (cuyo sonido es similar al que se emite cuando se quiere imponer silencio) ni el dígrafo *sh* con que se representa este fonema en varios idiomas (entre ellos, el inglés y algunas lenguas amerindias como el quechua) forman parte del sistema fonológico y gráfico del español actual. Las voces de otras lenguas que los incluyen se consideran, por ello, extranjerismos crudos y deben escribirse en cursiva: *establishment, flash, geisha, show, shuar, sushi,* etc. En caso de adaptar al español voces extranjeras que incluyen este fonema, se debe sustituir por los más próximos de nuestro sistema fonológico, normalmente /ch/ (escrito *ch*) o /s/ (escrito *s*): ingl. *shoot* > *chute;* ár. *hashish* > *hachís;* quechua *pishku* > *pisco;* hebr. *ashkenazi* > *askenazi* o *askenazí.*

j) No es propia del español la secuencia final constituida por una *y* precedida de consonante; tampoco lo es la *y* con valor vocálico en interior de palabra (→ págs. 317-319. Por lo tanto, los extranjerismos que contengan una *y* vocálica en estos contextos habrán de adaptarse al español sustituyéndola por *i:* ingl. *ferry* > *ferri;* ingl. *panty* > *panti;* ingl. *pony* > *poni;* ingl. *sexy* > *sexi;* ingl. *geyser* > *géiser;* ingl. *pyjamas* > *pijama* o *piyama.*

k) Cuando la secuencia final es un diptongo o un triptongo cuyo último elemento es el fonema /i/, este se representa genuinamente en español con la letra *y* (→ págs. 318-319): *carey, convoy, gay, guirigay, jersey, Uruguay.* Por ello, formas como *bonsay, paipay* o *samuray* son adaptaciones más ajustadas a nuestro sistema ortográfico que *bonsái, paipái* o *samurái,* aunque sean estas últimas las más usuales. Si el plural de estas voces se forma añadiendo *s,* la *y* se sustituye por *i: gais, jerséis, samuráis.*

l) En nuestro sistema gráfico, el fonema /z/ se representa ante *e, i* con la letra *c* (→ pág. 331), y con dicha letra se han adaptado tradicionalmente al español los extranjerismos que incluían una *z* ante esas vocales: it. *bozzetto* > *boceto;* it. *mercanzia* > *mercancía;* cat. *pinzell* > *pincel.* No obstante, hay préstamos de otras lenguas en los que se ha mantenido la secuencia *ze* o *zi* etimológica, como en *nazi, razia, zen, zepelín, zigurat* o *zíper.* En varios casos coexisten ambas formas, la plenamente adaptada al patrón español y la que conserva la *z* etimológica: *ácimo / ázimo, cigoto / zigoto, cinc / zinc, cíngaro / zíngaro,* etc.

m) Es del todo ajena a las pautas silábicas del español la *s* inicial seguida de consonante (la llamada *ese líquida*). Por ello, los extranjerismos que presentan ese grupo a principio de palabra se adaptan al español anteponiendo la *e* de apoyo que pronuncian espontáneamente los hispanohablantes en esos casos: it. *spaghetti* > *espagueti;* ingl. *standard* > *estándar;* fr. *store* > *estor.* Esa misma *e-* de apoyo es necesaria para adaptar al español otras secuencias consonánticas iniciales ajenas a nuestro idioma: guaraní *mbayá* > *embayá.*

n) Los extranjerismos que incluyen dos consonantes iguales en su grafía originaria se adaptan al español reduciéndolas a una sola: lat. *addenda* > *adenda;* it. *broccoli* > *brócoli;* fr. *chauffeur* > *chofer* o *chófer;* ingl. *puzzle* > *puzle;* it. *sbozzare* > *esbozar;* ingl. *scanner* > *escáner.* Así ocurre también en las voces de otras lenguas que contienen la secuencia *ll* en representación del fonema /l/: ingl. *baseball* > *béisbol* o *beisbol;* ingl. *drill* > *dril;* lat. cient. *Salmonella* > *salmonela.* Son extranjerismos crudos, en cambio, voces como la italiana *pizza* [pítsa] o la inglesa *jazz* [yás], que se usan en español con su grafía y pronunciación originarias.

ñ) El español tiende a rechazar los grupos consonánticos a final de palabra. Por tanto, las voces inglesas con la secuencia final *-ing* se han adaptado tradicionalmente al español eliminando la *-g:* ingl. *meeting* > *mitin;* ingl. *pudding* > *pudin* o *pudín;* ingl. *smoking* > *esmoquin.* Se recomienda seguir el mismo proceder con las de introducción más reciente: ingl. *camping* > *campin;* ingl. *catering* > *cáterin;* ingl. *piercing* > *pirsin,* etc.

o) Las voces francesas con la secuencia final *-age* (pron. [áʒ]) se han adaptado tradicionalmente al español con la grafía *-aje* (pron. [áje]), pauta que debe seguir aplicándose en la actualidad (→ págs. 325-328; notas orientadoras): fr. *bricolage* [brikoláʒ] > *bricolaje* [brikoláje]; fr. *garage* [garáʒ] > *garaje* [garáje].

Ortografía de los nombres propios

Tanto los *antropónimos*, o nombres de persona, como los *topónimos*, o nombres de lugar, son palabras que forman parte del léxico de la lengua, por lo que no están exentas de la aplicación de las normas ortográficas; es decir, también los nombres propios poseen una forma ortográficamente fijada que no puede alterarse a voluntad.

ANTROPÓNIMOS

En el sistema español, los antropónimos están formados por el nombre de pila y la mención del primer apellido de cada uno de los progenitores: *María Rosa Ordóñez Robles; Pedro Linares Cobo.*

Nombres de pila y apellidos. En la actualidad, los padres gozan de libertad para elegir el nombre de pila de sus hijos en un repertorio onomástico que se ha ampliado a lo largo del tiempo con la entrada de nombres extranjeros, nombres de personajes históricos o legendarios, y nombres comunes que reflejan realidades o conceptos altamente valorados.

La libertad de elección —e incluso de creación— del nombre de pila no debe confundirse con la licencia para alterar su forma tradicional o transgredir las reglas ortográficas generales.

Frente al nombre de pila, el apellido no puede elegirse o modificarse arbitrariamente, ya que se hereda de los progenitores y establece la filiación familiar.

Dentro de los nombres propios hispánicos, puede distinguirse entre aquellos que muestran una única forma asentada en español (*Álvaro, Inés, Herrero, Vega*), para los que no se considera correcto el uso de otra grafía, y aquellos que presentan una o más variantes asentadas que se han fijado en la tradición como igualmente válidas (*Jenaro* y *Genaro, Elena* y *Helena, Cepeda y Zepeda*).

Cuando presentan variantes igualmente admitidas, en el caso del nombre de pila cabe la libre elección de una de ellas en el momento de la imposición del nombre, no así en el caso del apellido, ya que la variante heredada supone la adscripción del individuo a una rama o familia concreta. Por ejemplo, unos padres pueden elegir llamar *Rut* o *Ruth* a su hija, pero esta no podrá utilizar el apellido *Vásquez* si la forma que utiliza su familia es *Vázquez.*

Los nombres propios pueden presentar en ocasiones ciertas peculiaridades, como la conservación de grafías arcaicas (*Ximena* por *Jimena; Leyre* por *Leire; Ybarra* por *Ibarra; Mexía* por *Mejía*).

Aunque el repertorio onomástico es extenso y ha crecido ampliamente con las nuevas incorporaciones, muchos hablantes, que valoran sobre todo la originalidad en el nombre de pila, crean nuevas unidades por procedimientos como la formación de anagramas de nombres ya existentes (*Airam,* a partir de *María*), la unión de segmentos de los nombres de los progenitores (*Hécsil,* de *Héctor* y *Silvia*) o la fusión de varias palabras o de fragmentos de frases (*Yotuel,* unión de los pronombres *yo, tú* y *él*), recursos inusitados en España, pero no raros en algunos países hispanoamericanos. Desde el punto de vista lingüístico, solo cabe exigir su plena adecuación a la ortografía y la pronunciación españolas.

Los nombres de pila compuestos suelen conservar su escritura en varias palabras: *José Antonio, Luis Alberto, Elena María.* Solo es posible unir ambos componentes con guion cuando el segundo de ellos pueda confundirse con un apellido: *Juan-Marcos Gómez* (donde *Gómez* es el primer apellido), frente a *Juan Marcos Gómez* (donde *Marcos* es el primer apellido). Para grafías unitarias como *Maricarmen, Josemaría* o *Juanjosé,* → pág. 448.

En el caso de los apellidos, la práctica más frecuente hoy en español es yuxtaponerlos sin ningún tipo de conector: *José Pérez García.*

Los apellidos compuestos formados por la unión de dos apellidos simples se escriben con un guion intermedio para no confundirlos con la mención de los dos apellidos: *Juan Pérez-Gómez* (nombre y primer apellido compuesto) frente a *Juan Pérez Gómez* (nombre y dos apellidos simples).

Para el uso de la mayúscula inicial en los apellidos con preposición o artículo, → pág. 428.

Nombres hipocorísticos. Los hipocorísticos son acortamientos, diminutivos o variantes del nombre de pila original que se emplean en lugar de este como designación afectiva o familiar: *Nando* (de *Fernando* o de *Hernando*), *Anita, Mabel* (de *María Isabel*), *Curro* (de *Francisco*).

Aunque su empleo estaba restringido al terreno privado, familiar o coloquial, en la actualidad, dada la general relajación de los formalismos, hay una clara tendencia a emplearlos en todas las esferas de la vida social. Por ello, algunos hipocorísticos están experimentando un proceso de emancipación y pueden comportarse a todos los efectos y en cualquier situación como nombres de pila primarios: *Tina, Álex, Lola, Malena, Marisa.* De hecho, muchos han alcanzado total autonomía, desligándose de la forma plena de la que proceden: *Emma,* hip. de *Emmanuela; Elsa,* hip. de *Elisa* o *Elisabet.*

Los hipocorísticos deben someterse, como el resto de las palabras, a las normas ortográficas del español. Se debe recordar especialmente que los hipocorísticos de nombres tradicionales españoles que terminan en el fonema vocal /i/ precedido de consonante deben escribirse con *-i: Cati, Dani, Loli, Mari* (→ pág. 319), y que la norma de escritura de *m* ante *p* y *b* debe aplicarse también en ellos: *Juampe* y no ⊗*Juanpe,* por *Juan Pedro* (→ pág. 322).

Los antropónimos y las lenguas cooficiales. El español no es la única lengua oficial en muchos de los países hispanohablantes: mientras que en España convive con el catalán, el gallego y el vasco, en América lo hace con un gran número de lenguas indoamericanas.

Por ello, muchos hispanohablantes portan nombres para los que existen dos formas: la propia de su lengua vernácula y la forma española o hispanizada. Cada persona podrá elegir cualquiera de las dos, respetando siempre las convenciones ortográficas de cada lengua y evitando el uso de grafías híbridas, que mezclen recursos de ambos sistemas ortográficos: *Begiristain, Sunyer, Maruxa, Apumayta, Huaccha, Huallpa, Xóchitl,* o bien sus correspondientes en español *Beguiristáin, Suñer, Maruja, Apumaita, Huacha, Hualpa, Súchil.*

Antropónimos de otras lenguas. La tendencia más generalizada en la actualidad para los nombres y apellidos de personas extranjeras es el empleo directo de la forma de su lengua de origen: *Henry Miller, Leonard Bernstein, Marcello Mastroianni, Marie Curie.* Esta opción es la única posible para aquellos nombres que no tienen equivalencia en nuestra lengua: *Ashley, Allison, Darrell.*

En el pasado, los antropónimos extranjeros solían sufrir un proceso de hispanización: *Juana de Arco,* por *Jeanne d'Arc; Ana Bolena,* por *Anne Boleyn; Alberto Durero,* por *Albrecht Dürer; Avicena,* por *Ibn Sina; Confucio,* por *Kung Fu-Tzu.* La mayor parte de estas formas conservan su vigencia en nuestros días. A pesar de ello, la presión moderna hacia el respeto de la forma original es tan fuerte que para muchos personajes históricos alternan hoy en similares proporciones la forma original y su equivalente en español: *Carlos Marx/Karl Marx, Eduardo Manet/Édouard Manet, Pablo Casals/Pau Casals.*

En la actualidad, únicamente se usan formas hispanizadas (por traducción, equivalencia o adaptación) en los siguientes antropónimos:

a) El nombre que adopta el papa para su pontificado, a diferencia de su nombre seglar: *Juan XXIII,* frente a *Angelo Giuseppe Roncalli.*

b) Los nombres de los miembros de las casas reales: *Isabel II de Inglaterra, Gustavo de Suecia.* No obstante, la adopción de la forma original está ganando terreno también en este campo: *Harry de Inglaterra, Frederik de Dinamarca.*

c) Los nombres de santos, personajes bíblicos, personajes históricos o célebres: *san Juan Bautista, Herodes, Julio César, Alejandro Magno, Nicolás Copérnico, Miguel Ángel.*

d) Los nombres de los indios norteamericanos: *Caballo Loco, Toro Sentado.*

e) Los apodos o los apelativos y sobrenombres de personajes históricos, a fin de preservar su connotación semántica: *Pipino el Breve, Iván el Terrible, la Reina Virgen, Catalina la Grande.*

La adaptación a la ortografía española de nombres extranjeros está plenamente indicada cuando un nombre de otra lengua se incorpora a nuestro repertorio y comienza a imponerse a hispanohablantes nativos. Si no presentan secuencias problemáticas o ajenas a la ortografía española, adaptarlos solo requiere someterlos a nuestras reglas de acentuación: *Íngrid, Dónovan, Édison.* Así ha sucedido tradicionalmente con formas como *Iván* —variante eslava de *Juan*—, ya asentada por completo como nombre de pila español.

Son desaconsejables, en cambio, las grafías híbridas, que no son ni extranjeras ni españolas: ⊗*Stiven,* ⊗*Yénnifer,* ⊗*Jéssika,* ⊗*Yónathan* o ⊗*Yoshua.*

Acentuación de antropónimos. Los nombres de pila y los apellidos españoles, así como los hipocorísticos, deben someterse a las reglas de acentuación gráfica de nuestra lengua (→ págs. 350-356): *Raúl, García* (hiatos de cerrada tónica); *Míriam, Sáez, Róber* (palabras llanas no terminadas en *n* o *s*); *Ángeles, Álvarez* (esdrújulas); *Hernán, Toñín* (voces agudas terminadas en *n*); *Luis, Sainz* (monosílabos).

Algunos nombres presentan doble acentuación admitida, por lo que el uso de la tilde dependerá de su pronunciación: *Óscar,* con tilde cuando se pronuncia llana, como en la mayor parte del ámbito hispánico, u *Oscar,* sin ella cuando se pronuncia aguda, como sucede en la Argentina y en el área caribeña. Casos similares son *Abigail/Abigaíl* o *Magali/Magalí.*

En los nombres compuestos, si los dos elementos se escriben por separado, deben conservar su acentuación gráfica, aunque el primero de ellos pueda haber perdido su acento prosódico: *José Luis, Jesús Ángel, María José,* etc.; en cambio, si se ha producido la fusión gráfica de ambos elementos, las reglas de acentuación deben aplicarse sobre el compuesto resultante: *Juanjosé, Josemaría,* etc. (→ págs. 368-369).

Algunos nombres propios tradicionales bisílabos y agudos suelen adoptar en el registro familiar o popular una variante con acentuación llana, esquema más habitual en los hipocorísticos españoles: *José* > *Jose* [jóse]; *Miguel* > *Míguel; Jesús* > *Jesus* [jésus], o *Rubén* > *Ruben* [rrúben]. Cuando se desee reflejar estos hipocorísticos en la escritura, el uso de la tilde deberá adecuarse a su pronunciación.

Los nombres propios y apellidos pertenecientes a lenguas en contacto con el español (catalán, gallego, vasco, quechua, aimara, etc.) se someterán a las reglas españolas de acentuación solo en su forma hispanizada: *Cóndor* (quechua *Kunturi*), *Echevarría* o *Echeverría* (vasco *Etxeberria*), *Nuria* (cat. *Núria*); o en aquellos casos en los que, no existiendo problemas de adecuación al español, quien lleve ese nombre o apellido lo considere plenamente integrado en el sistema de nominación de nuestra lengua: *Bernabéu, Asiaín.*

En cambio, las reglas de acentuación del español no son aplicables a los nombres propios de personas no hispanohablantes que procedan de otras lenguas de alfabeto latino. Así, cuando se citen en textos españoles, se respetarán los usos de tildes u otros diacríticos de la forma original (siempre que sea posible su reproducción): *Ingrid Bergman, Ségolène Royal, António dos Santos, Björn Borg,* etc.

TOPÓNIMOS

Topónimos hispánicos. Los topónimos que aluden a lugares que se encuentran en territorios de habla hispana deben respetar, como las demás palabras, las normas ortográficas del español. La mayor parte posee una única forma asentada y, aunque existen, son raros los casos de topónimos que presentan variantes gráficas admitidas, como *Cusco/Cuzco* o *Xiloá/Jiloá.*

No obstante lo dicho, algunos topónimos hispánicos pueden presentar una grafía peculiar por conservar vestigios de antiguos usos ortográficos (*Ayllón, México, Ossa de Montiel*), incluir variantes formales antiguas (*Villar del Salz,* forma ant. de *sauce*) o contener secuencias ajenas al sistema gráfico del español en los casos de formas incorporadas desde otras lenguas, como ocurre en *Macuilxóchitl* o *Buctzotz* (México).

Lo normal es que los topónimos que constan de más de una palabra mantengan la escritura separada de sus componentes: *Don Benito, Entre Ríos, Punta Arenas, San Cristóbal de las Casas.* Sin embargo, cuando los primeros elementos se pronuncian átonos, es posible que, tras un periodo de vacilación, el topónimo compuesto acabe escribiéndose en una sola palabra: *Doñana, Puntarenas, Puertollano, Torredonjimeno.*

Al igual que el resto de los nombres propios, los topónimos españoles deben someterse a las reglas de acentuación gráfica (→ págs. 350-356): *Aguilar de Campoo, Aýna, Ciudad Juárez, Medellín, Mérida, Piedrahíta.*

Para aquellos topónimos de áreas bilingües que tienen una forma española y otra propia de la lengua cooficial, lo natural es que los hablantes seleccionen una u otra en función de la lengua en la que estén elaborando el discurso. En consecuencia, los hispanohablantes pueden emplear, siempre que exista, la forma española de estos nombres: *Pasó la mayor parte del verano en Sangenjo, pero tuvo tiempo para visitar Bilbao y llegar hasta Gerona.*

Topónimos extranjeros. Todas las lenguas cuentan con formas propias con las que nombran lugares que no pertenecen a su ámbito geográfico, sino al de otra lengua. Así, en español empleamos *Egipto* en lugar de la forma egipcia *Misr; Croacia* en lugar de *Hrvatska;* en francés denominan *Ségovie* a la ciudad española de *Segovia; Arjantin* es la forma turca de *Argentina,* etc.

Como se ve, el nombre propio con el que se designa un lugar en una determinada lengua no ha de coincidir necesariamente con el que le asignan sus propios habitantes en su lengua materna. Así, un hablante turco utilizará las formas propias *Ekvador, İspanya, Kolombiya, Küba, Meksika* o *Şili* en lugar de las españolas *Ecuador, España, Colombia, Cuba, México* y *Chile;* y, de forma paralela, es lícito que en español se empleen los topónimos *Bombay* (no *Mumbai*), *Calcuta* (no *Kolkata*), *Costa de Marfil* (no *Côte d'Ivoire*), *Esmirna* (no *Izmir*) o *Pekín* (no *Beijing*).

Siempre que exista una forma tradicional asentada con vigencia en el uso, se recomienda seguir empleándola en los textos escritos en español: *Aterrizaremos dentro de quince minutos en Rangún* [no *en Yangon*]; *Sus abuelos tenían una tienda en Esmirna* [no *en Izmir*].

Por ello, aunque es frecuente que los medios de comunicación difundan formas locales que difieren de las tradicionales (*Mumbai* por *Bombay, Beijing* por *Pekín*), solo cuando se trate del resultado de un verdadero cambio de nombre, fruto de una decisión política de carácter oficial, debe adoptarse la nueva forma: *Burkina Faso* por *Alto Volta, San Petersburgo* por *Leningrado, Sri Lanka* por *Ceilán,* etc.

Cuando no existe una forma tradicional española o ha caído en absoluto desuso, en la actualidad suele adoptarse fielmente la forma original: *Seattle es la ciudad más grande de Washington; Cumbre de mandatarios en Maastricht* (ant. *Mastrique*); *Viajó a Ankara* (ant. *Angora*).

Si el uso de la grafía original está plenamente asentado en nuestra lengua, no debe forzarse la hispanización: *Heidelberg, Montpellier,*

Washington o *Plymouth*. En cambio, la hispanización sí es adecuada para formas de reciente introducción o para aquellas cuya identidad gráfica no se ve sustancialmente alterada por los cambios necesarios para adecuarlas a nuestro sistema gráfico-fonológico: *Bangladés, Galípoli, Lesoto*.

La adaptación se hace necesaria cuando se trata de transcripciones de lenguas de alfabeto no latino.

Acentuación y diacríticos en los topónimos extranjeros. Las formas españolas de los topónimos extranjeros, ya sean las tradicionales o nuevas adaptaciones, deben seguir las normas de acentuación de nuestra lengua: *Bangladés, Córcega, Dublín, Oceanía, Túnez, Los Ángeles*.

Aquellos topónimos extranjeros que no presenten problemas de adecuación a la ortografía del español, también se someterán a nuestras reglas de acentuación: *Oregón* (ingl. *Oregon*), *Ámsterdam* (neer. *Amsterdam*), *París* (fr. *Paris*), *Berlín* (al. *Berlin*).

En cambio, se respetarán los diacríticos originales y no se aplicarán nuestras reglas de acentuación en aquellos topónimos extranjeros que se incorporen al español por mera adopción de la forma originaria: *Düsseldorf, São Paulo, Jämtland*.

LAS TRANSCRIPCIONES DE NOMBRES PROPIOS PROCEDENTES DE LENGUAS QUE NO UTILIZAN EL ALFABETO LATINO EN SU ESCRITURA

Muchos de los antropónimos y topónimos extranjeros proceden de lenguas que no utilizan el alfabeto latino, por lo que su reproducción en nuestra lengua pasa, en primer lugar, por convertirlos a los caracteres de nuestro alfabeto.

La existencia de diversos sistemas de transcripción, que habitualmente establecen sus equivalencias de acuerdo con los rasgos del inglés y del francés, ha dado lugar a que circulen en el uso formas diversas que no se adecuan por completo al sistema ortográfico del español.

Por ello, la recomendación general es que aquellos nombres propios cuya forma corresponda a una transliteración ajena a las pautas de nuestra lengua se adapten enteramente a la ortografía española, alterando en la menor medida posible el reflejo de la pronunciación original y respetando nuestro sistema de correspondencias entre grafías y fonemas: *Daguestán* (por *Daghestan*), *Hasán* (por *Hassan*), *Kioto* (por *Kyoto*) o *Yibuti* (por *Djibouti*).

Las voces resultantes de las transcripciones se consideran adaptaciones, ya sean parciales o totales, a nuestro sistema de escritura, por lo que deben someterse a las reglas de acentuación gráfica (→ págs. 350-356): *Dubái, Shanghái, Taipéi, Fiódor, Yangtsé,* etc.

Ortografía de las expresiones numéricas

Los números pueden representarse en la escritura a través de símbolos, denominados *cifras,* o de palabras, denominadas *numerales.*

En las lenguas de alfabeto latino existen dos modos de representación de los números mediante cifras: la numeración romana, heredada de la cultura latina; y la numeración arábiga, llamada así porque fue introducida en Occidente por los árabes de al-Ándalus.

LOS NÚMEROS ROMANOS

La numeración romana se basa en el empleo de siete letras del alfabeto latino a las que corresponde un valor numérico fijo: I [= 1], V [= 5], X [= 10], L [= 50], C [= 100], D [= 500], M [= 1000]. El valor de ciertos signos, según su posición, debe restarse o sumarse al de la cifra colindante para calcular el valor total del número representado.

Ortografía de los números romanos. Las normas para la correcta escritura de los números romanos son las siguientes:

a) Los signos de la numeración romana se escriben siempre con mayúsculas, pues el alfabeto latino solo contaba inicialmente con este tipo de letras.

Para favorecer el equilibrio tipográfico en textos no manuscritos, se recomienda escribir los números romanos en letra versalita (letra de forma mayúscula, pero del tamaño aproximado de la minúscula): *siglo* XXI, páginas *XIX-XXIII;* en cambio, si van asociados a palabras escritas con mayúscula inicial, se escribirán en el tamaño habitual de la mayúscula: *II Internacional Obrera, Juan XXIII.*

La escritura de romanos en minúscula solo se admite hoy en la numeración de apartados o elementos de listas, pero no debe extenderse a otros usos: *El presente título no se aplicará a las medidas contempladas en el artículo 36, letra b), incisos vi) y vii), del reglamento.*

b) No debe repetirse hoy más de tres veces consecutivas un mismo signo: *333* se escribe en romanos *CCCXXXIII,* mientras *444* debe escribirse *CDXLIV,* y no ⊗*CCCCXXXXIIII.*

c) Nunca debe repetirse dos veces un signo si existe otro que representa por sí solo ese valor; por lo tanto, debe escribirse *X* [= 10], y no ⊗*VV* [5 + 5 = 10].

d) Cuando un signo va seguido de otro de valor igual o inferior, se suman sus valores: *VI* [= 6], *XV* [= 15], *XXVII* [= 27].

e) Cuando los signos *I, X* o *C* van seguidos de otro de mayor valor, se restan del valor de este: *IX* [= 9], *XL* [= 40], *CD* [= 400].

f) Los signos *V, L* y *D* no se utilizan nunca con valor sustractivo: *45* debe escribirse *XLV*, y no ⊗*VL*.

g) El valor de los números queda multiplicado por mil tantas veces como rayas horizontales se tracen encima: $\overline{L}$ [= 50 000], $\overline{\overline{M}}$ [= 1 000 000 000].

Uso actual de los números romanos. El uso de los números romanos solo pervive hoy en los siguientes contextos, casi siempre con sentido ordinal:

a) En monumentos o placas conmemorativas, para indicar los años: *MCMXCIX* [= 1999], aunque hoy es más normal usar números arábigos.

b) En las publicaciones periódicas, para señalar el año al que corresponde cada ejemplar desde que comenzó su edición: *El País. Año XXXV. Número 12 131.* En este uso alternan con los números arábigos.

c) Para indicar los siglos, siempre pospuestos al sustantivo: *siglo* XXI. No deben emplearse con este fin los números arábigos: ⊗*siglo 21.*

d) Para indicar las dinastías en ciertas culturas, normalmente antepuestos al sustantivo: *los faraones de la* XVIII *dinastía.* Alternan frecuentemente con la abreviatura del numeral ordinal correspondiente: *la 18.ª dinastía.*

e) En las series de papas y reyes de igual nombre, siempre pospuestos a este: *Juan XXIII, Felipe IV.*

f) En la denominación de congresos, campeonatos, certámenes, festivales, etc., siempre antepuestos al nombre correspondiente: *IV Congreso de Bioética.* Si el número resulta excesivamente complejo, se prefiere en su lugar el uso de las abreviaturas de los numerales ordinales: *78.º Campeonato Mundial de Ajedrez.*

g) En la numeración de volúmenes, tomos, libros, capítulos o cualquier otra división de una obra: *tomo* III, *libro* II, *capítulo* IV, *escena* VIII. Se escriben siempre pospuestos al sustantivo al que se refieren. En muchos de estos casos pueden sustituirse por las abreviaturas, antepuestas o pospuestas, de los numerales ordinales correspondientes: *tomo 3.º* o *3.er tomo;* e incluso por números cardinales, aunque en ese caso el número solo puede ir pospuesto al sustantivo: *tomo 3.*

Los números romanos usados con valor ordinal no deben escribirse nunca acompañados de letras voladas: ⊗*IV.º Congreso de Bioética.* *a*

h) Para numerar las páginas de las secciones preliminares de una obra (prólogo, introducción, etc.), con el fin de distinguirlas de las del cuerpo central: *Las advertencias de uso comienzan en la página* XIII.

i) Para indicar el mes en la expresión abreviada de las fechas: *12-IX-1978.* Hoy es más habitual el uso de números arábigos (→ pág. 504).

Lectura de los números romanos. Puesto que su valor es normalmente ordinal, los números romanos se leen, en general, reproduciendo el numeral ordinal correspondiente: *IV Jornadas de Diseño Empresarial* (cuartas jornadas...). Si el número es muy complejo, puede también leerse como cardinal: *LXXVIII Congreso Nacional de Mutualistas* (septuagésimo octavo congreso... o setenta y ocho congreso...). La doble lectura es asimismo posible en aquellos contextos en que la lengua admite el uso de los dos tipos de numerales: *capítulo* V (capítulo cinco o capítulo quinto).

En cambio, cuando se usan como identificadores, para nombrar o referirse a algo que forma parte de una serie, los números romanos se leen únicamente como cardinales: *la N-II* (la ene dos o la nacional dos), nombre de una carretera española.

En otros contextos de uso, su lectura es la siguiente:

a) Cuando indican año, se leen como cardinales: año *MDCCXXI* (mil setecientos veintiuno); no obstante, hasta el diez pueden leerse también como ordinales: *año II* (año dos o año segundo).

b) Cuando indican siglo, del I al X se leen como cardinales o como ordinales, con preferencia por estos últimos en la lengua culta: *siglo II* (siglo dos o siglo segundo); pero del siglo XI en adelante solo es normal su lectura como cardinales: *siglo XI* (siglo once), *siglo XXI* (siglo veintiuno).

c) En las series de papas y reyes del mismo nombre, se leen como ordinales hasta el diez (aunque para este último también se admite el cardinal): *Enrique VIII* (Enrique octavo), *Alfonso X* (Alfonso décimo o Alfonso diez); y como cardinales a partir del diez: *Luis XV* (Luis quince), *Benedicto XVI* (Benedicto dieciséis).

LOS NÚMEROS ARÁBIGOS

El sistema arábigo de numeración cuenta con diez signos (0, 1, 2, 3, 4, 5, 6, 7, 8, 9), cuyo valor se determina por su posición dentro del número representado: en *776* el primer dígito equivale a 700, el segundo a 70 y el tercero a 6. Frente a la numeración romana, presenta la ventaja de poder generar con muy pocos signos, de forma inequívoca y concisa, una serie ilimitada de números. Este sistema es el más extendido en la actualidad y su variante europea es la utilizada por todos los estándares internacionales.

Ortografía de los números arábigos: las cifras enteras. Las cifras que componen un número se escriben seguidas, formando un solo grupo: *12* (doce), *127* (ciento veintisiete), *3479* (tres mil cuatrocientos setenta y nueve). No obstante, aquellas que representan números elevados pueden dividirse en grupos de tres dígitos, de derecha a izquierda, con el fin de facilitar su interpretación: *27 315 857*. Esta separación no se aplica en los números de cuatro cifras.

a No deben utilizarse ni el punto ni la coma para separar los grupos de tres dígitos en la parte entera de un número. Para ello solo se admite hoy el uso de un pequeño espacio en blanco.

Los bloques de cifras no deben aparecer en líneas diferentes, ya que eso dificultaría la identificación del conjunto como un único número: ⊗*27 315 / 857*.

La separación en grupos puede hacerse cuando el número expresa cantidad: *A principios de siglo Madrid tenía 3 132 463 habitantes;* pero no debe aplicarse en documentos contables ni en ningún tipo de escrito en que pueda arriesgarse la seguridad o la integridad en la transmisión de la cifra.

No debe realizarse la separación cuando el número no indica cantidad, sino que sirve para identificar un elemento dentro de una serie, como sucede en los casos siguientes:

a) En los números que designan los años: *el año 2010, el 40000 a. C.*

b) En los números que indican paginación o numeración de versos, columnas, etc.: *página 14881, verso 1756.*

c) En la numeración de textos legales o sus divisiones: *Ley 15668, del 29 de octubre de 1965; artículo 1566 del Código Civil.*

d) En la numeración de vías urbanas, códigos postales o apartados de correos: *código postal 28357, apartado de correos 17903.*

e) En los números que forman parte de códigos o identificadores, signaturas, números de registro, etc.: *Reg. 93228, CIF 38934567-B, norma UNE 82100-2.*

Ortografía de los números arábigos: las cifras decimales. Los números decimales se componen de una parte entera (la unidad y sus múltiplos) y de una parte decimal (submúltiplos o fracciones decimales de la unidad). En las lenguas que utilizan el alfabeto latino, el signo utilizado como separador decimal es el punto o la coma, con distinta distribución geográfica.

Ante esta divergencia, los organismos internacionales de normalización han intentado establecer un uso general común, inclinándose por dar preferencia a la coma en todos los documentos de difusión internacional. No obstante, la Conferencia General de Pesos y Medidas decidió reconocer ambos signos como igualmente válidos en 2003.

Los dos signos presentan, en el área hispanohablante, una similar proporción en su distribución por países. Con el fin de promover un proceso de unificación en español, se recomienda el uso del punto como separador decimal, pero ambos signos se consideran válidos; así pues, según las zonas, podrá escribirse π = 3.1416... o π = 3,1416...

> Es incorrecto el uso del apóstrofo en lugar de la coma para separar la parte entera de la decimal en la escritura de los números: ⊗*28'57.* *a*

LOS NUMERALES

Los numerales son las palabras con las que se expresan los números.

Existen numerales simples (*veinte, tercero, catorceavo...*) y numerales complejos, formados por la unión o combinación de numerales simples. Los numerales complejos se escriben, en unos casos, en una sola palabra (*veintiuno, trescientos, decimoquinto...*) y, en otros, en varias palabras gráficamente independientes (*sesenta y siete, dos mil, quincuagésimo cuarto...*). A continuación se ofrecen las pautas para la correcta escritura de las diferentes clases de numerales, especialmente en relación con su grafía en una o varias palabras. Los numerales, como las demás palabras, han de someterse, además, a las reglas de acentuación gráfica (→ págs. 350-356).

Ortografía de los numerales cardinales. Los numerales cardinales expresan cantidad en relación con la serie de los números naturales, incluido el cero, que representa la ausencia de cantidad.

Los cardinales de *cero* a *quince*, todas las decenas (*veinte, treinta, cuarenta...*), *cien(to)*, *quinientos* y *mil* son palabras simples. El resto de los numerales cardinales son complejos y se forman por fusión, yuxtaposición o coordinación de cardinales simples.

De los cardinales complejos, se escriben hoy en una sola palabra los correspondientes a los números 16 a 19 y 21 a 29, así como todas las centenas: *dieciséis, dieciocho, veintiuno, veintidós, doscientos, cuatrocientos*, etc.

Cuando un numeral tiene su origen en una expresión coordinada, la *y* copulativa etimológica se convierte en *i* en la grafía unitaria: *dieciséis* (de *diez y seis*).

a

En los cardinales *doscientos, trescientos* y *seiscientos* (compuestos, respectivamente, de *dos, tres* y *seis* + el plural *cientos*) no debe simplificarse la secuencia *-sc-* ni en *-c-* (⊗*docientos*, ⊗*trecientos...*) ni en *-s-* (⊗*dosientos*, ⊗*tresientos...*). Debe evitarse asimismo escribir con *-sc-* otros numerales a los que no les corresponde: ⊗*setescientos*, ⊗*novescientos*, en lugar de los correctos *setecientos, novecientos*.

A partir de treinta, los cardinales complejos se escriben tradicionalmente en varias palabras. Los correspondientes a las series de las decenas se forman por coordinación mediante la conjunción *y*: *treinta y uno, cuarenta y cinco, noventa y ocho*; el resto se forma por mera yuxtaposición: *ciento dos, mil cuatrocientos treinta, trescientos mil veintiuno*, etc.

Por analogía con la serie de los cardinales compuestos de *diez* y de *veinte*, grafías simples como *treintaicinco, cuarentaitrés* o *cincuentaiocho* se consideran igualmente válidas, pues responden a la tendencia a la unión gráfica de las expresiones complejas que forman un solo grupo acentual. No obstante, en el uso culto general siguen siendo claramente mayoritarias las grafías pluriverbales tradicionales: *treinta y cinco, cuarenta y tres, cincuenta y ocho*, etc. Asimismo, aunque es normal que los múltiplos de mil constituyan también una unidad desde el punto de vista acentual ([dosmíl], [tresmíl], [kuatrosientosmíl, kuatrozientosmíl], etc.), estos numerales mantienen tradicionalmente en la escritura la independencia gráfica de sus componentes: *dos mil (libros), quince mil (metros), cuatrocientas mil (personas)*.

Se ofrece a continuación el inventario de formas de los numerales cardinales.

número o cifra	numeral cardinal
0	cero
1	uno, *fem.* una; *apoc.* un

número o cifra	numeral cardinal
2	dos
3	tres
4	cuatro
5	cinco
6	seis
7	siete
8	ocho
9	nueve
10	diez
11	once
12	doce
13	trece
14	catorce
15	quince
16	dieciséis
17	diecisiete
18	dieciocho
19	diecinueve
20	veinte
21	veintiuno, *fem.* veintiuna; *apoc.* veintiún
22, 23, *etc.*	veintidós, veintitrés, *etc.*
30	treinta
31	treinta y uno, *fem.* treinta y una; *apoc.* treinta y un (*tb. válidas las grafías univerbales* treintaiuno y treintaiún)
32, 33, *etc.*	treinta y dos, treinta y tres, *etc.* (*tb. válidas las grafías univerbales:* treintaidós, treintaitrés, *etc.*)
40	cuarenta
41	cuarenta y uno, *fem.* cuarenta y una; *apoc.* cuarenta y un (*tb. válidas las grafías univerbales* cuarentaiuno y cuarentaiún)
42, 43, *etc.*	cuarenta y dos, cuarenta y tres, *etc.* (*tb. válidas las grafías univerbales:* cuarentaidós, cuarentaitrés *etc.*)
50	cincuenta
60	sesenta

número o cifra	numeral cardinal
70	setenta
80	ochenta
90	noventa
100	cien(to)
101	ciento uno, *fem.* ciento una; *apoc.* ciento un
102, 103, *etc.*	ciento dos, ciento tres, *etc.*
110	ciento diez
111, 112, *etc.*	ciento once, ciento doce, *etc.*
120	ciento veinte
121	ciento veintiuno, *fem.* ciento veintiuna; *apoc.* ciento veintiún
122, 123, *etc.*	ciento veintidós, ciento veintitrés, *etc.*
130	ciento treinta
131	ciento treinta y uno, *fem.* ciento treinta y una; *apoc.* ciento treinta y un
132, 133, *etc.*	ciento treinta y dos, ciento treinta y tres, *etc.*
200	doscientos, *fem.* doscientas
300	trescientos, *fem.* trescientas
400	cuatrocientos, *fem.* cuatrocientas
500	quinientos, *fem.* quinientas
600	seiscientos, *fem.* seiscientas
700	setecientos, *fem.* setecientas
800	ochocientos, *fem.* ochocientas
900	novecientos, *fem.* novecientas
1000	mil (*tb., como sust.,* un millar)
1001	mil uno, *fem.* mil una; *apoc.* mil un
1002, 1003, *etc.*	mil dos, mil tres, *etc.*
1010, 1011, *etc.*	mil diez, mil once, *etc.*
1020	mil veinte
1021	mil veintiuno, *fem.* mil veintiuna; *apoc.* mil veintiún
1022, 1023, *etc.*	mil veintidós, mil veintitrés, *etc.*
1030	mil treinta

número o cifra	numeral cardinal
1031	mil treinta y uno, *fem.* mil treinta y una; *apoc.* mil treinta y un
1100	mil cien
1101	mil ciento uno, *fem.* mil ciento una; *apoc.* mil ciento un
1102, 1103, *etc.*	mil ciento dos, mil ciento tres, *etc.*
1200, 1300, *etc.*	mil doscientos, *fem.* mil doscientas; mil trescientos, *fem.* mil trescientas, *etc.*
2000	dos mil
2001	dos mil uno, *fem.* dos mil una; *apoc.* dos mil un
2002, 2003, *etc.*	dos mil dos, dos mil tres, *etc.*
2010, 2011, *etc.*	dos mil diez, dos mil once, *etc.*
2020	dos mil veinte
2021	dos mil veintiuno, *fem.* dos mil veintiuna; *apoc.* dos mil veintiún
2022, 2023, *etc.*	dos mil veintidós, dos mil veintitrés, *etc.*
2100	dos mil cien
2101	dos mil ciento uno, *fem.* dos mil ciento una; *apoc.* dos mil ciento un
2102, 2103, *etc.*	dos mil ciento dos, dos mil ciento tres, *etc.*
3000, 4000, *etc.*	tres mil, cuatro mil, *etc.*
10 000, 11 000, *etc.*	diez mil, once mil, *etc.*
20 000	veinte mil
21 000	veintiún mil, *fem.* veintiún mil *o* veintiuna mil
30 000	treinta mil
31 000	treinta y un mil, *fem.* treinta y un mil *o* treinta y una mil
40 000, 50 000, *etc.*	cuarenta mil, cincuenta mil, *etc.*
100 000	cien mil
101 000, *etc.*	ciento un mil, *fem.* ciento una mil, *etc.*
200 000	doscientos mil, *fem.* doscientas mil
201 000, *etc.*	doscientos un mil, *fem.* doscientas una mil, *etc.*
300 000, 400 000, *etc.*	trescientos mil, *fem.* trescientas mil; cuatrocientos mil, *fem.* cuatrocientas mil, *etc.*

número o cifra	numeral cardinal
1 000 000	un millón
1 000 001	un millón uno, *fem.* un millón una; *apoc.* un millón un
1 000 100	un millón cien
1 001 000	un millón mil
2 000 000	dos millones
10 000 000	diez millones
100 000 000	cien millones
1 000 000 000	mil millones *o* un millardo
1 000 000 000 000	un billón
10^{18}	un trillón
10^{24}	un cuatrillón

Ortografía de los numerales ordinales. Los numerales ordinales expresan orden o sucesión en relación con los números naturales.

Son palabras simples los ordinales correspondientes a los números del 1 al 9: *primero, segundo, tercero,* etc.; los correspondientes a todas las decenas (de 10 a 90): *décimo, vigésimo, trigésimo,* etc.; y los correspondientes a todas las centenas (de 100 a 900): *centésimo, ducentésimo, tricentésimo,* etc. También son simples los ordinales correspondientes a 1000 y a las potencias superiores: *milésimo, millonésimo, billonésimo,* etc.

El resto de los ordinales son complejos y se generan por yuxtaposición o por fusión de formas simples. Los correspondientes a las series de las decenas y las centenas se construyen posponiendo al ordinal de orden superior los ordinales correspondientes a los órdenes inferiores: *decimotercero, vigesimocuarto, trigésimo noveno, ducentésimo segundo, tricentésimo cuadragésimo noveno,* etc.

a Para los ordinales correspondientes a los números 11 y 12 son tan válidas las formas etimológicas *undécimo* y *duodécimo,* aún preferidas en el uso más culto, como *decimoprimero* y *decimosegundo,* creadas por analogía con las del resto de las series.

En los ordinales correspondientes a la primera y a la segunda decena son hoy mayoritarias y preferibles las grafías en una sola palabra: *decimotercero, decimosexto, vigesimoprimero, vigesimoctavo,* etc. A partir de la tercera decena solo se emplean tradicionalmente las grafías en varias palabras (*trigésimo primero, cuadragésimo segundo, quincuagésimo tercero, septuagésimo cuarto,* etc.), aunque serían también admisibles las grafías univerbales *trigesimoprimero* [trijesimopriméro], *cuadragesimosegunda* [kuadrajesimosegúnda], etc.

Si el ordinal se escribe en dos palabras, el primer elemento mantiene la tilde que le corresponde como palabra independiente y presenta, como el segundo, variación de género y número: *vigésimo segundo, trigésima cuarta, vigésimas primeras;* en cambio, si se escribe en una sola palabra, el ordinal compuesto no debe llevar tilde (por ser voz llana terminada en vocal o en *s*) y el primer elemento se mantiene invariable en género y número: *vigesimosegunda, vigesimoterceros.*

> No son correctas las grafías en dos palabras si se mantiene invariable el primer componente: ⊗*vigésimo segundos,* ⊗*vigésimo cuarta.*
>
> *a*

A partir de mil, los ordinales complejos, apenas utilizados, se forman prefijando al ordinal simple el cardinal que lo multiplica, y yuxtaponiendo los ordinales correspondientes a los órdenes inferiores: *dosmilésimo* (2000.º), *tresmilésimo tricentésimo cuadragésimo quinto* (3345.º), etc.

Los ordinales pueden abreviarse gráficamente utilizando números arábigos acompañados de letras voladitas o usando números romanos. Se ofrece a continuación el inventario de formas de los numerales ordinales.

arábigos	romanos	numeral ordinal
1.° (1.er), 1.ª	I	primero (*apoc.* primer), *fem.* primera
2.°, 2.ª	II	segundo, *fem.* segunda
3.° (3.er), 3.ª	III	tercero (*apoc.* tercer), *fem.* tercera
4.°, 4.ª	IV	cuarto, *fem.* cuarta
5.°, 5.ª	V	quinto, *fem.* quinta
6.°, 6.ª	VI	sexto, *fem.* sexta
7.°, 7.ª	VII	séptimo, *fem.* séptima (*tb.* sétimo, -ma)
8.°, 8.ª	VIII	octavo, *fem.* octava
9.°, 9.ª	IX	noveno, *fem.* novena (*hoy raro* nono, -na)
10.°, 10.ª	X	décimo, *fem.* décima
11.°, 11.ª	XI	undécimo, *fem.* undécima (*tb. hoy* decimoprimero *o* décimo primero; *apoc.* decimoprimer *o* décimo primer; *fem.* decimoprimera *o* décima primera)

arábigos	romanos	numeral ordinal
12.°, 12.ª	XII	duodécimo, *fem.* duodécima (*tb. hoy* decimosegundo *o* décimo segundo, *fem.* decimosegunda *o* décima segunda)
13.° (13.er), 13.ª	XIII	decimotercero *o* décimo tercero (*apoc.* decimotercer *o* décimo tercer), *fem.* decimotercera *o* décima tercera
14.°, 14.ª, *etc.*	XIV	decimocuarto *o* décimo cuarto, *fem.* decimocuarta *o* décima cuarta, *etc.*
20.°, 20.ª	XX	vigésimo, *fem.* vigésima
21.° (21.er), 21.ª	XXI	vigesimoprimero *o* vigésimo primero (*apoc.* vigesimoprimer *o* vigésimo primer), *fem.* vigesimoprimera *o* vigésima primera
22.°, 22.ª, *etc.*	XXII	vigesimosegundo *o* vigésimo segundo, *fem.* vigesimosegunda *o* vigésima segunda, *etc.*
28.°, 28.ª	XXVIII	vigesimoctavo *o* vigésimo octavo, *fem.* vigesimoctava *o* vigésima octava
30.°, 30.ª	XXX	trigésimo, *fem.* trigésima
31.° (31.er), 31.ª, *etc.*	XXXI	trigésimo primero (*apoc.* trigésimo primer), *fem.* trigésima primera, *etc.* (*tb. válidas las grafías univerbales:* trigesimoprimero, *etc.*)
40.°	XL	cuadragésimo
50.°	L	quincuagésimo
60.°	LX	sexagésimo
70.°	LXX	septuagésimo
80.°	LXXX	octogésimo
90.°	XC	nonagésimo
100.°	C	centésimo
101.° (101.er), 101.ª	CI	centésimo primero (*apoc.* centésimo primer), *fem.* centésima primera
120.°, 120.ª	CXX	centésimo vigésimo, *fem.* centésima vigésima
134.°, 134.ª	CXXXIV	centésimo trigésimo cuarto, *fem.* centésima trigésima cuarta
200.°	CC	ducentésimo
300.°	CCC	tricentésimo
400.°	CD	cuadringentésimo

arábigos	romanos	numeral ordinal
500.°	D	quingentésimo
600.°	DC	sexcentésimo
700.°	DCC	septingentésimo
800.°	DCCC	octingentésimo
900.°	CM	noningentésimo
1000.°	M	milésimo
1248.°	MCCXLVIII	milésimo ducentésimo cuadragésimo octavo
2000.°	MM	dosmilésimo
3000.°, *etc.*	MMM	tresmilésimo, *etc.*
10 000.°	$\overline{\text{X}}$	diezmilésimo
100 000.°	$\overline{\text{C}}$	cienmilésimo
500 000.°	$\overline{\text{D}}$	quinientosmilésimo
1 000 000.°	$\overline{\text{M}}$	millonésimo

* Cuando no se hace explícito, se entiende que el femenino se forma sustituyendo la *-o* final por una *-a* y, en el caso de la abreviación numérica, sustituyendo la ° volada por una ª de la misma clase.

Ortografía de los numerales fraccionarios. Los numerales fraccionarios, también llamados *partitivos,* designan las varias fracciones o partes iguales en que se ha dividido la unidad.

Todos los numerales fraccionarios se escriben en una sola palabra, con independencia de la longitud del compuesto resultante: *onceavo, cincuentaiseisavo, diezmilésimo, dosmillonésimo, cienmilmillonésimo.* Son, pues, incorrectas las grafías con separación entre sus componentes: ⊗*diez milésimo,* ⊗*dos millonésimo.*

En la escritura de los numerales fraccionarios formados por adición del sufijo *-avo, -ava* a un cardinal terminado en *a,* deben reducirse las dos vocales iguales a una sola: *cincuentavo,* y no ⊗*cincuentaavo.*

Se ofrece a continuación el inventario de formas de los numerales fraccionarios.

fracción	numeral fraccionario	
	sustantivo	*adjetivo*
1/2	mitad *o* medio	medio, *fem.* media
1/3	tercio	tercera (parte)

fracción	numeral fraccionario	
	sustantivo	*adjetivo*
1/4	cuarto	cuarta (parte)
1/5	quinto	quinta (parte)
1/6	sexto	sexta (parte)
1/7	séptimo	séptima (parte)
1/8	octavo	octava (parte)
1/9	noveno	novena (parte)
1/10	décimo *o* décima	décima (parte)
1/11	onceavo *o* undécimo	onceava *o* undécima (parte)
1/12	doceavo *o* duodécimo	doceava *o* duodécima (parte)
1/13	treceavo	treceava (parte)
1/14	catorceavo	catorceava (parte)
1/20	veinteavo *o* vigésimo	veinteava *o* vigésima (parte)
1/30	treintavo *o* trigésimo	treintava *o* trigésima (parte)
1/56	cincuentaiseisavo	cincuentaiseisava (parte)
1/100	centésimo *o* centésima	centésima (parte)
1/1000	milésimo *o* milésima	milésima (parte)
1/10 000	diezmilésimo *o* diezmilésima	diezmilésima (parte)
1/100 000	cienmilésimo *o* cienmilésima	cienmilésima (parte)
1/1 000 000	millonésimo *o* millonésima	millonésima (parte)
1/10 000 000	diezmillonésimo *o* diezmillonésima	diezmillonésima (parte)
1/100 000 000	cienmillonésimo *o* cienmillonésima	cienmillonésima (parte)
1/1 000 000 000	milmillonésimo *o* milmillonésima	milmillonésima (parte)
1/10 000 000 000	diezmilmillonésimo *o* diezmilmillonésima	diezmilmillonésima (parte)

Ortografía de los numerales multiplicativos. Los numerales multiplicativos expresan el resultado obtenido de una multiplicación. Se ofrece a continuación el inventario de sus formas.

número	numeral multiplicativo
2	doble y duplo, *fem.* dupla
3	triple y triplo, *fem.* tripla
4	cuádruple y cuádruplo, *fem.* cuádrupla
5	quíntuple y quíntuplo, *fem.* quíntupla
6	séxtuple y séxtuplo, *fem.* séxtupla
7	séptuple y séptuplo, *fem.* séptupla
8	óctuple y óctuplo, *fem.* óctupla
9	nónuplo, *fem.* nónupla
10	décuplo, *fem.* décupla
11	undécuplo, *fem.* undécupla
12	duodécuplo, *fem.* duodécupla
13	terciodécuplo, *fem.* terciodécupla
100	céntuplo, *fem.* céntupla

A excepción de los que corresponden a los números dos (*doble*) y tres (*triple*), todos los multiplicativos son formas esdrújulas, por lo que deben escribirse con tilde: *cuádruple, décupla, céntuplo...*

USO DE CIFRAS O PALABRAS EN LA ESCRITURA DE LAS EXPRESIONES NUMÉRICAS

La elección de cifras o de palabras en la escritura de los números depende de factores muy diversos. En general, puede afirmarse que en textos científicos y técnicos es más normal el empleo de cifras por su concisión y claridad, y resulta obligado cuando los números se utilizan en operaciones matemáticas o en fórmulas de cualquier índole, o cuando se emplean en cómputos estadísticos, inventarios, tablas, gráficos o cualquier otro contexto en que el manejo de números es constante y constituye parte fundamental de lo escrito. Por las mismas razones de concisión y claridad, en carteles, etiquetas, titulares periodísticos y textos publicitarios es también general el empleo de cifras. En cambio, en obras literarias y textos no técnicos en general, resulta preferible y más elegante, salvo que se trate de números muy complejos, el empleo de palabras en lugar de cifras.

Se ofrecen a continuación una serie de recomendaciones que responden a las tendencias más extendidas.

Escritura con palabras. Se escribirán preferentemente con palabras:

a) Los números que pueden expresarse en una sola palabra, esto es, del *cero* al *veintinueve*, las decenas (*treinta*, *cuarenta*, etc.) y las centenas (*cien*, *doscientos*, etc.): *Tiene cinco hijos; Habrá más de trescientos invitados.*

b) Los números redondos que pueden expresarse en dos palabras (*trescientos mil*, *dos millones*, etc.): *Veinte mil manifestantes acudieron a la convocatoria.*

c) Los números inferiores a cien que se expresan en dos palabras unidas por la conjunción *y* (hasta *noventa y nueve*): *En la biblioteca hay treinta y cinco manuscritos.* No es recomendable mezclar en un mismo enunciado números escritos con cifras y números escritos con palabras. En tal caso, debe optarse por escribirlos todos con cifras: *En la biblioteca hay 35 manuscritos y 135 226 volúmenes impresos, 134 de ellos incunables.*

d) En textos no técnicos es preferible escribir con palabras los números referidos a unidades de medida. En ese caso, no debe usarse el símbolo de la unidad, sino el sustantivo correspondiente: *Hizo a pie más de veinte kilómetros* (no ⊗*más de veinte km*). Cuando se utiliza el símbolo, es obligado escribir el número en cifras (→ pág. 466).

e) Las fracciones, fuera de contextos matemáticos: *Dos tercios de los encuestados respondieron afirmativamente.*

f) Los números que corresponden a cantidades o cifras aproximadas: *Tiene unos cuarenta y tantos años; Habría unas ciento cincuenta mil personas en la manifestación.*

g) Los números que se utilizan expresivamente o forman parte de locuciones y frases hechas: *No le busques tres pies al gato; Tiene un humor de mil demonios.*

h) Los números que corresponden a fechas históricas o festividades: *Celebraron el Dieciséis de Septiembre;* no obstante, en algunos países es normal el uso de cifras: *calle del 18 de Julio.*

Escritura con cifras. Se escribirán con cifras:

a) Los números que exigirían el empleo de cuatro o más palabras en su escritura con numerales: *Se recibieron 32 423 solicitudes* (de comprensión más rápida que *treinta y dos mil cuatrocientas veintitrés*). No obstante, en documentos como cheques bancarios, contratos o letras de cambio, para evitar alteraciones, la expresión en palabras acompaña normalmente a la cifra.

b) Los números que forman parte de códigos o identificadores de cualquier tipo (códigos postales, números telefónicos, documentos de identidad, signaturas de bibliotecas, numeración de textos legales, etc.): *C. P. 89765; 91 530 86 21; DNI: 3578951; HA/74183; Ley 124/1990.*

c) Los números que indican año: *El año 2000 fue bisiesto.*

d) La numeración de vías urbanas y carreteras: *avenida (de) Libertadores, 35; carretera comarcal 713.*

e) Los números formados por una parte entera y otra decimal: *La deuda asciende a 1.5* (o *1,5*) *millones de euros.*

f) Los números que aparecen en documentos técnicos y en formulaciones matemáticas, físicas o químicas: $9x = y$; $g = 9{,}80665\ m/s^2$; C_2H_4.

g) Los números referidos a unidades de medida, cuando van seguidos del símbolo correspondiente: *Inauguraron una central solar de 42 kW; Mañana se alcanzarán los 35 °C.*

h) Los números seguidos de la abreviatura a la que afectan: *45 págs.*

i) Los números pospuestos al sustantivo al que se refieren, o a su abreviatura, usados para identificar un elemento concreto dentro de una serie: *página 3* (o *pág. 3*), *habitación 317* (o *hab. 317*), *gráfico 15,* etc.

Uso combinado de cifras y palabras. No se considera correcta la combinación de cifras y palabras en la escritura de un numeral compuesto: ⊗*30 y siete,* ⊗*10 mil,* ⊗*154 mil.* Los números deben escribirse enteramente en cifras (*37, 10 000, 154 000*) o enteramente en palabras (*treinta y siete, diez mil, ciento cincuenta y cuatro mil*).

Únicamente las cantidades que tienen como base un sustantivo numeral, como *millar, millón, millardo, billón, trillón* y *cuatrillón,* admiten la mezcla de cifras y palabras en su escritura: *15 millares; 327 millones; 12.3* (o *12,3*) *billones de euros.*

LA EXPRESIÓN DE LA HORA

Modelos de expresión de la hora. Hay dos modelos de expresión de la hora: el que, para numerarlas, divide las veinticuatro horas del día en dos periodos de doce horas (doce diurnas y doce nocturnas) y el que las numera correlativamente.

a) MODELO DE DOCE HORAS. En este modelo se emplean los números del 1 al 12 o los numerales cardinales correspondientes: *una, dos, tres,* etc.

Si se usan cifras, para indicar el tramo del día, deben acompañarse de las abreviaturas *a. m.* (del lat. *ante meridiem* 'antes del mediodía') o *p. m.* (del lat. *post meridiem* 'después del mediodía'): *4 a. m.* ('cuatro de la mañana o de la madrugada'), *4 p. m.* ('cuatro de la tarde'). Para las doce de la mañana se recomienda el empleo de la abreviatura *m.* (del lat. *meridies* 'mediodía'): *12 m.*; a la medianoche le corresponde la expresión *12 a. m.*

Si la hora se escribe con palabras, se usan las expresiones *de la mañana* (desde que sale el sol, o desde la medianoche, hasta el mediodía), *de la tarde* (desde el mediodía hasta que el sol se pone), *de la noche* (desde que anochece hasta la medianoche) o *de la madrugada* (desde la medianoche hasta que amanece): *Se acostó a las cuatro de la madrugada y no se despertó hasta las diez de la mañana; Aterrizarán a las cinco de la tarde.*

Para indicar las principales fracciones horarias se utilizan las expresiones *en punto, y cuarto, y media* y *menos cuarto: las doce en punto, las tres y media, las cinco y cuarto, las ocho menos cuarto;* no obstante, en casi toda América se emplea la fórmula *cuarto para...* en lugar de *menos cuarto: Era un cuarto para las diez.* No es correcto sustituir, en estos casos, la preposición *para* por la preposición *a:* ⊗*un cuarto a las ocho.*

El mismo esquema se sigue para las fracciones menores expresadas en minutos: *las dos y diez, las tres y veinticinco, las seis menos cinco...* En el último caso, en gran parte de América se expresan los minutos seguidos de la preposición *para* y la indicación de la hora: *veinte para las tres* [= tres menos veinte].

b) MODELO DE VEINTICUATRO HORAS. Para indicar cada una de las horas se utilizan los números del 0 al 23 (excepcionalmente también el 24), o los numerales cardinales correspondientes (*cero, una, dos..., doce, trece, catorce,* etc.). Este modelo se expresa con preferencia en cifras y se usa principalmente en contextos en los que se requiere especial precisión: *La sonda espacial fue lanzada a las 17:48 h.* Dado que cada hora se identifica con un número diferente, no se requieren precisiones adicionales.

La medianoche puede indicarse en este sistema tanto con el número 0 (indicando el comienzo del día) como con el número 24 (indicando el final). Así, las 24:00 h del día 31 de diciembre es exactamente la misma hora que las 00:00 h del día 1 de enero.

Uso de palabras o cifras en la escritura de la hora. Como principio general, se recomienda escribir la hora utilizando bien palabras, bien cifras, sin mezclar ambas: *las diez de la noche* o *las 22:00.* La expresión combinada, *las 10 de la noche,* aunque no es incorrecta, se considera menos recomendable.

En textos de carácter narrativo o discursivo, la hora se escribe preferentemente con palabras, y no con cifras: *Su tren llega a las cinco y diez*. Asimismo, se recomienda escribir la hora con palabras cuando se añadan precisiones sobre el tramo del día: *las dos de la tarde, las diez de la noche*. También cuando se utilicen expresiones aproximativas como *alrededor de, a eso de, en torno a, y pico...*: *Llegará a eso de las ocho*.

En cambio, la hora se escribe preferentemente con cifras cuando se utiliza el modelo de veinticuatro horas, así como en todos aquellos contextos que requieren la máxima precisión y economía en este punto (horarios, actas, informes...): *El embarque del vuelo finalizará a las 17:35*.

Para escribir correctamente la hora usando cifras, debe tenerse en cuenta lo siguiente:

a) En textos normalizados, deben utilizarse los dos puntos para separar los elementos que integran la expresión horaria: *13:27*. En el uso común, es también válido el empleo del punto: *13.27*.

Nunca debe usarse la coma en la expresión numérica de la hora: ⊗*17,30*. *a*

b) Aunque, de acuerdo con el estándar internacional de veinticuatro horas, deben emplearse dos dígitos por cada elemento (*03:07* por *las tres de la madrugada y siete minutos*, *22:00* por *las diez en punto de la noche*), en el uso común los ceros que corresponden a las horas en punto pueden omitirse si se usa el símbolo *h*: *Su tren llega a las 22 h*. Es también frecuente prescindir del primer dígito que indica la hora cuando este es un cero: *El avión despegó a las 3:07*.

c) El uso del símbolo *h* ('hora'), que es opcional en el formato completo (*17:30* o *17:30 h*), es conveniente si se prescinde de los dos ceros correspondientes a los minutos en la indicación de las horas en punto: *a las 7 h*. Como todos los símbolos, debe escribirse sin punto y separado por un espacio de la cifra a la que acompaña (→ pág. 468).

d) El símbolo *h* no debe utilizarse conjuntamente con las abreviaturas *a. m.*, *m.* y *p. m.*, pues dichas abreviaturas ya indican que se trata de una referencia horaria. Así, las cinco y media de la tarde se escribirá *17:30 h* o *5:30 p. m.*

LA EXPRESIÓN DE LA FECHA

Modelos de expresión de la fecha. Se distinguen tres modelos:

a) El modelo de orden ascendente expresa en primer lugar el día, seguido del mes y el año: *27 de julio de 2011, 27.07.2011*. Es el modelo tradicional y recomendado en los países hispanohablantes.

b) El modelo de uso habitual en los Estados Unidos de América —y algunas de sus áreas de influencia— sitúa en primer lugar el mes, seguido del día y el año: *noviembre 27 de 2010, 11.27.2010.* Se desaconseja su empleo en español.

c) El modelo de orden descendente, en el que aparece en primer lugar el año, seguido del mes y el día, es el empleado en la expresión normalizada de fechas expresadas en cifras en documentos de carácter científico o técnico de circulación internacional: *2010.11.27* (por *27 de noviembre de 2010*).

Uso de palabras o cifras en la escritura de la fecha. Mientras que el modelo de orden descendente se escribe siempre con cifras, los otros dos pueden expresarse enteramente con palabras, con una combinación de palabras y cifras, o solo con cifras.

Hoy solo es normal la escritura enteramente en palabras en aquellos casos en los que, por razones de seguridad, deba garantizarse la imposibilidad de alterar la fecha. Para el primer día del mes puede utilizarse tanto el ordinal *primero,* uso más habitual en América, como el cardinal *uno,* uso más habitual en España.

El sistema más extendido combina el uso de palabras y cifras: el día y el año se escriben con números arábigos, mientras que el mes se indica con su nombre, escrito siempre con inicial minúscula. Cada uno de los elementos de la fecha se separa utilizando la preposición *de: Murió el 13 de agosto de 2007.*

Asimismo, las fechas pueden escribirse utilizando únicamente cifras, separando día, mes y año con guiones, barras o puntos, y sin dejar espacios en blanco: *7-7-1962; 7/7/1962; 7.7.1962.* El año puede expresarse solo con los dos últimos dígitos: *27.7.68.* El mes, por su parte, puede escribirse en números arábigos o en romanos, aunque esta segunda opción (*16-VI-1970*) es hoy poco frecuente.

Salvo que sea necesario por razones técnicas o de seguridad, se recomienda no anteponer un cero a la cifra del día o del mes cuando es inferior a diez; así, en usos comunes es preferible escribir *5.7.99, 2-9-1940* que *05.07.99, 02-09-1940.*

OTRAS EXPRESIONES CRONOLÓGICAS

La expresión de los siglos. Los siglos se escriben siempre con números romanos: *siglo XII* (→ pág. 486).

En nuestro sistema de datación, cuando es necesario especificar si el siglo indicado es anterior o posterior al nacimiento de Jesucristo, se utilizan las abreviaturas convencionales *a. de J. C.*, *a. de C.*, *a. J. C.* o *a. C.* ('antes de [Jesu]Cristo'), *a. n. e.* ('antes de nuestra era'), *a. e. c.* ('antes de la era común') y *d. de J. C.*, *d. de C.*, *d. J. C.* o *d. C.* ('después de [Jesu]Cristo'), *n. e.* ('de nuestra era'), *e. c.* ('de la era común'): *Arquímedes murió en el siglo* III *a. C.*

La expresión de las décadas. En español, las décadas, esto es, los periodos de diez años referidos a cada una de las decenas de que se compone un siglo, se expresan preferentemente utilizando los numerales cardinales que designan cada decena, siempre en singular: *los años veinte, la década de los treinta, los ochenta*, pero no ⊗*los ochentas*. Aunque es preferible emplear numerales, es también admisible el uso de cifras: *la década de los 50, los años 20.*

Son incorrectas fórmulas como ⊗*los 30s* o ⊗*los 30's*, copiadas del inglés. *a*

La expresión de los años. Salvo en monumentos o placas conmemorativas, los años se escriben siempre con números arábigos: *año 977, 1968, 2013*. La mención de un año puede hacerse también escribiendo solo sus dos últimas cifras, siempre que esté claro a qué siglo pertenece: *No estuvo en París en el 68.*

En español no es correcto escribir un apóstrofo para indicar la supresión de los dos primeros dígitos de un año: ⊗*Barcelona '92* por *Barcelona 92.* *a*

Cuando sea necesario precisar si el año es anterior o posterior al nacimiento de Cristo, se utilizarán las abreviaturas convencionales: *211 a. C., 123 d. C., 45 a. n. e.*

No se considera adecuado expresar los años anteriores al nacimiento de Cristo anteponiendo un signo menos a la cifra del año: ⊗*En –202 Escipión derrotó a Aníbal.* *a*

LA EXPRESIÓN DE LOS PORCENTAJES

Un porcentaje es la expresión de un tanto por ciento, esto es, del número de unidades consideradas en relación con un total de cien. Para su expresión debe utilizarse siempre la fórmula *por ciento* o el símbolo correspondiente a esta locución (%), separado por un espacio de la cifra a la que acompaña (→ pág. 468): *Comparten tareas al cincuenta por ciento; Contiene un 60 % de vitamina C.*

El símbolo % se lee siempre «por ciento». Solo en la expresión *100 %*, que expresa totalidad, son igualmente válidas las expresiones *ciento por ciento* (preferida en América), *cien por ciento* y *cien por cien* (preferida en España).

La locución *por ciento* debe escribirse siempre en dos palabras. La escritura en una sola palabra es válida únicamente para el sustantivo masculino *porciento* ('porcentaje'), usado sobre todo en el español caribeño: *un elevado porciento de interés.*

La locución *por ciento* puede acompañar tanto a cifras como a palabras: *9.2* (o *9,2*) *por ciento, veinte por ciento.* En cambio, el símbolo % solo debe emplearse cuando el porcentaje se escribe con cifras: *el 13 % de los encuestados,* pero no ⊗*el trece % de los encuestados.* En cualquier caso, lo más aconsejable es escribir los porcentajes enteramente con palabras (*el trece por ciento*) o con cifras acompañadas del símbolo (*el 13 %*).

a Se recomienda no separar en líneas de texto diferentes los elementos que integran la expresión de los porcentajes, se escriban con cifras o con palabras: ⊗*3 / %,* ⊗*tres / por ciento,* ⊗*tres por / ciento.*

Uso de palabras o cifras en la escritura de los porcentajes. Cuando el porcentaje corresponde a un número inferior a diez, puede escribirse tanto con cifras como con palabras: *Aprobó un 8 % de los alumnos* o *Aprobó un ocho por ciento de los alumnos.* El uso de cifras es más frecuente en los textos de carácter científico o técnico.

En cambio, los porcentajes superiores a diez se escriben casi exclusivamente con cifras: *Solo el 38 % de la población participó en los comicios.*

Los porcentajes decimales deben escribirse con cifras: *La factura de la luz subirá un 8.5 %* (o *un 8,5 %*).

Apéndices

1 LISTA DE ABREVIATURAS

2 LISTA DE SÍMBOLOS ALFABETIZABLES

3 LISTA DE SÍMBOLOS NO ALFABETIZABLES

4 LISTA DE PAÍSES Y CAPITALES, CON SUS GENTILICIOS

Lista de abreviaturas

En esta lista se recogen las abreviaturas convencionales más usuales en español. Cuando una abreviatura tiene variación de género, a continuación de la forma masculina se da, entre paréntesis, la forma del femenino, si bien en el desarrollo, por economía, aparece únicamente el masculino. Solo cuando una abreviatura se utiliza indistintamente para el masculino y para el femenino se hacen explícitos ambos géneros en su desarrollo.

A excepción de las irregulares, no se registran las formas del plural.

Cuando una misma abreviatura tiene distintos valores, estos se separan mediante el signo ||.

Cuando una abreviatura es de uso geográficamente limitado, se indica entre corchetes la abreviatura del país al que corresponde.

Tras el signo ¶ se ofrece información adicional sobre el uso de algunas abreviaturas.

Se han escrito en cursiva las abreviaturas, así como sus desarrollos, que corresponden a expresiones de otras lenguas.

a.	arroba (*cf.* @, *en apénd.* 3)
A.	alteza
(a)	alias
a/a	aire acondicionado
A/A	a la atención
aa. vv.; AA. VV.	autores varios (*cf.* vv. aa., VV. AA.)
Abg.; Abg.^{do} (*fem.* **Abg.^{da}**)	abogado -da
a. C.	antes de Cristo (*tb.* a. de C.; *cf.* d. C.)
a/c	a cuenta
a. de C.	antes de Cristo (*tb.* a. C.; *cf.* d. de C.)
a. de J. C.	antes de Jesucristo (*tb.* a. J. C.; *cf.* d. de J. C.)
a D. g.	a Dios gracias
admón.	administración
adm.^{or} (*fem.* **adm.^{ora}**); **admr.**	administrador -ra
a. e. c.	antes de la era común
a/f	a favor
afmo. (*fem.* **afma.**); **af.^{mo}** (*fem.* **af.^{ma}**)	afectísimo
A. I.	alteza imperial
a. J. C.	antes de Jesucristo (*tb.* a. de J. C.; *cf.* d. J. C.)
Alc.	alcalde, alcaldesa
Alfz.	alférez
Almte.	almirante
a. m.	*ante meridiem* (*lat.*: 'antes del mediodía'; *cf.* m. *y* p. m.)
a. n. e.	antes de nuestra era
ap.	aparte || apartado (*tb.* apdo.)

ap.	*apud* (*lat.*: 'en'). ¶ En referencias bibliográficas, antecede al nombre del autor o al título de la obra citados como fuente.
apdo.	apartado (*tb.* ap.)
aprox.	aproximado -da || aproximadamente
A. R.	alteza real
arch.	archivo
Arq.	arquitecto -ta
art.; art.º	artículo
Arz.	arzobispo
A. S.	alteza serenísima
Asoc.	asociación
A. T.	Antiguo Testamento (*cf.* N. T.)
atte.	atentamente
atto. (*fem.* **atta.**)	atento
av.; avd.; avda.	avenida
ayte.	ayudante
Ayto.	ayuntamiento
B.	beato -ta (*tb.* Bto.)
Barna.	Barcelona (ciudad de España)
b. c. c.	*blind carbon copy* (*ingl.*: 'con copia oculta'; *cf.* c. c. o.)
Bco.	banco ('entidad financiera')
Bibl.	biblioteca
blvr.	bulevar
Bmo. (*fem.* **Bma.**)	beatísimo
b/n	blanco y negro
Bo.; B.º	barrio
bol.	boletín
Br.	bachiller
Brig.	brigada ('grado militar') || brigadier
Bs. As.	Buenos Aires (capital de la Argentina)
Bto. (*fem.* **Bta.**)	beato (*tb.* B.)
c.	calle (*tb.* c/ *y* cl.) || capítulo (*tb.* cap. *y* cap.º) || circa (*tb.* ca.) || centavo (*tb.* cent., ctv. *y* ctvo.; *cf.* ¢, *en apénd.* 3) || ciudadano
c/	calle (*tb.* c. *y* cl.) || cargo (*tb.* cgo.) || cuenta (*tb.* cta.)
ca.	circa (*tb.* c.). ¶ Del lat. *circa* ('alrededor de'), precede a un número que expresa año.
C.ª	compañía (*tb.* Cía., C.ía *y* Comp.) || carretera (*tb.* ctra.)
C. A.	compañía anónima (*cf.* S. A.) || comunidad autónoma [Esp.]
caj.	caja || cajón
cap.	capítulo (*tb.* c. *y* cap.º)
Cap.	capital || capitán -na
Cap. Fed.	capital federal (*tb.* C. F.)
cap.º	capítulo (*tb.* c. *y* cap.)
Card.	cardenal
c. c.	cédula de ciudadanía || centímetro cúbico (*referido a la cilindrada de un motor; cf.* cm^3 *en apénd.* 2) || con copia (*cf.* c. c. p.)
C. C.	casilla de correo
c/c	cuenta corriente (*tb.* cta. cte.)
c. c. o.	con copia oculta
c. c. p.	con copia para (*cf.* c. c.)
Cdad.	ciudad
c. e.	correo electrónico
cent. (*pl.* **cts.**)	centavo (*tb.* c., ctv. *y* ctvo.; *cf.* ¢, *en apénd.* 3) || centésimo
cént. (*pl.* **cts.**)	céntimo
C. F.	capital federal (*tb.* Cap. Fed.) || club de fútbol

cf.*; *cfr.	*confer* (*lat.*: 'compara'; *tb*. conf. *y* confr.; *cf.* cp.). ¶ Escritas en redonda pueden considerarse abreviaturas de «confróntese».
c. f. s.	coste, flete y seguro
cgo.	cargo (*tb*. c/)
ch/	cheque
C. I.	cédula o carné de identidad
Cía.; C.ía	compañía (*tb*. C.a *y* Comp.)
cje.	corretaje
cl.	calle (*tb*. c. *y* c/)
Cmdt.; Cmte.	comandante (*tb*. Comte. *y* Cte.)
Cnel.	coronel (*tb*. Col.)
cód.	código
col.	colección ‖ colonia ('barrio') [Méx.] ‖ columna
Col.	colegio ‖ coronel (*tb*. Cnel.)
Comod.	comodoro
com.ón	comisión
Comp.	compañía (*tb*. C.a, Cía. *y* C.ía)
Comte.	comandante (*tb*. Cmdt., Cmte. *y* Cte.)
conf.*; *confr.	*confer* (*lat.*: 'compara'; *tb*. cf. *y* cfr.; *cf.* cp.). ¶ Escritas en redonda pueden considerarse abreviaturas de «confróntese».
Contralmte.	contralmirante
coop.	cooperativa
coord. (*fem.* **coord.a**)	coordinador
cp.	compárese (*cf.* cf., cfr., conf. *y* confr.)
C. P.	código postal (*cf.* D. P.) ‖ contador público
C. P. N.	contador público nacional
C. por A.	compañía por acciones
cra.	carrera ('vía urbana')
crec.	creciente
cta.	cuenta (*tb*. c/)
cta. cte.	cuenta corriente (*tb*. c/c)
Cte.	comandante (*tb*. Cmdt., Cmte. *y* Comte.)
ctra.	carretera (*tb*. C.a)
ctv.; ctvo.	centavo (*tb*. c. *y* cent.; *cf.* ¢, *en apénd.* 3)
c/u	cada uno, cada una
D.	don (*cf.* D.a *y* Dña.)
D.a	doña (*tb*. Dña.; *cf.* D.)
d. C.	después de Cristo (*tb*. d. de C.; *cf.* a. C.)
dcho. (*fem.* **dcha.**)	derecho
d. de C.	después de Cristo (*tb*. d. C.; *cf.* a. de C.)
d. de J. C.	después de Jesucristo (*tb*. d. J. C.; *cf.* a. de J. C.)
del.	delegación
D. E. P.	descanse en paz (*cf.* e. p. d. *y* R. I. P.). ¶ *Tb*. DEP, *como sigla*.
depto.	departamento (*tb*. dpto.)
desct.o	descuento (*tb*. dto.)
d/f	día(s) fecha
D. F.	Distrito Federal
diag.	diagonal ('vía urbana') [Arg.]
dicc.	diccionario
dir.	dirección
Dir. (*fem.* **Dir.a**)	director
d. J. C.	después de Jesucristo (*tb*. d. de J. C.; *cf.* a. J. C.)
D. L.	depósito legal
Dña.	doña (*tb*. D.a; *cf.* D.)
D. O.	denominación de origen (*cf.* D. O. C. *y* D. O. P.)
doc.	documento
D. O. C.	denominación de origen calificada (*cf.* D.O. *y* D. O. P.)

D. O. P.	denominación de origen protegida (*cf.* D. O. *y* D. O. C.)
D. P.	distrito postal (*cf.* C. P.)
dpto.	departamento (*tb.* depto.)
Dr. (*fem.* **Dra., Dr.ª**)	doctor
dto.	descuento (*tb.* desct.º)
dtto.	distrito
dupdo. (*fem.* **dupda.**)	duplicado
d/v	día(s) vista
e/	envío
e. c.	era común
e/c	en cuenta
ed.	edición || editorial (*tb.* edit.) || editor -ra
edit.	editorial (*tb.* ed.)
edo.	estado ('división territorial dentro de una nación')
EE. UU.	Estados Unidos
e. g.; e. gr.	*exempli gratia* (*lat.*: 'por ejemplo'; *cf.* p. ej., v. g., v. gr.)
ej.	ejemplo || ejemplar (*sustantivo masculino*)
Em.ª	eminencia
Emmo.	eminentísimo
entlo.	entresuelo
e. p. d.	en paz descanse (*cf.* D. E. P. *y* R. I. P.). ¶ Se usa también en mayúsculas.
e. p. m.	en propia mano
E. S.	estación de servicio [Esp.]
e. s. m.	en sus manos
esq.	esquina
et al.	*et alii* (*lat.*: 'y otros'; *cf.* y cols.). ¶ En referencias bibliográficas, tras el nombre de uno de los autores, para indicar que hay varios más.
etc.	etcétera
Exc.ª	excelencia
excl.	exclusive (*cf.* incl.)
Excmo. (*fem.* **Excma.**)	excelentísimo
f.	folio (*tb.* fol. *y* f.º)
f.ª	factura (*tb.* fra.)
facs.	facsímil
fasc.	fascículo
f. c. (*pl.* **ff. cc.**)	ferrocarril. ¶ Frecuentemente en mayúsculas.
F. C.	fútbol club
fca.	fábrica
Fdo.	firmado
fec.	*fecit* (*lat.*: 'hizo'). ¶ Junto a la firma en una obra de arte.
FF. AA.	Fuerzas Armadas
fig.	figura || figurado
fl., flor.	*floruit* (*lat.*: 'floreció'). ¶ Ante la indicación del periodo de apogeo de un personaje o ente histórico cuyas fechas de comienzo y fin se desconocen.
f.º; fol.	folio (*tb.* f.)
Fr.	fray || frey
fra.	factura (*tb.* f.ª)
Gdor. (*fem.* **Gdora., Gdor.ª**)	gobernador (*tb.* Gob.)
Gob.	Gobierno || gobernador -ra (*tb.* Gdor.)
g. p.; g/p	giro postal
gr.	gramo (*cf.* g, *en apénd. 2*)
gral.	general
Gral.	general ('grado militar')
gralm.	generalmente
g. t.	giro telegráfico
gta.	glorieta
g. v.	gran velocidad (*cf.* p. v.)
h.	hoja || hacia
H.	hermano -na (*tb.* Hno.)

hab.	habitante || habitación
Hno. (*fem.* **Hna.**)	hermano (*tb.* H.)
I.	ilustre (*tb.* Il. *e* Iltre.). ¶ *Especialmente en la fórmula* M. I. ('muy ilustre').
ib.; ibid.	*ibidem* (*lat.*: 'en el mismo lugar')
id.	*idem* (*lat.*: 'el mismo')
i. e.	*id est* (*lat.*: 'esto es')
igl.[a]	iglesia
il.	ilustración || ilustrado -da
Il.	ilustre (*tb.* I. *e* Iltre.)
Ilmo. (*fem.* **Ilma.**)	ilustrísimo
Iltre.	ilustre (*tb.* I. *e* Il.)
imp.	imprenta (*tb.* impr.)
impr.	imprenta (*tb.* imp.) || impreso
impto.; imp.[to]	impuesto
incl.	inclusive (*cf.* excl.)
Ing.	ingeniero -ra
Inst.	instituto
izdo. (*fem.* **izda.**); **izq.; izqdo.** (*fem.* **izqda.**)	izquierdo -da
J. C.	Jesucristo (*cf.* Jhs. *y* Xto.)
Jhs.	Jesús (*referido a Cristo; cf.* J. C. *y* Xto.)
JJ. OO.	Juegos Olímpicos
L/	letra (de cambio)
lám.	lámina
l. c.	*loco citato* (*lat.*: 'en el lugar citado'; *tb.* loc. cit.). ¶ En referencias bibliográficas, para referirse a la misma obra de un autor citada con anterioridad.
Lcdo. (*fem.* **Lcda.**); **Ldo.** (*fem.* **Lda.**)	licenciado (*tb.* Lic.)
lib.	libro
Lic.	licenciado -da (*tb.* Lcdo. *y* Ldo.)
loc. cit.	*loco citato* (*lat.*: 'en el lugar citado'; *tb.* l. c.)
Ltd.	*limited* (*ingl.*: 'limitado -da'; *cf.* Ltdo.)
Ltdo. (*fem.* **Ltda.**)	limitado (*cf.* Ltd.)
m.	muerto -ta || muerte
m.	*meridies* (*lat:* 'mediodía'; *cf.* a. m. *y* p. m.)
M.	majestad || madre ('tratamiento religioso'; *tb.* M.[e])
m. a.	millones de años (*cf.* Ma, *en apénd.* 2)
Mag.	magíster (*tb.* Mgtr. *y* Mtr.)
Magfco. (*fem.* **Magfca.**)	magnífico
manz.	manzana ('espacio urbano'; *tb.* mz.)
máx.	máximo (*cf.* mín.)
Mdeo.	Montevideo (capital de Uruguay)
M.[e]	madre ('tratamiento religioso'; *tb.* M.)
Mgtr.	magíster (*tb.* Mag. *y* Mtr.)
mín.	mínimo (*cf.* máx.)
m. n.	moneda nacional
Mons.	monseñor
mr.	mártir
ms. (*pl.* **mss.**)	manuscrito
Mtr.	máster || magíster (*tb.* Mag. *y* Mgtr.)
Mtro. (*fem.* **Mtra.**)	maestro || ministro
mz.	manzana ('espacio urbano'; *tb.* manz.)
n.	nota || nacido -da || nacimiento

N.ª S.ª	Nuestra Señora (*referido a la Virgen; tb.* Ntra. Sra., Ntr.ª Sr.ª)
nal.	nacional
N. B.	*nota bene* (*lat.:* 'observa bien'). ¶ Escrita en redonda equivale a «nótese bien».
N. del A. (*fem.* **N. de la A.**)	nota del autor
N. del T. (*fem.* **N. de la T.**)	nota del traductor
n. e.	nuestra era
n.º; nro.	número (*tb.* núm.; *cf.* #, *en apénd. 3*)
N. S.	Nuestro Señor (*referido a Jesucristo; cf.* N. S. J. C.)
N. S. J. C.	Nuestro Señor Jesucristo (*cf.* N. S.)
N. T.	Nuevo Testamento (*cf.* A. T.)
Ntra. Sra.; Ntr.ª Sr.ª	Nuestra Señora (*referido a la Virgen; tb.* N.ª S.ª)
ntro. (*fem.* **ntra.**)	nuestro
núm.	número (*tb.* n.º *y* nro.; *cf.* #, *en apénd. 3*)
Ob.	obispo
ob. cit.	obra citada (*cf.* op. cit.)
O. F. M.	Orden de Frailes Menores (franciscanos)
O. M.	Orden Ministerial [Esp.]
op.	opus. ¶ Del lat. *opus* ('obra'), se usa en la nomenclatura de las obras musicales, ante el número de orden con que figura una obra dentro del conjunto de las pertenecientes a un mismo autor.
O. P.	Orden de Predicadores (dominicos)
op. cit.	*opere citato* (*lat.:* 'en la obra citada'; *cf.* ob. cit.)
O. S. A.	Orden de San Agustín
p.	página (*tb.* pg. *y* pág.)
P.	papa (*cf.* Pnt.) || padre ('tratamiento religioso')
p. a.	por ausencia || por autorización (*tb.* P. A.)
pág.	página (*tb.* p. *y* pg.)
párr.	párrafo (*cf.* §, *en apénd. 3*)
pass.	*passim* (*lat.:* 'en varios lugares'). ¶ En referencias bibliográficas, para indicar que la información señalada se encuentra en diversos puntos a lo largo de la obra citada.
Pat.	patente
Pbro.	presbítero (*tb.* Presb.)
p. d.	porte(s) debido(s) (*cf.* p. p.)
P. D.	posdata (*cf.* P. S.). ¶ Para introducir añadidos a una carta ya concluida y firmada.
pdo.	pasado
p. ej.	por ejemplo (*cf.* e. g., e. gr., v. g. *y* v. gr.)
Pdte. (*fem.* **Pdta.**)	presidente
pg.	página (*tb.* p. *y* pág.)
p. k.	punto kilométrico
pl.	plaza (*tb.* plza. *y* pza.)
plta.	planta
plza.	plaza (*tb.* pl. *y* pza.)
p. m.	*post meridiem* (*lat.:* 'después del mediodía'; *cf.* a. m. *y* m.)
P. M.	policía militar
Pnt.	pontífice (*cf.* P.)
p. o.; P. O.; p/o	por orden
p.º	paseo
pol. ind.	polígono industrial [Esp.]

p. p. por poder || porte(s) pagado(s) (*cf.* p. d.)

ppal. principal (*tb.* pral.)

p. pdo. próximo pasado [Am.]. ¶ Tras la indicación de una fecha.

pral. principal (*tb.* ppal.)

Presb. presbítero (*tb.* Pbro.)

Prof. (*fem.* **Prof.ª**) profesor

pról. prólogo

prov. provincia

P. S. *post scriptum* (*lat.*: 'después de lo escrito'; *cf.* P. D.). ¶ Para introducir añadidos a un texto ya escrito.

pulg. pulgada

p. v. pequeña velocidad (*cf.* g. v.)

P. V. P. precio de venta al público

pza. plaza (*tb.* pl. *y* plza.)

r. recto (*tb.* r.º; *cf.* v., v.º *y* vto.). ¶ Tras la indicación del número de hoja o folio de un libro.

R. reverendo -da (*tb.* Rdo., Rev., Rvd. *y* Rvdo.)

rbla. rambla ('vía urbana')

R. D. Real Decreto [Esp.] (*cf.* R. O.) || República Dominicana

Rdo. (*fem.* **Rda.**) reverendo (*tb.* Rev., Rvd., Rvdo. *y* R.)

reg. registro

Rep. república

Rev. reverendo -da (*tb.* Rdo., Rvd., Rvdo. *y* R.)

R. I. P. *requiescat in pace* (*lat.*: 'descanse en paz'; *cf.* D. E. P. *y* e. p. d.). ¶ Tb. *RIP*, como sigla.

r.º recto (*tb.* r.; *cf.* v. *y* v.º). ¶ Tras la indicación del número de hoja o folio de un libro.

R. O. Real Orden [Esp.] (*cf.* R. D.)

R. O. U. República Oriental del Uruguay

Rmo. (*fem.* **Rma.**) reverendísimo (*tb.* Rvdmo.)

r. p. m. revoluciones por minuto

R. S. V. P. *Répondez, s'il vous plaît* (*fr.*: 'responda, por favor'; *cf.* S. R. C.) [Am.]

RR. HH. recursos humanos

Rte. remitente

Rvd. reverendo -da (*tb.* R., Rdo., Rev. *y* Rvdo.)

Rvdmo. (*fem.* **Rvdma.**) reverendísimo (*tb.* Rmo.)

Rvdo. (*fem.* **Rvda.**) reverendo (*tb.* R., Rdo., Rev. *y* Rvd.)

s. siglo || siguiente (*tb.* sig.)

s/ sin || sobre || según

S. san (*cf.* Sto.)

s. a.; s/a sin año [de impresión o de edición] (*cf.* s. d., s. e. *y* s. l.)

S.ª señoría || señora (*tb.* Sra. *y* Sr.ª)

S. A. sociedad anónima (*cf.* C. A. y S. L.) ¶ *Tb.* SA, *como sigla.* || su alteza.

S. A. A. sociedad anónima abierta

S. A. C. sociedad anónima cerrada

S. A. de C. V. sociedad anónima de capital variable

S. A. I. su alteza imperial

S. A. R. su alteza real

S. A. S. su alteza serenísima

s. c. su casa

s/c su cuenta

S. C. sociedad comanditaria

s. d. *sine data* (*lat.*: 'sin fecha [de edición o de impresión]'; *cf.* s. a., s. e. *y* s. l.)

Sdad. sociedad (*tb.* Soc.)

Sdad. Ltda.	sociedad limitada (*tb*. S. L.)
S. D. M.	su divina majestad
s. e.; s/e	sin [indicación de] editorial (*cf.* s. a., s. d. *y* s. l.)
S. E.	su excelencia
Ser.^{mo} (*fem.* **Ser.^{ma}**)	serenísimo
s. e. u o.	salvo error u omisión
s. f.; s/f	sin fecha
Sgto.	sargento
sig.	siguiente (*tb*. s.)
s. l.; s/l	sin [indicación del] lugar [de edición] (*cf.* s. a., s. d. *y* s. e.)
S. L.	sociedad limitada (*tb*. Sdad. Ltda.; *cf.* S. A.). ¶ *Tb.* SL, *como sigla.*
S. M.	su majestad || sacerdote marianista
Smo. (*fem.* **Sma.**)	santísimo
s. n.; s/n	sin número. ¶ En referencia al inmueble de una vía pública.
s. n. m.	sobre el nivel del mar. ¶ Normalmente precedida por el símbolo del metro: *m s. n. m.*
Soc.	sociedad (*tb*. Sdad.)
S. P.	servicio público
s. p. i.	sin pie de imprenta
Sr. (*fem.* **Sra., Sr.ª, S.ª**)	señor
S. R. C.	se ruega contestación
S. R. L.	sociedad de responsabilidad limitada
S. R. M.	su real majestad
Srta.	señorita
S. S.	su santidad || su señoría
Stgo.	Santiago (capital de Chile)
Sto. (*fem.* **Sta.**)	santo (*cf.* S.)
supl.	suplemento
s. v.; s/v	*sub voce* (*lat.*: 'bajo la palabra'). ¶ Antecede a la indicación del lema de un diccionario o enciclopedia, para indicar que en esa entrada se encuentra la información a la que se hace referencia.
t.	tomo
tel.; teléf.	teléfono (*tb*. tfno. *y* tlf.)
test.º	testigo
tfno.	teléfono (*tb*. tel., teléf. *y* tlf.)
tít.	título
tlf.	teléfono (*tb*. tel., teléf. *y* tfno.)
trad.	traducción || traductor -ra
tte.	transporte
Tte.	teniente
U.	usted (*tb*. Ud.)
ud. (*pl.* **uds.**)	unidad
Ud. (*pl.* **Uds.**)	usted (*tb*. U.)
Univ.	universidad
urb.	urbanización
v.	véase *o* véanse (*cf.* vid.) || verso || vuelto (*tb*. v.º; *cf.* r. *y* r.º)
v/	visto
V. A.	vuestra alteza
Valmte.	vicealmirante
V. A. R.	vuestra alteza real
V. B.	vuestra beatitud
vcto.	vencimiento
Vdo. (*fem.* **Vda.**)	viudo
V. E.	vuestra excelencia
v. g.; v. gr.	*verbi gratia* (*lat.*: 'por ejemplo'; *cf.* p. ej., e. g., e. gr.)
V. I.	vuestra ilustrísima *o* usía ilustrísima (*cf.* V. S. I.)

vid.	*vide* (*lat.*: 'mira'; *equivale a* véase, *cf.* v.)
V. M.	vuestra majestad
v.º	vuelto (*tb.* v. *y* vto.; *cf.* r. *y* r.º). ¶ Tras la indicación del número de hoja o folio de un libro.
V. O.	versión original (*cf.* V. O. S.)
V.º B.º	visto bueno
vol.	volumen
V. O. S.	versión original subtitulada (*cf.* V. O.)
V. P.	vuestra paternidad
vs.	versus
V. S.	vuestra señoría
V. S. I.	vuestra señoría ilustrísima (*cf.* V. I.)
vto. (*fem.* **vta.**)	vuelto (*tb.* v. *y* v.º)
vv. aa.; VV. AA.	varios autores (*cf.* aa. vv., AA. VV.)
Xto.	Cristo (*cf.* J. C. *y* Jhs.)
y cols.	y colaboradores (*cf.* et al.)

Lista de símbolos alfabetizables

En esta lista se recogen los símbolos alfabetizables más usuales, casi todos ellos referidos a las unidades de medida —ya correspondan al sistema internacional de unidades, al cegesimal o a sistemas particulares como el anglosajón—, los elementos químicos de la tabla periódica, los puntos cardinales y las monedas oficiales de los países europeos y americanos reconocidos por la ONU. En algunos casos se recogen, además de la unidad básica, algunas unidades derivadas de uso común. Los símbolos de los prefijos de las unidades de medida, que sirven para formar los de sus múltiplos y submúltiplos y, por tanto, no se usan nunca aislados, se transcriben seguidos de un guion. A continuación, se señala entre corchetes el factor que expresan, en forma de potencia decimal.

Puesto que los símbolos son elementos gráficamente invariables, todas las formas recogidas en esta lista sirven tanto para el singular como para el plural.

Los nombres de algunas unidades de medida se han escrito en cursiva por presentar grafías no adaptadas plenamente a las convenciones ortográficas del español.

Cuando un mismo símbolo tiene distintos valores, estos se separan mediante el signo ||.

En el caso de algunas monedas, además del símbolo trilítero establecido de acuerdo con las normas de la ISO (International Organization for Standardization 'Organización Internacional para la Estandarización'), se incluye(n) otro(s) de uso corriente.

a	área [100 m^2]
A	amperio
Å	ángstrom
a-	atto- [10^{-18}]
ac	acre ('unidad de superficie')
Ac	actinio
Ag	plata
Al	aluminio
ALL	lek (moneda oficial de Albania)
Am	americio
Ar	argón
ARS	peso argentino (moneda oficial de la Argentina; *cf.* $, *en apénd.* 3)
As	arsénico
at	atmósfera técnica
At	astato *o* ástato
atm	atmósfera normal
Au	oro
b	barn || bit (*tb.* bit)
B	belio || boro || *byte*
Ba	bario

BAM marco convertible (moneda oficial de Bosnia-Herzegovina)

bar bar

BBD dólar barbadense (moneda oficial de Barbados)

Be berilio

BGN leva (moneda oficial de Bulgaria)

Bh bohrio

Bi bismuto

bit bit (*tb.* b)

Bk berkelio

BOB boliviano (moneda oficial de Bolivia; *tb.* Bs)

Bq bequerel

Br bromo

BRL real (moneda oficial de Brasil)

Bs boliviano (moneda oficial de Bolivia; *tb.* BOB)

BSD dólar bahameño (moneda oficial de las Bahamas)

BYN rublo bielorruso (moneda oficial de Bielorrusia)

BZD dólar beliceño (moneda oficial de Belice)

C carbono || culombio

c- centi- [10^{-2}]

Ca calcio

CAD dólar canadiense (moneda oficial de Canadá)

cal caloría

cd candela

Cd cadmio

Ce cerio

Cf californio

CHF franco suizo (moneda oficial de Suiza y Liechtenstein)

Ci curio ('unidad de radiactividad'; *cf.* Cm)

Cl cloro

CLP peso chileno (moneda oficial de Chile; *cf.* $, *en apénd.* 3)

cm centímetro

Cm curio ('elemento químico'; *cf.* Ci)

cm^2 centímetro cuadrado

cm^3 centímetro cúbico (*cf.* c. c., *en apénd.* 1)

Cn copernicio

Co cobalto

COP peso colombiano (moneda oficial de Colombia; *cf.* **$**, *en apénd.* 3)

Cr cromo

CRC colón costarricense (moneda oficial de Costa Rica; *cf.* ₡, *en apénd.* 3)

Cs cesio

Cu cobre

CUP peso cubano (moneda oficial de Cuba; *cf.* $, *en apénd.* 3)

CV caballo de vapor (*tb.* hp)

CZK corona checa (moneda oficial de la República Checa)

d día

d- deci- [10^{-1}]

da- deca- [10^{1}]

Da dalton

dB decibelio

Db dubnio

DKK corona danesa (moneda oficial de Dinamarca)

dm decímetro

dm^2 decímetro cuadrado

dm^3 decímetro cúbico

DOP peso dominicano (moneda oficial de la República Dominicana; *cf.* **$**, *en apénd.* 3)

dr dracma ('unidad de peso')

Ds darmstadio

Dy disprosio

dyn dina

E este ('punto cardinal')

E- exa- [10^{18}]

Er erbio

erg ergio

Es einstenio

Eu europio

EUR euro (moneda oficial de los países de la zona euro de la Unión Europea: Alemania, Austria, Bélgica, Chipre, Eslovaquia, Eslovenia, España, Estonia, Finlandia, Francia, Grecia, Irlanda, Italia, Letonia, Lituania, Luxemburgo, Malta, Países Bajos y Portugal; también es la moneda de Andorra, Ciudad del Vaticano, Mónaco, Montenegro y San Marino, y circula en Kosovo; *cf.* €, *en apénd.* 3)
eV electronvoltio
F faradio || flúor || franco
f- femto- [10^{-15}]
Fe hierro
Fl flerovio
fl oz onza de líquido (del ingl. *fluid ounce,* 'unidad de volumen')
Fm fermio
Fr francio || franklin
ft pie (del ingl. *foot,* 'unidad de longitud')
g gramo (*y no* ⊗gr)
G *gauss*
G- giga- [10^{9}]
Ga galio
gal galón ('unidad de volumen')
GBP libra esterlina (moneda oficial del Reino Unido de Gran Bretaña e Irlanda del Norte; *cf.* £, *en apénd.* 3)
Gd gadolinio
Ge germanio
GEL lari (moneda oficial de Georgia)
Gi *gilbert*
gon gon ('grado centesimal')
gr grano ('unidad de peso')
GTQ quetzal (moneda oficial de Guatemala)
Gy gray
GYD dólar guyanés (moneda oficial de Guyana)
h hora || altura (del ingl. *height*)
H henrio || hidrógeno
h- hecto- [10^{2}]
ha hectárea
He helio
Hf hafnio
Hg mercurio
HNL lempira (moneda oficial de Honduras)
Ho holmio
hp caballo de vapor (del ingl. *horsepower,* 'unidad de potencia'; *tb.* CV)
HRK kuna (moneda oficial de Croacia)
Hs hasio
HTG gurde (moneda oficial de Haití, junto con el dólar estadounidense)
HUF forinto (moneda oficial de Hungría)
Hz hercio
I yodo
in pulgada (del ingl. *inch,* 'unidad de longitud')
In indio
Ir iridio
ISK corona islandesa (moneda oficial de Islandia)
J julio
JMD dólar jamaicano (moneda oficial de Jamaica)
K kelvin || potasio
k- kilo- [10^{3}] (*y no* ⊗K-)
kat katal
kn nudo (del ingl. *knot,* 'unidad de velocidad para barcos y aviones')
Kr kriptón *o* criptón
l; L litro (*y no* ⊗lit *ni* ⊗Lit)
La lantano
lb libra ('unidad de peso')
Li litio
lm lumen

Lr laurencio *o* lawrencio

Lu lutecio

Lv livermorio

lx lux

m metro (*y no* ⊗mt *ni* ⊗mtr)

M milla náutica

m- mili- $[10^{-3}]$

M- mega- $[10^{6}]$

m^2 metro cuadrado

m^3 metro cúbico

Ma millones de años (*cf.* m. a., *en apénd. 1*)

mbar milibar

Mc moscovio

Md mendelevio

MDL leu moldavo (moneda oficial de Moldavia)

mg miligramo

Mg magnesio

min minuto (de tiempo)

MKD denar (moneda oficial de la Antigua República Yugoslava de Macedonia)

mm milímetro

mmHg milímetro de mercurio

mmH_2O milímetro de agua

Mn manganeso

Mo molibdeno

mol mol *o* molécula gramo

Mt meitnerio

Mx *maxwell*

MXN peso mexicano (moneda oficial de México; *cf.* $ *y* $, *en apénd. 3*)

N *newton* || nitrógeno || norte

n- nano- $[10^{-9}]$

Na sodio

Nb niobio

Nd neodimio

Ne neón

NE noreste

Nh nihonio

Ni níquel

NIO córdoba (moneda oficial de Nicaragua; *cf.* C$, *en apénd. 3*)

No nobelio

NO noroeste (*tb.* NW, *en el sistema internacional*)

NOK corona noruega (moneda oficial de Noruega)

Np néper || neptunio

NW noroeste (del ingl. *Northwest; tb.* NO, *en el ámbito hispánico*)

O oeste (*tb.* W, *en el sistema internacional*) || oxígeno

Oe oersted

Og oganesón

Os osmio

oz onza

oz tr onza troy

P fósforo || poise

p- pico- $[10^{-12}]$

P- peta- $[10^{15}]$

Pa pascal || protactinio

PAB balboa (moneda oficial de Panamá, junto con el dólar estadounidense; *cf.* B, *en apénd. 3*)

Pb plomo

pc parsec *o* pársec

Pd paladio

PEN sol (moneda oficial del Perú)

PLN esloti (moneda oficial de Polonia)

Pm prometio

Po polonio

Pr praseodimio

pt pinta

Pt platino

Pu plutonio

PYG guaraní (moneda oficial del Paraguay; *cf.* ₲, *en apénd. 3*)

q quintal (métrico)

R roentgen

Ra radio

rad	radián
Rb	rubidio
Re	renio
Rf	rutherfordio
Rg	roentgenio
Rh	rodio
Rn	radón
RON	leu rumano (moneda oficial de Rumanía)
RSD	dinar serbio (moneda oficial de Serbia)
Ru	rutenio
RUB	rublo (moneda oficial de la Federación Rusa)
s	segundo [de tiempo] (*y no* ⊗sg)
S	azufre || *siemens* || sur
Sb	antimonio
Sc	escandio
Se	selenio
SE	sureste
SEK	corona sueca (moneda oficial de Suecia)
Sg	seaborgio
Si	silicio
Sm	samario
Sn	estaño
SO	suroeste (*tb.* SW, *en el sistema internacional*)
sr	estereorradián
Sr	estroncio
SRD	dólar surinamés (moneda oficial de Surinam)
Sv	*sievert*
SVC	colón salvadoreño (moneda oficial de El Salvador, junto con el dólar estadounidense; *cf.* ₡, *en apénd. 3*)
SW	suroeste (del ingl. *Southwest; tb.* SO, *en el ámbito hispánico*)
t	tonelada
T	tesla
T-	tera- [10^{12}]
Ta	tántalo
Tb	terbio
Tc	tecnecio
Te	telurio *o* teluro
tex	tex
Th	torio
Ti	titanio
Tl	talio
Tm	tulio
TRY	lira turca (moneda oficial de Turquía)
Ts	teneso
TTD	dólar trinitense (moneda oficial de Trinidad y Tobago)
u	unidad de masa atómica unificada
U	uranio
ua	unidad astronómica
UAH	grivna (moneda oficial de Ucrania)
USD	dólar estadounidense (moneda oficial de los Estados Unidos de América, el Ecuador, Puerto Rico, Timor Oriental, Islas Marshall, Micronesia y Palaos; es también oficial, junto con las monedas locales, en El Salvador, Haití y Panamá; *cf.* $, *en apénd. 3*)
UYU	peso uruguayo (moneda oficial de Uruguay; *cf.* $, *en apénd. 3*)
V	vanadio || voltio
VEF	bolívar fuerte (moneda oficial de Venezuela)
W	oeste (del ingl. *West; tb.* O, *en el ámbito hispánico*) || vatio || wolframio *o* tungsteno
Wb	*weber*
XCD	dólar del Caribe Oriental (moneda oficial de Antigua y Barbuda, Dominica, Granada, San Cristóbal y Nieves, Santa Lucía, y San Vicente y las Granadinas)
Xe	xenón
Y	itrio

y-	yocto- [10^{-24}]
Y-	yotta- [10^{24}]
Yb	iterbio
yd	yarda
z-	zepto- [10^{-21}]
Z-	zetta- [10^{21}]
Zn	zinc *o* cinc
Zr	circonio *o* zirconio

Lista de símbolos no alfabetizables

En esta lista se recoge una selección de símbolos de carácter no alfabetizable, ya que no están formados por letras, a diferencia de los registrados en el apéndice anterior. La lista es, en este caso, muy limitada y no tiene más pretensión que complementar el apéndice de símbolos alfabetizables en relación con las unidades de medida y las monetarias, y añadir algunos otros que pueden ser de interés más o menos general.

Cuando alguno de ellos tiene varios valores, estos se separan unos de otros mediante el signo ||.

Cuando uno de estos símbolos es de ámbito geográfico limitado, tras su equivalencia se indica entre corchetes la abreviatura del país o del área en el que se usa.

En los símbolos que pertenecen a un ámbito determinado del saber, se indica este mediante abreviatura en cursiva y entre paréntesis. Muchos de los asignados al ámbito de la matemática deben entenderse también referidos a la lógica.

Para su más rápida localización, se han colocado aparte, agrupados en sendas secciones, los símbolos monetarios y los de unidades de medida.

@	arroba (*cf.* a., *en apénd. 1*)
♭	bemol (*Mús.*)
©	*copyright* (*ingl.:* 'derechos de autor')
®	*registered trademark* (*ingl.:* 'marca registrada'; *cf.* ™)
™	*trademark* (*ingl.:* 'nombre comercial'; *cf.* ®)
§	párrafo (*cf.* párr., *en apénd. 1*)
&	*et* (*lat.:* 'y')
#	número [Am.] (*cf.* n.º, nro. *y* núm., *en apénd. 1*)
♯	sostenido (*Mús.*)
♮	becuadro (*Mús.*)
%	por ciento
‰	por mil
✓	verificación
†	fallecido (*junto al nombre de una persona*)
*	expresión agramatical (*Ling.*) || forma hipotética (*Filol.*)
+	más (*Mat.*) || número positivo (*Mat.*)
−	menos (*Mat.*) || número negativo (*Mat.*)
±	más menos (*Mat.*)
×	por, multiplicado por (*Mat.*)
÷	entre, dividido por (*Mat.*)
=	igual a (*Mat.*)
≠	no igual a (*Mat.*)
≅	semejante a (*Mat.*)
≈	aproximadamente igual a (*Mat.*)
~	equivalente a (*Mat.*)
<	menor que (*Mat.*) || procede de (*Filol.*)
>	mayor que (*Mat.*) || pasa a (*Filol.*)
≤	menor o igual que (*Mat.*)

≥ mayor o igual que (*Mat.*)

∅ cero fónico o elemento elidido (*Ling.*) || conjunto vacío (*Mat.*) || diámetro (*Mat.*) ||

√ raíz (*Mat.*)

∫ integral (*Mat.*)

π número pi (*Mat.*)

∞ infinito (*Mat.*)

SÍMBOLOS MONETARIOS

฿ balboa (moneda oficial de Panamá; *cf.* PAB, *en apénd. 2*)

¢ centavo (*cf.* c., cent., ctv. *y* ctvo, *en apénd. 1*)

₡ colón (moneda oficial de Costa Rica y El Salvador; *cf.* CRC *y* SVC, *respectivamente, en apénd. 2*)

C$ córdoba (moneda oficial de Nicaragua; *cf.* NIO, *en apénd. 2*)

€ euro (moneda oficial de los países de la zona euro de la Unión Europea: Alemania, Austria, Bélgica, Chipre, Eslovaquia, Eslovenia, España, Estonia, Finlandia, Francia, Grecia, Irlanda, Italia, Letonia, Lituania, Luxemburgo, Malta, Países Bajos y Portugal; también es la moneda de Andorra, Ciudad del Vaticano, Mónaco, Montenegro y San Marino, y circula en Kosovo; *cf.* EUR, *en apénd. 2*)

₲ guaraní (moneda oficial del Paraguay; *cf.* PYG, *en apénd. 2*)

£ libra esterlina (moneda oficial del Reino Unido de Gran Bretaña e Irlanda del Norte; *cf.* GBP, *en apénd. 2*)

$ peso (nombre de las monedas oficiales de la Argentina, Chile, Cuba, México [*tb., preferido,* $] y Uruguay; *cf.* ARS, CLP, CUP, MXN *y* UYU, *respectivamente, en apénd. 2*) || dólar (moneda oficial de los Estados Unidos de América, Puerto Rico, el Ecuador, Timor Oriental, Islas Marshall, Micronesia y Palaos; es también oficial, junto con el colón, en El Salvador; *cf.* USD, *en apénd. 2*)

$ peso (moneda oficial de Colombia, México [*tb., no preferido,* $] y la República Dominicana; *cf.* COP, MXN y DOP, *respectivamente, en apénd. 2*)

SÍMBOLOS DE UNIDADES DE MEDIDA Y PREFIJOS

μ- micro- [10^{-6}]

Ω ohmio

′ minuto de ángulo sexagesimal

″ segundo de ángulo sexagesimal

° grado de ángulo sexagesimal

°C grado Celsius

°F grado Fahrenheit

°R grado Rankine

Lista de países y capitales, con sus gentilicios

En esta lista se recogen las grafías recomendadas en español de los nombres de los países reconocidos por la Organización de las Naciones Unidas y de sus capitales. Cuando existe, se ofrece asimismo la forma recomendada del gentilicio. Se han incluido, además, en esta lista, la Ciudad del Vaticano (Estado soberano que no es miembro de la ONU), Palestina (Estado observador no miembro de la ONU) y Puerto Rico (territorio hispanohablante con estatus de Estado libre asociado a los Estados Unidos).

Los nombres complejos, aquellos formados por varias palabras, se han ordenado alfabéticamente teniendo en cuenta todos sus componentes, como si estos formasen una sola palabra.

En los nombres de países que se usan opcionalmente con artículo, este aparece pospuesto y entre paréntesis, y con minúscula inicial por no formar parte del nombre propio.

Cuando una variante del gentilicio no es de uso general, se incluye entre corchetes la especificación del país o la zona en que se emplea.

Abu Dabi. Capital de los Emiratos Árabes Unidos. GENT. **abudabí.**

Abuya. Capital de Nigeria.

Acra. Capital de Ghana.

Adís Abeba. Capital de Etiopía.

Afganistán. País de Asia. GENT. **afgano -na.** CAP. Kabul.

Albania. País de Europa. GENT. **albanés -sa.** CAP. Tirana.

Alemania. País de Europa. GENT. **alemán -na.** CAP. Berlín.

Amán. Capital de Jordania.

Ámsterdam. Capital de los Países Bajos. GENT. **amsterdamés -sa.**

Andorra. País de Europa. GENT. **andorrano -na.** CAP. Andorra la Vieja.

Andorra la Vieja. Capital de Andorra. GENT. **andorrano -na.**

Angola. País de África. GENT. **angoleño -ña** o **angolano -na** [Cuba]. CAP. Luanda.

Ankara. Capital de Turquía.

Antananarivo. Capital de Madagascar.

Antigua República Yugoslava de Macedonia (la). → Macedonia.

Antigua y Barbuda. País de América, en el Caribe. GENT. **antiguano -na.** CAP. Saint John's.

Apia. Capital de Samoa.

Arabia Saudí o **Arabia Saudita.** País de Asia. GENT. **saudí** o **saudita.** CAP. Riad.

Argel. Capital de Argelia. GENT. **argelino -na.**

Argelia. País de África. GENT. **argelino -na.** CAP. Argel.

Argentina (la). País de América. GENT. **argentino -na.** CAP. Buenos Aires.

Armenia. País de Asia. GENT. **armenio -nia.** CAP. Ereván.

Asjabad. Capital de Turkmenistán.

Asmara. Capital de Eritrea.

Astaná. Capital de Kazajistán.

Asunción. Capital del Paraguay. GENT. **asunceno -na** o **asunceño -ña.**

Atenas. Capital de Grecia. GENT. **ateniense.**

Australia. País de Oceanía. GENT. **australiano -na.** CAP. Camberra.

Austria. País de Europa. GENT. **austriaco -ca** o **austríaco -ca.** CAP. Viena.

Azerbaiyán. País de Asia. GENT. **azerbaiyano -na.** CAP. Bakú.

Babane. Capital administrativa de Suazilandia.

Bagdad. Capital de Irak. GENT. **bagdadí.**

Bahamas (las). País de América, en el Caribe. GENT. **bahameño -ña, bahamense** o **bahamés -sa.** CAP. Nasáu.

Bairiki. Capital de Kiribati, en el atolón de Tarawa.

Bakú. Capital de Azerbaiyán.

Bamako. Capital de Mali.

Bandar Seri Begawan. Capital de Brunéi Darusalam.

Bangkok. Capital de Tailandia.

Bangladés. País de Asia. GENT. **bangladesí.** CAP. Daca.

Bangui. Capital de la República Centroafricana.

Banjul. Capital de Gambia.

Barbados. País de América, en el Caribe. GENT. **barbadense.** CAP. Bridgetown.

Baréin. País de Asia. GENT. **bareiní.** CAP. Manama.

Basseterre. Capital de San Cristóbal y Nieves.

Beirut. Capital del Líbano. GENT. **beirutí.**

Bélgica. País de Europa. GENT. **belga.** CAP. Bruselas.

Belgrado. Capital de Serbia. GENT. **belgradense.**

Belice. País de América. GENT. **beliceño -ña.** CAP. Belmopán.

Belmopán. Capital de Belice.

Benín. País de África. GENT. **beninés -sa.** CAPS. Porto Novo y Cotonú.

Berlín. Capital de Alemania. GENT. **berlinés -sa.**

Berna. Capital de Suiza. GENT. **bernés -sa.**

Bielorrusia. País de Europa. GENT. **bielorruso -sa.** CAP. Minsk.

Birmania. País de Asia. GENT. **birmano -na.** CAP. Naipyidó.

Bisáu. Capital de Guinea-Bisáu.

Biskek. Capital de Kirguistán.

Bloemfontein. Capital judicial de Sudáfrica.

Bogotá. Capital de Colombia. GENT. **bogotano -na.**

Bolivia. País de América. GENT. **boliviano -na.** CAPS. Sucre y La Paz.

Bosnia-Herzegovina. País de Europa. GENT. **bosnio -nia** o **bosnioherzegovino -na.** CAP. Sarajevo.

Botsuana. País de África. GENT. **botsuano -na.** CAP. Gaborone.

Brasil (el). País de América. GENT. **brasileño -ña** o **brasilero -ra** [Am.]. CAP. Brasilia.

Brasilia. Capital de Brasil.

Bratislava. Capital de Eslovaquia.

Brazzaville. Capital del Congo.

Bridgetown. Capital de Barbados.

Brunéi Darusalam. País de Asia. GENT. **bruneano -na.** CAP. Bandar Seri Begawan.

Bruselas. Capital de Bélgica. GENT. **bruselense.**

Bucarest. Capital de Rumanía.

Budapest. Capital de Hungría.

Buenos Aires. Capital de la Argentina. GENT. **porteño -ña.**

Bulgaria. País de Europa. GENT. **búlgaro -ra.** CAP. Sofía.

Burkina Faso. País de África. GENT. **burkinés -sa.** CAP. Uagadugú.

Burundi. País de África. GENT. **burundés -sa.** CAP. Buyumbura.

Bután. País de Asia. GENT. **butanés -sa.** CAP. Timbu.

Buyumbura. Capital de Burundi.

Cabo Verde. País de África, en el Atlántico. GENT. **caboverdiano -na.** CAP. Praia.

Camberra. Capital de Australia. GENT. **camberrano -na.**

Camboya. País de Asia. GENT. **camboyano -na.** CAP. Nom Pen.

Camerún (el). País de África. GENT. **camerunés -sa.** CAP. Yaundé.

Canadá (el). País de América. GENT. **canadiense.** CAP. Ottawa.

Caracas. Capital de Venezuela. GENT. **caraqueño -ña.**

Castries. Capital de Santa Lucía.

Catar. País de Asia. GENT. **catarí.** CAP. Doha.
Chad (el). País de África. GENT. **chadiano -na.** CAP. Yamena.
Chequia. → República Checa.
Chile. País de América. GENT. **chileno -na.** CAP. Santiago (de Chile).
China. País de Asia. GENT. **chino -na.** CAP. Pekín.
Chipre. País de Asia, en el Mediterráneo. GENT. **chipriota.** CAP. Nicosia.
Chisináu. Capital de Moldavia.
Ciudad de Guatemala. Capital de Guatemala. GENT. **guatemalteco -ca.**
Ciudad del Cabo. Capital legislativa de Sudáfrica.
Ciudad del Vaticano. País de Europa. GENT. **vaticano -na.**
Ciudad de México. Capital de México. GENT. **mexicano -na** o **mexiqueño -ña.**
Colombia. País de América. GENT. **colombiano -na.** CAP. Bogotá.
Colombo. Capital de Sri Lanka.
Comoras (las). País de África, en el Índico. GENT. **comorense.** CAP. Moroni.
Conakri. Capital de Guinea.
Congo (el). País de África. GENT. **congoleño -ña** o **congolés -sa.** CAP. Brazzaville.
Copenhague. Capital de Dinamarca.
Corea del Norte. País de Asia. GENT. **norcoreano -na.** CAP. Pionyang.
Corea del Sur. País de Asia. GENT. **surcoreano -na.** CAP. Seúl.
Costa de Marfil. País de África. GENT. **marfileño -ña.** CAP. Yamusukro.
Costa Rica. País de América. GENT **costarricense.** CAP. San José.
Cotonú. Sede del Gobierno de Benín.
Croacia. País de Europa. GENT. **croata.** CAP. Zagreb.
Cuba. País de América, en el Caribe. GENT. **cubano -na.** CAP. La Habana.
Cotonú. Sede del Gobierno de Benín.
Daca. Capital de Bangladés.
Dakar. Capital de Senegal.
Damasco. Capital de Siria. GENT. **damasceno -na** o **damasquino -na.**
Dili. Capital de Timor Oriental.
Dinamarca. País de Europa. GENT. **danés -sa.** CAP. Copenhague.
Dodoma. Capital de Tanzania.
Doha. Capital de Catar.
Dominica. País de América, en el Caribe. GENT. **dominiqués -sa.** CAP. Roseau.
Dublín. Capital de Irlanda. GENT. **dublinés -sa.**
Dusambé. Capital de Tayikistán.
Ecuador (el). País de América. GENT. **ecuatoriano -na.** CAP. Quito.
Egipto. País de África. GENT. **egipcio -cia.** CAP. El Cairo.
El Cairo. Capital de Egipto. GENT. **cairota.**
El Salvador. País de América. GENT. **salvadoreño -ña.** CAP. San Salvador.
Emiratos Árabes Unidos (los). País de Asia. GENT. **emiratí.** CAP. Abu Dabi.
Ereván. Capital de Armenia.
Eritrea. País de África. GENT. **eritreo -a.** CAP. Asmara.
Eslovaquia. País de Europa. GENT. **eslovaco -ca.** CAP. Bratislava.
Eslovenia. País de Europa. GENT. **esloveno -na.** CAP. Liubliana.
España. País de Europa. GENT. **español -la.** CAP. Madrid.
Estados Unidos de América (los). País de América. GENT. **estadounidense.** CAP. Washington D. C.
Estocolmo. Capital de Suecia.
Estonia. País de Europa. GENT. **estonio -nia.** CAP. Tallin.
Etiopía. País de África. GENT. **etíope.** CAP. Adís Abeba.
Filipinas. País de Asia. GENT. **filipino -na.** CAP. Manila.
Finlandia. País de Europa. GENT. **finlandés -sa.** CAP. Helsinki.
Fiyi. País de Oceanía. GENT. **fiyiano -na.** CAP. Suva.
Francia. País de Europa. GENT. **francés -sa.** CAP. París.
Freetown. Capital de Sierra Leona.
Funafuti. Capital de Tuvalu.
Gabón (el). País de África. GENT. **gabonés -sa.** CAP. Libreville.
Gaborone. Capital de Botsuana.
Gambia. País de África. GENT. **gambiano -na.** CAP. Banjul.
Georgetown. Capital de Guyana.

Georgia. País de Asia. GENT. **georgiano -na**. CAP. Tiflis.

Ghana. País de África. GENT. **ghanés -sa**. CAP. Acra.

Granada. País de América, en el Caribe. GENT. **granadino -na**. CAP. Saint George.

Grecia. País de Europa. GENT. **griego -ga**. CAP. Atenas.

Guatemala. País de América. GENT. **guatemalteco -ca**. CAP. Ciudad de Guatemala.

Guinea. País de África. GENT. **guineano -na**. CAP. Conakri.

Guinea-Bisáu. País de África. GENT. **guineano -na**. CAP. Bisáu.

Guinea Ecuatorial. País de África. GENT. **ecuatoguineano -na**. CAP. Malabo.

Guyana. País de América. GENT. **guyanés -sa**. CAP. Georgetown.

Haití. País de América, en el Caribe. GENT. **haitiano -na**. CAP. Puerto Príncipe.

Hanói. Capital de Vietnam.

Harare. Capital de Zimbabue.

Helsinki. Capital de Finlandia.

Holanda. → Países Bajos.

Honduras. País de América. GENT. **hondureño -ña**. CAP. Tegucigalpa.

Honiara. Capital de las Islas Salomón.

Hungría. País de Europa. GENT. **húngaro -ra**. CAP. Budapest.

India (la). País de Asia. GENT. **indio -dia**. CAP. Nueva Deli.

Indonesia. País de Asia. GENT. **indonesio -sia**. CAP. Yakarta.

Irak. País de Asia. GENT. **iraquí**. CAP. Bagdad.

Irán. País de Asia. GENT. **iraní**. CAP. Teherán.

Iraq. → Irak.

Irlanda. País de Europa. GENT. **irlandés -sa**. CAP. Dublín.

Islamabad. Capital de Pakistán.

Islandia. País de Europa. GENT. **islandés -sa**. CAP. Reikiavik.

Islas Marshall (las). País de Oceanía. GENT. **marshalés -sa**. CAP. Majuro.

Islas Salomón (las). País de Oceanía. GENT. **salomonense**. CAP. Honiara.

Israel. País de Asia. GENT. **israelí**. CAP. (no reconocida por la ONU) Jerusalén.

Italia. País de Europa. GENT. **italiano -na**. CAP. Roma.

Jamaica. País de América, en el Caribe. GENT. **jamaicano -na** o **jamaiquino -na** [Am.]. CAP. Kingston.

Japón (el). País de Asia. GENT. **japonés -sa**. CAP. Tokio.

Jartum. Capital de Sudán.

Jerusalén. Capital de Israel y Palestina no reconocida por la ONU. GENT. **jerosolimitano -na**.

Jordania. País de Asia. GENT. **jordano -na**. CAP. Amán.

Kabul. Capital de Afganistán.

Kampala. Capital de Uganda.

Katmandú. Capital de Nepal.

Kazajistán. País de Asia. GENT. **kazajo -ja**. CAP. Astaná.

Kenia. País de África. GENT. **keniano -na** o **keniata**. CAP. Nairobi.

Kiev. Capital de Ucrania.

Kigali. Capital de Ruanda.

Kingston. Capital de Jamaica.

Kingstown. Capital de San Vicente y las Granadinas.

Kinsasa. Capital de la República Democrática del Congo.

Kirguistán. País de Asia. GENT. **kirguís** o **kirguiso -sa**. CAP. Biskek.

Kiribati. País de Oceanía. GENT. **kiribatiano -na**. CAP. Bairiki.

Kuala Lumpur. Capital de Malasia.

Kuwait[1]. País de Asia. GENT. **kuwaití**. CAP. Kuwait.

Kuwait[2]. Capital de Kuwait. GENT. **kuwaití**.

La Habana. Capital de Cuba. GENT. **habanero -ra**.

Laos. País de Asia. GENT. **laosiano -na**. CAP. Vientián.

La Paz. Sede del Gobierno de Bolivia. GENT. **paceño -ña**.

La Valeta. Capital de Malta.

Lesoto. País de África. GENT. **lesotense**. CAP. Maseru.

Letonia. País de Europa. GENT. **letón -na**. CAP. Riga.

Líbano (el). País de Asia. GENT. **libanés -sa**. CAP. Beirut.

Liberia. País de África. GENT. **liberiano -na.** CAP. Monrovia.
Libia. País de África. GENT. **libio -bia.** CAP. Trípoli.
Libreville. Capital de Gabón.
Liechtenstein. País de Europa. GENT. **liechtensteiniano -na.** CAP. Vaduz.
Lilongüe. Capital de Malaui.
Lima. Capital del Perú. GENT. **limeño -ña.**
Lisboa. Capital de Portugal. GENT. **lisboeta.**
Lituania. País de Europa. GENT. **lituano -na.** CAP. Vilna.
Liubliana. Capital de Eslovenia.
Lobamba. Capital legislativa de Suazilandia.
Lomé. Capital de Togo.
Londres. Capital del Reino Unido de Gran Bretaña e Irlanda del Norte. GENT. **londinense.**
Luanda. Capital de Angola.
Lusaka. Capital de Zambia.
Luxemburgo[1]. País de Europa. GENT. **luxemburgués -sa.** CAP. Luxemburgo.
Luxemburgo[2]. Capital de Luxemburgo. GENT. **luxemburgués -sa.**
Macedonia. País de Europa. GENT. **macedonio -nia.** CAP. Skopie.
Madagascar. País de África, en el Índico. GENT. **malgache.** CAP. Antananarivo.
Madrid. Capital de España. GENT. **madrileño -ña.**
Majuro. Capital de las Islas Marshall.
Malabo. Capital de Guinea Ecuatorial.
Malasia. País de Asia. GENT. **malasio -sia.** CAP. Kuala Lumpur.
Malaui. País de África. GENT. **malauí.** CAP. Lilongüe.
Maldivas. País de Asia, en el Índico. GENT. **maldivo -va.** CAP. Malé.
Malé. Capital de Maldivas.
Mali o **Malí.** País de África. GENT. **maliense** o **malí.** CAP. Bamako.
Malta. País de Europa. GENT. **maltés -sa.** CAP. La Valeta.
Managua. Capital de Nicaragua. GENT. **managua** o **managüense.**
Manama. Capital de Baréin.
Manila. Capital de Filipinas. GENT. **manileño -ña.**
Maputo. Capital de Mozambique.
Marruecos. País de África. GENT. **marroquí.** CAP. Rabat.
Mascate. Capital de Omán.
Maseru. Capital de Lesoto.
Mauricio. País de África, en el Índico. GENT. **mauriciano -na.** CAP. Port-Louis.
Mauritania. País de África. GENT. **mauritano -na.** CAP. Nuakchot.
Melekeok. Capital de Palaos.
México. País de América. GENT. **mexicano -na.** CAP. Ciudad de México.
Micronesia. País de Oceanía. GENT. **micronesio -sia.** CAP. Palikir.
Minsk. Capital de Bielorrusia.
Mogadiscio. Capital de Somalia.
Moldavia. País de Europa. GENT. **moldavo -va.** CAP. Chisináu.
Mónaco[1]. País de Europa. GENT. **monegasco -ca.** CAP. Mónaco.
Mónaco[2]. Capital de Mónaco. GENT. **monegasco -ca.**
Mongolia. País de Asia. GENT. **mongol -la.** CAP. Ulán Bator.
Monrovia. Capital de Liberia.
Montenegro. País de Europa. GENT. **montenegrino -na.** CAP. Podgorica.
Montevideo. Capital de Uruguay. GENT. **montevideano -na.**
Moroni. Capital de las Comoras.
Moscú. Capital de Rusia. GENT. **moscovita.**
Mozambique. País de África. GENT. **mozambiqueño -ña.** CAP. Maputo.
Naipyidó. Capital de Birmania.
Nairobi. Capital de Kenia.
Namibia. País de África. GENT. **namibio -bia.** CAP. Windhoek.
Nasáu. Capital de las Bahamas.
Nauru. País de Oceanía. GENT. **nauruano -na.** CAP. Yaren.
Nepal. País de Asia. GENT. **nepalés -sa** o **nepalí.** CAP. Katmandú.
Niamey. Capital de Níger.
Nicaragua. País de América. GENT. **nicaragüense.** CAP. Managua.
Nicosia. Capital de Chipre.
Níger. País de África. GENT. **nigerino -na.** CAP. Niamey.
Nigeria. País de África. GENT. **nigeriano -na.** CAP. Abuya.

Nom Pen. Capital de Camboya.
Noruega. País de Europa. GENT. **noruego -ga.** CAP. Oslo.
Nuakchot. Capital de Mauritania.
Nueva Deli. Capital de la India.
Nueva Zelanda o **Nueva Zelandia.** País de Oceanía. GENT. **neozelandés -sa.** CAP. Wellington.
Nukualofa. Capital de Tonga.
Omán. País de Asia. GENT. **omaní.** CAP. Mascate.
Oslo. Capital de Noruega.
Ottawa. Capital de Canadá.
Países Bajos (los). País de Europa. GENT. **neerlandés -sa.** CAP. Ámsterdam.
Pakistán. País de Asia. GENT. **pakistaní.** CAP. Islamabad.
Palaos. País de Oceanía. GENT. **palauano -na.** CAP. Melekeok.
Palestina. Estado observador no miembro de la ONU, en Asia. GENT. **palestino -na.** CAP. (no reconocida por la ONU) Jerusalén.
Palikir. Capital de Micronesia.
Panamá[1]. País de América. GENT. **panameño -ña.** CAP. Panamá.
Panamá[2]. Capital de Panamá. GENT. **panameño -ña.**
Papúa Nueva Guinea. País de Oceanía. GENT. **papú.** CAP. Port Moresby.
Paraguay (el). País de América. GENT. **paraguayo -ya.** CAP. Asunción.
Paramaribo. Capital de Surinam.
París. Capital de Francia. GENT. **parisino -na** o **parisiense.**
Pekín. Capital de China. GENT. **pekinés -sa.**
Perú (el). País de América. GENT. **peruano -na.** CAP. Lima.
Pionyang. Capital de Corea del Norte.
Podgorica. Capital de Montenegro.
Polonia. País de Europa. GENT. **polaco -ca.** CAP. Varsovia.
Port-Louis. Capital de Mauricio.
Port Moresby. Capital de Papúa Nueva Guinea.
Porto Novo. Capital de Benín.
Portugal. País de Europa. GENT. **portugués -sa.** CAP. Lisboa.
Port Vila. Capital de Vanuatu.
Praga. Capital de la República Checa. GENT. **praguense.**
Praia. Capital de Cabo Verde.
Pretoria. Capital administrativa de Sudáfrica.
Puerto España. Capital de Trinidad y Tobago.
Puerto Príncipe. Capital de Haití.
Puerto Rico. Estado libre asociado a los Estados Unidos de América, en el Caribe. GENT. **puertorriqueño -ña** o **portorriqueño -ña.** CAP. San Juan.
Qatar. → Catar.
Quito. Capital del Ecuador. GENT. **quiteño -ña.**
Rabat. Capital de Marruecos. GENT. **rabatí.**
Reikiavik. Capital de Islandia.
Reino Unido de Gran Bretaña e Irlanda del Norte (el). País de Europa. GENT. **británico -ca.** CAP. Londres.
República Centroafricana (la). País de África. GENT. **centroafricano -na.** CAP. Bangui.
República Checa (la). País de Europa. GENT. **checo -ca.** CAP. Praga.
República Democrática del Congo (la). País de África. GENT. **congoleño -ña** o **congolés -sa.** CAP. Kinsasa.
República Dominicana (la). País de América, en el Caribe. GENT. **dominicano -na.** CAP. Santo Domingo.
Riad. Capital de Arabia Saudí.
Riga. Capital de Letonia.
Roma. Capital de Italia. GENT. **romano -na.**
Roseau. Capital de Dominica.
Ruanda. País de África. GENT. **ruandés -sa.** CAP. Kigali.
Rumanía o **Rumania.** País de Europa. GENT. **rumano -na.** CAP. Bucarest.
Rusia. País de Europa. GENT. **ruso -sa.** CAP. Moscú.
Saint George. Capital de Granada (país de América).
Saint John's. Capital de Antigua y Barbuda.
Samoa. País de Oceanía. GENT. **samoano -na.** CAP. Apia.
Saná. Capital de Yemen.
San Cristóbal y Nieves. País de América, en el Caribe. GENT. **sancristobaleño -ña.** CAP. Basseterre.

San José. Capital de Costa Rica. GENT. **josefino -na.**
San Juan. Capital de Puerto Rico. GENT. **sanjuanero -ra.**
San Marino[1]. País de Europa. GENT. **sanmarinense.** CAP. San Marino.
San Marino[2]. Capital de San Marino. GENT. **sanmarinense.**
San Salvador. Capital de El Salvador. GENT. **sansalvadoreño -ña.**
Santa Lucía. País de América, en el Caribe. GENT. **santalucense.** CAP. Castries.
Santiago (de Chile). Capital de Chile. GENT. **santiaguino -na.**
Santo Domingo. Capital de la República Dominicana. GENT. **dominicano -na.**
Santo Tomé. Capital de Santo Tomé y Príncipe. GENT. **santotomense.**
Santo Tomé y Príncipe. País de África, en el Atlántico. GENT. **santotomense.** CAP. Santo Tomé.
San Vicente y las Granadinas. País de América, en el Caribe. GENT. **sanvicentino -na.** CAP. Kingstown.
Sarajevo. Capital de Bosnia-Herzegovina.
Senegal (el). País de África. GENT. **senegalés -sa.** CAP. Dakar.
Serbia. País de Europa. GENT. **serbio -bia.** CAP. Belgrado.
Seúl. Capital de Corea del Sur.
Seychelles (las). País de África, en el Índico. GENT. **seychellense.** CAP. Victoria.
Sierra Leona. País de África. GENT. **sierraleonés -sa.** CAP. Freetown.
Singapur[1]. País de Asia. GENT. **singapurense.** CAP. Singapur.
Singapur[2]. Capital de Singapur. GENT. **singapurense.**
Siria. País de Asia. GENT. **sirio -ria.** CAP. Damasco.
Skopie. Capital de Macedonia.
Sofía. Capital de Bulgaria.
Somalia. País de África. GENT. **somalí.** CAP. Mogadiscio.
Sri Lanka. País de Asia. GENT. **ceilanés -sa, ceilandés -sa** o **esrilanqués -sa.** CAP. Colombo.
Suazilandia. País de África. GENT. **suazi.** CAPS. Babane y Lobamba.
Sucre. Capital de Bolivia. GENT. **sucrense.**
Sudáfrica. País de África. GENT. **sudafricano -na.** CAPS. Bloemfontein, Ciudad del Cabo y Pretoria.
Sudán (el). País de África. GENT. **sudanés -sa.** CAP. Jartum.
Sudán del Sur. País de África. GENT. **sursudanés -sa.** CAP. Yuba.
Suecia. País de Europa. GENT. **sueco -ca.** CAP. Estocolmo.
Suiza. País de Europa. GENT. **suizo -za.** CAP. Berna.
Surinam. País de América. GENT, **surinamés -sa.** CAP. Paramaribo.
Suva. Capital de Fiyi.
Tailandia. País de Asia. GENT. **tailandés -sa.** CAP. Bangkok.
Tallin. Capital de Estonia.
Tanzania. País de África. GENT. **tanzano -na.** CAP. Dodoma.
Taskent. Capital de Uzbekistán.
Tayikistán. País de Asia. GENT. **tayiko -ka.** CAP. Dusambé.
Tegucigalpa. Capital de Honduras. GENT. **tegucigalpense.**
Teherán. Capital de Irán.
Tiflis. Capital de Georgia.
Timbu. Capital de Bután.
Timor Oriental. País de Asia. GENT. **timorense.** CAP. Dili.
Tirana. Capital de Albania.
Togo. País de África. GENT. **togolés -sa.** CAP. Lomé.
Tokio. Capital de Japón. GENT. **tokiota.**
Tonga. País de Oceanía. GENT. **tongano -na.** CAP. Nukualofa.
Trinidad y Tobago. País de América, en el Caribe. GENT. **trinitense.** CAP. Puerto España.
Trípoli. Capital de Libia. GENT. **tripolitano -na.**
Túnez[1]. País de África. GENT. **tunecino -na.** CAP. Túnez.
Túnez[2]. Capital de Túnez. GENT. **tunecino -na.**
Turkmenistán. País de Asia. GENT. **turcomano -na** o **turkmeno -na.** CAP. Asjabad.
Turquía. País de Europa y Asia. GENT. **turco -ca.** CAP. Ankara.
Tuvalu. País de Oceanía. GENT. **tuvaluano -na.** CAP. Funafuti.

Uagadugú. Capital de Burkina Faso.
Ucrania. País de Europa. GENT. **ucraniano -na.** CAP. Kiev.
Uganda. País de África. GENT. **ugandés -sa.** CAP. Kampala.
Ulán Bator. Capital de Mongolia.
Uruguay (el). País de América. GENT. **uruguayo -ya.** CAP. Montevideo.
Uzbekistán. País de Asia. GENT. **uzbeko -ka.** CAP. Taskent.
Vaduz. Capital de Liechtenstein.
Vanuatu. País de Oceanía. GENT. **vanuatuense.** CAP. Port Vila.
Varsovia. Capital de Polonia. GENT. **varsoviano -na.**
Venezuela. País de América. GENT. **venezolano -na.** CAP. Caracas.
Victoria. Capital de las Seychelles.
Viena. Capital de Austria. GENT. **vienés -sa.**
Vientián. Capital de Laos.
Vietnam. País de Asia. GENT. **vietnamita.** CAP. Hanói.
Vilna. Capital de Lituania.
Washington D. C. Capital de los Estados Unidos de América. GENT. **washingtoniano -na.**
Wellington. Capital de Nueva Zelanda.
Windhoek. Capital de Namibia.
Yakarta. Capital de Indonesia.
Yamena. Capital de Chad.
Yamusukro. Capital de Costa de Marfil.
Yaren. Capital de Nauru.
Yaundé. Capital de Camerún.
Yemen (el). País de Asia. GENT. **yemení** o **yemenita.** CAP. Saná.
Yibuti[1]. País de África. GENT. **yibutiano -na.** CAP. Yibuti.
Yibuti[2]. Capital de Yibuti. GENT. **yibutiano -na.**
Yuba. Capital de Sudán del Sur.
Zagreb. Capital de Croacia.
Zambia. País de África. GENT. **zambiano -na.** CAP. Lusaka.
Zimbabue. País de África. GENT. **zimbabuense.** CAP. Harare.

Índice terminológico de la *Gramática básica*

Este índice terminológico recoge las expresiones simples o complejas que remiten a nociones o a clasificaciones gramaticales. Cuando procede, la numeración en negrita remite a las páginas en que un término se halla definido. A causa de su relevancia, aparecen como entrada algunos adjetivos que pertenecen a expresiones complejas. En las especificaciones, dicho adjetivo aparece sustituido por una virgulilla (~). Así, bajo la entrada **enfático** aparece la expresión *lo* ~, que se ha de leer ***lo* enfático**.

activa 225
estructura ~ 225
oración ~ 225
voz ~ 225-226
acto verbal o **acto de habla** **233**
acusativo 89, 101, **104**, 200
adjetivo 10, **73**
adverbial 78
calificativo 74
determinativo 74
especificativo 77
explicativo 78
perfectivo o resultativo 163
relacional o de relación 54, 74
sustantivado 78-79
adjunto **15**, **209**
de la enunciación 209, **216**
del enunciado 209, **216**
del nombre 182
externo o periférico 209, **215-216**
adverbialización
del adjetivo 79
adverbio 11, **140-141**
adjetival 79, **145**
aspectual 144
cuantificador 123
de cantidad 142
de duración 144
de foco **14**, 140, 190
de frecuencia 144
de la enunciación 147
de lugar 142-143
de modo o manera 144
de relación locativa 142-143
de tópico 146
de tiempo 142-144
del enunciado 146
demostrativo **115**, 142, 146
en *-mente* 145
exclamativo **138**, 146
identificativo o referencial 146
indefinido 142, 146
interrogativo **138**, 146
relativo 135-136, 146
afijo **7**, 64
agente 12
alternancia negativa 239
ámbito **239**
anafórico
pronombre ~ 91
uso ~ 95, 114
valor ~ 129
antecedente 196, 246
antecopretérito *apéndice* 5
antefuturo *apéndice* 5
antepospretérito *apéndice* 5
antepresente *apéndice* 5
antepretérito *apéndice* 5
antropónimo 54, 67
apócope 81-82, 122-123
apódosis 266
aposición **183-185**
especificativa 184
especificativa restrictiva 184
especificativa atributiva 184
explicativa 185
argumental
complemento ~ **15**, 71, 181-182, 185-187, 190, 192, 204
estructura ~ 14, 36
función sintáctica ~ 200, 206
argumento **209**
artículo **93**
determinado o definido 93, 95
indeterminado o indefinido 93, 96
neutro 96
forma contracta del ~ o 94-95
aseverativo/-a
enunciado ~ 233-234
modalidad ~ 232
aspecto 8, **148-149**
imperfectivo 149
léxico 149-150
morfológico 149
perfectivo 149
sintáctico 149, 164-166

atributo 12, 192, **217**-219
adjetival 218, 220-221
adverbial 218
locativo 219
nominal 218, 220
oracional 218
preposicional 218
base léxica 7
beneficiario 203
caso 8-9, 89, **104**
oblicuo o preposicional 89, 104
recto o nominativo 89, 104
catafórico
pronombre ~ 91
uso ~ 114
categoría gramatical 10-11, 85, 123
causal
de la enunciación 262
del enunciado 261
externa 262-263
interna 261-262
construcción ~ 259
conjunción ~ 174
clase de palabras 10-11, 85
gramatical **11,** 85
léxica **11**
transversal **11,** 85
coda
causal explicativa o justificativa 263
final explicativa o justificativa 264
superlativa 256
comparación
de desigualdad 253-254
de igualdad 255
primer término de la ~ 253
segundo término de la ~ 253
comparativo/-a
de término múltiple 254
sincrético 83, 253
construcción ~ 251
grado ~ 82
complemento
adjunto o no argumental 190, 192, 204-206, 261
argumental **15,** 190, 192, 204, 261
calificativo o evaluativo 182
clasificativo 182
comparativo 254
especificativo 183
explicativo 183
objetivo 120, **185**
restrictivo 256
subjetivo 120, **185**
complemento agente 226
complemento circunstancial 15, **209,** 211-215
de beneficiario 215
de cantidad o grado 213
de causa 215
de compañía 213
de finalidad 214
de instrumento 213-214
de lugar 211-212
de manera o modo 212-213
de materia 214
de medio 214
de tiempo 212
complemento de régimen 12, **206**-207
complemento directo 12, **200**
cognado 202
interno 202
lexicalizado 202
semilexicalizado 202
complemento indirecto 12, **202-203**
argumental 204
no argumental 204-206
complemento predicativo 192, 195, 217, **222**-223
composición 62-64
adjetival 63-64
nominal 63
compuesto o **palabra compuesta** 9, **62**
coordinativo 63
endocéntrico 62
exocéntrico 62
léxico o univerbal 31-32, **62**
sintagmático o pluriverbal 32, **62**
subordinativo 63
concesiva
de la enunciación 271
del enunciado 271
construcción ~ 270-272
concordancia 9, 28, 35, 196
de género 20
de número 103, 197-198
de persona 102, 196-197
del atributo 219
en construcciones partitivas y pseudopartitivas 198
en las construcciones copulativas 198-199
condicional
de la enunciación 268-269
del enunciado 268
construcción ~ 267-270
condicional compuesto 154
condicional simple 40, 41, 153
de atenuación 153
de conjetura 153
de cortesía 153
conector discursivo 140, **175**-176
aditivo 176
ilativo o consecutivo 176
contraargumentativo o adversativo 176
conjunción 11, **172**-175
adversativa 173-174
causal 174
comparativa 175
completiva 174
concesiva 174
condicional 174
consecutiva 174
coordinante 172
copulativa 172
discontinua o correlativa 172
distributiva 173
disyuntiva 173
ilativa 174, 265

subordinante 172, 174-175
temporal 174
consecutiva
ponderativa 257
suspendida 258
construcción ~ 257-258
construcción
absoluta 15, **223**, 272
apositiva 183
coordinación 16, 17
adversativa 17
copulativa 17
disyuntiva 17
heterocategorial 17
homocategorial 17
copretérito *apéndice 1*
copulativo/-a
condicional de énfasis 270
oración ~ 16, 219-221
verbo ~ 217
correferencia 91
cuantificación 87, **121**
cuantificador 88, **121**
comparativo 88, 193, 252
consecutivo 193
de grado 193
de indistinción 88, 124
débil o indefinido 88, 122, 124-125
evaluativo 88, 124
existencial 88, 124
fuerte o universal 88, 122, 123-124
relativo 136
adverbio ~ 123
determinante ~ 86, 123
exclamativo ~ 138-139
interrogativo ~ 138-139
pronombre ~ 123
dativo 89, 01, 104
concordado 205
de interés 204
ético 206
no concordado 206
simpatético o posesivo 206
declarativo/-a
oración ~ 16, 242-244
definido 48
artículo ~ 93, 95
determinante ~ 87-88
deíctico/-a 91, 112
categoría ~ 148
uso ~ 96
deixis 91
espacial 91
personal 91
temporal 91
demostrativo 112
adverbio ~ **115**, 142, 146
determinante ~ 11, 113
pronombre ~ 113
dequeísmo 243
derivación 48
adjetival 53
apreciativa 57
nominal 48-49
verbal 55
derivado o palabra derivada 9
desiderativo/-a
enunciado ~ 238
modalidad ~ 233
oración ~ 16
desinencia 7, 35
destinatario 12, 203
determinante 10, 74, **86-87, 181**
cuantificador 86, 123
definido 87-88
demostrativo 11, 113
exclamativo 132-133, 137
indefinido 87-88
interrogativo 132-133, 137
posesivo 115-116
relativo 132, 135
diátesis 225
***dictum* 15**-16, **232**
diptongación 44
diptongo
creciente 43-44
decreciente 43-44
discurso
directo 245
indirecto 245
dual 29-30
dubitativo/-a
oración ~ 16
duplicación pronominal 108-109, 201, 203
elemento compositivo culto 64
elipsis 91-92, 267
del núcleo nominal 80
enfático/-a
de relativo 224
lo ~ 96
un ~ 97
enunciación 232
enunciado 15, 232
lingüístico 233
enunciativo/-a
modalidad ~ 232
oración ~ 242
epéntesis 44-45
epiceno 24
epíteto 77
específico/-a
interpretación ~ 99
exclamativo 130-131, 137-138
exclamativo/-a
indirecta 245
parcial 236
retórica 235
total 236
adverbio ~ 138-146
cuantificador ~ 138-139
determinante ~ 132-133, 137
enunciado ~ 235-236
modalidad ~ 232
oración ~ 16
pronombre ~ 132-133, 137-139
exhortativo/-a
oración ~ 16
experimentante o experimentador 203
expresión referencial 86, 90
extensión o clase designativa 66, 90
familia de palabras 8
femenino 20
final
argumental 264
de la enunciación 264
externa 264
interna 263
no argumental 264
construcción ~ 259

flexión 8-9, 48
verbal 35
focalización **13**
foco 13
fonética 6
fonología 6
forma verbal
compuesta 36
no personal 36, 158
frase 11, 180, 189
función 12
función informativa **13**
función semántica 12, 204
función sintáctica 12, 99, 104, 129, 130, 194, 200, 202, 206, 209, 217
futuro *apéndice 1*
tema de ~ 40-41
futuro compuesto
de indicativo 154
de subjuntivo 156
futuro de conjetura 153
futuro simple
de indicativo 40, 153
de subjuntivo 156
genérico/-a
interpretación ~ 99
uso ~ 24-25, 99, 103
género 8, **20**, 89, 104, 117, 122
marcado 24
no marcado 24
gentilicio 54, 74
gerundio 160-162
grado
comparativo 82
positivo 82
superlativo 82
gramática **6**
descriptiva **6-7**
normativa **7**
grupo adjetival 11, 73, **189**
grupo adverbial 11-12, 140, **192**
grupo cualificativo 257
grupo cuantificativo **253,** 256-257
grupo interjectivo 12, **178**
grupo nominal 11, 86, **180,** 194-195
escueto 99
genérico 99
grupo preposicional 12, 167, **191**
grupo relativo 130, 133
grupo sintáctico **11**
grupo verbal 11
heterónimo 21
hiperonimia 66
hiperónimo 26, 66
hiponimia 66
hipónimo 66
homonimia 27, 66
homónimo 27
ilativa
conjunción ~ 174
construcción ~ 259
imperativo/-a
enunciado ~ 236
modalidad ~ 233
modo ~ 37, 38, 39, 236-237
oración ~ 16
impersonal 227
con *se* 228-229
refleja 229
oración ~ 227
verbo ~ 227-228
inacusativo o semideponente
verbo ~ 100, 223, 226
indefinido
adverbio ~ 142, 146
artículo ~ 93, 96
cuantificador ~ 88, 122, 124-125
determinante ~ 87-88
indicativo 36, 157
inductor
modal 157
negativo 239-240
inespecífica
interpretación ~ 99, 228
infinitivo 158
nominal 158-159
verbal 159-160
información consabida 95
intensificador 190
intensión **66,** 90
interfijo **7,** 8
interjección 11, **176-177,** 235
apelativa o directiva 177
expresiva o sintomática 177
impropia 177
propia 177
interrogativo 130-131, 137-139
interrogativo/-a
de eco **235**
directa 234
indirecta 234, 244-245
parcial 234, 244
retórica 233, **235**
total o disyuntiva 234, 244
adverbio ~ 138, 146
construcción ~ 234
cuantificador ~ 138-139
determinante ~ 137
enunciado ~ 234
modalidad ~ 232, 233, 234
oración ~ 16
pronombre ~ 132-133, 137-139
intransitivo/-a
puro 100
oración ~ 16
verbo ~ 204
laísmo **109**-110
latinismo 33
leísmo **109**
locución **10**
adjetiva 10, 30, 84
adverbial 10, 30, 32, 147, 272
conjuntiva 10, 175, 260, 262, 265, 267-268
interjectiva 10, 177-178
nominal 10, 30, 62, 187-188
preposicional 10, 30, 171
verbal 10, 30
loísmo **110**
masculino 20
en uso genérico 24-25
media
construcción ~ 230
oración ~ 230
modalidad 15-16, 232-233
modificador
del adjetivo 146, 190
del adverbio 193
modo 36
de acción 149

dependiente 157
independiente 157
verbal **156-157**
modus 15-16, 232
morfema 7, 10
de concordancia 102, 103
flexivo 7, 35
ligado 7
morfología 6, **7**
flexiva 8, 48
léxica o derivativa 8, 48
negación 239
externa o proposicional 239
interna 239
morfológica 239
sintáctica 239
neutro 20, 89
noción comparada 252
nombre o sustantivo 10, **65**
abstracto 71
adjetivado 79
argumental 71-72
clasificativo o de clase 72
colectivo 69-70
común 66
común en cuanto al género 22-23
concreto 71
contable 29, 68
cuantificativo 72
de relación 186-187
de terminación variable 21-22
eventivo 72
individual 69
no contable, continuo o de materia 29, 68
propio 66
nominalización 72, **185**-186
de acción 49, 186
de agente 186
de cualidad 49, 50
de efecto 49, 186
de estado 50, 186
nominativo o recto 89, 101, **104**
núcleo 11, 180, 181, 187, 189, 192
de la construcción comparativa 252
numeral 88, 98, 121, **125**
cardinal 125-126
fraccionario o partitivo 127-128
multiplicativo 128
ordinal 126-127
número 8, **28,** 38, 89, 103, 116-117, 122, 148
morfológico 117
oblicuo o preposicional 89, 101, 102, 104, 167
oración 16
activa 225-226
compuesta 16
copulativa 16, 219-221
impersonal 227
media 230
negativa 239
pasiva 225
principal, 16, 141
simple 16
subordinada 16, 241, 246
oración adverbial 17-18
oración causal 259-261
oración concesiva 271
oración condicional 266
oración final 259, 261
oración pseudocondicional 270
oración relativa o de relativo 17, **246**
con antecedente expreso 247
especificativa 247-248
explicativa 247-248
libre 129, 195, 244, 247, 249-250
semilibre 195, 244, 247, 250
sin antecedente expreso 129, 244, 247
oración sustantiva 17, 195, **241**
origen 203-204
paciente 12, 52, 170, 186
sujeto ~ 194
palabra 10
compuesta 9
derivada 9
invariable 11
variable 11, 73
paradigma
abierto 171
cerrado 11, 36, 146
derivativo 8
flexivo 8, 36, 150
parasíntesis 8, **9,** 55
participio 36, 37, 158, 162-163
fuerte 45
partitivo/-a
construcción ~ 198
pasiva 225
perifrástica 226
refleja 229-230, 238
estructura ~ 225
oración ~ 225
voz ~ 225-226
perífrasis 108, **164**
de gerundio 165-166
de infinitivo 164-165
de participio 166
modal 164-165
tempoaspectual 165
período 266
irreal 269
potencial 269
real 269
persona 8, 38, **89,** 117
del discurso 102, 115, 117, 237
gramatical 102, 115, 236-237
pieza léxica 10, 187
plural 28
asociativo o sociativo 103
de modestia o de autor 103
inherente 30
mayestático 103
***pluralia tantum* 30,** 252
polisemia 27
polisémico 27
posesivo 88, **115**-116
átono 117-118
doblado o duplicado 119
tónico 117-118
determinante ~ 115-116
positivo
grado ~ 82
pospretérito *apéndice* 1

pragmática 6
predicación secundaria 14-15
predicado 14, 16, 149, 194, 223
presentativo 98
prefijación 9, 59
prefijo 7, 48, 59
preposición 11, **167**-168
presente
caracterizador o descriptivo 151
de indicativo 38, 39, 151
de mandato 151, 238
de subjuntivo 38, 39, 155
genérico 151
gnómico 151
habitual 151
histórico 151
narrativo 151
prospectivo 151
tema de ~ 38-39
préstamo 33, 81
pretérito *apéndice 1*
tema de ~ 39-40
pretérito anterior 154
pretérito fuerte 45
pretérito imperfecto
de cortesía 153
de indicativo 39, 40, 152-153
de subjuntivo 39, 40, 155
lúdico 153
narrativo 153
onírico 153
prospectivo 153
pretérito perfecto compuesto
de indicativo 152
de subjuntivo 155
pretérito perfecto simple 39, 40, 152
pretérito pluscuamperfecto
de indicativo 154
de subjuntivo 156
pronombre 10, **88-89**
anafórico 91
átono o clítico 107
catafórico 91
cuantificador 123
de dativo 203, 204
deíctico 91
demostrativo 113
enclítico 107
exclamativo 132-133, 137-139
interrogativo 132-133, 137-139
personal 102
proclítico 107
reflexivo 91, 105
recíproco 106-107
relativo 132
prótasis 266
pseudocondicional
oración ~ 270
pseudopartitivo/-a
construcción ~ 198
queísmo 243
quesuismo 135
raíz 7, 35
supletiva **43,** 46
recursividad 60
referente 90
reflexividad 89
relativo 129-130, 133-135
complejo 133, 248-249
inespecífico 137
adverbio ~ 135-136, 146
cuantificador ~ 136
determinante ~ 132, 17
pronombre ~ 132
rema o información remática 13
secuencia 15, 232
semántica
composicional 6
léxica 6
síncopa 44, 45
singular 28, 30
***singularia tantum* 30**
sintagma 11, 180, 189
sintaxis 6, 10
subjuntivo 37, 157
subordinación 16, 17-18
sufijación 9, 55
sufijo 7
apreciativo 57
aumentativo 59
derivativo 57
despectivo 58
diminutivo 58
flexivo 7, 57
sujeto 14, 194
paciente 194
tácito 196, 228
superlativo 82
absoluto 82, 256
relativo 82-83, 256-257
sincrético 83, 257
grado ~ 82
tema o información temática 13
tema verbal 35
de futuro o de infinitivo 36, 40, 49
de presente 38
de pretérito o de participio 39, 49
término
de la preposición 167, 191
de polaridad negativa 239-240
tiempo 8-9, 35
absoluto 151
compuesto 36-37, 150-151
imperfectivo 149
perfectivo 149
relativo 151
simple 36-37, 150-151
verbal 36, 150-151
topónimo 33, 54, **67**
topicalización 13
tópico 13, 209, 215
transitivo/-a
absoluto 202
oración ~ 16
verbo ~ 16
tratamiento
de confianza o de familiaridad 110
de respeto 110
formas de ~ **110**
tuteo 110
valencia 14, 36
verbo 10, 148
auxiliado 164
auxiliar 164, 221
con alternancia vocálica 44
copulativo 217
defectivo **43, 46**-47

inacusativo
o semideponente
100, 223, 226
irregular 42-43
pleno 217
pronominal 207, 231
realizativo 233
semicopulativo o
pseudocopulativo 217,
221-222
vocálico 43-44
vocal temática 35, 37
vocativo 237
voseo 42, 110-111
de confianza 111
flexivo 42, 111
no flexivo 111
pronominal 42, 110-111
reverencial 110-111
voz 225-226
activa 225-226
pasiva 225-226
yuxtaposición 17
zoónimo 67

Índice de materias y voces de la *Ortografía básica*

a, 315, 317, 341
/a/, 314, 317, 341
abecedario, 315
abreviaciones gráficas, 459
abreviaturas, 459-463
  acentuación gráfica, 462
  con barra, 419, 459, 462
  contextos de uso, 460
  espacio, 461, 463
  femenino, 461
  formación, 460-461
  lectura, 460
  letras voladas, 461-462
  plural, 461-462
  punto abreviativo, 459, 462
  punto abreviativo y puntuación, 462
acento
  gráfico u ortográfico, 348
  prosódico, 348-349
acentuación gráfica, 350-370
  abreviaturas, 462
  adónde / adonde, 359-365
  adverbios en *-mente*, 368
  antropónimos, 481-482
  aún / aun, 367-368
  cómo / como, 359-366
  cuál / cual, 359-365
  cuán / cuan, 359-365
  cuándo / cuando, 359-365
  cuánto / cuanto, 359-365
  dé / de, 358
  demostrativos, 366-367
  dónde / donde, 359-365
  él / el, 358
  expresiones complejas formadas por varias palabras independientes, 369
  extranjerismos adaptados, 472
  extranjerismos crudos, 471
  formas verbales con pronombres átonos, 368
  formas y expresiones complejas, 368-369
  hipocorísticos, 482
  interrogativos y relativos, 359-366
  locuciones latinas, 473-474
  más / mas, 359
  mí / mi, 358
  o (conjunción), 359
  palabras agudas, 351
  palabras compuestas, 368
  palabras con diptongo, 353-354
  palabras con *h* intercalada, 353
  palabras con hiato, 355-356
  palabras con secuencias vocálicas, 352-356
  palabras con triptongo, 354-355
  palabras esdrújulas, 352
  palabras llanas, 351-352
  palabras monosílabas, 350
  palabras polisílabas, 350-352
  palabras sobresdrújulas, 352
  palabras terminadas en más de una consonante, 351
  palabras terminadas en *y*, 351
  palabras unidas con guion, 369
  qué / que, 359-365
  quién / quien, 359-365
  reglas generales, 350-352
  sé / se, 358
  sí / si, 358
  siglas y acrónimos, 424, 465
  símbolos, 467
  solo, 366-367
  té / te, 358
  ti, 359
  topónimos extranjeros, 484
  tú / tu, 358
acrónimo. *Véase* **siglas y acrónimos**
adónde / a dónde, adonde / a donde
  acentuación gráfica, 359-365
  junto o separado, 453
adondequiera / adonde quiera, 454
adverbios en *-mente*
  acentuación gráfica, 368
  junto o separado, 449
-age, 477
-aje, 477
al, 458
anti-, 449-451
antilambda, 371

antropónimos, 478-482
acentuación gráfica, 481-482
en zonas con varias lenguas oficiales, 480, 482
extranjeros, 480-481
años, 505
apellidos, 478-479
apóstrofo, 371, 412, 421-422
para indicar elisión de sonidos, 421
usos incorrectos, 421-422
arcoíris* / *arco iris, 447, 453
asimismo* / *así mismo, 457
asterisco, 371
aún* / *aun, 367-368
b, 315-316, 322-325, 341
notas orientadoras, 323-324
/b/, 314, 320, 322-325, 337, 341-342
barra, 371, 412, 419-421
como signo de división, 420
en abreviaturas, 419
en direcciones electrónicas, 420
en fechas, 420
en transcripciones fonológicas, 421
para expresar división, proporción o relación, 420
para indicar final de línea, 420
para presentar opciones, 420
para separar versos, 420
para unir palabras o elementos, 420
-bs-, 344
c, 315, 328, 332, 334-336, 341
ante *e, i*, 314, 331-332
notas orientadoras ante *e, i*, 334-335
calderón, 371
Catar, 475
-cción, 335
ceceo, 314
notas orientadoras, 332-336
ch, 316-317, 321, 343
/ch/, 314, 316, 321, 343
-ción, 335
citas
en lengua extranjera, 474
puntuación, 383, 392, 396, 397, 399, 402-403, 409, 410
ck, 475
cn-, 344
coma, 371, 372, 376-389
ante coordinadas adversativas (ante *pero, mas, aunque, sino...*), 382
ante las conjunciones *y, e, ni, o, u*, 380-381
concurrencia con otros signos, 388-389
e incisos, 377-378
e interjecciones, 379
en coordinaciones copulativas y disyuntivas, 380-381
en dataciones de cartas y documentos, 388
en enumeraciones en forma de lista, 401
para marcar elisiones verbales, 388
separador decimal, 489
tras conjunciones subordinantes, 387
y apéndices confirmativos, 379
y apodos o seudónimos, 378
y aposiciones especificativas, 378
y aposiciones explicativas, 377-378
y complementos circunstanciales, 384-385
y complementos que afectan a toda la oración, 387
y conectores discursivos, 379
y construcciones absolutas, 378
y construcciones causales, 385
y construcciones comparativas o consecutivas, 386-387
y construcciones condicionales o concesivas, 385
y construcciones finales, 385-386
y construcciones ilativas, 387
y estructuras coordinadas, 380-382
y *etc.* o *etcétera*, 383, 390
y oraciones de relativo especificativas, 378
y oraciones de relativo explicativas o adjetivos explicativos, 378
y sobrenombres, 378
y sujeto o atributo o complementos verbales, 382-384
y vocativos, 379
comillas, 371, 372, 376, 402-405
angulares, latinas o españolas (« »), 402
concurrencia con otros signos, 405
en citas, 402-403, 474
en extranjerismos crudos, 471, 473
en lemas, consignas y eslóganes, 434
en nombres de asignaturas y cursos, 434
en títulos de artículos, cuentos, poemas o partes de una publicación, 404, 433
en títulos de ponencias, discursos, conferencias o exposiciones, 434
en títulos de programas, planes o proyectos, 434
en títulos de textos legales, 433
inglesas (“ ”), 402

para marcar expresiones impropias, extranjeras o utilizadas con un sentido especial, 404
para marcar palabras o expresiones de las que se habla, 404
para reproducir pensamientos, 403-404
simples (‘ ’), 402, 404
tipos de comillas, 402
cómo* / *como, 359-366
comoquiera* / *como quiera, 455
conque* / *con que, 457
contracciones *al* y *del*, 458
corchetes, 371, 372, 397-398
concurrencia con otros signos, 398
corchete de apertura para completar versos, 398
en transcripciones fonéticas, 398
para aislar comentarios y aclaraciones, 397-398
para interpolaciones en la transcripción de textos, 398
tres puntos entre corchetes, 398
cq, 475
cuál* / *cual, 359-365
cuán* / *cuan, 359-365
cuándo* / *cuando, 359-365
cuandoquiera* / *cuando quiera, 455
cuánto* / *cuanto, 359-365
cuark, cuásar, cuórum, 475
cursiva
en abreviaturas, 463
en acotaciones teatrales, 395
en citas, 403, 474
en expresiones vulgares o impropias, 404
en extranjerismos crudos, 404, 471-472, 473-474
en locuciones latinas, 473-474
en nomenclaturas científicas, 429-430
en siglas, 466
en títulos, 404, 432-433
para marcar palabras o expresiones de las que se habla, 404
d, 315, 321, 341
/d/, 314, 321, 341
dé* / *de, 358
décadas, 505
del, 458
demostrativos
acentuación gráfica, 366-367
diéresis, 319, 320, 325, 371, 424
dígrafos, 316-317
ch y *ll*, 316-317
valores fonológicos, 343
diple, 371
diptongo, 352
acentuación gráfica, 354
colocación de la tilde, 354
diptongos ortográficos, 353
división de palabras a final de línea, 412-416
abreviaturas, 415, 463
dígrafos, 414-415
expresiones con guion, 416
expresiones numéricas, 416
extranjerismos crudos, 415
palabras con *h* intercalada, 415
palabras con *x*, 415
palabras prefijadas o compuestas, 414
secuencias vocálicas, 414
siglas y acrónimos, 415
división silábica, 413-414
dónde* / *donde, 359-365
dondequiera* / *donde quiera, 454
dos puntos, 371, 372, 391-394
ante enumeraciones, 391
ante listas, 391
concurrencia con otros signos, 394
en ejemplificaciones, 392
en textos jurídicos y administrativos, 394
en títulos y epígrafes, 393-394
minúscula o mayúscula tras dos puntos, 391
tras el saludo en cartas, 394
uso repetido en un mismo enunciado, 392
y conectores discursivos, 393
y discurso directo, 392-393
y oraciones yuxtapuestas, 393
e, 315, 317, 341
/e/, 314, 317, 341
él* / *el, 358
este, ese, aquel...
acentuación gráfica, 366-367
ex-, 451
expresiones complejas
acentuación gráfica, 368-369
junto o separado, 446-449
expresiones numéricas, 485-506
con cifras o palabras, 499-501
extranjerismos, 470-477
adaptados, 472-473
con *ck* o *cq*, 475
con consonantes dobles, 477
con *g* ante *e, i*, 475
con *h* aspirada, 476

con *j*, 475
con *k*, 475
con *q*, 475
con *s* líquida, 477
con *sh*, 476
con *w*, 474-475
con *-y* precedida de consonante, 476
con *y* vocálica en interior de palabra, 476
con *z* ante *e*, *i*, 477
crudos, 471-472
en *-age*, 477
en *-ing*, 477
locuciones, dichos o citas, 473-474
f, 315, 321, 341
/f/, 314, 321, 341
fecha, 503-504
flecha, 371
fonemas, 313-314, 317-343
g, 315, 325, 326
ante *e*, *i*, 326-327
en extranjerismos, 475
notas orientadoras ante *e*, *i*, 326-327
/g/, 314, 316, 320, 325, 341, 343
gentilicios
unidos con o sin guion, 417
gn-, 344
gu, 316, 325
guion, 371, 412-419
como indicador de segmentos de palabra, 419
en antropónimos, 479
en apellidos compuestos, 416
en coordinación de prefijos, 452
en fechas, 419
en intervalos, 419
en onomatopeyas, 418
en palabras prefijadas, 450
en topónimos compuestos, 416
para dividir palabras a final de línea. *Véase* **división de palabras a final de línea**
para separar sílabas, 419
para unir adjetivos, 416-417
para unir letras y cifras, 418-419
para unir palabras u otros elementos, 416-419
para unir sustantivos, 417-418
unión de gentilicios con o sin guion, 417
h, 315, 337-339
ante diptongos /ia/, /ie/, /io/, 317
ante diptongos /ua/, /ue/, /ui/, 320, 337
h aspirada, 339, 478
h muda, 337-339
notas orientadoras, 338
hiato, 352
acentuación gráfica, 355-356
hiatos ortográficos, 355
hipocorísticos, 479-480
hora, 501-503
i, 315, 316, 317, 341
/i/, 314, 317-319, 341, 342
-ing, 477
Irak, 475
j, 315, 325-327, 342
en extranjerismos, 475
notas orientadoras ante *e*, *i*, 326
/j/, 314, 325-328, 337, 339, 341, 342
k, 315, 328-329, 342
en extranjerismos, 475
/k/, 314, 316, 328-329
/k + s/, 339, 342
l, 315, 321, 342
/l/, 314, 321, 342
latinismos, 470
adaptados, 472-474
crudos, 471
letras, 313, 315
letras con varios nombres, 315-316
valores fonológicos, 341-343
locuciones latinas, 473-474
ll, 314, 316, 321, 343
notas orientadoras, 330-331
/ll/, 314, 321, 343
llave, 371
m, 315, 321, 322, 342, 476
/m/, 314, 321, 342
más / mas, 359
mayúscula
acentuación gráfica, 424
de relevancia o respeto, 425
diacrítica, 425
diéresis, 424
dígrafos, 424
en correos electrónicos, 445
en chats, 445
en publicidad y diseño gráfico, 444-445
en SMS, 445
escritura enteramente en mayúsculas, 425, 442-443
expresiones denominativas, 427
forma, 423

funciones, 424-425
letras *i* y *j*, 424
mayúscula inicial, 424-425
nombres comunes usados como propios, 428
nombres genéricos, 437-438
nombres propios, 427
nombres propios usados como comunes, 441-442
para favorecer la legibilidad, 442-443
uso combinado de mayúsculas y minúsculas, 423, 444

mayúscula o minúscula
abreviaturas, 462-463
accidentes geográficos, 430, 437-438
acontecimientos históricos, 435
advocaciones religiosas, 429
alias y apodos, 429
animales y plantas, 429, 438-439
antonomasias, 429, 430, 432-433
apellidos, 428
áreas geopolíticas, 431
arquetipos (*celestina, donjuán...*), 441
asignaturas y cursos, 434
barrios, calles y espacios urbanos, 431
caminos y rutas, 431
capítulos o secciones, 433
cargos y dignidades, 438
ciudades, países y continentes, 430
colecciones editoriales, 433
comarcas, 430
comidas y bebidas, 442
conceptos religiosos, 440
conferencias, discursos y ponencias, 434
deidades y seres religiosos, 429
desarrollo de siglas y acrónimos, 443-444
después de dos puntos, 426-427
después de punto, 374, 425-426
después de puntos suspensivos, 426
después de raya en textos narrativos, 400
detrás de una cifra, 426
días de la semana, meses y estaciones, 439
dios / Dios, 429
disciplinas y ramas del conocimiento, 440
divisiones geológicas y paleontológicas, 435
divisiones territoriales, 431
doctrinas e idearios políticos, 440
edificios, 432
ejército / Ejército, 432
elementos químicos, 439
en documentos oficiales, 433
en el artículo, 435-437
en enumeraciones en forma de lista, 401-402
en interrogativas o exclamativas, 426
en palabras unidas con guion, 416
enfermedades, 441
entidades, organismos y organizaciones, 431
episodios religiosos, 440
escuelas y corrientes de pensamiento, 440
establecimientos comerciales, culturales o recreativos, 432, 437
estado / Estado, 432
estilos y géneros artísticos, 440
estrellas, galaxias y otros cuerpos celestes, 430
eventos culturales o deportivos, 434
exposiciones, 434
familias o dinastías, 429
fenómenos atmosféricos u oceánicos, 430
festividades, 434
formas de Estado y de gobierno, 440
frutos o productos, 442
gobierno / Gobierno, 432
guerras y batallas, 435
hemisferios y líneas imaginarias, 439
iglesia / Iglesia, 432
imperios, 435
impuestos y tasas, 439
lemas, consignas y eslóganes, 434
lenguas, 438
luna / Luna, 430, 439
marcas y nombres comerciales, 435, 442
medicamentos, 439
monedas, 439
monumentos, 432
movimientos artísticos, 440
movimientos políticos o ideológicos, 440
nombres de pila, 428
nomenclaturas científicas, 429-430
notas musicales, 439
objetos, 429
objetos que reciben el nombre de su inventor o fabricante, 441

obras que reciben el nombre de su autor, 428-429
oraciones y rezos, 441
periodos históricos, 435
personajes de ficción, 428
personificaciones, 428
planetas, 430
plural de nombres propios, 428, 431
poderes del Estado y poderes fácticos, 440
policía / Policía, 432
polos geográficos, 439
premios y condecoraciones, 434, 442
profesiones, 438
programas, planes o proyectos, 434
pronombres referidos a divinidades, 441
publicaciones periódicas, 433
pueblos y etnias, 438
puntos cardinales, 439
razas de animales, 442
regiones naturales, 430
religiones, 440
revoluciones, 435
sedes de entidades, 432
seudónimos y sobrenombres, 429
siglas y acrónimos, 443-444, 465
signos del Zodiaco, 430, 442
símbolos, 467-468
sol / Sol, 430, 439
teorías y principios científicos, 440
textos legales, 433
textos sagrados, 433
tierra / Tierra, 430, 439
titulares de prensa, 433
títulos, 432-433
títulos abreviados o alternativos, 433
títulos nobiliarios, 438
traducciones de nombres foráneos, 428
tratamientos de cortesía, 438
vientos, 439
mayúscula y puntuación, 425-427
medioambiente / medio ambiente, 447, 454
mí / mi, 358
mn-, 344
n, 315, 321, 342
/n/, 314, 321, 342
-nf-
en extranjerismos adaptados, 476
nombres de pila, 416, 478-479
nombres propios, 478-485
compuestos, 479
junto o separado, 448
procedentes de lenguas con alfabeto no latino, 484-485
-ns-, 345-346
numerales, 489-499
cardinales, 489-494
fraccionarios, 497-498
multiplicativos, 498-499
ordinales, 494-497
números arábigos, 488-489
coma como separador decimal, 488
decimales, 489
enteros, 488
punto como separador decimal, 488
separación en grupos de tres cifras, 488
números romanos, 485-487
contextos de uso, 486-487
lectura, 487-488
reglas de escritura, 485-486
ñ, 315, 322, 342
/ñ/, 314, 322, 342
o, 315, 317, 342
cambio en *u*, 318
sin tilde, 359
/o/, 314, 317, 342
onomatopeyas, 418, 452
p, 315, 321, 322, 342
/p/, 314, 322, 342
palabra, 446
aguda, 351
átona, 349
esdrújula, 351
llana o grave, 351
sobresdrújula, 351
tónica, 349
paréntesis, 371, 372, 394-397
concurrencia con otros signos, 396-397
en letras o números de clasificaciones o enumeraciones, 396
en obras teatrales, 395
para aislar incisos, 395
para desarrollar abreviaturas o completar palabras, 395-396
para presentar opciones, 395
tres puntos entre paréntesis, 396
y mayúscula, 394-395
pavorreal / pavo real, 447, 454
pn-, 344
porcentajes, 505-506
porque / por que, 457
porqué / por qué, 457
post- / pos-, 346, 449-450
pre-, 449-451
prefijos, 449-452

combinación, 451
con guion, 450
coordinación, 452
separados de la base, 450
sobre una base pluriverbal, 451
unidos a la base, 449-450
préstamos, 470
pro-, 449-451
ps-, 344
pt-, 344
-pt-, 346-347
puercoespín / puerco espín, 447, 454
punto, 371, 372, 374-376
concurrencia con otros signos, 376
en abreviaturas, 375, 462
en enumeraciones en forma de lista, 376, 401-402
en expresiones numéricas, 489
en pies de foto, 375
en siglas y acrónimos, 465
en símbolos, 467
para separar sílabas, 376, 419
punto final, 374
punto y aparte, 374
punto y seguido, 374
secuencias sin punto, 375
separador decimal, 489
punto y coma, 371, 372, 389-390
ante conectores discursivos, 390
concurrencia con otros signos, 390
en enumeraciones en forma de lista, 401
entre coordinadas adversativas, 390
entre coordinadas copulativas y disyuntivas, 390
entre oraciones yuxtapuestas, 389
puntos suspensivos, 371, 373, 408-412
al final de una cita, 410
al principio de una cita, 410
concurrencia con otros signos, 410-412
para indicar la suspensión expresiva del discurso, 408-409
para indicar omisión de parte del texto, 409-410
tres puntos entre corchetes o paréntesis, 410
puntuación
citas, 383, 392-393, 396, 397, 399, 402-403, 409, 410
enumeraciones en forma de lista, 401-402
q, 315
con valor fónico autónomo, 329, 475
qu, 316, 328
qué / que, 359-365
quién / quien, 359-365
quienquiera / quien quiera, 456
r, 315, 316, 322, 329
/r/, 314, 322, 342
raya, 371, 372, 399-402
como signo doble, 399-401
como signo simple, 401-402
concurrencia con otros signos, 402
en enumeraciones en forma de lista, 401-402
para aislar incisos, 399
para enmarcar los comentarios del narrador, 399-401
para introducir las intervenciones de los personajes en un diálogo, 401
precedida de punto, 402
reducción de vocales iguales, 343-344
rr, 316, 329
/rr/, 314, 329, 342
s, 314, 315, 331
notas orientadoras, 332-333
s líquida en extranjerismos, 477
/s/, 314, 331-336, 342
sé / se, 358
seseo, 314
notas orientadoras, 332-336
sh, 476
/sh/, 476
sí / si, 358
siglas y acrónimos, 463-466
acentuación gráfica, 465
formación, 464
lectura, 464
plural, 464-465
siglos, 504-505
signo de párrafo, 371
signos auxiliares, 371, 412-422
signos de interrogación y exclamación, 371, 373, 405-408
casos en que se pueden omitir, 405
colocación, 405-407
concurrencia con otros signos, 407-408
entre paréntesis para expresar duda o sorpresa, 407
obligatoriedad del signo de apertura, 405
para indicar fechas dudosas, 407
repetición expresiva, 407
uso conjunto, 407
signos de puntuación, 371, 372-412
clasificación, 372-373

en relación con las pausas, 373
funciones, 372
usos obligatorios, 373
usos opcionales, 373-374
signos diacríticos, 371
signos ortográficos, 371-422
dobles, 371-372
simples, 371-372
sílaba
átona, 349
tónica, 348
símbolos, 466-469
acentuación gráfica, 467
colocación y espacios, 468
contextos de uso, 466
formación, 467
lectura, 467
monetarios, 469
plural, 467
simplificación de grupos consonánticos, 344-347
sino / si no, 458
-sión, 333
solo
acentuación gráfica, 366-367
sonidos, 313
-st-, 346
super-, 449-451
t, 315, 322, 342
/t/, 314, 322, 342
tal vez / talvez, 454
té / te, 358
ti
sin tilde, 359
tilde, 348, *véase* **acentuación gráfica**
función diacrítica, 350
función prosódica, 349
tilde diacrítica, 356-367
en interrogativos y exclamativos, 359-366
en palabras monosílabas, 357-359
en relativos tónicos, 363
en *solo* y los demostrativos, 366-367
topónimos, 478, 482-485
acentuación gráfica de topónimos extranjeros, 484-485
en zonas con varias lenguas oficiales, 483
extranjeros, 483-484
hispánicos, 482-483
trans- / tras-, 345-346
triptongo, 352
acentuación gráfica, 355
colocación de la tilde, 355
triptongos ortográficos, 354
tú / tu, 358
u, 315, 319-320, 342
u con diéresis (*ü*), 319, 325
/u/, 314, 319-321, 342
v, 315-316, 322-323, 342
notas orientadoras, 324-325
variantes gráficas
b / v, 325
c / qu / k, 329
c / z ante *e, i*, 331
g / j, 327
h / j, 339
h / Ø, 339
s / c / z, 336
u / w, 321
w / v / b, 325
x / j, 328
x / s, 341
verbos con pronombres átonos
acentuación gráfica, 368-369
junto o separado, 449
w, 315, 316, 320-321, 325, 342, 475-476
x, 315, 331, 339-341, 342
con valor de /j/, 327-328, 341
notas orientadoras, 340
-xión, 340
y, 314, 315, 316, 318, 342
a final de palabra, 318, 476
cambio en *e*, 318
con valor consonántico, 330
con valor vocálico, 318, 476
en extranjerismos adaptados, 475
notas orientadoras, 330
vocálica en posición inicial o en interior de palabra, 319, 476
/y/, 314, 316, 330-331, 342, 343
yeísmo, 314
z, 314, 315, 316, 331, 332
ante *e, i*, 331, 477
notas orientadoras, 336
/z/, 314, 331, 342